胡适文集 ①

欧阳哲生 编

- 我的信仰
- 四十自述
- 中国新文学运动小史
- 胡适口述自传
- 附录：胡传年谱、日记、家传、年表

北京大学出版社
PEKING UNIVERSITY PRESS

图书在版编目(CIP)数据

胡适文集.全 12 册/欧阳哲生编.—2 版.—北京:北京大学出版社,2013.10
ISBN 978-7-301-22792-3

Ⅰ.①胡… Ⅱ.①欧… Ⅲ.①胡适(1891—1962)-文集 Ⅳ.①C53

中国版本图书馆 CIP 数据核字(2013)第 151922 号

书　　　名:	胡适文集(全 12 册)
著作责任者:	欧阳哲生　编
责 任 编 辑:	刘　方　张文礼
标 准 书 号:	ISBN 978-7-301-22792-3/Z·0115
出 版 发 行:	北京大学出版社
地　　　址:	北京市海淀区成府路 205 号　100871
网　　　址:	http://www.pup.cn　新浪微博:@北京大学出版社
电 子 信 箱:	pkuwsz@126.com
电　　　话:	邮购部 62752015　发行部 62750672　出版部 62754962 编辑部 62750577
印 刷 者:	北京中科印刷有限公司
经 销 者:	新华书店
	880mm×1230mm　A5　244.375 印张　6630 千字 1998 年 11 月第 1 版 2013 年 10 月第 2 版　2023 年 7 月第 5 次印刷
定　　　价:	1380.00 元(全 12 册)

未经许可,不得以任何方式复制或抄袭本书之部分或全部内容。
版权所有,侵权必究
举报电话:010-62752024　电子信箱:fd@pup.pku.edu.cn

1960年9月胡适摄于台北。

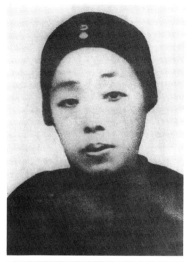

上左：胡适的母亲冯顺弟（1873—1918年）

上右：胡适自称此像神似母亲。

下左：胡适的父亲胡传（1841—1895）

下右：胡传自撰的《钝夫年谱》四卷，1930年由胡适亲自抄校完毕。这是首次刊行的《钝夫年谱》。

上：胡适夫妇合影。
下：胡适的故乡安徽省绩溪县上庄村。

上：1948年胡适一家摄于北平。
下：胡适与长子胡祖望、媳妇曾淑昭、孙子胡复在一起。

编辑凡例

一、《胡适文集》收入胡适生前发表的各种著作、文章,酌情收入部分未刊的手稿、遗稿,凡 12 册。胡适的翻译作品《短篇小说集》(二集)和整理的古典文学作品集《词选》未予选入。胡适的书信已编入此前出版的《胡适书信集》(三册)。

二、凡胡适生前结集的著述,如《胡适文存》(四集)、《尝试集》、《尝试后集》等,已经出版的各种单行本著作,如《中国古代哲学史》、《中国中古思想小史》、《章实斋先生年谱》、《丁文江的传记》等,均保持其原貌。凡胡适已发表的文章或未刊发的手稿,尚未成集者,则根据其内容或体裁新编成集。此次新结集的胡适著作有:《怀人集》、《序跋集》、《旧诗稿存》、《早年文存》、《胡适学术集外文集》、《胡适时论集》、《胡适演讲集》。

三、每册前均置一说明,简要述说本册所收集子的版本源流或新编集子的内容。

四、胡适著作版本繁多,各版又每有歧异,本文集尽量选择较好的版本或胡适自校本作底本,并参校其他版本,对原作重要修改之处在注中加以说明。

五、对胡适发表的单篇文章或诗歌,文后均注明其原始发表出处。一些初次收入原集子的文章或诗歌则不另作注。

六、本文集所收作品,文中出现的错字、别字、漏字或引文中的误植,均作订正,并酌情加注说明。原文(稿)无法辨认的字以□示之。

七、本文集所收作品,凡未加新式标点的,均加标点。

八、本文集所收作品,凡属编者所加标题,均在题注中说明。

九、胡适作品原系竖排繁体,现改横排简体。据此,原行文中所出现的"左列"、"右列",现从横排在"左"后加"(下)"、"右"后加"(上)"。

十、本文集所出现的注解,凡胡适本人的注解则不再注明,编者新加注解或按语则注明为"编者注(按)",翻译胡适著作时译者(如《先秦名学史》)所加注解或按语则注明"译者注(按)",原编者所加注解或按语则注明"原编者注(按)"。

十一、胡适作品中的一些引文所标明原书的页码一仍其旧,未予更改,请读者阅读时注意查看有关文章。

十二、凡收入本文集的作品,均保持作品原貌,不作删改。

第一册说明

本册收入《我的信仰》、《四十自述》、《中国新文学运动小史》和《胡适口述自传》四种。另辑胡适父亲胡传的资料四种,作为附录。

《我的信仰》是胡适的英文作品"What I Believe"一文的译文。英文原刊《生命哲学》(Living Philosophies)一书,1931年纽约Simon和Schuster出版公司出版。同年,向真译为中文,收入上海良友图书印刷公司出版的《今日四大思想家信仰之自述》(赵家璧主编:《一角丛书》第一种)。另有王子坚编《时人自述与人物评传》(经纬书局,1935年4月)所收亦为向真的译文。现以《胡适来往书信选》下册附录《我的信仰》(胡适存件)(香港:中华书局,1983年版)的译文为底本,与原文校对,对译文的少数几处重新作了修订。

《四十自述》1933年9月由上海亚东图书馆出版。书出以前,曾在《新月》杂志分期刊出。1954年台北六艺书局重印《四十自述》,胡适新添一篇《"自由中国"版自记》置于前。

《中国新文学运动小史》1958年由台北启明书局出版,内收《中国新文学运动小史》(即《〈中国新文学大系·建设理论集〉导言》,经著者删改后用此名)和《逼上梁山》两篇旧文。这两篇文章原载《中国新文学大系·建设理论集》(1935年10月上海良友图书印刷公司出版),收入《中国新文学运动小史》时有所删节,现依原文补录。

《胡适口述自传》原为五十年代胡适英文口述稿,七十年代唐德刚将其译注,曾于1977年8月至1978年7月分章连载于台北《传记文学》杂志,1981年2月由台北传记文学出版社出版单行本。

目　录

我的信仰 /3

四十自述
自序 /25
"自由中国"版自记 /28
序幕　我的母亲的订婚 /30
一　九年的家乡教育 /40
二　从拜神到无神 /53
三　在上海（一）/60
四　在上海（二）/69
五　我怎样到外国去 /81

中国新文学运动小史
自序 /95
中国新文学运动小史（《中国新文学大系》第一集的《导言》）/96
逼上梁山（文学革命的开始）/127

胡适口述自传　胡适英文口述稿　唐德刚译注
写在书前的译后感　唐德刚 /151
编译说明　唐德刚 /159
第一章　故乡和家庭 /161
第二章　我的父亲 /168
第三章　初到美国：康乃尔大学的学生生活 /182

第四章　青年期的政治训练/203
第五章　哥伦比亚大学和杜威/231
第六章　青年期逐渐领悟的治学方法/259
第七章　文学革命的结胎时期/275
第八章　从文学革命到文艺复兴/296
第九章　"五四运动"（一场不幸的政治干扰）/315
第十章　从整理国故到研究和尚/332
第十一章　从旧小说到新红学/355
第十二章　现代学术与个人收获/372

附录
钝夫年谱　胡　传/397
胡传日记　胡　传/454
游历琼州黎峒行程日记/454
台湾日记/469
铁花胡公家传　胡祥木/556
先父年表　胡　适/559
补世系表　胡　适/562

我 的 信 仰

我的信仰

1 我父胡传,是一位学者,也是一个意志坚强,有行政才干的人。经过一个时期的古典文史训练后,他对于地理研究,特别是边省的地理,抱有浓厚的兴趣。他怀揣一封介绍书,前往京师;又走了四十二日而达北满吉林,去晋见钦差大臣吴大澂。吴氏作为中国的一个伟大考古学家,现在见知于欧洲的汉学家们。

吴氏延见他,问有什么可以替他为力的。我父说道:"没有什么,只求准我随节去解决中俄界务的纠纷,俾我得以研究东北各省的地理。"吴氏对于这个只有秀才底子,且在关外长途跋涉之后,差不多已是身无分文的学者,觉得有味。他带着这个少年去干他那历史上有名的差使,得他做了一个最有价值、最肯做事的帮手。

有一次与我父亲同走的一队人,迷陷在一个广阔的大森林之内,三天找不着出路。到粮食告罄,一切侦察均归失败时,我父亲就提议寻觅溪流。溪流是多半流向森林外面去的。一条溪流找到了手,他们一班人就顺流而行,得达安全的地方。我父亲作了一首长诗纪念这一件事。及四十年后,我在一篇《杜威论思想》的论文里,①以这件事实为例证,虽则我未尝提到他的名字,有好些与我父亲相熟而犹生存着的人,都还认得出这件故事,并写信问我是不是他们故世已久的朋友的一个小儿子。

吴大澂对我父亲虽曾一度向政府荐举他为"有治省才的人",他在政治上却并未得臻通显,历官江苏、台湾后,遂于台湾因中日战争

---

① 编者按:《杜威论思想》是胡适的长篇哲学论文《实验主义》的第六部分,收入《胡适文存》卷二。

的结果而割让与日本时,以五十五岁的寿辰逝世。

2　我是我父亲的幼儿,也是我母亲的独子。我父亲娶妻凡三次:前妻死于太平天国之乱,乱军掠遍安徽南部各县,将其化为灰烬。次妻生了三个儿子、四个女儿。长子从小便证明是个难望洗心革面的败子。我父亲丧了次妻后,写信回家,说他一定要讨一个纯良强健的、做庄稼人家的女儿。

我外祖父务农,于年终几个月内且兼业裁缝。他是出身于一个循善的农家,在太平天国之乱中,全家被杀。因他还只是一个小孩子,故被太平军掠做俘虏,带往军中当差。为要防他逃走,他的脸上就刺了"太平天国"四字,终其身都还留着。但是他吃了种种困苦,居然逃了出来,回到家乡,只寻得一片焦土,无一个家人还得活着。他勤苦工作,耕种田地,兼做裁缝,裁缝的手艺,是他在贼营里学来的。他渐渐长成,娶了一房妻子,生下四个儿女,我母亲就是最长的。

我外祖父一生的心愿就是想重建被太平军毁了的家传老屋。他每天早上,太阳未出,便到溪头去拣选三大担石子,分三次挑回废屋的地基。挑完之后,他才去种田或去做裁缝。到了晚上回家时,又去三次,挑了三担石子,才吃晚饭。凡此辛苦恒毅的工作,都给我母亲默默看在眼里,他暗恨身为女儿,毫无一点法子能减轻他父亲的辛苦,促他的梦想实现。

随后来了个媒人,在田里与我外祖父会见,雄辩滔滔的向他替我父亲要他大女儿的庚帖(译者按:胡先生《我的母亲的订婚》一章里面,用的是"八字"二字,英文系 Birth date paper,故译庚帖似较贴切)。我外祖父答应回去和家里商量。但是到他在晚上把所提的话对他的妻子说了,她就大生气。她说:"不行!把我女儿嫁给一个大她三十岁的人,你真想得起?况且他的儿女也有年纪比我们女儿还大的!还有一层,人家自然要说我们嫁女儿给一个老官,是为了钱财体面而把她牺牲的。"于是这一对老夫妻吵了一场。后来做父亲的说:"我们问问女儿自己。说来说去,这到底是她自己的事。"

到这个问题对我母亲提了出来,她不肯开口。中国女子遇到同类的情形常是这样的。但她心里却在深思沉想。嫁与中年丧偶、兼有成年儿女的人做填房,送给女家的聘金财礼比一般婚媾却要重得多。这点于她父亲盖房子的计划将大有帮助。况且她以前又是见过我父亲的,知道他为全县人所敬重。她爱慕他,愿意嫁他,为的半是英雄崇拜的意识,但大半却是想望帮助劳苦的父亲的孝思。所以到她给父母逼着答话,她就坚决的说:"只要你们俩都说他是好人,请你们俩作主。男人家四十七岁也不能算是老。"我外祖父听了,叹了一口气,我外祖母可气的跳起来,忿忿的说:"好呵!你想做官太太了!好罢,听你情愿罢!"

3　我母亲于1889年结婚,时年十七,我则生在1891年12月。我父殁于1895年,留下我母亲二十三岁做了寡妇。我父弃世,我母便做了一个有许多成年儿女的大家庭的家长。中国做后母的地位是十分困难的,她的生活自此时起,自是一个长时间的含辛茹苦。

我母最大的禀赋就是容忍。中国史书记载唐朝有个皇帝垂询张公仪那位家长,问他家以什么道理能九世同居而不分离拆散。那位老人家因过于衰迈,难以口述,请准用笔写出回答。他就写了一百个"忍"字。中国道德家时常举出"百忍"的故事为家庭生活最好的例子,但他们似乎没有一个曾觉察到许多苦恼、倾轧、压迫和不平,使容忍成了一种必不可少的事情。

那班接脚媳妇凶恶不善的感情,利如锋刃的话语,含有敌意的嘴脸,我母亲事事都耐心容忍。她有时忍到不可再忍,这才早上不起床,柔声大哭,哭她早丧丈夫。她从不开罪她的媳妇,也不提开罪的那件事。但是这些眼泪,每次都有神秘莫测的效果。我总听得有一位嫂嫂的房门开了,和一个妇人的脚步声向厨房走去。不多一会,她转来敲我们房门了。她走进来捧着一碗热茶,送给我的母亲,劝她止哭。母亲接了茶碗,受了她不出声的认错。然后家里又太平清静得个把月。

我母亲虽则并不知书识字,却把她的全副希望放在我的教育上。

我是一个早慧的小孩,不满三岁时,就已认了八百多字,都是我父亲每天用红笺方块教我的。我才满三岁零点,便在学堂里念书。我当时是个多病的小孩,没有搀扶,不能跨一个六英寸高的门槛。但我比学堂里所有别的学生都能读能记些。我从不跟着村中孩子们一块儿玩。更因我缺少游戏,我五岁时就得了"先生"的绰号。十五年后,我在康奈耳大学读二年级时,也同是为了这个弱点,而背了 Doc(译者按:即 Doctor 缩读,音与 dog 同,故用作谐称。)的诨名。

每天天还未亮时,我母亲便把我喊醒,叫我在床上坐起。她然后把对我父亲所知的一切告诉我。她说她望我踏上他的脚步,她一生只晓得他是最善良最伟大的人。据她说,他是一个多么受人敬重的人,以致在他间或休假回家的时期中,附近烟窟赌馆都概行停业。她对我说我惟有行为好,学业科考成功,才能使他们两老增光;又说她所受的种种苦楚,得以由我勤敏读书来酬偿。我往往眼睛半睁半闭的听。但她除遇有女客与我们同住在一个房间的时候外,罕有不施这番晨训的。

到天大明时,她才把我的衣服穿好,催我去上学。我年稍长,我总是第一个先到学堂,并且差不多每天早晨都是去敲先生的门要钥匙去开学堂的门。钥匙从门缝里递了出来,我隔一会就坐在我的座位上朗念生书了。学堂里到薄暮才放学,届时每个学生都向朱印石刻的孔夫子大像和先生鞠躬回家。每日上课的时间平均是十二小时。

我母亲一面不许我有任何种的儿童游戏,一面对于我建一座孔圣庙的孩子气的企图,却给我种种鼓励。我是从我同父异母的姊姊的长子,大我五岁的一个小孩那里学来的。他拿各种华丽的色纸扎了一座孔庙,使我心里羡慕。我用一个大纸匣子作为正殿,背后开了一个方洞,用一只小匣子糊上去,做了摆孔子牌位的内堂。外殿我供了孔子的各大贤徒,并贴了些小小的匾对,书着颂扬这位大圣人的字句,其中半系录自我外甥的庙里,半系自书中抄来。在这座玩具的庙前,频频有香烛燃着。我母亲对于我这番有孩子气的虔敬也觉得欢喜,暗信孔子的神灵一定有报应,使我成为一个有名的学者,并在科考中成为一个及第的士子。

我父亲是一个经学家,也是一个严守朱熹(1130—1200)的新儒教理学的人。他对于释道两教强烈反对。我还记得见我叔父家(那是我的开蒙学堂)的门上有一张日光晒淡了的字条,写着"僧道无缘"几个字。我后来才得知道这是我父亲所遗理学家规例的一部。但是我父亲业已去世,我那彬彬儒雅的叔父,又到皖北去做了一员小吏,而我的几位哥子则都在上海。剩在家里的妇女们,对于我父亲的理学遗规,没有什么拘束了。他们遵守敬奉祖宗的常礼,并随风俗时会所趋,而自由礼神拜佛。观音菩萨是他们所最爱的神,我母亲为了是出于焦虑我的健康福祉的念头,也做了观音的虔诚信士。我记得有一次她到山上观音阁里去进香,她虽缠足,缠足是苦了一生的,在整段的山路上,还是步行来回。

我在村塾(村中共有七所)里读书,读了九年(1895—1904)。在这个期间,我读习并记诵了下列几部书:

1. 《孝经》:孔子后的一部经籍,作者不明。
2. 《小学》:一部论新儒教道德学说的书,普通谓系宋哲朱熹所作。
3. 《四书》:《论语》、《孟子》、《大学》、《中庸》。
4. 《五经》中的四经:《诗经》、《尚书》、《易经》、《礼记》。

我母亲对于家用向来是节省的,而付我先生的学金,却坚要比平常多三倍。平常学金两块银元一年,她首先便送六块钱,后又逐渐增加到十二元。由增加学金这一点小事情,我得到千百倍于上述数目比率所未能给的利益。因为那两元的学生,单单是高声朗读,用心记诵,先生从不劳神去对他讲解所记的字。独我为了有额外学金的缘故,得享受把功课中每字每句解给我听,就是将死板文字译作白话这项难得的权利。

我年还不满八岁,就能自己念书。由我二哥的提议,先生使我读《资治通鉴》。这部书,实在是大历史家司马光于1084年所辑编年式的中国通史。这番读史,使我发生很大的兴趣,我不久就从事把各朝代各帝王各年号编成有韵的歌诀,以资记忆。

随后有一天,我在叔父家里的废纸箱中,偶然看见一本《水浒传》的残本,便站在箱边把它看完了。我跑遍全村,不久居然得着全部。从此以后,我像老饕一般读尽了本村邻村所知的小说。这些小说都是用白话或口语写的,既易了解,又有引人入胜的趣味。它们教我人生,好的也教,坏的也教,又给了我一件文艺的工具,若干年后,使我能在中国开始众所称为"文艺复兴"的运动。

其时,我的宗教生活经过一个特异的激变。我系生长在拜偶像的环境,习于诸神凶恶丑怪的面孔,和天堂地狱的民间传说。我十一岁时,一日,温习朱子的《小学》,这部书是我能背诵而不甚了解的。我念到这位理学家引司马光那位史家攻击天堂地狱的通俗信仰的话。这段话说:"形既朽灭,神亦飘散,虽有剉烧舂磨,亦无所施。"这话好像说得很有道理,我对于死后审判的观念,就开始怀疑起来。

往后不久,我读司马光的《资治通鉴》,读到第一百三十六卷中有一段,使我成了一个无神论者。所说起的这一段,述纪公元五世纪一位名叫范缜的哲学家,与朝众竞辩"神灭论"。朝廷当时是提倡大乘佛法的。范缜的见解,由司马光摄述为这几句话:"形者神之质,神者形之用也。神之于形,犹利之于刀。未闻刀没而利存,岂容形亡而神在哉?"

这比司马光的形灭神散的见解——一种仍认有精神的理论——还更透彻有理。范缜根本否认精神为一种实体,谓其仅系神之用。这一番化繁为简合着我儿童的心胸。读到"朝野喧哗,难之,终不能屈",更使我心悦。

同在那一段内,又引据范缜反对因果轮回说的事。他与竟陵王谈论,王对他说:"君不信因果,何得有富贵贫贱?"范缜答道:"人生如树花同发,随风而散;或拂帘幌,坠茵席之上;或关篱墙,落粪溷之中。堕茵席者,殿下是也;落粪溷者,下官是也。贵贱虽复殊途,因果竟在何处?"

因果之说,由印度传来,在中国人思想生活上已成了主要部分的少数最有力的观念之一。中国古代道德家,常以善有善报、恶有恶报为训。但在现实生活上并不真确。佛教的因果优于中国果报观念的地方,就是可以躲过这个问题,将其归之于前世来世不断的轮回。

但是范缜的比喻,引起了我幼稚的幻想,使我摆脱了恶梦似的因果绝对论。这是以偶然论来对定命论。而我以十一岁的儿童就取了偶然论而叛离了运命。我在那个儿童时代是没有牵强附会的推理的,仅仅是脾性的迎拒罢了。我是我父亲的儿子,司马光和范缜又得了我的心。仅此而已。

4 但是这一种心境的激变,在我早年不无可笑的结果。1903 年的新年里,我到我住在二十四里外的大姊家去拜年。在她家住了几天,我和她的儿子回家,他是来给我母亲拜年。他家的一个长工替他挑着新年礼物。我们回到路上,经过一个亭子,供着几个奇形怪状的神像。我停下来对我外甥说:"这里没有人看见,我们来把这几个菩萨抛到污泥坑里去罢。"我这带孩子气的毁坏神像主张,把我的同伴大大地吓住了。他们劝我走路,莫去惹那些本来已经濒于危境的神道。

这一天正是元宵灯节。我们到了家中,家里有许多客人,我的肚子已经饿了,开饭的时候,我外甥又劝我喝了一杯烧酒。酒在我的肚子里,便作怪起来。我不久便在院子里跑,喊月亮下来看灯。我母亲不悦,叫人来捉我。我在他们前头跑,酒力因我跑路,作用更起得快。我终被捉住,但还努力想挣脱。我母亲抱住我,不久便有许多人朝我们围拢来。

我心里害怕,便胡言乱道起来。于是我外甥家的长工走到我母亲身边,低低的说:"外婆,我相信他定是精神错乱了。恐怕是神道怪了他。今天下午我们路过三门亭,他提议要把几尊菩萨抛到污泥坑里去。一定是这番话弄出来的事。"我窃听了长工的话,忽然想出一条妙计。我喊叫得更凶,好像我就真是三门亭的一个神一样。我母亲于是便当空焚香祷告,说我年幼无知无咎,许下如果蒙神恕我小孩子的罪过,定到亭上去烧香还愿。

这时候,得报说龙灯来了,在我们屋里的人,都急忙跑去看,只剩下我和母亲两个人。一会儿我就睡着了。母亲许的愿,显然是灵应了。一个月后,我母亲和我上外婆家去,她叫我恭恭敬敬地在三门亭还我们许下的愿。

5 我年甫十三,即离家上路七日,以求"新教育"于上海。自这次别离后,我于十四年之中,只省候过我母亲三次,一总同她住了大约七个月。出自她对我伟大的爱忱,她送我出门,分明没有洒过一滴眼泪就让我在这广大的世界中,独自求我自己的教育和发展,所带着的,只是一个母亲的爱,一个读书的习惯,和一点点怀疑的倾向。

我在上海过了六年(1904—1910),在美国过了七年(1910—1917)。在我停留在上海的时期内,我经历过三个学校(无一个是教会学校),一个都没有毕业。我读了当时所谓的"新教育"的基本东西,以历史、地理、英文、数学,和一点零碎的自然科学为主。从已故林纾氏及其他诸人的意译文字中,我初次认识一大批英国和欧洲的小说家,司各提(Scott)、狄更司(Dickens)、大小仲马(Dumas père and fils)、嚣俄(Hugo),以及托尔斯泰(Tolstoy)等氏的都在内。我读了中国上古、中古几位非儒教和新儒教哲学家的著作,并喜欢墨翟的兼爱说与老子、庄子有自然色彩的哲学。

从当代力量最大的学者梁启超氏的通俗文字中,我渐得略知霍布士(Hobbes)、笛卡儿(Descartes)、卢梭(Rousseau)、边沁(Bentham)、康德(Kant)、达尔文(Darwin)等诸泰西思想家。梁氏是一个崇拜近代西方文明的人,连续发表了一系列文字,坦然承认中国人以一个民族而言,对于欧洲人所具的许多良好特性,感受缺乏;显著的是注重公共道德,国家思想,爱冒险,私人权利观念与热心防其被侵,爱自由,自治能力,结合的本事与组织的努力,注意身体的培养与健康等。就是这几篇文字猛力把我以我们古旧文明为自足,除战争的武器,商业转运的工具外,没有什么要向西方求学的这种安乐梦中,震醒出来。它们开了给我,也就好像开了给几千几百别的人一样,对于世界整个的新眼界。

我又读过严复所译穆勒(John Stuart Mill)的《群己权界论》(On

Liberty）和赫胥黎（Huxley）的《天演论》（Evolution and Ethic）。严氏所译赫胥黎的论著，于1898年就出版，并立即得到智识阶级的接受。有钱的人拿钱出来翻印新版以广流传（当时并没有版权），因为有人以达尔文的言论，尤其是它在社会上与政治上的运用，对于一个感受惰性与濡滞日久的民族，乃是一个合宜的刺激。

数年之间，许多的进化名词在当时报章杂志的文字上，就成了口头禅。无数的人，都采来做自己的和儿辈的名号，由是提醒他们国家与个人在生存竞争中消灭的祸害。向尝一度闻名的陈炯明以"竞存"为号。我有两个同学名杨天择和孙竞存。

就是我自己的名字，对于中国以进化论为时尚，也是一个证据。我请我二哥替我起个学名的那天早晨，我还记得清楚。他只想了一刻，他就说，"'适者生存'中的'适'字怎么样？"我表同意；先用来做笔名，最后于1910年就用作我的名字。

6 我对于达尔文与斯宾塞两氏进化假说的一些知识，很容易的与几个中国古代思想家的自然学说联了起来。例如在道家伪书《列子》所述的下面这个故事中，发现二千年前有一个一样年轻，同抱一样信仰的人，使我的童心欢悦：

> 齐田氏祖于庭，食客千人。中坐有献鱼雁者，田氏视之，乃叹曰："天之于民厚矣！殖五谷，生鱼鸟以为之用。"众客和之如响。鲍氏之子，年十二，预于次，进曰："不如君言。天地万物，与我并生，类也。类无贵贱，徒以大小智力而相制，迭相食，非相为而生。人取食者而食之，岂天本为人而生之？且蚊蚋嘬肤，虎狼食肉，岂天本为蚊蚋生人，虎狼生肉者哉？"①

1906年，我在中国公学同学中，有几位办了一个定期刊物，名《竞业旬报》，——达尔文学说通行的又一例子——其主旨在以新思想灌输于未受教育的民众，系以白话刊行。我被邀在创刊号撰稿。一年之后，我独自做编辑。我编辑这个杂志的工作不但帮助我启发运用

---

① 编者按：此段话引自《列子·说符》。

现行口语为一种文艺工具的才能,且以明白的话语及合理的次序,想出自我幼年就已具了形式的观念和思想。在我为这个杂志所著的许多论文内,我猛力攻击人民的迷信,且坦然主张毁弃神道,兼持无神论。

1908年,我家因营业失败,经济大感困难。我于十七岁上,就必需供给我自己读书,兼供养家中的母亲。我有一年多停学,教授初等英文,每日授课五小时,月得修金八十元。1910年,我教了几个月的国文。

那几年(1909—1910)是中国历史上的黑暗时代,也是我个人历史上的黑暗时代。革命在好几省内爆发,每次都归失败。中国公学原是革命活动的中心,我在那里的旧同学参加此等密谋的实繁有徒,丧失生命的为数也不少。这班政治犯有好些来到上海与我住在一起,我们都是意气消沉,厌世悲观的。我们喝酒,作悲观的诗词,日夜谈论,且往往作没有输赢的赌博。我们甚至还请了一个老伶工来教我们唱戏。有一天早上,我作了一首诗,中有这一句:"霜浓欺日淡!"①("How proudly does the wintry frost scorn the powerless rays of the sun.")

意气消沉与执劳任役驱使我们走入了种种的流浪放荡。有一个雨夜,我喝酒喝得醺醺大醉,在街上与巡捕角斗,把我自己弄进监里去关了一夜。到我次晨回寓,在镜中看出我脸上的血痕,就记起李白饮酒歌中的这一句:"天生我材必有用。"(Some use might yet be made of this material born in me.)我决心脱离教书和我的这班朋友。下了一个月的苦工夫,我就前往北京投考用美国退还庚子赔款所设的学额。我考试及格,即七月间放洋赴美。

7

我到美国,满怀悲观。但不久便交结了些朋友,对于那个国家和人民都很喜爱。美国人出自天真的乐观与朝气给了我很好

---

① 编者按:此句见胡适《藏晖室日记》己酉第五册十二月三十日所记《岁暮杂感》一律;《胡适留学日记》第一册1914年1月29日《乐观主义》条亦有"日淡霜浓可奈何"之句。

的印象。在这个地方,似乎无一事一物不能由人类智力做得成的。我不能避免这种对于人生持有喜气的眼光的传染,数年之间,就渐渐治疗了我少年老成的态度。

我第一次去看足球比赛时,我坐在那里以哲学的态度看球赛时的粗暴及狂叫欢呼为乐。而这种狂叫欢呼在我看来,似乎是很不够大学生的尊严的。但是到竞争愈渐激烈,我也就开始领悟这种热心。随后我偶然回头望见白了头发的植物学教授劳理先生(Mr. W. W. Rowlee)诚心诚意的在欢呼狂叫,我觉得如是的自惭,以致我不久也就热心的陪着众人欢呼了。

就是在民国初年最黑暗的时期内,我还是想法子打起我的精神。在致一个华友的信里面,我说道:"除了你我自己灰心失意,以为无希望外,没有事情是无希望的。"在我的日记上,我记下些引录的句子,如引克洛浦(Clough)的这一句:"如果希望是麻醉物,恐惧就是作伪者。"又如我自己译自勃朗宁的这一节诗:①

> 从不转背而挺身向前,
> 从不怀疑云要破裂,
> 虽合理的弄糟,违理的占胜,
> 而从不作迷梦的,
> 相信我们沉而再升,败而再战,
> 睡而再醒。

1914 年 1 月,我写这一句在我的日记上:"我相信我自离开中国后,所学得的最大的事情,就是这种乐观的人生哲学了。"1915 年,我以关于勃朗宁最优的论文得受柯生奖金(Hiram Corson Prize)。我论文的题目是《勃朗宁乐观主义辨》(In Defense of Browning's Optimism)。我想来大半是我渐次改变了的人生观使我于替他辩护时,以一种诚信的意识来发言。

我系以在康乃尔大学做纽约农科学院的学生开始我的大学生涯。我的选择是根据了当时中国盛行的,谓中国学生须学点有用的

---

① 编者按:见《胡适留学日记》第一册,1914 年 1 月 29 日《乐观主义》。

技艺,文学、哲学是没有什么实用的这个信念。但是也有一个经济的动机。农科学院当时不收学费,我心想或许还能够把每月的月费省下一部分来汇给我的母亲。

农场上的经验我一点都不曾有过,并且我的心也不在农业上。一年级的英国文学及德文课程,较之农场实习和养果学,反使我感觉兴趣。踌躇观望了一年又半,以立即缴纳四个学期的学费为处罚,以受了八个月困扰为代价,我最后转入文理学院。但是我对于我的新学科觉得更为自然,从不懊悔这番改变。

有一科"欧洲哲学史"——归故客雷敦教授(Professer J. E. Creighton)那位恩师主持,——领导我以哲学做了主科。我对于英国文学与政治学也深有兴趣。康乃尔的哲学院(The Sage School of Philosophy)是唯心论的重镇。在其领导之下,我读了古代近代古典派哲学家比较重要的著作。我也读过晚近唯心论者如布拉特莱(Bradley)、鲍森揆(Bosanquet)等的作品,但是他们提出的问题从未引起我的兴趣。

1915年,我往哥伦比亚大学(Columbia University),就学于杜威教授(Professor John Dewey),直至1917年我回国之时为止。得着杜威的鼓励,我著成我的论文《先秦名学史》这篇论文,使我把中国古代哲学著作重读一过,并立下我对于中国思想史的一切研究的基础。

8 我留美的七年间,我有许多课外的活动,影响我的生命和思想,说不定也与我的大学课业一样。当意气颓唐的时候,我对于基督教大感兴趣,且差不多把《圣经》读完。1911年夏,我出席于在宾夕法尼亚(Pennsylvania)普柯诺派恩司(Pocono Pines)举行的中国基督教学生会的大会做来宾时,我几乎打定主意做了基督徒。

但是我渐渐的与基督教脱离,虽则我对于其发达的历史曾多有习读,因为有好久时光我是一个信仰无抵抗主义的信徒。耶稣降生前五百年,中国哲学家老子曾传授过上善若水,水善应万物而不争。我早年接收老子的这个教训,使我大大的爱着《登山宝训》。

1914年,世界大战爆发,我深为比利时的命运所动,而成了一个确定的无抵抗者。我在康乃尔大同俱乐部(Cornell Cosmopolitan Club)住了三年,结交了许多各种国籍的热心朋友。受着像那士密氏(George Nasmyth)和麦慈(John Mez)那样唯心的平和论者的影响,我自己也成了一个热心的平和论者。大学废军联盟因维腊特(Oswald Garrison Villard)的提议而成立于1915年,我是其创办人之一。

到后来,各国际政治俱乐部(International Polity Clubs)成立,我在那士密氏和安格尔(Norman Angell)的领导之下,做了一个最活动的会员,且曾参加过其起首两届的年会。1916年,我以我的论文《国际关系中有代替武力的吗?》(Is There a Substitute for Force in International Relations?)得受国际政治俱乐部的奖金。在这篇论文里面,我阐明依据以法律为有组织的武力建立一个国际联盟的哲理。

我的和平主义与国际大同主义往往使我陷入十分麻烦的地位。日本由攻击德国在山东的领土以加入世界大战时,向世界宣布说,这些领土"终将归还中国"。我是留美华人中唯一相信这个宣言的人,并以文字辩驳说,日本于其所言,说不定是意在必行的。关于这一层,我为许多同辈的学生所嘲笑。及1915年日本提出有名的对华二十一条件,留美学生,人人都赞成立即与日本开战。我写了一封公开的信给《中国留美学生月报》,劝告处之以温和,持之以冷静。我为这封信受了各方面的严厉攻击,且屡被斥为卖国贼。战争是因中国接受一部分要求而得避免了,但德国在华领土则直至七年之后才交还中国。

我读易卜生(Ibsen)、莫黎(John Morley)和赫胥黎诸氏的著作,教我思考诚实与发言诚实的重要。我读过易卜生所有的戏剧,特别爱着《人民之敌》(An Enemy of the People)、莫黎的《论妥协》(On Compromise),先由我的好友威廉思女士(Miss Edith Clifford Williams)介绍给我,她是一直做了左右我生命最重要的精神力量。莫黎曾教我:"一种主义,如果健全的话,是代表一种较大的便宜的。为了一时似是而非的便宜而将其放弃,乃是为小善而牺牲大善。疲弊时代,剥夺高贵的行为和向上的品格,再没有什么有这样拿得定的了。"

赫胥黎还更进一步教授一种理知诚实的方法。他单单是说："拿也如同可以证明我相信别的东西为合理的那种种证据来，那么我就相信人的不朽了。向我说类比和或能是无用的。我说我相信倒转平方律时，我是知道我意何所指的，我必不把我的生命和希望放在较弱的信证上。"赫胥黎也曾说过，"一个人生命中最神圣的举动，就是说出并感觉得我相信某项某项是真的。生在世上一切最大的赏，一切最重要的罚，都是系在这个举动上"。

人生最神圣的责任是努力思想得好（to think well），我就是从杜威教授学来的。或思想得不精，或思想而不严格的到它的前因后果，接受现成的整块的概念以为思想的前提，而于不知不觉间受其个人的影响，或多把个人的观念由造成结果而加以测验，在理知上都是没有责任心的。真理的一切最大的发现，历史上一切最大的灾祸，都有赖于此。

杜威给了我们一种思想的哲学，以思想为一种艺术，为一种技术。在《思维术》（How To Think）和《实验逻辑论文集》（Essays in Experimental Logic）里面，他制出这项技术。我察出不但于实验科学上的发明为然，即于历史科学上最佳的探讨，内容的详定，文字的改造，及高等的批评等也是如此。在这种种境域内，曾由同是这个技术而得到最佳的结果。这个技术主体上是具有大胆提出假设，加上诚恳留意于制裁与证实。这个实验的思想技术，堪当创造的智力（creative intelligence）这个名称，因其在运用想像机智以寻求证据，做成实验上，和在自思想有成就的结实所发出满意的结果上，实实在在是有创造性的。

奇怪之极，这种功利主义的逻辑竟使我变成了一个做历史探讨工作的人。我曾用进化的方法去思想，而这种有进化性的思想习惯，就做了我此后在思想史及文学工作上的成功之钥。尤更奇怪的，这个历史的思想方法并没有使我成为一个守旧的人，而时常是进步的人。例如，我在中国对于文学革命的辩论，全是根据无可否认的历史进化的事实，且一向都非我的对方所能答复得来的。

9 我母亲于1918年逝世。她的逝世,就是引导我把我在这广大世界中摸索了十四年多些的信条第一次列成条文的时机。这个信条系于1919年发表在以《不朽》(Immortality, My Religion)为题的一篇文章里面。

因有我在幼童时期读书得来的学识,我早久就已摒弃了个人死后生存的观念了。好多年来,我都是以一种"三不朽"的古说为满意,这种古说我是在《春秋左氏传》里面找出来的。传记里载贤臣叔孙豹于纪元前五四八年(时孔子还只有三岁。译者按,即鲁襄公二十四年)谓有立德、立功、立言三不朽。此三者"虽久不忘,此之谓不朽"。这种学说引动我心有如是之甚,以致我每每向我的外国朋友谈起,并给了它一个名字,叫做"三W的不朽主义"(三W即Worth, Work, Words三字的头一个字母)。

我母亲的逝世使我重新想到这个问题。我就开始觉得三不朽的学说有修正的必要。第一层,其弱点在太过概括一切。在这个世界上,有多少人其在德行功绩言语上的成就,其哲理上的智慧能久久不忘的呢?例如哥伦布是可以不朽的了,但是他那些别的水手怎样呢?那些替他造船或供给他用具的人,那许多或由作有勇敢的思考,或由在海洋中作有成无成的探险,替他铺下道路的前导又怎样呢?简括的说,一个人应有多大的成就,才可以得不朽呢?

次一层,这个学说对于人类的行为没有消极的裁制。美德固是不朽的了,但是恶德又怎样呢?我们还要再去借重审判日或地狱之火吗?

我母亲的活动从未超出家庭间琐屑细事之外,但是她的左右力,能清清楚楚的从来吊祭她的男男女女的脸上看得出来。我检阅我已死的母亲的生平,我追忆我父亲个人对她毕生左右的力量,及其对我本身垂久的影响,我遂诚信一切事物都是不朽的。我们所做的一切什么人,我们所干的一切什么事,我们所讲的一切什么话,从在世界上某个地方自有其影响这个意义看来,都是不朽的。这个影响又将依次在别个地方有其效果,而此事又将继续入于无限的空间与时间。

正如莱布尼茨(Leibnitz)有一次所说,"人人都感觉到在宇宙中所经历的一切,以使那目睹一切的人,可以从经历其他各处的事物,甚至曾经并将识别现在的事物中,解释出在时间与空间上已被移动的事物。我们是看不见一切的,但一切事物都在那里,达到无穷境无穷期"。一个人就是他所吃的东西,所以达柯塔的务农者,加利芳尼亚的种果者,以及千百万别的粮食供给者的工作,都是生活在他的身上。一个人就是他所想的东西,所以凡曾于他有所左右的人——自苏格拉底(Socrates)、柏拉图(Plato)、孔子以至于他本区教会的牧师和抚育保姆——都是生活在他的身上。一个人也就是他所享乐的东西,所以无数美术家和以技取悦的人,无论现尚生存或久已物故,有名无名,崇高粗俗,都是生活在他的身上。诸如此类,以至于无穷。

一千四百年前,有一个人写了一篇论"神灭"的文章,被认为亵渎神圣,有如是之甚,以致其君皇敕七十个大儒来相驳难,竟给其驳倒。但是五百年后,有一位史家把这篇文章在他的伟大的史籍中纪了一个撮要。又过了九百年,然后有一个十一岁的小孩偶然碰到这个三十五个字的简单撮要,而这三十五个字,于埋没了一千四百年之后,突然活了起来而生活于他的身上,更由他而生活于几千百个男男女女的身上。

1912年,我的母校来了一位英国讲师,发表一篇演说:《论中国建立共和的不可能》。他的演讲当时我觉得很为不通,但是我以他对于母音O的特异的发音方法为有趣,我就坐在那里摹拟以自娱。他的演说久已忘记了,但是他对于母音O的发音方法,这些年来却总与我不离,说不定现在还在我的几千百个学生的口上,而从没有觉察到是由于我对于布兰特先生(Mr. J. C. P. Bland)的恶作剧的摹仿,而布兰特先生也是从不知道的。

两千五百年前,希马拉雅山的一个山峡里死了一个乞丐。他的尸体在路傍已在就腐了,来了一个少年王子,看见这个怕人的景象,就从事思考起来。他想到人生及其他一切事物的无常,遂决心脱离家庭,前往旷野中去想出一个自救以救人类的方法。多年后,他从旷野里出来,做了释迦佛,而向世界宣布他所找出的拯救的方法。这样,甚至一个死乞尸体的腐溃,对于创立世界上一个最大的宗教,也曾不知不觉的贡献了其一部分。

这一个推想的线索引导我信了可以称为社会不朽（Social Immortality）的宗教,因为这个推想在大体上全系根据于社会对我的影响,日积月累而成小我,小我对于其本身是些什么,对于可以称社会、人类或大自在的那个大我有些什么施为,都留有一个抹不去的痕记这番意思。小我是会要死的,但是他还是继续存活在这个大我身上。这个大我乃是不朽的,他的一切善恶功罪,他的一切言行思想,无论是显著的或细微的,对的或不对的,有好处或有坏处——样样都是生存在其对于大我所产生的影响上。这个大我永远生存,做了无数小我胜利或失败的垂久宏大的左证。

这个社会不朽的概念之所以比中国古代三不朽学说更为满意,就在于包括英雄圣贤,也包括贱者微者,包括美德,也包括恶德,包括功绩,也包括罪孽。就是这项承认善的不朽,也承认恶的不朽,才构成这种学说道德上的许可。一个死尸的腐烂可以创立一个宗教,但也可以为患全个大陆。一个酒店侍女偶发一个议论,可以使一个波斯僧侣豁然大悟,但是一个错误的政治或社会改造议论,却可以引起几百年的杀人流血。发现一个极微的杆菌,可以福利几千百万人,但是一个害痨的人吐出的一小点痰涎,也可以害死大批的人,害死几世几代。

人所做的恶事,的确是在他们身后还存在的！就是明白承认行为的结果才构成我们道德责任的意识。小我对于较大的社会的我负有巨大的债项,把他干的什么事情,作的什么思想,做的什么人物,概行对之负起责任,乃是他的职分。人类之为现在的人类,固是由我们祖先的智行愚行所造而成,但是到我们做完了我们分内时,我们又将由人类将成为怎么样而受裁判了。我们要说,"我们之后是大灾大厄"吗？抑或要说,"我们之后是幸福无疆"吗？

10 1923年,我又得了一个时机把我们信条列成更普通的条文。地质学家丁文江氏所著,在我所主编的一个周报上发表,论《科学与人生观》的一篇文章,开始了一场差不多延持了一个足年的长期论战。在中国凡有点地位的思想家,全都曾参与其事。到1923年终,由某个善经营的出版家把这论战的文章收集起来,字数竟达二十五万。我被请为这个集子作序。我的序言给这本已卷帙繁重的文集又加了一万字,而以我所拟议的"新宇宙观和新人生观的轮廓"为结论,不过有些含有敌意的基督教会,却以恶作剧的口吻,称其为"胡适的新十诫",我现在为其自有其价值而选译出来:

(1)根据于天文学和物理学的知识,叫人知道空间的无限之大。

(2)根据于地质学及古生物学的知识,叫人知道时间的无穷之长。

(3)根据于一切科学,叫人知道宇宙及其中万物的运行变迁皆是自然的,——自己如此的,——正用不着什么超自然的主宰或造物者。

(4)根据于生物学的科学知识,叫人知道生物界的生存竞争的浪费与惨酷,——因此叫人更可以明白那"有好生之德"的主宰的假设是不能成立的。

(5)根据于生物学、生理学、心理学的知识,叫人知道人不过是动物的一种;他和别种动物只有程序的差异,并无种类的区别。

(6)根据于生物的科学及人类学、人种学、社会学的知识,叫人知道生物及人类社会演进的历史和演进的原因。

(7)根据于生物的及心理的科学,叫人知道一切心理的现象都是有因的。

(8)根据于生物学及社会学的知识,叫人知道道德礼教是变迁的,而变迁的原因都是可以用科学的方法寻求出来的。

(9)根据于新的物理化学的知识,叫人知道物质不是死的,是活的;不是静的,是动的。

(10)根据于生物学及社会学的知识,叫人知道个人——"小我"——是要死灭的,而人类——"大我"——不是死的,不朽的;叫人知道"为全种万世而生活"就是宗教,就是最高的宗教。而那些替个人谋死后的"天堂""净土"的宗教,乃是自私自利的宗教。

我结论道:

这种新人生观是建筑在二三百年的科学常识之上的一个大假设,我们也许可以给他加上"科学的人生观"的尊号。但为避免无谓的争论起见,我主张叫他做"自然主义的人生观"。

我们在那个自然主义的宇宙里,在那无穷之大的空间里,在那无穷之长的时间里,这个平均高五尺六寸,上寿不过百年的两手动物——人——真是一个藐乎其小的微生物了。在那个自然主义的宇宙里,天行是有常度的,物变是有自然法则的,因果的大法支配着他——人——的一切生活,生存竞争的惨剧鞭策着他的一切行为,——这个两手动物的自由真是很有限的了。

然而那个自然主义的宇宙里的这个渺小的两手动物,却也有他的相当的地位和相当的价值。他用的两手和一个大脑,居然能作出许多器具,想出许多方法,造成一点文化。他不但驯伏了许多禽兽,他还能考究宇宙间的自然法则,利用这些法则来驾驭天行,到现在他居然能叫电气给他赶车,以太给他送信了。

他的智慧的长进就是他的能力的增加。然而智慧的长进却又使他的胸襟扩大,想像力提高。他也曾拜物拜畜生,也曾怕神怕鬼,但他现在渐渐的脱离了这种种幼稚的时期,他现在渐渐明白:空间之大只增加他对于宇宙的美感;时间之长只使他格外明了祖宗创业之艰难;天行之有常只增加他制裁自然界的能力。

甚至于因果律之笼罩一切,也并不见得束缚他的自由。因为因果律的作用,一方面使他可以由因求果,由果推因,解释过去,预测未来;一方面又使他可以运用他的智慧,创造新因,以求新果。甚至于生存竞争的观念也并不见得就使他成为一个冷酷无情的畜生,也许还可以格外增加他对于同类的同情心,格外使他深信互助的重要,格外使他注重人为的努力,以减免天然竞争的惨酷与浪费。总而言之,这个自然主义的人生观里,未尝没有美,未尝没有诗意,未尝没有道德的责任,未尝没有充分运用创造的智慧的机会。

四 十 自 述

自序

我在这十几年中，因为深深的感觉中国最缺乏传记的文学，所以到处劝我的老辈朋友写他们的自传。不幸得很，这班老辈朋友虽然都答应了，终不肯下笔。最可悲的一个例子是林长民先生，他答应了写他的五十自述作他五十岁生日的纪念；到了生日那一天，他对我说："适之，今年实在太忙了，自述写不成了；明年生日我一定补写出来。"不幸他庆祝了五十岁的生日之后，不上半年，他就死在郭松龄的战役里，他那富于浪漫意味的一生就成了一部人间永不能读的逸书了！

梁启超先生也曾同样的允许我。他自信他的体力精力都很强，所以他不肯写他的自传。谁也不料那样一位生龙活虎一般的中年作家，只活了五十五岁！虽然他的信札和诗文留下了绝多的传记材料，但谁能有他那样"笔锋常带感情"的健笔，来写他那五十五年最关重要又最有趣味的生活呢！中国近世历史与中国现代文学就都因此受了一桩无法补救的绝大损失了。

我有一次见着梁士诒先生，我很诚恳的劝他写一部自叙，因为我知道他在中国政治史与财政史上，都曾扮演过很重要的脚色，所以我希望他替将来的史家留下一点史料。我也知道他写的自传也许是要替他自己洗刷他的罪恶；但这是不妨事的，有训练的史家自有防弊的方法；最要紧的是要他自己写他心理上的动机，黑幕里的线索，和他站在特殊地位的观察。前两个月，我读了梁士诒先生的讣告，他的自叙或年谱大概也就成了我的梦想了。

此外，我还劝过蔡元培先生，张元济先生，高梦旦先生，陈独秀先生，熊希龄先生，叶景葵先生。我盼望他们都不要叫我失望。

前几年,我的一位女朋友忽然发愤写了一部六七万字的自传,我读了很感动,认为是中国妇女的自传文学的破天荒的写实创作。但不幸她在一种精神病态中把这部稿本全烧了。当初她每写成一篇寄给我看时,我因为尊重她的意思,不曾替她留一个副本,至今引为憾事。

我的《四十自述》,只是我的"传记热"的一个小小的表现。这四十年的生活可分作三个阶段,留学以前为一段,留学的七年(1910—1917)为一段,归国以后(1917—1931)为一段。我本想一气写成,但因为种种打断,只写成了这第一段的6章。现在我又出国去了,归期还不能确定,所以我接受了亚东图书馆的朋友们的劝告,先印行这几章。这几章都先在《新月》月刊上发表过,现在我都从头校改过,事实上的小错误和文字上的疏忽,都改正了。我的朋友周作人先生,葛祖兰先生,和族叔堇人先生,都曾矫正我的错误,都是我最感谢的。

关于这书的体例,我要声明一点。我本想从这四十年中挑出十来个比较有趣味的题目,用每个题目来写一篇小说式的文字,略如第一篇写我的父母的结婚。这个计划曾经得死友徐志摩的热烈的赞许,我自己也很高兴,因为这个方法是自传文学上的一条新路子,并且可以让我(遇必要时)用假的人名地名,描写一些太亲切的情绪方面的生活。但我究竟是一个受史学训练深于文学训练的人,写完了第一篇,写到了自己的幼年生活,就不知不觉的抛弃了小说的体裁,回到了谨严的历史叙述的老路上去了。这一变颇使志摩失望,但他读了那写家庭和乡村教育的一章,也曾表示赞许;还有许多朋友写信来说这一章比前一章更动人。从此以后,我就爽性这样写下去了。因为第一章只是用小说体追写一个传记,其中写那太子会颇有用想象补充的部分,虽经堇人叔来信指出,我也不去更动了。但因为传闻究竟与我自己的亲见亲闻有别,所以我把这一章提出,称为"序幕"。

我的这部《自述》虽然至今没写成,几位旧友的自传,如郭沫若先生的,如李季先生的,都早已出版了。自传的风气似乎已开了。我很盼望我们这几个三四十岁的人的自传的出世,可以引起一班老年朋友的兴趣,可以使我们的文学里添出无数的可读而又可信的传记来。我们抛出几块砖瓦,只是希望能引出许多块美玉宝石来;我们赤裸裸的叙述我们少年时代的琐碎生活,为的是希望社会上做过一番事业的人也会赤裸裸的记载他们的生活,给史家做材料,给文学开生路。

胡　适

二二,六,二七　在太平洋上

"自由中国"版自记

这七篇自述,是二十多年前一时高兴写了在杂志上发表的。前六篇都是在《新月》杂志上登出的,后来(民国二十二年)亚东图书馆的朋友们劝我印成单行本,题作《四十自述》。后一篇是民国二十二年十二月三日补写的,曾在《东方杂志》上登出,后来收在《中国新文学大系》第一册里。

《四十自述》的前六篇,叙述到我十九岁考取官费出洋留学时,就没有写下去了。当时我曾对朋友说:"四十岁写儿童时代,五十岁写留学时代到壮年时代,六十岁写中年时代。"

但我的五十岁生日(民国三十年,十二月十七)正是日本的空军海军偷袭珍珠港的后十天,我正在华盛顿作驻美大使,当然没有闲工夫写自传。我的六十岁生日(民国四十年,十二月十七)正当大陆沦陷的第三年,正当韩战的第二年,我当然没有写个人自传的情绪。

在抗战之前,亚东图书馆曾把我留学美国的七年日记排印出来,依我原题的书名,叫做《藏晖室札记》。这四册日记,在抗战胜利之后,改归商务印书馆出版,改题作《胡适留学日记》。这是我留学时代的自传原料。《逼上梁山》一篇,写文学革命运动的原起就是根据留学日记的资料写的。

今年我回到台北,我的朋友卢逮曾先生同他的夫人劝我把《四十自述》六篇在台湾排印出版,加上《逼上梁山》一篇,仍题作《四十自述》。他们的好意,使这几篇试写的自传居然有一部"自由中国"版,这是我很感谢的。我在六十年前,曾随我的先父,先母,到台南,台东,住了差不多两年。甲午中日战事发生时,我们一家都在台东。

今年又是"甲午"了,我把这一部台湾版的《自述》献给"自由中国"的青年朋友。

1954 年 2 月 26 夜
胡适记于台北

序幕　我的母亲的订婚

1　太子会①是我们家乡秋天最热闹的神会,但这一年的太子会却使许多人失望。

神伞一队过去了。都不过是本村各家的绫伞,没有什么新鲜花样。去年大家都说,恒有绸缎庄预备了一顶珍珠伞。因为怕三先生说话,故今年他家不敢拿出来。

昆腔今年有四队,总算不寂寞。昆腔子弟都穿着"半截长衫",上身是白竹布,下半是湖色杭绸。每人小手指上挂着湘妃竹柄的小纨扇,吹唱时纨扇垂在笙笛下面摇摆着。

扮戏今年有六出,都是"正戏",没有一出花旦戏。这也是三先生的主意。后村的子弟本来要扮一出《翠屏山》,也因为怕三先生说话,改了《长坂坡》。其实七月的日光底下,甘糜二夫人脸上的粉已被汗洗光了,就有潘巧云也不会怎样特别出色。不过看会的人的心里总觉得后村很漂亮的小棣没有扮潘巧云的机会,只扮作了糜夫人,未免太可惜了。

今年最扫兴的是没有扮戏的"抬阁"。后村的人早就练好了两架"抬阁",一架是《龙虎斗》,一架是《小上坟》。不料三先生今年回家过会场,他说抬阁太高了,小孩子热天受不了暑气,万一跌下来,不是小事体。他极力阻止,抬阁就扮不成了。

粗乐和昆腔一队一队的过去了。扮戏一出一出的过去了。接着便是太子的神轿。路旁的观众带着小孩的,都喊道,"拜呵!拜呵!"

---

① 太子会是皖南很普通的神会,据说太子神是唐朝安史乱时保障江淮的张巡、许远。何以称"太子",现在还没有满意的解释。

许多穿着白地蓝花布褂的男女小孩都合掌拜揖。

神轿的后面便是拜香的人!有的穿着夏布长衫,捧着柱香;有的穿着短衣,拿着香炉挂,炉里烧着檀香。还有一些许愿更重的,今天来"吊香"还愿;他们上身穿着白布褂,扎着朱青布裙,远望去不容易分别男女。他们把香炉吊在铜钩上,把钩子钩在手腕肉里,涂上香灰,便可不流血。今年吊香的人很多,有的只吊在左手腕上,有的双手都吊;有的只吊一个小香炉,有的一只手腕上吊着两个香炉。他们都是虔诚还愿的人。悬着挂香炉的手腕,跟着神轿走多少里路,虽然有自家人跟着打扇,但也有半途中了暑热走不动的。

冯顺弟搀着她的兄弟,跟着她的姑妈,站在路边石磴上看会。她今年十四岁了。家在十里外的中屯,有个姑妈嫁在上庄,今年轮着上庄做会,故她的姑丈家接她姊弟来看会。

她是个农家女子,从贫苦的经验里得着不少的知识,故虽是十四岁的女孩儿,却很有成人的见识。她站在路旁听着旁人批评今年的神会,句句总带着三先生。"三先生今年在家过会,可把会弄糟了。""可不是呢?抬阁也没有了。""三先生还没有到家,八都的鸦片烟馆都关门了,赌场也都不敢开了。七月会场上没有赌场,又没有烟灯,这是多年没有的事。"

看会的人,你一句,他一句,顺弟都听在心里。她心想,三先生必是一个了不得的人,能叫赌场烟馆不敢开门。

会过完了,大家纷纷散了。忽然她听见有人低声说,"三先生来了!"她抬起头来,只见路上的人都纷纷让开一条路;只听见许多人都叫"三先生"。

前面走来了两个人。一个高大的中年人,面容紫黑,有点短须,两眼有威光,令人不敢正眼看他;他穿着苎布大袖短衫,苎布大脚管的裤子,脚下穿着苎布鞋子,手里拿着一杆旱烟管。和他同行的是一个老年人,瘦瘦身材,花白胡子,也穿着短衣,拿着旱烟管。

顺弟的姑妈低低说,"那个黑面的,是三先生;那边是月吉先生,他的学堂就在我们家的前面。听人说三先生在北边做官,走过了万里长城,还走了几十日,都是没有人烟的地方,冬天冻杀人,夏天热杀人;冬天冻塌鼻子,夏天蚊虫有苍蝇那么大。三先生肯吃苦,不怕日头不怕风,在万里长城外住了几年,把脸晒的象包龙图一样"。

这时候,三先生和月吉先生已走到她们面前,他们站住说了一句话,三先生独自下坡去了;月吉先生却走过来招呼顺弟的姑妈,和她们同行回去。

月吉先生见了顺弟,便问道,"灿嫂,这是你家金灶舅的小孩子吗?"

"是的。顺弟,诚厚,叫声月吉先生。"

月吉先生一眼看见了顺弟脑后的发辫,不觉喊道,"灿嫂,你看这姑娘的头发一直拖到地!这是贵相!是贵相!许了人家没有?"

这一问把顺弟羞的满脸绯红,她牵着她弟弟的手往前飞跑,也不顾她姑妈了。

她姑妈一面喊,"不要跌了"!回头对月吉先生说:"还不曾许人家。这孩子很稳重,很懂事。我家金灶哥总想许个好好人家,所以今年十四岁了,还不曾许人家。"

月吉先生说,"你开一个八字给我,我给她排排看。你不要忘了"。

他到了自家门口,还回过头来说:"不要忘记,叫灿哥抄个八字给我。"

2 顺弟在上庄过了会场,她姑丈送她姊弟回中屯去。七月里天气热,日子又长,他们到日头快落山时才起身,走了十里路,到家时天还没全黑。

顺弟的母亲刚牵了牛进栏,见了他们,忙着款待姑丈过夜。

"爸爸还没有回来吗?"顺弟问。

"姊姊,我们去接他。"姊姊和弟弟不等母亲回话,都出去了。

他们到了村口,远远望见他们的父亲挑着一担石头进村来。他们赶上去喊着爸爸,姊姊弟弟每人从挑子里拿了一块石头,捧着跟他走。他挑到他家的旧屋基上,把石子倒下去,自己跳下去,把石子铺平,才上来挑起空担回家去。

顺弟问,"这是第三担了吗?"

她父亲点点头,只问他们看的会好不好,戏好不好,一同回家去。

顺弟的父亲姓冯,小名金灶。他家历代务农,辛辛苦苦挣起了一点点小产业,居然有几亩自家的田,一所自家的屋。金灶十三四岁的时候,长毛贼到了徽州,中屯是绩溪北乡的大路,整个村子被长毛烧成平地。金灶的一家老幼都被杀了,只剩他一人,被长毛掳去。长毛军中的小头目看这个小孩子有气力,能吃苦,就把他脸上刺了"太平天国"四个蓝字,叫他不能逃走。军中有个裁缝,见这孩子可怜,收他做徒弟,叫他跟着学裁缝。金灶学了一手好裁缝,在长毛营里混了几年,从绩溪跟到宁国、广德,居然被他逃走出来。但因为面上刺了字,捉住他的人可以请赏,所以他不敢白日露面。他每日躲在破屋场里,挨到夜间,才敢赶路。他吃了种种困苦,好容易回到家乡,只寻得一片焦土,几座焦墙,一村的丁壮留剩的不过二三十人。

金灶是个肯努力的少年,他回家之后,寻出自家的荒田,努力耕种。有余力就帮人家种田,做裁缝。不上十年,他居然修葺了村里一间未烧完的砖屋,娶了一个妻子。夫妻都能苦做苦吃,渐渐有了点积蓄,渐渐挣起了一个小小的家庭。

他们头胎生下一个女儿。在那大乱之后,女儿是不受欢迎的,所以她的名字叫做顺弟,取个下胎生个弟弟的吉兆。隔了好几年,果然生了一个儿子,他们都很欢喜。

金灶为人最忠厚;他的裁缝手艺在附近村中常有雇主,人都说他诚实勤谨。外村的人都尊敬他,叫他金灶官。

但金灶有一桩最大的心愿,他总想重建他祖上传下来、被长毛烧了的老屋。他一家人都被杀完了,剩下他这一个人,他觉得天留他一个人是为中兴他的祖业的。他立下了一个誓愿:要在老屋基上建造起一所更大又更讲究的新屋。

他费了不少工夫,把老屋基爬开,把烧残砖瓦拆扫干净,准备重新垫起一片高地基,好在上面起造一所高爽干燥的新屋。他每日天未明就起来了;天刚亮,就到村口溪头去拣选石子,挑一大担回来,铺垫地基。来回挑了三担之后,他才下田去做工;到了晚上歇工时,他又去挑三担石子,才吃晚饭。农忙过后,他出村帮人家做裁缝,每天也要先挑三担石子,才去上工;晚间吃了饭回来,又要挑三担石子,才肯休息。

这是他的日常功课,家中的妻子女儿都知道他的心愿,女流们不能帮他挑石头,又不能劝他休息,劝他也没有用处。有时候,他实在疲乏了,挑完石子回家,倒在竹椅上吸旱烟,眼望着十几岁的女儿和几岁的儿子,微微叹一口气。

顺弟是已懂事的了,她看见她父亲这样辛苦做工,她心里好不难过。她常常自恨不是个男子,不能代她父亲下溪头去挑石头。她只能每日早晚到村口去接着她父亲,从他的担子里捧出一两块石头来,拿到屋基上,也算是分担他的一点辛苦。

看看屋基渐渐垫高了,但砖瓦木料却全没有着落。高敞的新屋还只存在她一家人的梦里。顺弟有时做梦,梦见她是个男子,做了官回家看父母,新屋早已造好了,她就在黑漆的大门外下轿。下轿来又好像做官的不是她,是她兄弟。

3 这一年,顺弟十七岁了。

一天的下午,金灶在三里外的张家店做裁缝,忽然走进了一个中年妇人,叫声"金灶舅"。他认得她是上庄的星五嫂,她娘家离中屯不远,所以他从小认得她。她是三先生的伯母,她的丈夫星五先生也是八都的有名绅士,所以人都叫她"星五先生娘"。

金灶招呼她坐下。她开口道:"巧极了,我本打算到中屯看你去,走到了张家店,才知道你在这里做活。巧极了。金灶舅,我来寻你,是想开你家顺弟的八字。"

金灶问是谁家。

星五先生娘说:"就是我家大侄儿三哥。"

"三先生?"

"是的,三哥今年47,前头讨的七都的玉环,死了十多年了。玉环生下了儿女一大堆,——三个儿子,三个女,——现在都长大了。不过他在外头做官,没有个家眷,实在不方便。所以他写信来家,要我们给他定一头亲事。"

金灶说,"我们种田人家的女儿那配做官太太?这件事不用提。"

星五先生娘说:"我家三哥有点怪脾气。他今年写信回来说,一定要讨一个做庄稼人家的女儿。"

"什么道理呢?"

"他说,做庄稼人家的人身体好,不会象玉环那样痨病鬼。他又说,庄稼人家晓得艰苦。"

金灶说:"这件事不会成功的。一来呢,我们配不上做官人家。二来,我家女人一定不肯把女儿给人做填房。三来,三先生家的儿女都大了,他家大儿子大女儿都比顺弟大好几岁,这样人家的晚娘是不容易做的。这个八字不用开了。"

星五先生娘说:"你不要客气,顺弟很稳重,是个有福气的人。金灶舅,你莫怪我直言,顺弟今年十七岁了,眼睛一睞,20岁到头上,你那里去寻一个青年郎?填房有什么不好?三哥信上说了,新人过了门,他就要带上任去。家里的儿女,大女儿出嫁了;大儿子今年做亲,留在家里;二儿是从小给了人家了;三女儿也留在家里。将来在任上只有两个双胞胎的十五岁小孩子,他们又都在学堂里。这个家也没有什么难照应。"

金灶是个老实人,他也明白她的话有驳不倒的道理。家乡风俗,女儿十三四岁总得定亲了,十七八岁的姑娘总是做填房的居多。他们夫妇因为疼爱顺弟,总想许个念书人家,所以把她耽误了。这是他们做父母的说不出的心事。所以他今天很有点踌躇。

星五先生娘见他踌躇,又说道:"金灶舅,你不用多心。你回去问问金灶舅母,开个八字。我今天回娘家去,明朝我来取。八字对不对,辰肖合不合,谁也不知道。开个八字总不妨事。"金灶一想,开个八字诚然不妨事,他就答应了。

这一天,他从张家店回家,顺弟带了弟弟放牛去了,还没有回来。他放下针线包和熨斗,便在门里板凳上坐下来吸旱烟。他的妻子见他有心事的样子,忙过来问他。他把星五嫂的话对她说了。

她听了大生气,忙问,"你不曾答应她开八字?"

他说,"我说要回家商量商量。不过开个八字给他家,也不妨事。"

她说,"不行。我不肯把女儿许给快五十岁的老头子。他家儿女一大堆,这个晚娘不好做。做官的人家看不起我们庄家人家的女儿,将来让人家把女儿欺负煞,谁来替我们伸冤?我不开八字。"

他慢吞吞的说,"顺弟今年十七岁了,许人家也不容易。三先生是个好人。——"

她更生气了,"是的,都是我的不是。我不该心高,耽误了女儿的终身。女儿没有人家要了,你就想送给人家做填房,做晚娘。做填房也可以,三先生家可不行。他家是做官人家,将来人家一定说我们贪图人家有势力,把女儿卖了,想换个做官的女婿。我背不起这个恶名。别人家都行,三先生家我不肯。女儿没人家要,我养她一世"。

他们夫妻吵了一场,后来金灶说,"不要吵了。这是顺弟自家的事,吃了夜饭,我们问问她自己。好不好?"她也答应了。

晚饭后,顺弟看着兄弟睡下,回到菜油灯下做鞋。金灶开口说,"顺弟,你母亲有句话要问你"。

顺弟抬起头来,问妈有什么话。她妈说,"你爸爸有话问你,不要朝我身上推。"

顺弟看她妈有点气,不知道是怎么一回事,只好问爸。她爸对她说,"上庄三先生要讨个填房,他家今天叫人来开你的八字。你妈嫌他年纪太大,四十七岁了,比你大三十岁,家中又有一大堆儿女。晚娘不容易做,我们怕将来害了你一世,所以要问问你自己"。

他把今天星五嫂的话说了一遍。

顺弟早已低下头去做针线,半晌不肯开口。她妈也不开口,她爸也不说话了。

顺弟虽不开口,心里却在那儿思想。她好像闭了眼睛,看见她的父亲在天刚亮的时候挑着一大担石头进村来;看见那大块屋基上堆着他一担一担的挑来的石头;看见她父亲晚上坐在黑影地里沉思叹气。一会儿,她又仿佛看见她做了官回来,在新屋的大门口下轿。一会儿,她的眼前又仿佛现出了那紫黑面孔,两眼射出威光的三先生。……

她心里这样想:这是她帮她父母的机会到了。做填房可以多接聘金。前妻儿女多,又是做官人家,聘金财礼总应该更好看点。她将来总还可以帮她父母的忙。她父亲一生梦想的新屋总可以成功。……三先生是个好人,人人都敬重他,只有开赌场烟馆的人怕他恨他。……

她母亲说话的声音打断了她的思想。她妈说,"对了我们,有什么话不好说?你说吧!"

顺弟抬起眼睛来,见她爸妈都望着她自己。她低下头去,红着脸说道:"只要你们俩都说他是个好人,请你们俩作主。"她接着又加上一句话,"男人家四十七岁也不能算是年纪大"。

她爸叹了一口气。她妈可气的跳起来了,忿忿的说,"好呵!你想做官太太了!好罢!听你情愿吧!"

顺弟听了这句话,又羞又气,手里的鞋面落在地上,眼泪直滚下来。她拾起鞋面,一声不响,走到她房里去哭了。

经过了这一番家庭会议之后,顺弟的妈明白她女儿是愿意的了,她可不明白她情愿卖身来帮助爹妈的苦心,所以她不指望这门亲事成功。

她怕开了八字去,万一辰肖相合,就难回绝了;万一八字不合,旁人也许要笑她家高攀不上做官人家。她打定主意,要开一张假八字给媒人拿去。第二天早晨,她到祠堂蒙馆去,请先生开一个庚帖,故意错报了一天生日,又错报了一个时辰。先生翻开《万年历》,把甲子查明写好,她拿回去交给金灶。

那天下午,星五先生娘到张家店拿到了庚帖,高兴的很。回到了上庄,她就去寻着月吉先生,请他把三先生和她的八字排排看。

月吉先生看了八字,问是谁家女儿。

"中屯金灶官家的顺弟。"

月吉先生说,"这个八字开错了。小村乡的蒙馆先生连官本(俗称历书为官本)也不会查,把八个字抄错了四个字。"

星五先生娘说,"你怎么知道八字开错了?"

月吉先生说,"我算过她的八字,所以记得。大前年村里七月会,我看见这女孩子,她不是灶嫂的侄女吗?圆圆面孔,有一点雀斑,头发很长,是吗?面貌并不美,倒稳重得很,不像个庄稼人家的孩子。我那时问灶嫂讨了她的八字来算算看。我算过的八字,三五年不会忘记的。"

他抽开书桌的抽屉,寻出一张字条来,说,"可不是呢?在这里了。"他提起笔来,把庚帖上的八字改正,又把三先生的写出。他排了一会,对星五先生娘说,"八字是对的,不用再去对了。星五嫂,你的眼力不差,这个人配得上三哥。相貌是小事,八字也是小事,金灶官家的规矩好。你明天就去开礼单。三哥那边,我自己写信去"。

过了两天,星五先生娘到了中屯,问金灶官开"礼单"。她埋怨道,"你们村上的先生不中用,把八字开错了,几几乎误了事"。

金灶嫂心里明白,问谁说八字开错了的。星五先生娘一五一十的把月吉先生的话说了。金灶夫妻都很诧异,他们都说,这是前世注定的姻缘。金灶嫂现在也不反对了。他们答应开礼单,叫她隔几天来取。

冯顺弟就是我的母亲,三先生就是我的父亲铁花先生。在我父亲的日记上,有这样几段记载:

〔光绪十五年(1889)二月〕十六日,行五十里,抵家。……

二十一日,遣媒人订约于冯姓,择定三月十二日迎娶。……

三月十一日,遣舆诣七都中屯迎娶冯氏。

十二日,冯氏至。行合卺礼。谒庙。

十三日,十四日,宴客。……

四月初六日,往中屯,叩见岳丈岳母。

初七日,由中屯归。……

五月初九日,起程赴沪,天雨,行五十五里,宿旌之新桥。

十九,六,廿六①

---

① 此篇原载1931年3月10日《新月》第3卷第1号。

一　九年的家乡教育

1　我生在光绪十七年十一月十七日(1891年12月17),那时候我家寄住在上海大东门外。我生后两个月,我父亲被台湾巡抚邵友濂奏调往台湾;江苏巡抚奏请免调,没有效果。我父亲于十八年二月底到台湾,我母亲和我搬到川沙住了一年。十九年(1893)二月二十六日我们一家(我母,四叔介如,二哥嗣秬,三哥嗣秠)也从上海到台湾。我们在台南住了十个月。十九年五月,我父亲做台东直隶州知州,兼统镇海后军各营。台东是新设的州,一切草创,故我父不带家眷去。到十九年底,我们才到台东。我们在台东住了整一年。

甲午(1894)中日战事开始,台湾也在备战的区域,恰好介如四叔来台湾,我父亲便托他把家眷送回徽州故乡,只留二哥嗣秬跟着他在台东。我们于乙未年(1895)正月离开台湾,二月初十日从上海起程回绩溪故乡。

那年四月,中日和议成,把台湾割让给日本。台湾绅民反对割台,要求巡抚唐景崧坚守。唐景崧请西洋各国出来干涉,各国不允。台人公请唐为台湾民主国大总统,帮办军务刘永福为主军大总统。我父亲在台东办后山的防务,电报已不通,饷源已断绝。那时他已得脚气病,左脚已不能行动。他守到闰五月初三日,始离开后山。到安平时,刘永福苦苦留他帮忙,不肯放行。到六月廿五日,他双脚都不能动了,刘永福始放他行。六月廿八日到厦门,手足俱不能动了。七月初三日他死在厦门,成为东亚第一个民主国的第一个牺牲者!

这时候我只有三岁零八个月。我仿佛记得我父亲死信到家时,我母亲正在家中老屋的前堂,她坐在房门口的椅子上。她听见读信人读到我父亲的死信,身子往后一倒,连椅子倒在房门槛上。东边房门口坐的珍伯母也放声大哭起来,一时满屋都是哭声,我只觉得天地都翻覆了!我只仿佛记得这一点凄惨的情状,其余都不记得了。

2　我父亲死时,我母亲只有二十三岁。我父初娶冯氏,结婚不久便遭太平天国之乱,同治二年(1863)死在兵乱里。次娶曹氏,生了三个儿子,三个女儿,死于光绪四年(1878)。我父亲因家贫,又有志远游,故久不续娶。到光绪十五年(1889),他在江苏候补,生活稍稍安定,他才续娶我的母亲。我母亲结婚后三天,我的大哥嗣稼也娶亲了。那时我的大姊已出嫁生了儿子。大姊比我母亲大七岁。大哥比她大两岁。二姊是从小抱给人家的。三姊比我母亲小三岁,二哥三哥(孪生的)比她小四岁。这样一个家庭里忽然来了一个十七岁的后母,她的地位自然十分困难,她的生活自然免不了苦痛。

结婚后不久,我父亲把她接到了上海同住。她脱离了大家庭的痛苦,我父又很爱她,每日在百忙中教她认字读书,这几年的生活是很快乐的。我小时也很得我父亲钟爱,不满三岁时,他就把教我母亲的红纸方字教我认。父亲作教师,母亲便在旁作助教。我认的是生字,她便借此温她的熟字。他太忙时,她就是代理教师。我们离开台湾时,她认得了近千字,我也认了七百多字。这些方字都是我父亲亲手写的楷字,我母亲终身保存着,因为这些方块红笺上都是我们三个人的最神圣的团居生活的纪念。

我母亲二十三岁就做了寡妇,从此以后,又过了二十三年。这二十三年的生活真是十分苦痛的生活,只因为还有我这一点骨血,她含辛茹苦,把全副希望寄托在我的渺茫不可知的将来,这一点希望居然使她挣扎着活了二十三年。

我父亲在临死之前两个多月,写了几张遗嘱,我母亲和四个儿子每人各有一张,每张只有几句话。给我母亲的遗嘱上说糜儿(我的名字叫嗣糜,糜字音门)天资颇聪明,应该令他读书。给我的遗嘱也教我努力读书上进。这寥寥几句话在我的一生很有重大的影响。我十一岁的时候,二哥和三哥都在家,有一天我母亲向他们道:"糜今年十一岁了。你老子叫他念书。你们看看他念书念得出吗?"二哥不曾开口,三哥冷笑道:"哼,念书!"二哥始终没有说什么。我母亲忍气坐了一会,回到了房里才敢掉眼泪。她不敢得罪他们,因为一家的财政权全在二哥的手里,我若出门求学是要靠他供给学费的。所以她只能掉眼泪,终不敢哭。

但父亲的遗嘱究竟是父亲的遗嘱,我是应该念书的。况且我小时候很聪明,四乡的人都知道三先生的小儿子是能够念书的。所以隔了两年,三哥往上海医肺病,我就跟他出门求学了。

3

我在台湾时,大病了半年,故身体很弱。回家乡时,我号称五岁了,还不能跨一个七八寸高的门槛。但我母亲望我念书的心很切,故到家的时候,我才满三岁零几个月,就在我四叔父介如先生(名玠)的学堂里读书了。我的身体太小,他们抱我坐在一只高凳子上面。我坐上了就爬不下来,还要别人抱下来。但我在学堂并不算最低级的学生,因为我进学堂之前已认得近一千字了。

因为我的程度不算"破蒙"的学生,故我不须念《三字经》,《千字文》,《百家姓》,《神童诗》一类的书。我念的第一部书是我父亲自己编的一部四言韵文,叫做《学为人诗》,他亲笔抄写了给我的。这部书说的是做人的道理。我把开头几行抄在这里:

为人之道,在率其性。
子臣弟友,循理之正;
谨乎庸言,勉乎庸行;
以学为人,以期作圣。

以下分说五伦。最后三节,因为可以代表我父亲的思想,我也抄在这里:

五常之中,不幸有变,
名分攸关,不容稍紊。
义之所在,身可以殉。
求仁得仁,无所尤怨。
古之学者,察于人伦,

因亲及亲，九族克敦；
　　因爱推爱，万物同仁。
　　能尽其性，斯为圣人。
　　经籍所载，师儒所述，
　　为人之道，非有他术：
　　穷理致知，返躬践实，
　　黾勉于学，守道勿失。

　　我念的第二部书也是我父亲编的一部四言韵文，名叫《原学》，是一部略述哲理的书。这两部书虽是韵文，先生仍讲不了，我也懂不了。

　　我念的第三部书叫做《律诗六抄》，我不记是谁选的了。三十多年来，我不曾重见这部书，故没有机会考出此书的编者；依我的猜测，似是姚鼐的选本，但我不敢坚持此说。这一册诗全是律诗，我读了虽不懂得，却背的很熟。至今回忆，却完全不记得了。

　　我虽不曾读《三字经》等书，却因为听惯了别的小孩子高声诵读，我也能背这些书的一部分，尤其是那五七言的《神童诗》，我差不多能从头背到底。这本书后面的七言句子，如：

　　人心曲曲湾湾水，
　　世事重重叠叠山。

我当时虽不懂得其中的意义，却常常嘴上爱念着玩，大概也是因为喜欢那些重字双声的缘故。

　　我念的第四部书以下，除了《诗经》，就都是散文的了。我依诵读的次序，把这些书名写在下面：

（4）《孝经》。
（5）朱子的《小学》，江永集注本。
（6）《论语》。以下四书皆用朱子注本。
（7）《孟子》。
（8）《大学》与《中庸》（《四书》皆连注文读）。
（9）《诗经》，朱子集传本（注文读一部分）。

（10）《书经》，蔡沈注本（以下三书不读注文）。

（11）《易经》，朱子《本义》本。

（12）《礼记》，陈澔注本。

  读到了《论语》的下半部，我的四叔父介如先生选了颍州府阜阳县的训导，要上任去了，就把家塾移交给族兄禹臣先生（名观象）。四叔是个绅董，常常被本族或外村请出去议事或和案子；他又喜欢打纸牌（徽州纸牌，每副一百五十五张），常常被明达叔公，映基叔，祝封叔，茂张叔等人邀出去打牌。所以我们的功课很松，四叔往往在出门之前，给我们"上一进书"，叫我们自己念；他到天将黑时，回来一趟，把我们的习字纸加了圈，放了学，才又出门去。

  四叔的学堂里只有两个学生，一个是我，一个是四叔的儿子嗣秌，比我大几岁。嗣秌承继给瑜婶（星五伯公的二子，珍伯、瑜叔，皆无子，我家三哥承继珍伯，秌哥承继瑜婶），她很溺爱他，不肯管束他，故四叔一走开，秌哥就溜到灶下或后堂去玩了（他们和四叔住一屋，学堂在这屋的东边小屋内）。我的母亲管的严厉，我又不大觉得念书是苦事，故我一个人坐在学堂里温书念书，到天黑才回家。

  禹臣先生接受家塾后，学生就增多了。先是五个，后来添到十多个，四叔家的小屋不够用了，就移到一所大屋——名叫来新书屋——里去。最初添的三个学生，有两个是守瓒叔的儿子，嗣昭，嗣逊。嗣昭比我大两三岁，天资不算笨，却不爱读书，最爱"逃学"，我们土话叫做"赖学"。他逃出去，往往躲在麦田或稻田里，宁可睡在田里挨饿，却不愿念书。先生往往差嗣秌去捉；有时候，嗣昭被捉回来了，总得挨一顿毒打；有时候，连嗣秌也不回来了，——乐得不回来了，因为这是"奉命差遣"，不算是逃学！

  我常觉得奇怪，为什么嗣昭要逃学？为什么一个人情愿挨饿，挨打，挨大家笑骂，而不情愿念书？后来我稍懂得世事，才明白了。瓒叔自小在江西做生意，后来在九江开布店，才娶妻生子；一家人都说江西话，回家乡时，嗣昭弟兄都不容易改口音；说话改了，而嗣昭念书常带江西音，常常因此吃戒方或吃"作瘤栗"（钩起五指，打在头上，常打起瘤子，故叫做"作瘤栗"）。这是先生不原谅，难怪他不愿念书。

还有一个原因。我们家乡的蒙馆学金太轻,每个学生每年只送两块银元。先生对于这一类学生,自然不肯耐心教书,每天只教他们念死书,背死书,从来不肯为他们"讲书"。小学生初念有韵的书,也还不十分叫苦。后来念《幼学琼林》,《四书》一类的散文,他们自然毫不觉得有趣味,因为全不懂得书中说的是什么。因为这个缘故,许多学生常常赖学;先有嗣昭,后来有个士祥,都是有名的"赖学胚"。他们都属于这每年两元钱的阶级。因为逃学,先生生了气,打的更利害。越打的利害,他们越要逃学。

我一个人不属于这"两元"的阶级。我母亲渴望我读书,故学金特别优厚,第一年就送六块钱,以后每年增加,最后一年加到十二元。这样的学金,在家乡要算"打破纪录"的了。我母亲大概是受了我父亲的叮嘱,她嘱托四叔和禹臣先生为我"讲书":每读一字,须讲一字的意思;每读一句,须讲一句的意思。我先已认得了近千个"方字",每个字都经过父母的讲解,故进学堂之后,不觉得很苦。念的几本书虽然有许多是乡里先生讲不明白的,但每天总遇着几句可懂的话。我最喜欢朱子《小学》里的记述古人行事的部分,因为那些部分最容易懂得,所以比较最有趣味。同学之中有念《幼学琼林》的,我常常帮他们的忙,教他们不认得的生字,因此常常借这些书看;他们念大字,我却最爱看《幼学琼林》的小注,因为注文中有许多神话和故事,比《四书》《五经》有趣味多了。

有一天,一件小事使我忽然明白我母亲增加学金的大恩惠。一个同学的母亲来请禹臣先生代写家信给她的丈夫;信写成了,先生交她的儿子晚上带回家去。一会儿,先生出门去了,这位同学把家信抽出来偷看。他忽然过来问我道:"糜,这信上第一句'父亲大人膝下'是什么意思?"他比我只小一岁,也念过《四书》,却不懂"父亲大人膝下"是什么!这时候,我才明白我是一个受特别待遇的人,因为别人每年出两块钱,我去年却送十块钱。我一生最得力的是讲书:父亲母亲为我讲方字,两位先生为我讲书。念古文而不讲解,等于念"揭谛揭谛,波罗揭谛",全无用处。

4　　当我九岁时,有一天我在四叔家东边小屋里玩耍。这小屋前面是我们的学堂,后边有一间卧房,有客来便住在这里。这一天没有课,我偶然走进那卧房里去,偶然看见桌子下一只美孚煤油板箱里的废纸堆中露出一本破书。我偶然检起了这本书,两头都被老鼠咬坏了,书面也扯破了。但这一本破书忽然为我开辟了一个新天地,忽然在我的儿童生活史上打开了一个新鲜的世界!

这本破书原来是一本小字木板的《第五才子》,我记得很清楚,开始便是"李逵打死殷天锡"一回。我在戏台上早已认得李逵是谁了,便站在那只美孚破板箱边,把这本《水浒传》残本一口气看完了。不看尚可,看了之后,我的心里很不好过:这一本的前面是些什么?后面是些什么? 这两个问题,我都不能回答,却最急要一个回答。

我拿了这本书去寻我的五叔,因为他最会"说笑话"("说笑话"就是"讲故事",小说书叫做"笑话书"),应该有这种笑话书。不料五叔竟没有这书,他叫我去寻宋焕哥。宋焕哥说,"我没有《第五才子》,我替你去借一部;我家中有部《第一才子》,你先拿去看,好吧?"《第一才子》便是《三国演义》,他很郑重的捧出来,我很高兴的捧回去。

后来我居然得着《水浒传》全部。《三国演义》也看完了。从此以后,我到处去借小说看。五叔,宋焕哥,都帮了我不少的忙。三姊夫(周绍瑾)在上海乡间周浦开店,他吸鸦片烟,最爱看小说书,带了不少回家乡;他每到我家来,总带些《正德皇帝下江南》,《七剑十三侠》一类的书来送给我。这是我自己收藏小说的起点。我的大哥(嗣稼)最不长进,也是吃鸦片烟的,但鸦片烟灯是和小说书常作伴的,——五叔,宋焕哥,三姊夫都是吸鸦片烟的,——所以他也有一些小说书。大嫂认得一些字,嫁妆里带来了好几种弹词小说,如《双珠凤》之类。这些书不久都成了我的藏书的一部分。

三哥在家乡时多;他同二哥都进过梅溪书院,都做过南洋公学的师范生,旧学都有根柢,故三哥看小说很有选择。我在他书架上只寻得三部小说:一部《红楼梦》,一部《儒林外史》,一部《聊斋志异》。二哥有一次回家,带了一部新译出的《经国美谈》,讲的是希腊的爱国志士的故事,是日本人做的。这是我读外国小说的第一步。

帮助我借小说最出力的是族叔近仁,就是民国十二年和顾颉刚先生讨论古史的胡堇人。他比我大几岁,已"开笔"做文章了,十几岁就考取了秀才。我同他不同学堂,但常常相见,成了最要好的朋友。他天才很高,也肯用功,读书比我多,家中也颇有藏书。他看过的小说,常借给我看。我借到的小说,也常借给他看。我们两人各有一个小手折,把看过的小说都记在上面,时时交换比较,看谁看的书多。这两个折子后来都不见了,但我记得离开家乡时,我的折子上好像已有了三十多部小说了。

这里所谓"小说",包括弹词,传奇,以及笔记小说在内。《双珠凤》在内,《琵琶记》也在内;《聊斋》,《夜雨秋灯录》,《夜谭随录》,《兰苕馆外史》,《寄园寄所寄》,《虞初新志》等等也在内。从《薛仁贵征东》,《薛丁山征西》,《五虎平西》,《粉妆楼》一类最无意义的小说,到《红楼梦》和《儒林外史》一类的第一流作品,这里面的程度已是天悬地隔了。我到离开家乡时,还不能了解《红楼梦》和《儒林外史》的好处。但这一大类都是白话小说,我在不知不觉之中得了不少的白话散文的训练,在十几年后于我很有用处。

看小说还有一桩绝大的好处,就是帮助我把文字弄通顺了。那时候正是废八股时文的时代,科举制度本身也动摇了。二哥三哥在上海受了时代思潮的影响,所以不要我"开笔"做八股文,也不要我学做策论经义。他们只要先生给我讲书,教我读书。但学堂里念的书,越到后来,越不好懂了。《诗经》起初还好懂,读到《大雅》,就难懂了;读到《周颂》,更不可懂了。《书经》有几篇,如《五子之歌》,我读的很起劲;但《盘庚》三篇,我总读不熟。我在学堂九年,只有《盘庚》害我挨了一次打。后来隔了十多年,我才知道《尚书》有今文和古文两大类,向来学者都说古文诸篇是假的,今文是真的;《盘庚》属于今文一类,应该是真的。但我研究《盘庚》用的代名词最杂乱不成条理,故我总疑心这三篇书是后人假造的。有时候,我自己想,我的怀疑《盘庚》,也许暗中含有报那一个"作瘤栗"的仇恨的意味罢?

《周颂》,《尚书》,《周易》等书都是不能帮助我作通顺文字的。

但小说书却给了我绝大的帮助。从《三国演义》读到《聊斋志异》和《虞初新志》,这一跳虽然跳的太远,但因为书中的故事实在有趣味,所以我能细细读下去。石印本的《聊斋志异》有圈点,所以更容易读。到我十二三岁时,已能对本家姊妹们讲说《聊斋》故事了。那时候,四叔的女儿巧菊,禹臣先生的妹子广菊多菊,祝封叔的女儿杏仙,和本家侄女翠苹定娇等,都在十五六岁之间;她们常常邀我去,请我讲故事。我们平常请五叔讲故事时,忙着替他点火,装旱烟,替他捶背。现在轮到我受人巴结了。我不用人装烟捶背,她们听我说完故事,总去泡炒米,或做蛋炒饭来请我吃。她们绣花做鞋,我讲《凤仙》,《莲香》,《张鸿渐》,《江城》。这样的讲书,逼我把古文的故事翻译成绩溪土话,使我更了解古文的文理。所以我到十四岁来上海开始作古文时,就能做很像样的文字了。

5 我小时身体弱,不能跟着野蛮的孩子们一块儿玩。我母亲也不准我和他们乱跑乱跳。小时不曾养成活泼游戏的习惯,无论在什么地方,我总是文绉绉地。所以家乡老辈都说我"像个先生样子",遂叫我做"穈先生"。这个绰号叫出去之后,人都知道三先生的小儿子叫做穈先生了。既有"先生"之名,我不能不装出点"先生"样子,更不能跟着顽童们"野"了。有一天,我在我家八字门口和一班孩子"掷铜钱",一位老辈走过,见了我,笑道:"穈先生也掷铜钱吗?"我听了羞愧的面红耳热,觉得大失了"先生"的身分!

大人们鼓励我装先生样子,我也没有嬉戏的能力和习惯,又因为我确是喜欢看书,所以我一生可算是不曾享过儿童游戏的生活。每年秋天,我的庶祖母同我到田里去"监割"(顶好的田,水旱无扰,收成最好,佃户每约田主来监割,打下谷子,两家平分),我总是坐在小树下看小说。十一二岁时,我稍活泼一点,居然和一群同学组织了一个戏剧班,做了一些木刀竹枪,借得了几副假胡须,就在村口田里做戏。我做的往往是诸葛亮、刘备一类的文角儿;只有一次我做史文恭,被花荣一箭从椅子上射倒下去,这算是我最活泼的玩艺儿了。

我在这九年(1895—1904)之中,只学得了读书写字两件事。在文字和思想（看下章）的方面，不能不算是打了一点底子。但别的方面都没有发展的机会。有一次我们村里"当朋"（八都凡五村，称为"五朋"，每年一村轮着做太子会，名为"当朋"）筹备太子会，有人提议要派我加入前村的昆腔队里学习吹笙或吹笛。族里长辈反对，说我年纪太小，不能跟着太子会走遍五朋。于是我失掉了这学习音乐的唯一机会。三十年来，我不曾拿过乐器，也全不懂音乐；究竟我有没有一点学音乐的天资，我至今还不知道。至于学图画，更是不可能的事。我常常用竹纸蒙在小说书的石印绘像上，摹画书上的英雄美人。有一天，被先生看见了，挨了一顿大骂，抽屉里的图画都被搜出撕毁了。于是我又失掉了学做画家的机会。

但这九年的生活，除了读书看书之外，究竟给了我一点做人的训练。在这一点上，我的恩师就是我的慈母。

每天天刚亮时，我母亲就把我喊醒，叫我披衣坐起。我从不知道她醒来坐了多久了。她看我清醒了，才对我说昨天我做错了什么事，说错了什么话，要我认错，要我用功读书。有时候她对我说父亲的种种好处，她说："你总要踏上你老子的脚步。我一生只晓得这一个完全的人，你要学他，不要跌他的股。"（跌股便是丢脸，出丑）她说到伤心处，往往掉下泪来。到天大明时，她才把我的衣服穿好，催我去上早学。学堂门上的锁匙放在先生家里；我先到学堂门口一望，便跑到先生家里去敲门。先生家里有人把锁匙从门缝里递出来，我拿了跑回去，开了门，坐下念生书。十天之中，总有八九天我是第一个去开学堂门的。等到先生来了，我背了生书，才回家吃早饭。

我母亲管束我最严，她是慈母兼任严父。但她从来不在别人面前骂我一句，打我一下。我做错了事，她只对我一望，我看见了她的严厉眼光，就吓住了。犯的事小，她等到第二天早晨我眼醒时才教训我。犯的事大，她等到晚上人静时，关了房门，先责备我，然后行罚，或罚跪，或拧我的肉。无论怎样重罚，总不许我哭出声音来。她教训儿子不是借此出气叫别人听的。

有一个初秋的傍晚，我吃了晚饭，在门口玩，身上只穿着一件单背心。这时候我母亲的妹子玉英姨母在我家住，她怕我冷了，拿了一件小衫出来叫我穿上。我不肯穿,她说:"穿上吧,凉了。"我随口回答:"娘(凉)什么!老子都不老子呀。"我刚说了这句话,一抬头,看见母亲从家里走出,我赶快把小衫穿上。但她已听见这句轻薄的话了。晚上人静后,她罚我跪下,重重的责罚了一顿。她说:"你没了老子,是多么得意的事!好用来说嘴!"她气的坐着发抖,也不许我上床去睡。我跪着哭,用手擦眼泪,不知擦进了什么微菌,后来足足害了一年多的眼翳病。医来医去,总医不好。我母亲心里又悔又急,听说眼翳可以用舌头舔去,有一夜她把我叫醒,她真用舌头舔我的病眼。这是我的严师,我的慈母。

我母亲二十三岁做了寡妇,又是当家的后母。这种生活的痛苦,我的笨笔写不出一万分之一二。家中财政本不宽裕,全靠二哥在上海经营调度。大哥从小就是败子,吸鸦片烟,赌博,钱到手就光,光了就回家打主意,见了香炉就拿出去卖,捞着锡茶壶就拿出去押。我母亲几次邀了本家长辈来,给他定下每月用费的数目。但他总不够用,到处都欠下烟债赌债。每年除夕我家中总有一大群讨债的,每人一盏灯笼,坐在大厅上不肯去。大哥早已避出去了。大厅的两排椅子上满满的都是灯笼和债主。我母亲走进走出,料理年夜饭,谢灶神,压岁钱等事,只当做不曾看见这一群人。到了近半夜,快要"封门"了,我母亲才走后门出去,央一位邻舍本家到我家来,每一家债户开发一点钱。做好做歹的,这一群讨债的才一个一个提着灯笼走出去。一会儿,大哥敲门回来了。我母亲从不骂他一句。并且因为是新年,她脸上从不露出一点怒色。这样的过年,我过了六七次。

大嫂是个最无能而又最不懂事的人,二嫂是个很能干而气量很窄小的人。她们常常闹意见,只因为我母亲的和气榜样,她们还不曾有公然相骂相打的事。她们闹气时,只是不说话,不答话,把脸放下来,叫人难看;二嫂生气时,脸色变青,更是怕人。她们对我母亲闹气时,也是如此。我起初全不懂得这一套,后来也渐渐懂得看人的脸色了。我渐渐明白,世间最可厌恶的事莫如一张生气的脸;世间最下流的事莫如把生气的脸摆给旁人看。这比打骂还难受。

我母亲的气量大,性子好,又因为做了后母后婆,她更事事留心,事事格外容忍。大哥的女儿比我只小一岁,她的饮食衣料总是和我的一样。我和她有小争执,总是我吃亏,母亲总是责备我,要我事事让她。后来大嫂二嫂都生了儿子了,她们生气时便打骂孩子来出气,一面打,一面用尖刻有刺的话骂给别人听。我母亲只装做不听见。有时候,她实在忍不住了,便悄悄走出门去,或到左邻立大嫂家去坐一会,或走后门到后邻度嫂家去闲谈。她从不和两个嫂子吵一句嘴。

每个嫂子一生气,往往十天半个月不歇,天天走进走出,板着脸,咬着嘴,打骂小孩子出气。我母亲只忍耐着,忍到实在不可再忍的一天,她也有她的法子。这一天的天明时,她就不起床,轻轻的哭一场。她不骂一个人,只哭她的丈夫,哭她自己苦命,留不住她丈夫来照管她。她先哭时,声音很低,渐渐哭出声来。我醒了起来劝她,她不肯住。这时候,我总听得见前堂(二嫂住前堂东房)或后堂(大嫂住后堂西房)有一扇房门开了,一个嫂子走出房向厨房走去。不多一会,那位嫂子来敲我们的房门了。我开了房门,她走进来,捧着一碗热茶,送到我母亲床前,劝她止哭,请她喝口热茶。我母亲慢慢停住哭声,伸手接了茶碗。那位嫂子站着劝一会,才退出去。没有一句话提到什么人,也没有一个字提到这十天半个月来的气脸,然而各人心里明白,泡茶进来的嫂子总是那十天半个月来闹气的人。奇怪的很,这一哭之后,至少有一两个月的太平清静日子。

我母亲待人最仁慈,最温和,从来没有一句伤人感情的话。但她有时候也很有刚气,不受一点人格上的侮辱。我家五叔是个无正业的浪人,有一天在烟馆里发牢骚,说我母亲家中有事总请某人帮忙,大概总有什么好处给他。这句话传到了我母亲耳朵里,她气的大哭,请了几位本家来,把五叔喊来,她当面质问他她给了某人什么好处。直到五叔当众认错赔罪,她才罢休。

我在我母亲的教训之下住了九年,受了她的极大极深的影响。我十四岁(其实只有十二岁零两三个月)就离开她了,在这广漠的人海里独自混了二十多年,没有一个人管束过我。如果我学得了一丝一毫的好脾气,如果我学得了一点点待人接物的和气,如果我能宽恕人,体谅人,——我都得感谢我的慈母。

十九,十一,廿一夜①

---

① 此篇原载《新月》第3卷第3号。

二 从拜神到无神

1
纷纷歌舞赛蛇虫,
酒醴牲牢告洁丰。
果有神灵来护佑,
天寒何故不临工?

　　这是我父亲在郑州办河工时(光绪十四年,1888年)做的十首《郑工合龙纪事诗》的一首。他自己有注道:"霜雪既降,凡俗所谓'大王'、'将军'代身临工者皆绝迹不复见矣。""大王"、"将军"都是祀典里的河神;河工区域内的水蛇虾蟆,往往被认为大王或将军的化身,往往享受最隆重的祠祭礼拜。河工是何等大事,而国家的治河官吏不能不向水蛇虾蟆磕头乞怜,真是一个民族的最大耻辱。我父亲这首诗不但公然指斥这种迷信,并且用了一个很浅近的证据,证明这种迷信的荒诞可笑。这一点最可表现我父亲的思想的倾向。

　　我父亲不曾受过近世自然科学的洗礼,但他很受了程颐朱熹一系的理学的影响。理学家因袭了古代的自然主义的宇宙观,用"气"和"理"两个基本观念来解释宇宙,敢说"天即理也","鬼神者,二气(阴阳)之良能也"。这种思想,虽有不彻底的地方,很可以破除不少的迷信。况且程朱一系极力提倡"格物穷理",教人"即物而穷其理",这就是近世科学的态度。我父亲做的《原学》,开端便说:

　　　　天地氤氲,万物化生。

这是采纳了理学家的自然主义的宇宙观。他做的《学为人诗》的结论是:

　　　　为人之道,非有他术:
　　　　穷理致知,反躬践实,

> 黾勉于学,守道勿失。

这是接受了程朱一系格物穷理的治学态度。

这些话都是我四五岁时就念熟了的。先生怎样讲解,我记不得了;我当时大概完全不懂得这些话的意义。我父亲死得太早,我离开他时,还只是三岁小孩,所以我完全不曾受着他的思想的直接影响。他留给我的,大概有两方面:一方面是遗传,因为我是"我父亲的儿子"。一方面是他留下了一点程朱理学的遗风:我小时跟着四叔念朱子的《小学》,就是理学的遗风;四叔家和我家的大门上都贴着"僧道无缘"的条子,也就是理学家庭的一个招牌。

我记得我家新屋大门上的"僧道无缘"条子,从大红色褪到粉红,又渐渐变成了淡白色,后来竟完全剥落了。我家中的女眷都是深信神佛的。我父亲死后,四叔又上任做学官去了,家中的女眷就自由拜神佛了。女眷的宗教领袖是星五伯娘,她到了晚年,吃了长斋,拜佛念经,四叔和三哥(是她过继的孙子)都不能劝阻她,后来又添上了二哥的丈母,也是吃长斋念佛的,她常来我家中住。这两位老太婆做了好朋友,常劝诱家中的几房女眷信佛。家中人有病痛,往往请她们念经许愿还愿。

二哥的丈母颇认得字,带来了《玉历钞传》,《妙庄王经》一类的善书,常给我们讲说目连救母游地府,妙庄王的公主(观音)出家修行等等故事。我把她带来的书都看了,又在戏台上看了《观音娘娘出家》全本连台戏,所以脑子里装满了地狱的惨酷景象。

后来三哥得了肺痨病,生了几个孩子都不曾养大。星五伯娘常为三哥拜神佛,许愿,甚至于招集和尚在家中放焰口超度冤魂。三哥自己不肯参加行礼,伯娘常叫我去代替三哥跪拜行礼。我自己幼年身体也很虚弱,多病痛,所以我母亲也常请伯娘带我去烧香拜佛。依家乡的风俗,我母亲也曾把我许在观音菩萨座下做弟子,还给我取了一个佛名,上一字是个"观"字,下一字我忘了。我母亲爱我心切,时时教我拜佛拜神总须诚心敬礼。每年她同我上外婆家去,十里路上所过庙宇路亭,凡有神佛之处,她总教我拜揖。有一年我害肚痛,眼睛里又起翳,她代我许愿:病好之后亲自到古塘山观音菩萨座前烧香还愿。后来我病好了,她亲自跟伯娘带了我去朝拜古塘山。山路很难走,她的脚是终年疼的,但她为了儿子,步行朝山,上山时走几步便须坐下歇息,却总不说一声苦痛。我这时候自然也是很诚心的跟着她们礼拜。

我母亲盼望我读书成名,所以常常叮嘱我每天要拜孔夫子。禹臣先生学堂壁上挂着一幅朱印石刻的吴道子画的孔子像,我们每晚放学时总得对他拜一个揖。我到大姊家去拜年,看见了外甥章砚香(比我大几岁)供着一个孔夫子神龛,是用大纸匣子做的,用红纸剪的神位,用火柴盒子做的祭桌,桌子上贴着金纸剪的香炉烛台和供献,神龛外边贴着许多红纸金纸的圣庙匾额对联,写着"德配天地,道冠古今"一类的句子。我看了这神龛,心里好生羡慕,回到家里,也造了一座小圣庙。我在家中寻到了一只燕窝匣子,做了圣庙大庭;又把匣子中间挖空一方块,用一只午时茶小匣子糊上去,做了圣庙的内堂,堂上也设了祭桌,神位,香炉,烛台等等。我在两厢又添设了颜渊子路一班圣门弟子的神位,也都有小祭桌。我借得了一部《联语类编》,抄出了许多圣庙联匾句子,都用金银锡箔做成匾对,请近仁叔写了贴上。这一座孔庙很费了我不少的心思。我母亲见我这样敬礼孔夫子,她十分高兴,给我一张小桌子专供这神龛,并且给我一个铜香炉;每逢初一和十五,她总教我焚香敬礼。

这座小圣庙,因为我母亲的加意保存,到我二十七岁从外国回家时,还不曾毁坏。但我的宗教虔诚却早已摧毁破坏了。我在十一二岁时便已变成了一个无神论者。

2 有一天,我正在温习朱子的《小学》,念到了一段司马温公的家训,其中有论地狱的话,说:

> 形既朽灭,神亦飘散,虽有剉烧舂磨,亦无所施。……

我重读了这几句话,忽然高兴的直跳起来。《目连救母》,《玉历钞传》等书里的地狱惨状,都呈现在我眼前,但我觉得都不怕了。放焰口的和尚陈设在祭坛上的十殿阎王的画像,和十八层地狱的种种牛头马面用钢叉把罪人叉上刀山,叉下油锅,抛下奈何桥去喂饿狗毒蛇,——这种种惨状也都呈现在我眼前,但我现在觉得都不怕了。我再三念这句话:"形既朽灭,神亦飘散,虽有剉烧舂磨,亦无所施。"我心里很高兴,真像地藏王菩萨把锡杖一指,打开地狱门了。

这件事我记不清在那一年了,大概在十一岁时。这时候,我已能够自己看古文书了。禹臣先生教我看《纲鉴易知录》,后来又教我改看《御批通鉴辑览》。《易知录》有句读,故我不觉吃力。《通鉴辑览》须我自己用朱笔点读,故读的很迟缓。有一次二哥从上海回来,见我看《御批通鉴辑览》,他不赞成;他对禹臣先生说,不如看《资治通鉴》。于是我就点读《资治通鉴》了。这是我研究中国史的第一步。我不久便很喜欢这一类的历史书,并且感觉朝代帝王年号的难记,就想编一部《历代帝王年号歌诀》!近仁叔很鼓励我做此事,我真动手编这部七字句的历史歌诀了。此稿已遗失了,我已不记得这件野心工作编到了那一朝代。但这也可算是我的整理国故的破土工作。可是谁也想不到司马光的《资治通鉴》,竟会大大的影响我的宗教信仰,竟会使我变成一个无神论者。

有一天,我读到《资治通鉴》第一百三十六卷,中有一段范缜(齐梁时代人,死时约在西历510年)反对佛教的故事,说:

> 缜著《神灭论》,以为"形者神之质,神者形之用也。神之于形,犹利之于刀。未闻刀没而利存,岂容形亡而神在哉?"此论出,朝野喧哗,难之,终不能屈。

我先已读司马光论地狱的话了,所以我读了这一段议论,觉得非常明白,非常有理。司马光的话教我不信地狱,范缜的话使我更进一步,就走上了无鬼神的路。范缜用了一个譬喻,说形和神的关系就像刀子和刀口的锋利一样;没有刀子,便没有刀子的"快"了;那么,没有形体,还能有神魂吗?这个譬喻是很浅显的,恰恰合一个初开知识的小孩子的程度,所以我越想越觉得范缜说的有道理。司马光引了这三十五个字的《神灭论》,居然把我脑子里的无数鬼神都赶跑了。从此以后,我不知不觉的成了一个无鬼无神的人。

我那时并不知道范缜的《神灭论》全文载在《梁书》(卷四八)里,也不知道当时许多人驳他的文章保存在《弘明集》里。我只读了这三十五个字,就换了一个人。大概司马光也受了范缜的影响,所以有"形既朽灭,神亦飘散"的议论;大概他感谢范缜,故他编《通鉴》时,硬把《神灭论》摘了最精采的一段,插入他的不朽的历史里。他决想不到,八百年后这三十五个字竟感悟了一个十一二岁的小孩子,竟影响了他一生的思想。

《通鉴》又记述范缜和竟陵王萧子良讨论"因果"的事,这一段在我的思想上也发生了很大的影响。原文如下:

> 子良笃好释氏,招致名僧,讲论佛法。道俗之盛,江左未有。或亲为众僧赋食行水,世颇以为失宰相体。
>
> 范缜盛称无佛。子良曰,"君不信因果,何得有富贵贫贱?"缜曰,"人生如树花同发,随风而散,或拂帘幌,坠茵席之上;或关篱墙,落粪溷之中。坠茵席者,殿下是也。落粪溷者,下官是也。贵贱虽复殊途,因果竟在何处?"子良无以难。

这一段议论也只是一个譬喻,但我当时读了只觉得他说的明白有理,就熟读了记在心里。我当时实在还不能了解范缜的议论的哲学意义。他主张一种"偶然论",用来破坏佛教的果报轮回说。我小时听惯了佛家果报轮回的教训,最怕来世变猪变狗,忽然看见了范缜不信因果的譬喻,我心里非常高兴,胆子就大的多了。他和司马光的神灭论教我不怕地狱;他的无因果论教我不怕轮回。我喜欢他们的话,因为他们教我不怕。我信服他们的话,因为他们教我不怕。

3

我的思想经过了这回解放之后,就不能虔诚拜神拜佛了。但我在我母亲面前,还不敢公然说出不信鬼神的议论。她叫我上分祠里去拜祖宗,或去烧香还愿,我总不敢不去,满心里的不愿意,我终不敢让她知道。

我十三岁的正月里,我到大姊家去拜年,住了几天,到十五日早晨,才和外甥砚香同回我家去看灯。他家的一个长工挑着新年糕饼等物事,跟着我们走。

半路上到了中屯外婆家,我们进去歇脚,吃了点心,又继续前进。中屯村口有个三门亭,供着几个神像。我们走进亭子,我指着神像对砚香说,"这里没有人看见,我们来把这几个烂泥菩萨拆下来抛到毛厕里去,好吗?"

这样突然主张毁坏神像,把我的外甥吓住了。他虽然听我说过无鬼无神的话,却不曾想到我会在这路亭里提议实行捣毁神像。他的长工忙劝阻我道:"糜舅,菩萨是不能得罪的。"我听了这话,更不高兴,偏要拾石子去掷神像。恰好村子里有人下来了,砚香和那长工就把我劝走了。

我们到了我家中,我母亲煮面给我们吃,我刚吃了几筷子,听见门外锣鼓响,便放下面,跑出去看舞狮子了。这一天来看灯的客多,家中人都忙着照料客人,谁也不来管我吃了多少面,我陪着客人出去玩,也就忘了肚子饿了。

晚上陪客人吃饭,我也喝了一两杯烧酒。酒到了饿肚子里,有点作怪。晚饭后,我跑出大门外,被风一吹,我有点醉了,便喊道:"月亮,月亮,下来看灯!"别人家的孩子也跟着喊,"月亮,月亮,下来看灯!"

门外的喊声被屋里人听见了,我母亲叫人来唤我回去。我怕她责怪,就跑出去了。来人追上去,我跑的更快。有人对我母亲说,我今晚上喝了烧酒,怕是醉了。我母亲自己出来唤我,这时候我已被人追回来了。但跑多了,我真有点醉了,就和他们抵抗,不肯回家。母亲抱住我,我仍喊着要月亮下来看灯。许多人围拢来看,我仗着人多,嘴里仍旧乱喊。母亲把我拖进房里,一群人拥进房来看。

这时候,那位跟我们来的章家长工走到我母亲身边,低低的说:"外婆(他跟着我的外甥称呼),糜舅今夜怕不是吃醉了罢?今天我们从中屯出来,路过三门亭,糜舅要把那几个菩萨拖下来丢到毛厕里去。他今夜嘴里乱说话,怕是得罪了神道,神道怪下来了。"

这几句话,他低低的说,我靠在母亲怀里,全听见了。我心里正怕喝醉了酒,母亲要责罚我;现在我听了长工的话,忽然想出了一条妙计。我想:"我胡闹,母亲要打我;菩萨胡闹,她不会责怪菩萨。"于是我就闹的更凶,说了许多疯话,好像真有鬼神附在我身上一样!

我母亲着急了,叫砚香来问,砚香也说我日里的确得罪了神道。

母亲就叫别人来抱住我,她自己去洗手焚香,向空中祷告三门亭的神道,说我年小无知,触犯了神道,但求神道宽洪大量,不计较小孩子的罪过,宽恕了我。我们将来一定亲到三门亭去烧香还愿。

这时候,邻舍都来看我,挤满了一屋子的人,有些妇女提着"火箭"(徽州人冬天用瓦垆装炭火,外面用篾丝作篮子,可以随身携带,名为火箭),房间里闷热的很。我热的脸都红了,真有点像醉人。

忽然门外有人来报信,说,"龙灯来了,龙灯来了!"男男女女都往外跑,都想赶到十字街口去等候看灯。一会儿,一屋子的人都散完了,只剩下我和母亲两个人。房里的闷热也消除了,我也疲倦了,就不知不觉的睡着了。

母亲许的愿好像是灵应了。第二天,她教训了我一场,说我不应该瞎说,更不应该在神道面前瞎说。但她不曾责罚我,我心里高兴,万想不到我的责罚却在一个月之后。

过了一个月,母亲同我上中屯外婆家去。她拿出钱来,在外婆家办了猪头供献,备了香烛纸钱,她请我母舅领我到三门亭里去谢神还愿。我母舅是个虔诚的人,他恭恭敬敬的摆好供献,点起香烛,陪着我跪拜谢神。我忍住笑,恭恭敬敬的行了礼,——心里只怪我自己当日扯谎时,不曾想到这样比挨打还更难为情的责罚!

直到我二十七岁回家时,我才敢对母亲说那一年元宵节,附在我身上胡闹的不是三门亭的神道,只是我自己。母亲也笑了。

十九,十二,廿五　在北京①

---

① 此篇原载《新月》第 3 卷第 4 号。

三 在上海(一)

1 光绪甲辰年(1904)的春天,三哥的肺病已到了很危险的时期,他决定到上海去医治。我母亲也决定叫我跟他到上海去上学。那时我名为十四岁,其实只有十二岁有零。这一次我和母亲分别之后,十四年之中,我只回家三次,和她在一块的时候还不满六个月。她只有我一个人,只因为爱我太深,望我太切,所以她硬起心肠,送我向远地去求学。临别的时候,她装出很高兴的样子,不曾掉一滴眼泪。我就这样出门去了,向那不可知的人海里去寻求我自己的教育和生活,——孤零零的一个小孩子,所有的防身之具只是一个慈母的爱,一点点用功的习惯,和一点点怀疑的倾向。

我在上海住了六年(1904—1910),换了四个学校(梅溪学堂,澄衷学堂,中国公学,中国新公学)。这是我一生的第二个段落。

我父亲生平最佩服一个朋友——上海张焕纶先生(字经甫)。张先生是提倡新教育最早的人,他自己办了一个梅溪书院,后来改为梅溪学堂。二哥三哥都在梅溪书院住过,所以我到了上海也就进了梅溪学堂,我只见过张焕纶先生一次,不久他就死了。现在谈中国教育史的人,很少能知道这一位新教育的老先锋了。他死了二十二年之后,我在巴黎见着赵诒琛先生(字颂南,无锡人),他是张先生的得意学生,他说他在梅溪书院很久,最佩服张先生的人格,受他的感化最深。他说,张先生教人的宗旨只是一句话:"千万不要仅仅做个自了汉。"我坐在巴黎乡间的草地上,听着赵先生谈话,想着赵先生夫妇的刻苦生活和奋斗精神,——这时候,我心里想:张先生的一句话影响了他的一个学生的一生,张先生的教育事业不算是失败。

梅溪学堂的课程是很不完备的,只有国文,算学,英文三项。分班的标准是国文程度。英文算学的程度虽好,国文不到头班,仍不能毕业。国文到了头班,英文算学还很幼稚,却可以毕业。这个办法虽然不算顶好,但这和当时教会学堂的偏重英文,都是过渡时代的特别情形。

我初到上海的时候,全不懂得上海话。进学堂拜见张先生时,我穿着蓝呢的夹袍,绛色呢大袖马褂,完全是个乡下人。许多小学生围拢来看我这乡下人。因为我不懂话,又不曾"开笔"做文章,所以暂时编在第五班,差不多是最低的一班。班上读的是文明书局的《蒙学读本》,英文班上用《华英初阶》,算学班上用《笔算算学》。

我是读了许多古书的,现在读《蒙学读本》,自然毫不费力,所以有功夫专读英文算学。这样过了六个星期。到了第四十二天,我的机会来了。教《蒙学读本》的沈先生大概也瞧不起这样浅近的书,更料不到这班小孩子里面有人起来驳正他的错误。这一天,他讲的一课书里有这样一段引语:

传曰,二人同心,其利断金。同心之言,其臭如兰。

沈先生随口说这是《左传》上的话。我那时已勉强能说几句上海话了,等他讲完之后,我拿着书,走到他的桌边,低声对他说,这个"传曰"是《易经》的《系辞传》,不是《左传》。先生脸红了,说:"侬读过《易经》?"我说读过。他又问:"阿曾读过别样经书?"我说读过《诗经》、《书经》、《礼记》。他问我做过文章没有,我说没有做过。他说,"我出个题目,拨侬做做试试看"。他出了"孝弟说"三个字,我回到座位上,勉强写了一百多字,交给先生看。他看了对我说:"侬跟我来。"我卷了书包,跟他下楼走到前厅。前厅上东面是头班,西面是二班。沈先生到二班课堂上,对教员顾先生说了一些话,顾先生就叫我坐在末一排的桌子上。我才知道我一天之中升了四班,居然做第二班的学生了。

可是我正在欢喜的时候,抬头一看,就得发愁了。这一天是星期四,是作文的日子。黑板上写着两个题目:

论题:原日本之所由强。

经义题:古之为关也将以御暴,今之为关也将以为暴。
我从来不知道"经义"是怎样做的,所以想都不敢去想他。可是日本在天南地北,我还不很清楚,这个"原日本之所由强"又从那里说起呢?既不敢去问先生,班上同学又没有一个熟人,我心里颇怪沈先生太卤莽,不应该把我升的这么高,这么快。

忽然学堂的茶房走到厅上来,对先生说了几句话,呈上一张字条。先生看了字条,对我说,我家中有要紧事,派了人来领我回家,卷子可以带回去做,下星期四交卷。我正在着急,听了先生的话,抄了题目,逃出课堂,赶到门房,才知道三哥病危,二哥在汉口没有回来,店里(我家那时在上海南市开一个公义油栈)的管事慌了,所以派人来领我回去。

我赶到店里,三哥还能说话。但不到几个钟头,他就死了,死时他的头还靠在我手腕上。第三天,二哥从汉口赶到。丧事办了之后,我把升班的事告诉二哥,并且问他"原日本之所由强"一个题目应该参考一些什么书。二哥检了《明治维新三十年史》,壬寅《新民丛报汇编》……一类的书,装了一大篮,叫我带回学堂去翻看。费了几天的工夫,才勉强凑了一篇论说交进去。不久我也会做经义了。几个月之后,我居然算是头班学生了,但英文还不曾读完《华英初阶》,算学还只做到"利息"。

这一年梅溪学堂改为梅溪小学,年底要办毕业第一班。我们听说学堂里要送张在贞、王言、郑璋和我四个人到上海道衙门去考试。我和王、郑二人都不愿意去考试,都不等到考试日期,就离开学堂了。

为什么我们不愿受上海道的考试呢?这一年之中,我们都经过了思想上的一种激烈变动,都自命为"新人物"了。二哥给我的一大篮子的"新书",其中很多是梁启超先生一派人的著述,这时代是梁先生的文章最有势力的时代,他虽不曾明白提倡种族革命,却在一班少年人的脑海里种下了不少革命种子。有一天,王言君借来了一本邹容的《革命军》,我们几个人传观,都很受感动。借来的书是要还人的,所以我们到了晚上,等舍监查夜过去之后,偷偷起来点着蜡烛,轮流抄了一本《革命军》。正在传抄《革命军》的少年,怎肯投到官厅去考试呢？

　　这一年是日俄战争的第一年。上海的报纸上每天登着很详细的战争新闻，爱看报的少年学生都感觉绝大的兴奋，这时候中国的舆论和民众心理都表同情于日本，都痛恨俄国，又都痛恨清政府的宣告中立。仇俄的心理增加了不少排满的心理。这一年，上海发生了几件刺激人心的案子。一件是革命党万福华在租界内枪击前广西巡抚王之春，因为王之春从前是个联俄派。一件是上海黄浦滩上一个宁波木匠周生有，被一个俄国水兵无故砍杀。这两件事都引起上海报纸的注意；尤其是那年新出现的《时报》，天天用简短沉痛的时评替周生有喊冤，攻击上海的官厅。我们少年人初读这种短评，没有一个不受刺激的。周生有案的判决使许多人失望。我和王言、郑璋三个人都恨极了上海道袁海观，所以联合写了一封长信去痛骂他。这封信是匿名的，但我们总觉得不愿意去受他的考试。所以我们三个人都离开梅溪学堂了（王言是黟县人，后来不知下落了；郑璋是潮阳人，后改名仲诚，毕业于复旦，不久病死）。

2　　我进的第二个学堂是澄衷学堂。这学堂是宁波富商叶成忠先生创办的，原来的目的是教育宁波的贫寒子弟；后来规模稍大，渐渐成了上海一个有名的私立学校，来学的人便不限止于宁波人了。这时候的监督是章一山先生，总教是白振民先生。白先生和我二哥是同学，他看见了我在梅溪作的文字，劝我进澄衷学堂。光绪乙巳年（1905），我就进了澄衷学堂。

　　澄衷共有十二班，课堂分东西两排，最高一班称为东一斋，第二班为西一斋，以下直到西六斋。这时候还没有严格规定的学制，也没有什么中学小学的分别。用现在的名称来分，可算前六班为中学，其余六班为小学。澄衷的学科比较完全多了，国文、英文、算学之外，还有物理、化学、博物、图画诸科。分班略依各科的平均程度，但英文、算学程度过低的都不能入高班。

　　我初进澄衷时，因英文、算学太低，被编在东三斋（第五班）。下半年便升入东二斋（第三班），第二年（丙午，1906）又升入西一斋（第二班)。澄衷管理很严,每月有月考,每半年有大考,月考大考都出榜公布,考前三名的有奖品。我的考试成绩常常在第一,故一年升了四班。我在这一年半之中,最有进步的是英文、算学。教英文的谢昌熙先生,陈诗豪先生,张镜人先生,教算学的郁耀卿先生,都给了我很多的益处。

我这时候对于算学最感觉兴趣,常常在宿舍熄灯之后,起来演习算学问题。卧房里没有桌子,我想出一个法子来,把蜡烛放在帐子外床架上,我伏在被窝里,仰起头来,把石板放在枕头上做算题。因为下半年要跳过一班,所以我须要自己补习代数。我买了一部丁福保先生编的代数书,在一个夏天把初等代数习完了,下半年安然升班。

这样的用功,睡眠不够,就影响到身体的健康。有一个时期,我的两只耳朵几乎全聋了。但后来身体渐渐复原,耳朵也不聋了。我小时身体多病,出门之后,逐渐强健。重要的原因我想是因为我在梅溪和澄衷两年半之中从来不曾缺一点钟体操的功课。我从没有加入竞赛的运动,但我上体操的课,总很用力做种种体操。

澄衷的教员之中,我受杨千里先生(天骥)的影响最大。我在东三斋时,他是西二斋的国文教员,人都说他思想很新。我去看他,他很鼓励我,在我的作文稿本上题了"言论自由"四个字。后来我在东二斋和西一斋,他都做过国文教员。有一次,他教我们班上买吴汝纶删节的严复译本《天演论》来做读本,这是我第一次读《天演论》,高兴的很。他出的作文题目也很特别,有一次的题目是"物竞天择,适者生存,试申其义"(我的一篇,前几年澄衷校长曹锡爵先生和现在的校长葛祖兰先生曾在旧课卷内寻出,至今还保存在校内)。这种题目自然不是我们十几岁小孩子能发挥的,但读《天演论》,做"物竞天择"的文章,都可以代表那个时代的风气。

《天演论》出版之后,不上几年,便风行到全国,竟做了中学生的读物了。读这书的人,很少能了解赫胥黎在科学史和思想史上的贡献。他们能了解的只是那"优胜劣败"的公式在国际政治上的意义。在中国屡次战败之后,在庚子辛丑大耻辱之后,这个"优胜劣败,适者生存"的公式确是一种当头棒喝,给了无数人一种绝大的刺激。

几年之中,这种思想像野火一样,延烧着许多少年人的心和血。"天演"、"物竞"、"淘汰"、"天择"等等术语,都渐渐成了报纸文章的熟语,渐渐成了一班爱国志士的"口头禅"。还有许多人爱用这种名词做自己或儿女的名字。陈炯明不是号竞存吗?我有两个同学,一个叫做孙竞存,一个叫做杨天择。我自己的名字也是这种风气底下的纪念品。我在学堂里的名字是胡洪骍。有一天的早晨,我请我二哥代我想一个表字,二哥一面洗脸,一面说:"就用'物竞天择,适者生存'的'适'字,好不好?"我很高兴,就用"适之"二字(二哥字绍之,三哥字振之)。后来我发表文字,偶尔用"胡适"作笔名,直到考试留美官费时(1910)我才正式用胡适的名字。

我在澄衷一年半,看了一些课外的书籍。严复译的《群己权界论》,像是在这时代读的。严先生的文字太古雅,所以少年人受他的影响没有梁启超的影响大。梁先生的文章,明白晓畅之中,带着浓挚的热情,使读的人不能不跟着他走,不能不跟着他想。有时候,我们跟他走到一点上,还想望前走,他倒打住了,或是换了方向走了。在这种时候,我们不免感觉一点失望。但这种失望也正是他的大恩惠。因为他尽了他的能力,把我们带到了一个境界,原指望我们感觉不满足,原指望我们更朝前走。跟着他走,我们固然得感谢他;他引起了我们的好奇心,指着一个未知的世界叫我们自己去探寻,我们更得感谢他。

我个人受了梁先生无穷的恩惠。现在追想起来,有两点最分明。第一是他的《新民说》,第二是他的《中国学术思想变迁之大势》。梁先生自号"中国之新民",又号"新民子",他的杂志也叫做《新民丛报》,可见他的全副心思贯注在这一点。"新民"的意义是要改造中国的民族,要把这老大的病夫民族,改造成一个新鲜活泼的民族。他说:

> 未有四肢已断,五脏已瘵,筋脉已伤,血轮已涸,而身犹能存者;则亦未有其民愚陋怯弱涣散混浊而国犹能立者。……苟有新民,何患无新制度,无新政府,无新国家!(《新民说》叙论)

他的根本主张是:

> 吾思之,吾重思之,今日中国群治之现象殆无一不当从根柢处摧陷廓清,除旧而布新者也。(《新民议》)

说的更沉痛一点:

> 然则救危亡求进步之道将奈何?曰,必取数千年横暴混浊之政体,破碎而齑粉之,使数千万如虎如狼如蝗如蝻如蛾如蛆之官吏失其社鼠城狐之凭借,然后能涤荡肠胃以上于进步之途也!必取数千年腐败柔媚之学说,廓清而辞辟之,使数百万如蠹鱼如鹦鹉如水母如畜犬之学子毋得摇笔弄舌舞文嚼字,为民贼之后援,然后能一新耳目以行进步之实也!而其所以达此目的之方法有二:一曰无血之破坏,二曰有血之破坏。……中国如能为无血之破坏乎?吾馨香而祝之。中国如不得不为有血之破坏乎?吾衰绖而哀之。(《新民说·论进步》)

我们在那个时代读这样的文字,没有一个人不受他的震荡感动的。他在那时代(我那时读的是他在壬寅癸卯做的文字)主张最激烈,态度最鲜明,感人的力量也最深刻。他很明白的提出一个革命的口号:

> 破坏亦破坏,不破坏亦破坏!(同上)

后来他虽然不坚持这个态度了,而许多少年人冲上前去可不肯缩回来了。

《新民说》的最大贡献在于指出中国民族缺乏西洋民族的许多美德。梁先生很不客气的说:

> 五色人相比较,白人最优。以白人相比较,条顿人最优。以条顿人相比较,益格鲁撒逊人最优。(《叙论》)

他指出我们所最缺乏而最须采补的是公德,是国家思想,是进取冒险,是权利思想,是自由,是自治,是进步,是自尊,是合群,是生利的能力,是毅力,是义务思想,是尚武,是私德,是政治能力。他在这十几篇文字里,抱着满腔的血诚,怀着无限的信心,用他那支"笔锋常带情感"的健笔,指挥那无数的历史例证,组织成那些能使人鼓舞,使人掉泪,使人感激奋发的文章。其中如《论毅力》等篇,我在二十五年后重读,还感觉到他的魔力。何况在我十几岁最容易受感动的时期呢?

《新民说》诸篇给我开辟了一个新世界,使我彻底相信中国之外还有很高等的民族,很高等的文化;《中国学术思想变迁之大势》也

给我开辟了一个新世界,使我知道《四书》《五经》之外中国还有学术思想。梁先生分中国学术思想史为七个时代:

一、胚胎时代　春秋以前
二、全盛时代　春秋末及战国
三、儒学统一时代　两汉
四、老学时代　魏晋
五、佛学时代　南北朝,唐
六、儒佛混合时代　宋元明
七、衰落时代　近二百五十年

我们现在看这个分段,也许不能满意(梁先生自己后来也不满意,他在《清代学术概论》里,已不认近二百五十年为衰落时代了)。但在二十五年前,这是第一次用历史眼光来整理中国旧学术思想,第一次给我们一个"学术史"的见解。所以我最爱读这篇文章。不幸梁先生做了几章之后,忽然停止了,使我大失望。甲辰以后,我在《新民丛报》上见他续作此篇,我高兴极了。但我读了这篇长文,终感觉不少的失望。第一,他说"全盛时代",说了几万字的绪论,却把"本论"(论诸家学说之根据及其长短得失)全搁下了,只注了一个"阙"字。他后来只补作了《子墨子学说》一篇,其余各家始终没有补。第二,"佛学时代"一章的本论一节也全没有做。第三,他把第六个时代(宋元明)整个搁起不提。这一部学术思想史中间阙了三个最要紧的部分,使我眼巴巴的望了几年。我在那失望的时期,自己忽发野心,心想:"我将来若能替梁任公先生补作这几章缺了的中国学术思想史,岂不是很光荣的事业?"我越想越高兴,虽然不敢告诉人,却真打定主意做这件事了。

这一点野心就是我后来做《中国哲学史》的种子。我从那时候起,就留心读周秦诸子的书。我二哥劝我读朱子的《近思录》,这是我读理学书的第一部。梁先生的《德育鉴》和《节本明儒学案》,也是这个时期出来的。这些书引我去读宋明理学书,但我读的并不多,只读了王守仁的《传习录》和《正谊堂丛书》内的程朱语录。

我在澄衷的第二年,发起各斋组织"自治会"。有一次,我在自治会演说,题目是"论性"。我驳孟子性善的主张,也不赞成荀子的性恶说。我承认王阳明的性"无善无恶,可善可恶"是对的。我那时正读英文的《格致读本》(The Science Readers),懂得了一点点最浅近的科学知识,就搬出来应用了!孟子曾说:

人性之善也,犹水之就下也。人无有不善,水无有不下。

我说:孟子不懂得科学,——我们在那时候还叫做"格致",——不知道水有保持水平的道理,又不知道地心吸力的道理。"水无有不下",并非水性向下,只是地心吸力引他向下。吸力可以引他向下,高地的蓄水塔也可以使自来水管里的水向上。水无上无下,只保持他的水平,却又可上可下,正像人性本无善无恶,却又可善可恶!

我这篇性论很受同学的欢迎,我也很得意,以为我真用科学证明告子、王阳明的性论了!

我在澄衷只住了一年半,但英文和算学的基础都是在这里打下的。澄衷的好处在于管理的严肃,考试的认真。还有一桩好处,就是学校办事人真能注意到每个学生的功课和品行。白振民先生自己虽不教书,却认得个个学生,时时叫学生去问话。因为考试的成绩都有很详细的记录,故每个学生的能力都容易知道。天资高的学生,可以越级升两班;中等的可以半年升一班;下等的不升班,不升班就等于降半年了。这种编制和管理,是很可以供现在办中学的人参考的。

我在西一斋做了班长,不免有时和学校办事人冲突。有一次,为了班上一个同学被开除的事,我向白先生抗议无效,又写了一封长信去抗议。白先生悬牌责备我,记我大过一次。我虽知道白先生很爱护我,但我当时心里颇感觉不平,不愿继续在澄衷了。恰好夏间中国公学招考,有朋友劝我去考;考取之后,我就在暑假后(1906年)搬进中国公学去了。

廿,三,十八　北京[①]

---

① 此篇原载《新月》第3卷第7号。

四 在上海(二)

1 中国公学是因为光绪乙巳年(1905)日本文部省颁布取缔中国留学生规则,我国的留日学生认为侮辱中国,其中一部分愤慨回国的人在上海创办的。当风潮最烈的时候,湖南陈天华投海自杀,勉励国人努力救国,一时人心大震动,所以回国的很多。回国之后,大家主张在国内办一个公立的大学。乙巳十二月中,十三省的代表全体会决议,定名为"中国公学"。次年(丙午,1906)春天在上海新靶子路黄板桥北租屋开学。但这时候反对取缔规则的风潮已渐渐松懈了,许多官费生多回去复学了。上海那时还是一个眼界很小的商埠,看见中国公学里许多剪发洋装的少年人自己办学堂,都认为是奇怪的事。政府官吏疑心他们是革命党,社会叫他们做怪物。所以赞助捐钱的人很少,学堂开门不到一个半月,就陷入了绝境。公学的干事姚弘业先生(湖南益阳人)激于义愤,遂于三月十二日投江自杀,遗书几千字,说,"我之死,为中国公学死也"。遗书发表之后,舆论都对他表敬意,社会受了一大震动,赞助的人稍多,公学才稍稍站得住。

我也是当时读了姚烈士的遗书大受感动的一个小孩子。夏天我去投考,监考的是总教习马君武先生。国文题目是"言志",我不记得说了一些什么,后来马君武先生告诉我,他看了我的卷子,拿去给谭心休、彭施涤先生传观,都说是为公学得了一个好学生。

我搬进公学之后,见许多同学都是剪了辫子,穿着和服,拖着木屐的;又有一些是内地刚出来的老先生,带着老花眼镜,捧着水烟袋的。他们的年纪都比我大的多;我是做惯班长的人,到这里才感觉到我是个小孩子。不久,我已感得公学的英文数学都很浅,我在甲班里很不费力气。那时候,中国教育界的科学程度太浅,中国公学至多不过可比现在的两级中学程度,然而有好几门功课都不能不请日本教员来教。如高等代数,解析几何,博物学,最初都是日本人教授,由懂日语的同学翻译。甲班的同学有朱经农、李琴鹤等,都曾担任翻译。又有几位同学还兼任学校的职员或教员,如但懋辛便是我们的体操教员。当时的同学和我年纪不相上下的,只有周烈忠,李骏,孙粹存,孙竞存等几个人。教员和年长的同学都把我们看作小弟弟,特别爱护我们,鼓励我们。我和这一班年事稍长,阅历较深的师友们往来,受他们的影响最大。我从小本来就没有过小孩子的生活,现在天天和这班年长的人在一块,更觉得自己不是个小孩子了。

中国公学的教职员和同学之中,有不少的革命党人。所以在这里要看东京出版的《民报》,是最方便的。暑假年假中,许多同学把《民报》缝在枕头里带回内地去传阅。还有一些激烈的同学往往强迫有辫子的同学剪去辫子。但我在公学三年多,始终没有人强迫我剪辫,也没有人劝我加入同盟会。直到二十年后,但懋辛先生才告诉我,当时校里的同盟会员曾商量过,大家都认为我将来可以做学问,他们要爱护我,所以不劝我参加革命的事。但在当时,他们有些活动也并不瞒我。有一晚十点钟的时候,我快睡了,但君来找我,说,有个女学生从日本回国,替朋友带了一只手提小皮箱,江海关上要检查,她说没有钥匙,海关上不放行。但君因为我可以说几句英国话,要我到海关上去办交涉。我知道箱子里是危险的违禁品,就跟了他到海关码头,这时候已过十一点钟,谁都不在了,我们只好怏怏回去。第二天,那位女学生也走了,箱子她丢在关上不要了。

我们现在看见上海各学校都用国语讲授,决不能想象二十年的上海还完全是上海话的世界,各学校全用上海话教书,学生全得学上海话。中国公学是第一个用"普通话"教授的学校。学校里的学生,四川、湖南、河南、广东的人最多,其余各省的人也差不多全有。大家都说"普通话",教员也用"普通话"。江浙的教员,如宋耀如,王仙华,沈翔云诸先生,在讲堂上也都得勉强说官话。我初入学时,只会说徽州话和上海话;但在学校不久也就会说"普通话"了。我的同学中四川人最多;四川话清楚干净,我最爱学他,所以我说的普通话最近于四川话。二三年后,我到四川客栈(元记、厚记等)去看朋友,四川人只问,"贵府是川东,是川南?"他们都把我看成四川人了。

中国公学创办的时候,同学都是创办人。职员都是同学中举出来的,所以没有职员和学生的界限。当初创办的人都有革命思想,想在这学校里试行一种民主政治的制度。姚弘业烈士遗书中所谓"以大公无我之心,行共和之法",即是此意。全校的组织分为"执行"与"评议"两部。执行部的职员(教务干事,庶务干事,斋务干事)都是评议部举出来的,有一定的任期,并且对于评议部要负责任。评议部是班长和室长组织成的,有监督和弹劾职员之权。评议会开会时,往往有激烈的辩论,有时直到点名熄灯时方才散会。评议会之中,最出名的是四川人龚从龙,口齿清楚,态度从容,是一个好议长。这种训练是有益的。我年纪太小,第一年不够当评议员,有时在门外听听他们的辩论,不禁感觉我们在澄衷学堂的自治会真是儿戏。

2 我第一学期住的房间里,有好几位同学都是江西萍乡和湖南醴陵人,他们都是邻县人,说的话我听不大懂。但不到一个月,我们很相熟了。他们都是二三十岁的人了;有一位钱文恢(号古愚)已有胡子,人叫他钱胡子。他告诉我,他们现在组织了一个学会,叫做竞业学会,目的是"对于社会,竞与改良;对于个人,争自濯磨",所以定了这个名字。他介绍我进这个会,我答应了。钱君是会长,他带我到会所里去,给我介绍了一些人。会所在校外北四川路厚福里。会中住的人大概多是革命党。有个杨卓林,还有个廖德璠,后来都是因谋革命被杀的。会中办事最热心的人,钱君之外,有谢寅杰和丁洪海两君,他两人维持会务最久。

竞业学会的第一件事业就是创办一个白话的旬报,就叫做《竞业旬报》。他们请了一位傅君剑先生(号钝根)来做编辑。旬报的宗旨,傅君说,共有四项:一振兴教育,二提倡民气,三改良社会,四主张自治。其实这都是门面话,骨子里是要鼓吹革命。他们的意思是要"传布于小学校之青年国民",所以决定用白话文。胡梓方先生(后

来的诗人胡诗庐)作《发刊辞》,其中有一段说:

> 今世号通人者,务为艰深之文,陈过高之义,以为士大夫劝,而独不为彼什伯千万倍里巷乡间之子计,则是智益智,愚益愚,智日少,愚日多也。顾可为治乎哉?

又有一位会员署名"大武",作文《论学官话的好处》,说:

> 诸位呀,要救中国,先要联合中国的人心。要联合中国的人心,先要统一中国的言语。……但现今中国的语言也不知有多少种,如何叫他们合而为一呢? ……除了通用官话,更别无法子了。但是官话的种类也很不少,有南方官话,有北方官话,有北京官话。现在中国全国通行官话,只须摹仿北京官话,自成一种普通国语哩。

这班人都到过日本,又多数是中国公学的学生,所以都感觉"普通国语"的需要。"国语"一个目标,屡见于《竞业旬报》的第一期,可算是提倡最早的了。

《竞业旬报》的第一期是丙午年(1906年)九月十一日出版的。同住的钟君见我常看小说,又能作古文,就劝我为《旬报》作白话文。第一期里有我的一篇通俗《地理学》,署名"期自胜生"。那时候我正读《老子》,爱上了"自胜者强"一句话,所以取了个别号叫"希强",又自称"期自胜生"。这篇文字是我的第一篇白话文字,所以我抄其中说"地球是圆的"一段在这里做一个纪念:

> 譬如一个人立在海边,远远的望这来往的船只。那来的船呢,一定是先看见它的桅杆顶,以后方能看见它的风帆,它的船身一定在最后方可看见。那去的船呢,却恰恰与来的相反,它的船身一定先看不见,然后看不见它的风帆,直到后来方才看不见它的桅杆顶。这是什么缘故呢?因为那地是圆的,所以来的船在那地的低处慢慢行上来,我们看去自然先看见那桅杆顶了。那去的船也是这个道理,不过同这相反罢了。诸君们如再不相信,可捉一只苍蝇摆在一只苹果上,叫他从下面爬到上面来,可不是先看见他的头然后再看见他的脚么?

这段文字已充分表现出我的文章的长处和短处了。我的长处是明白清楚,短处是浅显。这时候我还不满十五岁。二十五年来,我抱定一个宗旨,做文字必须要叫人懂得,所以我从来不怕人笑我的文字浅显。

我做了一个月的白话文,胆子大起来了,忽然决心做一个长篇的章回小说。小说的题目叫做《真如岛》,用意是"破除迷信,开通民智"。我拟了四十回的题目,便开始写下去了。第一回就在《旬报》第三期上发表(丙午十月初一日),回目是:

虞善仁疑心致疾

孙绍武正论祛迷

这小说的开场一段是:

> 话说江西广信府贵溪县城外有一个热闹的市镇叫做神权镇,镇上有一条街叫做福儿街。这街尽头的地方有一所高大的房子。有一天下午的时候,这屋的楼上有二人在那里说话。一个是一位老人,年纪大约五十以外的光景,鬓发已略有些花白了,躺在一张床上,把头靠近床沿,身上盖了一条厚被,面上甚是消瘦,好像是重病的模样。一个是一位十八九岁的后生,生得仪容端正,气概轩昂,坐在床前一只椅子上,听那个老人说话。

我小时候最痛恨道教,所以这部小说的开场白就放在张天师的家乡。但我实在不知道贵溪县的地理风俗,所以不久我就把书中的主人翁孙绍武搬到我们徽州去了。

《竞业旬报》出到第十期,便停办了。我的小说续到第六回,也停止了。直到戊申年(1908年)三月十一日,《旬报》复活,第十一期才出世。但傅君剑已不来了,编辑无人负责,我也不大高兴投稿了。到了戊申七月,《旬报》第二十四期以下就归我编辑。从第二十四期到第三十八期,我做了不少的文字,有时候全期的文字,从论说到新闻,差不多都是我做的。《真如岛》也从二十四期上续作下去,续到第十一回,《旬报》停刊了,我的小说也从此停止了。这时期我改用了"铁儿"的笔名。

这几十期的《竞业旬报》给了我一个绝好的机会,使我可以把在家乡和学校得着的一点点知识和见解,整理一番,用明白清晰的文字叙述出来。《旬报》的办事人从来没有干涉我的言论,所以我能充分发挥我的思想,尤其是我对宗教迷信的思想。例如《真如岛》小说第八回里,孙绍武这样讨论"因果"的问题:

> 这"因果"二字,很难说的。从前有人说,"譬如窗外这一枝花儿,枝枝朵朵都是一样,何曾有什么好歹善恶的分别?不多一会,起了一阵狂风,把一树花吹一个'花落花飞飞满天',那许多花朵,有的吹上帘栊,落在锦茵之上;有的吹出墙外,落在粪溷之中。这落花的好歹不同,难道说是这几枝花的善恶报应不成?"这话很是,但我的意思却不止此。大约这因果二字是有的。有了一个因,必收一个果。譬如吃饭自然会饱,吃酒自然会醉。有了吃饭吃酒两件原因,自然会生出醉饱两个结果来。但是吃饭是饭的作用生出饱来,种瓜是瓜的作用生出新瓜来。其中并没有什么人为之主宰。如果有什么人为主宰,什么上帝哪,菩萨哪,既能罚恶人于作孽之后,为什么不能禁之于未作孽之前呢?……"天"要是真有这么大的能力,何不把天下的人个个都成了善人呢?……"天"既生了恶人,让他在世间作恶,后来又叫他受许多报应,这可不是书上说的"出尔反尔"么?……总而言之,"天"既不能使人不作恶,便不能罚那恶人。

落花一段引的是范缜的话(看本书第二章),后半是我自己的议论。这是很不迟疑的无神论。这时候我另在《旬报》上发表了一些《无鬼丛话》,第一条就引用司马温公"形既朽灭,神亦飘散,虽有剉烧舂磨,亦无所施"的话,和范缜"神之于形,犹利之于刀"的话(参看第二章)。第二条引苏东坡的诗:"耕田欲雨刈欲晴,去得顺风来者怨。若使人人祷辄遂,造物应须日千变。"第三条痛骂《西游记》和《封神榜》,其中有这样的话:

> 夫士君子处颓散之世,不能摩顶放踵敝口焦舌以挽滔滔之狂澜,曷若隐遁穷邃,与木石终其身!更安忍随波逐流,阿谀取容于当世,用自私利其身?(本条前面说《封神榜》的作者把书稿送给他的女儿作嫁资,其婿果然因此发财,所以此处有"自私利"的话。)天壤间果有鬼神者,则地狱之设正为此辈!此其人

更安有著书资格耶！（《丛话》原是用文言作的）

这是戊申(1908)年八月发表的。谁也梦想不到说这话的小孩子在十五年后(1923)居然很热心的替《西游记》作两万字的考证！如果他有好材料，也许他将来还替《封神榜》作考证哩！

在《无鬼丛话》的第三条里，我还接着说：

《王制》有之："托于鬼神时日卜筮以乱众者，诛。"吾独怪夫数千年来之掌治权者，之以济世明道自期者，乃憒然不之注意，惑世诬民之学说得以大行，遂举我神州民族投诸极黑暗之世界！嗟夫，吾昔谓"数千年来仅得许多脓包皇帝，混帐圣贤"，吾岂好骂人哉？吾其好骂人哉？

这里很有"卫道"的臭味，但也可以表现我在不满十七岁时的思想路子。《丛话》第四条说：

吾尝持无鬼之说，论者或咎余，谓举一切地狱因果之说而摧陷之，使人敢于为恶，殊悖先王神道设教之旨。此言余不能受也。今日地狱因果之说盛行，而恶人益多，民德日落，神道设教之成效果何如者！且处兹思想竞争时代，不去此种种魔障，思想又乌从而生耶？

这种夸大的口气，出在一个十七岁的孩子的笔下，未免叫人读了冷笑。但我现在回看我在那时代的见解，总算是自己独立想过几年的结果，比起现在一班在几个抽象名词里翻筋斗的少年人们，我还不感觉惭愧。

《竞业旬报》上的一些文字，我早已完全忘记了。前年中国国民党的中央宣传部曾登报征求全份的《竞业旬报》，——大概他们不知道这里面一大半的文字是胡适做的，——似乎也没有效果。我靠几个老朋友的帮助，搜求了几年，至今还不曾凑成全份。今年回头看看这些文字，真有如同隔世之感。但我根本诧异的是有一些思想后来成为我的重要出发点的，在那十七八岁的时候已有了很明白的倾向了。例如我在《旬报》第三十六期上发表一篇《苟且》，痛论随便省事不肯彻底思想的毛病，说"苟且"二字是中国历史上的一场大瘟疫，把几千年的民族精神都瘟死了。我在《真如岛》小说第十一回（《旬

报》三十七期)论扶乩的迷信,也说:

> 程正翁,你想罢,别说没有鬼神,即使有鬼神,那关帝吕祖何等尊严,岂肯听那一二张符诀的号召?这种道理总算浅极了,稍微想一想,便可懂得。只可怜我们中国人总不肯想,只晓得随波逐流,随声附和。国民愚到这步田地,照我的眼光看来,这都是不肯思想之故。所以宋朝大儒程伊川说:"学原于思",这区区四字简直是千古至言。——郑先生说到这里,回过头来,对翼华翼璜道:程子这句话,你们都可写作座右铭。

"学原于思"一句话是我在澄衷学堂读朱子《近思录》时注意到的。我后来的思想走上了赫胥黎和杜威的路上去,也正是因为我从十几岁时就那样十分看重思想的方法了。

又如那时代我在李莘伯办的《安徽白话报》上发表的一篇《论承继之不近人情》(转载在《旬报》二十九期),我不但反对承继儿子,并且根本疑问"为什么一定要儿子?"此文的末尾有一段说:

> 我如今要荐一个极孝顺永远孝顺的儿子给我们中国四万万同胞。这个儿子是谁呢?便是"社会"。……
>
> 你看那些英雄豪杰仁人义士的名誉,万古流传,永不湮没;全社会都崇拜他们,纪念他们;无论他们有子孙没有子孙,我们纪念着他们,总不少减;也只为他们有功于社会,所以社会永远感谢他们,纪念他们。阿唅唅,这些英雄豪杰仁人义士的孝子贤孙多极了,多极了!……一个人能做许多有益于大众有功于大众的事业,便可以把全社会都成了他的孝子贤孙。列位要记得:儿子,孙子,亲生的,承继的,都靠不住。只有我所荐的孝子顺孙是万无一失的。

这些意思,最初起于我小时看见我的三哥出继珍伯父家的痛苦情形,是从一个真问题上慢慢想出来的一些结论。这一点种子,在四五年后,我因读培根(Bacon)的论文有点感触,在日记里写成我的《无后主义》。在十年之后,又因为我母亲之死引起了一些感想,我才写成《不朽:我的宗教》一文,发挥"社会不朽"的思想。

这几十期的《竞业旬报》,不但给我了一个发表思想和整理思想的机会,还给了我一年多作白话文的训练。清朝末年出了不少的白话报,如《中国白话报》,《杭州白话报》,《安徽俗话报》,《宁波白话报》,《潮州白话报》,都没长久的寿命。光绪宣统之间,范鸿仙等办《国民白话日报》,李莘伯办《安徽白话报》,都有我的文字,但这两个报都只有几个月的寿命。《竞业旬报》出到四十期,要算最长寿的白话报了。我从第一期投稿起,直到它停办时止,中间不过有短时期没有我的文字。和《竞业旬报》有编辑关系的人,如傅君剑,如张丹斧,如叶德争,都没有我的长久关系,也没有我的长期训练。我不知道我那几十篇文字在当时有什么影响,但我知道这一年多的训练给了我自己绝大的好处。白话文从此形成了我的一种工具。七八年之后,这件工具使我能够在中国文学革命的运动里做一个开路的工人。

3 我进中国公学不到半年,就得了脚气病,不能不告假医病。我住在上海南市瑞兴泰茶叶店里养病,偶然翻读吴汝纶选的一种古文读本,其中第四册全是古诗歌。这是我第一次读古体诗歌,我忽然感觉很大的兴趣。病中每天读熟几首。不久就把这一册古诗读完了。我小时曾读一本律诗,毫不觉得有兴味,这回看了这些乐府歌辞和五七言诗歌,才知道诗歌原来是这样自由的,才知道做诗原来不必先学对仗。我背熟的第一首诗是《木兰辞》,第二首是《饮马长城窟行》,第三是《古诗十九首》。一路下去,直到陶潜,杜甫,我都喜欢读。读完了吴汝纶的选本,我又在二哥的藏书里寻到了《陶渊明集》和《白香山诗选》,后来又买了一部《杜诗镜诠》。这时期我专读古体歌行,不肯再读律诗;偶然也读一些五七言绝句。

有一天,我回学堂去,路过《竞业旬报》社,我进去看傅君剑,他说不久就要回湖南去了。我回到了宿舍,写了一首送别诗,自己带给君剑,问他像不像诗。这诗我记不得了,只记得开端是"我以何因缘,得交傅君剑"。君剑很夸奖我的送别诗,但我终有点不自信。过了一天,他送了一首《留别适之即和赠别之作》来,用日本卷笺写好,我打开一看,真吓了一跳。他诗中有"天下英雄君与我,文章知己友兼师"两句,在我这刚满十五岁的小孩子眼里,这真是受宠若惊了!

"难道他是说谎话哄小孩子吗?"我忍不住这样想。君剑这副诗笺,我赶快藏了,不敢给人看。然而他这两句鼓励小孩子的话可害苦我了,从此以后,我就发愤读诗,想要做个诗人了。有时候,我在课堂上,先生在黑板上解高等代数的算式,我却在斯密司的《大代数学》底下翻《诗韵合璧》,练习簿上写的不是算式,是一首未完的纪游诗。一两年前我半夜里偷点着蜡烛,伏在枕头上演习代数问题,那种算学兴趣现在都被做诗的新兴趣赶跑了!我在脚气病的几个月之中发现了一个新世界,同时也决定了我一生的命运。我从此走上了文学史学的路,后来几次想矫正回来,想走到自然科学的路上去,但兴趣已深,习惯已成,终无法挽回了。

丁未正月(1907)我游苏州,三月与中国公学全体同学旅行到杭州,我都有诗纪游。我那时全不知道"诗韵"是什么,只依家乡的方音,念起来同韵便算同韵。在西湖上写了一首绝句,只押了两个韵脚,杨千里先生看了大笑,说,一个字在"尤"韵,一个字在"萧"韵。他替我改了两句,意思全不是我的了。我才知道做诗要硬记诗韵,并且不妨牺牲诗的意思来迁就诗的韵脚。

丁未五月,我因脚气病又发了,遂回家乡养病(我们徽州人在上海得了脚气病,必须赶紧回家乡,行到钱塘江的上游,脚肿便渐渐退了)。我在家中住了两个多月,母亲很高兴。从此以后,我十年不归家(1907—1917),那是母亲和我都没有料到的。那一次在家,和近仁叔相聚甚久,他很鼓励我作诗。在家中和路上我都有诗。这时候我读了不少白居易的诗,所以我这时期的诗,如在家乡做的《弃父行》,很表现《长庆集》的影响。

丁未以后,我在学校里颇有少年诗人之名,常常和同学们唱和。有一次我做了一首五言律诗,押了一个"赪"字韵,同学和教员和作的诗有十几首之多。同学中如汤昭(保民),朱经(经农),任鸿隽(叔永),沈翼孙(燕谋)等都能作诗;教员中如胡梓方先生,石一参先生等,也都爱提倡诗词。梓方先生即是后来出名的诗人胡诗庐,这时候他教我们的英文,英文教员能做中国诗词,这是当日中国公学的一种特色。还有一位英文教员姚康侯先生,是辜鸿铭先生的学生,也是很讲究中国文学的,辜先生译的《痴汉骑马歌》,其实是姚康侯先生和几位同门修改润色的。姚先生在课堂上常教我们翻译,从英文译汉文,或从汉文译英文。有时候,我们自己从读本里挑出爱读的英文诗,邀几个能诗的同学分头翻译成中国诗,拿去给姚先生和胡先生评改。姚先生常劝我们看辜鸿铭译的《论语》,他说这是翻译的模范。但五六年后,我得读辜先生译的《中庸》,感觉很大的失望。大概当时所谓翻译,都侧重自由的意译,务必要"典雅",而不妨变动原文的意义与文字。这种训练也有他的用处,可以使学生时时想到中西文字异同之处,时时想到某一句话应该怎样翻译,才可算"达"与"雅"。我记得我们试译一首英文诗,中有 Scarecrow 一个字,我们大家想了几天,想不出一个典雅的译法。但是这种工夫,现在回想起来,不算是浪费了的。

我初学做诗,不敢做律诗,因为我不曾学过对对子,觉得那是很难的事。戊申(1908)以后,我偶然试做一两首五言律诗来送朋友,觉得并不很难,后来我也常常做五七律诗了。做惯律诗之后,我才明白这种体裁是似难而实易的把戏;不必有内容,不必有情绪,不必有意思,只要会变戏法,会搬运典故,会调音节,会对对子,就可以凑成一首律诗。这种体裁最宜于做没有内容的应酬诗,无论是殿廷上应酬皇帝,或寄宿舍里送别朋友,把头摇几摇,想出了中间两联,凑上一头一尾,就是一首诗了;如果是限韵或和韵的诗,只消从韵脚上去着想,那就更容易了。大概律诗的体裁和步韵的方法所以不能废除,正因为这都是最方便的戏法。我那时读杜甫的五言律诗最多,所以我做的五律颇受他的影响。七言律诗,我觉得没有一首能满意的,所以我做了几首之后就不做了。

现在我把我在那时做的诗抄几首在这里,也算一个时期的纪念:
秋日梦返故居(戊申八月)
秋高风怒号,客子中怀乱。抚枕一太息,悠悠归里闬。入门拜慈母,母方抚孙玩。齐儿见叔来,牙牙似相唤。拜母复入室,诸嫂同炊爨。问答乃未已,举头日已旰。方期长聚首,岂复疑梦幻?年来历世故,遭际多忧患。耿耿苦思家,听人讥斥鹦。(玩字原作弄,是误用方音,前年改玩字。)

军人梦(译 Thomas Campbell's A Soldier's Dream) （戊申）
笳声销歇暮云沉,耿耿天河灿列星。战士创痍横满地,倦者酣眠创者逝。枕戈藉草亦薿然,时见刍人影摇曳。长夜沉沉夜未央,陶然入梦已三次。梦中忽自顾,身已离行伍,秋风拂襟袖,独行殊踽踽。惟见日东出,迎我归乡土。纵横阡陌间,尽是钓游迹。时闻老农刈稻歌,又听牛羊噍山脊。归来戚友咸燕集,誓言不复相离别。娇儿数数亲吾额,少妇情深自呜咽。举室争言君已倦,幸得归休免征战。惊回好梦日熹微,梦魂渺渺成虚愿。(刍人原作刍灵,今年改)

酒醒 （己酉）
酒能销万虑,已分醉如泥。烛泪流干后,更声断续时。醒来还苦忆,起坐一沉思。窗外东风峭,星光淡欲垂。

女优陆菊芬演《纺棉花》(己酉)
永夜亲机杼,悠悠念远人。朱弦纤指弄,一曲翠眉颦。满座天涯客,无端旅思新。未应儿女语,争奈不胜春!

秋柳　有序　（己酉）
秋日适野,见万木皆有衰意。而柳以弱质,际兹高秋,独能迎风而舞,意态自如。岂老氏所谓能以弱者存耶?感而赋之。
但见萧飕万木摧,尚余垂柳拂人来。西风莫笑长条弱,也向西风舞一回。
(西风莫笑,原作"凭君漫说",民国五年改。长条原作"柔条",十八年改。)[1]

---

[1] 此篇原载《新月》第3卷第10号。

五　我怎样到外国去

1　戊申（1908）九月间，中国公学闹出了一次大风潮，结果是大多数学生退学出来，另组织一个中国新公学。这一次的风潮为的是一个宪法的问题。

中国公学在最初的时代，纯然是一个共和国家，评议部为最高立法机关，执行部的干事即由公选产生出来。不幸这种共和制度实行了九个月（丙午二月至十一月），就修改了。修改的原因，约有几种：一是因为发起的留日学生逐渐减少，而新招来的学生逐渐加多，已不是当初发起时学生与办事人完全不分界限的情形了。二是因为社会和政府对于这种共和制度都很疑忌。三是因为公学既无校舍，又无基金，有请求官款补助的必要，所以不能不避免外界对于公学内部的疑忌。

为了这种种原因，公学的办事人就在丙午（1906）年的冬天，请了郑孝胥、张謇、熊希龄等几十人作中国公学的董事，修改章程，于是学生主体的制度，就变成了董事会主体的制度。董事会根据新章程，公举郑孝胥为监督。一年后，郑孝胥辞职，董事会又举夏敬观为监督。这两位都是有名的诗人，他们都不常到学校，所以我们也不大觉得监督制的可畏。

可是在董事会与监督［制］之下，公学的干事就不能由同学公选了。评议部是新章所没有的。选举的干事改为学校聘任的教务长，庶务长，斋务长了。这几位办事人，外面要四出募捐，里面要担负维持学校的责任，自然感觉他们的地位有稳定的必要。况且前面已说过，校章的修改也不是完全没有理由的。但我们少年人可不能那样想。中国公学的校章上明明载着"非经全体三分之二承认，不得修改"。这是我们的宪法上载着的唯一的修正方法。三位干事私自修改校章,是非法的。评议部的取消也是非法的。这里面也还有个人的问题。当家日子久了,总难免"猫狗皆嫌",何况同学之中有许多本是干事诸君的旧日同辈的朋友呢!在校上课的同学自然在学业上日日有长进,而干事诸君办事久了,学问上没有进境,却当着教务长一类的学术任务,自然有时难免受旧同学的轻视。法的问题和这种人的问题混合在一块,风潮就不容易避免了。

代议制的评议部取消之后,全体同学就组织了一个"校友会",其实就等于今日各校的学生会。校友会和三干事争了几个月,干事答应了校章可由全体学生修改。又费了几个月的时间,校友会把许多修正案整理成一个草案,又开了几次会,才议定了一个校章。一年多的争执,经过了多少度的磋商,新监督夏先生与干事诸君均不肯承认这新改的校章。

到了戊申(1908)九月初三日,校友会开大会报告校章交涉的经过,会尚未散,监督忽出布告,完全否认学生有订改校章之权,这竟是完全取消干事承认全体修改校章的布告了。接着又出了两道布告,一道说"集会演说,学堂悬为严禁。……校友会以后不准再行开会"。一道说学生代表朱经朱绂华"倡首煽众,私发传单,侮辱职员,要挟发布所自改印章程,屡诫不悛,纯用意气,实属有意破坏公学。照章应即斥退,限一日内搬移出校"。

初四日,全体学生签名停课,在操场上开大会。下午干事又出布告,开除学生罗君毅,周烈忠,文之孝等七人,并且说:"如仍附从停课,即当将停课学生全行解散,另行组织。"初五日,教员出来调停,想请董事会出来挽救。但董事会不肯开会。初七日学生大会遂决议筹备万一学校解散后的办法。

初八日董事陈三立先生出来调停,但全校人心已到了很激昂的程度,不容易挽回了。初九日,校中布告:"今定于星期日暂停膳食。所有被胁诸生可先行退出校外,暂住数日。准于今日午后一时起,在环球中国学生会发给旅膳费。俟本公学将此案办结后,再行布告来校上课。"

这样的压迫手段激起了校中绝大多数同学的公愤。他们决定退学,遂推举干事筹备另创新校的事。退学的那一天,秋雨淋漓,大家冒雨搬到爱而近路庆祥里新租的校舍里。厨房虽然寻来了一家,饭厅上桌凳都不够,碗碟也不够。大家都知道这是我们自己创立的学校,所以不但不叫苦,还要各自掏腰包,捐出钱来作学校的开办费。有些学生把绸衣,金表,都拿去当了钱来捐给学堂做开办费。

十天之内,新学校筹备完成了,居然聘教员,排功课,正式开课了。校名定为"中国新公学",学生有一百六七十人。在这风潮之中,最初的一年因为我是新学生,又因为我告了长时期的病假,所以没有参与同学和干事的争执;到了风潮正激烈的时期,我被举为大会书记,许多记录和宣言都是我做的;虽然不在被开除之列,也在退学之中。朱经,李琴鹤,罗君毅被举作干事。有许多旧教员都肯来担任教课。学校虽然得着社会上一部分人的同情,捐款究竟很少,经常费很感觉困难。李琴鹤君担任教务干事,有一天他邀我到他房里谈话,他要我担任低年级各班的英文,每星期教课三十点钟,月薪八十元;但他声明,自家同学作教员,薪俸是不能全领的,总得欠着一部分。

我这时候还不满十七岁,虽然换了三个学堂,始终没有得着一张毕业证书。我若继续上课,明年可以毕业了。但我那时确有不能继续求学的情形。我家本没有钱。父亲死后,只剩下几千两的存款,存在同乡店家生息,一家人全靠这一点出息过日子。后来存款的店家倒帐了,分摊起来,我家分得一点小店业。我的二哥是个有干才的人,他往来汉口上海两处,把这点小店业变来变去,又靠他的同学朋友把他们的积蓄寄存在他的店里,所以他能在几年之中合伙撑起一个规模较大的瑞兴泰茶叶店。但近几年之中,他的性情变了,一个拘谨的人变成了放浪的人;他的费用变大了,精力又不能贯注到店事,店中所托的人又不很可靠,所以店业一年不如一年。后来我家的亏空太大了,上海的店业不能不让给债权人。当戊申的下半年,我家只剩汉口一所无利可图的酒栈(两仪栈)了。这几个月以来,我没有钱住宿舍,就寄居在《竞业旬报》社里(也在庆祥里)。从七月起,我担任《旬报》的编辑,每出一期报,社中送我十块钱的编辑费。住宿和饭食都归社中担负。我家中还有母亲,眼前就得要我寄钱赡养了。母亲也知道家中破产就在眼前,所以寄信来要我今年回家去把婚事办了。我斩钉截铁的阻止了这件事,名义上是说求学要紧,其实是我知道家中没有余钱给我办婚事,我也没有钱养家。

正在这个时候,李琴鹤君来劝我在新公学作教员。我想了一会,就答应了。从此以后,我每天教六点钟的英文,还要改作文卷子。十七八岁的少年人,精力正强,所以还能够勉强支持下去,直教到第二年(1909)冬天中国新公学解散时为止。

以学问论,我那时怎配教英文?但我是个肯负责任的人,肯下苦功去预备功课,所以这一年之中还不曾有受窘的时候。我教的两班后来居然出了几个有名的人物:饶毓泰(树人),杨铨(杏佛),严庄(敬斋),都做过我的英文学生。后来我还在校外收了几个英文学生,其中有一个就是张奚若。可惜他们后来都不是专习英国文学;不然,我可真"抖"了!

《竞业旬报》停刊之后,我搬进新公学去住。这一年的教书生活虽然很苦,于我自己却有很大的益处。我在中国公学两年,受姚康侯和王云五两先生的影响很大,他们都最注重文法上的分析,所以我那时虽不大能说英国话,却喜欢分析文法的结构,尤其喜欢拿中国文法来做比较。现在做了英文教师,我更不能不把字字句句的文法弄的清楚。所以这一年之中,我虽没有多读英国文学书,却在文法方面得着很好的练习。

中国新公学在最困苦的情形之下支持了一年多,这段历史是很悲壮的。那时候的学堂多不讲究图书仪器的设备,只求做到教员好,功课紧,管理严,就算好学堂了。新公学的同学因为要争一口气,所以成绩很好,管理也不算坏。但经费实在太穷,教员只能拿一部分的薪俸,干事处常常受收房捐和收巡捕捐的人的恶气;往往因为学校不能付房捐与巡捕捐,同学们大家凑出钱来,借给干事处。有一次干事朱经农君(即朱经)感觉学校经费困难已到了绝地,他忧愁过度,神经错乱,出门乱走,走到了徐家汇的一条小河边,跳下河去,幸遇人救起,不曾丧命。

这时候,中国公学的吴淞新校舍已开始建筑了,但学生很少。内地来的学生,到了上海,知道了两个中国公学的争持,大都表同情于新公学,所以新公学的学生总比老公学多。例如张奚若(原名耘)等一些陕西学生,到了上海,赶不上招考时期,他们宁可在新公学附近租屋补习,却不肯去老公学报名。所以"中国新公学"的招牌一天不去,"中国公学"是一天不得安稳发展的。老公学的职员万不料我们能支持这么久。他们也知道我们派出去各省募捐的代表,如朱绂华、朱经农、薛传斌等,都有有力的介绍,也许有大规模的官款补助的可能。新公学募款若成功,这个对峙的局面更不容易打消了。

老公学的三干事之中,张邦杰(俊生)先生当风潮起时在外省募款未归;他回校后极力主张调停,收回退学的学生。不幸张先生因建筑吴淞校舍,积劳成疾,不及见两校的合并就死了。新公学董事长李平书先生因新校经济不易维持,也赞成调停合并。调停的条件大致是:凡新公学的学生愿意回去的,都可回去;新公学的功课成绩全部承认;新公学所有亏欠的债务,一律由老公学担负清偿。新公学一年之中亏欠已在一万元以上,捐款究竟只是一种不能救急的希望;职员都是少年人,牺牲了自己的学业来办学堂,究竟不能持久。所以到了己酉(1909)十月,新公学接受了调停的条件,决议解散:愿回旧校者,自由回去。我有题新校合影的五律二首,七律一首,可以纪念我们在那时候的感情,所以我抄在这里:

十月题新校合影,时公学将解散

无奈秋风起,艰难又一年。颠危俱有责,成败岂由天?黯黯愁兹别,悠悠祝汝贤。不堪回首处,沧海已桑田。此地一为别,依依无限情。凄凉看日落,萧瑟听风鸣。应有天涯感,无忘城下盟! 相携入图画,万虑苦相萦。

十月再题新校教员合影

也知胡越同舟谊,无奈惊涛动地来。江上飞鸟犹绕树,尊前残蜡已成灰。昙花幻相空余恨,鸿爪遗痕亦可哀。莫笑劳劳作刍狗,且论臭味到岑苔。

这都算不得诗,但"应有天涯感,无忘城下盟"两句确是当时的心理。合并之后,有许多同学都不肯回老公学去,也是为此。这一年的经验,为一个理想而奋斗,为一个团体而牺牲,为共同生命而合作,这些都在我们一百六十多人的精神上留下磨不去的影子。二十年来,无人写这一段历史,所以我写这几千字,给我的一班老同学留一点"鸿爪遗痕"。

少年人的理想主义受打击之后,反动往往是很激烈的。在戊申己酉(1908—1909)两年之中,我的家事败坏到不可收拾的地步。己酉年,大哥和二哥回家,主张分析家产;我写信回家,说我现在已能自立了,不要家中的产业。其实家中本没有什么产业可分,分开时,兄弟们每人不过得着几亩田,半所屋而已。那一年之中,我母亲最心爱的一个妹子和一个弟弟先后死了,她自己也病倒了。我在新公学解散之后,得了两三百元的欠薪,前途茫茫,毫无把握,那敢回家去?只好寄居在上海,想寻一件可以吃饭养家的事。在那个忧愁烦闷的时候,又遇着一班浪漫的朋友,我就跟着他们堕落了。

〔注〕这一段是去年(1931)夏间写的,写成之后,我恐怕我的记载有不正确或不公平的地方,所以把原稿送给王敬芳先生(抟沙),请他批评修改。他是我们攻击的干事之一,是当日风潮的一个主要目标。但事隔二十多年,我们都可以用比较客观的眼光来回看当年的旧事了。他看了之后,写了一封几千字的长信给我,承认我的话"说的非常心平气和,且设身处地的委曲体谅,令我极端佩服",又指出一些与当日事实不符的地方。他指出的错误,我都改正了。所以这一段小史,虽是二十多年后追记的,应该没有多大的错误。我感谢王先生的修正,并且盼望我的老同学朱经农、罗君毅诸先生也给我同样的修正。

王先生在他的长信里说了几句很感慨的话,我认为很值得附录在此。他说:"我是当初反对取缔规则最力的人,但是今日要问我取缔规则到底对于中国学生有多大害处,我实在答应不出来。你是当时反对公学最力的人,看你这篇文章,今昔观察也就不同的多了。我想青年人往往因感情的冲动,理智便被压抑了。中国学校的风潮,大多数是由于这种原因。学校中少一分风潮,便多一分成就。盼望你注意矫正这种流弊。"

我是赞成这话的,但是我要补充一句:学校的风潮不完全由于青年人的理智被感情压抑了,其中往往是因为中年人和青年人同样失去了运用理智的能力。专责备青年人是不公允的。中国公学最近几次的风潮都是好例子。

廿一,九,廿七

2 中国新公学有一个德国教员,名叫何德梅(Ottomeir),他的父亲是德国人,母亲是中国人,他能说广东话,上海话,官话。什么中国人的玩意儿,他全会。我从新公学出来,就搬在他隔壁的一所房子里住,这两所房子是通的,他住东屋,我和几个四川朋友住西屋。和我同住的人,有林君墨(恕),但怒刚(懋辛)诸位先生;离我们不远,住着唐桂梁(蟒)先生,是唐才常的儿子。这些人都是日本留学生,都有革命党的关系;在那个时候各地的革命都失败了,党人死的不少,这些人都很不高兴,都很牢骚。何德梅常邀这班人打麻将,我不久也学会了。我们打牌不赌钱,谁赢谁请吃雅叙园。我们这一班人都能喝酒,每人面前摆一大壶,自斟自饮。从打牌到喝酒,从喝酒又到叫局,从叫局到吃花酒,不到两个月,我都学会了。

幸而我们都没有钱,所以都只能玩一点穷开心的玩意儿:赌博到吃馆子为止,逛窑子到吃"镶边"的花酒或打一场合股份的牌为止。有时候,我们也同去看戏。林君墨和唐桂梁请了一位小喜禄来教我们唱戏,同学之中有欧阳予倩,后来成了中国戏剧界的名人。我最不行,一句也学不会,不上两天我就不学了。此外,我还有一班小朋友,同乡有许怡荪,程乐亭,章希吕诸人,旧同学有郑仲诚,张蜀川,郑铁如诸人。怡荪见我随着一班朋友发牢骚,学堕落,他常常规劝我。但他在吴淞复旦公学上课,是不常来的,而这一班玩的朋友是天天见面的,所以我那几个月之中真是在昏天黑地里胡混。有时候,整夜的打牌;有时候,连日的大醉。

有一个晚上,闹出乱子来了。那一晚我们在一家"堂子"里吃酒,喝的不少了,出来又到一家去"打茶围"。那晚上雨下的很大,下了几点钟还不止。君墨桂梁留我打牌,我因为明天要教书(那时我在华童公学教小学生的国文),所以独自雇人力车走了。他们看我能谈话,能在一叠"局票"上写诗歌,都以为我没有喝醉,也就让我一个人走了。

其实我那时已大醉了,谈话写字都只是我的"下意识"的作用,我全不记忆。出门上车以后,我就睡着了。

直到第二天天明时,我才醒来,眼睛还没有睁开,就觉得自己不是睡在床上,是睡在硬的地板上!我疑心昨夜喝醉了,睡在家中的楼板上,就喊了一声"老彭!"——老彭是我雇的一个湖南仆人,喊了两声,没有人答应,我已经坐起来了,眼也睁开了。

奇怪得很!我睡在一间黑暗的小房里,只有前面有亮光,望出去好像没有门。我仔细一看,口外不远还好像有一排铁栅栏。我定神一听,听见栏杆外有皮鞋走路的声响。一会儿,狄托狄托的走过来了,原来是一个中国巡捕走过去。

我有点明白了,这大概是巡捕房,只不知道我怎样到了这儿来的。我想起来问一声,这时候才觉得我一只脚上没有鞋子,又觉得我身上的衣服都是湿透了的。我摸来摸去,摸不着那一只皮鞋;只好光着一只袜子站起来,扶着墙壁走出去,隔着栅栏招呼那巡捕,问他这是什么地方。

他说:"这是巡捕房。"

"我怎么会进来的?"

他说:"你昨夜喝醉了酒,打伤了巡捕,半夜后进来的。"

"什么时候我可以出去?"

"天刚亮一会,早呢!八点钟有人来,你就知道了。"

我在亮光之下,才看见我的旧皮袍不但是全湿透了,衣服上还有许多污泥,并且有破皮的疤痕。难道我真同人打了架吗?

这是一个春天的早晨,一会儿就是八点钟了。果然有人来叫我出去。

在一张写字桌边,一个巡捕头坐着,一个浑身泥污的巡捕立着回话。那巡捕头问:

"就是这个人?"

"就是他。"

"你说下去。"

那混身泥污的巡捕说:

"昨夜快12点钟时候,我在海宁路上班,雨下的正大。忽然(他指着我)他走来了,手里拿着一只皮鞋敲着墙头,狄托狄托的响。我拿巡捕灯一照,他开口就骂。"

"骂什么?"

"他骂'外国奴才'!我看他喝醉了,怕他闯祸,要带他到巡捕房里来。他就用皮鞋打我,我手里有灯,抓不住他,被他打了好几下。后来我抱住他,抢了他的鞋子,他就和我打起来了。两个人抱住不放,滚在地上。下了一夜的大雨,马路上都是水,两个人在泥水里打滚。我的灯也打碎了,身上脸上都被他打了。他脸上的伤是在石头上擦破了皮,我吹了叫子,唤住了一部空马车,两个马夫帮我捉住他,关在马车里,才能把他送进来。我的衣服是烘干了,但是衣服上的泥都不敢弄掉,这都是在马路当中滚的。"

我看他脸上果然有伤痕,但也像是擦破了皮,不像是皮鞋打的。他解开上身,也看不出什么伤痕。

巡捕头问我,我告诉了我的真姓名和职业,他听说我是在华童公学教书,自然不愿得罪我。他说,还得上堂问一问,大概要罚几块钱。

他把桌子上放着的一只皮鞋和一条腰带还给我。我穿上了鞋子,才想起我本来穿有一件缎子马褂。我问他要马褂,他问那泥污的巡捕,他回说:"昨夜他就没有马褂。"

我心里明白了。

我住在海宁路的南林里,那一带在大雨的半夜里是很冷静的。

我上了车就睡着了。车夫到了南林里附近,一定是问我到南林里第几衖。我大概睡的很熟,不能回答了。车夫叫我不醒,也许推我不醒,他就起了坏心思,把我身上的钱摸去了,又把我的马褂剥去了。帽子也许是他拿去了的,也许是丢了的。他大概还要剥我的皮袍,不想这时候我的"下意识"醒过来了,就和他抵抗。那一带是没有巡捕的,车夫大概是拉了车子跑了,我大概追他不上,自己也走了。皮鞋是跳舞鞋式的,没有鞋带,所以容易掉下来;也许是我跳下车来的时候就掉下来了,也许我拾起了一只鞋子来追赶那车夫。车夫走远了,我赤着一只脚在雨地里自然追不上。我慢慢的依着"下意识"走回去。醉人往往爱装面子,所以我丢了东西反唱起歌来了,——也许唱歌是那个巡捕的胡说,因为我的意识生活是不会唱歌的。

这是我自己用想像来补充的一段,是没有法子证实的了。但我想到在车上熟睡的一段,不禁有点不寒而栗,身上的水湿和脸上的微伤哪能比那时刻的生命危险呢?

巡捕头许我写一封短信叫人送到我的家中。那时候郑铁如(现在的香港中国银行行长)住在我家中,我信上托他带点钱来准备罚款。

上午开堂问事的时候,几分钟就完了,我被罚了五元,做那个巡捕的养伤费和赔灯费。

我到了家中,解开皮袍,里面的棉袄也湿透了,一解开来,里面热气蒸腾:湿衣裹在身上睡了一夜,全蒸热了!我照镜子,见脸上的伤都只是皮肤上的微伤,不要紧的。可是一夜的湿气倒是可怕。

同住的有一位四川医生,姓徐,医道颇好。我请他用猛药给我解除湿气。他下了很重的泻药,泄了几天;可是后来我手指上和手腕上还发出了四处的肿毒。

那天我在镜子里看见我脸上的伤痕,和浑身的泥湿,我忍不住叹一口气,想起"天生我材必有用"的诗句,心里百分懊悔,觉得对不住我的慈母,——我那在家乡时时刻刻悬念着我,期望着我的慈母!我没有掉一滴眼泪,但是我已经过了一次精神上的大转机。

我当日在床上就写信去辞了华童公学的职务,因为我觉得我的行为玷辱了那个学校的名誉。况且我已决心不做那教书的事了。

那一年(庚戌,1910)是考试留美赔款官费的第二年。听说,考试取了备取的还有留在清华学校的希望。我决定关起门来预备去应考试。

许怡荪来看我,也力劝我摆脱一切去考留美官费。我所虑的有几点:一是要筹养母之费,二是要还一点小债务,三是要筹两个月的费用和北上的旅费。怡荪答应替我去设法。后来除他自己之外,帮助我的有程乐亭的父亲松堂先生,和我的族叔祖节甫先生。

我闭户读了两个月的书,就和二哥绍之一同北上。到了北京,蒙二哥的好朋友杨景苏先生(志洵)的厚待,介绍我住在新在建筑中的女子师范学校(后来的女师大)校舍里,所以费用极省。在北京一个月,我不曾看过一次戏。

杨先生指点我读旧书,要我从《十三经注疏》用功起。我读汉儒的经学,是从这个时候起的。

留美考试分两场,第一场考国文英文,及格者才许考第二场的各种科学。国文试题为"不以规矩不能成方圆说",我想这个题目不容易发挥,又因我平日喜欢看杂书,就做了一篇乱谈考据的短文,开卷就说:

> 矩之作也,不可考矣。规之作也,其在周之末世乎?

下文我说《周髀算经》作圆之法足证其时尚不知道用规作圆;又孔子说"不逾矩",而不并举规矩,至墨子孟子始以规矩并用,足证规之晚出。这完全是一时异想天开的考据,不料那时看卷子的先生也有考据癖,大赏识这篇短文,批了一百分。英文考了六十分,头场平均八十分,取了第十名。第二场考的各种科学,如西洋史,如动物学,如物理学,都是我临时抱佛脚预备起来的,所以考的很不得意。幸亏头场的分数占了大便宜,所以第二场我还考了个第五十五名。取送出洋的共七十名,我很挨近榜尾了。

南下的旅费是杨景苏先生借的。到了上海,节甫叔祖许我每年遇必要时可以垫钱寄给我的母亲供家用。怡荪也答应帮忙。没有这些好人的帮助,我是不能北去,也不能放心出国的。

　　我在学校里用胡洪骍的名字;这回北上应考,我怕考不取为朋友学生所笑,所以临时改用胡适的名字。从此以后,我就叫胡适了。

二十一,九,二十七夜①

---

① 此篇原载1932年11月10日《新月》第4卷第4号。

中国新文学运动小史

自序

　　启明书局的沈志明先生和应文婵女士把我的两篇文字重印出来,题作《中国新文学运动小史》,我很感谢他们的好意。这里的第一篇文字是民国二十四年写的,原来是专为《中国新文学大系》第一册写的《导言》,是从来没有印过的。《逼上梁山》是我的自传的一章,是民国二十二年写的,原文在《东方杂志》第 31 卷第 1 号发表过。当年我编辑《中国新文学大系》第一册,就把这篇收进去作一种史料。现在和《导言》印在一起,好像是一件颇适宜的附录,这两篇文字都是叙述中国新文学运动的最初期的史料,其中当然有不少"戏台里唱采"的说话,我很盼望能得到读者的原谅。但我们在那个时候提出的两个目标,一个是"活的文学",一个是"人的文学",——我相信这两个目标到今天还是值得我们继续努力的。

1958 年 6 月 3 日

中国新文学运动小史
《中国新文学大系》第一集的《导言》

1 中国新文学运动的历史,我们至今还不能有一种整个的叙述。为什么呢?第一、因为时间太逼近了,我们的记载与论断都免不了带着一点主观情感的成分,不容易得着客观的,严格的史的记录。第二、在这短短的二十年里,这个文学运动的各个方面的发展是不很平均的,有些方面发展的很快,有些方面发展的稍迟;如散文和短篇小说就比长篇小说和戏剧发展的早多了。一个文学运动的历史的估价,必须包括它的出产品的估价。单有理论的接受,一般影响的普遍,都不够证实那个文学运动的成功。所以在今日新文学的各方面都还不曾有大数量的作品可以供史家评论的时候,这部历史是写不成的。

良友图书公司的《新文学大系》的计划正是要替这个新文学运动的第一个十年作第一次的史料大结集。这十钜册之中,理论的文学要占两册,文学的作品要占七册。理论的发生,宣传,争执,固然是史料,这七大册的小说,散文,诗,戏剧,也是同样重要的史料。文学革命的目的是要用活的语言来创作新中国的新文学,——来创作活的文学,人的文学。新文学的创作有了一分的成功,即是文学革命有了一分的成功。"人们要用你结的果子来评判你。"正如政治革命的目的是要建立一个新的社会秩序,那个新社会秩序的成败即是那个政治革命的成败。文学革命产生出来的新文学不能满足我们赞成革命者的期望,就如同政治革命不能产生更满意的社会秩序一样,虽有最圆满的革命理论,都只好算作不兑现的纸币了。

所以我是最欢迎这一部大结集的。《新文学大系》的主编者赵家璧先生要我担任"建设理论集"的编纂,我当然不能推辞。这一集的理论文字,代表民国六年到九年之间(1917—1920)的文学革命的理论,大都是从《新青年》、《新潮》、《每周评论》、《少年中国》几个杂志里选择出来的,因为这几个刊物都是中国新文学运动的急先锋,都是它的最早的主要宣传机关。

这一集所收的文字,分作三组:第一组是一篇序幕,记文学革命在国外怎样发生的历史;这虽然是一种史实的记载,其实后来许多革命理论的纲领都可以在这里看见了。第二组是文学革命最初在国内发难的时候的几篇重要理论,以及他们所引起的响应和讨论。第三组是这个运动的稍后一个时期的一些比较倾向建设方面的理论文章,包括关于新诗、戏剧、小说、散文各个方面的讨论。我现在要写的序文,当然应该概括的指点出那些理论的中心见解和重要根据。但我想,在那个提要的说明之前,我应该扼要的叙述这个文学革命运动的历史的背景。

这个背景的一个重要方面,是古文在那四五十年中作最后挣扎的一段历史(参看我的《五十年来之中国文学》)。那个时代是桐城派古文的复兴时期。从曾国藩到吴汝纶,桐城派古文得着最有力的提倡,得着很大的响应。曾国藩说的"举天下之美,无以易乎桐城姚氏者也",最可以代表当时文人对这个有势力的文派的信仰。我们在今日回头看桐城派古文在当日的势力之大,传播之广,也可以看出一点历史的意义。桐城派古文的抬头,就是骈俪文体的衰落。自从韩愈提出"文从字顺各识职"的古文标准以后,一些"古文"大家大都朝着"文从字顺"的方向努力。只有这条路可以使那已死的古文字勉强应用,所以在这一千年之中,古文越做越通顺了。——宋之欧、苏,明之归有光、钱谦益,清之方苞、姚鼐,都比唐之韩、柳更通顺明白了。到曾国藩,这一派的文字可算是到了极盛的时代。他们不高谈秦汉,甚至于不远慕唐宋,竟老老实实的承认桐城古文为天下之至美!这不是无意的降格,这是有意的承认古文的仿作越到后来越有进步。所以王先谦《续古文辞类纂》的自序说:

学者将欲杜歧趋,遵正轨,姚氏而外,取法梅曾(梅曾亮、曾国藩），足矣。

姚鼐、曾国藩的古文差不多统一了19世纪晚期的中国散文。散文体做到了明白通顺的一条路，它的应用的能力当然比那骈俪文和模仿殷盘周诰的假古文大多了。这也是一个转变时代的新需要。这是桐城古文得势的历史意义。

在那个社会与政治都受绝大震荡的时期，古文应用的方面当然比任何过去时期更多更广了。总计古文在那四五十年中，有这么多的用处：第一是时务策论的文章，如冯桂芬的《校邠庐抗议》，如王韬的报馆文章，如郑观应、邵作舟、汤寿潜诸家的"危言"，都是古文中的"策士"一派。后起的政论文家，如谭嗣同，如梁启超，如章士钊，也都是先从桐城古文入手的。第二是翻译外国的学术著作。最有名的严复，就出于桐城派古文家吴汝纶的门下。吴汝纶赞美严复的《天演论》，说"其书乃骎骎与晚周诸子相上下"，严复自己也说"精理微言，用汉以前字法句法则为达易，用近世利俗文字则求达难"。其实严复的译文全是学桐城古文，有时参用佛经译文的句法；不过他翻译专门术语，往往极力求古雅，所以外貌颇有古气。第三是用古文翻译外国小说。最著名的译人林纾也出于吴汝纶的门下；其他用古文译小说的人，也往往是学桐城古文的，或是间接模仿林纾的古文的。

古文经过桐城派的廓清，变成通顺明白的文体，所以在那几十年中，古文家还能勉强挣扎，要想运用那种文体来供给一个骤变的时代的需要。但时代变的太快了，新的事物太多了，新的知识太复杂了，新的思想太广博了，那种简单的古文体，无论怎样变化，终不能应付这个新时代的要求，终于失败了。失败最大的是严复式的译书。严复自己在《群己权界论》的凡例里曾说：

> 海内读吾译者，往往以不可猝解，訾其艰深。不知原书之难且实过之。理本奥衍，与不佞文字固无涉也。

这是他的译书失败的铁证。今日还有学严复译书的人，如章士钊先生，他们的译书是不会有人读的了。

其次是林纾式的翻译小说的失败。用古文写的小说，最流行的是蒲松龄的《聊斋志异》；《聊斋志异》有圈点详注本，故士大夫阶级多能阅读。古文到了桐城一派,叙事记言多不许用典,比《聊斋》时代的古文干净多了。所以林纾译的小说,没有注释典故的必要,然而用古文译书,不加圈读,懂得的人就很少。林译小说都用圈断句,故能读者较多。但能读这种古文小说的人,实在是很少的。林纾的名声大了,他的小说每部平均能销几百本,在当时要算销行最广的了,但当时一切书籍(除小学教科书外)的销路都是绝可怜的小!后来周树人、周作人两先生合译《域外小说集》,他们都能直接从外国文字译书,他们的古文也比林纾更通畅细密,然而他们的书在十年之中只销了二十一册!这个故事可以使我们明白,用古文译小说,也是一样劳而无功的死路,因为能读古文小说的人实在太少了。至于古文不能翻译外国近代文学的复杂文句和细致描写,这是能读外国原书的人都知道的,更不用说了。

严格说来,谭嗣同、梁启超的议论文已不是桐城派所谓"古文"了。梁启超自己说他亡命到国外以后,做文章即:

> 自解放,务为平易畅达,时杂以俚语,韵语,及外国语法;纵笔所至不检束。学者竞效之,号新文体。老辈则痛恨,诋为野狐。然其文条理明晰,笔锋常带情感,对于读者,别有一种魔力焉。

这种"新文体"是古文的大解放。靠着圈点和分段的帮助,这种解放的文体居然能做长篇的议论文章了;每遇一个抽象的题目,往往列举譬喻,或列举事例,每一譬喻或事例各自成一段,其体势颇像分段写的八股文的长比,而不受骈四俪六的拘束,所以气势汪洋奔放,而条理浅显,容易使读者受感动。在一个感受绝大震荡的过渡社会里,这种解放的新文体曾有很伟大的魔力。但议论的文字不是完全走情感的一条路的。经过了相当时期的教育发展,这种奔放的情感文字渐渐的被逼迫而走上了理智的辩驳文字的路。梁启超中年的文章也渐渐从奔放回到细密,全不像他壮年的文章了。后起的政论家,更不能不注重逻辑的谨严,文法的细密,理论的根据。章士钊生于桐城古文大本营的湖南,他的文章很有桐城气息。他一面受了严复的古文译书的影响,一面又颇受了英国19世纪政论文章的影响,所以他颇想做出一种严密的说理文章。同时的政论家也颇受他的影响,朝着这个方面做去。这种文章实在是和严复的译书很相像的:严复是用古文翻外国书,章士钊是用古文说外国话。说的人非常费劲,读的人也得非常费劲,才读得懂。章士钊一班人的政论当然也和严复的译书同其命运,因为"不可猝解"。于是这第三个方面的古文应用也失败了。

在那二三十年中,古文家力求应用,想用古文来译学术书,译小说,想用古文来说理论政,然而都失败了。此外如章炳麟先生主张回到魏晋的文章,"将取千年朽蠹之余,反之正则",更富有复古的意味,应用的程度更小了,失败更大了。他们的失败,总而言之,都在于难懂难学。文字的功用在于达意,而达意的范围以能达到最大多数人为最成功。在古代社会中,最大多数人是和文字没交涉的。做文章的人,高的只求绝少数的"知音"的欣赏,低的只求能"中试官"的口味。所以他们心目中从来没有"最大多数人"的观念。所以凡最大多数人都能欣赏的文学杰作,如《水浒传》,如《西游记》,都算不得文学!这一个根本的成见到了那个过渡的骤变的时代,还不曾打破,所以严复、林纾、梁启超、章炳麟、章士钊诸人都还不肯抛弃那种完全为绝少数人赏玩的文学工具,都还妄想用那种久已僵死的文字来做一个新时代达意表情说理的工具。他们都有革新国家社会的热心,都想把他们的话说给多数人听。可是他们都不懂得为什么多数人不能读他们的书,听他们的话!严复说的最妙:

理本奥衍,与不佞文字固无涉也。

在这十三个字里,我们听见了古文学的丧钟,听见了古文学家自己宣告死刑。他们仿佛很生气的对多数人说:"我费尽气力做文章,说我的道理,你们不懂,是你们自己的罪过,与我的文章无干!"

在这样的心理之下,古文应用的努力完全失败了。

2 可是在这个时期,那"最大多数人"也不是完全被忽略了。当时也有一班远见的人,眼见国家危亡,必须唤起那最大多数的民众来共同担负这个救国的责任。他们知道民众不能不教育,而中国的古文古字是不配做教育民众的利器的。这时候,基督教的传教士早已在各地造出各种方言字母来拼读各地的土话,并且用土话字母来翻译新约,来传播教义了。日本的骤然强盛,也使中国士大夫注意到日本的小学教育,因此也有人注意到那五十假名的教育功用。西方和东方的两种音标文字的影响,就使中国维新志士渐渐觉悟字母的需要。

最早创造中国拼音字母的人大都是沿海各省和西洋传教士接触最早的人。如厦门卢戆章造的"切音新法",如福建龙溪蔡锡勇造的"传音快字",如广东香山王炳耀造的"拼音字谱",都是这个字母运动的先锋。卢戆章的字母,在戊戌变法的时期,曾由他的同乡京官林辂存运动都察院奏请颁行天下。蔡锡勇和他的儿子蔡璋继续改良他们的"快字",演成"蔡氏速记术",开创了中国的速记术。

戊戌变法的一个领袖,直隶宁河县人王照(死于1933),当新政推翻时亡命到日本,庚子乱后他改装偷回中国,隐居在天津,发愿要创造"官话字母",共六十余母,用两拼之法,"专拼白话";因"语言必归一致",故他主张用北京话作标准(以前卢蔡诸家的字母都是方言字母,不曾有专拼官话的计划)。王照是一个很有见识的人,他的主张很有许多地方和后来主张白话文学的人相同。他说:

> 余今奉告当道者:富强治理,在各精其业各扩其职各知其分之齐氓,不在少数之英隽也。朝廷所应注意而急图者宜在此也。茫茫九州,芸芸亿兆,呼之不省,唤之不应,劝导禁令毫无把握,而乃舞文弄墨,袭空论以饰高名,心目中不见细民,妄冀富强之效出于策略之转移焉,苟不当其任,不至其时,不知其术之穷也!
> (《官话合声字母原序》)

这就是说:富强治理的根本在于那最大多数的齐氓、细民。他在戊戌变法时,也曾"妄冀富强之效出于策略之转移";但他后来觉悟了,知道"其术之穷"了,所以他冒大险回国,要从教育那"芸芸亿兆"下手。他知道各国教育的普及都靠"文言一致,拼音简便",所以他发愤要造出一种统一中国语言文字的官话字母。他很明白的说,这种字母是"专拼白话的"。他说:

> 吾国古人造字,以便民用,所命之音必与当时语言无异,此一定之理也。而语言代有变迁,文亦随之。……故以孔子之文较夏殷之文,则改变句法,增添新字,显然大异。可知系就当时俗言肖声而出,著之于简,欲妇孺闻而即晓。凡也,已,焉,乎,等助词为夏殷之书所无者,实不啻今之白话文增入呀,么,哪,咧,等字。孔子不避其鄙俚,因圣人之心专以便民为务,无"文"之见存也。后世文人欲藉文以饰智惊愚,于是以摩古为高,文字不随语言,二者日趋日远,文字既不足当语言之符契,其口音即迁流愈速,……异者不可复同,而同国渐如异域。(同上)

这是最明白的主张"言文一致",要文字"当语言之符契",要文字跟着那活的语言变迁。这个主张的逻辑的结论当然是提倡白话文了。

王照很明白一切字母只可以拼白话,决不能拼古文。他的《字母凡例》说:

> 此字母……专拼俗语,肖之即无误矣。今如两人晤谈终日,从未闻有相诘曰:"尔所说之晚为早晚之晚耶? 为茶碗之碗耶? 尔所说之茶为茶叶之茶耶? 为查核之查耶?"可知全句皆适肖白话,即无误会也,若用以拼文词,则使读者在在有混淆误解之弊,故万不可用此字母拼文词。(原第十二条)

音标的文字必须是"适肖白话"的文字。所以王照的字母是要用来拼写白话文的。后来提倡"读音统一"的人,不懂得这个道理,竟把他们制定的字母叫做"注音字母",用来做"读音统一"之用,那就是根本违背当年创造官话字母的原意了。

王照的字母运动在当年很得着许多有名的人的同情赞助。天津的严修,桐城派的领袖吴汝纶,北洋大臣袁世凯,两江总督周馥,浙江桐乡的劳乃宣,都是王照的同志。袁世凯在北洋,周馥在南京,都曾提倡字母的传授。劳乃宣是一位"等韵学"的专家,他采用了王照的官话字母,又添制了江宁(南京)音谱,苏州音谱,和闽广音谱,合成《简字全谱》。他在光绪戊申(1908)有《进呈简字谱录折》,说:

> 今日欲救中国,非教育普及不可;欲教育普及,非有易识之字不可;欲为易识之字,非用拼音之法不可。

他很乐观的计算:

> 此字传习极易,至多不过数月而可成。以一人授五十人计之,一传而五十人,再传而二千五百人,三传而十二万五千人,四传而六百二十五万人,五传而三万一千二百五十万人。中国四万万人,五六传而可遍。果以国家全力行之,数年之内可以通国无不识字之人。将见山陬海澨,田夫野老,妇人孺子,人人能观书,人人能阅报。凡人生当明之道义,当知之世务,皆能通晓。彼此意所欲言,皆能以笔札相往复。官府之命令皆能下达而无所舛误;人民之意见皆能上陈而无所壅蔽。明白洞达,薄海大同。(《桐乡劳先生遗稿》卷四)

我们看劳乃宣和王照的议论,可以知道那时候一些先见的人确曾很注意那最大多数的民众。他们要想唤醒那无数"各精其业,各扩其职,各知其分之齐氓",所以想提倡一种字母给他们做识字求知识的利器。

从庚子乱后到辛亥革命的前夕,这个"官话字母"的运动(也叫做"简字"的运动)逐渐推行,虽然不曾得着满清政府的赞助,却得了社会上一些名流的援助。吴汝纶于光绪二十八年(1902)到日本考察教育,看了日本教育普及和语言统一的功效,很受感动。回国后即上书给管学大臣张百熙,极力主张用北京官话"使天下语言一律"。吴汝纶死后(他死在1903年),张百熙、张之洞等的《奏定学堂章程》的《学务纲要》里就有"以官音统一天下之语言,故自师范以及高等小学堂,均于国文一科内附入官话一门"的规定。这种规定很有利于官话字母的运动,所以在以后几年之中,官话字母"传习至十三省境,拼音官话书报社……编印之初学修身伦理、历史、地理、地文、植物、动物、外交等拼音官话书,销至六万余部"(据王照《小航文存》卷一,页三二)。到了宣统二年(1910)资政院成立时,议员中有劳乃宣、严复、江谦,都是提倡拼音文字的。他们在资政院里提出推行官话简字的议案,审查的结果,决议"谋国语教育,则不得不添造音标文字","请议长会同学部具奏,请旨饬下迅速筹备施行"。后来学部把这个议案交中央教育会议讨论:主持教育会议的人如张謇、张元济、傅增湘,也都是赞成这个主张的,所以也通过了一个"统一国语办法案"。但不久武昌革命起来了,清朝倒了,民国成立了。在那个政治大变动之中,王照、劳乃宣诸人努力十年造成的音标文字运动就被当前更浓厚的政治斗争的兴趣笼罩下去,暂时衰歇了(以上的记载,参用黎锦熙的《国语运动小史》,王照的《小航文存》,劳乃宣的《年谱》和《遗稿》)。

民国元年,蔡元培先生建议,请由教育部召集大会,推行拼音字。不久蔡先生辞职走了,董鸿祎代理部务,召集"读音统一会"。民国二年二月十五日,读音统一会开会:吴敬恒先生被选为正会长,王照为副会长。这个会开了三个月,争论很激烈,结果是制定了三十九个字母,——后来称为"注音字母"。字母的形式是采用笔画最简而音读与声母韵母最相近的古字,把王照的官话字母完全推翻了。字母的形式换了,于是前十年流行的拼音白话书报全不适用了。这副新的注音字母,中间又被搁置了六年,直到民国七年年底,教育部才正式颁布。颁布之后,政府和民间至今没有用这字母来编印拼音书报。这十几年之中,提倡音韵文字的人用力的方向全在字母的形式的研究,修正,改造,而不在用那字母来编印拼音的书报。民国十一年,教育部颁布了国语统一筹备会制定的"注音字母书法体式"。民国十五年,国语统一筹备会发表了赵元任、钱玄同、刘复诸先生制定的"国语罗马字"。民国十七年,国民政府的大学院正式公布"国语罗马字拼音法式",定为"国音字母第二式"。于是国音字母有了两种形式:一为用古字的注音字母,一为国语罗马字。在政府正式决定一种字母定为国音标准字母之前,大规模的编印拼音文字的书籍大概是不会有的事。

我们总括的观察这三十多年的音标文字运动,可以得几条结论。

第一、这三十多年的努力,还不曾得着一种公认为最适用的字母。王照的官话字母确有很多缺点,所以受声韵学者的轻视。注音字母还是承袭了王照的方法的缺点,虽然添了三个介音,可以"三拼"了,然而带鼻音韵尾的字还是沿用王、劳的老法子,没有把音素个别的分析出来。国语罗马字当然是一大进步,因为它在形式上采取了全国中学生都能认识的罗马字母,又在审音方面打破了两拼三拼的限制,使字母之数大减,而标音也更正确。国语罗马字的将来争点也许还在"声调"的标志问题。国语罗马字若抛弃了"声调"的标志,当然是最简易的字母。声调的标志,既然不完全根据于音理的自然,恐怕有"治丝而益棼之"的危险。依我们门外汉的看法,倒不如爽性不标声调,使现在的音标文字做将来废除四声的先锋,岂不更好?——这种评论已是题外的话了。总而言之,标准字母的不曾决定,阻碍了这三十多年的音标文字教育的进行。这是音标文字运动失败的一个根本原因。

第二、音标文字是必须替代汉字的,而那个时期(尤其是那个时期的前半期)主张音标文字的人都还不敢明目张胆的提倡用拼音文字来替代汉字。这完全是时代的关系,我们不能过于责备他们。汉文的权威太大了,太尊严了,那时最大胆的人也还不敢公然主张废汉字,——其实他们就根本没有想到汉字是应该废的。最大胆的王照也得说:

> 今余私制此字母,纯为多数愚稚便利之计,非敢用之于读书临文。(《字母原序》)

劳乃宣说的更明白了:

> 中国六书之旨,广大精微,万古不能磨灭。简字(即字母)仅足为粗浅之用,其精深之义仍非用汉文不可。简字之于汉文,但能并行不悖,断不能稍有所妨。(《进呈简字谱录折》)

又说:

> 今请于简易识字学塾内附设此科。本塾正课仍以用学部课本教授汉字为主。简字仅为附属之科,专为不能识汉字者而设,与汉字正课并行不悖,两不相妨。盖资质不足以识千余汉字之人,本无识字之望,今令识此数十简字以代识字之用,乃增于能识汉字者之外,非分于能识汉字者之中也。(《请附设简字一科折》)

这样极端推崇汉字的人,他们提倡拼音文字,只是要为汉字添一种辅助工具,不是要革汉字的命。因为如此,所以桐城古文大家如吴汝纶、严复也可以赞成音标文字。吴汝纶游日本时，一面很钦羡日本的五十假名有统一语言的功用，一面却对日本学者说：

> 若文字之学，则中国故特胜，万国莫有能逮及之者！（《高田忠周古籀篇序》）

劳乃宣最能说明这种"两面心理"，他说：

> 字之为用，所以存其言之迹焉尔。……其体之繁简难易，……各有所宜。欲其高深渊雅，则不厌繁难；取其便利敏捷，则必求简易。（《中国速记字谱序》）

这种心理的基础观念是把社会分作两个阶级，一边是"我们"士大夫，一边是"他们"齐氓细民。"我们"是天生聪明睿智的，所以不妨用二三十年窗下苦功去学那"万国莫有能逮及之"的汉字汉文。"他们"是愚蠢的，是"资质不足以识千余汉字之人"，所以我们必须给他们一种求点知识的简易法门。"我们"不厌繁难，而"他们"必求简易。在这种心理状态之下，汉文汉字的尊严丝毫没有受打击，拼音文字不过是士大夫丢给老百姓的一点恩物，决没有代替汉文的希望。士大夫一面埋头学做那死文字，一面提倡拼音文字，是不会有多大热心的。老百姓也不会甘心学那士大夫不屑学的拼音文字，因为老百姓也曾相信"将相本无种，男儿当自强"的宗教，如果他们要子弟读书识字，当然要他们能做八股，应科举，做状元宰相；他们决不会自居于"资质不足以识千余汉字"的阶级！所以提倡字母文字而没有废除汉字的决心，是不会成功的。这是音标文字运动失败的又一个根本原因。

第三、音标文字只可以用来写老百姓的活语言，而不能用来写士大夫的死文字。换句话说，拼音文字必须用"白话"做底子，拼音文字运动必须同时是白话文的运动。提倡拼音文字而不同时提倡白话文，是单有符号而无内容，那是必定失败的。王照最明白这一点，所以他再三说他的字母是"专拼俗话"的，"万不可用此字母拼文词"。王照很明白的说，他的字母运动必须是一个"白话教育"的运动。但民国成立以来，政客官僚多从文士阶级出身，他们大都不感觉白话文的好处，也不感觉汉文的难学；至于当权的武人，他们虽然往往不认得几担大字,却因此最迷信汉文汉字,往往喜欢写大字,做歪诗。所以到了革命以后,大家反不重视那最大多数人的教育工具了!这班政客武人的心里好像这样想:我们不靠老百姓的力量,也居然可以革命,可见普及教育并不是必要的了!在革命的前夕,我们还看见教育家江谦在他的"小学教育改良刍议"里说:"初等小学前三年,非主用合声简字国语,则教育断无普及之望。"这是很大胆的喊声。"合声简字国语"即是用字母拼音的白话文。但革命之后,这种喊声反而销沉了。民国二年的"读音统一会"是一个文人学者的会议,他们大都是舍不得抛弃汉文汉字的;当时政府的领袖也不是重视民众教育的。据王照的记载:

> 蔡孑民原意专为白话教育计,绝非为读古书注音。……而……开会宗旨规程,……先定会名曰"读音统一"。读音云者,读旧书之音注也。既为读书之音注,自不得违韵学家所命之字音,则多数人通用之语言自然被摒矣。……
>
> 正式开议之日,吴某(吴敬恒先生)登台演说,标出读书注音一大题目,于白话教育之义一字不提。……余(王照)登台演说造新字母原以拼白话为紧要主义,听者漠不为动,盖以其与会名不合,疑为题外之文也。(《书摘录官话字母原书各篇后》)

从拼官话的字母,退缩到读书注音的字母,这是绝大的退步。何况那注音的字母又还被教育部委托的学者搁置到六年之久方才公布呢?在那六年之中,北京有一班学者组织了一个国语研究会,成立于民国五年。他们注意之点是统一国语的问题,比那"读音统一"似乎进一步了;但他们的学者气味太重,他们不知道国语的统一决不是靠一两部读音字典做到的,所以他们的研究工作偏向于字母的形体,六千多汉字的注音,国音字典的编纂等项,这都是音注汉字的工作。他们完全忽略了"国语"是一种活的语言;他们不知道"统一国语"是承认一种活的语言,用它做教育与文学的工具,使全国的人渐渐都能用它说话、读书、作文。他们忽略了那活的语言,所以他们的国语统一工作只是汉字注音的工作,和国语统一无干,和白话教育也无干。这是那个音标文字运动失败的又一个根本原因。

3 以上两大段说的是文学革命的历史背景。这个背景有不相关连的两幕：一幕是士大夫阶级努力想用古文来应付一个新时代的需要，一幕是士大夫之中的明白人想创造一种拼音文字来教育那"芸芸亿兆"的老百姓。这两个潮流始终合不拢来。士大夫始终迷恋着古文字的残骸，"以为宇宙古今之至美，无可以易吾文者"（用王树枏《故旧文存》自序中语）。但他们又哀怜老百姓无知无识，资质太笨，不配学那"宇宙古今之至美"的古文，所以他们想用一种"便民文字"来教育小孩子，来"开通"老百姓。他们把整个社会分成两个阶级了：上等人认汉字，念八股，做古文；下等人认字母，读拼音文字的书报。当然这两个潮流始终合不拢来了。

他们全不了解，教育工具是彻上彻下，贯通整个社会的。小孩子学一种文字，是为他们长大时用的；他们若知道社会的"上等人"全瞧不起那种文字，全不用那种文字来著书立说，也不用那种文字来求功名富贵，他们决不肯去学，他们学了就永远走不进"上等"社会了！

一个国家的教育工具只可有一种，不可有两种。如果汉文汉字不配做教育工具，我们就应该下决心去废掉汉文汉字。如果教育工具必须是一种拼音文字，那么，全国上上下下必须一律采用这种拼音文字。如果拼音文字只能拼读白话文，那么，全国上上下下必须一律采用白话文。

那时候的中国知识分子是被困在重重矛盾之中的：

（一）他们明知汉字汉文太繁难，不配作教育的工具，可是他们总不敢说汉字汉文应该废除。

（二）他们明知白话文可以作"开通民智"的工具，可是他们自己总瞧不起白话文，总想白话文只可用于无知百姓，而不可用于上流社会。

（三）他们明白音标文字是最有效的教育工具，可是他们总不信这种音标文字是应该用来替代汉字汉文的。

这重重矛盾都由于缺乏一个自觉的文学革命运动。当时缺乏三种自觉的革命见解：

第一、那种所谓"宇宙古今之至美"的古文学是一种僵死了的残骸,不值得我们的迷恋。

第二、那种所谓"引车卖浆之徒"的俗话是有文学价值的活语言,是能够产生有价值有生命的文学的,并且早已产生出无数人人爱读的文学杰作来了。

第三、因为上面的两层理由,我们必须推倒那僵死的古文学,建立那有生命有价值的白话文学。

只有这些革命的见解可以解决上述的重重矛盾。打破了那"宇宙古今之至美"的迷梦,汉文的尊严和权威自然倒下来了。承认了那"引车卖浆之徒"的文学是中国正宗,白话文自然不会受社会的轻视了。有了活的白话文学的作品做底子,如果我们还要进一步提倡音标文字,那个音标文字运动成功的可能性就大的多多了。

民国五、六年起来的中国文学革命运动,正是要供给这个时代所缺乏的几个根本见解。

我在《逼上梁山》一篇自述里,很忠实的记载了这个文学革命运动怎样"偶然"在国外发难的历史。我的朋友陈独秀先生曾说:

> 常有人说,白话文的局面是胡适之陈独秀一班人闹出来的。其实这是我们的不虞之誉。中国近来产业发达,人口集中,白话文完全是应这个需要而发生而存在的。适之等若在三十年前提倡白话文,只需章行严一篇文章便驳得烟消灰灭。此时章行严的崇论宏议有谁肯听?(《科学与人生观序》)

独秀这番议论是站在他的经济史观立场说的。我的《逼上梁山》一篇,虽然不是答复他的,至少可以说明历史事实的解释不是那么简单的,不是一个"最后之因"就可以解释了的。即如一千一百年前的临济和尚、德山和尚的徒弟们,在他们的禅林里听讲,忽然不用古文,而用一种生辣痛快的白话文来记载他们老师的生辣痛快的说话,就开创了白话散文的"语录体"。这件史实和"产业发达,人口集中"有什么相干!白话文产生了无数的文学杰作之后,忽然出了一个李梦阳,又出了一个何景明,他们提倡文学复古,散文回到秦汉,诗回到盛唐,居然也可以轰动一时,成为风气。后来出了公安袁氏兄弟三人,大骂何、李的复古运动,主张一种抒写性情的新文学,他们也可以哄动一时,成为风气。后来方苞、姚鼐、曾国藩诸人出来,奠定桐城派古文的权威,也一样的轰动一时,成为风气。这些史实,难道都和产业的发达不发达,人口的集中不集中,有什么因果的关系!文学史上的变迁,"代有升降,而法不相沿,各极其变,各穷其趣"(用袁宏道的话),其中各有多元的,个别的,个人传记的原因,都不能用一个"最后之因"去解释说明。

中国白话文学的运动当然不完全是我们几个人闹出来的,因为这里的因子是很复杂的。我们至少可以指出这些最重要的因子:第一是我们有了一千多年的白话文学作品;禅门语录,理学语录,白话诗调曲子,白话小说。若不靠这一千[多]年的白话文学作品把白话写定了,白话文学的提倡必定和提倡拼音文字一样的困难,决不能几年之内风行全国。第二是我们的老祖宗在两千年之中,渐渐的把一种大同小异的"官话"推行到了全国的绝大部分:从满洲里直到云南,从河套直到桂林,从丹阳直到川边,全是官话区域。若没有这一大块地盘的人民全说官话,我们的"国语"问题就无从下手了。第三是我们的海禁开了,和世界文化接触了,有了参考比较的资料,尤其是欧洲近代国家的国语文学次第产生的历史,使我们明了我们自己的国语文学的历史,使我们放胆主张建立我们自己的文学革命。——这些都是超越个人的根本因素,都不是我们几个人可以操纵的,也不是"产业发达,人口集中"一个公式可以包括的。

此外,还有几十年的政治的原因。第一是科举制度的废除(1905)。八股废了,试帖诗废了;策论又跟着八股试帖废了,那笼罩全国文人心理的科举制度现在不能再替古文学做无敌的保障了。第二是满清帝室的颠覆,专制政治的根本推翻,中华民国的成立(1911—1912)。这个政治大革命虽然不算大成功,然而它是后来种种革新事业的总出发点,因为那个顽固腐败势力的大本营若不颠覆,一切新人物与新思想都不容易出头。戊戌(1898)的百日维新,当不起一个顽固老太婆的一道谕旨,就全盘推翻了。独秀说:

适之等若在三十年前提倡白话文,只需章行严一篇文章便驳得烟消灰灭。

这话是很有理的。我们若在满清时代主张打倒古文,采用白话文,只需一位御史的弹本就可以封报馆捉拿人了。但这全是政治的势力,和"产业发达,人口集中"无干。当我们在民国时代提倡白话文的时候,林纾的几篇文章并不曾使我们烟消灰灭,然而徐树铮和安福部的政治势力却一样能封报馆捉人。今日的"产业发达,人口集中"岂不远过民国初元了?然而一两个私人的政治势力也往往一样可以阻碍白话文的推行发展。幸而帝制推倒以后,顽固的势力已不能集中作威福了,白话文运动虽然时时受点障害,究竟还不到"烟消灰灭"的地步。这是我们不能不归功到政治革命的先烈的。

至于我们几个发难的人,我们也不用太妄自菲薄,把一切都归到那"最后之因"。陆象山说得最好:

> 且道天地间有个朱元晦、陆子静,便添得些子。无了后,便减得些子。

白话文的局面,若没有"胡适之、陈独秀一班人",至少也得迟出现二三十年。这是我们可以自信的。《逼上梁山》一篇是要用我保存的一些史料来记载一个思想产生的历史。这个思想不是"产业发达,人口集中"产生出来的,是许多个别的,个人传记所独有的原因合拢来烘逼出来的。从清华留美学生监督处一位书记先生的一张传单,到凯约嘉湖上一只小船的打翻;从进化论和实验主义的哲学,到一个朋友的一首打油诗;从但丁(Dante)、却叟(Chaucer)、马丁·路德(Martin Luther)诸人的建立意大利、英吉利、德意志的国语文学,到我儿童时代偷读的《水浒传》、《西游记》、《红楼梦》:——这种种因子都是独一的,个别的;他们合拢来,逼出我的"文学革命"的主张来。我想,如果独秀肯写他的自传,他的思想转变的因素也必定有同样的复杂,也必定不是经济史观包括得了的。治历史的人,应该向这种传记材料里去寻求那多元的,个别的因素,而不应该走偷懒的路,妄想用一个"最后之因"来解释一切历史事实。无论你抬出来的"最后之因"是"神",是"性",是"心灵",或是"生产方式",都可以解释一切历史;但是,正因为个个"最后之因"都可以解释一切历史,所以都不能解释任何历史了！等到你祭起了你那"最后之因"的法宝解决一切历史之后，你还得解释"同在这个'最后之因'之下，陈独秀为什么和林琴南不同？胡适为什么和梅光迪、胡先骕不同？"如果你的"最后之因"可以解释胡适，同时又可以解释胡先骕，那岂不是同因而不同果，你的"因"就不成真因了。所以凡可以解释一切历史的"最后之因"，都是历史学者认为最无用的玩意儿，因为他们其实都不能解释什么具体的历史事实。

4 现在我们可以叙述中国新文学运动的理论了。

简单说来，我们的中心理论只有两个：一个是我们要建立一种"活的文学"，一个是我们要建立一种"人的文学"。前一个理论是文字工具的革新，后一种是文学内容的革新。中国新文学运动的一切理论都可以包括在这两个中心思想的里面。

我最初提出的"八事"，和独秀提出的"三大主义"，都顾到形式和内容的两方面。我提到"言之有物"，"不摹仿古人"，"不作无病之呻吟"，都是文学内容的问题。独秀提出的三大主义——推倒贵族文学，建设国民文学；推倒古典文学，建设写实文学；推倒山林文学，建设社会文学，——也不曾把内容和形式分开。钱玄同先生响应我们的第一封信也不曾把这两方面分开。但我们在国外讨论的结果，早已使我们认清这回作战的单纯目标只有一个，就是用白话来作一切文学的工具。我在1916年7月，就有了这几条结论：

> 今日之文言乃是一种半死的文字，今日之白话是一种活的语言。白话不但不鄙俗，而且甚优美适用。白话并非文言之退化，乃是文言之进化。白话可以产生第一流文学，已产生小说、戏剧、语录、诗词，此四者皆有史事可证。白话的文学为中国千年来仅有之文学；其非白话文学，皆不足与于第一流文学之列。

所以我的总结论是：

> 今日所需乃是一种可读，可听，可歌，可讲，可记的言语。要读书不须口译，演说不须笔译，要施诸讲坛舞台而皆可，诵之村姬妇孺皆可懂。不如此者，非活的言语也，决不能成为吾国之国

语也,决不能产生第一流的文学也。(看《逼上梁山》第四节)
所以我的《文学改良刍议》的最后一条就是提出这个主张:

>......以今世历史进化的眼光观之,则白话文学之为中国文学之正宗,又为将来文学必用之利器,可断言也。

>以此之故,吾主张今日作文作诗宜采用俗语俗字。与其用三千年前之死字,不如用二十世纪之活字;与其用不能行远不能普及之秦汉六朝文字,不如作家喻户晓之《水浒》、《西游》文字也。

这个"白话文学工具"的主张,是我们几个青年学生在美洲讨论了一年多的新发明,是向来论文学的人不曾自觉的主张的。凡向来旧文学的一切弊病,——如骈偶,如用典,如烂调套语,如摹仿古人,——都可以用这一个新工具扫的干干净净。独秀指出旧文学该推倒的种种的毛病,——雕琢,阿谀,陈腐,铺张,迂晦,艰涩,——也都可以用这一把斧头砍的干干净净。例如我们那时谈到"不用典"一项,我自己费了大劲,说来说去总说不圆满;后来玄同指出用白话就可以"驱除用典"了,正是一针见血的话。

所以文学革命的作战方略,简单说来,只有"用白话作文作诗"一条是最基本的。这一条中心理论,有两个方面:一面要推倒旧文学,一面要建立白话为一切文学的工具。在那破坏的方面,我们当时采用的作战方法是"历史进化的文学观",就是说:

>文学者,随时代而变迁者也。一时代有一时代之文学,......各因时势风会而变,各有其特长。......唐人不当作商周之诗,宋人不当作相如子云之赋,即令作之,亦必不工。逆天背时,故不能工也。......今日之中国,当造今日之文学。(《文学改良刍议》二)

后来我在《历史的文学观念论》里,又详细说明这个见解。这种思想固然是达尔文以来进化论的影响,但中国文人也曾有很明白的主张文学随时代变迁的。最早倡此说的是明朝晚期公安袁氏三弟兄(看袁宗道的《论文上下》;袁宏道的《雪涛阁集序》,《小修诗序》;袁中道的《花雪赋行》,《宋元诗序》。诸篇均见沈启无编的《近代散文抄》,北平人文书店出版)。清朝乾隆时代的诗人袁枚、赵翼也都有这种见解,大概都颇受了三袁的思想的影响。我当时不曾读袁中郎弟兄的集子;但很爱读《随园集》中讨论诗的变迁的文章。我总觉得,袁枚虽然明白了每一时代应有那个时代的文学,他的历史眼光还不能使他明白他们那个时代的文学正宗已不是他们做古文古诗的人,而是他们同时代的吴敬梓、曹雪芹了。

我们要用这个历史的文学观来做打倒古文学的武器,所以屡次指出古今文学变迁的趋势,无论在散文或韵文方面,都是走向白话文学的大路。

> 夫白话之文学,不足以取富贵,不足以邀声誉,不列于文学之正宗,而卒不能废绝者,岂无故耶？岂不以此为吾文学趋势自然如此,故不可禁遏而日以昌大耶？愚以深信此理,故又以为今日之文学当以白话文学为正宗。(《历史的文学观念论》)

从文学史的趋势上承认白话文学为"正宗"。这就是正式否认骈文古文律诗古诗是"正宗"。这是推翻向来的正统,重新建立中国文学史上的正统。所以我说:

> 然则吾辈又何必攻古文家乎？吾辈主张"历史的文学观念",而古文家则反对此观念也。吾辈以为今人当造今人之文学,而古文家则以为今人作文必法马、班、韩、柳,其不法马、班、韩、柳者皆非文学之"正宗"也。吾辈之攻古文家,正以其不明文学之趋势而强欲作一千年二千年以上之古文。此说不破,则白话之文学无有列为文学正宗之一日,而世之文人将犹鄙薄之以为小道邪径而不肯以全力经营造作之。如是,则吾国将永无以全副精神实地试验白话文学之日。夫不以全副精神造文学而望文学之发生,此犹不耕而求获,不食而求饱也,亦终不可得矣。施耐庵、曹雪芹诸人所以能有成者,正赖其有特别胆力,能以全力为之耳。(同上)

我们特别指出白话文学是中国文学史上的"自然趋势",这是历史的事实。同时我们也曾特别指出:单靠"自然趋势"是不够打倒死文学的权威的,必须还有一种自觉的,有意的主张,方才能够做到文学革命的效果。欧洲近代国语文学的起来，都有这种自觉的主张，所以收效最快。中国有了一千多年的白话文学，只因为无人敢公然主张用白话文学来替代古文学，所以白话文学始终只是民间的"俗文学"，不登大雅之堂，不能取死文学而代之。我们再三指出这个文学史的自然趋势，是要利用这个自然趋势所产生的活文学来正式替代古文学的正统地位。简单说来，这是用谁都不能否认的历史事实来做文学革命的武器。

我特别注重这个历史的看法，这固然是我个人的历史癖，但在当时这种新的文学史见解不但是需要的，并且是最有效的武器。国内一班学者文人并非不熟中国历史上的重要事实，他们所缺乏的只是一种新的看法。譬如孔子，旧看法是把他看作"德侔天地，道冠古今"的大圣人，新看法是把他看作许多哲人里面的一个。把孔子排在老子、墨子一班哲人之中，用百家平等的眼光去评量他们的长短得失，我们就当然不会过分的崇拜迷信孔子了。文学史也是一样的。旧日讲文学史的人，只看见了那死文学的一线相承，全不看见那死文学的同时还有一条"活文学"的路线。他们只看见韩愈、柳宗元，却不知道韩、柳同时还有几个伟大的和尚正在那儿用生辣痛快的白话来讲学。他们只看见许衡、姚燧、虞集、欧阳玄，却不知道许衡、姚燧、虞集、欧阳玄同时还有关汉卿、马东篱、贯酸斋等等无数的天才正在那儿用漂亮朴素的白话来唱小曲，编杂剧。他们只看见了李梦阳、何景明、王世贞，至多只看见了公安、竟陵的偏锋文学，他们却看不见何、李、袁、谭诸人同时还有无数的天才正在那儿用生动美丽的白话来创作《水浒传》、《金瓶梅》、《西游记》和《三言》、《二拍》的短篇小说，《擘破玉》、《打枣竿》、《挂枝儿》的小曲子。他们只看见了方苞、姚鼐、恽敬、张惠言、曾国藩、吴汝纶，他们全不看见方、姚、曾、吴同时还有更伟大的天才正在那儿用流丽深刻的白话来创作《醒世姻缘》、《儒林外史》、《红楼梦》、《镜花缘》、《海上花列传》。我们在那时候所提出的新的文学史观，正是要给全国读文学史的人们戴上一副新的眼镜，使他们忽然看见那平时看不见的琼楼玉宇，奇葩瑶草，使他们忽然惊叹天地之大，历史之全！大家戴了新眼镜去重看中国文学史,拿《水浒传》《金瓶梅》来比当时的正统文学,当然不但何、李的假古董不值得一笑,就是公安、竟陵也都成了扭扭捏捏的小家子了!拿《儒林外史》《红楼梦》来比方、姚、曾、吴,也当然再不会发那"举天下之美无以易乎桐城姚氏者也"的伧陋见解了!所以那历史进化的文学观,初看去好像貌不惊人,其实是一种"哥白尼的天文革命":哥白尼用太阳中心说代替了地中心说,此话一出就使天地易位,宇宙变色;历史进化的文学观用白话正统代替了古文正统,就使那"宇宙古今之至美"从那七层宝座上倒撞下来,变成了"选学妖孽,桐城谬种"!(这两个名词是玄同创的。)从"正宗"变成了"谬种",从"宇宙古今之至美"变成了"妖魔"、"妖孽",这是我们的"哥白尼革命"。

在建设的方面,我们主张要把白话建立为一切文学的唯一工具。所以我回国之后,决心把一切枝叶的主张全抛开,只认定这一个中心的文学工具革命论是我们作战的"四十二生的大炮"。这时候,蔡元培先生介绍北京国语研究会的一班学者和我们北大的几个文学革命论者会谈。他们都是抱着"统一国语"的弘愿的,所以他们主张要先建立一种"标准国语"。我对他们说:标准国语不是靠国音字母或国音字典定出来的。凡标准国语必须是"文学的国语",就是那有文学价值的国语。国语的标准是伟大的文学家定出来的,决不是教育部的公文定得出来的。国语有了文学价值,自然受文人学士的欣赏使用,然后可以用来做教育的工具,然后可以用来做统一全国语言的工具。所以我主张,不要管标准的有无,先从白话文学下手,先用白话来努力创造有价值有生命的文学。

所以我在民国七年四月发表《建设的文学革命论》,把文学革命的目标化零为整,归结到"国语的文学,文学的国语"十个大字:

> 我们所提倡的文学革命,只是要替中国创造一种国语的文学。有了国语的文学,方才可以有文学的国语。有了文学的国语,我们的国语才可算得真正国语。国语没有文学,便没有价值,便不能成立,便不能发达。

这是《建设的文学革命论》的大旨。这时候,我们一班朋友聚在一处,独秀、玄同、半农诸人都和我站在一条路线上,我们的自信心更强了。独秀早已宣言：

> 改良中国文学,当以白话为文学正宗之说,其是非甚明,必不容反对者有讨论之余地,必以吾辈所主张者为绝对之是,而不容他人之匡正也。(六年五月)

玄同也极端赞成这几句话。他说：

> 此等论调虽若过悍,然对于迂谬不化之选学妖孽与桐城谬种,实不能不以如此严厉面目加之。(六年七月二日《寄胡适书》)

我受了他们的"悍"化,也更自信了。在那篇文里,我也武断的说：

> 这二千年的文人所做的文学都是死的,都是用已经死了的语言文字做的。死文字决不能产出活文学。所以中国这二千年只有些死文学,只有些没有价值的死文学。……中国若想有活文学,必须用白话,必须用国语,必须做国语的文学。

在下文我提出"文学的国语"的问题。

> 我们提倡新文学的人,尽可不必问今日中国有无标准国语,我们尽可努力去做白话的文学。我们可尽量采用《水浒》、《西游记》、《儒林外史》、《红楼梦》的白话;有不合今日的用的,便不用他;有不够用的,便用今日的白话来补助;有不得不用文言的,便用文言来补助。这样做去,决不愁语言文字不够用,也决不愁没有标准国语。中国将来的新文学用的白话,就是将来中国的标准国语。造中国将来白话文学的人,就是制定标准国语的人。

我的家乡土话是离官话很远的;我在学校里学得的上海话也不在官话系统之内。我十六七岁时在《竞业旬报》上写了不少的白话文,那时我刚学四川话。我写的白话差不多全是从看小说得来的。我的经验告诉我:《水浒》、《红楼》、《西游》、《儒林外史》一类的小说早已给了我们许多白话教本,我们可以从这些小说里学到写白话文的技能。所以我大胆的劝大家不必迟疑,尽量的采那些小说的白话来写白话文。其实那个时代写白话诗文的许多新作家,没有一个不是用从旧小说里学来的白话做起点的。那些小说是我们的白话老师,是我们的国语模范文,是我们的国语"无师自通"速成学校。

直到《新潮》出版之后,傅斯年先生在他的《怎样做白话文》里,才提出两条最重要的修正案。他主张:第一、白话文必须根据我们说的活语言,必须先讲究说话。话说好了,自然能做好白话文。第二、白话文必不能避免"欧化",只有欧化的白话方才能够应付新时代的新需要。欧化的白话文就是充分吸收西洋语言的细密的结构,使我们的文字能够传达复杂的思想,曲折的理论。傅先生提出的两点,都是最中肯的修正。旧小说的白话实在太简单了,在实际应用上,大家早已感觉有改变的必要了。初期的白话作家,有些是受过西洋语言文字的训练的,他们的作风早已带有不少的"欧化"成分。虽然欧化的程度有多少的不同,技术也有巧拙的不同,但明眼的人都能看出,凡具有充分吸收西洋文学的法度的技巧的作家,他们的成绩往往特别好,他们的作风往往特别可爱。所以欧化白话文的趋势可以说是在白话文学的初期已开始了。傅先生的另一个主张,——从说话里学作白话文,——在那个时期还不曾引起一般作家的注意。中国文人大都是不讲究说话的,况且有许多作家生在官话区域以外,说官话多不如他们写白话的流利。所以这个主张言之甚易,而实行甚难。直到最近时期,才有一些作家能够忠实的描摹活的语言的腔调神气,有时还能充分采纳各地的土话。近年的小说最能表示这个趋势。近年白话文学的倾向是一面大胆的欧化,一面又大胆的方言化,就使白话文更丰富了。傅先生指出的两个方向,可以说是都开始实现了。

我们当时抬出"国语的文学,文学的国语"的作战口号,做到了两件事:一是把当日那半死不活的国语运动救活了;一是把"白话文学"正名为"国语文学",也减少了一般人对于"俗语"、"俚语"的厌恶轻视的成见。

我们在前一章已说过,民元以后的音标文字运动变成了读音注音的运动,变成了纸上的读音统一运动。他们虽然也有小学国文教科书改用国语的议论,但古文学的权威未倒,白话文学的价值未得一般文人的承认,他们的议论是和前一期的拼音文字运动同样的无力量的。士大夫自己若不肯用拼音文字,我们就不能用拼音文字教儿童和老百姓;士大夫自己若不肯做白话文,我们也不配用白话教儿童和老百姓。我们深信：若要把国语文变成教育的工具,我们必须先把白话认作最有价值最有生命的文学工具。所以我们不管那班国语先生们的注音工作和字典工作,我们只努力提倡白话的文学,国语的文学。国语先生们到如今还不能决定究竟国语应该用"京音"（北平语）作标准,还是用"国音"（读音统一会公决的国音）作标准。他们争了许久,才决定用"北平曾受中等教育的人的口语"为国语标准。但是我们提倡国语文学的人,从来不发生这种争执。《红楼梦》、《儿女英雄传》的北京话固然是好白话,《儒林外史》和《老残游记》的中部官话也是好白话。甚至于《海上花列传》的用官话叙述,用苏州话对白,我们也承认是很好的白话文学。甚至于欧化的白话,只要有艺术的经营,我们也承认是正当的白话文学。这二十年的白话文学运动的进展,把"国语"变丰富了,变新鲜了,扩大了,加浓了,更深刻了。

我在那时曾提出一个历史的"国语"定义。我说：

> 我们如果考察欧洲近世各国国语的历史,我们应该知道没有一种国语是先定了标准才发生的;没有一国不是先有了国语然后有所谓标准的。
>
> 凡是国语的发生,必是先有了一种方言比较的通行最远,比较的产生了最多的活文学,可以采用作国语的中坚分子;这个中坚分子的方言,逐渐推行出去,随时吸收各地方言的特别贡献,同时便逐渐变换各地的土话;这便是国语的成立。有了国语,有了国语的文学,然后有些学者起来研究这种国语的文法,发音法等等;然后有字典,词典,文典,言语学等等出来;这才是国语标准的成立。(《国语讲习所同学录序》,九年五月)

国语必须是一种具有双重资格的方言：第一须流行最广,第二已产生了有价值的文学。流行最广,所以了解的人多;已产生了文学,所以有写定的符号可用。一般人似乎不很明白这二个条件的重要。我们试看古白话的文件,"什么"或作"是没",或作"是勿";"这个"或作"者箇",或作"遮箇";"呢"字古人写作"聻"字;"们"字古写作"懑"字、"每"字。自从几部大小说出来之后,这些符号才渐渐统一了。

文字符号写定之后,语言的教学才容易进行。所以一种方言必须具有那两重条件,方才有候补国语的资格:

> 我们现在提倡的国语,也有一个中坚分子,就是那从东三省到四川、云南、贵州,从长城到长江流域,最通行的一种大同小异的普通话。这种普通话在这七八百年中已产生了一些有价值的文学,已成了通俗文学——从《水浒传》、《西游记》直到《老残记》——的利器。他的势力,借着小说和戏剧的力量,加上官场和商人的需要,早已侵入那些在国语区域以外的许多的地方了。现在把这种已很通行又已产生文学的普通话认为国语,推行出去,使他们成为全国学校教科书的用语,使他成为全国报纸杂志的文字,使他成为现代和将来的文学用语:这是建立国语的唯一方法。(同上)

这是我们在建立国语方面的中心理论。

总而言之,我们所谓"活的文学"的理论,在破坏方面只是说"死文字决不能产生活文学",只是要用一种新的文学史观来打倒古文学的正统而建立白话文学为中国文学的正宗;在建设方面只是要用那向来被文人轻视的白话来做一切文学的唯一工具,要承认那流行最广而又产生了许多第一流文学作品的白话是有"文学的国语"的资格的,可以用来创造中国现在和将来的新文学,并且要用那"国语的文学"来做统一全民族的语言的唯一工具。

至今还有一班人信口批评当日的文学革命运动,嘲笑它只是一种"文字形式"的改革。对于这班人的批评,我在十六年前早已给他们留下答复了,那时候我说:

> 近来稍稍明白事理的人,都觉得中国文学有改革的必要。即如我的朋友任叔永也说:"乌乎! 适之! 吾人今日言文学革命,乃诚见今日文学有不可不改革之处,非特文言白话之争而已。"甚至于南社的柳亚子也要高谈文学革命。但是他们的文学革命论只提出一种空荡荡的目的,不能有一种具体进行的计划。他们都说文学革命决不是形式上的革命,决不是文言白话

的问题。等到[有]人问他们究竟他们所主张的革命"大道"是什么,他们可回答不出了。这种没有具体计划的革命,——无论是政治的是文学的——决不能发生什么效果。我们认定文字是文学的基础,故文学革命的第一步就是文字问题的解决。我们认定"死文字定不能产生活文学",故我们主张若要造一种活的文学,必须用白话来做文学的工具。我们也知道单有白话未必就能造出新文学;我们也知道新文学必须要有新思想做里子。但是我们认定文学革命须有先后的程序:先要做到文字体裁的大解放,方才可以用来做新思想新精神的运输品。我们认定白话实在有文学的可能,实在是新文学的唯一利器。(《尝试集·自序》,八年八月)

我在十七年前也曾给他们留下更明白的答复:

> 文学革命的运动,不论古今中外,大概都是从"文的形式"一方面下手,大概都是先要求语言文字文体等方面的大解放。欧洲三百年前各国的国语文学起来替代拉丁文学时,是语言文字的大解放;十八十九世纪法国嚣俄、英国华茨活等人所提倡的文学改革,是诗的语言文字的解放。……这一次中国文学的革命运动,也是先要求语言文字和文体的解放。新文学的语言是白话的,新文学的文体是自由的,是不拘格律的。初看起来,这都是"文的形式"一方面的问题,算不得重要。却不知道形式和内容有密切的关系。形式上的束缚,使精神不能自由发展,使良好的内容不能充分表现。若想有一种新内容和新精神,不能不先打破那些束缚精神的枷锁镣铐。(《谈新诗》,八年十月)

现在那些说俏皮话的"文学革命家"为什么不回到二十年前的骈文古文里去寻求他们的革命"大道"呢?

5 现在要说说中国新文学运动的第二个作战口号:"人的文学"。

我在上文已说过,我们开始也曾顾到文学的内容的改革。例如玄同先生和我讨论中国小说的长信,就是文学内容革新的讨论。但当那个时期,我们还没有法子谈到新文学应该有怎样的内容。世界的新文艺都还没有踏进中国的大门里,社会上所有的西洋文学作品不过是林纾翻译的一些十九世纪前期的作品,其中最高的思想不过是迭更司的几部社会小说;至于代表十九世纪后期的革新思想的作品都是国内人士所不曾梦见。所以在那个贫乏的时期,我们实在不配谈文学内容的革新,因为文学内容是不能悬空谈的,悬空谈了也决不会发生有力的影响。例如我在《文学改良刍议》里曾说文学必须有"高远之思想,真挚之情感",那就是悬空谈文学内容了。

民国七年一月《新青年》复活之后,我们决心做两件事:一是不作古文,专用白话作文;一是翻译西洋近代和现代的文学名著。那一年的六月里,《新青年》出了一本"易卜生专号",登出我和罗家伦先生合译的《娜拉》全本剧本,和陶履恭先生译的《国民之敌》剧本。这是我们第一次介绍西洋近代一个最有力量的文学家,所以我写了一篇《易卜生主义》。在那篇文章里,我借易卜生的话来介绍当时我们新青年社的一班人公同信仰的"健全的个人主义"。易卜生说:

> 我所最期望于你的是一种真正纯粹的为我主义,要使你有时觉得天下只有关于你的事最要紧,其余的都算不得什么。……你要想有益于社会,最好的法子莫如把你自己这块材料铸造成器。……有时候,我真觉得全世界都像海上撞沉了的船,最要紧的还是救出自己。

娜拉抛弃了他的丈夫儿女,深夜出门走了,为的是她相信自己"是一个人",她有对她自己应尽的神圣责任:"无论如何,我务必努力做一个人!"《国民之敌》剧本里的主人翁斯铎曼医生宁可叫全体市民给他[加]上"国民之敌"的徽号,而不肯不说老实话,不肯不宣扬他所认得的真理。他最后宣言道:"世上最强有力的人就是那最孤立的人!"这样特立独行的人格就是易卜生要宣传的"真正纯粹的个人主义"。

次年(七年)12月里,《新青年》(五卷六号)发表周作人先生的《人的文学》。这是当时关于改革文学内容的一篇最重要的宣言。他开篇就说:

> 我们现在应该提倡新的文学,简单的说一句,是"人的文学",应该排斥的,便是反对的非人的文学。

他解释这个"人"字如下:

> 我所说的人,乃是"从动物进化的人类"。其中有两个要点:(一)"从动物"进化的,(二)从动物"进化"的。
>
> 我们承认人是一种生物,他的生活现象与别的动物并无不同。所以我们相信人的一切生活本能都是美的善的,应得完全满足。凡有违反人性不自然的习惯制度,都应排斥改正。
>
> 但我们又相信人是一种从动物进化的生物,他……有能改造生活的力量。所以我们相信人类以动物的生活为生存的基础,而其内面生活却渐与动物相远,终能达到高尚和平的境地。凡兽性的余留,与古代礼法可以阻碍人性向上的发展者,也都应排斥改正。……
>
> 换一句话说,所谓从动物进化的人,也便是指"灵肉一致"的人。……
>
> 人的理想生活……首先便是改良人类的关系,……须营一种利己而又利他,利他即是利己的生活。第一、便是各人以心力的劳作换得适当的衣食住与医药,能保持健康的生存。第二、革除一切人道以下或人力以上的因袭的礼法,使人人能享自由真实的幸福生活。
>
> 我所说的人道主义,并非世间所谓"悲天悯人"或"博施济众"的慈善主义!乃是一种个人主义的人间本位主义。……用这人道主义为本,对于人生诸问题加以记录研究的文字,便谓之"人的文学"。

这是一篇最平实伟大的宣言(他的详细节目,至今还值得细读)。周先生把我们那个时代所要提倡的种种文学内容,都包括在一个中心观念里,这个观念他叫做"人的文学"。他要用这一个观念来排斥中国一切"非人的文学"(他列举了十大类),来提倡"人的文学"。他所谓"人的文学",说来极平常,只是那些主张"人情以内,人力以内"的"人的道德"的文学。

在周作人先生所排斥的十类"非人的文学"之中,有《西游记》、《水浒》《七侠五义》,等等。这是很可注意的。我们一面夸赞这些旧小说的文学工具(白话),一面也不能不承认他们的思想内容实在不高明,够不上"人的文学"。用这个新标准去评估中国古今的文学,真正站得住脚的作品就很少了。所以周先生的结论是:"还须介绍译述外国的著作,扩大读者的精神,眼里看见了世界的人类,养成人的道德,实现人的生活。"

关于文学内容的主张,本来往往含有个人的嗜好,和时代潮流的影响。《新青年》的一班朋友在当年提倡这种淡薄平实的"个人主义的人间本位",也颇能引起一班青年男女向上的热情,造成一个可以称为"个人解放"的时代。然而当我们提倡那种思想的时候,人类正从一个"非人的"血战里逃出来,世界正在起一种激烈的变化。在这个激烈的变化里,许多制度与思想又都得经过一种"重新估价"。十几年来,当日我们一班朋友郑重提倡的新文学内容渐渐受一班新的批评家的指摘,而我们一班朋友也渐渐被人唤作落伍的维多利亚时代的最后代表者了!

那些更新颖的文学议论,不在我们编的这一册的范围之中,我们现在不讨论了。

6 我在这篇引论里,只做到了两点:第一是叙述并补充了文学革命的历史背景(音标文字运动的部分是补充的)。第二是简单的指出了文学革命的两个中心理论的涵义,并且指出了这一次文学革命的主要意义实在只是文学工具的革命。这一册的题目是"建设理论集",其实也可以叫做"革命理论集",因为那个文学革命一面是推翻那几千年因袭下来的死工具,一面是建立那一千年来已有不少文学成绩的活工具;用那活的白话文学来替代那死的古文学,可以叫做大破坏,可以叫做大解放,也可以叫做"建设的文学革命"。

在那个文学革命的稍后一个时期,新文学的各个方面(诗、小说、戏剧、散文)都引起了不少的讨论。引起讨论最多的当然第一是诗,第二是戏剧。这是因为新诗和新剧的形式和内容都需要一种根本的革命；诗的完全用白话，甚至于不用韵，戏剧的废唱等等，其革新的成分都比小说和散文大的多，所以他们引起的讨论也特别多。文学革命在海外发难的时候，我们早已看出白话散文和白话小说都不难得着承认，最难的大概是新诗，所以我们当时认定建立新诗的唯一方法是要鼓励大家起来用白话做新诗。后来作新诗的人多了，有些是受中国旧诗和词曲的影响比较多的，有些是受了德国、法国和日本的思想的影响比较多的，有些是受了英美民族的文学的影响比较多的，于是新诗的理论也就特别多了。中国旧戏虽然已到了末路，但在当时也还有不少迷信唱工台步脸谱的人，所以在那拥护旧戏和主张新剧的争论里，也产生了一些关于戏剧的讨论。

但是，因为这部《新文学大系》有散文、小说、诗、戏剧四类的选本集，每一集各有主编人的长篇序文，所以我现在不用分别讨论这几方面的革命理论和建设理论了。我在本文开篇时说过，"人们要用你结的果子来评判你"，文学革命的第一个十年结的果子就是那七巨册所代表的十年努力创作的成绩。我们看了这二十年的新文学创作的成绩，至少可以说中国文学革命运动不是一个不孕的女人，不是一株不结实的果子树。耶稣在山上很感动的说："收成是好的，可惜做工的人太少了！"中国文学革命的历史的基础全在那一千年中这儿那儿的一些大胆的作家，因为忍不住艺术的引诱，创作出来的一些白话文学。中国文学革命将来的最后胜利，还得靠今后的无数作家，在那点历史的基础之上，在这二十年来的新辟的园地之上，努力建筑起无数的伟大高楼大厦来。

在文学革命的初期提出的那些个别的问题之中，只有一个问题还没有得着充分的注意，也没有多大的进展，——那就是废汉字改用音标文字的问题（看钱玄同先生《中国今后之文学问题》，和傅斯年先生的《汉语改用拼音文字的初步谈》两篇）。我在上文已说过，拼音文字只可以拼活的白话，不能拼古文；在那个古文学的权威没有[丝]毫动摇的时代，大家看不起白话，更没有用拼音文字的决心，所以音标文字的运动不会有成功的希望。如果因为白话文学的奠定和古文学的权威的崩溃，音标文字在那不很辽远的将来能够替代了那方块的汉字做中国四万万人的教育工具和文学工具了,那才可以说是中国文学革命的更大收获了。

廿四年九月三日

(原载《中国新文学大系》第一集《建设理论集》,1935年10月15日上海良友图书印刷公司出版。此文后经胡适删改,改名为《中国新文学运动小史》,1958年台北启明书局出版)

逼上梁山
文学革命的开始

1 提起我们当时讨论"文学革命"的起因,我不能不想到那时清华学生监督处的一个怪人。这个人叫做钟文鳌,他是一个基督教徒,受了传教士和青年会的很大的影响。他在华盛顿的清华学生监督处做书记,他的职务是每月寄发各地学生应得的月费。他想利用他发支票的机会来做一点社会改革的宣传。他印了一些宣传品,和每月的支票夹在一个信封里寄给我们。他的小传单有种种花样,大致是这样的口气:

不满二十五岁不娶妻。

废除汉字,取用字母。

多种树,种树有益。

支票是我们每月渴望的,可是钟文鳌先生的小传单未必都受我们的欢迎。我们拆开信,把支票抽出来,就把这个好人的传单抛在字纸篓里去。

可是,钟先生的热心真可厌!他不管你看不看,每月总照样夹带一两张小传单给你。我们平时厌恶这种青年会宣传方法的,总觉得他这样滥用职权是不应该的。有一天,我又接到了他的一张传单,说中国应该改用字母拼音;说欲求教育普及,非有字母不可。我一时动了气,就写了一封短信去骂他,信上的大意是说:"你们这种不通汉文的人,不配谈改良中国文字的问题。你要谈这个问题,必须先费几年工夫,把汉文弄通了,那时你才有资格谈汉字是不是应该废除。"

这封信寄出去之后,我就有点懊悔了。等了几天,钟文鳌先生没有回信来,我更觉得我不应该这样"盛气凌人"。我想,这个问题不是一骂就可完事的。我既然说钟先生不够资格讨论此事,我们够资格的人就应该用点心思才力去研究这个问题。不然,我们就应该受钟先生训斥了。

那一年恰好东美的中国学生会新成立了一个"文学科学研究部"(Institute of Arts and Sciences),我是文学股的委员,负有准备年会时分股讨论的责任。我就同赵元任先生商量,把"中国文字的问题"作为本年文学股的论题,由他和我两个人分做两篇论文,讨论这个问题的两个方面:赵君专论《吾国文字能否采用字母制,及其进行方法》;我的题目是"如何可使吾国文言易于教授"。赵君后来觉得一篇不够,连做了几篇长文,说吾国文字可以采用音标拼音,并且详述赞成与反对的理由。他后来是"国语罗马字"的主要制作人;这几篇主张中国拼音文字的论文是国语罗马字的历史的一种重要史料。

我的论文是一种过渡时代的补救办法。我的日记里记此文大旨如下:

(一)汉文问题之中心在于"汉文究可为传授教育之利器否"一问题。

(二)汉文所以不易普及者,其故不在汉文,而在教之之术之不完。同一文字也,甲以讲书之故而通文,能读书作文;乙以徒事诵读不求讲解之故而终身不能读书作文。可知受病之源在于教法。

(三)旧法之弊,盖有四端:

(1)汉文乃是半死之文字,不当以教活文字之法教之(活文字者,日用语言之文字,如英、法文是也,如吾国之白话是也。死文字者,如希腊、拉丁,非日用之语言,已陈死矣。半死文字者,以其中尚有日用之分子在也。如犬字是已死之字,狗字是活字;乘马是死语,骑马是活语。故曰半死之文字也)。旧法不明此义,以为徒事朗诵,可得字义,此其受病之源。教死文字之法,与教外国文字略相似,须用翻译之法,译死语为活语,前谓"讲书"是也。

(2)汉文乃是视官的文字,非听官的文字。凡一字有二要,一为其声,一为其义:无论何种文字,皆不能同时并达此二者。字母的文字但能传声,不能达意,象形会意之文字,但可达意而不能传声。今之汉文已失象形会意指事之特长;而教者又不复知说文学。其结果遂令吾国文字既不能传声,又不能达意。向之有一短者,今乃并失其所长。学者不独须强记字音,又须强记字义,是事倍而功半也。欲救此弊,当鼓励字源学,当以古体与今体同列教科书中;小学教科当先令童蒙习象形指事之字,次及浅易之会意字,次及浅易之形声字。中学以上皆当习字源学。

(3) 吾国文本有文法。文法乃教文字语言之捷径,今当鼓励文法学,列为必须之学科。

(4) 吾国向不用文字符号,致文字不易普及;而文法之不讲,亦未始不由于此,今当力求采用一种规定之符号,以求文法之明显易解,及意义之确定不易(以上引 1915 年 8 月 26 日记)。

我是不反对字母拼音的中国文字的;但我的历史训练(也许是一种保守性)使我感觉字母的文字不是容易实行的,而我那时还没有想到白话可以完全替代文言,所以我那时想要改良文言的教授方法,使汉文容易教授。我那段日记的前段还说:

当此字母制未成之先,今之文言终不可废置,以其为仅有之各省交通之媒介也,以其为仅有之教育授受之具也。

我提出的四条古文教授法,都是从我早年的经验里得来的。第一条注重讲解古书,是我幼年时最得力的方法(看《四十自述》,页 44—46)。第二条主张字源学是在美国时的一点经验,有一个美国同学跟我学中国文字,我买一部王筠的《文字蒙求》给他做课本觉得颇有功效。第三条讲求文法是我崇拜《马氏文通》的结果,也是我学习英文的经验的教训。第四条讲标点符号的重要也是学外国文得来的教训;我那几年想出了种种标点的符号,1915 年 6 月为《科学》作了一篇《论句读及文字符号》的长文,约有一万字,凡规定符号十种,在引论中我讨论没有文字符号的三大弊:一为意义不能确定,容易误解,二为无以表示文法上的关系,三为教育不能普及。我在日记里自跋云:

> 吾之有意于句读及符号之学也久矣。此文乃数年来关于此问题之思想结晶而成者,初非一时兴到之作也。后此文中,当用此制。7月2日。

2

以上是1915年夏季的事。这时候我已承认白话是活文字,古文是半死的文字。那个夏天,任叔永(鸿隽),梅觐庄(光迪),杨杏佛(铨),唐擘黄(钺)都在绮色佳(Ithaca)过夏,我们常常讨论中国文学的问题。从中国文字问题转到中国文学问题,这是一个大转变。这一班人中,最守旧的是梅觐庄,他绝对不承认中国古文是半死或全死的文字。因为他的反驳,我不能不细细想过我自己的立场。他越驳越守旧,我倒渐渐变得更激烈了。我那时常提到中国文学必须经过一场革命;"文学革命"的口号,就是那个夏天我们乱谈出来的。

梅觐庄新从芝加哥附近的西北大学毕业出来,在绮色佳过了夏,要往哈佛大学去。9月17日,我做了一首长诗送他,诗中有这两段很大胆的宣言:

> 梅生梅生毋自鄙!神州文学久枯馁,百年未有健者起。新潮之来不可止;文学革命其时矣!吾辈势不容坐视。且复号召二三子,革命军前杖马箠,鞭笞驱除一车鬼,再拜迎入新世纪!以此报国未云菲:缩地戡天差可儗。梅生梅生毋自鄙!
>
> 作歌今送梅生行,狂言人道臣当烹。我自不吐定不快,人言未足为重轻。

在这诗里,我第一次用"文学革命"一个名词。这首诗颇引起了一些小风波。原诗共有四百二十字,全篇用了十一个外国字的译音。任叔永把那诗里的一些外国字连缀起来,做了一首游戏诗送我往纽约:

> 牛敦爱迭孙,培根客尔文,
> 索房与霍桑,"烟士披里纯;"
> 鞭笞一车鬼,为君生琼英。
> 文学今革命,作歌送胡生。

诗的末行自然是挖苦我的"文学革命"的狂言。所以我可不能把这诗当作游戏看。我在9月19日的日记里记了一行：

> 叔永戏赠诗,知我乎？罪我乎？

9月20日,我离开绮色佳,转学到纽约去进哥伦比亚大学,在火车上用叔永的游戏诗的韵脚,写了一首很庄重的答词,寄给绮色佳的各位朋友：

> 诗国革命何自始？要须作诗如作文。
> 琢镂粉饰丧元气,貌似未必诗之纯。
> 小人行文颇大胆,诸公——皆人英。
> 愿共僇力莫相笑,我辈不作腐儒生。

在这短诗里,我特别提出了"诗国革命"的问题,并且提出了一个"要须作诗如作文"的方案。从这个方案上,惹出了后来做白话诗的尝试。

我认定了中国诗史上的趋势,由唐诗变到宋诗,无甚玄妙,只是作诗更近于作文！更近于说话。近世诗人欢喜做宋诗,其实他们不曾明白宋诗的长处在哪儿。宋朝的大诗人的绝大贡献,只在打破了六朝以来的声律的束缚,努力造成一种近于说话的诗体。我那时的主张颇受了读宋诗的影响,所以说"要须作诗如作文",又反对"琢镂粉饰"的诗。

那时我初到纽约,觐庄初到康桥,各人都很忙,没有打笔墨官司的余暇。但这只是暂时的停战,偶一接触,又爆发了。

3

1916年,我们的争辩最激烈,也最有效果。争辩的起点,仍旧是我的"要须作诗如作文"的一句诗。梅觐庄曾驳我道：

> 足下谓诗国革命始于"作诗如作文",迪颇不以为然。诗文截然两途。诗之文字(Poetic diction)与文之文字(Prose diction)自有诗文以来(无论中西),已分道而驰。足下为诗界革命家,改良"诗之文字"则可。若仅移"文之文字"于诗,即谓之革命,则不可也。……一言蔽之,吾国求诗界革命,当于诗中求之,与文无涉也。若移"文之文字"于诗,即谓之革命,则诗界革命不成问题矣。以其太易易也。

任叔永也来信,说他赞成觐庄的主张。我觉得自己很孤立,但我终觉得他们两人的说法都不能使我心服。我不信诗与文是完全截然两途的。我答他们的信,说我的主张并不仅仅是以"文之文字"入诗。我的大意是:

> 今日文学大病在于徒有形式而无精神,徒有文而无质,徒有铿锵之韵,貌似之辞而已。今欲救此文胜之弊,宜从三事入手:第一须言之有物,第二须讲文法,第三,当用"文之文字"时,不可避之。三者皆以质救文胜之敝也。(2月3日)

我自己日记里记着:

> 吾所持论,固不徒以"文之文字"入诗而已。然不避"文之文字",自是吾论诗之一法。……古诗如白香山之《道州民》,如老杜之《自京赴奉先咏怀》,如黄山谷之《题莲华寺》,何一非用"文之文字",又何一非用"诗之文字"耶?(2月3日)

这时候,我已仿佛认识了中国文学问题的性质。我认清了这问题在于"有文而无质"。怎么才可以救这[个]"文胜质"的毛病呢?我那时的答案还没有敢想到白话上去,我只敢说"不避文的文字"而已。但这样胆小的提议,我的一班朋友都还不能了解。梅觐庄的固执"诗的文字"与"文的文字"的区别,自不必说。任叔永也不能完全了解我的意思。他有信来说:

> ……要之,无论诗文,皆当有质。有文无质,则成吾国近世萎靡腐朽之文学,吾人正当廓而清之。然使以文学革命自命者,乃言之无文,欲其行远,得乎?近来颇思吾国文学不振,其最大原因,乃在文人无学。救之之法,当从绩学入手。徒于文字形式上讨论,无当也。(2月10日)

这种说法,何尝不是?但他们都不明白"文字形式"往往是可以妨碍束缚文学的本质的。"旧皮囊装不得新酒",是西方的老话。我们也有"工欲善其事,必先利其器"的古话。文字形式是文学的工具;工具不适用,如何能达意表情?

从2月到3月,我的思想上起了一个根本的新觉悟。我曾彻底想过:一部中国文学史只是一部文字形式(工具)新陈代谢的历史,只是"活文学"随时起来替代了"死文学"的历史。文学的生命全靠能用一个时代的活的工具,来表现一个时代的情感与思想。工具僵化了,必须另换新的,活的,这就是"文学革命"。例如《水浒传》上石秀说的:

> 你这与奴才做奴才的奴才!

我们若把这句话改作古文,"汝奴之奴!"或他种译法,总不能有原文的力量。这岂不是因为死的文字不能表现活的话语?此种例证,何止千百?所以我们可以说:历史上的"文学革命"全是文学工具的革命。叔永诸人全不知道工具的重要,所以说"徒于文字形式上讨论,无当也"。他们忘了欧洲近代文学史的大教训!若没有各国的活语言作新工具,若近代欧洲文人都还须用那已死的拉丁文作工具,欧洲近代文学的勃兴是可能的吗?欧洲各国的文学革命只是文学工具的革命。中国文学史上几番革命也都是文学工具的革命。这是我的新觉悟。

我到此时才把中国文学史看明白了,才认清了中国俗话文学(从宋儒的白话语录到元朝明朝的白话戏曲和白话小说)是中国的正统文学,是代表中国文学革命自然发展的趋势的。我到此时才敢正式承认中国今日需要的文学革命是用白话替代古文的革命,是用活的工具替代死的工具的革命。

1916年3月间,我曾写信给梅觐庄,略说我的新见解,指出宋元的白话文学的重要价值。觐庄究竟是研究过西洋文学史的人,他回信居然很赞成我的意见。他说:

> 来书论宋元文学,甚启聋聩。文学革命自当从"民间文学"(Folklore, Popular poetry, Spoken language, etc.)入手,此无待言。惟非经一番大战争不可。骤言俚俗文学,必为旧派文家所讪笑攻击。但我辈正欢迎其讪笑攻击耳。(3月19日)

这封信真叫我高兴,梅觐庄也成了"我辈"了!

我在4月5日把我的见解写出来,作为两段很长的日记。第一段说:

> 文学革命,在吾国史上,非创见也。即以韵文而论:三百篇

变而为骚,一大革命也。又变为五言七言之诗,二大革命也。赋之变为无韵之骈文,三大革命也。古诗之变为律诗,四大革命也。诗之变为词,五大革命也。词之变为曲,为剧本,六大革命也。何独于吾所持文学革命论而疑之!

第二段论散文的革命:

　　文亦几遭革命矣。孔子至于秦汉,中国文体始臻完备。……六朝之文亦有绝妙之作。然其时骈俪之体大盛,文以工巧雕琢见长,文法遂衰。韩退之之"文起八代之衰",其功在于恢复散文,讲求文法,此亦一革命也。唐代文学革命家,不仅韩氏一人;初唐之小说家皆革命功臣也。"古文"一派,至今为散文正宗,然宋人谈哲理者,似悟古文之不适于用,于是语录体兴焉。语录体者,以俚语说理记事。……此亦一大革命也。……至元人之小说,此体始臻极盛。……总之,文学革命至元代而登峰造极。其时词也,曲也,剧本也,小说也,皆第一流之文学,而皆以俚语为之。其时吾国真可谓有一种"活文学"出世。倘此革命潮流(革命潮流即天演进化之迹。自其异者言之,谓之革命。自其循序渐进之迹言之,即谓之进化,可也)不遭明代八股之劫,不受诸文人复古之劫,则吾国之文学必已为俚语的文学,而吾国之语言早成为言文一致之语言,可无疑也。但丁(Dante)之创意大利文,却叟(Chaucer)之创英吉利文,马丁·路得(Martin Luther)之创德意志文,未足独有千古矣。惜乎,五百余年来,半死之古文。半死之诗词,复夺此"活文学"之地位,而"半死文学"遂苟延残喘以至于今日。今日之文学,独我佛山人,南亭亭长,洪都百炼生诸公之小说可称"活文学"耳。文学革命何可更缓耶?何可更缓耶!(4月5日夜记)

从此以后,我觉得我已从中国文学演变的历史上,寻得了中国文学问题的解决方案,所以我更自信这条路是不错的。过了几天,我作了一首《沁园春》词,写我那时的情绪:

沁园春　　誓诗

　　更不伤春,更不悲秋,以此誓诗。任花开也好,花飞也好,月圆固好,日落何悲? 我闻之曰,"从天而颂,孰与制天而用之"? 更安用,为苍天歌哭,作彼奴为! 文学革命何疑! 且准备塞旗作健儿。要前空千古,下开百世,收他臭腐,还我神奇。为大中华,造新文学,此业吾曹欲让谁? 诗材料,有簇新世界,供我驱驰。(4月13日)

这首词下半阕的口气是很狂的,我自己觉得有点不安,所以修改了好多次。到了第三次修改,我把"为大中华,造新文学,此业吾曹欲让谁"的狂言,全删掉了,下半阕就改成了这个样子:

……文章要有神思,

到琢句雕词意已卑。

定不师秦七,不师黄九,但求似我,何效人为!

语必由衷,言须有物,此意寻常当告谁! 从今后,倘傍人门户,不是男儿!

这次改本后,我自跋云:

吾国文学大病有三:一曰无病而呻,……二曰摹仿古人,……三曰言之无物。……顷所作词,专攻此三弊,岂徒责人,亦以自誓耳。(4月17日)

前答覬庄书,我提出三事:言之有物,讲文法,不避"文的文学";此跋提出的三弊,除"言之无物"与前第一事相同,余二事是添出的。后来我主张的文学改良的八件,此时已有五件了。

4 1916年6月中,我往克利佛兰(Cleveland)赴"第二次国际关系讨论会"(Conference of International Relations),去时来时都经过绮色佳,去时在那边住了八天,常常和任叔永,唐擘黄,杨杏佛诸君谈论改良中国文学的方法,这时候我已有了具体的方案,就是用白话作文,作诗,作戏曲。日记里记我谈话的大意有九点:

(一) 今日之文言乃是一种半死的文字。

(二) 今日之白话是一种活的语言。

(三) 白话并不鄙俗,俗儒乃谓之俗耳。

(四) 白话不但不鄙俗,而且甚优美适用。

凡言要以达意为主，其不能达意者，则为不美。如说，"赵老头回过身来，爬在街上，扑通扑通的磕了三个头"，若译作文言，更有何趣味？

（五）凡文言之所长，白话皆有之。而白话之所长，则文言未必能及之。

（六）白话并非文言之退化，乃是文言之进化，其进化之迹，略如下述：

（1）从单音的进而为复音的。

（2）从不自然的文法进而为自然的文法。

例如"舜何人也"变为"舜是什么人"；"己所不欲"变为"自己不要的"。

（3）文法由繁趋简。例如代名词的一致。

（4）文言之所无，白话皆有以补充。例如文言只能说"此乃吾儿之书"，但不能说"这书是我儿子的"。

（七）白话可以产生第一流文学。白话已产生小说，戏剧，语录，诗词，此四者皆有史事可证。

（八）白话的文学为中国千年来仅有之文学。其非白话的文学，如古文，如八股，如笔记小说，皆不足与于第一流文学之列。

（九）文言的文字可读而听不懂；白话的文字既可读，又听得懂。凡演说，讲学，笔记，文言决不能应用。今日所需，乃是一种可读，可听，可歌，可讲，可记的言语。要读书不须口译，演说不须笔译；要施诸讲坛舞台而皆可，诵之村姬妇孺皆可懂。不如此者，非活的言语也，决不能成为吾国之国语也，决不能产生第一流的文学也。（7月6日追记）

7月2日，我回纽约时，重过绮色佳，遇见梅觐庄，我们谈了半天，晚上我就走了。日记里记此次谈话的大致如下：

吾以为文学在今日不当为少数文人之私产，而当以能普及最大多数之国人为一大能事。吾又以为文学不当与人事全无关系；凡世界有永久价值之文学，皆尝有大影响于世道人心者也。觐庄大攻此说，以为 Utilitarian（功利主义），又以为偷得 Tolstoi

（托尔斯太）之绪余；以为此等19世纪之旧说，久为今人所弃置。

余闻之大笑。夫吾之论中国文学，全从中国一方面着想，初不管欧西批评家发何议论。吾言而是也，其为Utilitarian，其为Tolstoyan又何损其为是。吾言而非也，但当攻其所以非之处，不必问其为Utilitarian抑为Tolstoyan也。（7月13日追记）

5 我回到纽约之后不久，绮色佳的朋友们遇着了一件小小的不幸事故，产生了一首诗，引起了一场大笔战，竟把我逼上了决心试做白话诗的路上去。

7月8日，任叔永同陈衡哲女士、梅觐庄、杨杏佛、唐擘黄在凯约嘉湖上摇船，近岸时船翻了，又遇着大雨。虽没有伤人，大家的衣服都湿了。叔永做了一首四言的《泛湖即事》长诗，寄到纽约给我看。诗中有"言櫂轻楫，以涤烦疴"；又有"猜谜赌胜，载笑载言"等等句子。恰好我是曾做《诗三百篇中"言"字解》的，看了"言櫂轻楫"的句子，有点不舒服，所以我写信给叔永说：

……再者，诗中所用"言"字"载"字，皆系死字；又如"猜谜赌胜，载笑载言"二句，上句为二十世纪之活字，下句为三千年前之死句，殊不相称也。（7月16日）

叔永不服，回信说：

足下谓"言"字"载"字为死字，则不敢谓然。如足下意，岂因《诗经》中曾用此字，吾人今日所用字典便不当搜入耶？"载笑载言"固为"三千年前之语"，然可用以达我今日之情景，即为今日之语，而非"三千年前之死语"，此君我不同之点也。（7月17日）

我的本意只是说"言"字"载"字在文法上的作用，在今日还未能确定，我们不可轻易乱用。我们应该铸造今日的活语来"达我今日之情景"，不当乱用意义不确定的死字。苏东坡用错了"驾言"两字，曾为章子厚所笑。这是我们应该引为训戒［诫］的。

这一点本来不很重要，不料竟引起了梅觐庄出来代抱不平：他来信说：

足下所自矜为"文学革命"真谛者，不外乎用"活字"以入文,于叔永诗中稍古之字,皆所不取,以为非"20世纪之活字"。此种论调,固足下所恃为哓哓以提倡"新文学"者,迪又闻之素矣。夫文学革新,须洗去旧日腔套。务去陈言,固矣。然此非尽屏古人所用文字,而另以俗语白话代之之谓也。……足下以俗语白话为向来文学上不用之字,骤以入文,似觉新奇而美,实则无永久价值。因其向未经美术家之锻炼,徒诿诸愚夫愚妇,无美术观念者之口,历世相传,愈趋愈下,鄙俚乃不可言。足下得之,乃欿欿自喜,眩为创获,异矣!如足下之言,则人间材智,教育,选择,诸事,皆无足算,而村农伧夫皆足为诗人美术家矣。甚至非洲之黑蛮,南洋之土人,其言文无分者,最有诗人美术家之资格也。何足下之醉心于俗语白话如是耶?至于无所谓"活文学",亦与足下前此言之。……文字者,世界上最守旧之物也。……一字意义之变迁,必经数十或数百年而后成,又须经文学大家承认之,而恒人始沿用之焉。足下乃视改革文字如是之易易乎?……

　　总之,吾辈言文学革命,须谨慎以出之。尤须先精究吾国文字,始敢言改革。欲加用新字,须先用美术以锻炼之。非仅以俗语白话代之,即可了事者也(俗语白话亦有可用者,惟必须经美术家之锻炼耳)。如足下言,乃以暴易暴耳,岂得谓之改良乎?

(7月17日)

觐庄有点动了气,我要和他开开玩笑,所以做了一首一千多字的白话游戏诗回答他。开篇就是描摹老梅生气的神气:

　　"人闲天又凉",老梅上战场。
　　拍桌骂胡适,说话太荒唐!
　　说什么"中国有活文学"!
　　说什么"须用白话做文章"!
　　文字那有死活!白话俗不可当!
　　……

第二段中有这样的话:

　　老梅牢骚发了,老胡呵呵大笑。
　　且请平心静气,这是什么论调!

文字没有古今,却有死活可道。
　　古人叫做"欲",今人叫做"要"。
　　古人叫做"至",今人叫做"到"。
　　古人叫做"溺",今人叫做"尿"。
　　本来同是一字,声音少许变了。
　　并无雅俗可言,何必纷纷胡闹?
　　至于古人叫"字",今人叫"号";
　　古人悬梁,今人上吊:
　　古名虽未必不佳,今名又何尝不妙?
　　至于古人乘舆,今人坐轿;
　　古人加冠束帻,今人但知戴帽:
　　这都是古所没有,而后人所创造。
　　若必叫帽作巾,叫轿作舆,
　　岂非张冠李戴,认虎作豹?
第四段专答他说的"白话须锻炼"的意思:
　　今我苦口哓舌,算来却是为何?
　　正要求今日的文学大家,
　　把那些活泼泼的白话,
　　拿来锻炼,拿来琢磨,
　　拿来作文演说,作曲作歌:——
　　出几个白话的嚣俄,
　　和几个白话的东坡,
　　那不是"活文学"是什么?
　　那不是"活文学"是什么?

这首"打油诗"是 7 月 22 日做的,一半是少年朋友的游戏,一半是我有意试做白话的韵文。但梅、任两位都大不以为然。觐庄来信大骂我,他说:

　　读大作如儿时听《莲花落》,真所谓革尽古今中外诗人之命者! 足下诚豪健哉! (7 月 24 日)

叔永来信也说:

> 足下此次试验之结果,乃完全失败;盖足下所作,白话则诚白话矣,韵则有韵矣,然却不可谓之诗。盖诗词之为物,除有韵之外,必须有和谐之音调,审美之辞句,非如宝玉所云"押韵就好"也。(7月24夜)

对于这一点,我当时颇不心服,曾有信替自己辩护,说我这首诗,当作一首Satire(嘲讽诗)看,并不算是失败,但这种"戏台里喝采"实在大可不必。我现在回想起来,也觉得自己好笑。

但这一首游戏的白话诗,本身虽没有多大价值,在我个人做白话诗的历史上,可是很重要的。因为梅、任诸君的批评竟逼得我不能不努力试做白话诗了。觐庄的信上曾说:

> 文章体裁不同。小说词曲固可用白话,诗文则不可。

叔永的信上也说:

> 要之,白话自有白话用处(如作小说演说等),然不能用之于诗。

这样看来,白话文学在小说词曲演说的几方面,已得梅、任两君的承认了。觐庄不承认白话可作诗与文,叔永不承认白话可用来作诗。觐庄所谓"文"自然是指《古文辞类纂》一类书里所谓"文"(近来有人叫做"美文")。在这一点上,我毫不狐疑,因为我在几年前曾做过许多白话的议论文,我深信白话文是不难成立的。现在我们的争点,只在"白话是否可以作诗"的一个问题了。白话文学的作战,十仗之中,已胜了七八仗。现在只剩一座诗的壁垒,还须用全力去抢夺。待到白话征服这个诗国时,白话文学的胜利就可说是十足的了,所以我当时打定主意,要作先锋去打这座未投降的壁垒:就是要用全力去试做白话诗。

叔永的长信上还有几句话使我更感觉这种试验的必要。他说:

> 如凡白话皆可为诗,则吾国之京调高腔,何一非诗?……乌乎适之,吾人今日言文学革命,乃诚见今日文学有不可不改革之处,非特文言白话之争而已。……以足下高才有为,何为舍大道不由,而必旁逸斜出,植美卉于荆棘之中哉?……今且假定足下之文学革命成功,将令吾国作诗皆京调高腔,而陶谢李杜之流永

不复见于神州,则足下之功又何如哉,心所谓危,不敢不告。……足下若见听,则请从他方面讲文学革命,勿徒以白话诗为事矣。(7月24夜)

这段话使我感觉他们都有一个根本上的误解。梅、任诸君都赞成"文学革命",他们都"诚见今日文学有不可不改革之处"。但他们赞成的文学革命,只是一种空荡荡的目的,没有具体的计划,也没有下手的途径。等到我提出了一个具体的方案(用白话做一切文学的工具),他们又都不赞成了。他们都说,文学革命决不是"文言白话之争而已"。他们都说,文学革命应该有"他方面",应该走"大道"。究竟那"他方面"是什么方面呢?究竟那"大道"是什么道呢?他们又都说不出来了;他们只知道决不是白话!

我也知道光有白话算不得新文学,我也知道新文学必须有新思想和新精神。但是我认定了:无论如何,死文字决不能产生活文学。若要造一种活的文学,必须有活的工具。那已产生的白话小说词曲,都可证明白话是最配做中国活文学的工具的。我们必须先把这个工具抬高起来,使他成为公认的中国文学工具,使他完全替代那半死的或全死的老工具。有了新工具,我们方才谈得到新思想和新精神等等其他方面。这是我的方案。现在反对的几位朋友已承认白话可以作小说戏曲了。他们还不承认白话可以作诗。这种怀疑,不仅是对于白话诗的局部怀疑,实在还是对于白话文学的根本怀疑。在他们的心里,诗与文是正宗,小说戏曲还是旁门小道。他们不承认白话诗文,其实他们是不承认白话可作中国文学的唯一工具。所以我决心要用白话来征服诗的壁垒,这不但是试验白话诗是否可能,这就是要证明白话可以做中国文学的一切门类的唯一工具。

白话可以作诗,本来是毫无可疑的。杜甫、白居易、寒山、拾得、邵雍、王安石、陆游的白话诗都可以举来作证。词曲里的白话更多了。但何以我的朋友们还不能承认白话诗的可能呢?这有两个原因:第一是因为白话诗确是不多:在那无数的古文诗里,这儿那儿的几首白话诗在数量上确是很少的。第二是因为旧日的诗人词人只有偶然用白话做诗词的,没有用全力做白话诗词的,更没有自觉的做白话诗词的。所以现在这个问题还不能光靠历史材料的证明,还须等待我们用实地试验来证明。

所以我答叔永的信上说:

> 总之,白话未尝不可以入诗,但白话诗尚不多见耳。古之所少有,今日岂必不可多作乎?……

> 白话之能不能作诗,此一问题全待吾辈解决。解决之法,不在乞怜古人,谓古之所无,今必不可有;而在吾辈实地试验。一次"完全失败",何妨再来?若一次失败,便"期期以为不可",此岂"科学的精神"所许乎?……

> 高腔京调未尝不可成为第一流文学。……适以为但第一流文人肯用高腔京调著作,便可使京调高腔成第一流文学。病在文人胆小不敢用之耳。元人作曲可以取仕宦,下之亦可谋生,故名士如高则诚、关汉卿之流皆肯作曲作杂剧。今日高腔京调皆不文不学之戏子为之,宜其不能佳矣。此则高腔京调之不幸也。足下亦知今日受人崇拜之莎士比亚,即当时唱京调高腔者乎?与莎氏并世之培根著《论集》(Essays),有拉丁文英文两种本子;书既出世,培根自言,其他日不朽之名当赖拉丁文一本;而英文本则但以供一般普通俗人传诵耳,不足轻重也。此可见当时之英文的文学,其地位皆与今日京调高腔不相上下。……吾绝对不认"京调高腔"与"陶谢李杜"为势不两立之物。今且用足下之文字以述吾梦想中之文学革命之目的,曰:

> (1)文学革命的手段,要令国中之陶、谢、李、杜敢用白话京调高腔作诗。要令国中之陶、谢、李、杜皆能用白话与京调高腔作诗。

> (2)文学革命的目的,要令中国有许多白话京调高腔的陶、谢、李、杜,要令白话京调高腔之中产生几许陶、谢、李、杜。

> (3)今日决用不着陶、谢、李、杜的陶、谢、李、杜。何也?时代不同也。

> (4)吾辈生于今日,与其作不能行远不能普及的《五经》两汉、六朝、八家文字,不如作家喻户晓的《水浒》、《西游》文字。

> 与其作似陶似谢似李似杜的诗,不如作不似陶不似谢不似李[不似]杜的白话诗。与其作一个"真诗",走"大道",学这个,学那个的陈伯严、郑苏戡,不如作一个实地试验,"旁逸斜出","舍大道而弗由"的胡适。
>
> 此四者,乃适梦想中文学革命之宣言书也。
>
> 嗟夫,叔永,吾岂好立异以为高哉?徒以"心所谓是,不敢不为"。吾志决矣。吾自此以后,不更作文言诗词。吾之《去国集》乃是吾绝笔的文言韵文也。(7月26日)

这是我第一次宣言不做文言的诗词。过了几天,我再答叔永道:

> 古人说:"工欲善其事,必先利其器。"文字者,文学之器也。我私心以为文言决不足为吾国将来文学之利器。施耐庵、曹雪芹诸人已实地证明作小说之利器在于白话。今尚需人实地试验白话是否可为韵文之利器耳……。
>
> 我自信颇能用白话作散文,但尚未能用之于韵文。私心颇欲以数年之力,实地练习之。倘数年之后,竟能用文言白话作文作诗,无不随心所欲,岂非一大快事?
>
> 我此时练习白话韵文,颇似新辟一文学殖民地。可惜须单身匹马而往,不能多得同志,结伴同行。然我去志已决。公等假我数年之期。倘此新国尽是沙碛不毛之地,则我或终归老于"文言诗国",亦未可知。倘幸而有成,则辟除棘荆[荆棘]之后,当开放门户,迎公等同来莅止耳。"狂言人道臣当烹。我自不吐定不快,人言未足为轻重。"足下定笑我狂耳。(8月4日)

这封信是我对于一班讨论文学的朋友的告别书。我把路线认清楚了,决定努力做白话诗的试验,要用试验的结果来证明我的主张的是非。所以从此以后,我不再和梅、任诸君打笔墨官司了。信中说的"可惜须单身匹马而往,不能多得同志,结伴同行",也是我当时心里感觉的一点寂寞。我心里最感觉失望的,是我平时最敬爱的一班朋友都不肯和我同去探险。一年多的讨论,还不能说服一两个好朋友,我还妄想要在国内提倡文学革命的大运动吗?

有一天,我坐在窗口吃我自做的午餐,窗下就是一大片长林乱草,远望着赫贞江。我忽然看见一对黄蝴蝶从树梢飞上来;一会儿,一只蝴蝶飞下去了;还有一只蝴蝶独自飞了一会,也慢慢的飞下去,去寻他的同伴去了,我心里颇有点感触,感触到一种寂寞的难受,所以我写了一首白话小诗,题目就叫做《朋友》(后来才改作《蝴蝶》):

  两个黄蝴蝶,双双飞上天。
  不知为什么,一个忽飞还,
  剩下那一个,孤单怪可怜,
  也无心上天,天上太孤单。(8月23日)

这种孤单的情绪,并不含有怨望我的朋友的意思。我回想起来,若没有那一班朋友和我讨论,若没有那一日一邮片,三日一长函的朋友切磋的乐趣,我自己的文学主张决不会经过那几层大变化,决不会渐渐结晶成一个有系统的方案,决不会慢慢的寻出一条光明的大路来。况且那年(1916)的3月间,梅觐庄对于我的俗话文学的主张,已很明白的表示赞成了(看上文引他的3月19日来信)。后来他们的坚决反对,也许是我当时的少年意气太盛,叫朋友难堪,反引起他们的反感来了,就使他们不能平心静气的考虑我的历史见解,就使他们走上了反对的路上去。但是因为他们的反驳,我才有实地试验白话诗的决心。庄子说得好:"彼出于是,是亦因彼。"一班朋友做了我多年的"他山之错",我对他们,只有感激,决没有丝毫的怨望。

  我的决心试验白话诗,一半是朋友们一年多讨论的结果,一半也是我受的实验主义的哲学的影响。实验主义教训我们:一切学理都只是一种假设;必须要证实了(verified),然后可算是真理。证实的步骤,只是先把一个假设的理论的种种可能的结果都推想出来,然后想法子来试验这些结果是否适用,或是否能解决原来的问题。我的白话文学论不过是一个假设,这个假设的一部分(小说词曲等)已有历史的证实了;其余一部分(诗)还须等待实地试验的结果。我的白话诗的实地试验,不过是我的实验主义的一种应用。所以我的白话诗还没有写得几首,我的诗集已有了名字了,就叫做《尝试集》。我读陆游的诗,有一首诗云:

  能仁院前有石像丈余,盖作大像时样也。

江阁欲开千尺像,云龛先定此规模。

斜阴徙倚空长叹,尝试成功自古无。

陆放翁这首诗大概是别有所指;他的本意大概是说:小试而不得大用,是不会成功的,我借他这句诗,做我的白话诗集的名字,并且做了一首诗,说明我的尝试主义:

尝 试 篇

"尝试成功自古无",放翁这话未必是。我今为下一转语,自古成功在尝试。请看药圣尝百草,尝了一味又一味。又如名医试丹药,何嫌六百零六次。莫想小试便成功,那有这样容易事! 有时试到千百回,始知前功尽抛弃。即使如此已无愧,即此失败便足记。告人此路不通行;可使脚力莫浪费。我生求师二十年,今得"尝试"两个字。作诗做事要如此,虽未能到颇有志。作《尝试歌》颂吾师,愿大家都来尝试! (8月3日)

这是我的实验主义的文学观。

这个长期讨论的结果,使我自己把许多散漫的思想汇集起来,成为一个系统。1916年的8月19日,我写信给朱经农,中有一段说:

新文学之要点,约有八事:

(一)不用典。(二)不用陈套语。(三)不讲对仗。(四)不避俗字俗语(不嫌以白话作诗词)。(五)须讲求文法(以上为形式的方面)。(六)不作无病之呻吟。(七)不摹仿古人。(八)须言之有物(以上为精神〔内容〕的方面)。

那年10月中,我写信给陈独秀先生,就提出这八个"文学革命"的条件,次序也是这样的。不到一个月,我写了一篇《文学改良刍议》,用复写纸抄了两份,一份给《留美学生季刊》发表,一份寄给独秀在《新青年》上发表。(《胡适文存》卷一,页7—23。)在这篇文字里,八件事的次序大改变了:

(一)须言之有物。(二)不摹仿古人。(三)须讲求文法。(四)不作无病之呻吟。(五)务去烂调套语。(六)不用典。(七)不讲对仗。(八)不避俗字俗语。

这个新次第是有意改动的。我把"不避俗字俗语"一件放在最后,标

题只是很委婉的说"不避俗字俗语",其实是很郑重的提出我的白话文学的主张。我在那篇文字里说:

> 吾惟以施耐庵、曹雪芹、吴趼人为文学正宗,故有"不避俗字俗语"之论也。盖吾国言文之背驰久矣。自佛书之输入,译者以文言不足以达意,故以浅近之文译之,其体已近白话。其后佛氏讲义语录尤多用白话为之者,是为语录体之原始。及宋人讲学,以白话为语录,此体遂成讲学正体(明人因之)。当是时,白话已久入韵文,观宋人之诗词可见。乃至元时,中国北部在异族之下三百余年矣。此三百年中,中国乃发生一种通俗行远之文学,文则有《水浒》、《西游》、《三国》……之类,戏曲则尤不可胜计。以今世眼光观之,则中国文学当以元代为最盛;可传世不朽之作,当以元代为最多:此可无疑也。当是时,中国之文学最近言文合一,白话几成文学的语言矣。使此趋势不受阻遏,则中国几有一"活文学"出现,而但丁、路得之伟业,几发生于神州。不意此趋势骤为明代所阻,政府既以八股取士,而当时文人如何、李七子之徒,又争以复古为高。于是此千年难遇言文合一之机会,遂中道夭折矣。然以今世历史进化的眼光观之,则白话文学之为中国文学之正宗,又为将来文学必用之利器,可断言也。以此之故,吾主张今日作文作诗,宜采用俗语俗字。与其用三千年前之死字,不如用二十世纪之活字。与其作不能行远不能普及之秦汉六朝[文字],不如作家喻户晓之《水浒》、《西游》文字也。

这完全是用我三四月中写出的中国文学史观(见上文引的4月5日日记),稍稍加上一点后来的修正,可是我受了在美国的朋友的反对,胆子变小了,态度变谦虚了,所以此文标题但称《文学改良刍议》,而全篇不敢提起"文学革命"的旗子。篇末还说:

> 上述八事,乃吾年来研思此一大问题之结果。……谓之"刍议",犹云未定草也。伏惟国人同志有以匡纠是正之。

这是一个外国留学生对于国内学者的谦逊态度。文字题为"刍议",诗集题为"尝试",是可以不引起很大的反感的了。

陈独秀先生是一个老革命党,他起初对于我的八条件还有点怀疑(《新青年》2卷2号。其时国内好学深思的少年,如常乃惪君,也说"说理纪事之文,必当以白话行之,但不可施于美术文耳"见《新青年》2卷4号),但他见了我的《文学改良刍议》之后,就完全赞成我的主张;他接着写了一篇《文学革命论》(《新青年》2卷5号),正式在国内提出"文学革命"的旗帜。他说:

> 文学革命之气运,酝酿已非一日。其首举义旗之急先锋则为吾友胡适。余甘冒全国学究之敌,高张"文学革命军"之大旗,以为吾友之声援。旗上大书特书吾革命三大主义:
> 曰:推倒雕琢的,阿谀的贵族文学;建设平易的,抒情的国民文学。
> 曰:推倒陈腐的,铺张的古典文学;建设新鲜的,立诚的写实文学。
> 曰:推倒迂晦的,艰涩的山林文学;建设明了的,通俗的社会文学。

独秀之外,最初赞成我的主张的,有北京大学教授钱玄同先生(《新青年》2卷6号《通信》,又3卷1号《通信》)。此后文学革命的运动就从美国几个留学生的课余讨论,变成国内文人学者的讨论了。

《文学改良刍议》是1917年1月出版的,我在1917年4月9日还写了一封长信给陈独秀先生,信内说:

> 此事之是非,非一朝一夕所能定,亦非一二人所能定。甚愿国中人士能平心静气与吾辈同力研究此问题。讨论既熟,是非自明。吾辈已张革命之旗,虽不容退缩,然亦决不敢以吾辈所主张为必是,而不容他人之匡正也。……

独秀在《新青年》(第3卷3号)上答我道:

> 鄙意容纳异议,自由讨论,固为学术发达之原则,独至改良中国文学当以白话为正宗之说,其是非甚明,必不容反对者有讨论之余地;必以吾辈所主张者为绝对之是,而不容他人之匡正也。盖以吾国文化倘已至文言一致地步,则以国语为文,达意状物,岂非天经地义?尚有何种疑义必待讨论乎?其必欲摈弃国语文学,而悍然以古文为正宗者,犹之清初历家排斥西法,乾嘉

畴人非难地球绕日之说,吾辈实无余闲与之作此无谓之讨论也。这样武断的态度,真是一个老革命党的口气。我们一年多的文学讨论的结果,得着了这样一个坚强的革命家做宣传者,做推行者,不久就成为一个有力的大运动了。

(《四十自述》的一章,二十二年十二月三日夜脱稿)①

---

① 此篇原载1934年1月1日《东方杂志》第3卷第1期,收入1935年10月15日上海良友图书印刷公司出版的《中国新文学大系·建设理论集》。

胡适口述自传

胡适英文口述稿　唐德刚译注

写在书前的译后感
唐德刚

在动手翻译这本小书之前,我曾遵刘绍唐先生之嘱,先写一篇《导言》或《序文》。谁知一写就阴错阳差,糊里糊涂地写了十余万言;结果自成一部小书,取名《胡适杂忆》,反要请周策纵、夏志清两先生来为我作序了。

在我写那篇《序》的期间,我对这本小书的英文原稿已经有二十年未去碰它了。我想原稿既然是我以前一个字一个字整理出来的,纵是倒背我也可倒背若干,翻译之前来写篇序,也用不着先读原稿再动笔了。所以只有在《杂忆》脱稿之后,我才又把英文原稿细读一遍;距上一次的细读,是整整的二十个年头!

二十年前我对这篇稿子的看法,大致有三点:①它的内容根本没有什么新鲜的材料;②它反映出胡适晚年期的思想,与他中少年期的思想简直没有什么出入——说胡适的思想前后一致也好;说胡适没有进步也好;③不过就写作的体裁来说,他这部小书,倒不失为别开生面、自成一格的"学术性的自传"。

十八年过去了。两年前我写《胡适杂忆》时,印象中强调的还是这三点。可是最近一年来,我对我以前的看法,渐次觉得有修正或补充的必要。这不是近一年来,"胡适"在中国历史上的地位发生了变化;也不是我自己对胡氏的估价发生了什么"今日"对"昨日"的挑战。只是胡适之是位"实用主义者",一辈子看重"实用价值";因而以这本小书对一般读者的"实用价值"来说,那它在二十年前和二十年后,却发生了显著的变化。这倒是我所始料不及的!

笔者说这句话,也是近一年来,面对海外中国知识界的实际现

象,有感而发:

最近一两年来,由于报章杂志上,对胡氏生前一些有趣的小问题——如学位问题、恋爱问题等等的讨论,甚或辩论的关系,"胡适"往往又变成一些学术上和社交上谈话的题材。在这些场合里,我也在无意中发现,那些自港台来美的"知青"——包括很多我自己的学生——对胡适这个命题已十分陌生。他们之间好多都能写一手好的白话诗文;但是"胡适"与"白话诗"、"白话文",究竟有多深的关系,他们就不知其详了。至于什么"实验主义"、"杜威"、"罗素"……什么"乾嘉学派"、"言字解"、"吾我篇"、"问题与主义"……那就更不必说了。总之那样活生生的一位"天下何人不识"的"我的朋友",现在已渐次被历史的潮流淹没了——淹没得如此之速!

最糟的要算是最近才从大陆上出来的一些"知中"了。我们偶尔聊起天来,他们所知道的有关"胡适"的旧闻就更少了。其中有些极有成就的科技专材,竟然对"胡适"和"胡适之"是否是同一个人,也发生了疑问!

适之先生是笔者所熟识的,最看重身后之名的一位前辈。他老人家底"身后之名"消逝得这样快,该是他生前所未曾想到的罢。

最近笔者接到老朋友朱文长教授的来信。他说他在看《传记文学》的胡适自传时,是"先看德刚,后看胡适"。骤读此信,我会觉得是老朋友对我错爱了。其实全不是那么回事。因为像朱文长教授那样,当年在大陆上受大、中学教育,今日流落在海外教书的"知老",胡适这本小书上的哪一句话,他未看过——甚至听胡氏亲口说过——十遍八遍乃至更多遍呢?

俗语说,"话说三遍如烂草!"读书亦何尝不然?纵是胡适著的书,读过、听过三、五、十遍,也会变成一堆烂草,朱教授也就不要去"先睹为快"了。至于我这位无名作家,不管我写的是怎样地"瞎扯淡",但是总归是朱教授"尚未寓目"的闲文、闲书。他老人家如史席有暇,和娘子一起来翻翻"报屁股",消遣消遣,那我底"瞎扯淡",自然也就在"先看"之列了。余小子如不知轻重,把这句"朱子语录"当真,而自觉"老子文章赛胡适",那我岂不是一名天大的阿Q吗?

须知胡适之先生生前在中国享盛名,历四十年而不稍衰。因此他底一生,简直就是玻璃缸里的一条金鱼;他摇头摆尾、浮沉上下、一言一笑……在在都被千万只眼睛注视着。稍有一点关于"胡适"的小故事,在报章杂志上不是"头条",也是"花边"。全国上下——尤其是茶余酒后——对他都有极浓厚的兴趣。

以前的娱乐场中有句俗话说,"会看的看门道,不会看的看热闹"。因而就"看胡适"(Hu Shih watching)这宗娱乐项目来说,它和"看梅兰芳"实在是大同小异的。会看的专家和艺人们,便看其"门道";一般遣兴的观众和读者,则看其"热闹";而大家争看的兴致则是一样的。笔者不敏,当年在大陆上,夹在千百万"知青"之中,争看这场"热闹",也是自七、八岁就开始的。我想和我平辈或长一辈的中国知识分子,那时也是人人如此的。试问我们这一辈以前在大陆上受大中学教育的人,哪一位不能对"我的朋友",品头论足一番呢?既然大家对胡适之都很熟悉,也各自有一套主观的看法,那末一旦"朋友"不要了,把老胡适拖出来咒骂一通,则人人皆可骂出一套来——骂得个痛快淋漓;骂得他狗血喷头。

这就是五十年代里,大陆上举国批胡的全盘经纬。由于那个时代的知识分子,人人都知道"胡适是老几";所以毛泽东一声令下,大家也就可以指着太平洋,大叫其"胡适算老几"了。大家对"我的朋友"都有三分熟,写起打差文章来,也就容易缴卷了。

六十年代之初,适之先生不慎因贪酒亡身而引起港台两岛皆哭的现象,也是同一个道理。他老夫子文坛祭酒,风云际会五十年;最后撒杯入寰,含笑而去,死亦何憾? 但是他底死,却使我们的社会上顿时失去了一位老少咸钦、热热闹闹的大众发言人,则生者奚堪? 所以大家就望电视而堕泪了。

如今二十年快过去了。在历史上说二十年原不算长。但是便在这短短的二十年内,胡适之先生却由一位嬉笑欢乐、妙语如珠的"我的朋友",转变成和韩文公、朱文公、王文成公等挤在一起的木头牌位了。这片后来居上的"胡文公神位",究竟代表些什么呢? 这问题的答案也就随着地球的旋转而愈来愈模糊了。

记得笔者在1970年冬季访台时,蒙林语堂先生盛情召宴。我按时前往。在一家嘈杂的大酒店内,我问那位衣冠楚楚的总招待,"林语堂先生请客的桌子在哪里?"他把两眼一瞪,大声反问我一句说,"林语堂是哪家公司的?!"失笑之余,我心里也在想,工商业社会的变动多大啊!

"胡适之"虽然和"林语堂"一样,今后永远不能和"公司"竞争了,但是胡适终究是胡适。它是个中国文化史上的"客观实在"。后世学人还会去继续研究它的。

再者,胡氏生前提倡了一辈子,什么"民主"、"自由";"实验哲学";"不疑处有疑";"不让人家牵着鼻子走"……等等成筐成篓的大道理。虽然这些都不是胡适之享有专利的发明,但是当这些概念还在"反动"和"毒素"的阶段时,大家都慷慨捐输,把它们一股脑都寄存于"胡适"名下,变成胡适之的私产,而胡适也当仁不让地据为己有。因而在胡氏含笑归天之后,这些概念也就和"胡适的幽灵"结下了不解缘。有朝一日,时移势异,毒草变成香花,胡适的幽灵借尸还魂,又成为后世青年仰慕的对象,亦未可知。

但是"胡适"这个名辞,除掉它的糗[模]糊的"历史形象"(historical image)之外,究竟还有多少其他的实际涵义呢?"后世青年"既无金鱼可看,也无小道消息可听,要了解"胡适",那就只有求之于"书"了。但是哪样的"书"才能有效地提供他们所渴望的知识呢?《胡适思想批判全集》?《胡祸丛谈》?《胡适与国运》?《胡适文存》、《文选》、《论学近著》……老实说,这些巨著都会使"后世青年",愈看愈糊涂;愈看愈不知道"胡适"是什么回事。他们所需要的实在只是一本简单明了,童叟无欺,而包罗胡适学识、思想、生活,家庭背景等各方面的小书。如果这个文化需要,由于时代转换而成为事实的话,那么胡先生这本小小的《口述自传》(也是他一辈子所编撰的最后的一本"上卷书"),对青年读者的"实用价值",也就会逐渐地上升了,因为它是一部最浅近的,最适合青年读者需要的,胡适自撰的"胡适入门"。

研究中国近代文史的专家们,抽空浏览一过,这本小书或许也可帮助他们,把他们概念中的"胡适",整理得更有条理。因为它是一本辞简意赅、夫子自道的"胡适学案"。

一般遣兴读者,工余饭后翻翻,也可大略体会出,胡适的"反动言论"和"毒素思想"的来龙去脉。至于它是毒草还是香花,胡适自己并没有"自卖自夸";他只是"据实招来"而已。贤明的读者们——不论批胡也好;拥胡也好;既批又拥也好——自然会各自作其正确的判断。

上述这些雅俗共赏的"实用价值"——尤其是对后辈青年读者的"实用价值"——倒是适之先生和笔者当年未曾想到的。现在笔者既然有感于时事而千虑一得地想起了,所以就补写一点译后的感想。

还有我想在译后补充说明的,便是胡适之先生这本自述,从头到尾原是他老人家说给我一个人听的。他那时想象中的"将来读者",则是美国大学里治汉学的研究生。因此我也就遵从他底意思,在章目结构、材料取舍上,以"美国研究生"为对象。同时我自觉我对这些可能的读者们,汉文底子和学习风尚,所知较深,因而在编稿时,有许多地方也是我替他硬性作主,其后才由适之先生查阅认可的。所以在那十余万言原稿的背后,还有胡老师与笔者千百万言的讨论和对话。如果这本书的读者,忽然从碧眼黄须的美国学生,转变成黑发无须的中国学生,那这些录音背后的讨论和对话,就可能比录音稿上的正文更为有趣而"实用"了。

本来,"对话"(dialogue)比"讲课"(lecture)更有价值,原是世界学术史上的通例。古代的圣哲如孔子、孟子、苏格拉底、释迦、耶稣、穆罕默德等等都是述而不作的。他们底哲学和教义,多半是当时听众和弟子们,从对话中笔记或默记下来的。苏格拉底固有其有名的《对话录》传于后世;而儒教"经书"中的《论语》、《檀弓》等著作,又何尝不是孔子的"对话录"呢?而这些对话录就远比其他"经书"更有价值。主要的原因便是"对话录"所记的往往都是些脱口而出的老实话,不像那些三思而后言的"讲学"、"说教"等的官腔官调也。

适之先生和我们的"对话"还不是一样的吗？例如在胡氏著作里，我们就很难找到他对"律诗"说过一句好话。但是在"对话"里，他却说做律诗要下几十年的功夫。

又如谈政治罢。他曾一再公开的说，"CC反对我"！意思是说国民党里CC系的领袖们，曾经反对他做总统。可是后来他又私下告诉我说，"CC在拥护我！"（笔者自己的1958年8月8日《日记》所载）这句话我就未尝听他在公共场所说过。

其他的例子还多着呢。可惜当时我未留意把它们全部记下来；以后大半也都忘记了。可是每当我深夜独坐，回译胡氏自述时，昔年与胡老师的对话，往往又重浮脑海。想起来了，我就随手在译稿上写个小眉批。等到一章译完，我就把这些眉批稍稍整理一下，抄作"注释"的一部分。有时下笔不能自已，就写得老长老长的，简直变成胡适春秋里的《公羊传》、《穀梁传》了。

当然一个人的记忆是很容易发生错误的。甚至本稿的录音和缮校都会有错误。朱熹就说过，记人言语最难。不得其意，则往往"以己意出之"。在本篇的英文原稿里，我也就不敢说，绝对没有笔者"以己意出之"的地方。因为一切的"口述历史"，往往都是如此的。甚至古圣先哲，亦所难免。

《礼记》的《檀弓》篇里，就有一段孔门弟子，误记"夫子之言"而引起抬杠的趣事。原来孔夫子曾说过一句"死欲速朽"（"死后就赶快烂掉算了！"）的话。曾子听到了，便以为老师在丧葬的传统观念上，发生了"修正主义"。但是孔子一生都在誓死推行他底"三年之丧"的教义，这一下来个早死早烂，岂不是自相矛盾吗？所以诸弟子对曾参这位学长的"口述历史"，不大信任。曾子急了，说，"我是听老师亲口说的啊！"（"参也，闻诸夫子也！"）大家还是不相信。曾子又举出人证，说："我是和老同学子游一道听老师说的啊！"（"参也，与子游闻之！"）大家最后又去追问子游，才发现实在不是曾子在说谎，而是他底"录音机"，出了毛病。

原来当孔子在宋国逃难时，听到那位蓄意想谋杀他的贪官污吏司马桓魋，在订制一套预备将来"蒙主恩召"时，自用的石头棺材。

这个石棺的制造工程太大了。造棺工厂凿了三年还没有凿成。孔老夫子听到这故事,气得胡子直飘,所以才说,"死后赶快烂掉算了!〔还造什么石头棺材呢?〕"

他老夫子这句气话,几几乎被曾子在"口述历史"里,录错了音。如不经众人临时发觉加以改正,那么儒家两千年来的教条,便大大地不一样了。后世的孝子贤孙们,不用说要省掉多少事;订制玻璃棺材,也就犯不着了。

所以在这本小书里,我也不敢说,"吾闻之夫子也",是绝对正确的。纵使我能找出个"子游"来人证一番,我还是不敢说,我的记录是没有错误的。好在现在还去古未远,适之先生的门生故旧,笔者的贤师益友,仍遍布五大洲,倘能不吝匡正,实在是感盼不尽的。

至于我自己的译文,我也不敢说绝对没有错误。这本小书上的文字,事实上是"复原"重于"翻译"。在我们当初编撰英文原稿时,为顾虑到洋学生的汉学程度,所以对中国古籍的征引,一般都是"削足适履"的。如今既然"复原"给中国读者们看,就得重行"量脚做鞋"才对。对着英文原稿,按照英语结构,一句句地硬翻下去,似乎也大可不必。为着使译文读起来比较顺口,并使古籍引证上比较明确易解,笔者乃于译文上酌添字句;然为求尽量忠实于原稿,凡是译文中为英文原稿所没有的,我一概加个"方括弧"〔 〕以标明之;或在注脚上加以说明,务使鱼目不致混珠。纵使如此,笔者还是不敢说译文与原文绝对一致也。

再者,笔者谋生海外,平时实在忙乱不堪。尤其是我所服务的纽约市立大学,由于纽约市几度面临破产而动荡不安。日常课务与正规研究之外,杂务也多如牛毛;无法抽暇做太多的额外工作。晚间和周末虽可忙里偷闲,略事翻译,那往往也是在十分疲劳的情况之下执笔的,因而对译文的推敲斟酌,也就得过且过了。偶然误译,亦或难免。所以当拙译在《传记文学》上连载结束之时,笔者原打算把译文与原稿再逐字对校一遍,无奈俗务太忙,夜对萤光幕校书,往往也头昏目眩,力难从心;一拖数月,还未能终篇。然窃思译文中虽小误多有,大错应不会太多,甚或没有。自我安慰一番之后,重校工作也就掩卷作罢了。读者贤达,如发现译文有欠妥之处,至乞不遗在远,随时惠教为幸。

总之,胡适之先生是现代中国最了不起的大学者和思想家。他对我们这一代,乃至今后若干代的影响,是无法估计的。正因为如此,我们这些和他同时代的后学,耳濡目染之间,对他底观察和认识也最为真切——至少比后世学人或外国专家,要真切得多。值此"胡适"大名一天天地向历史的海洋下沉之时,我们和他老人家原先很熟识的人,乘大家记忆犹新之时,写一点对他的观察和感想,实在是义不容辞的。这也是笔者近两年来,信手涂鸦,写了几十万字的主要动机。如因拙作之付梓而引起时贤各抒己见,把我们大家都认识的胡适之先生的学术思想、政事文章,在他恩怨将尽之时,提出来公开讨论讨论,使他的学术地位,将来在中国文化史上,益得其平;这样,则笔者不学,写这两本小书,就是抛砖引玉了。

1979 年冬于美国新泽西州北林寓庐

编译说明
唐德刚

一、本稿为根据美国哥伦比亚大学"中国口述历史学部"所公布的胡适口述回忆十六次正式录音的英文稿,和笔者所保存,并经过胡氏手订的残稿,对照参考,综合译出。

二、本稿原定与胡氏的《四十自述》英文译本,合二而为一。故凡《四十自述》中已有的故事,本稿均未重复。

三、胡氏口述的英文稿,按当初计划,只是胡氏英语口述自传全稿的"前篇"或"卷上";故按"全稿"层次分为"三篇""二十九节"。既然"后篇"或"卷下"始终未能做出,则上项划分已失其意义。故本稿乃按原有目次重分为十二章。庶几本稿可单独印行,自成一书。

四、凡原稿语意有欠清晰的地方在译文须加些字句来表明的,译文上均加方括弧〔 〕,以表示为原稿所无。

五、凡原文所征引的其他著作上的文字,如果过于简略,有使读者不易明了的地方,译文则将引文前后酌量加长,使语意更为明显。

六、由于海外参考资料的限制,如原稿中的引文或人名、物名一时无法用汉语"复原"的,则暂时"意译"或"音译",以待将来补正。

七、引文出处,原稿皆未注明;或其他字句有欠明白的地方,译文中就酌量情形,加注解予以说明。

八、胡氏当年与笔者对各项问题的讨论,以及笔者访问胡氏时的问难与感想,均为正式录音记录所未收。笔者亦酌量情形于注释中略加按语,予以补充。

九、本稿的翻译事实上是一种汉语"复原"的工作。胡氏当年用中英双语参杂口述时,所说的语言虽未必全系"语体",译文仍全部用"白话"来表达,以符合"胡适之体"的"文体"。

十、本稿译述仓促,而笔者当年与胡先生工作时成筐的笔记又十遗其九,以故本稿凡是需详细注释的地方,而笔者在纽约附近各图书馆又找不到所需参考资料的时候,就只好暂付阙如,他日再设法增补。疏漏的地方,还希望读者贤达的指教和原谅!

第一章　故乡和家庭

徽州人

我是安徽徽州人。

让我先把安徽省最南部,徽州一带的地理环境,做个综合的叙述:

徽州在旧制时代是个"府";治下一共有六个"县"。我家世居的绩溪县,便是徽州府里最北的一县。从我县向南去便是歙县和休宁县;向西便是黟县和祁门县;祁门之南便是婺源县。婺源是朱子的家乡。朱熹原来是在福建出生的;但是婺源却是他的祖籍。

徽州全区都是山地,由于黄山的秀丽而远近闻名。这一带的河流都是自西北向东南流的,最后注入钱塘江。因为山地十分贫瘠,所以徽州的耕地甚少。全年的农产品只能供给当地居民大致三个月的食粮。不足的粮食,就只有向外地去购买补充了。所以我们徽州的山地居民,在此情况下,为着生存,就只有脱离农村,到城市里去经商。因而几千年来,我们徽州人就注定的成为生意人了。

徽州人四出经商,向东去便进入浙江;向东北则去江苏;北上则去沿长江各城镇,西向则去江西;南向则去福建。我们徽州六县大半都是靠近浙江的;只有祁门和婺源靠近江西。近些年来(抗战前后),最西的婺源县,被中央政府并入江西。但是婺源与安徽的徽州有长久的历史渊源,居民引以为荣,不愿脱离母省,所以群起反对;并发起了一个"婺源返皖"运动。在中共占据大陆前几年,婺源终于被划回安徽;但是我听说在中共治下,婺源又被划给江西了。[1]

所以一千多年来,我们徽州人都是以善于经商而闻名全国的。一般徽州商人多半是以小生意起家;刻苦耐劳,累积点基金,逐渐努力发展。有的就变成富商大贾了。中国有句话,叫"无徽不成镇!"那就是说,一个地方如果没有徽州人,那这个地方就只是个村落。徽州人住进来了,他们就开始成立店铺;然后逐渐扩张,就把个小村落变成个小市镇了。有关"徽州帮"其他的故事还多着哩。[2]

我们徽州人通常在十一二三岁时便到城市里去学生意。最初多半是在自家长辈或亲戚的店铺里当学徒。在历时三年的学徒期间,他们是没有薪金的;其后则稍有报酬。直至学徒〔和实习〕期满,至二十一二岁时,他们可以享有带薪婚假三个月,还乡结婚。婚假期满,他们又只身返回原来店铺,继续经商。自此以后,他们每三年便有三个月的带薪假期,返乡探亲。所以徽州人有句土语,叫:"一世夫妻三年半。"那就是说,一对夫妇的婚后生活至多不过三十六年或四十二年,但是他们一辈子在一起同居的时间,实际上不过三十六个月或四十二个月——也就是三年或三年半了。[3]

当然徽州人也有经商致富的。做了大生意,又有钱,他们也就可以把家眷子女接到一起同住了。

徽州人的生意是全国性的,并不限于邻近各省。近几百年来的食盐贸易差不多都是徽州人垄断了。食盐是每一个人不可缺少的日食必需品,贸易量是很大的。徽州商人既然垄断了食盐的贸易,所以徽州盐商一直是不讨人欢喜的;甚至是一般人憎恶的对象。你一定听过许多讽刺"徽州盐商"的故事罢!所以我特地举出盐商来说明徽州人在商界所扮演的角色。

徽州人另一项大生意便是当铺。当铺也就是早年的一种银行。通常社会上所流行的"徽州朝奉"一词,原是专指当铺里的朝奉来说的;到后来就泛指一切徽州士绅和商人了。"朝奉"的原意本含有尊敬的意思,表示一个人勤俭刻苦;但有时也具有刻薄等批判的含意,表示一个商人,别的不管,只顾赚钱。总之,徽州人正如英伦三岛上的苏格兰人一样,四出经商,足迹遍于全国。最初都以小本经营起家,而逐渐发财致富,以至于在全国各地落户定居。因此你如在各地旅行,你总可发现许多人的原籍都是徽州的。例如姓汪的和姓程的,几乎是清一色的徽州人。其他如叶、潘、胡、俞、余、姚诸姓,也大半是源出徽州。当你翻阅中国电话簿,一看人名,你就可知道他们的籍贯。正如在美国一样,人们一看电话簿,便知道谁是苏格兰人,谁是爱尔兰人,谁是瑞典人、挪威人等一样的清楚。[4]

我的家族——绩溪上庄胡氏

正因为我乡山区粮食产量不足,我们徽州人一般都靠在城市里经商的家人,按时接济。接济的项目并不限于金钱;有时也兼及食物。例如咸猪油(腊油),有时也从老远的地方被送回家乡。其他如布匹棉纱等等,在城市里购买都远比乡间便宜,所以也常被送返家中。

所以离乡撇井,四出经商,对我们徽州人来说,实是经济上的必需。家人父子夫妇数年不见也是常事。同时家人的日用衣食以至于造房屋、置田产,也都靠远在外乡的父兄子弟汇款接济。

不过在经济的因素之外,我乡人这种离家外出,历尽艰苦,冒险经商的传统,也有其文化上的意义。由于长住大城市,我们徽州人在文化上和教育上,每能得一个时代的风气之先。徽州人的子弟由于能在大城市内受教育,而城市里的学校总比山地的学校要好得多,所以在教育文化上说,他们的眼界就广阔得多了。因此在中古以后,有些徽州学者——如十二世纪的朱熹和他以后的,尤其是十八、九世纪的学者像江永、戴震、俞正燮、凌廷堪等等——他们之所以能在中国学术界占据较高的位置,都不是偶然的。[5]

现在再谈谈我们绩溪县。绩溪是徽州府六县之中最北的一县;也可能是人口最少的一县。在经商一行中,我们绩溪人也是比较落后的。绩溪人多半做本地生意,很少离乡远去大城市。他们先由杂货零售商做起,然后渐渐的由近及远。所以一般说来,我们徽州人实在都是很落后的。

我家在一百五十年前,原来是一家小茶商。祖先中的一支,曾在上海附近一个叫做川沙的小镇,[6]经营一家小茶叶店。根据家中记录,这小店的本钱原来只有银洋一百元(约合制钱十万文)。这样的本钱实在是太小了。可是先祖和他的长兄通力合作,不但发展了本店,同时为防止别人在本埠竞争,他们居然在川沙镇上,又开了一家支店。

后来他们又从川沙本店拨款,在上海华界(城区)又开了另一个支店。在太平天国之乱时,上海城区为匪徒所掳掠和焚毁;川沙镇亦部分受劫。[7]先父对这场灾难,以及先祖和家人在受难期间,和以后如何挣扎,并以最有限的基金复振上海和川沙两地店铺的故事,都有详尽的记录。[8]这实在是一场很艰苦的奋斗。

据1880年(清光绪六年)的估计,两家茶叶店的总值大致合当时制钱二百九十八万文(约合银元三千圆)左右。这两个铺子的收入便是我们一家四房,老幼二十余口衣食的来源。

在这里我也顺便更正一项过去的错误记载。前北京大学校长蔡元培先生为拙著《中国哲学史大纲》第一卷所写的序言中,曾误把我家说成是世居绩溪城内胡氏的同宗。[9]蔡先生指出"绩溪胡氏"是有家学渊源的,尤其是十八九世纪之间满清乾嘉之际,学者如胡培翚(1782—1849)及其先人们,都是知名的学者。[10]这个在十八九世纪时便以汉学闻名的书香望族,其远祖可直溯至十一世纪《苕溪渔隐丛话》的作者胡仔。[11]那位抵抗倭寇的名将胡宗宪,也是他们一家。但是这个世居绩溪城内的胡家,与我家并非同宗。[12]

我家世代乡居。故宅在绩溪城北约五十华里。历代都是靠小本经营为生的。我家第一个有志为学的是我的一位伯祖〔胡星五〕。他是个乡绅兼塾师。在乡里颇有名望,但是科场却不甚得意。[13]

我们的村落〔上庄〕正与华南其他地区的村落一样,是习于聚族而居的。洪杨起事之前,我们聚居的胡氏一族总人口约在六千上下——当然也包括散居各地经商的族人在内——大半务农为生。但是大多数家庭也都有父兄子弟在外埠经商的——尤其是在南京、上海一带。[14]

注　释

〔1〕　根据大陆出版各类分省地图,婺源均被划入江西省治。

〔2〕　"无徽不成镇"这句话的含意,正和"无湘不成军"一样,表示徽州人

做生意,和湖南人当兵一样的普遍罢了。胡氏上述这段话是解释给外国读者听的。因为这句话如不加解释,外国读者便不能了解;如果噜噜嗦嗦的解释,洋人还是不大能理解的,所以胡氏就决定作上项简单明了,但是并不十分正确的解释。

〔3〕 我国单音节的方块字,和旧诗歌的传统,深深地影响了我们成语、格言以及一般民谣的构造。所以一般乡土成语,大半是四言、五言或七言的一两句平仄十分和谐的小诗或韵文。有些在农村"说书"或"讲古"的民间艺人,他们虽然多半是文盲,但是由于声音是"发乎天籁",他们的"七字唱"也都能音韵和谐,出口成章。例如王公子进京"赶考",三千里路,走了好几个月的艰难旅途,一个"说书"的艺人,两句话就交代了。他说:"一路行程来得快,说书(的)嘴快风送云。"这一来,王公子就从杭州府的一间破庙里,一跃而进入长安城的相府里招亲去了。

胡适之先生的乡亲"徽州朝奉"夫妇的婚后生活是三十六年或四十二年;人命各有短长,都是说得过去的。但是为顾全这句"一世夫妻三年半"的七言成语,他们的老伴就得多活六年了。可是把这句话翻成洋文,洋读者就多少有点茫然。他们要问,为什么中国人结婚之后的同居生活,不是三十六年便是四十二年呢?他们就不了解"七字唱"在我们语言表达的方式里,所起的作用了。这也是"文化沟"在作祟呢!所以胡先生这篇口述自传,基本的设计是说给洋人听的。我们那时并没有想到后来要把它译成中文来出版的。

〔4〕 胡先生毕竟是科举时代出生的——正如吉川幸次郎先生所说的"生当太后垂帘日",所以他头脑里仍然装满了"科举时代"的许多旧观念。在那个"太后垂帘"的宗法社会里,由于"籍贯"对一个士子的"出身"有极重要的影响,所以"读书人"一碰头便要叙乡里、攀宗亲、谈祖籍,尽管有些"祖籍"他们连做梦也没有去过。这是我国几千年来安土重迁的农业社会,向工业社会发展途中的一种社会心理上的后遗症,这个传统在一个流动性极大的工业化和现代化的社会里,是很难保留下去的。但是在胡先生的"夫子自道"里,他却无意中为我们这个"颇足珍惜"的传统观念,保存了很多有价值的第一手社会史料。

〔5〕 朱熹以后的许多徽州学者如婺源的江永(1681—1762)、休宁的戴震(1724—1777)、黟县的俞正燮(1775—1840)、歙县的凌廷堪(1757—1809)和绩溪的胡培翚(1782—1849),都是清初和中叶不世出的汉学大师。赵尔巽主修的《清史稿》和张其昀续编的《清史》,在《儒林传》里,他们都有记录。房兆楹、杜联喆夫妇为《清代名人传》(Arthur W. Hummel, *Eminent Chinese of the Ch'ing Period*, 1644—1912. Washington Government Printing Office, 1943)所撰的戴、俞、凌诸

人的传记,则尤为翔实,考订亦远较一般中文著作,更为审慎,足资参考。

〔6〕 川沙位于上海之东约五十里。城傍"盐运河",距海仅十二里。其地原属南汇县,明嘉靖三十六年(1557年),为防倭寇始置川沙堡,驻兵成守。清代改为川沙厅。"厅"是清代县级单位的地方行政机构。民国成立乃改川沙厅为川沙县。关于川沙早期建制沿革见诸可宝监制《江苏全省舆图》(清光绪二十一年,江苏书局印行),33—34页。

〔7〕 太平天国之乱时,小刀会占据上海县城至一年半之久(从1853秋初至1855初春),清军无法收复。其时上海海关原设于英租界之内,小刀会未加干扰,然英领事竟暗助小刀会拖长占领;并以此为借口,破坏中国海关,不让中国政府课税,直至英人完全控制中国海关管辖权而后已。笔者曾为英人乘火打劫,破坏我关税自主之史实,在英美国家档案里稍事搜查,以阐明此事真象。详拙著《早期中美外交史》(Te-kong Tong, *United States Diplomacy in China*, 1844-1860. Seattle: Univ. of Washington Press, 1964. Chapter 9.)胡家在上海和川沙两处的茶叶店被毁,就是这时期的事。"小刀会"原与"太平天国"无关。上海所受的糜烂,当时英国的殖民主义者,实在应负很大的责任。

〔8〕 根据罗尔纲《师门辱教记》所载,适之先生的父亲铁花先生"全部遗集分为年谱、文集、诗集、申禀、书启、日记六种,约80万字"。在纽约我看过一部分罗尔纲的抄本。已印行的除《台湾纪录两种》(1951年,台湾文献委员会印行;另有1960年《台湾文献丛刊》重印本)和1931年胡适通过潘光旦,于《新月》杂志所发表的《一本有趣的年谱》(第三卷,第五、六期,民国二十年七、八月上海出版)之外,我记得还看过另一本胡铁花先生年谱的单行本。然近日在哥大中文图书馆中,却遍索不得。

〔9〕 蔡元培于民国七年(1918)八月三日,为胡适著《中国哲学史大纲》(上卷)所写的序,大意是说,"适之先生生于世传'汉学'的绩溪胡氏,禀有'汉学'的遗传性;……"云云。这篇序后来在原书改名《中国古代哲学史》(民国十八年"万有文库"本,和1965年台北商务印书馆重印本"),而重印之时仍被保存。笔者承乏哥大中文图书馆期间,曾为该馆搜得该书民国八年第一版的原本,列为该馆"珍版书"之一。不幸此书已自哥大遗失。

〔10〕 见注〔5〕。

〔11〕 胡仔著《苕溪渔隐丛话》(前集三十卷、后集四十卷)是我国文学批评史上,一部划时代的著作。据《四库提要》的记述,该书是"继阮阅《诗话总龟》而作,凡阅所载者皆不录……二书相辅而行,北宋以前之诗话,大抵略备矣"。见《四库全书总目提要》诗文评类,一。

〔12〕 胡宗宪(1511—1565)为明代抗倭名将。《明史》卷二〇五,有专传。房兆楹所撰的英文《胡宗宪传》载《明代名人传》(C. Carrinton Goodrich, ed., *Dictionary of Ming Biography*, 1368—1644. Columbia University Press, 1976. II, pp. 631-638.)颇可参考。

〔13〕 参阅《胡铁花先生家传》(《台湾纪录两种》,卷上"代序"。1951年,台湾文献委员会刊行)。李敖的《胡适评传》(1972年),《文星丛刊》本,写的很扎实。也是有关胡适的家庭和幼年时期最好的一本传记。极有参考价值。只是在他所制的《胡适一家子的谱系》里,把"胡星五"列为"胡传"的祖父,不知何所本?

1957年适之先生曾为笔者试拟一绩溪上庄胡氏的五代世系表。此表后来由笔者转交哥大中国口述历史学部保存,现已无法寻觅。然据《胡铁花先生家传》,则胡星五为胡适的"伯祖";适之先生的《四十自述》中《我的母亲的订婚》那一章也提到"星五先生娘"是他父母订婚时的媒人。她说铁花先生是"我家大侄儿三哥"。所以李敖书中的《谱系》可能有误。

〔14〕 胡铁花先生在他的自述里提到洪杨乱前,他们绩溪上庄的胡氏,人口总数有六千之众。这数字可能是笔误——罗尔纲抄写时所发生的笔误,亦未可知。绩溪是皖南山区里的一个小县,人口甚少,有这样六千人聚居的大族,是件不可想像的事。

太平之乱时,李鸿章奉旨回籍组织"团练"。这些后来发展成为清末有名的"淮军"的"团练",事实上便是皖北一带——尤其是合肥一县之中,各大宗族所自动组织的子弟兵。合肥是当时安徽省,甚至是整个大清帝国里人口最多的一县;其时充当淮军骨干的周、刘、唐、张等大族,似乎没有一族的人口是超过六千人的。据此类推,绩溪八都上庄胡氏的丁口似乎不可能有这么大的数目。

第二章 我的父亲

青年期的家难

我的父亲胡传(1841—1895)〔字铁花,号钝夫。原名守珊,故一字守三。〕生于安徽省绩溪县北部的上庄。[1]兄弟五人,我父最长。我家历代都是以经营茶叶贸易为生的;也就是自故乡山区贩茶往上海一带自设的茶叶店中出售。上海那时已是个大商业中心。我的高祖原已在上海黄浦江对岸的川沙设有小店;祖父又在上海设一支店。父亲幼年即甚壮健。当先祖每年春季返乡收茶时,店中商务便由父亲独力管理。

父亲十六岁时便随先祖去川沙,并由先祖延聘塾师,教授诗文。父亲因为十分聪颖,早为其有志为学的伯父〔星五公〕所赏识。他认为有这样资质的青年子侄,实在不应该在一个小茶叶店里埋没了。所以父亲被家中长辈特地选出,让他专心读书,以便参加科举。

可是这时正值洪杨起事之后,内战的烽火已日益迫近。当洪杨1850年在金田村发难之时,父亲才九岁。1853年太平军进占南京,建立"太平天国",并以南京为"天京"。数年之内,太平军数度侵入皖南徽州山区,焚掠迨遍。1860年我绩溪县亦为太平军所焚掠,一连三载,父亲和邻居亲友均率领家属到高山里去避难,并据险自卫。1862年情势更为险恶,乃又迁往休宁县暂避。[2]

但是休宁亦非乐土。太平军仍不时进犯,家人也四处躲藏。1862年年底,局势稍稍好转,全家乃转返绩溪;不意翌年春初和夏季,太平军又两度进犯。就在太平军第二度入侵时,父亲在1860年(清咸丰十年)结婚的原配妻子〔冯夫人〕,便不幸死难了。她是那时我家二十余口——多半是妇孺——中唯一的死难者。当时父亲是我家中唯一年轻力壮的成员,帮助那比他大过二十多岁而颇有名望的乡绅伯父,度此大难。

在1860至1864年(清咸丰十年至同治三年)四年之间,皖南真糜烂不堪。对这四年的焚掠、屠杀、饥荒……等灾情,父亲在他遗留下来的自述里都有极详尽的记载。事实上他这段记述,远较当时其他任何〔类似〕的记述更为翔实。[3]

在父亲的回忆录里,他曾作一概括的统计:我上庄村内的胡氏宗祠原完工于1840年(道光二十年),亦即洪杨起事前十年,也是太平军犯境前二十年。宗祠毁于1861年(咸丰十一年)。太平乱前数百年我乡皆太平无事。地方殷实,人丁兴旺。我族那时曾作过一次丁口总计,以便按口派捐,建造祠堂。当时全族男女老幼约六千人。太平军覆灭后的第二年(1865),我族再作第二次的人口调查,拟再按口派捐,重建宗祠。调查所得,乱后剩余丁口不过一千二百人左右,人口减少了百分之八十。[4]

父亲所做的统计还有其他方面的纪录,颇饶历史趣味。在这群大难不死的劫后余生中,竟有二百人染有烟癖!鸦片鬼的堕落,实有甚于一般游手好闲的懒汉。他们终年耕耘所获,还不足以偿付烟债。父亲那时便自问,这种人在生活上何能自给呢?!他的结论则是这整个胡氏一族都仰赖于四百几十个经商在外的父兄子侄的接济。他们的汇款也救活了家人,并助其重建家园于大难之后。[5]

考试和书院教育

太平战后,父亲于同治四年(1865)进学为秀才,时年二十四岁。当年一个人读书上进先要在他祖籍所在通过"县试",再参加省方所主持的"府试";府试及格,便进学为"秀才"。既为秀才,则每三年都得应考一次,叫做"岁考"。如果一个秀才希望参加举人考试,他还要通过省级主办的甄别试验,叫作"科考"。科考及格才可参加"省试"(亦称"乡试")。乡试是朝廷特派的"主考"所主持的〔乡试及格,便"中举"成为"举人"了〕。[6]

父亲进学之后,参加了几次"省试"都未能如愿。因此他深深了解他的学业为战火所耽误了;所以他决定到上海去进那些战后重开的"书院",继续进修。经过慎重考虑之后,乃于1868年春初进了新近复校的"龙门书院"。该院山长(院长)刘熙载先生是当时扬州有名的经师。父亲被录取之后,便在该院读了三年——从1868到1871年。[7]

在父亲的回忆录里,他记载了当时书院里的生活,特别是一些同学之间的交往与学习的经验。他的同学之中后来有许多都在政治上和学术上有相当成就的。[8]父亲对这位了不起的刘山长的教学方式也有所记载。他说所有在书院中受课的学生,每人每日都得写一份"日程"和一份"日记"。前者记载为学的进度;后者是记学者的心得和疑虑。为这种"日程"和"日记"的记述,该院都有特别印好的格式,按规格来加以记录。这些"日记"和"日程"父亲均保留下来。其中有趣而值得一提的,便是这印刷品的卷端都印有红字的宋儒朱熹和张载等人的语录。其中一份张载的语录便是:"为学要不疑处有疑,才是进步!"这是个完全中国文明传统之内的书院精神。[9]

我所敬重的老朋友吴稚晖先生,生于1865年,比父亲小二十四岁。吴先生也曾经告诉过我一件有关另一"书院"的惊人而有趣的故事。吴先生曾就读于江苏"南菁书院"。当吴氏第一次拜谒该院山长名儒黄以周先生时,他看到黄先生书斋上挂着一大幅使他难忘的格言:"实事求是,莫作调人!"这句格言如译成英语或白话,那就是"寻找真理,绝不含糊!"这些也都说明了我国十九世纪,一些高等学府里的治学精神。[10]

父亲的自述里几乎以四分之一的篇幅,记述其重建上庄胡氏宗祠的经过。这项重建历时凡十一年。共费制钱一千三百三十万(约合银元一万三千三百元)。自1865年动工,直至1876年(光绪二年),父亲三十六岁那年才正式完工的。在这项伟大的工程中,他不但是该项工程粗工细活主要的规划者和执行人;他有时还要说服和克制族中守旧分子的反对。他所遗留的记录不幸有一部毁于火灾,但是这份纪录却替后世留下了当年聚族而居的农村里的生活状况、社会组织和社会公益活动的极珍贵的第一手资料。[11]

在此期间父亲曾对中国地理——尤其边疆地理发生了研究的兴趣;这兴趣是他在上海龙门书院当学生时便养成的。他继续对地理学进修的原因,也是受当时国际和远东重要变动的影响。[12]据父亲的纪录,他对当时政府和士大夫对世界地理和中国边疆——尤其是东三省——的地理之无知,感到震惊!所以他便下定决心终身致力于中国边疆地理的研究。

吴大澂的知遇

当父亲于数年之内把家事稍事安顿之后,他便决定撇开家族乡党的小天地而远游北京,另图发展。在1881年(光绪七年)他年已四十,乃向一位经商致富的族伯〔胡嘉言〕借了一百银元,搭船自上海去天津转往北京。[13]在北京他仅凭两封推荐书,旅行了四十二天,到了吴大澂钦差的驻地宁古塔。[14]吴氏为一自修而成名的大学者、考古家和政治家。父亲告诉吴公他不是来求职的;他只盼吴氏能给予护照和通行证,好让他遍游东北,并考察边疆地理。吴氏对父亲大为赏识,其后吴氏巡行阅边,总是偕父亲同行;尤其是1882年(光绪八年)中俄勘定疆界时,他们曾同晤俄方勘界专员。[15]

就在这一年吴氏正式聘任父亲为其幕僚。稍后吴氏并在父亲毫不知情的情况之下专折向朝廷特别保荐,说父亲胡传"有体有用,实足为国家干济之才,不仅备一方牧令之选"。[16]父亲惊喜之余,当然也深感吴公的知遇。其后多年便一直在吴公幕府,参预机要。

父亲在东北一段时期往各地旅行考察,备历艰险。在1883年(光绪九年)一次〔兼查十三道,戛牙河地势〕途中,一行人员在森林中大雪迷路,三日不得出。[17]干粮已尽,计无可施。此时父亲忽有所悟,他叫随行人员去寻觅一条山涧,然后循山涧而下。因为山涧总归会流出山区的,循山涧找出路,应该是不会错的。他们于是找到了一条山涧,循涧而下,终于脱险。为此,父亲曾做了一首诗,以为纪念。四十年后,当我在1919年(民国八年)发表一系列有关实验主义的讲演之时,我还举出这个例子,来诠释约翰·杜威在他《思维术》里所阐明的理论。[18]

自1881年(光绪七年)以后,父亲便一直致力于公务。自1881至1886年,他在东北服务六年。1886年先祖母逝世,父亲返里奔丧。翌年又转广州依广东巡抚吴大澂。吴派他去海南岛视察,并报告全岛土著状况,作可能开发的筹划。父亲于此行所保留的详细日记,后来曾发表于专研地理学的《禹贡半月刊》。[19]

1888年(光绪十四年),黄河在郑州一带决口。吴大澂自粤奉调任河道总督;设督署于郑州,监督堤工。父亲乃随吴去郑州。在此期间父亲亦记有详尽日记,纪录购料、修堤等工作。当年的河工不但极其腐化,且有各种迷信掺杂其间。迷信之一便是崇奉水蛇、虾蟆为"河神"。

父亲在治河时期的日记里便做了十首《郑工合龙纪事诗》,其中的一首便坦白的批判这迷信之无稽。下面便是这首诗的原文:

纷纷歌舞赛蛇虫,
酒醴牲牢告洁丰。
果有神灵来护佑,
天寒何故不临工?

我引这首诗来说明我父亲生命里富于学术的一面。他是笃信宋儒的,尤其崇奉程颢、程颐和朱熹,是所谓"理学"。由于业师刘熙载先生的教诲,我父亲受程朱理学的影响也很大;所以他毫不犹豫的对大清帝国内当时所流行的宗教,予以严肃的怀疑与批判。[20]

由于襄赞治河的劳绩,吴大澂乃保举父亲以直隶州候补知州分发各省候缺任用。1889年(光绪十五年)父亲自郑州请假返籍探亲。便在这一次短暂的探亲假期,我父母就在原籍结婚了。婚后父亲乃携眷返郑州继续治河。翌年父亲乃离开河南任所往北京等候签派新职。当年合格官吏的选派,多凭抽签决定。父亲抽得往江苏省候补的签。这在当时实在是最好的机会了。所以在1890到1891两年之间,我父母均住在江苏省会所在地的苏州;后来又被派往上海,担任"淞沪厘卡总巡"。我便是1891年12月在上海出世的。就在这一段时期里,父亲已有"能吏"之名,所以其他各省当局,对他也就竞相延揽了。[21]

在台湾任知州和统领

1892年,不但是我父亲原任所在的江苏省署,就是广东省署和新设的台湾省署,都纷纷奏请朝廷想调请父亲前往各该省任职。但是北京中央则循新任台湾巡抚邵友濂之请,调父亲去台湾任职,盖当时台湾省治新设,需要人才甚急,所以北京吏部乃遴选干员胡传,前往台湾,襄赞省政。奉命之后,父亲不得已只好暂留眷属于上海,于1892年只身赴台。其后在台湾一直任职达四年之久。

在台任职期间,父亲曾巡视全岛各地;并代邵巡抚亲往澎湖列岛视察军务。他的巡台日记,以及对邵巡抚的禀启,均曾由今日的"台湾省文献委员会"付印出版。[22]

父亲因为深谙地理之学,根据所学加以判断,他认为当时全台各地的防御工事,例如各地的炮台,对台湾的实际防御均无补于事。在〔1885年〕中法战后,我国南洋海军全毁,台湾门户洞开,全岛实际上无防御之可言。所以他在向省署的禀启中,坦白指陈当时散置全岛各地各种零星防御工事,以及落伍逾龄的各种武器,和那些装备训练均感不足的武装部队,全属浪费。父亲乃禀请省署将这些无用的设施,全部废弃。另行训练一支小型海军,以为全岛防务之用。[23]

父亲在全岛旅行视察之后,由于当时防疫设备不足,乃染上疟疾,卧病甚久。和他同行的仆役亦同染疫疠,甚至无一人生还!

1892年(光绪十八年),父亲又受委管理全岛盐政。半年之内便有很多的兴革。最近一位盐务专家便曾根据父亲有关盐政的报告,撰文研讨父亲当年对台湾盐政的贡献。[24]

1893年(光绪十九年)父亲又受〔台湾藩台唐景崧〕牌委代理台东直隶州知州。台东当时是台湾唯一的一个直隶州。他接任只有一天,台东的后山驻军统领——可能因为心脏病猝发——突告病故。邵友濂巡抚乃委派父亲兼领台东后山军务。所以当我在1952年访问台东时,台东父老仍然记得我的父亲是位武官——胡统领;而非文官——胡知州。[25]

在父亲统军期间,他发现全军有百分之八十至九十的官兵吸食鸦片。因为那时台湾疟疾流行,军中官兵误信鸦片可以防疟的缘故,所以几乎全军吸毒。父亲最恨吸毒,故极力使全军戒毒。这些事,在他的巡台日记里都有详细的记载。[26]

就在父亲在台湾担任统领这段时间里,中日甲午战争爆发了。我军战败。强大的北洋海军全部为敌所毁。当北洋海军于1894年全军覆灭时,我父深知台湾已无法防守。如众所知,1895年中日马关和会时,我国把台湾割让于日本作为赔偿。所有清廷派来台湾的官吏,均奉召返回大陆。

可是台湾居民却强烈反对,尤其是当地士绅,他们群起吁请巡抚唐景崧制止割让。并宣布成立"台湾民主国",选唐景崧为"伯理玺天德"(总统)。这个"民主国"事实上只存在不过数周——甚或只有几天——就完结了,但是台湾的抗日运动却延续至数月之久。

父亲迟至1895年6月25日始离职返国。此时大陆与台湾电讯已断。土著与土匪又纷起滋事。所幸父亲在台时颇有政声,所以尚能沿途通行无阻,返回台湾临时省会所在地〔台南〕。这时他已染了严重的脚气病;两腿浮肿,不能行动。但正如上节所提,父亲行政才能曾历经上峰嘉许,所以此时的新军事领袖刘永福将军,仍坚留我父在台继续服务。刘氏是前任巡抚和"伯理玺天德"离台后,全岛唯一的军事领袖,那时尚统治南部半个岛。父亲在台直病到不能行动的情况之下,刘氏始允许他离台内渡。父亲于1895年8月18日离台,8月22日病故于厦门——他成为"台湾民主国"的殉难者之一。[27]

下面是父亲于光绪二十一年乙未(1895年)6月20日所立的遗嘱。虽然那时和他共患难的家人,都已离台赴沪,我二哥嗣秬尚随侍在侧。遗嘱的全文如下:

> 予生不辰,自弱冠以后,备历艰险,几死者数矣。咸同之间,粤寇蹂躏吾乡,流离播越,五年之久,刀兵疠疫饥饿三者交迫,屡濒于危而不死。在婺源覆舟于鹅掌滩下,亦幸不死。光绪癸未正月,在宁古塔奉檄由瑚布图河历老松岭赴珲春与俄罗斯廓米萨尔会勘边界,中途遇大雪,失道误入窝棘中,绝粮三日不死(窝棘者译言老林也)。乙酉,署五常抚民同知,八月廿三日,马

贼猝来攻城，城人逃散，予以十三人御之，幸胜而不死。丁亥，在粤东奉檄渡海至琼州察看黎峒地势，自琼而南，直穿黎心以达崖州，染瘴病困于陵水，亦不死。壬辰之春，奉旨调台湾差委，至则派查全省营伍，台湾瘴疠与琼州等，予自三月奉檄，遍历台南北，前后山，兼至澎湖，驰驱于炎蒸瘴毒之中凡六阅月，从人死尽，而予独不死。今朝廷已弃台湾，诏臣民内渡，予守后山，地僻而远，闻命独迟，不得早自拔，台民变，后山饷源断，路梗文报不通，又陷于绝地，将死矣！嗟呼，往昔之所历，自以为必死而卒得免于死，今者之所遇，义可以无死，而或不能免于死，要之皆命也。汝从予于此，将来能免与否，亦命也。书此付汝知之，勿为无益之忧惧也。光绪二十一年五月二十八日（1895年6月20日）书台东镇海后军中营示枑儿。

铁　花

注　释

〔1〕　原英文稿内只用"胡传"本名，未及字号。本稿内所列举的字和号是根据《胡铁花先生家传》所增补。《家传》被收录在《台湾纪录两种》（四十年台北文献委员会印行）中作为《代序》。《家传》是一篇简明确实的胡传的传记。胡氏自著《钝夫年谱》不全，亦未正式印行。又胡家及其乡人惯书其祖籍县名为"绩谿"，本篇及以后各章均用较通俗的"溪"字以代替"谿"字。

〔2〕　太平军入侵皖南时，已在太平诸王内哄之后，洪杨革命已成尾声。军纪既已废弛，焚掠亦所难免。唯铁花先生遗稿内，亦有逃避"官军"的记载。笔者当年阅读原件时，便曾向适之先生指出，焚掠之事，清军亦有份。胡先生说："你也看出这一点啦！"

〔3〕　胡传所记皖南徽州一带遭劫的情形，可能是有关该地区灾情，最详细的一部纪录。关于其他地区还有很多不同的纪录都较胡氏遗稿更为翔实，只是适之先生那时并未看到。

〔4〕　胡氏这段记述，可能不正确。参阅上章注释。铁花先生对当时徽州一带受劫的情形记述甚详。如果他们胡氏一族的人口在四年之乱中便死掉百分之八十，他的纪录中一定有更多骇人听闻的故事。但是全稿中似乎只提到他原配冯氏死难一事，未见有其他死难的记述。所以一族人口损失八成的情形，似乎大

不可能。洪杨乱前他胡氏全族人口为"千六"被误为"六千",倒比较可信。

〔5〕 洪杨乱后,胡氏全族人口只有一千二百人,其中留在故乡,抽鸦片的成年男人(那时妇女染烟癖是极少的)就有二百人之多;另外还有四百位成年和青年的男人在外地经商,这个比率也不太可信。笔者当年本想于全稿完工时,再把这些问题向胡先生提出,一一加以澄清,不意胡氏突然逝世,这些问题就都变成悬案了。

〔6〕 清袭明制,科举制度是很复杂的,三百年间变动也很大。大致说来科举考试是分三级的:"秀才"、"举人"和"进士"。一个士子要当秀才,他第一步要参加他祖籍所在的本县的"县考";及格了,再升一级参加"府考";又及格了,则由本府主管官的"知府"提名参加朝廷特派之"学政"所举行以"府"为单位的"院考"。院考又及格了,则由政府正式承认为"生员",通称"秀才"。像胡传这样的读书人,他先要参加绩溪县的县考;再参加徽州府的府考和院考。他在同治四年(1865年)通过了院考,"进学"成为"生员",他就是胡秀才了。

做了秀才可麻烦了。为了避免"秀才三年成白丁",朝廷每三年还要考他一次,是为"岁考";秀才如想考"举人",他还要参加府级的甄别试验,是为"科考"。科考不及格,他就不能参加省级考试举人的"乡试"。岁考不及格,那可能连个秀才的招牌都保不住了。岁、科考试及格的生员(秀才)又按成绩分为"附生"、"增生"、"廪生"(官家给点口粮故名)和"贡生"(贡献给朝廷的人材)。贡生又按考试成绩分为数等,最好的"拔贡"、"优贡"就有向朝廷申请做小官的资格了。优贡一等可以作"知县"(县长)候选人;三等也具有县教育局长(训导)的资格。胡传便是"科考优等"而"乡试不售",做了一辈子老秀才。他不甘失败,乡试落第之后,乃正式进大学——"龙门书院",好好的读了三年书,预备卷土重来,再参加"江南乡试"。但是他是否又参加过乡试,那连他自己的儿子也不知道了。

胡传似乎是一位"优贡三等",所以有人称他"训导"。他所参加的"乡试"是在南京举行的。清制江苏、安徽两省合称"江南省"。在"江南乡试"里名列前茅,当然就是"江南才子"了。所以我国俗语上所谓"江南才子"并不限于长江以南所出生的"才子",苏北、皖北的庄稼汉,乡试考得好的也有份。

胡适之先生对他父亲的"功名"的叙述,可以说是语焉不详,因为他是预备说给洋人听的,所以笔者作注时把他稍为补充一点。

关于清代科举制度的参考书,除一般官书之外,可考阅《清史稿·选举志》。通俗读物则以沈兼士编《中国考试制度史》(台北考试院考试技术改进委员会印行,1960版)第九章最为简明扼要。

〔7〕 据《清史稿·儒林传》:刘熙载(1814—1882)字融斋,兴化人,为清末大儒;晚年长"龙门书院"。尝戒学者曰:"真博必约,真约必博。"这也就是胡适所谓"为学当如金字塔"之意。胡氏治学对我国传统治学精神的承继,可说深入骨髓;西学对他的影响,有时反而是很表面的。

〔8〕 《胡铁花先生家传》的作者张焕纶(经甫)便是胡氏在龙门书院的同学。经甫后来便是上海一带知名的学者。其他如袁爽秋、童米孙等也都见重于时。

〔9〕 "不疑处有疑,才是进步!"这九个字是笔者在当年笔记残稿中找出的。近查1968年台北商务印书馆印行的《张子全书》却未见此条。其稍近似者有:"在可疑而不疑者,不曾学;学则须疑。"(《大学原下》)"闻而不疑,则传言之。见而不殆,则学行之,中人之德也。闻斯行,好学之徒也。见而识其善而未果于行,愈于不知者尔。"(见《正蒙·中正篇》)又"无征而言,取不信,启诈妄之道也。杞宋不足征吾言,则不言;周足征,则从之。故无征不信,君子不言。"(《正蒙·有德篇》)这些都是胡适之治学终身奉为圭臬的格言。然上述九字或出宋儒其他语录。宋代的道学是满清政府用以取士的官学。这个传统不但是被胡适之完全承继了,我国东南一带的文士所搞的儒学也全是宋明之学,此风至台湾而不衰!

〔10〕 国民党元老钮永建先生也是当年"南菁书院"的学生。1960年夏,胡、钮二公同机飞美,途中冲绳岛休息,二人于海滩散步时,谈话的题材便是"南菁书院"。钮氏动人的故事使胡氏大感兴趣,所以胡公劝他到纽约时务必与哥伦比亚大学中国口述历史学部联络,好把这段学术史保留下来。胡公兴奋之余,并"口占一绝",以赠惕老。诗曰:

冲绳岛上话南菁,海浪天风不解听。

乞与人间留记录,当年朋辈剩先生!

胡氏抵纽之后,曾把这首诗抄给我,并要我立刻与钮惕老联络,赶快把这段历史纪录下来。笔者在胡公敦促之下,真于百忙中抽空往长岛,钮公的女儿李夫人家,数度拜访。钮氏这时虽然已年逾九十,但是耳聪目明,步履如常人。他老人家对口述个人回忆亦至感兴趣。钮公是我国革命元老中自同盟会以后,无役不与的中坚领袖。他的故事是说不尽的,他也急于全盘托出。可恨笔者当时是哥大雇佣研究员,每日都有十小时以上的工作量。校方对我的工作时间不作适度的调整,我是无法抽出时间来访问惕老的。后来我想出一变通办法:由我于夜间抽空赶编一份简明的《淞江钮惕生先生年谱》,把其中重要章节拟出大纲来,想请惕老的女儿抽空代为录音,好让我于周末抽空编校。但是钮小姐夫妇也是忙人,他们也抽不出空来做此额外工作。我们一拖再拖,钮老终于等不及而撒手人寰。胡适之先生要想为"人间"留下"南菁书院"的"记录",竟以笔者忙乱而未能如愿,今日思之,真是仍有余恸。

〔11〕 在我国传统的宗法社会里,农村知识分子——像胡传这一类的人——最能和衷合作,出钱出力,全心全意,竭力以赴的,莫过于盖祠堂、修族谱了。近千年来对我国社会思想影响最大的哲学家朱熹就说"三世不修谱为不孝"。余风所及,近七八百年来的中国,真是无族无祠,无家无谱。所以族谱实是我国民族史上最重要的一种史料。中国的族谱也是人类文明史中最大的一份记录!吾人如把族谱列为《丛书》,则这部丛书的总量,实比世界上最大的丛书——《四库全书》——还要大出数十倍。可惜的是我国三千年来的学术界,就始终未曾对族谱做个像样的综合研究、保藏,乃至著录。近代学术界对中国族谱的研究与收藏,实始自洋人。哥伦比亚大学中文图书馆对中国族谱的收藏,至今还是世界第一位。一校之藏,竟超过中国现有著录的族谱之总和!笔者当年承乏其间,曾利用其财力,再扩大其收藏。记得在最后征集中,曾收到海外赵氏所捐赠的英文版《赵氏族谱》。赵氏原为北宋皇族,为避金人之祸,南迁临安;又为避蒙古人之入侵再迁百粤。南宋亡国,这批凤子龙孙,乃流离海外,变成华侨。他们所叙述的故事,不疑处固有可疑;可疑处亦不无可信。笔者在哥大服务时期,曾为该校丰富的中国族谱收藏,作一小序曰《序哥伦比亚大学之中国族谱收藏》,发表于1968年国立中央图书馆印行的《庆祝蒋慰堂先生七十诞辰论文集》。在该文中我谈到我国族谱纂修工程之浩大,即举铁花先生遗著中所述的绩溪胡氏阖族动员的故事为例。事实上胡铁花先生遗著,也是这一方面最可宝贵的第一手社会史料。

近世有革命思想的社会改革家,当然会认为族谱、宗祠是维系半封建的宗法社会的最腐朽的一种社会制度。但是不论它在中国社会发展史上所发生的正副作用,它却和今日正被发掘的皇陵、古墓一样,其中所保存的民族文化的遗产是无法估计的。

〔12〕 李敖引梁启超的话,说清代学者治地理学的颇成一股风气,搞边疆地理和域外地理的很多。这是一句很有见地的话(见李敖著《胡适评传》,1967年,台北文星书店,第20页)。

近代中国为国防建设而翻译的第一部洋书《海国图志》,也是一部地理书。

〔13〕 据《家传》,铁花先生当时"受二百金,留百金于家;携百金以行"。

〔14〕 宁古塔,民国后亦名宁安,在吉林省东南。因远在边陲,地荒人少,交通阻塞,气候严寒,所以在清代一直是内地犯人"充军"的地方。胡传以一个

四十岁落第的江南士子,亲老家贫,妻亡子幼,竟然离乡撇井,负债投边,出塞四十余日,去充当一名三品小官吴大澂的幕僚!这种精神,也实在是难能可贵。

胡传当然自信是个人材,但是在人材济济的东南和北京找不到可以一展抱负的机会,这大概也是他下定决心到那最需要人材,而人材最不愿去的地方去的最大动机。最后终能慢慢的脱颖而出。虽然他死的时候位不过知州,然而在近代中国边疆开发史上,也可说是青史垂名了。在颠沛流离的一生里,我们也可看出帝王时代中国以做官为唯一职业的"读书人"生活的一鳞半爪。

〔15〕 吴大澂与俄人办交涉的中俄勘界会议是在光绪十二年(1886)举行的。胡传于光绪八年所参与的会议,可能是一些预备会。

俄国是今日世界上硕果仅存的老牌西方帝国主义。其他西方帝国主义如英、法、德、意、美、荷、西、葡……等国的殖民地已纷纷独立,或已归还原主;唯独俄帝的殖民地至今仍寸土不让,并且还在继续扩张。所以帝俄、苏俄的扩张主义实是一脉相承的。且看吴大澂当年的报告:

……边界自珲春河源至图门江口五百余里竟无界牌一个。黑顶子山濒江一带久被俄人侵占。〔副都统依克唐阿〕屡与大澂照会俄员,索还占地,并迭次面商据约议论,该俄员等一味支吾延宕,竟于黑顶子地方,添设卡兵,接通电线,有久假不归之意……图门江左边距海不过二十里,立界牌一个……未照准条约记文二十里之说,与〔俄员〕巴啦诺伏反复辩论,该俄员以为海滩二十里俄人谓之海河,除去海河二十里方是江口。大澂等以为江口即海口。中国二十里即俄国十里。沙草峰原立界牌既与条约记文不符,此时即应照约更正。巴啦诺伏仍以旧图红线为词,坚执不允。此四月二十二日与俄员议立界牌,力争未决之情形也……(见吴大澂著《吉林勘界记》,载于《小方壶斋舆地丛钞》第一帙)

读此可知胡适之先生的父亲当年在我国东北工作的性质。他们那时工作的对象,九十二年之后,并没有太大的改变!

〔16〕 李敖引顾廷龙编《吴愙斋先生年谱》(民国二十四年,北平燕京大学出版)及《东华续录》证实确有此事。见《胡适评传》页一──一二。

〔17〕 据《家传》,胡传迷路的地方是吉林十三道,噶牙河,地在吉林东南,中、俄、韩交界处。

〔18〕 见《胡适言论集》甲编,华国版,第84页;《胡适文存》卷二,《实验主义,杜威的思想》。参阅《胡适评传》,第36页。

〔19〕 胡传,《游历琼州黎峒行程日记》,载《禹贡半月刊》,第二卷第一期,北平,民国二十三年九月一日出版。第22—36页。

〔20〕 这首诗胡氏在他的《四十自述》中也征引过。他的思想所受这首诗的影响,《四十自述》的第二章也说得很清楚。

〔21〕 见《家传》及《评传》。李敖说胡传是"江苏抚宪刚毅的红人"(第3页),未见注释,亦是想当然耳之论。不过铁花先生那时是在上海搞厘金的。清代乃至民国时代替上司办税务的总归受到上司信任盖无问题。

〔22〕 胡传有关台湾的遗稿,被编为《台湾纪录两种》,一种是《日记》,另一种是《禀启》,今日在台湾已有两种版本:一为"台湾省文献委员会"印行的线装本;一为《台湾文献丛刊》的平装本。

〔23〕 胡传关于重整海防的建议在他《复邵班卿》的那封信里说得最为沉痛(见台湾省文献委员会版《纪录两种》下册,第47页)。他说:"今举一岁所入之大半,养十无一二可恃之防勇以耗之……将来必至无可收拾。"所以他主张买几条炮舰。

〔24〕 关于台湾盐政的论文和书籍,海外查对不易。据李敖所引有下列数种:连横《台湾通史》(三十五年一月重庆商务印书馆版)卷十八《榷卖志》;卢嘉兴《台南县盐场史略》(《南瀛文献》二卷一、二期,四十三年九月,台南县文献委员会版);及前人《台湾清季盐制与盐专卖》(《台南文化》五卷一期,四十五年二月,台南市文献委员会版);及张绣文《台湾盐业史》(四十四年十一月台湾银行经济研究室版)第三章。上引诸书参阅《胡适评传》第10页。

当本章在《传记文学》第三十三卷第三期发表之后。笔者便收到台湾台南市周维亮先生来信,说:"……据我所知,李敖所引的各种〔书刊〕,无一是与铁花先生所治理台盐的资料有关。适之先生原意,恐系指拙著《胡铁花之台盐治绩》,文载四十二年〔1953〕十月出版的《盐业通讯》第廿六期。当四十三年二月适之先生回国的时候,我曾将此文寄请指正,不久便得复函,谬承嘉许……"

周君并将他底大作暨适之先生复函,影印寄下一份。在周君收到胡氏复信之后,他又续写了一篇《胡函小记》,刊于《盐业通讯》第卅二期。嗣后又收到胡氏赠书,周氏并将续写的文章和胡氏赠书扉页上亲切的题字,也影印各一份寄我。

细读周君大作,我也恍如故友重逢,因为其中一大部分,我也曾在胡家拜读过。只是事隔二十余年,实在想不起了。到哥大图书馆也遍找无着。得维亮先生之函,真大喜过望,爰附记于此,并向周先生志谢。

〔25〕 关于胡适之先生1952年访问台东的新闻,李敖的《评传》中的第三章《半个台湾人》,也是一篇很有趣的综合记述。

〔26〕 在胡传的《巡台日记》里——如光绪十九年八月初九日(1893年9月18日)——关于烟毒"可叹!可叹!"的记载,俱甚简略;详细而沉痛的报告,

在他对上司的"禀启"里倒随处可见。

笔者当年阅读胡铁花先生遗著关于台湾烟毒一节,也特别感到兴趣,因为我的曾祖唐宗义(号信斋)也去过台湾,比胡传的旅行还要早十七年!他那时是淮军里的一个中上级军官,跟他的五叔唐定奎(字俊侯)同治十三年(1874年)率淮军渡海去台。他们的任务,据《清史稿》和张其昀先生所改编的《清史》卷四百三十二,唐定奎传,似乎是这样的:

同治……十三年,日本扰台湾。生番滋事。船政大臣沈葆桢奏请援师。李鸿章荐定奎率所部往。七月,至台湾,驻凤山。择险分屯。龟纹番社引日兵与刺桐脚庄民寻仇相哄。定奎示以兵威。日人引去。时疫流行。士卒先后死千余人……台南大定。诏褒奖。命内渡休养士卒。

就在这些士卒之中,那位青年军官唐宗义,也因为迷信鸦片可以防疫,在台湾学会了抽大烟。烟瘾愈抽愈大,最后每天非"一二两膏子"不过瘾。据说当他老人家逝世时,他住的那栋老屋里的老鼠、蟑螂、黄鼠狼……等等小动物,都瘫痪了。因为它们久居此屋,和老头子一道抽大烟,上了瘾。如今老头子死了,没有人供给免费鸦片,所以这些瘾君子们就不能行动了。

笔者未见过我这位抽大烟的曾祖,但是我却见过一些比他年轻的当年的"士卒"。他们随他一道去台湾,一道学会抽大烟;"内渡"之后又替他"烧大烟","偷他大烟吃"。我幼年对这批在我家吃饭不做事的"无齿"老头子们,印象特别深,因为他们吃饭时,总欢喜说"夹白,夹白",我那时并不知道那便是走了样的安徽台湾话"吃饭,吃饭"。

唐定奎"内渡"不久,刘铭传又去了。带去的还是淮军。淮军的士卒——尤其是中下级军官,泰半是合肥人。先曾祖是否二度去台,我现在就无法考据了。只知这批渡台的淮军,一直没有全撤。后来清廷和台湾巡抚强调胡传赴台,可能与他是安徽人也有点关系;倒不一定如他儿子所说的"调干员胡传赴台",当然他的能干也是不能否认的。

胡传当了统领之后要强迫一些老兵戒烟,结果他被这些老兵将了一军——他们要告退,请长假,要统领大人发欠饷,发遣散费,以便"内渡"还江淮原籍。统领发不出欠饷,就只好算了。这批老兵原都是江淮一带失业的贫农;投军之后,九死一生,个个都做了"兵油仔"。命对他们是不值钱的,烟倒值几文。胡统领要他们革除烟癖,哪里办得到?再读《台湾纪录两种》,想想我家里以前的一些"无齿"的老头子们,能不发思古之幽情?!

〔27〕 李敖的《评传》(第18—20页)对"台湾民主国"的兴亡史亦有一综合的叙述,足资参考。胡氏此处所说的日月,系据阳历推算的。

第三章　初到美国:康乃尔大学的学生生活

与不同种族和不同信仰人士的接触

今天我想谈谈我在美国留学的各方面。这些大半都是与二十世纪十年代——尤其是自 1910 年到 1917 年间——美国学生界,有关家庭、宗教、政治生活和国际思想诸方面的事情。由一个在当时思想和训练都欠成熟的中国学生来观察这些方面的美国生活,当然不是一件容易的事情。

现在我们都知道,中国学生大批来美留学,实是 1909 年所设立的"庚款奖学金"以后才开始的。原来美国国会于 1908 年通过一条法案,决定退回中国在 1901 年(庚子)为八国联军赔款的余额——换言之,即是美国扣除义和拳之乱中所受的生命财产等实际损失〔和历年应有的利息〕以后的额外赔款。

美国决定退还赔款之后,中国政府乃自动提出利用此退回的款项,作为派遣留美学生的学杂费。经过美国政府同意之后,乃有庚款的第一批退款。1924 年,美国国会二度通过同样法案,乃有庚款的第二次退款。这样才成立了"中华教育文化基金会"——简称"中华基金会"。这当然又是另一件事了。[1]

由于庚款的第一批退款,经过中美两国政府交换说帖之后,乃有第一批所谓"庚款留学生"赴美留学。第一届的四十七人之中包括后来的清华大学校长梅贻琦,以及其他后来在中国科技界很有建树的许多专家。第二届七十人是在 1910 年在北京考选的,然后保送赴美进大学深造。另外还有备取七十人,则被录入于 1910 至 1911 年间所成立的"清华学校",作为留美预备班。[2]

我就是第二届第一批考试及格的七十人之一。所以1910至1911年间也是中国政府大批保送留学生赴美留学的一年。抵美之后,这批留学生乃由有远见的美国人士如北美基督教青年会协会主席约翰·穆德(John R. Mott)等人加以接待。多年以后,当洛克菲勒基金会拨款捐建那远近驰名的纽约的"国际学社"(International House)时,穆德的儿子便是该社的执行书记。我特地在此提出说明这个国际精神,并未中断。[3]

像穆德这样的美国人,他们深知这样做实在是给予美国最大的机会,来告诉中国留学生,受美国教育的地方不限于课堂、实验室和图书馆等处;更重要的和更基本的还是在美国生活方式和文化方面去深入体会。因而通过这个协会,他们号召美国各地其他的基督教领袖和基督教家庭,也以同样方式接待中国留学生,让他们知道美国基督教家庭的家庭生活的实际状况;也让中国留学生接触美国社会中最善良的男女,使中国留学生了解在美国基督教整体中的美国家庭生活和德性。这便是他们号召的目标之所在。许多基督教家庭响应此号召,这对我们当时的中国留学生,实在是获益匪浅。

在绮色佳地区康乃尔大学附近的基督教家庭——包括许多当地士绅和康大教职员——都接待中国学生。他们组织了许多非正式的组织来招待我们;他们也组织了很多的圣经班。假若中国留学生有此需要和宗教情绪的话,他们也帮助和介绍中国留学生加入他们的教会。因此在绮色佳城区和康乃尔校园附近也是我生平第一次与美国家庭发生亲密的接触。对一个外国学生来说,这是一种极其难得的机会,能领略和享受美国家庭、教育,特别是康大校园内知名的教授学者们的温情和招待。[4]

绮色佳和其他大学城区一样,有各种不同的教会。大多数的基督教会都各有其教堂。"教友会"(或译"贵格会"或"匮克会"Quaker; Society of Friends)虽无单独的教堂,但是康乃尔大学法文系的康福(W. W. Comfort)教授却是个教友会的教友,足以补偿这个遗珠之憾。康氏后来出任费城教友会主办的海勿浮学院(Haverford College)的校长。我就送我的小儿子在该校就读两年。康福教授既是个教友会的基督徒,他的家庭生活便也是个极其美好的教友会教徒的家庭生活。我个人第一次对教友会的历史发生兴趣和接触,和对该派奇特而卓越的开山宗师乔治·弗克斯(George Fox,1624—1691)的认识,实由于读到〔欧洲文艺复兴大师〕伏尔泰(Voltaire,1694—1778)有关英国教友会派的通信。这一认识乃引起我对美国教友会的教友很多年的友谊。[5]

教友会的信徒们崇奉耶稣不争和不抵抗的教导。我对这一派的教义发生了兴趣,因为我本人也曾受同样的,但是却比耶稣还要早五百年的老子的不争信条所影响。有一次我访问费城教友会区,康福教授便向我说:"你一定要见我的母亲;访问一下她老人家。她住在费洛达菲亚城郊区的日尔曼镇(German Town)。"由于康福教授的专函介绍,我就顺便访问了康福老太太。康福老太太乃带我去参观教友会的会场。[6]这是我生平的第一次;印象和经验都是难忘的。由于这一次访问的印象太深刻了,所以在教友会里我有很多终身的朋友。我以后也时常去教友会集会中作讲演;我也送了我的小儿子去进教友会的大学。[7]

当然我也接触了很多基督教其他不寻常的支派。在我的《留学日记》里,我也记载了访问犹他州(Utah)"摩门教会"(Mormonism)的经过。我也碰见过几位了不起的摩门派学人和学生。我对他们的印象也是极其深刻的。同时也改变了以前我像一般人所共有的对摩门教派很肤浅的误解。[8]

我和一些犹太人也相处得很亲密。犹太朋友中包括教授和学生。首先是康乃尔,后来又在哥伦比亚,我对犹太人治学的本领和排除万难、力争上游的精神,印象极深。在我阅读《圣经》,尤其是《旧约》之后,我对犹太人真是极其钦佩[9]所以我可以说这些都是我的经验的一部分——是我对美国生活方式的了解。

在1911年的夏天——也就是我从大学一年级升入二年级的那个夏天——有一次我应约去费洛达菲亚城的宇可诺松林区(Pocono Pines)参加"中国基督教学生联合会"的暑期集会。会址是在海拔二千英尺,风景清幽的高山之上。虽在盛暑,却颇有凉意。[10]该地有各项设备,足供小型的宗教集会之用。在我的《留学日记》里便记载着,一日晚间,我实在被这小型聚会的兴盛气氛所感动,我当场保证我以后要去研究基督教。在我的日记里,以及后来和朋友通信的函札上,我就说我几乎做了基督徒。可是后来又在相同的情绪下,我又反悔了。直至今日我仍然是个未经感化的异端。但是在我的日记里我却小心的记录下这一段经验,算是我青年时代一部分经验的记录。[11]

今日回思,我对青年时代这段经验,实在甚为珍惜——这种经验导致我与一些基督教领袖们发生直接的接触,并了解基督教家庭的生活方式,乃至一般美国人民和那些我所尊敬的师长们的私生活,特别是康福教授对我的教导,使我能更深入的了解和爱好圣经的真义。我读遍圣经,对新约中的《四福音书》中至少有三篇我甚为欣赏;我也欢喜《使徒行传》和圣保罗一部分的书信。我一直欣赏圣经里所启发的知识。

后些年在北京大学时,我开始收集用各种方言所翻译的《新约》或《新旧约全书》的各种版本的中文圣经。我收集的主要目的是研究中国方言。有许多种中国方言,向来都没有见诸文字,或印刷出版,或作任何种文学的媒介或传播工具。可是基督教会为着传教,却第一次利用这些方言来翻译福音,后来甚至全译《新约》和一部分的《旧约》。

我为着研究语言而收藏的圣经,竟然日积月累,快速增加。当"中国圣经学会"为庆祝该会成立五十周年而举办的"中文圣经版本展览会"中,我的收藏,竟然高居第二位——仅略少于该会本身的收藏。这个位居第二的圣经收藏,居然是属于我这个未经上帝感化的异端胡适之!

我对美国政治的兴趣

以上所说的是我当学生时代生活的一方面。

唐君,你还要我说些什么?……或者我再来谈点政治罢。[12]

当我于1910年初到美国的时候,我对美国的政治组织、政党、总统选举团,和整个选举的系统,可说一无所知。对美国宪法的真义和政府结构,也全属茫然。1911年10月,中国的辛亥革命突然爆发了。为时不过数月,便将统治中国有二百七十年之久的满清专制推翻。1912年1月,中华民国便正式诞生了。你知道这一年是美国大选之年。大选之年也是美国最有趣和兴奋的年头。威尔逊是这一年民主党的候选人;同时共和党一分为二;当权的托虎托总统领导着保守派;前总统老罗斯福却领导了自共和党分裂出来的进步党,它是美国当时的第三大党。罗氏也就是该党的领袖和总统候选人。这一来,三党势均力敌,旗鼓相当,因而连外国学生都兴奋得不得了。[13]

这一年康乃尔大学的政治系新聘了一位教授叫山姆·奥兹(Samuel P. Orth)。他原是克利弗兰市里的一位革新派的律师。他在该市以及其本州(俄亥俄)内的革新运动中都是个重要的领导分子,由康大自俄亥俄州的律师公会中延聘而来,教授美国政府和政党。我一直认为奥兹教授是我生平所遇到的最好的教授之一;讲授美国政府和政党的专题,他实是最好的老师。我记得就在这个大选之年(1912—1913),我选了他的课。

下面一段便是他讲第一堂课时的开场白:[14]

> 今年是大选之年。我要本班每个学生都订三份日报——三份纽约出版的报纸,不是当地的小报——《纽约时报》是支持威尔逊的;《纽约论坛报》(*The New York Tribune*)是支持托虎托的;《纽约晚报》(*The New York Evening Journal*)[我不知道该报是否属"赫斯特系"(Hearst family)的新闻系统。但是该报不是个主要报纸。]是支持罗斯福的。诸位把每份订它三个月,将来会收获无量。在这三个月内,把每日每条新闻都读一遍。细读各条大选消息之后,要做个摘要;再根据这摘要作出读报报告缴给我。报纸算是本课目的必需参考书,报告便是课务作业。还有,你们也要把联邦四十八州之中,违法乱纪的竞选事迹作一番比较研究,缴上来算是期终作业!

我可以告诉你,在我对各州的选举活动作了一番比较研究之后,我对美国的政治也就相当熟悉了。

奥兹教授在讲过他对学生的要求之后,又说:"……就是这样了!关于其他方面的问题,听我的课好了!"

我对这门课甚感兴趣!

奥兹教授对历史很熟。历史上的政治领袖和各政党——从〔美国开国时期的〕联邦系(Federalists)到〔二十世纪初期的〕进步党(Progressives)——等等创始人传记,他也甚为清楚。他是俄亥俄州人,他对前总统麦荆尼周围助选的政客,如一手把麦氏推上总统宝座的大名鼎鼎麦克斯·韩纳(Marcus Hanna, 1837—1904),他都很熟。[15]所以奥慈告诉我们说:"看三份报,注视大选的经过。同时认定一个候选人作你自己支持的对象。这样你就注视你自己的总统候选人的得失,会使你对选举更为兴奋!"

他对我们的另一教导,便是要我们参与绮色佳城一带举行的每一个政治集会。我接受了奥氏的建议,于1912年的选举中选择了进步党党魁老罗斯福作为我自己支持的对象。四年之后(1916年),我又选择了威尔逊为我支持的对象。在1912年全年,我跑来跑去,都佩戴一枚〔象征支持罗斯福〕的大角野牛象的襟章;1916年,我又佩戴了支持威尔逊的襟章。

我在1912年也参加了许多次政治集会,其中有一次是老罗斯福讲演赞助进步党候选人奥斯卡·斯特劳斯(Oscar Strauss)竞选纽约州长。在绮色佳集会中最激动的一次便是罗斯福被刺之后那一次集会。罗氏被刺客击中一枪,子弹始终留在身内未能取出。我参加了这次集会,好多教授也参加了。令我惊奇的却是此次大会的主席,竟是本校史密斯大楼(Goldwin Smith Hall)的管楼工人。这座大楼是康人各系和艺术学院的办公中心!这种由一位工友所主持的人会的民主精神,实在令我神往之至。在这次大会中,我们都为本党领袖的安全而祈祷;并通过一些有关的议案。这次大会也是我所参加过的毕生难忘的政治集会之一。

该年另一个难忘的集会便是由我的业师客雷敦(J. E. Creighton)教授代表民主党,康大法学院长亥斯(Alfred Hayes)教授代表进步党的一次辩论会。这批教授们直接参加国家大政的事,给我的印象实在太深了。我可以说,由这些集会引起我的兴趣也一直影响了我以后一生的生活。

大选刚过,我因事往见伦理学教授索莱(Frank Thilly),当我们正在谈话之时,客雷敦教授忽然走了进来。他二人就当着我的面,旁若无人的大握其手,说:"威尔逊当选了!威尔逊当选了!"我被他二人激动的情绪也感动得热泪盈眶。这两位教授都是支持威尔逊的。他二人也都在普林斯敦大学教过书,都深知威尔逊,因为威氏曾任普大校长多年。他二人对威氏出任总统也发生了不感兴趣的兴趣。

几年之后(1915年),我迁往纽约市。从康乃尔大学研究院转学至哥伦比亚大学研究院,并住入哥大当时最新的佛纳大楼(Furnald Hall)。1915年不是个选举年,但是这一年却发生了有名的美国妇女争取选举权的五马路大游行。我目睹许多名人参加此次游行。约翰·杜威夫妇也夹在游行队伍之中。杜威教授并曾当众演说。1915年岁暮,杜威还直接参加此一群众运动。这一件由教授们直接参加当时实际政治的事例,给我的影响亦至为深刻。

我想把1916年的大选在此地也顺便提一提。此时老罗斯福的光彩对我已失去兴趣;而我对那位国际政治家威尔逊却发生了极深的信仰。先是在1914年,我曾以职员和代表的身份参加过一次世界学生会议。这个会是当时"世界学生会联合会"(The Association of Cosmopolitan Clubs)和"欧洲学生国际联合会"(International Federation of Students of Europe)所联合举办的。先在绮色佳集会之后,再会于华盛顿。在华府我们曾受到威尔逊总统和国务卿白来恩(Williams Jennings Bryan)的亲自接见,他二人都在我们的会里发表讲演。[16]

我清楚的记得正当1916年大选投票的高潮之时,我和几位中国同学去"纽约时报广场"看大选结果。途中我们看到《纽约世界日报》发出的号外。《世界日报》是支持威尔逊的大报之一。可是这一次的号外却报导共和党候选人休斯(Charles E. Hughes)有当选的可能。我们同感失望,但是我们还是去时报广场,看时报大厦上所放映的红白二色的光标,似乎也对威尔逊不利。我们当然更为失望。但是我们一直坚持到午夜。当《纽约晚邮报》出版，休斯仍是领先。该报的发行人是有名的世界和平运动赞助人韦那德（Oswald Garrison Villard）。我们真是太失望了。我们只有打道回校。那时的地道车实在拥挤不堪，我们简直挤不进去，所以我们几个人乃决定步行回校——从西四十二街走回西一一六街〔约五公里〕的哥大校园。

翌日清晨，我第一桩事便是看报上的选举消息。所有各报都报导休斯可能当选，但是我却买不到《纽约时报》。它显已被人抢购一空了。我不相信其他各报的消息，乃步行六条街，终于买到一份《时报》。《时报》的头条消息的标题是："威尔逊可能险胜！"读后为之一快，乃步行返校吃早餐。你可能记得，这一旗鼓相当的大选的选票一直清理了三天；直至加州选票被重数了之后，威尔逊才以三千票的"险胜"而当选总统！

另外当时还有几个小插曲也值得一提。就在我差不多通过所有基层考试的时候，因为我希望在1916年至1917年间完成我的博士论文，我觉得有迁出哥大宿舍的必要。那时的中国留学生差不多都集中住于三座宿舍大楼——佛纳、哈特莱（Hartley Hall）和李文斯敦（Livingston Hall）。〔中国同学住在一起，交际应酬太多，影响学业，〕所以我迁至离哥大六十条街〔三英里〕之外，靠近西一七二街附近的海文路九十二号一所小公寓，与一云南同学卢锡荣君同住。我们合雇了一位爱尔兰的村妇，帮忙打扫，她每周来一次做清洁工作。在1916年大选之前（那时妇女尚无投票权），我问她说："麦菲夫人（Mrs. Murphy），你们那一选区投哪位候选人的票啊？"[17]

"啊！我们全体反对威尔逊！"她说："因为威尔逊老婆死了不到一年，他就再娶了！"

数周之后，我参加了一个餐会。主讲人是西海岸斯坦福大学校长戴维・交顿（David Starr Jordan）。他是一位世界和平运动的主要领导人。当大家谈起大选的问题时，交顿说："今年我投谁的票，当初很难决定，我实在踌躇了很久，最后才投威尔逊的票！"他这席话使当时出席餐会的各界促进和平的士女大为骇异。所以有人就问交顿，当时为何踌躇。交顿说："我原在普林斯敦教书，所以深知威尔逊的为人。当他作普大校长时,他居然给一位教授夫人送花!"这就是戴维·交顿不要威尔逊做美国总统的主要原因。其所持理由和我们的爱尔兰女佣所说的,实在有异曲同工之妙。

我对美国政治的兴趣和我对美国政制的研究,以及我学生时代所目睹的两次美国大选,对我后来对〔中国〕政治和政府的关心,都有着决定性的影响。其后在我一生之中,除了一任四年的战时中国驻美大使之外,我甚少参预实际政治。但是在我成年以后的生命里,我对政治始终采取了我自己所说的不感兴趣的兴趣(disinterested-interest)。我认为这种兴趣是一个知识分子对社会应有的责任。

放弃农科,转习哲学

我在1910年进康乃尔大学时,原是学农科的。但是在康大附设的纽约州立农学院学了三个学期之后,我作了重大牺牲,决定转入该校的文理学院,改习文科。后来我在国内向青年学生讲演时便时常提到我改行的原因,并特别提及"果树学"(Pomology)那门课,这门课是专门研究果树的培育方法。这在当时的纽约州简直便是一门专门培育苹果树的课程。在我们课堂上学习之外,每周还有实习,就是这个"实习",最后使我决定改行的。

在我的讲演集里,有几处我都提到这个小故事。其经过大致是这样的:[18]

实习时,每个学生大致分得三十个或三十五个苹果。每个学生要根据一本培育学指南上所列举的项目,把这三十来个苹果加以分类。例如茎的长短;果脐的大小;果上棱角和圆形的特征;果皮的颜色;和切开后所测出的果肉的韧度和酸甜的尝试,肥瘦的纪录……等等。这叫做苹果分类,而这种分类也实在很笼统。我们这些对苹果初无认识的外国学生,分起来甚为头痛!

但是这种分类,美国学生做来,实在太容易了。他们对各种苹果早已胸有成竹;按表分类,他们一望而知。他们也毋需把苹果切开,尝其滋味。他们只要翻开索引或指南表格,得心应手的把三十几个苹果的学名一一填进去,大约花了二、三十分钟的时间,实验便做完了。然后拣了几个苹果，塞入大衣口袋，便离开实验室扬长而去。可是我们三两位中国同学可苦了。我们留在实验室内，各尽所能去按表填果，结果还是错误百出，成绩甚差。

在这些实验之后，我开始反躬自省：我勉力学农，是否已铸成大错呢？我对这些课程基本上是没有兴趣；而我早年所学，对这些课程也派不到丝毫用场；它与我自信有天分有兴趣的各方面，也背道而驰。这门果树学的课——尤其是这个实验——帮助我决定如何面对这个实际问题。

我那时很年轻，记忆力又好。考试前夕，努力学习，我对这些苹果还是可以勉强分类和应付考试的；但是我深知考试之后，不出三两天——至多一周，我会把那些当时有四百多种苹果的分类，还是要忘记得一干二净。我们中国，实际也没有这么多种苹果。所以我认为学农实在是违背了我个人的兴趣。勉强去学，对我说来实在是浪费，甚至愚蠢。因此我后来在公开讲演中，便时时告诫青年，劝他们对他们自己的学习前途的选择，千万不要以社会时尚或社会国家之需要为标准。他们应该以他们自己的兴趣和禀赋，作为选科的标准才是正确的。[19]

除此之外，当然还有使我转入文理学院去学习哲学、文学、政治和经济的其他诸种因素。其他基本的因素之一便是我对哲学、中国哲学和研究史学的兴趣。中国古代哲学的基本著作，及比较近代的宋明诸儒的论述，我在幼年时，差不多都已读过。我对这些学科的基本兴趣，也就是我个人的文化背景。

当我在农学院就读的时期，我的考试成绩，还不算坏。那时校中的规定，只要我能在规定的十八小时必修科的成绩平均在八十分以上，我还可随兴趣去选修两小时额外的课程。这是当时康乃尔大学的规定。这一规定，我后来也把它介绍给中国教育界，特别是北京大学。在中国我实在是这一制度最早的倡导人之一。

利用这两三个小时选修的机会，我便在文学院选了一门客雷敦教授所开的"哲学史"。克君不长于口才，但他对教学的认真，以及他在思想史里对各时代、各家各派的客观研究，给我一个极深的印象。他这一教导,使我对研究哲学——尤其是中国哲学——的兴趣,为之复苏!

使我改行的另一原因便是辛亥革命;打倒满清,建立民国。中国当时既然是亚洲唯一的一个共和国,美国各地的社区和人民对这一新兴的中国政府发生了浓厚的兴趣。校园内外对这一问题的演讲者都有极大的需要。在当时的中国学生中,擅于口才而颇受欢迎的讲演者是一位工学院四年级的蔡吉庆。蔡君为上海圣约翰大学的毕业生。留美之前并曾在其母校教授英语。他是位极其成熟的人,一位精彩的英语演说家。但是当时邀请者太多,蔡君应接不暇,加以工学院课程太重,他抽不出空,所以有时只好谢绝邀请。可是他还是在中国同学中物色代替人,他居然认为我是个可造之材,可以对中国问题,作公开讲演。

有一天蔡君来找我。他说他在中国同学会中听过我几次讲演,甚为欣赏;他也知道我略谙中国古典文史。他要我越俎代庖,去替他应付几个不太困难的讲演会,向美国听众讲解中国革命和共和政府。在十分踌躇之后,我也接受了几个约会,并作了极大的准备工作。这几次讲演,对我真是极好的训练。蔡君此约,也替我职业上开辟了一个新的方向,使我成为一个英语演说家。同时由于公开讲演的兴趣,我对过去几十年促成中国革命的背景,和革命领袖人物的生平,也认真的研究了一番。

这个对政治史所发生的兴趣,便是促使我改行的第二个因素!

还有第三个促使我改行的原因,那就是我对文学的兴趣。我在古典文学方面的兴趣,倒相当过得去。纵是在我十几岁的时候,我的散文和诗词习作,都还差强人意。当我在康乃尔农学院(亦即纽约州立农学院)就读一年级的时候,英文是一门必修科,每周上课五小时,课程十分繁重,此外我们还要选修两门外国语——德文和法文。这些必修科使我对英国文学发生了浓厚的兴趣,我不但要阅读古典著作,还有文学习作和会话。学习德文、法文也使我发掘了德国和法国的文学。我现在虽然已不会说德语或法语,但是那时我对法文和德文都有相当过得去的阅读能力。教我法文的便是我的好友和老师康福教授,他也是我们中国学生圣经班的主持人。

我那两年的德语训练,也使我对歌德(Goethe)、雪莱(Schiller)、海涅(Heine)和莱辛(Lessing)诸大家的诗歌亦稍有涉猎。因而我对文学的兴趣——尤其是对英国文学的兴趣,使我继续选读必修科以外的文学课程。所以当我自农学院转入文学院,我已具备了足够的学分(有二十个英国文学的学分),来完成一个学系的"学科程序"。[20]

康乃尔文学院当时的规定,每个学生必须完成至少一个"学科程序"才能毕业。可是当我毕业时,我已完成了三个"程序":哲学和心理学;英国文学;政治和经济学。三个程序在三个不同的学术范围之内。所以那时我实在不能说,哪一门才是我的主科。但是我对英、法、德三国文学兴趣的成长,也就引起我对中国文学兴趣之复振。这也是促成我从农科改向文科的第三个基本原因。

我既然在大学结业时修毕在三个不同部门里的三个不同的"程序",这一事实也说明我在以后岁月里所发展出来的文化生命。有时我自称为历史家;有时又称为思想史家。但我从未自称我是哲学家,或其他各行的什么专家。今天我几乎是六十六岁半的人了,我仍然不知道我主修何科;但是我也从来没有认为这是一件憾事!

注　释

〔1〕老朋友宋旭轩(晞)教授曾对庚款留学史作过一番简明扼要的记述,见宋晞著《旅美论丛》(台北,中国文化学院,五十四年版),第三章《美国退还庚子赔款与留美的新境界》。第89—125页。

据宋文,美国于1909至1917年间,退款实额如后:

1909—1910:每年843094.90美元

1911—1914:每年541198.78美元

1915:724993.42美元

1916—1917:每年790196美元

1909—1917:合计6156370.34美元

又据胡氏口述,以"庚款"作中国学生留美费用,系出自中国政府"自动提议",亦与宋文所引伯顿(Cornelius H. Patton)之言不符。后者说是出诸美国政府的要求,似较可信。

〔2〕 参阅宋著前文,宋文附录有庚款第一、二两届学生全部名单,和第三届部分名单。又据陈启天著,《最近三十年中国教育史》(台北,文星书店,五十一年版)第 161 页,三届庚款保送留美学生共一百七十九人。

〔3〕 纽约的"国际学社"(International House),说穿了便是一座世界各国留美学生所杂居的观光大酒店。其中嘈嘈杂杂;美式的,乃至世界各式的声色犬马,应有尽有。在第一、二次大战前后到美国来留学的学生,泰半是来自最落后、最贫穷的亚、非、拉国家。从这种最落后的地区来到美国纽约这个花花世界留学的血气未定的青少年男女,住在观光大酒店内"念书",他们学到些什么?感染了些什么?所体验的美式生活又是些什么?将来带回到他们祖国的又是些什么?稍通教育心理者皆不难想像!胡适之先生是位有思想的哲人,但是一个人的思想很难跳出他青少年时期所热爱的环境和岁月。所谓"不识庐山真面目,只缘身在此山中",大概就是这个意思罢!

笔者虽未在"国际学社"住过一宵,但却是该社多年的"不居住社员"(non-resident member)。前后在该社十条街之内一住就住了二十五年。所以把这座"横看成岭侧成峰"的庐山,可说是看得十分透彻了。它不是像一些有成见的人所批评的什么"毒化"或"奴化";也不是胡适之先生心目中的那么"国际精神"的可敬可爱!正如我国古代儒者所说的,"鄙夫有问,必竭其两端而告之!"研究我国近代留学史的有心人,对"留美"这个制度,实在应该虚心的从"两端"去看,庶能得其三昧!

〔4〕 笔者旅美三十载,早年亦有与胡适之先生类似的经验,写出来与老辈经验相印证,该也是个有趣的比较。

1949 年春初,当我衣袋内只剩七元现款,而尚欠一周房租未付之时,一位年轻而多金的中国同学向我说,他如是我,他早就"发疯"了。但是我没有"发疯",因为抗战期间,我流浪至陪都重庆之时,一袭单衣、一双草履之外,袋内只剩半个四川大铜板(当年四川铜元,可以一切为二)。那时在重庆没有"发疯",如今在纽约身着西装、足登革履、腕带钢表,实在无"发疯"之必要——我相信天无绝人之路。

果然就在这人路将绝之时,忽然接到在"华美协进社"(The China House)做事的老同学艾国炎先生的电话。他说那时纽约郊区一个教会团体,组织了一个"中国学生辅助会",来"辅助"绝粮的中国留学生。艾君问我愿不愿接受"辅助"。这既然不是什么"嗟来之食",我对这辅助也就欣然接受了。

当时我们接受"辅助"的中国同学一共有三十人——十五男,十五女。我们被招待到有空房间的"辅助会"会员家中寄宿,每家住一人或二人。食宿免费之外,我们还有入城火车月票,好让我们每日返校上学;另外每人每月还有三十元的午餐费和零用钱。这些都是那些辅助会的会员们捐助的。

我被招待在一对何柏林老夫妇(Mr. & Mrs. George Hoblin)的家里。他们的孩子都长大了,家有余室,他们就招待我住入他家的顶楼。何君夫妇都是德裔二代移民。先生原先是一位修屋顶的工人,递升为公司下级职员。他二老知识虽不太高,但为人却极其和善,宗教信仰尤笃。他们家庭生活之有规律,实为我平生所仅见;而这一座上下四楼的花园洋房,被收拾得纤尘不染,简直干净到我不能相信的程度!

我们住定之后,这三十家辅助会员,每逢周末,便轮流招待我们,举行茶会或餐会。他们给我们的印象实在太好了。其中一位熊夫人(Mrs Elizabeth Schoen),最近(1977年圣诞节)还和我夫妇通讯,她说她八十岁开始上大学,现在"快毕业"了。

这一批基督教会内的善男信女,他们不是传教士,也没有向我们传教。他们只是一本助人为快乐之本的精神,帮助我们渡过难关罢了。大体说来,他们为人处世都和善热忱、诚实无欺、自爱爱人、开明民主……有说不尽的美德。在我们那时的心目中,他们简直是一群道德完美的"圣者"。笔者当时便时时反躬自省,我觉得美国之有今日的富强,实在不是偶然的。郭嵩焘氏推崇十九世纪的英伦,说:不期三代之治,见于今日。这正是笔者五十年代初期对这个美国社会的感想。何柏林伉俪每周带我去教堂作礼拜。他们也不是向我传教,他们只是真心相信,好人是没有理由不做基督徒的;他二老每个月的五分之一的收入,都是捐给教会,作公益用途的。他们底教堂也有规定的日程,让新教友入教受洗。届时他们也预备介绍我入教,虽然他二老事前并没有向我提过。

孰知我天生与耶教无缘。唯独在这个星期天,我的导师约我有个聚会,因而我没有随何家去教堂,也就没有"入教"了。我那时对基督教,尤其是对这一批诚实的信徒,只有尊敬而无恶感。如不因事耽误了,我相信我那时不会拒绝入教的。三十年来我对这批美国友人的尊敬,真是始终如一。我至今相信,我当时对他们的观察是正确的。我的今日邻居,多半也还是这种人。但是今日我也知道,这也只是复杂的美国文明中的"豹之一斑"。它只是纽英伦(New England)和纽约郊区,白色新教徒中产阶级,尤其是所谓 WASP 阶级,"衣食足、礼义兴"之后,生活方式的一环。我们如果把这一环当成全貌,那就难免以偏概全了。

胡适之先生乃至和胡氏同辈的有观察力、有学养的老辈留学生,他们言必称美国,并不是如一般洋奴大班的"崇洋"。只是他们早年,乃至暮年,对美国基督文明的感染,就始终没有跳出笔者上述的那个阶段。

胡先生那一辈的留美学生,可以说全是中国士大夫阶级里少爷小姐出身的。他们漂洋过海,又钻进了美国 WASP 的社会里来,心理上、生活上,真是如鱼得水,一拍即合。但是这个 WASP 的社会比他们原有的腐败落伍的士大夫生活要合情合理得多;换言之,也就是"现代化"得多了。见贤思齐,他们难免就自惭形秽。至于 WASP 幕后还有些什么其他的花样,又怎是胡适当年这批二十多岁的中国青年所能体会的呢? 也更不是后来一些隔靴搔痒的名流学者们所能透彻了解的了。

近代西方游客,对极权国家旅游事业(通称"观光事业")的批评,总欢喜用"限制导游"(guided tours)这句话来说明对方只许看好的,不许看坏的。近百年来,美国各界之接待外国留学生,事实上也是一样的。所不同者,美国的限制导游多出诸游客的自愿;另一方面,则是多少有点强迫性质罢了。其实就"限制"一词来说,二者是殊途同归的。只是自动比被动更有效罢了。胡适之先生那一辈,比较有思想的留学生,就是参加了这个自动的"限制导游",而对美国文明,终身颂之的!

不过所谓"文化交流"本来就是个截长补短的运动。胡适之先生那一辈的留美学生但见洋人之长,而未见其短,或讳言其短,实是无可厚非的。他们所要介绍的"西方文明",原来就是要以西洋之长,以补我东方之短。如果我们知道西方也是"尺有所短",我们就自护其短,那就是冬烘遗老了。

〔5〕 "教友会"胡氏亦译为"友朋会"、"朋友会"或"匮克派"(见《留学日记》卷八,第556页)。中国教会界的元老谢扶雅先生根据教会传统,认为应译为"贵格会"。这是个很特殊的教会。他们是无条件反战的。日本人偷袭珍珠港之后,美国国会以 388 对 1 票通过对日宣战。这唯一的一张"反对票",便是一位匮克派的议员投的。其"反战"的坚决性,也可以想见了。匮克派一般教友信教都十分虔诚。在西方社会里,笃信宗教,总归是值得尊敬的。

〔6〕 匮克派是没有"教堂"(church)的。他们的祷告讲道之处,通称会场(meeting place)。笔者亦曾被约去其会场讲演。

〔7〕 适之先生的小儿子思杜,便是海勿浮学院的校友。

〔8〕 木尔门派,亦称"后圣派"(The Church of Jesus Christ of Latter-day Saints),或译"摩门派"。也是个狂热的基督教支派。任何宗教信仰,如果发展到狂热的程度,都是会走火入魔的。我国佛教里便有吃粪、饮溺的和尚。道教里也有狂热的白莲教、义和拳、一贯道等等狂热的支派。他们也各有其秘密的

怪行。基督教走火入魔的支派，当然更多。洪秀全的"拜上帝会"便是在我国发生的一个例子。在近代欧洲，这些支派有时狂热到不能在欧洲立足的程度，他们便纷纷向美洲"逃难"、"朝山进香"、"寻找自由"。早期纽英伦的"清教徒"（Puritans；也是杜威教授的远祖），便是为"寻找自由"而冒险犯难，逃来美洲的。抵美后，他们违反个人"自由"的清规戒律；和反对"异端"也有"自由"的行为，竟发展到毫无理性的杀人放火的程度。虽然绝对"不让人家牵着鼻子走"的蛮劲，也奠定了"洋基"后人绝对个人主义的美国式民主政治的基石。

还有些其他古怪的宗派，古怪到连在美国东岸也不能立足，乃向西流窜。在这些西窜的小支派中，木尔门派便是其中之一。他们被一直赶到犹他州的沙漠边缘，才能立足偷安。

在这次逃难过程中，他们的最高宗教领袖杨氏（Brigham Young 1801—1877）便是个大大的怪物。他讨了二十七个老婆；生了五十六个儿女！他底中国同宗杨森将军，恐怕也不能和他相比。

1978年夏季，犹他州里一位木尔门派的母亲，为急于要"见上帝"竟然要她六个可爱的亲生子女，一一自高楼窗口跳下摔死，弄得举国哗然。所以这种木尔门教里的狂热派实在是一种中世纪超级迷信的后遗症。他们所谓"信仰自由"（freedom of faith）实质上是一种"愚昧自由"（freedom of ignorance）。但是卖瓜的人不说瓜苦，任何人对他自己的信仰，不论是如何落伍，也会找出一套理由来作为辩护的。

胡适之先生那一辈子的革新志士，口口声声要打倒孔家店；他们不知道西方的耶家店，更应该打倒！

笔者于1979年夏季曾与内子重访木尔门教的根据地盐湖城，并对该教近数十年来所起的变化，略事考察。据说该教的多妻旧习，在他们男士们偷天换日的手法之下，今日仍如缕不绝。不过盐湖城现在却是美国各州治中，犯罪率最少，社会最有秩序的地方首府之一。

美国毕竟是个超发展国家。她底许多中世纪遗留下来的落后制度，都会在社会文化生活不断演进中，而现代化起来。不过他们今日的现代化生活，与他们早年的迷信，却是社会发展中两个阶段，二者未可混为一谈。

当本篇于《传记文学》上发表之后，美洲忽然又发生了另一宗教狂热的大惨剧——"人民庙"中900多个狂热的信徒，随其教主詹姆·琼斯（Jimmy Jones）集体自杀。"人民庙"之形成，以及其教主率徒流窜的情形，与当年的摩门教的西向流亡的情况，虽时隔百余年，其性质实在也是大同小异的。

说来奇怪，这种基督教的狂热支派，在今日北美洲仍然所在多有。我国早年的白莲教、义和拳、一贯道等等的宗教组织,也是这一类的东西。至于它何以形成? 在人类社会生活上,精神生活上又有何种意义? 那就说来话长了。

〔9〕 犹太人也是个有宗教狂热的民族——就整个民族文化来说,我们中国人就未吃过这种"狂热"的亏——犹太人最初被赶出埃及,便是因为宗教的缘故。其后到处流浪。愈流浪则宗教信仰愈笃;宗教信仰愈笃,就愈不能和其他异教人士相处。因此形成个歧视和被歧视的恶性循环。中古时期,犹太人在欧洲多无权购置田产。同时为着牟利——正如我国《汉书》上所说的"农不如工,工不如商"——聪明的犹太人也不愿务农。不务农,则只有挤在城市里经商了。所以犹太人倒颇有点像"我们安徽"的"徽州人"。大犹太就是徽州盐商;小犹太就是徽州朝奉。同时由于久住大城市,教育上得风气之先,也就出了许多犹太朱熹、犹太戴震、和犹太胡适来。

可是唯利是图的商人,总归招人嫉忌的。这也就是历史上所记述的血迹斑斑的反犹(anti-Semitism)运动的导火线——东南亚土著的"排华运动"也有些类似的缘因——大家都反犹,犹太人自己就更团结;对犹太的传统就更保守、更珍惜。所以犹太正教(Orthodox Judaism)也是今日世界上最保守的宗教之一。他们有的保守到要搞多妻制的程度。

五十年代中,纽约有一位正教犹太人死了。其弟欲纳其寡嫂为"侧室"。这位寡嫂当然不愿。不意那些出面调停的该教长老,也力主遵循正教祖宗家法,兄终弟及! 此事闹入法院;据说那位断案的美国法官,也是位正教犹太。他竟然也主张美国境内的"少数民族",在家庭生活上,有权"各从其俗",一时闹得不得开交!

所以各种民族的风俗习惯,都是优劣互见的。大家都有其进步和反动的两面性。我辈华裔移民,久居异邦,在矛盾抵触中,求其心安理得的生存,才希望能逐渐理解华洋之别,和折衷之道。胡适之先生是位聪明人,和目光锐敏的社会观察家,对各民族性的短长所在,他焉有不知之理? 只是他是个国际性的学者,一言九鼎,为盛名所累,他就只能报喜不报忧了。

胡氏一生为言论自由而奋斗;可是晚年的胡适之在学术上实在没有享受到他应有的"自由",这便是他在盛名之下,自我限制的结果。

〔10〕 字可诺松林区位于纽约市之西约六十英里。该地原是一片原始森林。六十年代之初,联邦政府决定兴建当今世界上最宽阔、最现代化的"八十号超级公路"通过该区。筑路之前,那些得消息之先的政客乃与地产商勾结,大炒地皮。他们以极贱的地价,大块购入,筑路、通电、蓄水,加以"开发"。然后再把大块切小,高价出售,让纽约和费城一带富人前往建筑别墅。果然未几该地

便莺燕纷飞,俨然是一片避暑驱寒的胜地了。

今日该地区华裔别墅居民亦不下数十家。笔者好友中便有胡、宣、何三家,在该处筑有精舍;隔山相望,清幽无比。笔者合家亦常应友人雅意,驶车前往,同度周末。三十年河东转河西,字可诺松林已非复胡适当年所见者了。聊志之,以见两代留美学生不同的环境和不同的生活情趣!

〔11〕 见1911年6月18日《胡适留学日记》。

〔12〕 哥伦比亚大学中国口述历史学部当年曾访问中国名流十余人。因为受访问者的教育背景、工作习惯、故事内容均各有不同,加以受派前往工作的访问人员的教育背景亦悬殊甚大,所以各个人的"口述历史"的撰录经过也人人不同。其中纯洋式的则采取西人"口授"(dictation)的方式;纯中国式的,则几乎采取一般茶余酒后的聊天方式。介于二者之间的,则往往是受访问者以中文口述,访问人员直接以英文撰稿。

胡适之先生的口述方式则又另成一格。他本可以英语直接"口授"。无奈他的故事内容多侧重于论学。论学时,则随口翻译就很难了。译的得体,则非有长时准备不可。费时准备,则胡公大可自己撰写,又何必口授呢?既没空准备,他老人家就中英夹杂的和笔者聊天,再由笔者负责代为整理了。所以他在"口述"时,便常常发问:"你还要我说些什么?还要说些什么呢?"笔者则循例翻阅自备的"大纲",临时建议,故录音纪录上亦时时有此问答。但是在校稿时我照例把这些问答全部划掉了。想不到哥大所公布的稿子上还遗留了"唐君……"云云,这一句对话。

〔13〕 十九世纪与二十世纪交接的这一二十年,实是美国资本主义制度面临最严重考验的一段时间。斯时所谓"镀金时代"(The Gilded Age)的美好岁月已日渐消失。以垄断企业为主体的美国经济制度这时弱点毕露。因此社会主义思潮一时并起。影响孙中山先生思想最大的美国思想家,《进步与贫困》(*Progress and Poverty*)一书的作者亨利·乔治(Henry George 1839—1897)便是这个时代意识形态的灵魂。思想化为力量,乃有倡导社会主义的"国民运动"(The Populist Movement)的爆发,和"社会党"(Socialist Party)的诞生。1912年大选时,领导此一运动的德卜(Eugene Victor Debs,1855—1926),也就被推选为社会党的总统候选人。德卜虽当不了总统,但是他却拥有来势汹汹、不满现状的大批选民。为争取这批选民的支持,共和党由老罗斯福(Theodore Roosevelt,1858—1919)所领导的革新派,乃和托虎托(William Howard Taft,1857—1930)总统所领导的保守派分裂,另组"进步党"(Progressive Party),以与号召革新的威尔逊(Woodrow Wilson,1856—1924)相抗衡。所以这次选举,在意识形态上的意

义甚为重大,青年学子也为之特别冲动。

"进步党"候选人罗斯福,我国人通称之为老罗斯福,以别于三、四十年代的弗兰克林•罗斯福(Franklin Delano Roosevelt,1882—1945)。本文此处译名,亦从习惯用法。

〔14〕 此段引文为胡氏本人之回忆,并非直接引自奥氏的讲稿或著述。《纽约晚报》系"赫斯特系"的报纸。

〔15〕 韩纳为俄亥俄州大财阀、大政客。1896年之大选,韩氏为支持麦荆尼(William Mckinley,1843—1901)竞选总统,曾为共和党筹捐助选经费至350万美元之巨。这在当时是个史无前例的助选经费。韩氏亦以此当选共和党全国委员会主席,成为左右全美政局的大政客;麦氏亦赖其只手扶持而当选美国第二十五届总统。

〔16〕 "世界学生会"是当时美国的一个国际学生组织。各名大学之内皆有分会。胡氏曾当选康乃尔分会主席。

〔17〕 胡氏的海文路公寓便是他女朋友韦莲司女士(Miss Edith Clifford Williams)转让给他的。麦菲夫人想必也是韦小姐原先的女佣。当时纽约一带的女佣多半是爱尔兰移民的妻女,这和战前上海的女佣多半是"江北人"一样。因为十九世纪中叶,爱尔兰大饥,死人如麻。据说那时爱尔兰的道左饿殍嘴唇都现绿色,因为死前吃草的缘故。挨饿未死的爱尔兰饥民乃大批涌入美国,恰巧此时也正是中国苦力大批向美移民之时。这时爱尔兰移民无法与其他白种移民竞争,乃转与中国移民抢饭吃。但是他们又没有中国苦力刻苦耐劳,乃不要脸的用各种下流手腕,迫害华工,乃掀起了长逾百年的美国排华运动(Chinese Exclusion Movement),在此期间我华裔移民所受无理的迫害,和美国排华分子所犯的滔天罪行,真是罄竹难书!

就在全美排华最烈之时,也正是胡适之先生这一辈"庚款留学生"大批来美之时。而这批少爷小姐们留美期间,对上层白种美国人,真是桃花潭水,一往情深!而对在此邦受苦受难的最下层黄皮肤的自己同胞,却未听过他们说过一句话,或写过一个字!也真是咄咄怪事!

吾人今日回头检讨近百年来我国留美教育史,对这一点,真不能不有所警惕!

〔18〕 1952年胡氏返台时,12月27日在台东县对青年们所讲的《中学生的修养与择业》,便举了这个"例子"。见《胡适言论集》(甲编)(四十二年,自由中国社印行),第124—126页。

〔19〕 在上述讲演里,胡先生作了一个大胆的结论:

我的玩意儿对国家贡献最大的便是文学的"玩意儿",我所没有学过的东西。最近研究《水经注》(地理学的东西),我已经六十二岁了,还不知道我究竟学什么?都在东摸摸、西摸摸,也许我以后还要学学水利工程亦未可知,虽则我现在头发都白了,还是无所专长、一无所成。可是我一生很快乐,因为我没有依社会需要的标准去学时髦。我服从了自己的个性,根据个人的兴趣所去做,到现在虽然一无所成,但我生活得很快乐,希望青年朋友们,接受我经验得来的这一个教训,不要问爸爸要你学什么,妈妈要你学什么,爱人要你学什么。要问自己性情所近,能力所能做的去学。这个标准很重要,社会所需要的标准是次要的。

当胡先生在1958年向我重复这一段话的时候,我就遵循他老人家的教导,"做学问要不疑处有疑"的,不以为然,和他抬了个小杠。

我认为他这段话"个人主义色彩太重","浪漫主义色彩太重",对社会国家的需要和贡献"不实际"!因为胡适之所说的只是"胡适"的经验。"胡适的经验"不适合——也不可能适合一般"中学生"。

胡适是个"大学者"、"大使"、"大文豪"……总之是个大"有成就"的人。可是这个世界里万分之九千九百九十九,都可说是"没有成就"的普通人,因而这个美好的世界原是我辈"没有成就"的人的世界;"有成就的人"是极少极少的"少数民族"。所以我们的教育——尤其是中学教育,是应该教育一个人怎样做个"没有成就"的普通人,一个平民,一个光头老百姓。

做个光头老百姓最重要的条件是做个正正派派、有正当职业、养家活口、快快活活……当兵纳税的好公民。但是"正当职业"不是完全受个人兴趣指挥的,它要以社会、国家和团体的需要而定。"中学生"之中,文才横溢的"小鲁迅"真是千千万万;但是社会上对"鲁迅"的需要量(着重个"量"字)便远不如对"会计师"、"绘图员"、"水喉工"……等等的需要量大。如果一个"中学生"听了胡适的话,此生薄会计师而不为,非"鲁迅"不做,岂不是误人误己?为此他的"爸爸"、"妈妈"、"爱人"劝他视社会的需要,作实际一点的"择业",难道还不是逆耳的忠言吗?

再者在今日发展中的社会里,有高度诗人气质的天才,未始就不能做个有训练的会计师。做个会计师,一天八小时之后,行有余力,仍可大做其诗,为什么一定要做"诗人"才能做诗呢?

总之胡适之先生那一辈的老知识分子,头脑里始终未能摆脱科举时代的旧观念。受教育的人一定要出人头地,一定要锥处囊中。他们不甘心做个普通人。但是在一个已发展的社会里,九年国教,人人可受,谁非知识分子呢?如果每个知识分子都要"立志"发展天才去做李白、杜甫、毕加索、胡适、爱因斯坦,那么世界还成个什么世界呢?

就在我帮助胡老师写这段自传时,我的儿子光仪便在这个时期出世了。我在医院的走廊里夜半无事,曾试填一首《训子》小词,以为消遣。其中有几句说:"……餐馆也好、衣馆也好、报馆何嫌?凭尔双手,自食其力,莫赚人间作孽钱!……"这虽是个没出息的爸爸,对他儿子没出息的希望,那也反映我当时追随胡适之先生学习的心境。一个读书的人,教个小书,谋个温饱,不是很心安理得吗?为什么一定要出人头地"不超人、毋宁死"(一个老朋友的座右铭)呢?多难的祖国,不就是被一批"超人"们搞糟了的吗?

〔20〕 今日笔者所服务的纽约市立大学,所采取的仍是和康乃尔当年类似的制度。康大以前叫"程序"(sequence);我们现在叫"主修"(major)。学生在某系,读完经系主任所认可的廿五个学分之后,便算是该系的"主修"了。笔者年前承乏市大亚洲学系时,学生——尤其是亚裔或华裔——有申请本系为"主修"者,我便力劝他们"兼修"另一科系;并与其他科系洽商允许该生"双修"(double major)或"三修"(triple major),这也就是胡适之先生当年所谓"两个或三个程序"一样的意思。笔者对学生的劝告,也就是胡先生要中学生"不要问"的"爸爸、妈妈、和爱人"的劝告。我坦白地告诉我的学生(尤其是中国学生)学历史或亚洲文化,在美国是没饭吃的。我劝他们"兼修"一点电脑、教育、或会计……一类"实际一点"的课,以便大学毕业后好去"谋生"。如此,我也自觉稍减"误人子弟"的内疚。

胡适之先生如仍健在,他听到笔者对学生的劝告,一定大不以为然。因为胡先生所要教的是一些将来和他(具体而微)一样"有成就"的学人专家;笔者所要教的则是一些和我一样"没有成就",但却有个"正当职业"的普通人。

第四章 青年期的政治训练

公开讲演的训练

在我为中国问题四处公开讲演之时,我却没有受过作公开讲演的正式训练。所以在1912年的夏天,我就选修了一门训练讲演的课程。这是一门极有趣味的课程。我的老师艾沃里特(Everett)教授是一位好老师。暑校是从七月初开课的。当我第一次被叫上讲台作练习讲演之时,我真是浑身发抖。此事说也奇怪,在此之前我已经讲演过多少次了。但是这一次却是在课室内第一次被叫上台。那天虽然是盛暑,天气极热,但是我仍然浑身发冷、发颤;我必须扶着讲台,始能想出我预备的讲稿。艾教授看我扶着台子才能讲话,第二次他再叫我时,他便把台子搬走了,当然我也就无所依据。因为要忙着想我的讲词,我也就忘记我的腿了,它也就不再发抖。这样便开始了我后来有训练的讲演生涯。[1]

我在康乃尔时代,讲演的地区是相当辽阔——东至波士顿,西及俄亥俄州的哥伦布城。这个区域对当时在美国留学的一个外国学生来说是相当辽阔的了。为着讲演,我还要时常缺课。但是我乐此不疲,这一兴趣对我真是历四五十年而不衰。

在我大学四年级那一年,我获得卜郎吟文学论文奖金(Hiram Corson Prize on Robert Browning)。[2]该项奖金原是英国文学教授,也是卜郎吟生前的好友,考尔逊(Hiram Corson)所设立的。考氏曾在康乃尔大学教授卜郎吟诗。我用不具真姓名的方式写了一篇《捍卫卜郎吟的乐观主义》(In defense of Browning's optimism)的论文投稿应征。那时我因为〔转系的关系〕留学的生活费被减缩;同时我还要抽点钱接济母亲,所以生活甚为窘困。[3]这宗五十元的文学奖金对我真是雪中送炭。再者由于一个中国学生竟然得了一个卜郎吟文学奖,当时竟然变成新闻。纽约各报刊都加以报导。这样一来,我这位薄有微名的讲演者也颇为人所称道,所以连当时美国文化重地的波士顿市内的"卜郎吟学会"(Browning Society)也请我去讲演,这就是我讲演的地区一直延伸到波士顿的原委。

这些讲演对我虽然因为要充分准备而荒时废业,但我从无懊悔之意。后来在我教书期间,纵使有些课我已教了很多年,上课之前我仍然是彻底的准备;其后纵是个把钟头的功课,我从不毫无准备的冒冒然上堂,虽然这种准备工作往往要化去好几个钟头。

当然我也受讲演之累。其中最明显的一次,便是在我就读研究院的第二年(1915年)时,我的奖学金被校方停止了。

康乃尔大学的哲学系亦名"塞基哲学院"(Russell Sage School of Philosophy),其基金原是房索·塞基家庭捐资设立的,并另设塞基哲学奖学金以资助哲学研究生。我进康乃尔大学研究院时本来就领有该项奖学金,但是当我于1915年申请延长时,却被校方拒绝了。那专司审查奖金候选人的指导委员会主席索莱(Frank Thilly)教授便坦白相告,说我在讲演上荒时废业太多,所以哲学系不让我继续领取该项奖金。

在我当学生时代我便一直认为公开讲演对我大有裨益。我发现公开讲演时常强迫我对一个讲题作有系统的和合乎逻辑的构想,然后再作有系统的又合乎逻辑和文化气味的陈述。我时常举出"儒教"这个题目为例。所有中国学生大致都知道或多或少有关儒教的教义,但是他们对儒教的了解多半流于空泛、少组织、无系统。假若一个中国学生被请去作十分或廿分钟有关儒教的讲演,只有在这种场合,他才被迫对这题目打个草稿,并从事思考如何去表达自己。他先要想从何说起;想出他自己的意思;他对这题目的认识和印象,然后再加以合乎逻辑的组织,好使听众了解。这样一来,他也可帮助他自己对这一题目作前所未有的更深入的思考,他将来对这一题目作更广泛的研究,也就以此为出发点。

公开讲演也是个最好的机会,让一个人去训练他自己的写作;训练他作笔记的系统化。这些种不同形式的表达方法可以强迫一个人,对一项命题去组织他的感想、观念和知识;这样可使他以写作的方式,对他要表达的题目了解得更清楚。所以我对公开讲演的好处,曾撰一简单的格言来加以概括。这格言便是:要使你所得印象变成你自己的,最有效的法子是记录或表现成文章。

大凡一个人的观念和印象通常都是很空泛的;空泛的观念事实上并不是他的私产。但是一个人如他的观念和感想,真正按照逻辑,系统化的组织起来,在这情况之下——也只有在这种情况之下——这些观念和感想,才可以说是真正属于他的了。所以我用"专用"、"占有"(appropriate)这个字来表明我的意思。

1915年的秋季,我自康乃尔大学转学至哥伦比亚大学。转学的原因之一,便是经过一系列的公开讲演之后,五年的康乃尔大学生活,使我在该校弄得尽人皆知。我在我的留学日记里便记载着,在这个小小的大学城内,熟人太多,反而不舒服。

平时我的访客也太多。绮色佳一带的教会、社团,尤其是妇女团体,经常来邀请我去讲演,真是应接不暇。因而我想起一句中国诗:"万人如海一身藏!"所以我想脱离小城镇绮色佳,而转到大城市纽约。该处人潮如海,一个人在街头可以独行踽踽,不受别人注意。这种心境至少也是促成我转学的原因之一。其后两年(1915—1917),我发现这个想法是有极大的道理。在一个数百万人的大城市中,我是真正的"一身藏"了。

学习议会程序

在我所经历的各项学生时代的活动里,还有一件事对我后来的生活大有影响。那就是主持学生俱乐部和学生会议时,使我对民主议会程序有所体会。在1910至1920年这段时期里,几乎所有的美国学生会的章程都明文规定,各种会议的议事程序要以"罗氏议事规程"(Robert's Rules of Order)为准则。我是"中国学生会"里的干事。我发现"中国学生会"的会章里也有这一条。我也是康乃尔大学"世界学生会"的组织干事;后来继任该会主席。该会的会章上,也列有这一条。

康乃尔大学里的"世界学生会"（Cosmopolitan Club）是当时一个校际组织——"各大学世界学生联合会"——之下的一个分会。这个联合会每年在不同的校园内举行年会。由于参加乃至主持这些会议，以及学习使用"罗氏议事规程"，使我逐渐了解民主议会议事程序的精义；这也是我当学生时参加学生活动的一大收获。在我的留学日记里，我曾记下我第一次主持学生会会议的经验。我说那一小时作主席的经验，实远胜于对"罗氏议事规程"作几个小时的研读。

多少年后，我曾在南京考试院的考选委员会所召开的，有关高普考的会议担任主席。这个会议是考试院邀请各大学派员参加而召开的。我代表北京大学去南京出席大会。当我担任主席所主持的那一次会议期间，我发现有些人特地来观察我们开会的程序。当晚便有一位考试院的元老来看我。他说："我们这一辈的元老国会的议员，总以为我们是唯一的一群人懂得议会程序了。但是今天看到你做主席时的老练程度，实在惊叹不置！胡先生，您在哪里学会这一套的呀？"我告诉他我是在当学生时代，主持各种学生会议时学出来的。

我所以提这件小事的意思，就是说明这一方式的民主会议程序的掌握，使我对民主政治有所认识，以及一个共和国家的公民在政治上活动的情形，也有更进一步的了解。这是多么有益的一种训练！因此我对孙中山先生的强调使用议会程序的号召，实有由衷的敬佩。孙先生把一种民主议会规则的标准本，译成中文，名之曰《民权初步》。我完全同意他的看法，民主议会程序，实在是实行民权政治的"初步"！[4]

对世界主义、和平主义和国际主义的信仰

现在我想进一步的谈谈我对"世界主义"（cosmopolianism）、"和平主义"（pacifism）和"国际主义"（internationalism）学习的经过。我把"世界主义"和"国际主义"分开。其原因便是我想使"国际主义"这一名词为我将来讨论我进一步发展的"新和平主义"作专题来发挥。

我在康乃尔和哥伦比亚作学生时代生活经验的一部分,便是我和来自世界各国留学生的交往。在康乃尔时期,自大二开始,我就住进康大新建的世界学生会的宿舍,一住就住了三年,一直住到大学四年级——也就是我读研究院的第一年。换言之,我是从1911年的夏天一直住到1914年的夏天。[5]

当我在世界学生会的宿舍寄宿期间,我认识了来自世界各地的学生,例如来自菲律宾、中、南美洲、波多黎各、印度、南非以及少数从欧洲来的。其中尤以从中、南美洲来的为数更多。我们之间的友谊有的维持了三十余年而未中断。我有几位波多黎各和南非的朋友,今日还和我继续通信。这些国际友谊对我说来真受惠不浅;它使我的智慧天地为之扩大,使我能真正了解许多国家的习俗和人民的生活方式。

那个世界学生会有个习俗,便是由不同种族的学生分别举办不同种族的民族晚会。晚会中所有会员及其友好均可参加。例如中国学生则主持一个中国晚会;菲律宾学生则主持一个菲律宾晚会;阿根廷学生举办阿根廷晚会等等。就是在这些不同的民族晚会里,我们对各种民族不同的习俗便有了更深入的了解。更重要的还是各族学生间社交的接触和亲密的国际友谊之形成,使我们了解人种的团结和人类文明基本的要素。[6]

这就是我在美国留学期间最重要的收获之一方面。在后来全世界的学生都蜂拥来美进各大学和研究院留学,这种经验自然就更为丰富,而国际间的接触和了解,自然就更为扩大了。上面我已经提过,我参加世界学生会的活动,实不限于康乃尔一隅,同时也有国际性的一面。

康乃尔的世界学生会原是"世界学生会联合会"(The Association of Cosmopolitan Clubs)的一个支部。而该联合会又为一规模更大的国际学生组织"兄弟同心会"(Corda Frates; Brothers at Heart)的支会。这一国际性组织不特包含南美洲的学联,并且包罗了意大利、德国和法国的学生。

此一国际学生组织曾于1914年在绮色佳举行年会。我那时是义有地主之谊的康乃尔分会的会长，对此一"国际学生大会"(The International Congress of Students)颇事奔波，因而对国际学生的接触也就更为广泛。

我到今天还记得，我们康乃尔分会的"会训"便是："万国之上犹有人类在！"这句话原为康大史学名教授葛得宏·斯密斯(Goldwin Smith)的名言。斯氏原为英国人，是康大早期的名教授之一。他对康乃尔一往情深，因而慨捐巨款为康大文学院建造大楼命名为葛得宏·斯密斯大楼(Goldwin Smith Hall)。那是一幢壮丽的建筑物，也是校园内建筑群的中心建筑。

以上便是我个人对"世界主义"的亲身体验。我特别想谈谈，在那些年的动乱世界里，我自己那些年投身于世界和平运动中的个人活动。我在美国留学前后七年，自1910至1917年。最初四年尚无战事；后三年——1914至1917——则为第一次世界大战期间，亦即是美国参战前的三年。这三年也是中国国运中最受考验的三年，因为中国当时承受了日本不断的压迫。

第一次世界大战爆发前两年，英日两国结为同盟。日本既为英国的盟国，第一次大战爆发时，日本也就以英国的盟国关系而对德作战，向德国在中国的殖民地青岛进攻。

占领了青岛之后，日本复于1915年1月向中国提出"二十一条要求"。日本的要求本是秘密提出的，结果这一秘密被"泄漏"了，由美国新闻界传了出来。我想这是中国外交部故意把它泄漏的。[7]消息既出，则全世界也就注视到中国对这项无理要求的反应，所以当我留美的最后三年，也是第一次世界大战的头三年，也是中日邦交上最不愉快的三年，因此我个人对当时的国际问题也颇加思索。

其后好多年，我都是个极端的和平主义者。原来在我十几岁时候，我就已经深受老子和墨子的影响。这两位中国古代哲学家，对我的影响实在很大。墨子主"非攻"；他底"非攻"的理论实在是篇名著，尤其是三篇里的《非攻上》实在是最合乎逻辑的反战名著；反对那些人类理智上最矛盾、最无理性、最违反逻辑的好战的人性。

老子对我的影响又稍有不同。老子主张"不争"(不抵抗)。"不争"便是他在耶稣诞生五百年之前所形成的自然宇宙哲学之一环。老子说:"夫惟不争,故天下莫能与之争!"他一直主张弱能胜强;柔能克刚。老子总是拿水作比喻来解释他底不抵抗哲学。老子说:"天下莫柔弱于水,而攻坚强者,莫之能先!"

老子对我幼年的思想影响很深。记得我在1909年(清宣统元年,己酉)作了一首咏《秋柳》的诗。这是一首绝句,在这诗前的小序上,我写道:"秋日适野,见万木皆有衰意。而柳以弱质,际兹高秋,独能迎风而舞,意态自如。岂老氏所谓能以弱者存耶?感而赋之。"[8]

我作这首小诗还不满十八岁。我引这篇小序来说明我幼年便深受老子的教义和墨子非攻哲学的影响。

后来在学生时代,我读了耶稣教的《圣经》,尤其是《新约》。在《福音》里我体会到对邪恶魔鬼不抵抗的基督教义;以及人家打你右颊,你把左颊再转过去让他打的原理,都和我国老子不争的理论有极其相同之处。加以我又认识一批〔极端反战的〕教友派的朋友,使我对幼年的信仰益发深入。所以我个人对不抵抗主义的信仰实发源于老子、耶稣基督,和教友派基督徒的基本信仰。

1914年世界大战爆发了。这一年我正在康乃尔大学毕业。那时我已对国际和平运动十分热心了,并与当时一些活跃的和平运动人士如乔治·讷司密斯(George Nasmyth)、路易·陆克纳(Louis P. Lochner)、约翰·墨茨(John Metz)等人往还。讷司密斯是康大物理系刚毕业的一位教友会家庭出身的青年。康乃尔结业后,他便在波士顿的"和平协会"(Peace Foundation)工作。陆克纳则任"世界学生会总会"的总书记。约翰·墨茨则是一位德国籍的和平主义者。和他们往还,使我深信,在一个高度文明的社会里,和平是可能实现的。所以当世界大战于1914年8月间爆发时,我真是惊诧不置!震悸之余,我实在不相信战争真会打起来。因此我化了好多天时间去阅读和研究这场战争如何爆发的前因后果,并写成一篇长文保存在我的日记里作为我自己的参考。我阐明三国同盟和三国协约形成之经过;以及德国如何侵犯了比利时的中立,终使英国对德宣战。比利时的中立便是个不抵抗哲学的具体例证。关于比利时的抵抗德国的智与不智的问题,那些和平主义者之间,颇有争论。所以比利时为中立被犯而奋起抗德一事,实是对不抵抗哲学活力如何的一个实际考验。

一年之后中日之间又发生冲突了,日本以战争威胁中国政府接受"二十一条要求"。自1915年2月底至5月初,中国留学生为此热烈讨论。通过《中国学生月报》大家主张对日作战。"对日本立刻开战"便是当时的口号。我为此事甚为焦虑,所以我决定向全体同学写了一封公开信。让我引一段信上的话以显示当时中国留学生的战争意志,以为我个人的态度和我个人对全体同学的忠告。我的信的开头是这样写的:

亲爱弟兄们:

从上期〔中国学生〕月报上所表现的〔抗日〕情绪来看,我恐怕我们都已完全昏了头;简直是发疯了。有一个同学会竟然主张"对日作战! 必要的话,就战至亡国灭种!"纵使是 W. K. 钟君(译音)这样有成熟思想的基督徒,也火辣辣地说:"纵使对日作战不幸战败而至于亡国——纵使这是命中注定不可避免的后果,我们也只有对日作战! 除此之外,别无他途可循……让我们对日抗战,被日本征服,作比利时第二!"纵使是本刊的总编辑,他在社论上曾忠告我们说,感情冲动实无补于对当前国难的研讨;我们除运用感情之外,也应诉诸理智——纵使如此主张,他在本刊的另一页上也认为"中国人如今只有对日作战(毫不迟疑的对日作战),除此之外再没有第二条路可走!"

从上面这一段可以看到当时我的同学们主战的情绪了。因此在我的公开信上,接着便陈述我个人对大家的忠告。我说:

这些在我看来简直是不折不扣的疯癫。我们都情感冲动,神经紧张——不是的,简直是发了"爱国癫"!弟兄们,在这种紧要的关头,冲动是毫无用处的。情感冲动,慷慨激昂的爱国呼号,和充满情绪的建议条陈,未尝有助于任何国家〔的危难〕。谈兵"纸上"对我辈自称为"〔留〕学生"和"干材"的人们来说,实在是肤浅之极。

在我个人看来,我辈留学生如今与祖国远隔重洋;值此时机,我们的当务之急,实在应该是保持冷静。让我们各就本分,尽我们自己的责任;我们的责任便是读书学习。我们不要让报章上所传的纠纷,耽误了我们神圣的任务。我们要严肃、冷静、不惊、不慌的继续我们的学业。充实自己,为祖国力争上游,如祖国能渡此大难的话——这点我想是绝无问题的;或者去为祖国起死回生,如果祖国真有此需要的话!

弟兄们,这才是我们的当务之急!

我敢说,在目前的条件下,对日作战,简直是发疯。我们拿什么去作战呢?我们的总编辑说,我们有百万雄师。让我们正视现实:我们至多只有十二万部队可以称为"训练有素",但是装备则甚为窳劣。我们压根儿没有海军。我们最大的兵船只是一艘排水量不过四千三百吨的第三级的巡洋舰。再看我们有多少军火罢?!我们拿什么来作战呢?

所以出诸至诚和报国之心我要说对日用兵论是胡说和愚昧。我们在战争中将毫无所获,剩下的只是一连串的毁灭、毁灭和再毁灭。

再说比利时罢。那个英勇的比利时!亲爱的弟兄们,我愿披肝沥胆的向诸位陈述:用只手来推挽大海的狂澜,算不得勇敢;以卵击石,更不算英雄。再者,比利时原亦无心自招覆灭。吾人试读比国作家查理·沙罗利(Charles Sarolea)博士所著的《比利时如何拯救欧洲》一书,便见分晓。盖比利时深知〔一旦战争爆发〕英法两国必然赴援。加以该国对其号称世界最坚固的堡垒的李格(Liege)和安特渥堡(Antwerp)两地坚固防线也深具自信心,而自觉有恃无恐,所以比利时才为国家的荣誉而孤注一掷。这是真正的勇敢和英雄气概吗?弟兄们,请为比利时着想;且看今日比国,为这一英雄光彩所作的牺牲,真正值得吗?

我并无意非难比国人民;我只是觉得比利时不值得我们仿效而已。若有人硬要中国去蹈比利时的覆辙,则此人必然是中华民族的罪人。

总而言之,让我重述前言,请大家不要冲动;让我们各尽我们应有的责任;我们的责任便是读书求学!

远东问题最后解决的症结所在,不系于今日的对日作战;也不系于一强或列强的外在干涉;也不系于任何治标的办法如势力平衡或门户开放;更不系于任何像日本门罗主义一类的策划。最后的真正解决之道应另有法门——它较吾人今日所想像者当更为深奥。但其解决之道究在何处,我个人亦无从探索;我只是知道其不在何处罢了。让我们再为它深思熟虑,从长计议罢!

深盼大家在诅咒我之前,细读拙文,〔实不胜企祷之至!〕

弟胡适于纽约之绮色佳城[9]

从上面这封信里我们可以看出中国留学生当时冲动的情形;同时也可看出我自己在此紧急时期如何试用我的不争哲学以盱衡世界大势和中日关系。

在我的留学日记里,我也记录了〔1915年〕5月6日——那个决定性日子的早晨我自己的情绪。就在这一天中国政府决定接受日本的最后通牒,对"二十一条要求"中的重要部门作重大让步。原来在前一日的夜间我已辗转不能入睡,所以六日清晨我便上街去买了一份塞拉克斯城(Syracuse)出版的晨报。拿了报纸,我走到工学院后面狭[峡]谷上的吊桥,俯视这一为水冲刷而成、景色非凡的千年幽谷,我不禁想起老子的名言:"天下莫柔弱于水,而攻坚强者,莫之能先!"这些最坚强的岩石,还是被柔弱的水所征服了!

就在这天早晨,我俯视那被溪水冲刷而成的狭[峡]谷,我开始体会到并不是水之弱终能胜强;而是力——真正的力——才能使流水穿石。从感觉上说,这实在是我智慧上变动的起点。在这一转变之前,我在纽约已经有一段有趣的体验。那时我受康乃尔世界学生会的派遣前往纽约参加一个新的校际和平组织——"各大学非兵主义大同盟"(Collegiate League to Combat Militarism)的成立大会。该会在另一和平组织,"美国限制兵备会"(American League to Limit Armaments)的领导之下于1915年2月13日正式成立。该会邀请学生参加的请柬是由《纽约晚邮报》(New York Evening Post)的发行人兼编辑韦拉德(Oswald Garrison Villard)君署名的。韦氏为十九世纪赫赫有名的"废奴主义者"(abolitionist)威廉·格理逊(William Garrison)的外孙。《纽约晚邮报》是当时纽约编印皆佳的大报。我参加这个"非兵"组织的成立大会也是我信仰和平主义和不抵抗主义的和平活动的一部分。

但是在1915和1916两年之间,我的思想又开始转变了。一种智慧力量影响我转变的便是那英语民族的世界里最大的思想家之一,名著《大幻觉》(The Great Illusion)的作者诺曼·安吉尔(Norman Angell)。《大幻觉》是1909年出版的,当时被认为是宣扬有建设性的新和平主义最脍炙人口的新著。该书一再重版,各高等文明的语言里皆有译本。在英国乃至世界其他各地都组织有宣扬《大幻觉》的社团,专门宣传这一名著里所揭示的主张。

在第一次世界大战爆发后的几年期间,美国学生在"加尼基国际和平基金会"(Carnegie Endowment for International Peace)的资助之下,组织了一个校际学生团体叫做"国际政治学会"(The International Polity Club),会员都是自优秀学生中遴选的。每年夏季各支会又分别推派代表数人参加该会所主持的国际关系讨论会。在此之前,在安吉尔氏领导之下,英国本已有类似的组织。据我所知这种会议在美国一共只举行过两次。第一次便是于1915年6月在绮色佳康乃尔大学校园内举行的,我便是该次大会积极参与者之一。安吉尔先生便是该次为时两周的会议中的一个主讲人。另外还有些动人而富煽动性的讲演家也被邀参加。

第二年的年会是在俄亥俄州的克里弗兰城举行的,我也参加了大会。这一年安氏因事未能参加。在我的留学日记里对这两次的会议——尤其是1915年在康乃尔举行的那一次——我均有详尽的记述。

安氏的和平主义当时被称为"新和平主义"(New Pacifism),它与我以前所相信单纯的"不抵抗主义"是截然有别的。在我的日记里,我也为安氏哲学做了个节略如下:[10]

一个人如强迫别人接受他一己的意志,就会招致反抗。这样的强迫与反抗的对立,就会使双方力量抵消而至于毫无结果或浪费。〔在这样对立的情况之下〕,纵使一方面胜利了,仍然要创造出两种奴役——失败者为胜利者所奴役;胜利者为维持他的主宰权,又要随时准备对付这被奴役的对方,〔如此也就难免自我奴役。〕这样便形成了一种在经济上浪费亦如在道德上破产一样的〔互为因果〕的关系。这也就说明了所有基于强制执行或侵略行为的一切政策——如在一国之内〔所因此形成〕的特权和迫害,以及国与国之间〔所发生〕的战争和争霸——的彻底失败。但是如果双方息争合作,共同为人类的生命和人民的生计向大自然奋斗,则双方皆得其解放:双方都会发现这种和衷合作实在是最经济的办法。不特此也,双方且更可由此发现人类社会和社会精神价值上一切可能的发展的真正基础之所在。因为如果没有在正义的观念之下所建立的协议之中所产生的若干信仰,便不能产生〔永恒而诚实的〕团结合作。这〔一推理〕便明显的指出真正的政策——不管是国内的或国际的——之所在。这政策便是大家同意联合一致去抵抗在自然界和人性弱点中所存在的人类的共同敌人。

以上便是这一"新和平主义"的简明宗旨。它的理论基础便是:两个力量如发生冲突,最后必然是相互抵消而形成浪费和无结果。所以新和平主义并不是否定力量;相反的,正是如何使力量用得其所。这便是新和平主义的基本概念。

《大幻觉》一书固然是脍炙人口,但是它也经常被人误解。所以我从安吉尔的自传里再意译若干段,来表明作者原意并不是说战争不可能发生。他说战争是可能发生的,因为人们不了解战争真正的基础,和战争便是力量的浪费这个单纯的事实!所以在1915年这个为期两周的会议里,我开始读安氏之书;也亲识安吉尔其人。安氏所首倡的观念认为真正的问题之所在,不是力量的否定,而是对力量作正确有效和更经济的使用——为一个各方所同意和了解,期盼和可能获得的目标而使用之。这一理论深深的打动了我。

在此同时,我也开始读杜威的著作;对杜威在 1916 年所发表的两篇论文,尤其感觉兴趣。在这两篇论文里,杜威的论点似乎与安氏的哲学不谋而合。杜威于 1916 年 1 月在《新共和》(The New Republic)杂志里发表一篇论文:《力量、暴力与法律》。[11] 同时他在另一杂志《国际伦理学报》(International Journal of Ethics)里,又发表一篇更长的论文曰《力量与强迫》。这两篇论文对我既然有毕生难忘的影响,我想也略引数段如下:[12]

> ……力或能是公正无私甚或是个值得颂扬的名词。它意味着它是从事实际行动的有效工具;是执行和完成一项目的的技能和质素。如把使用它来达到的目的之有意义视为当然,它便是个值得颂扬的名词。它便是为使所期盼的目标成为事实的各种可能条件的整体,其意义不过如此而已……力量可使我们建筑地道车,修建桥梁;力量也能帮助我们旅行,帮助我们振兴工业;我们也凭借力量来作口头辩论,和著书立说。[13]

再引一段:

> ……力如从可颂扬的意义上去看便是能。能便是能做工,能完成一些使命的力。但是力毕竟还是力——你也可说它是一种蛮力;它的理性化〔的程度〕,端视其〔使用后所得的〕结果而定。就是这种同样的力,如任其脱缰而驰,不受约束,那就叫做暴力……。[14]

> ……能如不用来执行或达成它所负的〔正当〕使命;相反的,它却背叛了或阻挠了这一使命之实现;那末能就变成暴力了。炸药如果不是为建设之用去爆破岩石;相反的,却被用去轰炸杀人,其结果是浪费而不是生产;是毁灭而不是建设;我们就不叫它能或力;我们叫它暴力。[15]

现在我们要问,那末胁迫(coercion)和强制力(coercive force)又是什么回事呢?杜威接下去说:

> 强制力,公平的说来,便是介乎把力量用作能源,和把力量用作暴力,二者之间的中间位置。[16]

> ……力的来源是多方面的;各种力亦向各种不同的方向发

射,互不相顾。等到它们〔狭路相逢〕发生了抵触,它们就冲突起来了。能在不冲突的情况之下,本可别有用途,但是在冲突之中,则流于浪费了。两位汽车驾驶员……各驾其车在一条公路上,相对而驶。他二人撞车了。撞车之后,他二人争吵起来,这种争吵的浪费,毫无疑义的是和车祸现场所构成的浪费,同样的确实。开车规则规定每部车都得靠右开,这就是一种防制浪费的计划,把那些如果没有计划就可能招致相互冲突的个别能源,统筹于一个可以避免冲突的方案之中;这个方案可使能的利用,发挥其最高效能。这……便是一切法律的基本意义。[17]

读了以上几段,我们可以看到杜威和安吉尔几乎用的是同样的语言,来说明两个力量如何因冲突而抵消的原委。约翰·杜威因而得出以下的结论:

> 法律便是把那些在无组织状态下,可以招致冲突和浪费的能源组织起来的各种条件的一种说明书。[18]

杜威又说:

> ……所谓法律……它总是……可以被看成是陈述一种能使力量发生效果的,经济有效而极少浪费的法则。[19]

杜威和安吉尔二人都有助于在 1915 到 1916 年间新思想的成长。我也开始舍弃我原有的不抵抗哲学而接受一种有建设性的,有关力量和法律的新观念,认为法律是一种能使力量作更经济有效利用的说明书。

正当安、杜二氏的思想风靡一时之际,一个新的有建设性的国际主义也日趋蓬勃。这个新的国际主义原是《独立周刊》(The Independent)的主编汉密顿·何尔特(Hamilton Holt)所倡导的"强制和平同盟会"(League to Enforce Peace)所推动的。何氏后来应聘为弗罗里达州冬园市(Winter Park)的罗林斯学院(Rollins College)的院长,他是对美国舆论很有影响力的文化领袖。《独立周刊》是《新共和》(The New Republic)杂志出版前最有影响的两、三家周刊之一。

1915 年 6 月,美国的社会贤达们在费城独立厅开"强制和平同盟会"的成立大会。这件事深深值得我们回味的便是它在文化思想上直接影响了后来"国际联盟"（The League of Nations）的创立。由于何君的关系，美国前总统托虎托被推出任该盟主席；由于何、托二君对此新观念之共同努力宣扬，威尔逊总统也就逐渐受其影响，终于促成国际联盟之诞生。

下面便是推动成立此一和平组织"强制和平同盟会提案"（Proposals for a League to Enforce Peace）的全文[20]：

我们相信这是值得想望的使北美合众国加入一个国际联盟的组织，使入盟的签约国遵守以下诸条：

一、所有签约国之间应受法律裁决的问题而在国际交涉中无法解决者，在现有条约范围之内，将向国际仲裁法庭提出申诉，听候判断。该庭不但处理各案本身的是非曲直，在该庭权限范围之内，亦可处理与各案有关的一切事件。

二、签约国之间所有其他案件，凡在国际交涉中不得解决者，应向一调解理事会提出申诉，听取该会的判断和该会所提出的解决方案。

三、〔也是最重要的一点（此句为胡适按语）〕签约各国将集体使用其经济和军事力量去制止任何签约国，在〔国际间〕问题发生时，未按上述〔诸条〕处理之前而向另一签约国采取军事或其他敌视行为。

上述三条提案概括了"强制和平同盟会"的新哲学。其中最重要的一个词汇便是"强制"（enforce）——那就是以全世界的集体力量来强制维护〔世界或国际间的〕和平。

这种政治和文化两种力量的汇合，渐渐的使我改变了我以往有关国际问题，尤其是有关世界和平的思想。我逐渐的放弃了我以前偏激的不抵抗主义；从而相信用集体力量来维持世界和平，然后由一个国际组织来防制战争的可能性。

1916年初我终于有个机会能把我的思想写了出来。那时美国的"国际睦谊会"（American Association for International Conciliation）在白特勒（Nicholas Murray Butler）会长主持之下举办了一次校际和平论文竞赛。该会所颁布的文题之一便是"在国际关系中，还有什么东西可以代替力量吗?"我对这一题目大感兴趣,因而很用了一番功,作文应征。数月之后出乎意料的,我居然得了头奖。那头奖的百元奖金,对我当时的经济情况实不无小补。我的论文后来由该会出版并译成多种欧洲语文;在巴西则被译成葡萄牙文;在南美其他各国则被译成西班牙文。这篇论文在我的留学日记里曾保留了一份节要。我现在把这节要再叙述一遍,也可以看出我那时对这一新哲学——新和平主义——信仰的程度。

在该文的第一部分里我提出三个前提。我试答第一个问题:"在国际关系中,还有什么东西可以代替力量的吗?"我想当初出题目的人的心目中,一定先有个正面的答案。但是我却给他一个反面的答案。我的回答是:假如我们认为力量可以用不需要力量的东西来代替的话,则世界上便没有这种不用力量的代替品。这是我那篇论文的要点之所在。纵使是不抵抗主义,它正如杜威所说:"在一定的条件之下,消极的抵抗比积极的抵抗更为有效。"〔也不是否定力量的存在!〕

这样你可以看出我那时已经不是无条件接受不抵抗主义的一切理论了。甚至在1915年5月6日我已经体会到,弱水可以穿坚石,倒不是因为水弱,而是水原有其真正的劲! 这就是杜威和安吉尔对力的观念。所以我对这一问题的答案,并不是力量可不可以代替的问题,而是如何更经济有效使用力量的问题。所以问题的重心就是怎样〔觅取用力的新方法〕来代替当前浪费和乱用力量的问题。

我论文的第二部分是解释当今〔第一次世界大战期间〕世界的问题不是力量发挥的问题而是力量没有发挥的问题。目前这个战争实是人类有史以来,力量发挥的最大表现。但是其后果却是个死结;这个死结在1916年的春天实在表现得十分明显。力量何尝发挥,因为力量已被浪费了。力量的本身却被用去制造力量的对立而使力量相互抵消。在目前的制度下,是以力防力。其结果是相互抵消,以流于浪费和无结果。由此可见我那时对安、杜二氏的新观念是真正的服膺了。

我论文的最后一部分则说明,如果要力量充分发挥,就应该把所有的力量组织起来,加以规律化,而导向一个〔有建设性的〕共同目标。法治便是组织力量的一个例子。力量既经组织;浪费乃可消除;效能自可赖以保持。所以我的结论便是个具体的建议——把世界各国的力量组织起来,来维护国际公法,和世界和平,这便是解决当今世界国际问题的不二法门!

所以,你可以看到我实在是"捍卫和平大同盟"这一信念的早期信徒之一;后来我也是"国际联盟"的热忱赞助人之一。当国联于巴黎和会宣布成立之时,我也是"国联中国同志会"(Chinese Association for the League of Nations)的发起人之一。《国际联盟宪章》(The Covenant)便是我译成中文的。

后来"九一八事变"发生了,日本以武力强占我东北,我在我们所办的《独立评论》上便写了很多文章,支持我国向国联申诉;支持"李顿调查团"(The Lyton Commission)有关中日纠纷的报告。时历数月,我都希望国联来制止日本军阀的侵华行为。但如众所知,国联一开头就无能为力。由于美国拒绝加盟,国联已有先天的虚弱;更由于苏联加盟太晚,其后又因其侵略芬兰而被开除盟籍,国联便更无实力;再因东北事变,日本自动退盟;所以国联一诞生,事实上便已瘫痪了。

记得1945年我以中国代表团团员身份去三藩市参加"联合国"(The United Nations)成立大会。我忽然接到老友何尔特先生的电话,接着他便到旅馆来看我,说他是自备旅费自佛罗里达州冬园镇的家中,赶来参加这个盛会。他说:"真正未料到我以前的理想最后竟然实现了!"我看到这位老人为其三十年前(1915)理想之实现而激动的情况,我也为之感动不已。

这一新的国际组织当然是包括美、苏等首要强国,可是当苏联坚持安全理事会里的永久会员国可以使用否决权时,何君与我均深感失望。时至今日,我始终拒绝在联合国宪章上签名。

在结束本题有关我个人信仰的和平主义和国际主义之前,我想略提一下当年同学们对我的温情,虽然那时他们都强烈的反对我的和平主义。当二十一条事件结束之后,整个同学的圈子内大致对我都非常友善。他们选我担任《中国留美学生月报》的编辑委员;又选我担任中国学生会所主办的《中国留美学生季报》〔中文版〕的主编。当我从绮色佳转往纽约时,我碰见了许多老朋友;他们都是在我主张不抵抗以及反对对日作战之时,强烈反对和批判过我的。可是在我居住纽约的两年期间,他们对我都十分友好;有许多到现在还是我很好的朋友。所以我认为一个人在公开场合采取坚定的立场,择善而固执之,总是值得的。

第二我还想指出,我在1915年反对立刻对日作战的论点,不幸地二十年后当中日战争于1937年爆发时,仍未失时效。在抗战前我国对日艰苦交涉的整整六年之中(1931—1937),我又变成了反对对日作战的少数派。在这六年中我反战的论点仍与当年无异。问题重心便是我们怎么能打?拿什么去抗日?我们陆军的训练和装备均甚窳劣;既无海军,实际上也没有空军;也没有足以支持战争的国防工业,我们拿什么去抗日呢?这是一个悲剧。不幸的是中日两国当时皆缺乏明智之领导阶层来设法避免战争。结果两败俱伤,同归于尽。在日本悠久的历史中,向无异族统治的先例,战争使其初尝此味。中国所受战争的创伤,亦迄未复原。没有对日抗战,国际共产主义又何能统治中国!

我今日回想我学生时代的活动——那些充满稚气的青年岁月——我觉得那里仍然有许多客观的教训,值得我们重新学习。中国为从事毫无意义的内争,整整的浪费了三分之一个世纪;把足以解决国家问题的工业化和国防建设完全忽视了。结果开门揖盗,任日人侵略。纵迟至今日,我国由于安全未得到适当解决所受的创伤,始终未能复原,而这安全问题,正如我四十年前所体验到的,非通过明智而有效的国际集体安全组织,便不可能有有效的解决。

在我结束本章之前,让我再念一段在安吉尔氏自传的《总而言之》第165—166页上所载有关安氏思想的节要,列入本章,作为记录:[21]

  一、一个国家对食粮和生产原料加以政治控制,实无必要;战争也未必就能付予一国〔政府〕对该项资财的掌握。该项控制只是为适应战争的目的,始有此必要。消灭战争,这种必要自然随之消灭。

二、没有任何战争是有利于经济发展的。由于战争的结果必然招致经济危机;发胜利财是不可能的。

三、胜方认为可以在战后使败方赔偿战费,这种观念完全是无稽的幻想。这一观念之虚幻从现代的经济制度上也可以看得很清楚。银行业务、信托和货币制度都是极易招致毁灭的。〔一个战败国,经济体系既然全部崩溃,拿什么来赔款呢?〕

四、战争不是命定的、出乎自然的或是历史发展中"不可避免"的过程。战争不是大自然所制造的,而是人为的;是人类智慧破产的表现。

五、人类智慧本无破产之必要。我们或许不能改变人性;但我们绝对可以改变人类的行为。如果人类连行为也不能改变的话,那我们今天还不是在搞决斗;在法庭中搞刑求;在〔宗教信仰中〕烧死异端。

六、不抵抗并非良策。当人类或国家对罪恶的暴力或社会极权的疯狂无从抵御时,则彼此便以力相尚,强凌弱、众暴寡。而当事各方均自称有以强力自卫之权;同时在其所争执的事件中,各方亦各自作裁判。但一方如为对方强力所压制,则争端便随力量而解决。欲求理智和公理得以伸展,则无法无天的暴力之下的遭难者,必须由社会来加以保护。所以我们所反对的坏事不是力量。而是力量没有得到正当的使用——在法律之下的正当使用。我们要武装法律;而不是武装诉讼人。

七、所以我们必须弄清楚,我们的第一个目标是防卫,不只是和平。这个意思就是我们应试行建立那唯一〔解决人类争端的〕方法的基础。根据此基础我们可以取得和平的防卫;可以用力量来防制侵略和暴力!

八、第一步的努力并不是企望建立一个有奢望的世界宪法;而只是把与这一〔保卫世界和平〕问题有关的一切事实,公诸世界,使其得到一个更广阔的公共了解。要把我们的大原则化为政策,我们的第一要务便是把我们和德意志的分歧之点究在何处,摊开来讲个明白。事实上直至今日,我们还不清楚我们和德国的分歧究在何处呢!我们要先从英语国家开始,来举办一个核心小组讨论;然后再包括法国、俄国和德国来〔共同〕试探设立一个欧洲协约的组织,不能只坚持那动摇不定的势力平衡的延续。这一"协约组织"一定要一小部一小部的组织起来,直至那些对今后美好生活有共同信念的各国背后有足够的武装,来强制制止那些黩武而自以为是的〔国家和人民对外的〕侵略行为。〔然后再试行建立一个世界性的用武力防卫和平的具体组织〕。[22]

注 释

〔1〕 笔者这一辈的中国知识分子,三四十年代在国内受大中学教育时,震于胡适之、蒋廷黻诸先生的盛名,总以为他们对中西语文的运用都是得心应口,白璧无瑕的。及长亲炙教诲,才知道幼年时代的幻觉与真实相去甚远。我第一次听到蒋先生在联合国大会讲演,他那一口的宝庆英语,殊出我意料之外。胡先生英语的发音远在蒋氏之上,但是胡先生英语讲演时的中国"腔"(intonation),也是相当的重。他二人都是十八九岁以后才正式运用英语会话的,因而英语也就始终是他们的"第二语言",说起来总归不像早期留学的"幼童"们,或现在"进美国学校"的孩子们说得么自然。

语言这个东西本是人类生活中最难掌握的技巧之一。学习它也有一定的年龄限制。男人家在十五六岁以后才正式开始学,总归是学不好。我国的文法科留学生中大凡中文有相当造诣的,西文则很少能达其巅峰;反之亦然。这都是因为幼年很难双语兼修的缘故。"四美具,二难并",使中西语文写说均佳,真是谈何容易。胡适之先生的治学和讲学,虽然仍以中文为主,像他那样能对中英双语两得其平的留学生,也真是出类拔萃的了。

〔2〕 卜郎吟(Robert Browning,1812—1889),胡氏在后来著作中有时亦音译为"白郎宁",然在其《留学日记》中则用"卜郎吟"。笔者因本篇所讨论的问题多与《留学日记》中所讨论的有密切关系,为便于读者查对,故本篇所用译名均尽量采用《日记》中的译名,以免混杂。

卜郎吟为英国维多利亚时代的大诗人,死后陪葬西敏寺。其诗以乐观主义见称于时;其格调甚合乎我们这位"不可救药的乐观主义者"胡适之先生的口味。胡氏曾以"骚体"译其诗,尚称切贴,不过卜氏却没有胡适之先生乐观得那么理智。他底纯情主义的倾向使他与一位全身瘫痪的女诗人伊丽莎白·巴瑞特(Elizabeth Barrett,1806—1861)由热恋而结婚而情奔,一时传为佳话。他二人婚后所写的"桑籁体"的情诗,则尤为脍炙人口。

〔3〕 胡氏原以公费务农。康乃尔农学院因系州立,不收学费。然学生如中途退学或转学,则必须补缴学费。所以胡氏在二年级转学时,中国留学生监督乃自其生活费中分期酌扣若干,以补所欠。那时的庚款留学生,学杂费之外,每月生活费为八十美元。实在是个了不起的大数目。

美金当时的购买力,恐在今日(1978)十倍左右。今日若有留学生能月领八百美元"生活费",岂非富人?!

再拿当时的中国生活费用作比:斯时一美元约合中国银元("袁大头"或"墨西哥鹰洋")两元五角上下,适之先生的同乡张恨水先生那时在芜湖一报馆作编辑,月薪仅银洋六元(约合两块多美金)。还要养家活口!(见《张恨水自述》)

所以那时公、自费留学生一旦出国,真是立地成佛。昨日还是牧牛儿,今日便可衣锦披朱,到相府招亲去了,这样一群花花公子,镀金返国之后,要做什么样的"大事"或"大官",才能继续他们在国外当学生时代底生活水平呢?因而回国的留学生如维持不了以前的标准,则难免自叹"怀才不遇","食无鱼,出无车"了。维持得了的,则其享受难免还要升级。如是则中式仆妾副官;西式汽车洋房……做起了中西合璧的大贪官、大污吏而视为当然。由留学生变质的官僚,因而逐渐形成一个标准的职业官僚阶层(professional bureaucrats),他们眼中那里还有汗滴禾下土的老百姓呢?结果弄到民不畏死,铤而走险,不是顺理成章的事吗?

笔者读史而发此感慨,绝无意批评老辈。这只是个"时代问题"和"制度问题",足以发人深省罢了。个人的行为原只是沧海之一粟;在社会行为的整体中,只是随波逐流,奚足臧否?

再者,笔者这一辈,原也只是前辈的余波。我们这批抗战期间,没有被敌机炸死,或肺病、疟疾害死的草鞋青年,胜利之后,形容枯槁,衣不蔽体。可是一旦榜上有名,偷得国家一笔外汇(不论公费自费,自己都可不花一文),转眼之间也就西装革履,钢笔手表,"三机"俱全(照相机、留声机、打字机);对镜自窥,居然也是堂堂一表的镀金青年,阿Q心理,谁人没有呢? 如果时代不变,学位如常,留学返国之后,职业上得意与不得意之间还不是向"老辈"看齐?管他老百姓死活!这原是时代的悲剧;时代不变,留美学生有几个会对着镜子诅咒自己呢?

笔者在认识胡老师的初期,还是个在美国"山上"打工的"查莱"(美国人鄙视华工的俚语)。记得那时我的工作是每日十二至十四小时,每周七天,周薪是四十五元。但是和我同工的另外一个"查莱"对我且有点羡慕和不平之感。因为他是"跳船的",没有"身份";做我这样的"工",他还得躲躲藏藏,并向"介绍所"不断送钱,以便有眼线的介绍人,随时通风报信。一旦"有吏夜捉人"之时,他可有准备的来个"老夫逾墙走"!因而他看到我这个通宵呼呼大睡,夜半敲门不吃惊的"留学生",真是既羡慕,又嫉妒。

所以我后来听到适之先生说,他在1912年,每月八十元的生活费被扣掉十五元而大哭其穷之时,我不觉学着一句四川话向他老人家说:"胡老师,你穷啥子啊?"可是我这句四川话,胡老师一直未听懂,因为他未到过四川;也没有害过肺病或疟疾;更没有在美国上过"山"啊!

庚款留学生是近七十年来我国建国的栋梁之材。但是这些栋梁和一般中国老百姓距离多多远啊!

〔4〕 汪精卫在为《总理遗嘱》撰稿时,他为着行文声调铿锵,乃选了三部中山遗著排列成:《建国方略》、《建国大纲》、《三民主义》,其实他漏列了的《民权初步》,其重要性实不在上述三书之下;甚或有以过之。

孙中山先生是近代中国最高层领袖中,凤毛麟角的 modern man;是真能摆脱中国封建帝王和官僚传统而笃信"民权"的民主政治家,他了解搞"民权"的第一步就是要知道如何开会;会中如何决议;决议后如何执行。这一点点如果办不到,则假民主便远不如真独裁之能福国利民。中山先生之所以亲自动手来翻译一本议事规程的小书,而名之曰《民权初步》,就凭这一点,读史的人就可看出中山先生头脑里的现代化程度便远非他人所能及。汪精卫在《总理遗嘱》中之所以漏列此书,显然是说明汪氏认为这种小道何能与《总理遗教》的经典并列?殊不知我国的政治现代化运动中所缺少的不是建国的方略或大纲,而缺的却是这个孔子认为"亦有可观"的"小道"!

胡适之先生最心折的后辈,哥大史学系的台柱教授芮文斯(Allen Nevins)先生,那时便时常在课堂上大言不惭地说:"在政治上说,英语民族较其他任何民族,都更为优越!"其实英语民族在搞政治上的优越性,就是他们会开会;认真开会,和实行开会所得出的决议案。其他任何民族开起会来都是半真半假。半真半假的会便不能搞"分工合作"和"配合工作"(teamwork)。而英语民族在政治上的最大武器便是"配合工作"。

笔者最近在一本《新英汉词典》里看到 a teamwork government 一辞被译成"集体领导的政府"。实际上近百年来最安定的英语民族的政府无一而非"集体领导的政府"；我们东方则适得其反。从这点来看，我们实在不能不接受芮文斯先生的牛皮。

我们中国的政治，三千年来都是"天子与士大夫共治"的政治。这一传统演变的结果，便是在上要"能令"，在下要"受命"。"受命"成为习惯，自然要承奉颜色而逐渐流于"上拍"；"能令"日久，也难免颐指而气使之，逐渐形成了"下压"。那些"既不能令，又不受命"的"绝物"，不是孤芳自赏，便是落落寡合。所以我们中国知识分子不做领袖，就做臣仆。上无领袖，下无臣仆，大家都过不了日子。但是我们为什么不能也和英国绅士一样，开个诚实的会，通过一个好的决议案，然后大家来个 teamwork 呢？那就是我们的文化传统里，实在没有这个东西；我们的血液里，没有这个 teamwork 的血球，夫复何言！

文化传统是规范个体社会行为最强的约束力。中山先生说："破坏难于建设！"要"破坏"我们这个传统，谈何容易！孙中山先生之所以伟大；胡适之先生的思想之所以能风靡一时，便是他二人生为现代文化领袖，他们底思想作风比我们一般中国知识分子要"现代"得不知多少倍！

反观我国近百年民权发展的史迹；翻翻各界要人的嘉言懿行，再来熟读孙、胡两氏的遗著，才觉得他两位前贤，真是众睡独醒的"现代"哲人。

〔5〕 中国学生在美国大学读书，一般都比美国同学更用功；天资也比较聪明。大学四年的课，往往三年读完。第四年级就开始读研究院的课了。胡适之、顾维钧诸先生那时都是如此。

〔6〕 胡先生在六十多岁的时候和我谈起他康乃尔时代的"民族晚会"，仍是口角留香，余味犹存。我口中虽未与他抬杠，心中却大不以为然；因为我知道这种"民族晚会"是个什么东西。

笔者在留学生的"年龄"上来算，是比胡公反要"老"一辈。胡先生是到美国来读大学本科的。我是受了完满的中国国立大学教育，还做了一阵小公教人员，才赴美留学的。因而我这位老童生实在无法欣赏那些十几岁的中国孩子们所宣扬的"中国文化"！

记得在五十年代的初期，在"国际学社"内代表中国同学的是一位年轻的女同学。她出生于一个上海富商之家，自称一向是以"花钱"（spending）为"娱乐"（hobby）的。她受的是彻头彻尾的上海地区教会中学的教育。一口流利的英语不知比胡适之、林语堂、蒋廷黻诸先生要高明多少倍。人也聪明、漂亮、能干。当起"会长"、"主席"也比谁都强；座上的马歇尔元帅就频频点头称赞。真是样样都好；样样都可做。可是她就不能"宣扬中国文化"！由她所率领的那群青年男女所举办的"中国之夜"，在我们那批老油条看来，实在觉得"倒胃口"，甚至

"愤怒"!

我们有时也问问来自印度、中东等地的老油条们,对他们自己的"晚会"的感想。谁知他们底"愤怒"之情,实有甚于我辈。

我想胡适之先生他们那时在康乃尔所搞的"晚会",不会差得太多。我就奇怪为什么胡先生六十多岁了,对这些当年的"儿戏"还兴致未减呢?仔细想想也没啥费解。因为一个知识分子的"大学时代"——这个知识上的"成熟期"(formative age)——实在是他一生的黄金时代。在那智窍初开之时所接受下来的东西,是毕生眷恋不置的。笔者本人的大学时代实是我一生最贫病交迫的时代。但是我今日回味那段"几度夕阳红"的沙坪岁月,真想回去再过他四年。胡老师之眷恋康乃尔不是同样的心情吗?至于那些"民族晚会"的实际价值如何,自然又当别论了。

〔7〕 据顾维钧先生于1960年"口述历史"时亲口告我,这个"秘密"是当时中国外交总长陆征祥与大总统袁世凯密议之后,要顾氏(时任"大总统府"和"外务部"双重英文秘书)亲自秘密送往美国公使馆,交英国路透社"泄露"的。唯顾氏1931年以前的文件均留存天津私宅,未能携出,以致当时的细节,笔者也就无从查对了。

〔8〕 原诗刊于《四十自述》(1954年,世界文摘社港版)第80页。全诗原文如后:

  但见萧飕万木摧,尚余垂柳拂人来。
  西风莫笑长条弱,也向西风舞一回。
  原注:"西风莫笑"原作"凭君漫说",民国五年〔1916〕改。"长条"原作"柔条",十八年〔1929〕改。

〔9〕 胡氏在1915年3月19日夜所写的《致留学界公函》(原稿为英文,见《留学日记》),辞义皆差,英文不像英文,意思尤不足取,一个国家如果在像"二十一条要求"那种可耻的紧急情况之下,她底青年学生还能"安心读书",无动于衷,那这国家还有希望吗?不过胡适之先生是个冷静到毫无火气的白面书生。他是不会搞革命的;抛头颅、洒热血是永远没有他的份的,所以他这些话对热血青年是不足为训的。

〔10〕 安吉尔学说英文节要原文见《留学日记》(民国四年六月日记;七月一日补记);或安氏原著《大幻觉》,第416页(Norman Angell, *The Great Illusion*. London & New York: G. P. Putnam's, 1913, p. 416)。

〔11〕 John Dewey, "Force. Violence, and Law", *The New Republic*, V, Jan 22, 1916, pp. 295—297.

〔12〕 John Dewey,"Force and Coercion", *International Journal of Ethics*, XXVI, April,1916, pp.350—367。以上两篇论文均收入《人与事》(*Characters and Events. Popular Essays in Social and Political Philosophy by John Dewey*, edited by Joseph Ratner. New York: Henry Holt & Company,1929. II, pp.636—641,782—789)一书。本章下节诸段引文,均引自此书。

〔13〕 《人与事》,第 784 页。

〔14〕 同上,第 637 页。

〔15〕 同上,第 784 页。

〔16〕 同上。

〔17〕 同上,第 637—638 页。

〔18〕 同上,第 784—785 页。

〔19〕 同上,第 637 页。

〔20〕 《提案》原文见 *Enforced Peace: Proceedings of the First Annual National Assemblage of the League to Enforce Peace. Washington, May 26—27, 1916.* New York:"Appendix A" League to Enforce, peace,70 Fifth Avenue, N. Y., c. 1916, p.189。

〔21〕 Norman Angell, *After All. The Autobiography of Norman Angell*. New York: Straus & Young,1952, pp.165—166。

〔22〕 胡适之先生这篇有关政治思想的自述,是他晚年著述中很重要的一篇。这里所谈的虽是他青年时代的故事,但也是他晚年期的夫子自道;而且是一篇对他幼年思想重新估价,从头核准,初无丝毫"修正"的夫子自道。笔者二十年前为他英文自述作导言时,也就根据这几篇而强调说,胡适思想四十年来无太大的变动。这从好处来说,是胡适思想的前后一致性;从坏处来说,则是胡适之没有进步。

青年期的胡适是被两位杰出的英美思想家——安吉尔和杜威——"洗脑"了;而且洗得相当彻底,洗到他六十多岁,还对这两位老辈称颂不置,这也就表示胡适的政治思想,终其生没有跳出安、杜二氏的框框。胡适之先生一生反对"被人家牵着鼻子走",可是在这篇自述里,我们不也是看到那个才气纵横的青年胡适,一旦碰到安吉尔、杜威二大师,便"尽弃所学而学焉",让他两位"牵着鼻子走"吗?适之当然不承认他被人家牵着鼻子走;因为他不自觉自己的鼻子被牵了。这并不表示他老人家没有被牵。相反的,这正表示牵人鼻子的人本事如何高强罢了。

安吉尔、杜威能在东方碰到个诚实无欺、信仰坚定、生死不渝的一世祖;马克思、恩格斯为什么就不能呢？一个民族的智慧老大之后，被侵入的新兴思想所洗脑——所谓启蒙期——并赖之而复苏，原是很自然的事。但是一直停留在洗脑程序之中，而不能跳出框框，那这个老大民族就脑脉硬化，没有进步了。

记得幼年读《左传》读到一个小故事说："公嚼带，使公子牛焉，公子仆，折公二齿。"在胡先生这篇自述里，我们也看到，胡适嚼带，使安、杜二人牛焉。安、杜仆，胡公折其二齿。

当然在近代中国启蒙的思想家，甚至海外的宣传家之中"折其二齿"的，正所在多有，并不止胡老师一人。所以我们要了解胡适的政治思想，先得搜搜安、杜二公子的"根"（root）；看看他们怎样能使我们那样有才学的胡老师，来"俯首甘为孺子牛"！

大凡一个思想家，他思想体系的建立，总跳不出他自己的民族文化传统，和他智慧成长期中的时代环境。这是他的根。其后枝叶茂盛，开花结果，都是从这个根里长出来的。安、杜二氏的根是怎样长法的呢？让我们先来逐条解剖一下：

第一，他二人都是白种人。他们底文化传统白得像一条被单，他们底思想、观念，是完全从欧洲白种人的文化传统出发的。

第二，他二人都是西方扩张主义极盛时代，最富强的帝国主义国家中的上等公民。

第三，他们是上述这个社会内的"开明分子"、"社会贤达"，高级知识分子，自命为有教无类的大学者、教育家。他们底人品都是极其善良的：奉行基督，反对战争，同情弱小。同情得像贾宝玉同情刘姥姥的孙子板儿一样。

第四，他二人就同胡适之先生、张君劢先生一样，是无拳无勇无钱，而又自命不凡，不甘寂寞，专门欢喜"谈政治"的"白面书生"。现在美国的费正清先生等等的社会贤达，还是属于这一类。

有了这四条框框，我们就不难看出他们所讨论的"力"、"能"、"和平"、"法律"等等概念的本质之所在了。

所谓"力"也者，在他们看来，就是英国的"力"碰到了德国的"力"。他们二力相消，两败俱伤，所以胜者也就不能发"胜利财"了。他们就未看到一旦英国的"力"碰到印度的"力"；俄国的"力"碰到中国的"力"，二力不相销，则胜利者就要发"胜利财"了。他们如果不发胜利财，胡适之先生也就没有"庚款"可以"留美"了。

所以谈近三百年来的世界问题（包括今日美、苏争霸的问题），如果抹煞"帝国主义"这个基本概念，则一切理论也就不值一驳了。

再看安、杜二氏所谈的"和平"罢!

他们底"和平"的定义,事实上是:"全世界在休战状态下,维持现状(status quo)。"第一次大战(乃至第二次大战)前后,想"维持现状"最力的国家便是"日不没"的大英帝国,她在"现状"之下,已日不没矣;不维持现状,难道还要征服火星吗!

那时想打破现状,使世界大乱,好混水摸鱼的是德、意、日等几个小强盗。大强盗要维持现状,保护"既得利益";小强盗要打破垄断,向大强盗分赃,才搞起了所谓"世界大战",其理甚明。

在这情况之下,安、杜二大师要全世界休兵息战,维持现状,这不但小强盗不肯;这现状对我们这些历经大小强盗洗劫,弄得家破人亡的殖民地、半殖民地、次殖民地,又发生什么意义呢?民国初年孙中山先生反对"参战"的理论基础(我强调的是"理论"二字),也是从这个观点出发的。

安吉尔、杜威这两位白面书生,书生论政,见不及此,是可以理解的,因为他二人皆"身在此山中"。像胡适之先生这样的从半殖民地出来的黄面书生,在国际政治上也和他们大唱其同调,不是很可笑的事吗?!

杜威对"法律"所作的那两条解说,事实上和我国汉朝许慎所说的"触不直者去之",同样没有太大的反驳价值,因为他忽略了"法律"的从属性而以偏概全。

"法律"就像一头猎犬,它是有"主人"的。杜威用数理逻辑所推出的答案,在今日政治学派上说盖可归之于"数理派"(mathematical metrical)。他这个调节不同力量,使其作有组织地更经济有效的使用这一公式,有个大前提——使用这一公式的人,必须全是"主人"。这样则一条公路上两位驾驶员,各自靠右边开车,各自经济有效地使用其"力量"而不致于"浪费"。

可是就在胡适之在美国做学生的时候,也就是杜威完成这个公式之时,美国加州却有一条管理该州公路的"法律"。那条"法律"规定在公路驾马车而过的小贩,不收费,或收费甚轻;步行挑担的小贩,则付重税,重于马车数倍,何以故呢?就是"主人"家里的人都是乘马车的。那些"挑担"的广东小贩,站都站"不直",所以这匹野兽"豸"便"触而去之"了!

笔者在五十年代的中期,为着应付考试也曾熟读杜威之书。读到"不疑处有疑"之时,我就把他一段段地开了天窗,虽然我在三重口试的考场上不敢对这个杜家店说半个不字。

后来我访问胡先生,我看他老人家无条件地服膺杜威的情形,心中亦不以为然。但是胡公虽然一辈子鼓励人家"怀疑",他自己却不大愿意人家对他底思想有所"怀疑"。笔者因而也就未敢过分的唐突西施。可是适之先生是绝顶聪明和极度虚心的。我们底字里行间式的聊天,曾惹起胡先生用了大笔血汗存款,托我替他买了十来本研究杜威的新著。

笔者叙述这段小事,并不是说其愚如余小子者,尚敢斗胆批杜,而胡大师却不敢说半个不字!非也。这是中国学术史上的"辈分"问题。

适之先生求学于清末民初之际。那时孔家店已不倒自倒。思想界一片空白(笔者这一论断,周策纵先生是一向反对的),青年知识分子乃四出"求经"。可是这些洋"经"对他们来说,实在是太新鲜、太高明了。在泰山压顶的西风东渐之下,他们完全丧失了"学术自主"的信心(事实上也无此能力),因而新学问对他们只有"皈依"的份,哪里谈得到怀疑呢?幼年既无力怀疑,也无心怀疑,年老功成业就,已成了开山宗师,东方一世祖,自然就更不会怀疑了。

我们这后一辈就有点不同了。我们第一个怀疑是那些"留学归国"在大学里教过我们的洋老师,对老师的怀疑,因而对老师的老师也就不太信任了。这就是笔者所说的"辈分问题",倒不是后一辈胆子大,"不知轻重"。

再者,胡适之先生原是个十分标准的传统中国士大夫,传统的士大夫现代化了,因而他与英美的士大夫——英国的张君劢,美国的胡适之……也就一拍即合。后一辈的知识分子去古已远,他们底士大夫气息已经很淡薄,加以他们都是抗战、革命等空气喂大的,对洋人也就没有像老一辈子那样说一不二了。

第五章 哥伦比亚大学和杜威

文科各系的教授阵容

今天我想谈谈四十年前的哥伦比亚大学——从 1915 到 1917 年的哥大。

我在 1915 年 9 月注册进入哥大哲学系研究部。其后一共读了两年。在第一年中我便考过了哲学和哲学史的初级口试和笔试。初试及格,我就可以写论文;我也就〔可以〕拿到我的〔哲学博士〕的学位了。1917 年的夏季,我就考过我论文最后口试。所以两年的时间——再加上我原先在康乃尔研究院就读的两年——我在哥大就完成我哲学博士学位的一切必需课程和作业了。[1]

这几年正是哥大在学术界,尤其是哲学方面,声望最高的时候。杜威那时也是他一生中最多产的时期。专治希腊哲学的研究院院长乌德瑞(Frederick J. E. Woodridge)教授那时也在哥大研究院授哲学史。哲学系的芒达基(W. P. Montague)教授是当时〔西方〕六个"现实主义者"(Realists)之一。授伦理学(ethics)的教授厄德诺(Felix Adler)则是美国"伦理文化学会"(The society for Ethical Culture)的发起人。这个学会事实上是个没有神学的宗教。[2] 所以当时哥大的哲学系实是美国各大学里最好哲学系之一。

当时哥大其他各系如历史系、社会系、教育系等等,也同样享有盛名。我只能说人文学科这一面;其实当时哥大在科技方面也是赫赫有名的。在历史系里面我只认识几个人,如授政治理论史的开山宗师顿宁(William A. Dunning)教授和倡导新史学,后来又创办"社会研究新书院"(The New School for Social Research)的罗宾逊(James Harvey Robinson)教授;以及第一位以自己经济观点来诠释美国宪法史的毕尔（Charles A. Beard）教授。[3]此外还有很多大牌教授，可惜我不能在历史系花太多的时间。我最大的遗憾之一便是没有在历史系里选过一门全课。当时最驰誉遐迩的一门课，便是罗宾逊教授的"西欧知识阶级史"。这门课事实上是一门研讨蕴育各时代西欧文明的思想史和文化运动史。这门课在学术圈内享有其应有的声誉。罗氏印有讲授大纲和参考书目。我读了这些大纲之后，觉得它极有用。但是我最大的遗憾便是没有选修这门启蒙的课程。

哥大当年的校园建筑只限于今日我们所说的老校舍。例如那时的图书馆便集中于洛氏大楼，今日我们叫它做洛氏纪念图书馆（Low Memorial Library）。中文图书馆那时便设在洛氏大楼的顶层。和今日相比，那时的图书馆和中文图书馆实在都是很小的。那部辉煌的巨著《古今图书集成》便陈列在该馆首要位置：看来真令人耳目一新。[4]

那时约翰·介大楼（John Jay Hall）还没有兴建；也没有女生宿舍〔詹森大楼（Johnson Hall）〕。男生宿舍则限于两座老建筑——哈特莱大楼（Hartley Hall）和李文斯敦大楼（Livingston Hall）。立于这两座老楼的对面便是新建的宿舍佛纳大楼（Furnald Hall）。这是当时认为最摩登的新楼了。那时哥大〔外国学生活动中心的〕"国际俱乐部"（International Club）便座落在今日的约翰·介大楼的基地之上。它也是"世界学生总会"下面的一个支会。今日大家都不太记得了，但是它却是当时外国学生活动的中心。

在这三座大楼之内，我们今日查一查当年居住的中国留学生，应该也是一件蛮有趣的事——许多当年的学生后来在中国政界和文教界都是知名的人物。与我同时的一共只有三个中国学生住于佛纳大楼，因为这座大楼是新建的，租金较昂。除我之外，便是那位有名的宋子文和张耘。张耘后来以张奚若一名知名国内。他在中共政府内做了许多年的高等教育部部长。他不是共产党员；只是所谓"民主党派"的一分子。[5]

住在其他两座老宿舍里的中国学生则有中山先生的公子孙科，以及我后来的上司和同事蒋梦麟。蒋氏是学教育的。在入学哥大之前曾在旧金山一家革命报纸〔《少年中国晨报》〕当了将近十年的编辑,以薪金补助学费。他后来成为中国重要的教育家;由代理到实授北京大学校长;也是我当北大校长的前任。其外还有很多别人。[6]

让我再叙述一下当时学生所极感兴趣的教授阵容。我还记得在哥大最初几个星期的学习生活中教授讲课的情形。例如社会系名教授之一的吉丁斯(Franklin Giddings,1855—1931),如今事隔四十余年我还记得他上第一堂课时的开场白。他说:"积三十年教书之经验,余深知教书的不二法门便是教条主义!"他接着便解释说:"一个钟头的课,实际上至多只有四十五至五十分钟。假若我模棱两可的向你们说,这个似乎如此,那个未必如彼,那你们究竟学到些什么呢?你们当然既不愿听,也不愿信了。所以我只有说,'毫无疑问的,毫无疑问的,我就这样告诉你……'就是这样的,一定是这样的。所以为什么我说教条主义是教书的不二法门的道理。"这几句话,四十年后在我的记忆中,仍然余音绕梁。但是我听他的第一堂课以后,我就未再上他的班了;虽然我仍然欣赏他的著作。

还有教我政治理论史的顿宁教授。在今日他已被看成旧学派的代表。但是在那时他却是这一行的拓荒者。在其所著专门研讨上古和中古时期《政治理论史》的第一版序言里,他就说在他以前,英语民族国家、德意志以及其他欧陆各国还没有过类似的著作。顿宁并不长于讲授,但如今事隔四十余年我仍然记得那位和蔼而衰迈的老教授。在那一年的冬季,他每次上课时,先要在教室四周张望一下,然后把所有的窗户都关闭好,又在他衣袋里取出个小帽子戴在头上,这才开始讲课。

在康乃尔时代我的主修是哲学,副修是英国文学和经济。第二副修事实上是经济理论。主任导师是亚尔文·詹森(Alvin S. Johnson)。他后来自康大辞职去就任新办的《新共和》(*The New Republic*)杂志的编辑。后来他又和哥大经济系名教授西里曼(Edwin Robert Anderson Seligman,1861—1939)共同担任《社会科学百科全书》的编辑。詹森是专攻经济理论的名教授,是该行的一位泰斗。我真想不通,我在上了他两年经济理论的课之后,竟一无所获。所以我得到个结论:要不是经济理论这门课有问题,那就是我自己的头脑有问题。可是在我们那个由詹森指导的研究班里,后来竟然出了个名经济学者弗兰克·纳特(Frank H. Knight)。纳氏最初主修也是哲学,后来专攻经济。他所写的博士论文:《冒险、波动和利润》,[7]后来竟使他成为一个知名的经济理论家。所以经济理论这门学问实在没什么毛病;这显然是我自己心理上有点失调,使我对两年研究院内的经济课程一无所获。[8]

转学哥大之后就不再以经济理论为副修而代之以政治理论。另一副修在当时夏德(Frederich Hirth,1845—1927)教授的提议与邀请之下,以"汉学"(Sinology)为副修。

夏德是一位很有趣的人物。据我们所知他是哥大的第一位"丁龙讲座教授"(Dean Lung Professor)。那是美洲大陆第一个以特别基金设立的汉学讲座。丁龙〔这位早期旅美的华工〕原是美国卡本迪将军(Horace W. Carpentier,1825—1918)的一位佣人。他〔的为人和工作〕深得卡氏的敬重,所以卡氏乃独立捐资给哥大设立一席专治汉学的"丁龙讲座"。[9]

夏德教授的《中国上古史》和《中国与东罗马交通史》等著作,[10]当时深受学术界的重视。但是他那时在哥大却苦闷不堪,因为他简直没有学生——主修、副修都没有,所以我倒乐于接受他的邀请以汉学为我的两门副修之一。[11]夏德先生待我甚好。他不但领导我参观哥大那个他所协助建立的小型中文图书馆,他还把他那丰富的中文典籍的收藏全部让我使用。我和这位老先生厮混得很熟。他有时也请我到他的公寓里去会见他的朋友们和其他的学生。我还记得他的助手刘田海。田海是前中国驻美公使刘锡鸿〔编者按:根据外交部档案资料处所编《中国驻外各公使大使馆历任馆长衔名年表》,刘锡鸿于清光绪三年三月十七日被任命为使德钦差大臣(原为驻英副使)。驻美表内,并无其名;人名索引内亦仅出现一次。似未任驻美公使职。〕的儿子。这位刘君甚为成熟。他虽然算不得是个汉学家,但是他的中文根基甚好,做夏德的助手,胜任有余。

我在夏氏的公寓之内还遇见一位温和美丽的女子尤金·梅耶

(Eugene Meyer)的夫人阿葛勒丝·梅耶(Agnes Meyer)。梅耶先生是《华盛顿邮报》(The Washington Post)的发行人,也是老罗斯福总统任内的金融界巨子。阿葛勒丝本人也有她自己的成就——她也是美国新闻界的领袖之一。

夏德教授非常喜欢我;同我常常谈他自己有趣的故事。有时这些故事也是拿他自己开玩笑的。时至今日我仍然记得他说的一则故事,便是他自己替中国驻纽约总领事当翻译的笑话。这位中国总领事那时离职回国,纽约市商会为他设宴饯行;夏氏应约为那位总领事临别致辞的翻译。夏德〔既然身为哥大中文系的教授〕这项职务他是不能推辞的。但是当这位总领事起立致辞之时,夏氏却为之大起恐慌,因为这总领事说的是福州话,夏氏一句也听不懂。事到临头,他当然不能向商会当局来临时解释说中国方言太多,福州方言他是一句不懂的。他情急智生,乃做出洗耳恭听的样子,默不作声,并大记其笔记。当总领事演说完毕之时,夏氏乃起立〔用英语〕为总领事重新演说一番。一开头夏氏便说,我(总领事)这次离纽返国,心理上充满了一喜一悲的矛盾。喜的是即将重返祖国与亲人久别重聚;悲的是与纽约诸新交旧识从此握别……如此这般,夏氏说得情文并茂。当夏教授"翻译"完毕之时,全场热情洋溢,掌声如雷![12]

以上便是夏教授告诉我的故事之一。我仍然至今未忘。

在我所有的教授之中我特别希望一提的是约翰·杜威教授和厄德诺教授。在我转学哥大之前我已经认识了厄德诺教授。前面已经说过,厄氏是一种新宗教"伦理文化运动"的发起人。这一新宗教的基本观念是相信人类的品格和人类本身的行为是神圣的。但是他是无神的;也没有什么神学来作其理论根据。当我还在绮色佳的时候,我有几个犹太同学发起并组织了一个伦理俱乐部。他们之中我还记得的有罗拔·卜洛特(Robert Plaut)和哈鲁·里格曼(Harold Rieglman)。卜君现已仙逝;里君则仍然在纽约当律师,曾加入共和党一度竞选作纽约市长选候人。里君和我一样也是从康乃尔转学哥大的。他入法科;我进哲学。就在康乃尔这个伦理俱乐部,我第一次听到厄德诺教授的讲演。我对他以道德为基础的无神宗教十分折服,因为事实上这也是中国留学生所承继的中国文明的老传统。[13]

后来我又选读了厄教授的一门课,因而和他的本人乃至他的家人都熟识了。在我的留学日记里,我记了很多条厄德诺语录。让我抄几条在下面:[14]

> 道德的责任并不是外来的命令;只是必须要怎样做才可以引出别人——例如所爱的人——的最好部分。
>
> 只有对别人发生兴趣才可使自己常是活泼泼地,常是堂堂正正地。
>
> 要生活在深刻地影响别人!
>
> 要这样影响别人:要使他们不再菲薄自己。

从这些语录里我们很容易看出康德(Immanuel Kant,1724—1804)和康德哲学的至高无上的(Categorical imperative)道德规律对他的影响。[15]所以厄德诺是〔当代思想家中〕对我生平有极大影响的人之一。

杜威和实验主义

杜威教授当然更是对我有终身影响的学者之一。在我进哥伦比亚之前,我已读过约翰·杜威、查理·皮尔士(Charles Pierce)和威廉·詹姆士(William James)等〔实验主义大师〕的著作。我转学哥大的原因之一便是因为康乃尔哲学系基本上被"新唯心主义"(New Idealism)学派所占据了的缘故。所谓"新唯心主义"又叫做"客观唯心论"(Objective Idealism),是十九世纪末期英国思想家葛里茵(Thomas Hill Green)等由黑格尔派哲学中流变出来的。康乃尔的塞基派的哲学[16]动不动就批评"实验主义"。他们在讨论班上总要找出一位重要的对象来批评。杜威便是被他们经常提出的批判对象。皮尔士和詹姆士在他们看来简直是自郐以下,不值一驳。不过他们虽然和杜威唱反调,但他们对杜威却十分敬重。在聆听这些批杜的讨论和为着参加康大批杜的讨论而潜心阅读些杜派之书以后,我对杜威和杜派哲学渐渐的发生了兴趣,因而我尽可能多读实验主义的书籍。在1915年的暑假,我对实验主义作了一番有系统的阅读和研究之后,我决定转学哥大去向杜威学习哲学。

在这些实验主义的宗师和领袖们之中,詹姆士死于1910年也就是我初到美国的那一年;皮尔士死于1914年,是年我自康乃尔结业。所以1914年以后,杜威是实验大师中的硕果仅存者;他的著作也是我所倾慕的。在哥大我选了他两门课:"论理学之宗派"和"社会政治哲学"。我非常欢喜"论理学之宗派"那一课。那门课也启发我去决定我的博士论文的题目:《中国古代哲学方法之进化史》。[17]

杜威不善辞令。许多学生都认为他的课讲得枯燥无味。他讲课极慢,一个字一个字的慢慢的说下去。甚至一个动词、一个形容词、一个介词也要慢慢想出,再讲下去。在这里你可看出他讲课时选择用字的严肃态度。但是听讲几个星期之后,我们也就可以领略他那慢慢地所讲的课程了。他虽然不是个好演说家或讲师,我对他用字的慎重选择以及对听众发表意见的方式则印象极深。

杜威那些年和他的家人一直住在纽约河边大道(Riverside Drive)和西一一六街的南角。每个月杜威夫人照例都要约集一批朋友以及他的学生们举行一个家庭茶会。在这些家庭招待会里,我们这批学生都有极大的兴趣与光荣能见到纽约文化圈内一些阴阳怪气的角色——那些长发男人和短发女人们。杜氏的学生们被邀参加他这个"星期三下午家庭招待会",都认为是最难得的机会。[18]

杜威对我其后一生的文化生命既然有决定性的影响,我也就难于作详细的叙述。他对我之所以具有那样的吸引力,可能也是因为他是那些实验主义大师之中,对宗教的看法是比较最理性化的了。杜威对威廉·詹姆士的批评甚为严厉。老实说我也不欢喜读詹氏的名著《信仰的意志》(The Will to believe)。[19]我本人就是缺少这种"信仰的意志"的众生之一;所以我对杜威的多谈科学少谈宗教的更接近"机具主义"(Instrumentalism)的思想方式比较有兴趣。[20]

这里我只能举出几个杜威思想如何影响我自己的思想的实例来说说。

在我选修他的"论理学之宗派"的那一课之前,我已经读过他的著作。其中一篇叫做《逻辑思考的诸阶段》。这一篇后来被收集在芝加哥大学于1916年所出版的杜著《实验逻辑论文集》里面。[21]

在这篇论文里,杜氏认为人类和个人思想的过程都要通过四个阶段:

第一阶段,固定信念阶段。在这个紧要的阶段里,人们的观念和信仰都是固定的、静止的。外界不能动摇它丝毫〔刚按:例如古埃及、巴比伦和我国殷商社会里对神的观念。也就是孙中山先生所说的"神权时代"的观念罢〕。

接着这第一阶段而来的便是一个破坏和否定主观思想的阶段。这一转变以古希腊个人主义和主观主义的"诡辩家"(Sophists)为代表。他们观察万物,一切以人为中心。这〔第二〕个阶段杜威名之曰"讨论阶段"(Period of discussion)。其要点是基于好辩与公开讨论的习俗,而导致合乎逻辑的思想。这一点使我大感兴趣。因为中文里表示有逻辑的思维叫做"辩"〔"辩"与"辩"通〕,原来也正是这个意思。

第三阶段可以叫做从"苏格拉底的法则"[22]向亚里士多德的逻辑之间发展的阶段。杜威对苏格拉底〔求知〕运动的诠释,颇多溢美之辞。但是对亚里士多德"三段论式"的逻辑,则颇有微词。[23]

第四阶段,也就是最后阶段,当然便是现代的归纳实证和实验逻辑的科学了。

实证思维术

我治中国思想与中国历史的各种著作,都是围绕着"方法"这一观念打转的。"方法"实在主宰了我四十多年来所有的著述。从基本上说,我这一点实在得益于杜威的影响。这一问题讨论起来太大了。大体和细节都不是三言两语所能尽意的,所以我就举出几件小事来说明杜威对我的影响罢。

在杜威所阐述的逻辑思维的第三阶段——也就是自苏格拉底的法则向亚里士多德的逻辑所发展的阶段,我颇为他的一些趣言所打动。一般说来杜威虽然不是个好讲师,但是他的为人却甚为幽默。这一点在他弟子詹森(A. H. Johnson)所著的《杜威的机辩与智慧》一书中便可清楚的看得出来。[24]

让我先从他那篇《逻辑思维的诸阶段》一文中,略引数语。[25]

> ……然而在中古时期,所有重要的信仰都必须围绕着一些能授予它们统治与权力的既定原则打转;因为这些信仰都显然地违反常识和自然传统的。亚里士多德的思想体系便完全是在此种情况下应召施行的。

假若我们能了解这一段文字的历史含意,它实在是意境深远,但是杜威写起来却出之以诙谐。

在同一段叙述里,另一句话感我尤深。杜威说:

> 那种(形式逻辑——三段论式的逻辑)便是用一般真理去支持那些没有它支持就站不住的事物。

这是什么意思呢?杜威认为亚里士多德的形式逻辑之所以能在中古欧洲更完满地复振的道理,就是因为教会正需要形式逻辑来支持一种信仰体系。这一思想体系如无形式逻辑的支持,便要支离破碎,根基动摇。

当杜威在撰著有关中古教会借重亚里士多德的形式逻辑之时,我不期而然地联想起另外一种大同小异的形式逻辑——一种古印度的演绎法,中文译为"因明学"。因明学有五个前提〔佛经上称为"五支"〕,[26]亚里士多德的形式逻辑则有三个前提〔汉译为"三段"〕,二者颇相似。有趣而值得一提的便是,杜威所说的,"三段论式"对中古的基督教会可以大派用场;同样的,"因明学"对印度佛教也活力无边。双方都是利用这一智慧工具来支持那些没有它支持就要摇摇欲坠的事物、观念和信仰!

我举的是杜威学说里的轻松的方面。虽然杜威本人或者尚未体会到他在上引诸段中所表现的幽默。对我说来这些话实在是对人类思想作历史性了解的诸种关键性观念之一环。当然印度佛教中所滋生的类似的论理学对研究比较哲学的人实在是很好的资料。

另一个有关推理和求真理法则的例子便是古中国的墨子关于鬼神的存在和真实性的辩论。在《墨子》一书中,我们可以看到他的推理法则。也可说是"三表法"吧。他用此法则来判断一个理论或信仰的是否可靠。关于〔我对〕墨家名学的阐述,德刚你可在我的《中国哲学史大纲》或者我的博士论文中去发掘。总之,墨子便是用这种细密的推理法去证明鬼神的存在(见《墨子·明鬼》篇)。

以上所述都支持了杜威的理论。那就是一般人并不需要什么细密的逻辑。这些形式化的推理只有在一个信仰系统受到攻击、推翻至无可立足的情况之下,才派得上用场的![27]

约翰·杜威在他的慢吞吞的讲演与谈话之中,在思想上四下播种——这些"观念种子"如落入他的学生们的肥美的思想土壤之内,就会滋长出〔新的〕智慧体系,或非其播种时始料所及罢。这里我只是举出了杜威的思想播种的一个例子罢了。

杜威最风行的著作之一便是那本举世熟知的《思维术》——尤其是那一本为一般学校和师范大学所采用的薄薄的原版。[28]在我进哥大之前我已对《思维术》发生兴趣,也受其影响。杜威认为有系统的思想通常要通过五个阶段:

第一阶段为思想之前奏(antecedent)。是一个困惑、疑虑的阶段。这一阶段导致思想者认真去思考。

第二阶段为决定这疑虑和困惑究在何处。

第三阶段〔为解决这些困惑和疑虑〕思想者自己会去寻找一个〔解决问题〕的假设;或面临一些〔现成的〕假设的解决方法任凭选择。

第四阶段,在此阶段中,思想者只有在这些假设中,选择其一作为对他的困惑和疑虑的可能解决的办法。

第五,也是最后阶段,思想的人在这一阶段要求证,把他〔大胆〕选择的假设,〔小心地〕证明出来那是他对他的疑虑和困惑最满意的解决。

杜威对有系统思想的分析帮助了我对一般科学研究的基本步骤的了解。他也帮助了我对我国近千年来——尤其是近三百年来——古典学术和史学家治学的方法,诸如"考据学"、"考证学"等等。〔这些传统的治学方法〕我把它们英译为 evidential investigation(有证据的探讨),也就是根据证据的探讨〔无征不信〕。在那个时候,很少人

(甚至根本没有人)曾想到现代的科学法则和我国古代的考据学、考证学,在方法上有其相通之处。我是第一个说这句话的人;我之所以能说出这话来,实得之于杜威有关思想的理论。

我近年来每每欢喜在讲演时向中国听众介绍赫胥黎(Thomas H. Huxley)治古生物学(Paleontology)的法则,他叫做"萨迪法则"(Zadig Method)。萨迪是〔欧洲文艺复兴大师〕弗尔泰尔(Voltaire, 1694—1778)小说《萨迪》里的主角。萨迪被描写成一个古巴比伦的一位哲学家。他能用他的常识去解释沙滩上和岩石上所发现的痕迹,或者林木里枝叶脱落的迹象。观察了这些痕迹之后,他就可推断有跑马或走狗曾道经此地;并可说出狗马的大小。这种循果以推因的办法,便是治古生物学、地质学、考古学……以及一切历史科学的法则。这就是"萨迪法则";人类〔所发明而专用之〕的法则。

这法则也正是杜威所指出的法则;也正是约翰·穆勒(John Stuart Mill,1806—1873)在十九世纪所说的每个人在每日工作中所应用的法则。推理思想并非科学家在实验室内所专有;那只是人类常识上的法则。科学的法则只是把常识上的法则纪律化而已。近几十年来我总欢喜把科学法则说成"大胆的假设;小心的求证"。我总是一直承认我对一切科学研究法则中所共有的重要程序的理解,是得力于杜威的教导。事实上治学方法,东西双方原是一致的。双方之所以有其基本上相同之点,就是因为彼此都是从人类的常识出发的。[29]

杜威于1919年(民国八年)5月1日到达中国。他本于是年二三月间在日本东京帝国大学讲哲学。讲稿后来出版成书曰《哲学之重建》。我的〔北大〕同事唐钺先生在我的襄赞之下把该书译成中文。[30]当蒋梦麟和我这一群杜威的学生听说他在日本讲学时,我们乃商请北京大学、南京高等师范、江苏教育会和北京一个基金会叫做尚志学会,筹集基金邀请杜威来华讲学,并分担全部费用。

杜威于5月1日到达中国时正是"五四运动"爆发的前三天。这个在北京开始发动的学生运动原为抗议巴黎和会中有关日本对德国在华旧租借地的决议。杜威于五、六、七三个月中在上海、北京一带目睹此如火如荼的学生运动。他在上海稍住数日便转往北京。在北京他连续作了五个系统的讲演。然后又前往各省——包括东北奉天省〔北伐后改名辽宁〕的沈阳,西北山西省的太原,华中的湖北、湖南,华南广东省的广州等地。我是他在北京、天津、济南、太原等地讲演的主任翻译。他在其他地方讲演,我〔因为北大教课的关系〕不能随往。但是我的朋友,也是我哥大时代的老同学王徵(文伯)则担任其沈阳区的翻译。其他各地如南京、上海等处,则另由杜氏其他学生分担了。

注 释

〔1〕"胡适的学位问题"年来颇为海外业余考据家们或疑或卫的考据对象。到今年夏秋之交,哥大的夏志清教授和已退休的汉学老教授富路得(Luther Currington Goodrich)先生也加入卫胡行列。但不论是疑是卫,笔者皆受池鱼之殃。疑胡派(如《北美日报》上的胡祖强先生)便认定笔者"有九分证据,说三分话",为亲者讳。卫胡派(如夏志清先生)则居然认为我也有疑胡之嫌。

笔者一直没有加入他们的笔战。天热人忙的原因之外,最主要还是因为两派皆在说空话。哥伦比亚大学又未关门,纪录俱在,一索即得,何劳诸公"考据"呢?!笔者二十多年前便已详细查过,胡氏是哥大一九二七年的"哲学博士"("哲学博士"非考不可,是"荣誉"不得的),并早有交代。现在实在不想再兴师动众,要哥大具结证明了。

不过本篇所译,胡公还是说他1917年通过考试,取得学位的(I got my degree……)。笔者如不稍加签注,不是又要引起"疑胡玄同"们大哗了吗?因再缀数语,以释群疑。

要了解胡适之的博士学位,得先了解哥大有关博士学位的考试制度和当年中国学生读学位的惯例。

胡适之时代的哥大文科博士学位研读过程是:研究生修毕规定学分之后(胡氏在康乃尔研究院的学分,哥大是承认一部分的),还要考过一道笔试、一道口试、一门欧洲语。门门及格,这样才算是"博士候选人"(doctoral candidate)。既为"候选人",便可选择题目,撰写"博士论文"了。论文完毕,再来一道"防卫口试"(defense oral)。防卫口试是最后一道关;也是最容易的一道关。但是尽管比较容易,考后仍有三种,通称"三栏"或"三柱"(three columns)的不同结果。其分别如后:

第一柱，"小修通过"（pass with minor revision）。"通过"之后，由主任论文导师监督，"小"事"修"改就成了。

第二柱，"大修通过"（pass with major revision）。"通过"之后，要另组考试委员会监督"大"加"修"改。这是件极麻烦的事。论文"大修"之后，还要回校参加"补考"。

第三柱，"不通过"（failure）。十年之功，废于一旦，不许补考，博士告吹。

还有，哥大当年博士论文一定要出版成书，缴入大学一百本（今日用缩微胶片），才算有正式学位。所以不论你考的大修、小修，至少要一年半载以后才能算真博士。加以那时美国出版太贵，中国学生论文类多带回上海交"商务印书馆"一类的出版商代印，然后以一百本寄回哥大，才算大功告成。所以那时的中国留学生在美国，不管考得哪一"柱"，甚至没有考，一旦回国，都迫不及待的以"博士"自居了。所以那位疑胡派诗人张子英先生说的"哥伦比亚读未终，先把博士使用"。那时几乎个个博士都如此。张诗人如把他底"西江月"里的"先"字改成"都"字就更切贴了。不过有的"先用"一年半载；有的三年五载乃至十载。"先用"一辈子的也不是没有的。

夏、富二教授认为胡公先用了十年，别无他因，只是"论文缓缴了"就是了。富老先生在1927已是哥大的中日文系主任。是年胡适自英来美便是他筹款请来的——公开讲演六次。胡是三月份正式取得学位；六月初的毕业典礼上，胡公接受"加带"（hood）和领取文凭时的"傧相"（escort 这是那时的制度），便是富先生。据说当胡氏披着无带道袍向前接受加带时，他1917年的老同学，斯时已是哥大哲学系的资深教授的施纳达（Herbert Schneider），曾鼓掌戏弄他，弄得胡博士哭笑不得。

据富氏所知，1927年胡氏并没有"补考"。他取得学位真是"拍拍肩膀"（汤晏先生语），"天方夜谭"式（胡祖强先生语）的过去了。

所以胡先生在他那1936年出版的《留学日记》（页——四三）上说他在1917年5月22日"考过"博士学位最后考试；他并未说"通过"。事实上纵使他说是"通过"，也没有大错。

因而所谓"胡适的学位问题"不是什么"真假"的问题。问题在：他拿学位为什么迟了十年？这问题因此牵涉到，他1917年5月22日参加口试，所"通过"的是"哪一柱"（Which column?）的问题了。富、夏二先生都"有疑处不疑"的认为他考得"第一柱"——"小修通过"。如此，则胡氏的论文便立刻可以在上海出版，1917年底便可拿得哲学博士学位了（哥大博士学位是论文随缴随拿，不以学期为限），何必等到1922年杜威离华之次年始付印；1927年亲返纽约始拿学位呢?!

事实上胡氏在1917年口试上所遭遇的困难略同于后来的"二柱"。考入"第二柱"在普通情况之下，便非返校补考不可了。那时中美之间又无喷气客机，返校补考，谈何容易！所以他就只有"拖"之一途了，一拖就是十年！

胡适考了个"二柱"是否"丢人"呢？写历史的人，应该说公正话。那不但不"丢人"，相反的，他实在可大吹一番。因为他那篇光照百世、继往开来的博士论文，不幸的却被几位草包给糟蹋了。胡适写的是一篇纯"汉学"(Sinology)的论文；而汉学在当时的西方尚未达启蒙阶段。尤其那时排华之焰正炽，"中国文明"在一般美国教授的头脑里实在渺无踪影。胡适跟他们谈汉学，老实说，实在是对牛弹琴。不信且看当时听琴的阵容——胡适的六位大主考：

Professor John Dewey（杜威）

Professor D. S. Miller

Professor W. P. Montague

Professor W. T. Bush

Professor Frederich Hirth（夏德）

Dr. W. F. Cooley

这五位教授中只有夏德略通汉文。可是夏氏在那时的哥大只是一件学术点缀品而已。他一个学生也没有；人家也不把他当做老几。对这几位先生谈"墨翟名学"岂不等于向戴东原、毕秋帆辈谈"穆勒名学"一样吗？他们完全不懂；也不能装懂。考起来其后果如何？也就不难想像了。

再者，胡适谈中国哲学的论文，在这些洋人看来，简直像一本不知所云的中国哲学教科书(poorly written textbook)，根本不同于一般博士论文钻牛角的"体例"。胡著《中国哲学史大纲》上卷(事实上是胡适博士论文的延伸)，在有深度的中国学者读来，虽然是前无古人，但是考他的那六位虬髯客，又如何能领略呢？他们之所以不能接受他底"教科书"作"博士论文"是完全可以理解的。

老实说，胡适那时如果把他考庚款留学的国文试题延伸为博士论文，作一篇《中国古代规矩考》，来他个"矩之作也，不可考矣。规之作也，其在周之末乎？"(见《四十自述》)他的博士论文可能就"一柱"擎天的通过了。不幸他的论文气魄太大，真知灼见太多，他就倒霉了。韩文公曰："世有伯乐，然后有千里马。千里马常有，而伯乐不常有！"这六位考他的番邦学者，有谁又学过伯乐之术呢？因此我们的千里"洪骍"，就被他们花下晒裤地活活的糟蹋了——糟蹋到现在。如今胡博士含冤九泉已十七年了，还要受潘维疆、胡祖强的鸟气！

今日西方的"汉学"比五十年前，不知要高明多少倍了。但是今日在西方以洋文治汉学的华裔学人,除非你也愿意和这批虬髯客,搞半通不通的东西;你要搞点真刀真枪,还不是要照样受他们底闲气!我的美国朋友读拙作,希望不要鼓起嘴来。我们华人治"西学",比起你们治"汉学"还不知要差几千里也。半斤对八两,想想也该心平气和罢!

胡适的另一个不幸,是他选了个"大牌教授"杜威作论文导师。

大牌教授声望高、治学忙、名气大,一切都不在乎。学生慕名而来的又多,正如马融当年,绛帐之内,佳丽如云;山门之外,弟子以次相授业,或莫见其面。这种"大"教授,他平时哪有工夫来细读你的论文,给你耳提面命?因而一般研究生像胡适当年一样都欢喜巴结大教授。名师高徒,说来好听;论文又少挑剔,真是一举两得,好不惬意。可是正因为如此,他对你及格不及格,也漠不关心。因而"大教授"指导下的研究生,一上考场,真是死人如麻。三考既毕,秋风萧飒,好不凄凉!

所以,胡适之于1917年5月22日上"法场"的情况真不难想像。当大家七嘴八舌挑剔起来,有心替胡氏分忧的夏德,自知份量不够。能够铁肩担道义的杜威,中文一字不识;胡氏论文他可能根本未翻过,好坏全不知情。胡适得博士不得博士,关他的事!他的学生本来就是一半以上不及格的。杜威后来虽然颇以有胡适(Hu Shih)这样的学生而骄傲,但是那是1919年以后的事。"贱日岂殊众?"1917年5月22日,口试考毕,面如死灰的胡适(Suh Hu)和当时其他的"支那曼"并无两样啊!

可是两年之后,杜威亲临中国,一住两年。他亲眼见到胡著《中国哲学史大纲》在学术界的声势,这才自愧有眼不识泰山——这本划时代的名著,原来就是他不让"小修通过"的"博士论文"啊!加以胡氏朝夕相从,公谊私淑,都使杜威有改正以前错误之必要。但是哥大的校规是严格的,他也未便过分作主;不过以杜氏当年在哥大的地位,配合胡氏本身在中国和国际间的声望,从"大修"改"小修"是绝对办得到的。笔者所知的这类例子,就多不胜数。这样,自然就没有"补考"之必要了。如果杜威遗札尚存,哥大纪录犹在,"胡适学位问题"的官司也就不必再打了。

胡祖强先生还谈到些什么"十年学制"的问题。其实有同样情况的前辈老朋友李铁铮博士等都可以现身说法,哪里是什么"问题"呢?至于说胡适不能在哥大教书是"学位问题"!为压低胡适,自抬身价而说这种话的政客,真是其心可诛!此人分明知道那时在哥大任教的名教授王际真先生(现在还住在纽约),就没有"博士学位";王公退休之后,继任的"哑子没有方帽戴"的蒋彝教授,也没有"博士学位"。他却硬要说这种话来暗箭中伤胡氏,岂不令人叹息!

笔者还读到杨大杰先生一篇文章,他疑胡之余,还把我们几位"老童生"也讥笑了一番。笔者自惭愚鲁,固毋庸议;可是我倒替那位读了十七年的"李博士"和读了二十一年的"鲁博士",和无数个读了十年、二十年的中西朋友,稍感不平。因为这儿牵涉到一些美国研究院的学制问题。

美国人读大学本科,大致都靠父母接济或奖学金维持,但是一到研究院就六亲无靠了。此邦文法科的研究生大多自食其力。有的积点钱或借点钱作三年之计,一鼓作气,全时读书,把"专题口试"考掉。及格之后,按学术界惯例,就可到小大学去作讲师或助教授了。做助教授一级的工作是忙乱不堪的。再加远离大城市和大图书馆,研究工作不方便,写起论文来,就开始拖了。这种保全职业、养家活口、进修博士、归还债务……诸事并举,是十分辛苦的。事忙人倦,论文就拖得没止境了。所以美国人一般都不愿念博士;念博士的只是一些才不过中人的傻瓜。

再者美国与欧洲不同。长春藤盟校级的一流大学里正统学科的博士是十分难读的。像夏志清先生那样的天才,能在三数年内一气呵成,实在是凤毛麟角。按《时代杂志》在1957年(苏联第一个人造卫星上天之年)的统计,1957年以前的博士学位九年读毕,算是快的;十二年是中等;十六年不算慢! 这在当时都是有统计的。

笔者所最敬佩的亡友卢飞白先生,联大毕业后,考得庚款留美,习西洋文学;当时与何炳棣、杨振宁两先生真是鼎足而三。他底中英文造诣亦与志清相埒。但是他在芝加哥大学在西洋文学上所下的硬功夫,便在十六年以上。可是他一生志在所学,不求闻达。接近他的朋友,谁不知道飞白有真才实学,也是一位了不起的诗人。不知道他的人,但看他求学年限,还不是和杨大杰先生一样骂他饭桶。吾人读中国近代留学史,百年来诸公碌碌,有几个人曾达到飞白为学的境界? 又有几个人知道卢飞白这个名字?!

笔者在这里顺便提一下,也算是对亡友飞白的一点纪念。

〔2〕 "伦理文化学会"亦译为"道德文化学会"。笔者便是在这个"学会"内,用非宗教仪式结婚的。

〔3〕 查理・毕尔(Charles A. Beard)是美国以经济史观治美国史,最负盛名的早期哥大名教授。他底名著《美国宪法之经济诠释》(*An Economic Interpretation of the Constitution of the United States*)于1913年初版问世时,美国政学两界为之大哗。因为他揭穿了北美合众国华盛顿以下诸开国元勋道学面具之后的生意嘴脸,被指为亵渎圣贤,随后被迫哥大辞职,一时"人心大快"!

〔4〕 这部胡氏所说"辉煌的"《钦定古今图书集成》是哥大汉籍收藏的老

祖宗。全书共一万卷,分装五千零四十四册,共有字数约一万万之多。据当时西方汉学家估计,其分量较第十一版《大英百科全书》(Encyclopedia Britannica)要大出四倍之多,尤为当时世界上最大的百科全书了。

六十年代中期哥大图书馆当轴,因为它部头太大,占地太多,而又"无人使用(!)",乃决定将其捆绑起来,曳入地下室,永远禁闭。笔者由于血浓于水,情有不忍,乃联合中国出生的富路得老教授,提出抗议,才算把它中途拯救下来。为此笔者曾搜索美国外交档案,查清它老人家移民美国的经过,撰一考据短文,刊于哥大《图书馆季刊》,以为富公与我面红耳赤的理论根据。

哥大这部书原为清廷"总理衙门"所重印。装潢、纸张、校订皆优于康熙原版。由于部头太大,当时只重印一百部,为"分赠列强"之用。不意书未送出,便遭火灾,所余无几。此一赠书大典,乃无形中辍。

庚子拳变(1900)期间,哥大忽然雅兴大发,延师教授汉学,但又苦于无汉籍足资参考。校方乃函请美国国务卿,那位搞"门户开放",大名鼎鼎的海约翰(John Hay)及美国驻华公使康吉(E. H. Conger),转请中国北洋大臣李鸿章鼎力帮忙。鸿章乃奏请西太后交盛宣怀酌办。盛氏乃奏请以前总理衙门火余之书相赠。这便是这部巨著来美和番的始末。据当时估计全书约值美金七千元(约合今日美金十万元)!

哥大得此厚礼,乃辟室开专馆收藏,浸假成为近代世界汉籍名藏之一。笔者今日偶访旧地,见此"辉煌巨著"与适之先生遗像相互辉映,喜故人无恙,亦颇以为慰。详拙作:Te-kong Tong, "From the Empress Dowager to Columbia; A Benefaction." *Columbia Library Columns*, Vol. XVI (Feb., 1967) No. 2, pp. 23—30. 笔者于 1980 年 10 月阅本书校稿时,这部"老祖宗"又已失踪了!

〔5〕 中共无高等教育部。张之实职为"教育部长"。自 1952 年至 1958 凡六年。见《中共人名录》(台北国际关系研究所编,五十六年版),第 366 页。

〔6〕 美国的哥伦比亚大学是专门替落后地区制造官僚学阀的大学。五十年代末期哥大校长寇克(Granson Kirk)访问中东,所过之处,哥大校友设宴欢迎。筵席上座,在不知者看来,往往以为是各该国内阁官员商讨国事的聚餐会。所以胡适的学生时代住在哥大三大宿舍的外国留学生,回国后"抖"了起来的,不独以华人为然也。

〔7〕 Frank Hyneman Knight, *Risk, Uncertainty and Profit*. New York; Houghton Mifflin Co., 1921. 381pp.

〔8〕 笔者前在《忆胡》第二篇中,曾提及不懂经济是胡先生谈政治的致命伤。这里是他老人家有趣的"夫子自道"。

〔9〕 通常美国大学里设立的所谓"讲座"(Chair),多为纪念性质,由私人捐助巨款,投资生息。每年由利息所得为该"讲座教授"(Chair Professor)的薪金。美国为汉学而设立的第一个讲座,便是哥大的"丁龙讲座"。这一纪念讲座之设立,背后却有一个极为感人的故事:

丁龙原为一华工,姓丁抑姓龙,已不可考。他受雇为美国卡本迪(Horace W. Carpentier, 1825—1918)将军为仆人有年。可能因为勤劳诚实,深得主人信任,因而当其退休之时,卡将军赠以巨资——据说是美金两万元——为退休费。丁龙在谦辞不获之后,竟以全款转赠哥大为"研究中国文化"之用。卡将军为丁龙的义举感动不已,乃加捐巨款,凑成十万元为哥大特设一"丁龙讲座"(Dean Lung Professor)以纪念这位了不起的中国工人。古人说:"善要人知,便非真善。"丁龙究竟姓啥名谁,我们都不知道,而能有此义行,实在可说是"真善"了;而卡将军不惜巨款以成人之美,也是难能可贵!夏德便是哥大第一位"丁龙讲座教授";富路得先生便是第二位。富氏于八十年代退休之后,此缺至今虚悬。觊觎者虽不乏人,迄今尚无入选者。

〔10〕 Friederich Hirth *The Ancient History of China to the End of the Chou Dynasty. Columbia* University Press, 1923. 383pp.; *China and the Roman Orient.* Leipsic & Munich; Shanghai & Hong Kong, Kelly & Walsh, 1885.

〔11〕 人类的文明发展到今天,任何民族的历史,都已不能孤立研究。"孤立"便有"偏见";有偏见则无真知识。余读当代欧美史名著,便觉其无一本无偏见;其偏见实起于"欧洲中心主义"(Eurocentrism)。欧洲中心主义便是以"欧洲"为"中"国;以其他民族为"四夷"。这种学术上的愚昧无知实起于作者的先天缺憾——东方史对他们是一张白纸。这一点今日欧美史家(汉学家除外),尚少人体会。事实上马克思的最大弱点亦在此。

相反的,当然也完全一样。我国学术界今日不是不需要"通人",只是今日的"通人"已不是"熟读三通",而是要中西兼"通"。近代英国还出个威尔斯(H. G. Wells, 1866—1946)和汤恩比(Arnold J. Toynbee, 1889—1975)。但是时至今日中美两国的尖端学人之间还未出过一个真正的"通人"。胡适之先生"庶乎近焉",但也谈不到真正的"东西兼通"。

所以我们今日不能小视欧美的"汉学"(Chinese Studies)。西方专才,研究中国,所钻虽浅,隔靴搔痒尤多;然从西向东看,往往观念弥新,颇值得吾人借鉴,我们研究"西学",如能钻到西人治"汉学"十分之一的深度,我们的史学界也就要面目一新了。

〔12〕 这一类的笑话,现在实在太多了。中西双方都有。好事者收而集

之,可以编出一部真实的《笑林广记》。也是中西文化交流史上的趣事,值得一做。

〔13〕 笔者在《忆胡》的文章里,根本没有重视范缜对胡适无神思想的影响。夏志清教授不以为然,并举出《四十自述》上胡氏自述为例。这就是志清"尽信书"的老毛病。夏教授可能到现在还未读过《神灭论》;笔者当然更未读过。但是我二人皆不信神,何也?! 相反的,胡适如未读过《神灭论》,胡适就会信神了吗? 这答案是可以用电脑推算出来的。

〔14〕 译文欠佳,然为胡公自译。笔者喜其信达,故未敢擅改。详《留学日记》第 819 页。

〔15〕 康德(Immanuel Kant,1724—1804)是近世西方唯心主义哲学系统内的大师;他不但是德意志学派里的尖端人物,他的思想简直支配了十九世纪整个白种人的世界。

康德认为"道德"是绝对至高无上的客观存在;是不受人类社会变动的影响的。这便是康德哲学内的"绝对命令论"或"至高无上论"(Categorical imperative)。

康德这一道德脱离社会,单独存在的观点,后来为他的普鲁士后辈的马克思全盘推翻。马氏认为"道德"是"阶级"的附属品,也随生产关系的变动而变动。

这两派各走极端,互不相让,所以那位"执其两端"的杜威则讥笑这些德国佬为"普鲁士绝对主义者"(Prussian absolutists),两头倔强的骡子,皆无是处。杜威送他们的帽子,倒是相当合头的。

那位影响胡适早期思想甚深的厄德诺,便显然是个康德派。他把康德的抽象观念具体化,乃发动组织了一个无神的宗教。胡适之在接触杜威之前,他对这个伦理文化派,极为折服。但是胡氏天分极高。这个混沌水的"新唯心主义",不能满足他。等到他一碰到杜威,便觉豁然开朗,疑虑顿失,乃"尽弃其学而学焉",就变成"实验主义"的信徒了。

胡适之少年时代思想变动的过程,与郭沫若颇有相同之处。青年的郭沫若,本对社会主义一知半解,跟着人家时髦地起哄,自封为"我是共产主义者"。至于共产主义为何物,他的概念是十分模糊的。等到他后来下了一番功夫,把一部日文的《政治经济学批判》译成中文,这一下,不得了,郭沫若也就从"山有小孔,仿佛若有光"的小隧道,一下钻进了"桃花源"。"设酒杀鸡"大吃一顿之后,郭沫若也就真的搞起"真理唯马克思主义"了。

胡、郭二公在思想体系形成的过程中,有个相同的"大不幸也"。那便是二人都是"少年得志"。在学术界一辈子都骑在人民头上,睥睨群贤,目空当世;认为在学问上,只有人家学他的。至于他们自己,则总以"山东无足问者"了。加以誉满天下,谤亦随之。为着全誉却谤,一辈子抱着自己的"思想",不肯分毫让人,因而他们再也不能安静下来,把自己来解剖解剖了。七、八十岁所搞的还是二十岁所学的东西,一个人怎么有进步?这就是所有启蒙大师的悲哀啊!

〔16〕 康乃尔的"塞基派"并不是一个真正的学派。只是该校一批搞"新唯心论"的教授,群居于塞基大楼,臭味相投,此唱彼和罢了。

〔17〕 中文题为胡氏自译。见《留学日记》第1133页。

〔18〕 杜威在这个公寓内一直住到1952年,他九十三岁时老死为止,杜氏自1921年白华返美以后,对中国大感兴趣。所以在他以后的家庭招待会里,中国名人和学生总也是客人中的主要分子。

1927年杜威丧偶,但是他的招待会仍继续举行。一次一位中国学生,不善饮酒,却偏好两杯;不意一时酩酊大醉,竟在杜威卧榻之上鼾睡起来。等到酒醒之后,他所看到的,不是"杨柳岸,晓风残月",却是杜老头的胡须飘飘。他居然与杜大师同榻睡了一夜。一时传为趣谈。

二次大战后,杜氏以八七高龄,居然续弦,讨了位四十二岁的年轻夫人。杜先生当然不能再生孩子了;他二人乃领养了两个意大利孤儿。杜氏年逾九十之后,仍然神志清明,著述不停,至死方休,也真是名符[副]其实的一位怪杰。

笔者震于杜威大名,于1948年进入哥大之后,亦常与同学二、三人赶着去"看杜威",不用说那都是受了《胡适文存》的影响。

〔19〕 William James, *The Will to Believe, and Other Essays in Popular Philosophy and Human Immortality.* New York; Dover Publications, 1956. 332pp. Reprinted from the original edition.

〔20〕 "实验主义"在杜威崛起之前通用 Pragmatism 一字,意为"实用主义"。学者认为只有有"实用"价值的观念,才是"有价值的观念"。这一概念如不加澄清,则易流于"机会主义"(Opportunism)。所以杜威不喜此字,乃另造 Instrumentalism(机具主义)及 Experimenatlism(实验主义)。杜氏主张观念必须在实验中锻炼;只有经过实验证明,在实践上能解决实际问题的观念,才是"有价值的观念";也就是"知识必须自实践出发"。它不是"只论目的,不择手段"。相反的它是为达成解决实际问题,于实验中选择正当而有效的手段。这就是杜家的"实验主义"。

〔21〕 John Dewey, *Essays in Experimental Logic.* University of Chicago Press, 1916. pp.183—219.

〔22〕"苏格拉底的法则"(The Socratic Method)是个什么东西呢？欲知其详,得先谈谈苏格拉底(Socrates 470？—399 B.C.)。这位古希腊哲学家的老祖宗,我们中国知识分子对他也可说是耳熟能详。尤其是柏拉图(Plato. 427？—347？B.C.)的名作《苏格拉底之死》的英译,我们许多当年在大陆受教育的老中学生,往往都能背诵。我们朗诵《英文背诵选》时,对他老人家把毒药当成可口可乐喝下去,视死如归的样子,真是既感叹又恐怖。

苏格拉底为什么被判死刑呢？那是因为他老人家谈政治谈出了毛病。

记得抗战期间重庆的茶馆有一副脍炙人口的对联:"空袭无常,贵客茶资先付;官方有令,国防秘密休谈!"所以坐茶馆的人,最好少谈政治。可是希腊这位游手好闲的苏老头,就专门欢喜在茶寓酒肆,吹牛皮谈政治讲哲学。

我国的哲学家和社会贤达们像胡适之、梁漱溟者流,谈起政治来总欢喜批评这个政府太独裁;那个政府不民主,弄得人家不痛快。想不到希腊这位老头子,却反其道而行。他专好批评这个政府太民主;那个民选官员太饭桶……他也弄到人家吃勿消程度。结果大家以280票对220票之民主"多数",公请他喝毒药,才把老命送掉。

苏格拉底可能是人类历史上,绝无仅有的大学教授,为批评政府太民主而送掉性命的,真是黑天冤枉!

苏氏为什么要拼老命反对"民主"呢？那就是由于他对"知识"这个概念的特殊看法。苏公是读《三字经》启蒙的;相信"人之初、性本善"。但是为什么人们要有不善呢？那是由于"无知"的关系。他认为"知"是"行"的先决条件。"知"里有善而无恶;有恶之"知",就不是真"知"。"无知"则"行"必失其准则。所以苏格拉底也是阳明山上下来的,主张"知行合一";循"知"而"行"自能臻于善境。

但是什么是"知"呢？吾人又如何去求"知"呢？老苏说要知"知",得先知"不知"。因为所有事物和概念之中皆有真"知",但一般人皆不"知"此真"知",而强"不知"以为"知",所以糊涂一辈子而不"自知"。因而无"自知之明"的生命是不值得活下去的。

老苏这种说法是侮辱我们知识分子或大学教授吗？非也！我们就是过了一辈子"无知"或"强不知以为知"的糊涂生活而不自觉。

笔者未敢妄评同文之"无知",但却深"知"自己之"无知"。

记得还不足十岁时的一个夏天,我与一位同年的表兄折木为枪,在一片谷场上,表演"操兵"。我二人那时的检阅者和评判员是一群吃下午茶的农民。等我二人操演完毕,他们一致认为表兄"操"的像"兵",我"操"的不像。

我对这一裁判,至感不服。因为不久之前家人曾带我"进城",适逢城内"过兵"。那些荷枪而过的丘八,走起路来,两腿一提一提的,给我印象极深。所以我后来"操兵"也全式模仿。这步伐是我亲眼看到的"真兵"、"真操",还会有错吗?因此我心中始终不认错,反觉他们"无知"。一直等到我做了"童子军",才"知道"我以前在谷场上"操"错了。

以上是笔者童年时期一件"无知"的小经验。可是其后数十年中,这种"无知"的经验,不断地重演。就拿读苏格拉底的经验来说罢,从中学、大学到现在,以"不知"而为"知"的经验,就翻过多少次身。如今斗胆再向各界读者大谈苏格拉底,如有高明,匡我不逮,则"闻善言则拜"之余,生命中不又要多出个"无知"的阶段来了吗?

吾生也有涯而知也无涯。人生一辈子本来就在这个无止境的"无知"过程之中,一段段地摸索前进。"知识分子"究竟有多少"知识",实在是天晓得。

不过"无知"如下走者,纵作恶也不会太大。大不了误了人家几个子弟;欺骗了若干读者罢了。可是手握兵符政柄,掌生杀大权的人,如果只是全盘"自信",而毫不"自疑";自觉聪明天纵,不知其"不知",而强不知以为知,那就民无噍类矣。所以,胡适之先生以前主张多谈点"问题",少谈点"主义",也不是毫无道理的。

照苏格拉底的看法,一个哲学家像胡适那样的人,要有自知之明,已经很难了,何况群众!因此那以"德谟"(demo 希腊文为"民众")意志为依归的"德谟克拉西"(democracy),实在是最庸俗和最无知无能的政体,应该废除。但是"众人之事"究竟要让谁来管呢?苏格拉底因而主张元首大位要让"有德者居之"。"德"只是"知"的表现;有"知"自然就有"德"了。

但是怎样才能化"无知"为"有知"呢?这个从无到有的过程和方法,便是所谓"苏格拉底的法则"了。

苏氏认为天下任何事物和概念都有其"普遍界说"(universal definitions)的。以邓小平的"黑猫白猫"为例罢。按苏氏的"法则",则"黑猫、白猫皆非猫";只有"捉老鼠"这个"普遍界说",才能概括所有的"猫"。所以要找出"什么是猫?"这条问题的答案,诸子百家不妨各提一条,大家来开个"研讨会"(symposium)。在会中不妨辩论一番。去其"特殊",存其"普遍";水落而石出,"普遍界说"自然就显示出来了。

这种两造或多造按逻辑举行的推理问答,柏拉图叫它作"辩证讨论"(dialectic conversation)。黑格尔说这就是他的"辩证法"的老祖宗了。当然也就是马克思的老祖宗了。

猫、狗的"普遍界说"既然可以如此推出,其他与人有关的任何概念和事物的"普遍界说"也都可如法炮制。笔者昔年亦尝以苏氏的"问答法"来试求"中国知识分子"这一概念的"普遍界说"。如此则"资产阶级知识分子"、"无产阶级知识分子"……皆非"知识分子"。"中国知识分子"应有其共同的"普遍界说"。如果我们也能替"中国知识分子"找出几条像"猫捉老鼠"一样的"普遍界说",则列宁的理论认为"知识分子"之与"阶级"如"毛之附皮"这一特殊界说,就不能概括所有的"中国知识分子"了。相反的,它将由于他本身的"普遍界说"而形成一个单独的"形式"(Form);这个"形式"是有其特有的(如社会学家所说的)"次文化"(subculture)了。这个"普遍"的"次文化",就要与它"个体"间(如"毛之附皮")的"阶级意识"(class consciousness)发生抵触了。

上述这种推理法,就是所谓"苏格拉底的法则",也就是我们中学教科书上所说的"苏格拉底问答法"。杜威对这"法则"大为赞赏;胡适当然更是如响斯应。他师徒二人为什么对这个"法则"大为赞赏呢?那就是因为"法则"只是个"法则"——是一种寻找真理、解决"问题"的方法;而不是替任何"主义"去证明它那毫无"辩证讨论"余地的"终极真理"(ultimate truth)。他们"实验主义者"是走一步,算一步;不谈什么"终极真理"的。

〔23〕 杜威对之颇有微词的亚里士多德,又是怎么回事呢?让我们先来个"破题":

亚里士多德(Aristotle,384—322B.C.)者,"阔肩大师"柏拉图之弟子;反民主哲学家苏格拉底之"小门生"也。生于慷慨悲歌、帝王独裁之燕赵(希腊北部马其顿Macedon附近),南向游学于人文荟萃、自由民主之苏杭(雅典)。以马其顿宫廷御医之纨袴,折节师事雅典街头之寒酸,出入陋巷二十年,尽得其传;其向学之诚心,亦可见矣!

但是亚里士多德自信——可能也是真的——其才大于其老师,也高于他的祖师爷。他学成归国之后,居然位至太子太傅。那位人类历史上第一位企图征服欧亚两洲的亚力山大大帝,便是他的得意门生。余游亚力山大城,想起这位古希腊的翁同龢,犹不胜其唏嘘焉。

亚氏认为他两代师承的思维推理之学,都杂混无章;如在下批评敝老师胡适一样:"不成一套!"他要搞出个"一套"来,因而就套出个"三段论式"(syllogism)的推理法则来。

什么是"三段论式"呢?简言之,便是一种"抬杠"的法则。今有尚在台湾大学读书的两位哲学家,在咖啡店内为政治思想、恋爱意义……抬起杠来。抬到面红耳赤之时,乔治张把桌子一拍说:"你说的根本不合逻辑!"亨利李也不甘示弱说:"哼! 你的逻辑在哪里?……"二人吵得不得开交。忽然邻座一位长着大胡子的亚里士多德走了过来排难解纷。

子亚子曰,二位要谈逻辑,先得把逻辑的形式(Form)来规定一下。下面便是亚子逻辑的初级形式:

大前提:凡人必死!(张、李二君完全同意)

小前提:胡适是人。(张、李二人都不敢无聊地说"胡适不是人")

正确结论:胡适必死!(张、李二君皆瞻仰过适之先生的遗容的)

所以这么一来,咖啡店内的杠,就可抬出个结论来了。否则咖啡打翻,茶房破头,杠还是抬不完的。

亚里士多德的"三段论式",原是解决抬杠问题的,因为古希腊人——尤其是那些自觉了不起的"辩士"(sophists)——最欢喜抬杠。要不搞出个抬杠法则来,大家抬到最后,就要互骂"狗娘养的"了。

任何原始文明(original civilization)的启蒙期间都有一段抬杠的过程。我国古代的墨子,就欢喜抬杠,是所谓"墨辩"。孟老夫子尤其欢喜抬杠。抬到后来还要说:"吾岂好'抬杠'哉?! 吾不得已也!"

孟子抬得最得意的一次,便是和那个社会主义者陈相,抬八级工资制。那个只懂教条,不懂逻辑的小土包子陈相,被孟老夫子抬得哑口无言。孟老夫子也为之洋洋得意。二千年后的国文老师,还要强迫我们背诵他的圣贤之言呢!

其实孟老夫子是在欺侮人家的"红卫兵"。他如果碰到了陈相的老师,那位信仰马列主义的许行,恐怕就不那么简单了。说不定人家也要骂他反动、走资、洋奴大班……骂得孟老夫子血压高涨呢。

胡适之先生那时指导我去读《墨子》的《明鬼篇》。我读后益发不相信"有鬼"了。我觉得老墨那个烂逻辑,如何站得住呢? 所以"名学"在我国古代只萌个芽,始终没有开花结果,发展成西方哲学里的"逻辑学"。

古印度文明启蒙期间,也曾有个足目大师(比孔子还早一点),倡导"因明学"(唐朝人的翻译)。他底"宗、因、喻""三支",也就是亚里士多德的"三段"。我国前辈学者熊十力、陈大齐诸先生,对其皆有极精湛的研究。但是印度的"因明学"和我国的"名学"一样,都只发个芽,始终没有成熟。

东西逻辑学发展之有如此差异,笔者个人总觉得是东西两方对"法"的观念不同的滋长有以致之。"法律"是最讲逻辑的。因而个个律师都是逻辑专家;而律师在西方社会里的地位——从古希腊罗马到今日的英美法苏——那还了得! 可是我们传统中国人(古印度人也是一样)最瞧不起所谓"写蓝格子的""绍兴师爷"和"狗头讼师"。我们的"仲尼之徒"一向是注重"为政以德"的。毫无法理常识的"青天大老爷"动不动就来他个"五经断狱"。断得好的,则天理、国法、人情、良心俱在其中;断得不好的,则来他个"和尚打伞",无法(发)无天,满口革命大道理,事实上则连最起码的逻辑也没有了。

西方就适得其反了。西方的律师,诉讼起来,管他娘天理、人情、良心,只要逻辑不差,在国法上自有"胜诉"。因而他们的逻辑,也就愈发展得愈细密了。

亚里士多德就认为他的师父和祖师爷,推理的方法不够细密,才搞出他的分三段而推之的"演绎推理法"(deductive method);也就是从一个不可否定的"命题"(premise),一个接着一个推下去,推出个有"真理"的(事实只是在逻辑上驳不倒的)正确结论来。

"胡适必死"是不是真理(说不定胡适成仙了呢!)逻辑家是不管的;他们要管的是这一结论在逻辑上是否站得住。

子亚子"思想搞通"之后,他就开始骂他的老师。他认为苏格拉底和柏拉图都搞了一辈子"逻果斯"(logos 希腊语"究天人之际的思想语言之学"),结果都不懂"逻果斯"。只有他亚里士多德才懂"逻果斯"呢! 他想得得意了,不觉把两代祖师的石像敲得叮当作响曰:"吾爱吾师,吾更爱真理!"

有此西哲骂老师的先例可循,梁启超骂康有为"厚颜"之时,也就西为中用了。

但是只把人类有系统的思考分"三段"而推之,岂不小视了万物之灵了吗? 再把它来个"演绎"之"演绎",就变成后来发扬光大的"形式逻辑"(formal logic)和"符号逻辑"(symbolic logic)了。

有数学头脑的人更来个"符号"之"符号",就变成更高深的"数理逻辑"(mathematical logic)了(亦有人混"符号逻辑"与"数理逻辑"为一谈)。当代欧美社会科学家"穷则变、变则通",又搞出个"数理派"(mathematical-metrical)的"行为科学"(behavioral science)来。

有一次,在一个柏拉图式的"研讨会"上,笔者倾听加州大学教授卡乐宾洛(Robert A. Scalapino)先生的讲演。他把刘少奇、毛泽东的身家性命、事业学问,都化成"符号",列出个代数方程式,几下一变,后面的"等号",就把他二人的毛病"等"出来了。

听毕演讲,我才恍然大悟:大陆上十来年文化大革命的动乱,原来就是几个ABCD在作祟!

这种逻辑由亚里士多德这个始作俑者搞出之后,由希腊传至罗马。在西罗马亡国之后,被冷落了几百年。后来罗马文明被那"独崇耶术"的教会在中世纪篡夺了。这个横蛮无理、罢黜百家的教会所独尊的"神学"(Theology),原是个万物始于一元的"唯心一元论"(spiritual monism)。搞一元论,就要追求"终极真理"和"最后之因"(The last cause)。这两个东西,他们早已有"现成货",因而苏格拉底式的"寻找真理"的"法则"是用不上了;他们要的却是"证明真理"的逻辑——这两宗"现成货"之所以为"真理",就是它"合乎逻辑"或在"形式逻辑"上可以推算出来。

只要"合乎逻辑"——"形式逻辑"——至于杜威所说的"常识",那就顾不得许多了。因而那位几乎被雅典人为着"亵渎神明"而杀头的,形式逻辑的开山老祖亚里士多德,这一下在上帝的保佑之下,忽然又神气起来了。

亚氏本来就是马其顿帝国的国师。帝国自有其帝国的立国之道,国师只要"证明",何须"处士横议"?"寻找真理"与"证明真理"于焉殊途!

所以所谓杜威之学事实是"科学"萌芽时期,传统的哲学家受科学的影响,搞出个新的文艺复兴,或文艺复古。他们要冲出证明真理的亚里士多德传统下形式逻辑的牢笼,而回头去搞寻找真理的苏格拉底法则。杜威的"实验逻辑"之中是没有什么最后之因,或终极之理。真理是在实验中不断发现;在实践中不断扬弃。什么"客观实在",什么"对立、统一"……这一堆"形式逻辑"的后遗症,在他们看来,全属狗屁!

这一派实验逻辑的发展,实在是文艺复兴以后,"上帝"的宝座动摇了,由培根(Francis Bacon,1561—1626)开始的一种反形式逻辑的新潮流;也是人类思想发展上一个逃避不了的"客观实在"。杜威只是这一思想系统下的一个大山头;胡适之承其余绪,在这山头上安营扎寨,做个孙悟空罢了。

笔者之所以不厌其详地对杜、胡师徒二人的片语只字,作了数千言的诠释,主要的原因是觉得近三十年来左右两派,如火如荼地对胡适的"买办言论"和"毒素思想"的批判,皆未得其平。未得其平的道理,便是奉命执笔的学人未真正了解胡适;不了解胡适的原因是他们"心有不愿"或"知有不及",去真正地搜出胡适扎在西洋哲学里的"根"。不知其根在何处,则臧否就难得其平。不得其平,就不服人之心。不能服人之心,则胡适的思想言论,就"终因好之者众,未能废也"了(《四库提要》上批评王充的话)。

　　[24] John Dewey,*The Wit and Wisdom of John Dewey*. Edited with an introduction by A. H. Johnson. Boston The Beacon Press,1949. 111pp.

　　[25] John Dewey,*Essays in Experimental Logic*. University of Chicago Press,1916. 444pp. "Some stages of logical thought" pp. 183—219. "……诸阶段"为该书之第六章。哥大所公布之缩微胶片稿页一〇〇,误把 giving them stay and power 写成 state and power(参考该原著页一〇五)。

〔26〕 国人研究"因明学"有专著问世的唯陈大齐、熊十力两先生。陈著有《因明大疏蠡测》（三十四年重庆自印本）、《印度理则学（因明）》（中华文化出版事业委员会，四十年初版）、《因明入正理论悟他门浅释》（中华，五十九年版）。熊著有《因明之研究》（二十八年，自印本）、《因明大疏删注》（广文书局，六十年重印本）。《因明大疏》为足目大师原著，以"五支"推理，是为"古因明"；后期佛经中的"三支"推理法，为"新因明"。

〔27〕 当年适之先生发了这一大套理论之后，他总是说杜威之言诙谐、幽默。那时笔者亦熟读杜子之书，我就丝毫看不出杜威诙谐或幽默在何处。杜老头在老老实实、板着面孔说理，幽默从何来呢？但是胡老师那种"拈花微笑"的"幽默"姿态，终于使我恍然大悟。原来他是在"幽"所有批胡者之一"默"！

"胡先生"，我说："你是不是在'幽'你的'学生'毛泽东之一'默'呢？"

"谈谈基本问题……"是他对我的问题的王顾左右而言他的答复。

那时他送我一部"自校本"的《胡适文选》（台北，四十二年三月三版），要我认真的阅读《介绍我自己的思想》那一篇。下面那很不"幽默"的一段，就是他用铅笔划出来要我"认真阅读"的：

"从前陈独秀先生曾说实验主义和辩证法的唯物史观是近代两个最重要的方法，他希望这两种方法能合作一条联合战线。这个希望是错误的。辩证法是出于海格尔的哲学，是生物进化论成立以前的玄学方法。实验主义是生物进化论出世以后的科学方法。这两种方法所以根本不能相容，只是因为中间隔了一层达尔文主义。达尔文的生物演化学说给了我们一个大教训：就是教我们明了生物进化，无论是自然的演变，或是人为的选择，都是由于一点一滴的变异，所以是一种很复杂的现象，决没有一个简单目的地可以一步跳到，更不会一步跳到之后可以一成不变。辩证法的哲学本来也是生物学发达以前的一种进化理论；依他本身的理论，这个一正一反相毁相成的阶段应该永远不断的呈现。但是狭义的共产主义者却似乎忘了这个原则，所以武断的虚悬一个共产共有的理想境界，以为可以用阶级斗争的方法一蹴即到，既到之后又可以用一阶级专政的方法把持不变。这样的化复杂为简单，这样的根本否定演变的继续，便是十足的达尔文以前的武断思想，比那顽固的海格尔更顽固了。"（《胡适文选》第2—3页）

我们如把这段引文和他的《口述》的正文参考阅读，我们就可看出他所谓杜威的"机智"和"幽默"意之所在了。《口述》中那短短的一段，事实上是他对三十年来，几百万言的"批胡"文章中，他认为值得一驳的总答复。

近几十年来批胡阵营中的遗老派、冬烘派、漫骂派、封锁派……是不值一驳的。值得一驳的是陈独秀所说的"近代两个最重要方法"之一的"辩证唯物史观"。奇怪的便是近年来批胡的左、右两派的主将却是从同一个山门里出来的。例如今日右翼思想界,最具权威性的大师们,在胡适看来,也只是比搞辩证唯物史观的思想家,略"欠"顽固罢了。所以他就对左、右两派"批胡"人士,幽他们一默了事。

笔者为文至此,可得千万声明:在下作文的目的只是"译胡"、"注胡",从而"了解胡"。既无心、更不敢承继胡学来"幽"任何学派之"默"。

再者,读者如细读上面的引文,也可看出适之先生也十分武断,他坚守门户,拒人于千里之外的态度也不下于唯物主义者。他老人家治学,对任何学派都"不疑处有疑";何以唯独对杜威"有疑处不疑",还要叫自己的小儿子"思杜"(思念杜威),一代接着一代的"思"下去呢?

还有,他们实验主义者认为"没有实践价值的观念,就是没有价值的观念",在孙中山先生所说的次殖民地的国度内,他那个"一点一滴的改革"的"观念",就没有搞革命、打天下的"实践价值";口号因而也就没有别人的响亮了。以子之矛攻子之盾,那末实验主义者的"观念"的"价值"又在哪里呢?

要之,胡适之的思想是个一等强国,物阜民丰……太平盛世的思想。既然中国总归也有一等强国……太平盛世的一天,胡适的思想可能也还会有他的好日子。

〔28〕 John Dewey, *How We Think*. Boston; D. C. Health & Co. ,1910,224pp.

〔29〕 从这几段都可看出胡先生于 1917 年返国以后,在"西学"上没有跟进的迹象。

〔30〕 John Dewey, *Reconstruction in Philosophy*. New York; H. Holt & Co. , 1920,224pp. 唐译出版否,不详。唐氏出版有《唐钺文存》凡四千七百余页。该译文是否收入其文存之中,笔者手头无是书,一时无法检校。

第六章 青年期逐渐领悟的治学方法

这一章或者可以叫做《我青年时期所逐渐领悟的治学方法》。

在此次录音之前我便在想,我的治学方法是从什么地方、哪一本书和哪一位老师学到的呢?对于这个问题,我实找不到一个确切的答案。我的治学方法似乎是经过长期琢磨,逐渐发展出来的。它的根源似乎可以一直追溯到我十来岁的初期。在我用中文撰写的〔四十〕自述里,我就说过我十几岁的时候,便已有好怀疑的倾向;尤其是关于宗教方面。我对许多问题存疑;我〔尤其〕反对迷信鬼神。我对我的文化生活,乃至日常生活中的一切理论、记载和事实,如一有怀疑,也都要予以批判来证明或反证明。这都是由于我的怀疑的倾向所致。所以纵使我才十几岁的时候,我已经在寻觅一个能解决我怀疑的方法。

远在1910年,我第一次接触到汉朝的古典治学方法——这个较早期的古典学术,所谓"汉学"。那是和后来偏重于哲学性诠释的"宋学",截然不同的。我国近三百年来学术的发展,一般都叫做"汉学复兴"。这种说法在我看是不很切当的。我国以前就没有一本中国古典学术史是用现代的观点和批判的方法写出的。所以〔汉代著作中〕所用的许多不同的专门名称或名词都有点名实不符。

我个人认为近三百年来〔学术方法上所通行〕的批判研究,实是自北宋——第十至第十二世纪之间——开始,其后历经八百余年逐渐发展出来的批判方法,累积的结果。这都可远溯至中国考古学兴起的初期。由于考古知识的逐渐累积,古代的残简、旧稿,乃至古墓里出土的金石、砖瓦等文物;和这些文物上所印刻的文字和花纹的拓片或摹拟等等,均逐渐被发展成历史工具来校勘旧典籍。这便是批判的治学方法的起源。这一段史实,再度支持了杜威的理论。杜威认为一切有系统的思想和批判的法则,都是在一种怀疑状态之下产生的。也就是说在一些史籍上发现了可疑之处;例如一个时间上的差异,和史迹上有些不符之处,使学者难以置信。

所以近三百年来这种批判研究的学术——如研究有关古籍版本的真伪,和内容的正讹的"校勘学";和研究古籍中文字的原义的"训诂学"等等——都有了更迅速的发展。在这些方面的研究,更发展出一个较概括的学术名词叫"考据学"或"考证学"。这也便是我在上章所说的,译成英文〔或白话〕,便叫做"有证据的探讨"。

前面已经提过,我对较早期发展的〔汉〕学,于1910年才开始接触。在此之前的七百年中,中国的社会、学校、村塾、家学中的教学和研究,一直都以宋儒朱熹(1130—1200)的权威理论为依归。七百年来,国人对古典——尤其是"四书"和另外数种重要典籍——的研究,大体都承认宋儒的注释是最具权威性的。

但是当我于1910年在北京参加庚款留美考试时,招待我的杨景苏先生原是我二哥的同学,我就住在他家里。杨君告我不要专读宋儒的著作;对汉唐诸儒所致力的《十三经注疏》也应稍事涉猎。所以我也就买了一套该书的石印本,携来美国。在我留美期间,当我想读点中国书籍的时候,我就读了些宋人以前〔注释〕的旧典籍,尤其是〔《十三经注疏》中的〕《诗经》。[1]

但是使我惊异的却是我自己对郑玄(康成)和毛公〔毛苌〕两位汉学大师也感到不满。郑康成死于公元200年,比朱熹整整早一千年。今日回思,我想我那时是被宋儒陶醉了。我幼年期所读的〔"四书"、"五经"〕①一直是朱熹注。我也觉得朱注比较近情入理。因而当我接触到毛公、郑玄一派的注释时,我为他们〔汉、宋〕两派之间显明的差异炫惑了;所以才引起我自己企图来写点批判性的文章。这些文章也显示出我幼年期以批判法则治学的精神;我把它叫作考订

---

① 编者按:唐德刚先生此处所补"五经"似与胡适的《四十自述》说法稍有出入,胡适只读了朱熹注的《诗经》、《易经》,参见本册第47页。

古文字真义的"归纳法"。在1911年5月11日,那时我才十九岁零五个月,我写了一篇论文。这篇论文的内容实在不是完全从康乃尔大学学到的。这篇文章后来收集在我的《文存》里;也是我《文存》中著作最早的一篇。

《诗三百篇言字解》

　　这篇文章是有关一个"言"字意义的诠释。根据汉儒的解释,"言"字的意思原与第一人称代名词"我"同义。〔《尔雅》上说:"卬、吾、台、予、朕、身、甫、余、言,我也。"〕〔汉儒〕根据古字典作这样解释,我实在不能接受。在我那篇《诗三百篇言字解》的文章里,我指出《尔雅》并非古字典。其书殆出于汉儒之手〔如《方言》、《急就》之流,盖说经之家,纂集博士解诂,取便检点,后人缀辑旧文,递相增益,遂傅会古《尔雅》,谓出周、孔,成于子夏耳。今观《尔雅》一书,其释经者居其泰半,其说或合于毛,或合于郑,或合于何休、孔安国。似《尔雅》实成于说经之家,而非说经之家引据《尔雅》也。鄙意以为《尔雅》既不足据,而研经者宜从经入手,以经解经,参考互证,可得其大旨。此西儒归纳论理之法也(见《诗三百篇言字解》,《胡适文存》一集、卷二)。〕所以我认为汉儒用这个古典去解经是靠不住的。

　　在这篇文章里,至少也可看出我自己治学怀疑的精神。

　　在否定这一古字典的权威之后,我就用一种我叫它作"归纳论理法",把《诗经》上所有"言"字的用法,归纳在一起。这办法就是我所说的"以经解经"的办法。把这些"言"字在不同的辞句里的用法比较、印证之后,便可找出更自然、更近情理,也更能被人接受的意义了。

　　就在1911年5月11日那一天,我忽然灵机一动,体会出"言"字在《诗经》上多半是夹在两个动词之间使用;发生一个"连接词"(conjunction)〔严复译为"挈合词",马建忠译为"连字"〕的作用,颇像古文中的"而"字。"言"字是个"连接词"便是我那篇文章的结论。因此〔古籍中的〕"醉言舞"、"醉言归"的真正意思,便是简单的"醉而舞"和"醉而归"了。

我下此结论之时,实远在我读到王念孙之子王引之的名著《经传释辞》之前。这家王氏父子是中国"校勘学"和"训诂学"里最具权威的两位学者。

王念孙为十八世纪另一位权威大儒戴震(东原,1724—1777)的弟子。戴震死于1777年。我作《言字解》时,尚不知王引之对古文"虚字"的研究。当我后来看过他的著作,我才欣然发现我们所用的方法原是一样的。这些〔乾嘉〕大儒他们所用的中国固有古典训练中归纳比较的方法,也是极其严谨的和极其科学的。但是我国传统的学者却缺少一种在不同语言中作比较文法的研究。他们只能说"言"字是个"虚字",而说不出它是〔《尔雅》上弄错了的〕"代名词"。他们不能像我一样能找出这个重要的字在文法上所发生的〔连接〕的作用。

我举出以上的例子来说明我那时对归纳法已经发生了兴趣,也有所了解;至少我已经知道了"归纳法"这个词汇了。同时我也完全掌握了以中国文法与外语文法作比较研究的知识而受其实惠。

我想我在赴美留学之前,我一定已经受了一本研究〔汉文〕文法的权威著作的影响,那便是马建忠所著的《马氏文通》。马建忠是我国早期的留欧学生。他不但通法文,对拉丁文也有研究。《马氏文通》这本权威著作便是他和他弟弟马良(相伯)合著的。他二人所用的便是归纳法;把文字上相同的句子归纳起来,然后再对字义作出结论。

后来我曾批评马氏之书,写作时〔作者对其资料〕缺少历史性的处理(historical approach)。他兄弟二人把文字上相同的例子归纳起来研究的办法是无可非议的;不过他们写书时缺乏历史概念。须知文法和语言文字本身一样都是随时间和空间变迁的。一个研究者要注意到他的研究对象上历史和地理的因素。经过数千年的演变,各地区各时代方言的文法可能皆各有不同,不可一概而论。所以马建忠举《诗经》和《论语》上的例句和唐代散文大家韩愈文章里的例子来比较研究就不准确了。但是我显然是受了马氏归纳法的影响,知道先归纳相似的例句,分析比较,然后再求其有概括性的结论。

《尔汝篇》和《吾我篇》

我在后来又写了两篇〔类似的文章〕，内容比较就更有进步了。作《言字解》之后五年，我在日记上对古文中所用的第二人称代名词的"尔"和"汝"两字也作了一番研究。在1916年6月7日的日记上，对这个问题，我便写了一大段。我记道："尔、汝二字，古人用之之法，颇有足资研究者。余一日已睡，忽思及此二字之区别，因背诵《论语》中用此二字之句，细细较之，始知二字果大有区别。明日以《檀弓》证之尤信"（见《留学日记》，1916年6月7日）。

《檀弓》在语言学上说是与《论语》同时的作品。在我考查《檀弓》上"尔"、"汝"二字用法之后，我觉得此第二人称的两个代名词的用法是颇有不同的。《马氏文通》的作者忽略了历史上的变化，把相隔一千五百余年的两个时代里不同的句子，混在一起来比较研究，他们之间的差异便被不经意的忽略了。所以我说在孔子时代的语言里，那个用作〔第二〕人称代名词的"汝"，和有一定用法，置于名词之前便用成第二人称所有格代名词的"尔"——"你的"，是有绝对分别的。我同时也指出，在孔子后二百年的孟子时代，这一分别便逐渐模糊了。

在撰《尔汝篇》的数月之后，我在日记上又写了一大段有关第一人称代名词"吾"和"我"的分别。我又举出许多例句，把古今不同的用法作一比较研究。我也发现孔子时代的用法和两千五百年后的用法也大不相同。在孔子的时代，那个第一人称代名词"我"便时常被用成所有格，作"我的"解；"吾"则专用于主格。再者，"我"字亦常被用于受事格〔也就是英文里的me〕；虽然在特殊情况下"我"有时也被用作主格的。所以我又发现了《马氏文通》的不正确。它不正确的原因，便是作者忽略了历史性的变迁。

举个例子来说，那个第一人称代名词的"吾"在《诗经》上便根本没有出现过。只有"我"字在第一人称中，四格——主格、宾格、所有格和受事格——通用。这一现象的可能解释，便是当《诗经》在最后成书阶段之时，"吾"和"我"的分别已不复存在了。这可能是时代的关系,也可能是区域的关系。当《诗经》在某一区域最后定稿成书之时,该区域的方言里,第一人称的"我"是四格通用的。但是到今天为止,还没有人对《诗经》何以不用"吾"字,能作出满意的解释。

我所要说明的便是在我于1911和1916年所写的三篇文章里,我的首要兴趣便是归纳法;也就是把相同的和不同的例子归纳起来加以比较研究;以求其概括性的结论。那也是我第一次企图发展我自己的治学方法。我那研究代名词的两篇文章〔《尔汝篇》和《吾我篇》〕,都说明了我对时代变迁所影响的语言和文法上变化的研究兴趣。这两个有关代名词的长篇,后来我都把它们改写成论文,并发表于《留美学生季报》〔(1917年3月,四卷一期,第14—25页)〕。其后《北大日刊》也加以转载;最后也收入我的《胡适文存》〔(卷二,第243—254页)〕。[2]

论"校勘"、"训诂"之学

我举出上述三篇文章来说明在我当学生时代,我已学得一个基本上是归纳法的治学方法。在我1916年12月26日的日记上,我也写了两段:一段"论训诂之学",比较短;第二段"论校勘之学",则比较长。第一段中我谈到"考据"这个通用名词,我认为"考据"便是"有证据的探讨"。我说考据之学,其能卓然有成者,皆其能用归纳之法,以"小学"为之依据者也。我又说辛亥年(1911)作《三百篇言字解》已倡"以经解经"之说,以为广求同例,观其会通,然后定其古义,吾自名之曰"归纳的读书法";其时尚未见《经传释辞》也。后来才稍读王氏(念孙、引之)父子及引之的同窗段玉裁等人的著作。我也举出他们十九世纪同期前辈学者孙诒让。孙氏的名著《墨子间诂》我在当学生的时代曾引用过它来写我研究中国古代哲学的博士论文。

在我1916年〔12月26日〕的日记上,我记着说,两年以来始力屏臆测之见,每立一说,必求其例证。例证之法,约有三端:

(一)引据本书:如以《墨子》证《墨子》;以《诗》说《诗》。

(二)引据他书:如以《庄子》、《荀子》证《墨子》。

(三)引据字书:如以《说文》、《尔雅》证《墨子》。

由此可见我那时已深受近三百年来中国古典学术的影响了。

今日回看我在1916年12月26日的日记上所写的第二个长篇《论训诂之学》;读毕觉得有趣而值得一提的,那便是这整篇文章实在是约翰·浦斯格(John P. Postgate)教授为《大英百科全书》(*Encyclopedia Britannica*)第十一版所写的有关"版本学"(textual criticism)一文的节译。这篇文章今日已变成〔版本学界〕有权威性的经典著作了。今版《大英百科全书》所采用的还是这一篇。假如我不说出我那篇文章是上述浦文的节要,世上将无人知道,因为我那篇节要并未说明采自何书。我文中所举的也全是中国的例子,而不是浦氏原文所举的第一版雪莱诗集上的例子。

浦文之所以对我别具吸引力的道理,便是中、西两方治校勘学的相同之处。所以我能够用中国古典哲学中的例子,去替代浦文中原举的例子。浦氏的文章也较我所见过的类似的中文有关科学艺术的校勘学著作为佳。中西校勘学的殊途同归的研究方法,颇使我惊异。但是我也得承认,西方的校勘学所用的方法,实远比中国同类的方法更彻底、更科学化。

多少年后——我在1934年为陈垣先生治校勘学的巨著《元典章校补释例》,写了一篇长序。陈氏和他的一些学生,曾经化了很长的时间,从事一种史学要籍《元典章》的复原工作。陈氏那时与我比邻而居,所以他要我为他的著作写一篇序。我就写了一篇长序;这篇序后来也收入我的《文存》第四集,并把原文题改成《校勘学方法论》。

在那篇1934年所写的序文里,我指出现代西方的校勘学和我国近几百年所发展出的传统的治学方法,基本上有其相同之处。基本上第一点相同之处便是〔在所校勘的材料上〕发现错误;第二点便是〔把这个错误〕改正;第三点要证明所改不误。上述三个步骤便是中西校勘学的基本相同之处。其中最重要的一点也是根据最早的版本来校对。最早的版本也就是最接近原著的版本。这也是所有校勘学上最基本的相同之处。

但是我也指出那里有三种历史性的差异——不是方法学上的差

异,而是历史因素的差异。西方人治校勘学比中国人方便,其原因有三方面:

第一,西方的印刷术要比中国印刷术晚出四、五百年。正因为印刷术之晚出,所以欧洲保留了更多的〔手抄〕原稿。

第二,西方有更多古老的大学。校史有的可以远溯至中世纪。正因为有这些古老的大学和图书馆,手稿多赖以保存。

第三,西方有甚多不同种语言同时流传。各种语言都有其古代典籍的译本。因而最早的译本可以用来校正后出版本上的讹谬。

上述的西方三大便利为中国所无。在这方面看,在西方治校勘学,比起在中国学术史上所做的工作就要容易得多了。

我举出了这些例子,也就是说明我要指出我从何处学得了这些治学方法,实在是很不容易的。我想比较妥当点的说法,是我从考证学方面着手逐渐地学会了校勘学和训诂学。由于长期钻研中国古代典籍,而逐渐的学会了这种治学方法。所以我要总结我的经验的话,我最早的资本或者就是由于我有怀疑的能力。我另一个灵感的来源,也可以说是出于我早期对宋学中朱注的认识和训练。朱熹的宋学为我后来治汉学开拓了道路。我对汉学事实上不太有兴趣——尤其汉人解诗——曾引起我的反感。

最后让我再说点近三百年来〔中国〕学术对我更直接的影响。上节曾提过,我在十来岁的时候,便颇受《马氏文通》的影响。另一个影响我的人便是〔康乃尔大学的〕布尔(G. Lincoln Burr)教授。布尔的门人中后来有很多知名的教师和历史学家。哥伦比亚大学的奥斯汀·艾文斯(Austin P. Evans)教授便是布氏的高足。我在康乃尔认识艾文斯时,他已是布尔的助手了。我在康乃尔读研究院的时候,曾选了布尔的一门课叫做"历史的辅助科学"(Auxiliary Sciences of History)。这短短的一门课使我获益甚大。在这门课里,他每周指定一门"辅助历史的科学"——如语言学、校勘学、考古学、高级批判学(higher criticism)〔——圣经及古籍校勘学——〕等等。这是我第一次对这些"辅助历史的科学"略有所知。我想就是因为这门课促使我去翻阅〔《大英百科全书》中的〕浦斯格的文章。所以我说布尔教授的课是对我后来治学的第二个影响。

第三个影响便是乌德瑞(Frederick J. Woodbridge)教授〔在哥伦比亚大学研究院〕所开的历史哲学那一课。这门课使我大感兴趣,因为它与我在〔康乃尔大学〕本科所选的客雷敦(J. E. Creighton)教授的"历史哲学"截然不同。乌教授是专治希腊哲学的大家;他总是提醒我们做研究工作在运用史料时要特别当心。柏拉图的对话录和亚里士多德的著述之中,伪托甚多。他总是教导我们"高级批判学"和这些古籍的批判史;他也指导我们如何去清查伪托,和认清窜改。那些都是近年来西方对古籍研究的新发现。我今日仍然记得我那时写了一份期终作业,文中所说的便是我国清代所发展的校勘学、训诂学和考据学。我把考据译为"有证据的探讨"。

最后我必须一提的,便是杜威教授有系统的推理思考的理论〔也是对我有极大的影响的〕。

在述完本章之时,我想从我在1917年缴入的哲学博士论文《中国古代哲学方法之进化史》的序言里,引几段作为结论。我说,"我在这里想提一提的便是拙作的研究方法,和主要出发点,是与传统的中国学术截然不同的"。我说我所面临的第一个问题,便是资料选择的问题。在全篇之中,我没有引用任何不可充分信任之书,和不十分可靠之文。我指出所谓"五经"之中,只有《诗经》一项我是可以完全信任的;我对《书经》和《礼记》的态度则特别审慎,未敢遽引一辞。《礼记》中只是第二篇《檀弓》我认为它有其真实性的。《管子》和《晏子春秋》在我看来是同样不足信。至于后人所注的古典著作,〔我说,〕"我对近两百年来,中国学者在训诂学和校勘学上研究的成果,曾尽量加以利用……因为只有通过训诂学的研究,吾人才能摆脱古人主观注疏的成见,而真正能了解古代典籍的原义。"[3]

注 释

〔1〕 我国学术自汉武帝以后,两千年来不用说政、教两界皆形成儒家独霸的局面。可是儒术在汉武以后便分为势成水火的古、今文两大派。两家不但"学问"不同,政治主张亦迥异。那个把孔子捧为"素王"(无位的统治者)的今

文家,原是两汉的当权派。当权派搞一花独放,自然就脱离不了"教条主义"。清末民初的康有为便是个有心要做当权派的大儒。但是他既不懂马克思主义,又不懂杜威哲学,所以他只好去搞搞土法子的今文家教条了。据"四人帮"说,那位大嚷其"克己复礼"的林彪也是个"大儒"。如所说有据,那末那位要搞"托古改制"的黄埔四期生,恐怕也是个"今文家"了。后来"狗头军师"张春桥所搞的"批林批孔运动"不知所批的是哪个"孔"。如果所批的是今文家林彪的"孔",则古文家章太炎、胡适之也要鼓掌称快了。

在汉代和"今文家"唱对台戏的"古文家",原是一肚皮牢骚,挤在"政协"里的民主人士。民主人士有名无位,所以只好捧捧主张民为邦本的"先师",吹吹"学问",办办野鸡大学,去诲人不倦了。本章里胡适之先生所谈的"汉学",便是这个"宁信孔孟误,讳言郑服非",诸训诂、考据大家的古文汉学——这个在汉代政坛上被挤得"靠边站"的"修正主义"!

治近代学术史的人,每把"胡适"列入"古文家"。胡先生向我说,他绝对不承认这顶帽子,因为他搞的是"科学方法",马融、郑玄懂啥科学呢?其实胡氏此言也犯了他所批评的"马氏兄弟"所犯的同样毛病——没有对研究资料作"历史的处理"。近人有以现代天文学证《夏书》的。吴健雄教授也曾告诉笔者,有人要以"现代数学"和"现代物理"来解释《易经》。因为什么"初九",什么"九二"都有其高度"现代数学"上的意义。这套本事,胡适之先生也没有,用功去学也绝对学不会。但是我们怎能说胡适之不懂"现代数学"便小视他对"整理国故"的贡献呢?

再者,从西学上说,希腊罗马时代又何尝有过什么"高级批判"之学呢?所以说"胡适"是"古文家"的人,只是说他实事求是,为学术而学术的"考据"求真的精神,近乎汉代的马融、郑玄;不像汉代的"今文家",和当代的"教条主义者"牵强附会硬要以"学术为政治服务"罢了。

至于着重"哲学解释"的宋明"理学",与清代的"朴学"也有其本质上的差异,清初汉族士大夫,椎心泣血,深感"亡国之痛",他们觉得"置天下饥馑于不顾"的宋明理学家太空洞了,他们——如黄宗羲(1609—1695)这一辈的明末遗老——痛定思痛,乃想搞点真能经世致用、救国救民的学问。吾人读闲书读到《明夷待访录》,再读读十七、八世纪欧洲《民约论》等类似的著作,真不禁废卷叹息。

可是到乾、嘉之际,汉族士大夫做亡国奴已做成习惯。不梳辫子,而要回头去留明朝的"长毛",反觉不舒服。加以康、雍、乾三朝开明专制的结果,"三代以下无斯盛",物阜民丰,简直是亘古所未有。《明夷待访录》因而再也引不起知识分子的共鸣。再加三朝文字之狱的教训,士大夫既不想再搞明心见性,又不想搞、也不必再搞什么经世致用,这样才群起"厚古薄今",大倒其字纸篓,搞起了胡适之先生宣传了一辈子的"乾嘉之学"——具体一点的说便是"训诂学"、"校勘学"和"考据学"——也就是"整理国故"之学;太平盛世的文化余事。

如果我们说"置天下饥馑于不顾"去搞什么"明心见性"为本末倒置;则胡先生"置天下饥馑于不顾"而去倡导什么"训诂、校勘",乃至于"自由、容忍",不也是与时代脱节吗?

回忆抗战胜利之后,举国学潮汹涌。笔者这一辈的知识分子那时正是这学潮正反两面的中坚。在这个学潮中,所谓胡适思想简直未发生任何作用。主要的原因便是他与时代完全脱了节。胡适之先生在本章所说的"治学方法",原是学术界的奢侈品;奢侈品只有在像我国的乾嘉之世,或今日富强甲于全球的美国,才能大排用场。当然多难的祖国,总归也有富强的一天啊!

〔2〕 当胡先生颇为得意和不断微笑的向笔者口授其大学时代所逐渐领悟的治学方法之时,他也常问我抗战期间读大学和中学的情况,因为那时他没有回过国,不了解战时教育的状况。因而笔者偶有陈述之时,他总是说:"应该写下来!应该写下来⋯⋯这些都是最好的战时教育史料。"

其实"史料"是否"最好",虽很难说,故事倒也是挺有趣的。笔者拜读鹿桥兄的《未央歌》,对他在四季如春的昆明校园里的生活颇为神往。而我自己所藏身的雾重庆里的沙坪一角,也别有情趣!

笔者抗战中期所就读的大学,是"人间"一坝的沙坪"中大"(那时后方还另有"天上"和"地狱"两"坝")。可能是因为地区的关系,全国统一招生,报考"第一志愿"的学生太多,沙坪中大那时是个有名的"铁门坎"。要爬过这个门坎,真要凭"一命二运三风水,四积阴功五读书"。可是惭愧的是我们那时的文法科,也是个有名的"放生池"。一旦"阴功"积到,跨入大学门槛;然后便吃饭睡觉,不用担心,保证四年毕业!

那时的"联大"据说比我们便好得多了。目前在美国颇有名气的数理逻辑专家王浩教授,便是与笔者"同年"参加"统考",进入"联大"的。当我二人各吹其"母校"时,王君总是说:"你们进去比我们好;出来比我们差!"笔者细思,按数理逻辑来推理一番,王君之言,倒不失为持平之论。我想"我们"出来比"他们""差"的道理,是"我们"四年大学,有一半是在茶馆里喝"玻璃"喝掉了。

当年"我们"在沙坪坝读文法科,教授先生与我们,似乎没有太大的关系。他们上他们的课堂,我们坐我们的茶馆。真是河水不犯井水。考试到了,大家挤入课堂,应付应付一下,若有"保送入学"的"边疆学生",或日军中起义来归的"韩国义士",用功读书,认真的考了个"八十分",大家还要群起而讪笑之,认为他们"天资太差,程度不够!"

因此要看"天资不差,程度很够"的高人名士,只有到茶馆里去找;因为他们都是隐于茶馆者也,其时所谓"沙磁区"一带的茶馆里的竹制"躺椅"(美国人叫"沙滩椅")据说总数有数千张之多。每当夕阳衔山,便家家客满。那些茶馆都是十分别致的。大的茶馆通常台前炉上总放有大铜水壶十来只;门后篱边,则置有溺桶一排七八个。在水壶与溺桶之间川流不息的便是这些蓬头垢面、昂然自得的、二十岁上下的"大学者"、"真名士"。那种满肚皮不合时宜的样子,一个个真都是柏拉图和苏格拉底再生,稍嫌不够罗曼蒂克的,便是生不出苏、柏二公那一大把胡子。

诸公茶余溺后,伸缩乎竹椅之上,打桥牌则"金钢钻"、"克鲁伯",纸声飕飕。下象棋则过河卒子,拼命向前……无牌无棋,则张家山前,李家山后;饮食男女,政治时事……粪土当朝万户侯!乖乖,真是身在茶馆,心存邦国,眼观世界,牛皮无边!

有时桥牌打够了,饮食男女谈腻了,行有余力,则以学文,换换题目,大家也要谈谈"学问"。就以笔者往还最多的,我自己历史学系里的那批茶博士来说罢,谈起"学问"来,也真是古今中外,人自为战,各有一套;从《通鉴纪事》到《罗马衰亡[史]》;从《至高无上》到《反杜林论》……大家各论其论。论得臭味相投,则交换心得,你吹我捧,相见恨晚!论得面红耳赤,则互骂封建反动,法斯过激,不欢而散。好在彼此都是卧龙岗上,散淡的人;来日方长,三朝重遇,茶余溺后,再见高下……

如今事隔三十多年了,回头看看当年"进去比他们好,出来比他们差!"才气纵横,因头垢面而谈诗书的沙坪旧侣,又何尝不是如胡适之先生所说的"诸公一一皆人英"呢?笔者在海外教书,算来也二十多年。所参与的各种民族,各式各样的学术讨论会,也为数不少。但是那些"会"就很少比我们当年沙坪坝上的茶馆 seminar 更有才气,更富智慧!

前些年笔者在纽约州立大学一所校园内,教了一年书。那是群山丛中一个孤立的大学城。学生课余无聊,则去"啤酒吧"(beer bar)里喝啤酒,跳舞吹牛,因而四周群山之中,据说有啤酒吧五十余所。笔者课余无事,偶随一、二同事,进去一觑虚实。观察所得总觉得他们的"啤酒吧"里饮食男女的气味太重,没有我们"茶馆"里的"学术气味"。

在我们的"茶吧"之中,笔者自惭"智商"较低,读书也比较保守。但是风气所及,也读了一肚皮小册子。今日回思,那时我们在茶馆里所谈的"学问",已经很明显的超脱了"胡适之治学方法"的范畴。

记得在大二的时候,我选了一位戴瓜皮小帽的教授赵少咸先生的"文字学"。我们主要的参考书是《段注说文解字》。一次我在《说文》中无意的翻到个"县"字。一看段注引《释名》曰:"县,县(悬)也;县(悬)于郡也。"我立刻便觉得段玉裁太疏忽了。"县悬于郡"是始皇以后的事,而县之制早见于春秋,怎能说县之为县,是因为他老人家"县于郡也"?!

所以我想"县"字在古代一定别有意义。我一肚皮的小册子,因而也帮助我大胆假设出,"县"的本义是"悬而未决"不是"县县于郡"。因为在古代封建制度之下,土地不能自由买卖。它底所有权,不是"封"人,便是受人之"封",但是有些新近开拓的土地,在未找到适当"受封"者之前,则暂时不"封"。这种"悬而未决"的"待封"土地,便是"县";它由国君派一文官,暂时管理,这种暂时性的管理员,便是后来"县令"或"县长"的前身。

就拿我"唐"家来说罢,据说敝族的一世祖原来却是个凤子龙孙——他是周成王的"小弱弟"。一次他哥儿俩在一起玩耍,哥哥捡起一片"桐叶"向弟弟说:"封给你罢!"也是我唐家有福,这句"戏言"被周公听到了,他就向小弱弟"道贺"。成王说这不过是我兄弟俩的游戏,何能当真?谁知周公是位书酸子,他硬要说:"天子无戏言!"这一下成王不得已,只好"封小弱弟于唐"。小弱弟也就一下变成敝族里的第一个"封建地主"了。

但是"唐"这块地方(territory),在小弱弟受"封"之前的又具有何种"法律地位"(legal status)呢?我想那可能就是个"悬而未决"的地位。在封建制极盛的西周,"悬而未决"的土地,终必封人。至东周封建制逐渐崩溃之时,许多"县而未决"的土地,则派专门文官治理,永不封人。这一来,我国的"封建制"也就逐渐蜕变成"文官制"。文官制下,土地自由买卖,也就逐渐变成马克思能说出,而不能理解的所谓"亚洲式的生产方式"(The Asiatic mode of production)了。

"亚洲式的生产方式"何以与"欧洲式的生产方式"不同? 这个问题,马克思派社会史学家如不加以解决,则马公的整部唯物史观都要动摇了。

我把这个"发现"带回茶馆。众茶馆历史家都认为"有道理";认为"这个题目可以做"。在诸大名士鼓励之下,我就真的"做"起来了。我做的"方法"也是直觉地把古书里所有有关"县"字记载抄下来,排个队。可怜那时我们这些在国立自修大学里读书的青年,尚不知道古书已有"引得"(index)可用。我们只是用笨办法到古书里一页页地去"找"。什么十三经、诸子,乃至金石甲骨的拓片,都是我寻找的对象。我们的茶馆讨论班有时也帮我去找。我们一共找了百余条有关"郡"和"县"的记载。把它们排起队来,我越看越相信我的"发现"有"真理"。在众人讨论和鼓励之下,我就真的写了一篇《中国郡县起源考——兼论封建社会之蜕变》的小文章。这是大学二年级的事。

大学三年级我又选了一门顾颉刚先生兼授的"商周史"。顾先生教了些什么我已不大记得了。只记得他是我大学四年中唯一不要考试,只缴一篇期终作业,便可了事的教授。因而我就把我这篇茶馆论文,修改修改,便搪塞了。转眼就是大学四年级了。我想写一篇中国古代地方制度史作毕业论文,因而就写了封信给顾先生讨回这篇"期终作业"。谁知在顾先生寄还的卷尾上竟有一长篇用朱笔写的批语,说什么"有眼光有裁断,文笔亦能达出……望多治商史,将此文重作,当为编入文史杂志也。"另外他还附了一封长信,一再叮咛,要我"多治商史"。遗憾的是那时被"摆子"打惨了;平价米的"八宝饭"也吃够了,我急于要"毕业";也就未再去"多治商史"了。今日回想起来,真觉得有辱师承。

笔者之所以不惮烦,把自己这篇上不得台盘的茶馆作文,也重叙了一大遍的道理,主要的是我觉得,我们那时沙坪坝茶馆里一群二十上下的臭皮匠所谈的"学问",似乎已经突破了胡适之先生所倡导的"治学方法"的框框了。

胡适之先生在本篇中所说的"治学方法",事实上是我国最传统的训诂学、校勘学和考据学的老方法。简言之便是版本真伪的比较,文法的分析,再加上他独具只眼的"历史的处理"。用这些精密的方法,他可以发前人所未发,把古书里的"言"字、"汝"字、"尔"字…分析得头头是道。但是如果碰到"郡"字、"县"字,这些与制度史、社会史有关的字,他那套"方法"便不够用了。

把土地"悬而不封",这一"封建社会蜕变过程"中的活生生的现象,并非中国所专有。中古欧洲和近古日本皆有例可援。这是以"社会科学治史"和比较史学中的关键所在。学者如罔顾社会科学的法则,而专门去倒训诂学、校勘学的字纸篓,那就所见有限了。

所以胡适之先生求学时期,虽然受了浦斯格和杜威等人的影响,他底"治学方法"则只是集中西"传统"方法之大成。他始终没有跳出中国"乾嘉学派"和西洋中古僧侣所搞的"圣经学"(Biblical Scholarship)的窠臼。

我记得我们那时在茶馆里也曾谈到"孔子的老子为何不姓孔"的问题。孔子的子孙:孔鲤、孔伋、孔安国、孔融、孔祥熙、孔德成,都姓"孔"。为何他的老子独独不姓"孔"呢? 这虽是个小问题,但它却显示出孔子时代社会经济上的大变动。这个变动的实情如何? 那当然也不是"胡适的治学方法"所能"治"得出来的了。

所以在现代社会科学方法发展的对照之下,适之先生的治学方法,事实上只能算是现代学术中的一种"辅助纪律"(auxiliary discipline)。适之先生之所以乐此不疲者,实在是因为他幼而习、长而行,考据成癖。还有就因为他是个"老辈"。老辈们搞老辈的学问。你要他不知老之将至,而向后辈不断跟进,是做不到的,尤其享有盛名的"老辈"!

〔3〕 正因为"胡适的治学方法"受了时代的局限,未能推陈出新,他底政治思想也就跳不出"常识"和"直觉"的范围。最主要的原因便是由于他的"治学方法"不能"支持"(support)他政治思想的发展。

在四五十年代的中国思想界,"胡适"简直具有"自由男神"的形象(image)。但是试问胡大神,"自由"究竟是个什么东西呢?胡氏的答案也超不出我们一般人所共有的"常识"。这常识是发自一个"不自由"的时代,被奴役的人们"直觉"上对"自由"的渴慕。这在"行为科学家"(behavioral scientists)的公式上便是个S–R或S–O–R(stimulus-organism-response)——也就是"刺激・生机・反应"过程中的自然产品。这与饥则思食、渴则思饮、穷则呼天……一样的自然。但这只是个"常识"的答案,而不是科学的答案。但是国族兴亡,社会变迁,又岂是我辈匹夫的"常识"所能应付得了的!?

在一个行为科学家看来,"自由"只是人类观念里的一种"价值"(value)。"价值"云何?"有用"(usable)之意也。天下无"无用"(useless)之"价值"。"价值"既有用矣,则价值必有其他的相关因素存乎其间,相互构成个"价值连锁"(value relativism)。美学家们要美必求真,有真始有善。这种"真、善、美"的"价值连锁",是一种哲学性的"价值连锁",为社会科学家所不取。社会科学家所要研究的则是科学的"价值连锁"(scientific value relativism)。"自由"这个"价值",在科学上与它相互连锁,牵一发足动全身的相关因素,是些什么东西呢?搞出了这些东西,则这些东西的"价值"都是在科学上客观地相互依赖的,以科学规律为依归,是谓之"价值中立"。在这些相关因素未全部澄清之前而奢言某一价值,则这一价值便是孤立的价值。孤立的价值在哲学上有其情趣;在科学上是没有意义的。

胡适之先生生前所倡导的"自由"是直觉上的"为自由而自由"的"自由";是一项不折不扣的孤立价值的"自由"。孤立的"自由"自有其哲学上和宗教上的情趣;在社会科学和行为科学上便完全失其意义了。

笔者引了这些"行为科学"上近乎诡辩的理论来批评胡先生,并不等于说适之先生倡导自由是搞错了。我只是指出他没有解释"自由"是个什么东西?为什么要争取"自由"?和如何去争取"自由"罢了。

再者,笔者虽然提出适之先生的政治思想没有行为科学的根据,也不是说美国的行为科学就有什么了不起。相反的,时至今日它仍然是个没有完全成熟的东西。它和其他任何美国"新"东西一样,是一半实质,一半花枪的。

笔者在三十年前初抵美洲之时,"行为科学"正和另一项美国新货"电视机"同时上市。它底销路也和电视机一样,不数年便风行全国!它不但在理论上把原有社会科学老前辈,一一挤得"靠边站",它在"经济"上也威风一时掌握了"福特基金"。非行为派学人想在基金会内找点油水也真是难上加难。记得五十年代之初,笔者所参加的哥大青年教授戴维·端纳(David H. Donald)有关美国社会史的"持续讨论班"(continuous seminar),班中的一批青年师生便口口声声什么(与行为科学双线并行的)"新修正主义"(neo-revisionism)。笔者当时是这个小班中的唯一的"老番"。虽然我觉得他们钻得洋洋得意的小牛角,不合我的口味——因为他们把"白人"的经验缩小到"美国人";再把"美国人"缩小到林肯以后某时某地的美国社会(是一种社会科学上的原子分裂术)——但我也觉得那是与当时市场上新出品的半导体收音机,一样地精巧、新颖可爱。同时我也发现那些搞汉学的老教授对这些"新"东西简直一无所知!胡适之先生对这套"新"学问,似乎也不甚了了。

更令我震惊的则是我发现这个新兴的"行为科学"(behavioral science or sciences)的始作俑者不是别人,正是胡适的老师杜威。杜威在年近九十之时,讨了个比他小了四十来岁的年轻老婆;同时在杜威哲学上又搞出个个性决定行为的新花样!可惜天不假年,他才活了九十来岁,新论未出,便短命而死!

可是正当杜威之学走向一个新阶段之时,他的东方第一大弟子胡适却大开其倒车——到处宣传其早已与时代脱了节的,停滞在"训诂"、"校勘"阶段的"治学方法";他自己虽然是满口"自由、民主",而每日灯下埋头钻研的却是一部支离破碎的《水经注》!天下事之"不调和"有若斯者乎?

当然一个人的精力是有限的。我们检讨胡适之先生的成就,绝不应该责备他,为什么在晚年不学他的老师去讨个小老婆;在治学方法上玩点新花样呢?只是吾人读近代中国政治史和学术史,觉得我们政学两界都害了过分依赖权威的毛病,如果"权威"没有进步,我们全民族就跟他们一道落伍了。

第七章 文学革命的结胎时期

今天我想谈谈我对语言和文学里的各种问题所逐渐发生的兴趣,以及我个人怎样主张以活的通俗语言去代替〔半死的〕文言作为教育工具和文学媒介的经过。在我的《四十自述》里,我曾写有专章讨论此事;此处我想再用英文留点纪录,也该是很有趣的罢。[1]

首先我想指出的便是这一运动时常被人误解了。举个例子来说罢。前些年〔美国的〕《展望杂志》选出我为全世界一百名闻人之一。我当然觉得这是一件荣誉。可是当我一看到我照片底下那一段颂辞,我不禁失笑。他们选我的原因,是我曾经替中国发明了一种新语言。这一项荣誉,世界不论任何人——男人或女人,都不能承当。我没有替中国发明一种语言;世界上也没有任何人曾经替任何国家"发明"过一种语言。[2]

我并且必须先说明,由于我个人的历史观念很重,我可以说我经常是一位很保守的人。我是反对什么知其不可而为之的。由于历史观念很重,我总是告诉我的朋友们,语言文字是世界上最保守的东西,比宗教更为保守。这句话已经就说得够重了。

语言之所以为语言,正如宗教之所以为重要的宗教,它们都必须深入到百万千万的广大群众中去。当一种社会上的事物,深入群众而为群众所接受之时,它就变成非常保守的东西了。改变它是十分困难的。语言文字之所以变成世界上最保守的东西,就是因为它普及于群众而为群众所接受的缘故。就中国的语文来说罢。汉语已成为亿万群众所接受,因此对汉语要有任何兴革的倡导,难免都是要为听者所误解的。因此其结果便是要从事一个〔易为亿万群众所误解的〕语文改革,谈何容易?! 在英语里面从事拼音改革而受到阻力的故事,是尽人皆知的。在我当学生时代,一些有影响力的要人如老罗斯福(Theodore Roosevelt)等人所策动的英语拼音改革运动,毫无成绩之可言[3]〔也是这个道理〕。

上面已经说过,由于我的思想深深地受了历史的训练而使我变成个保守的人,所以我对语文改革运动并不十分乐观。纵使我才二十来岁的时候,我对语言问题已是相当保守的了。我反对那些轻言中文字母化的人。关于这一点,我在《四十自述》里曾经有过交代〔见该书附录《逼上梁山》第一节〕。我说我是被"逼上梁山"的。这句中国成语是说一个人为环境所迫,不得已而做出违反他本意的非常行为〔我原来是个保守分子,被众人所迫而走上了对中国语文作激进改革的道路〕。

〔在《四十自述》里(1954年港版,第99页)〕,我说过一个故事:做个庚款留学生,我每月总要收到一张自华盛顿清华学生监督处寄来的支票。在这张支票的信封里,总也有一张由主办书记所私下插入的小传单。这位传单的作者叫钟文鳌,是位教会学校(〔上海〕圣约翰)出身的好好先生。他对改革中国社会具有热情。因而他在每月寄出的支票信封内,总夹了一张宣传品,内容大致是这样的:

不满二十五岁不娶妻。

废除汉字,改用字母!

多种树,种树有益。

平时我们收到这些小传单,总是把它向纸篓里一丢就算了。可是有一次——我想是1915年——我坐下来写了一张小条子,回敬了他一下。我说:"像你这样的人,既不懂汉字,又不能写汉文〔而偏要胡说什么废除汉字〕,你最好闭起鸟嘴!"大致如此。[4]

这张小字条寄出之后,我心中又甚为懊悔。觉得我不应该对这位和善而又有心改革中国社会风俗和语言文字的人这样不礼貌。所以我也就时时在朋友们的面前自我谴责,并想在〔文字改革〕这方面尽点力。我说假如我们认为像钟君那样的人不够资格谈这类问题,那我们这些够资格的人实在应该在这方面用点功,把那些可行和不可行的问题都提出来检讨检讨!因而我就和我在1910年同时进康乃尔的赵元任谈起这些问题。

赵君一直对语言问题有兴趣,尤其有关汉字拼音和拉丁化的问题。事实上我当初并无心反对汉字以字母拼音。我只觉得像钟君那样的人,实在不够资格来谈汉字拉丁化这一类的问题罢了。换言之,只有像我同学朋友赵元任这样的人才能以科学分析方法来谈谈汉字拉丁化这一类的问题。

那一年恰好美东中国学生会新成立了一个"文学科学研究部",我是文学股的委员,负有准备年会时分股讨论的责任。我就同赵元任先生商量,把"中国文字的问题"作为本年文学股的论题,由他和我两个人分做两篇论文,讨论这个问题的两个方面;赵君专论《吾国文字能否采用字母制及其进行方法》;我的题目是《如何可使吾国文言易于教授》。

我二人的论文都在中国学生会中宣读了。赵君后来觉得一篇不够,又连做了几篇长文讨论吾国文字拼音化的问题。今日大家都知道,赵先生自此继续深入研究,也就变成了后来汉字注音两大系统之一的主要编制人。现在的"国语罗马字"便是他和其他几位音韵学家编制出来的。[5]

在我自己的那一篇讨论如何使"文言"文字易于教学的论文里,我也提出了若干条,此处我就不想重复了。各条之中后来对我研究语言问题有关的一点,便是我指出中国的文言文是个"半死的语言"。我认为语体(白话)是活的语言,而文言半死的缘因,就是文言里面有许多现在仍在通行的词汇,同时也有些已经废弃不用的词汇。例如"狗"字今日仍在用;"犬"字就不用了。"骑马"仍是日常用语;"乘马"就是个死词,事实上已不通用了。所以我说教授活的语体语言的方法,应该和教授半死的语言的方法,人为不同。这一条便至少可以看出我后来说白话是活的语言,文言是个半死的语言,这一主张便是这个时期开始的。[6]

这是1915年的夏天。那年秋季我就从康乃尔转学到哥伦比亚去了。因而从这次开始之后,以后两年我致力于语文改革的工作,也就是我在哥大学生生活中的一部分。

当我正准备离开康乃尔之时,我的朋友梅光迪那时在绮色佳渡假,正准备去哈佛升学。梅君也是一位庚款留学生。他自威斯康辛大学读毕英国文学学士学位之后,便转入哈佛去跟随当时有名的文学批评家白璧德(Irving Babitt)继续深造。梅君与我为文学改革引起了一场辩论;也就是因为他对我改革观念的强烈反对,才把我"逼上梁山"的。[7]

革命的导火线

下面我要讲的故事便是一连串发生的几件小小的事件。这些事件终于促使我走向对中国语文作废除死的古典语文,改取活的语体语文这一激进的改革方向。我主张不但用这种老百姓的语言、街坊的语言作为教育工具,并且用它来做文学媒介的改革。一连串的小意外事件,逐渐的强迫我采取了这个立场。我是反对历史单因论的。我常时开玩笑的说,〔历史上的〕意外事件往往比"单因"(monistic cause)——例如经济、色欲、上帝等等——更为重要。上述这些"单因"对历史上所有的事件,皆可解释。正因为它们对所有的事件皆可加以解释,它们也就不可解释任何事件了。[8]

让我来谈一谈我做诗送我的朋友梅光迪去哈佛这一件意外的小事。这首小诗按中国诗的标准来说,算是相当的长了。在这首替朋友送行的打油诗(informal poem)里面,我用了十一个外国人的名字例如爱默生、霍桑、达尔文、拿破伦、凯尔文、牛顿、爱迪生、培根等人。当时在康乃尔的另一位中国朋友任鸿隽(叔永)把这些外国名字连缀起来,也做了一首打油诗来嘲笑我,说:"文学今革命,作诗送胡生!"但是我可不能轻意把他们放过,因为我那首诗立意相当严肃。我鼓励我的朋友们留意今后中国文学的发展。最后我并且说,致力于中国文学革命,其贡献并不下于征服自然,我叫它做"缩地戡天!"所以我在从绮色佳去纽约的火车上,也做了一首答任鸿隽的诗,表明我对"中国诗歌开始革命"的念头。

那时我〔对文学革命〕的观念,仍然是很模糊的。但是那首诗却是我第一次把我对这些问题的想法写下来。我说:"诗国革命何自始?要须作诗如作文!"这里我就不再重引全诗来解释为什么要"作诗如作文"了。

我那首诗在我的朋友们之间引起了一场是非。梅、任两君都参加了对我的辩论。梅君认为"诗"和"文"是根本不能混为一谈的。"诗之文字"(poetic diction)和"文之文字"(prose diction),自有诗文以来(不论中西)已分道而驰……所以我们辩论不休;愈辩则牵涉愈多,内容也愈复杂愈精湛。我的朋友们也愈辩愈保守;我也就愈辩愈激进了。

当我在哥大的佛纳大楼住定之后,我也有了更多的时间对这些辩难与讨论作更严肃的思考。今日回思,在1916年2、3月之际,我对中国文学的问题发生了智慧上的变迁。我终于得出一个概括的观念:原来一整部中国文学史,便是一部中国文学工具变迁史——一个文学或语言上的工具去替代另一个工具。中国文学史也就是一个文学上的语言工具变迁史。

同时我也得出〔另外〕一个结论:一部中国文学史也就是一部活文学逐渐代替死文学的历史。我认为一种文学的活力如何,要看这一文学能否充分利用活的工具去代替已死或垂死的工具。当一个工具活力逐渐消失或逐渐僵化了,就要换一个工具了。在这种嬗递的过程之中去接受一个活的工具,这就叫做"文学革命"。[9]

就在那个时候——1916年3月——我写了一封长信给麻州剑桥的梅君。在那封信中我就指出,整部中国文学史都说明了〔中国〕中古以后老的语言工具已经不够用了。它不能充分表达当时人的思想和观念。所以人们必须要选择一个新的工具。事实上这个变迁在唐代便已发生了。那时的散文在体裁上发生了革命,因而逐渐发展出一种以"白话"来表达"语录体"的新文学。这种新体裁,首先为和尚们所采用;后来宋代的哲学家也逐渐的采用它来纪录他们的哲学讨论。最后老百姓更利用它来作歌曲。他们甚至使用这种活的语言(白话)来编戏剧和写短篇和长篇的小说。所以我指出这种用语体文写的活文学——最明显的如元曲——便是人民大众在不知不觉中完成的文学革命的最高潮。无可否认的,中国文学之复苏,实得力于白话戏曲和白话小说之兴起。在那时,我们都认为所有的传统中国长篇小说皆是元朝的产品。出我意料之外,我这项由历史分析出发所得出的结论,竟为我那在哈佛大学的保守朋友梅光迪,所欣然接受了。

所以在1916年的春季,我就写了一些比较完备的有关我对中国文学史的概念和大纲。我指出在中国文学史里面,便曾经有过好多次的"文学革命"。自《三百篇》而下,三千年来中国诗歌的流变之中,便有过一连串的革命。有的渐进的;有的却也相当激进。在老子和孔子以后所逐渐发展的散文,也是如此。

对这项历史的研究我特别重视中国戏曲、短篇故事和长篇白话小说等活文学。我指出在蒙古人入主中原的时候,一个活文学便已在中国的地平线上出现了。不幸的是在〔明代〕仿古文学再度出现之时,这个文学革命受到了挫折和限制。所以我说,如果这一个趋势未受到人为的故意的限制和压抑的话,一个中国文学革命便可能早已出现了。〔其光彩〕足以和促成意大利文艺复兴的但丁(Dante),领导英国文学兴起的乔叟(Chaucer)和由马丁·路德(Martin Luther)以现代德文翻译《圣经》而开始的现代德国文学等相媲美〔亦未可知〕。

在1916年的春天,我对中国文学史已得到一个新认识和新观念——中国文学不是个一成不变的东西;它是一连串地有着生气勃勃的变动。我把这些变动叫做"革命"。远在元代我们已经看出白话文学的兴起。这在中国文学史上是极其重要的。我并且也得出另外一个有关现代文学的结论。在我们自己的时代,那唯一可以被称为活文学的作品便是"我佛山人"(吴趼人)、"南亭亭长"(李伯元)和"洪都百练生"(刘鹗)等人所写的《官场现形记》、《二十年目睹之怪现象》、《九命奇冤》和《老残游记》。[10]

那时我还填了一首词〔"沁园春"题目叫"誓诗"〕。在这首词里我便高呼"诗学革命"了。我坦白地指出:"文学革命何疑?! 且准备搴旗作健儿!"那年的夏季我去俄亥俄州的克利佛兰城参加"第二次国际关系讨论会",来回都要路过绮色佳〔在那里一共住了八天〕,因而和在那里渡暑假的老朋友任叔永(鸿隽)、唐钺(擘黄)和后来中央研究院发起人之一的杨杏佛(铨)重叙旧交。我们讨论了中国各方面的问题,尤其是有关文学方面。在这两次访问之后,我在日记里记着我们讨论中的几个项目。这几项也很准确地总结出我自己对这些问题的主张。所以在这里我也把它念出来,做个英文记录:

(一) 今日之文言乃是一种半死的文字。

(二) 今日之白话是一种活的语言。

(三) 白话并不鄙俗,俗儒乃谓之俗耳(当然啦,现在我也了解,所谓"俗 vulgar",其简单的意义便是"通俗",也就是能够深入群众。它和"俗民 folk"一字,在文学上是同源的)。

(四) 白话不但不鄙俗,而且甚优美适用。凡言要以达意为主,其不能达意者,则为不美。

(五) 凡文言文之所长,白话皆有之。而白话之所长,则文言文未必能及之。

(六) 白话并非文言文之退化,乃文言文之进化,其进化之迹,略如下述:

1. 从单音的进而为复音的。

2. 从不自然的文法进而为自然的文法〔例如"舜何人也"变为"舜是什么人"〕。我并且举出文法上的变化。多少年后我又特别的写了一篇论文,来讨论〔中国〕文法的演变。

3. 文法由繁趋简。由中古文言的多种文法构造,逐渐简化。例如人称代名词之逐渐简化。

4. 文言文之所无,白话皆有以补充〔例如文言只能说:"此乃吾儿之书",但不能说"这书是我儿子的"〕。

(七) 白话可以产生第一流文学。白话已产生小说、戏剧、语录、歌曲、诗词。

(八) 以白话小说、故事、戏曲为代表的活文学,可能是中国近千年来唯一真有文学价值的文学。其非白话的文学,如古文,如科举专用的八股、笔记等等,在世界文学标准中,皆不足与于第一流世界文学之列。

（九）文言的文字可读而听不懂；白话的文字既可读、可说又听得懂。凡演说、讲学、笔记，文言决不能应用。今日所需，乃是一种可读、可听、可歌、可讲、可记的言语。要读书不须口译，演说不须笔译；要施诸讲台舞台而皆可；诵之村妪妇孺皆可懂。不如此者，非活的言语也，决不能成为吾国之国语也：半死的文字决不能产生第一流的文学也。

以上九条是记载在我 1916 年 7 月 6 日的日记之中，很确切地表达了我对策动中国文学革命的中心思想。这许多严肃性的讨论，和我后来所做的历史性的研析，实在只是由于我写了一首向去哈佛升学朋友的送别诗所引起的小小偶然事件。这也就是我所说的偶然发生的事件往往会产生历史性的大事〔的实例〕。

那时还有一桩值得一提的偶然发生的小事，也引起了连锁性的反应。其结果竟使我下定决心不写旧诗，要写就用活的语言来写。就在我纪录上述九条的同时，我又收到一封从绮色佳的来信，信中告诉我说，又有一件小小的意外事件在绮色佳的凯约嘉湖畔发生了。

原来那年 7 月 8 日我的朋友任鸿隽、莎菲陈（衡哲）——她是沃莎女子学院的学生——梅光迪、杨铨、唐钺等人在〔绮色佳〕凯约嘉湖上划船。片云头上黑忽然刮起风暴来了。他们急忙把船向岸边划去，但是雨已经下来了，匆忙之中，他们几乎把船也给划翻了。虽然没有发生什么意外，但是大家都被淋得狼狈不堪。这件事对这批中国留学生来说，也可算是件险事，所以我的朋友任鸿隽乃写了一首〔《泛湖即事》〕诗附在他给我的信中寄给我要我批评。那是一首四言古诗。其中竟用了些陈腐（archaic）的像〔《诗经》里面的〕"言"字一类的老字。恰好我年前又曾做过一篇《言字解》的文章〔所以我看到他诗里那些"言棹轻楫，以涤烦疴"，又有"猜谜赌胜，载笑载言"一类的句子，有点不舒服〕。

我反对我的朋友把这些陈腐的文字和现代语言夹在一起。所以我写信给叔永说他的诗不好，因为他的诗里"文字殊不调和"！任君不服，特别是对我所说的"三千年前之死语"，更感到愤愤不平，因而我们就辩论起来了。但是更有趣的一点倒不是我诗人朋友任君的强烈抗议,而是另一位哈佛朋友梅君,路见不平来拔刀相助,写了一封十分激动的信向我反击。

这时的梅觐庄正受了他那位保守派文学批评老师白璧德教授的影响。所以我的一切激进他都反对到底。他认为语言必须经过第一流的诗人加以锻炼,才能成为诗的语言。〔他坚持〕文学的文字——尤其诗的文字——一定要由第一流的诗人和美术家加以美化,才能成为诗之文字。据此,他便对我的观念大加挞伐。

梅君这种变化实在是很有趣的。他的保守主义和激动的评语使我大为欣赏。所以我坐下来写了一首老长的,约有一百句的滑稽打油诗加以奉答。这是我生平所写的最长的一首诗。开头我描写老梅大发脾气;接着我又讨论了一些死文字和活文字不同之点。我举了许多例子开顽笑地来驳掉他"文字那有死活"的理论。我特别提出了他所说的文字必须经过诗人美术家长期锻炼那一点来驳他;我说这正是我所想做的。我觉得我们这批当代的诗人和作家正应该把这些所谓俗语俗字"锻炼"起来;提高他们的地位,把他们提到诗歌文学里来。

我这首打油诗(burlesque)引起了康乃尔的任君和哈佛的梅君大发雷霆。因而他二人皆复信取笑我企图作白话诗。但是我在他二人的信里也发现了他二人也有个共同的论调:他二人都承认白话文的生动可以用到许多别的写作上去,如评话、故事和长篇小说,但是就是不能用在诗里面。例如梅君说,文学之中有各种部门。在小说和民歌里面,白话是可以用的。但是在高级散文里——肯定的是在诗里面——白话千万用不得。任君的信上则说,"白话自有白话用处(如作小说、演说等),然不能用之于诗!"

所以我终于得到个结论,那就是我们一年多的讨论已逐渐约束到一个中心议题里来。这个中心议题便是:白话文用在文学其他任何部门都很适合,就是不能"用之于诗"。诗一定要用有锻炼的文字来写。

这样一来,则我的朋友们除了"诗"这个堡垒之外,其他方面已经全部向我让步了。

〔为攻克这最后一个堡垒,〕我开始用的战术是把他们反对我的原因排个队。第一,从来没有诗人用俗语俗字作过诗。〔在中国诗词中,〕我只能找到一首——甚或一首中的几句——是用白话文写的。所以使他们振振有词的原因,是白话诗的数量太少。第二,也是他们更能言之成理的,则是从来没有中国作家认真着实用白话来做诗作文。诗人们最多是兴之所至,在他们的作品中偶用白话,或者一诗之中偶写数行白话而已。他们就对白话有一种下意识的鄙弃,从来没有认真的用白话做诗。因而我想我如果要说服我的朋友们,使他们相信白话也可以做诗的话,那我只有以身作则,来认真尝试用白话作诗。除此之外,再没有其他的办法了。

在1916年的7月底,我便向我这些朋友写信说,白话也可以做诗,虽然以往没有太多的白话诗,今后则可以多写,写得它多采多姿。所以今日当务之急,便是我们自己认真着实从事写作"白话诗"的试验。纵使我们失败一、二次,乃至无数次,我们还是可以不断地试验下去,试验到最后证明白话究竟能不能做诗为止。因此在7月26日我就写了一封信给吾友任君,说:"……文字者,文学之器也。我私心以为文言决不足为吾国将来文学之利器。施耐庵、曹雪芹诸人已实地证明作小说之利器在于白话,今尚需人实地试验白话是否可为韵文之利器耳。"

接着我又说:

> 我自信颇能以白话作散文,但尚未能用之于韵文。私心颇欲以数年之力,实地练习之。倘数年之后,竟能用白话作文作诗,无不随心所欲,岂非一大快事?

> 我此时练习白话诗文,颇似新辟一文学殖民地。可惜须单身匹马而往,不能多得同志,结伴同行。然我去志已决。公等假我数年之期。倘此新国尽是沙碛不毛之地,则我或终归老于"文言诗国",亦未可知。倘幸而有成,则辟除荆棘之后,当开放门户,迎公等同来莅止耳……

所以在1916年7月底8月初,我就决定不再写旧诗词,而专门用活的语言文字来写白话诗了。在我还没有写出几首白话诗之前,我已决定把我下一个诗集定名为《尝试集》了。[11]

这个诗集的名字也明显的表示出我是受杜威实验主义的影响。把实验主义的哲学理论应用到文学改良运动上面来。"实验主义"告诉我,一切的理论都不过是一些假设而已;只有实践证明才是检验真理的唯一标准。同时要证明一个理论之是否有真理的唯一方法,也便是想出这个理论在实际运用上牵涉到各种情况;然后在实验中观察这一特殊理论是否能解决某一问题的初步困难,从而进一步找出一个原来所要寻找的解决方案。

所以我的以白话文为活文学这一理论,便是已经在小说、故事、元曲、民歌等〔文学〕领域里,得到实际证明的假设。剩下的只是我的诗界朋友们所设想的韵文了。这剩下的一部分,也正是我那时建议要用一段实际试验来加以证明或反证的。

孤独的文学实验　大胆的革命宣言

在1916年的11月,我开始把我们一整年非正式讨论的结果,总结成一篇文章在中国发表,题目叫做《文学改良刍议》。

在那篇文章里我提出八条很温和的建议。你可看出,纵是这个题目也是很谦虚的。我已经不再用我向朋友们所常时提到的"文学革命"了。"文学革命"一词在我的诗和信里都常时提到;在朋友们给我的信中也常时提起。有时他们用的是开玩笑的态度;但是有时也很严肃。可是当我第一次要把我们一年多讨论的结果,和我自己的结论,撰写成文章,送到国内发表的时候,为考虑到那无可怀疑的老一辈保守分子的反对,我觉得我要把这一文题写得温和而谦虚。所以我用这个题目,说明是改良而非革命;同时那只是个"刍议",而非教条式的结论。

下面便是我那篇文章里所提出对文学改良的八条建议:

(一)须言之有物。写文章的人一定先要有一些值得一说的东西,才下笔。重点应在内容而不在形式。

(二)不摹仿古人。在这一条里,我乘机夹入我对中国文学史的看法。后来我叫它做"文学演变观"。其重点是一个时代要有一个时代的文学。后一代毋需摹仿前一代。同时我也指出十三四世纪中所产生的,用语体所写的俗文学——如故事、小说、杂剧等等的重要性。

（三）须讲求文法。这一条乍听起来,似乎有点荒唐。但是我们这些对中古中国文学相当熟悉的人都知道,那时的作家写文章,往往不讲求文法。中文的文法本来很简单,可是那中古作家们,运用了各种形式如对仗、骈骊、典故等等故意把它弄得复杂了。因而千多年来,写古文的人对文法的分析与结构全不讲求。

（四）不作无病呻吟。

（五）务去烂调套语。

（六）不用典。用典是中国文学里自中古时期遗传下来的一种花样。古代作家原无此恶习。可是自中古到近代,中国诗文简直是典故的天下。在这篇文章里,我对用典的批评写了很长的一段,因为两千年来,中国文人已把这种传统弄成习惯。要人家作诗文不用典,是件骇人听闻的事。

（七）不讲对仗。中文里"对仗"这玩艺用英文来解释实在很不容易,可是对仗在中文里实在太普遍了。

（八）不避俗字俗语。这条最重要,但是我写的还是很温和。我的用意是说,"在所有的文学里,皆用活的文字——用俗语——用白话"！为强调这一点,我就公开的说我承认那些伟大的小说如《水浒传》、《红楼梦》和那些我在本篇中所列举的当代通俗小说,比那些仿古的作品更能代表时代。我坦白地指出,那些几百年来都为人民大众所喜爱,而却为文人学者所鄙弃的白话小说、故事说部和戏曲都是中国出产的第一流文学,其原因便是由于他们所用的文学工具之有效率；换言之也就是它们是不避俗语俗字的作品。

那一篇对中国文学作试探性改革的文章是在1916年11月写的。我一共复写了三份。一份给由我自己作主编的《中国留美学生季报》发表。《季报》那时是由"商务印书馆"承印的。另一份则寄给当时一份新杂志《新青年》。该杂志由陈独秀主编已出版数年。陈氏于1916年受聘为国立北京大学文科学长。

这篇文章于1917年1月在《新青年》刊出之后，在中国文化界引起了一场极大的反应。北京大学一校之内便有两位教授对之极为重视。其一则为陈独秀本人。另一位则是古典音韵学教授钱玄同。钱氏原为国学大师章太炎（炳麟）的门人。他对这篇由一位留学生执笔讨论中国文学改良问题的文章，大为赏识，倒使我受宠若惊。钱教授〔后来〕告诉我，他曾与陈教授讨论到有关我这些建议的重要性。陈先生原来就是死硬派的革命人物。他在《新青年》的后一期也写了一篇《文学革命论》来作为响应，他就公开的来支持一个文学革命了。他坦白地说那首举义旗号召文学革命的是他的朋友胡适。他自己则高张大旗为他的朋友作声援。旗上并应大书特书三大口号：

（一）推倒雕琢的，阿谀的贵族文学；建设平易的，抒情的国民文学。

（二）推倒陈腐的，铺张的古典文学；建设新鲜的，立诚的写实文学。

（三）推倒迂晦的，艰涩的山林文学；建设明了的，通俗的社会文学。

陈君所阐扬的三大口号与我对中国文学史的了解实在甚为接近。独秀并于中国历史中找出很多的革命事迹。当他叙述到现代文学之时，他甚至把那些阻扰自宋元以后便以白话小说所发轫的文学革命的〔古文大家〕，总括为"十八妖魔"。在那个时候，我们对像《水浒传》等一流的小说巨著正确的写作年代，还不太清楚。我们还以为他们是元代的作品。现在我们是比那时更清楚了。那些精彩的故事和长篇小说，都是经过几百年的流传，到明代才正式写出定稿的。但是那时陈独秀和我都以为文学革命高潮起自元代而为明清两代的"十八妖魔"所阻扰了。

"十八妖魔"是哪些人呢？他们是领导明代文风的"前七子"和"后七子"。另外四人则是明代的古文大家归有光，和清代的方苞、刘大魁和姚鼐。这四位中的后三人〔方、刘、姚〕,皆是陈独秀和我的安徽同乡。现在我们安徽又出了个陈独秀,居然把这三位乡前辈,也打入反文学革命的"十八妖魔"之列。独秀把中古以后直到现在所有的仿古作品,一概唾弃;而对那些俗文学里的小说、故事、戏曲等等作家则大加赞赏。

钱玄同教授则没有写什么文章,但是他却向独秀和我写了些小批评大捧场的长信,支持我们的观点。这些信也在《新青年》上发表了。钱教授是位古文大家。他居然也对我们有如此同情的反应,实在使我们声势一振。

因而在我回国之前的几个月——1917年1、2月之间,我们的两篇文章(我的原文和陈独秀的响应文章)已经成为全国讨论的热门。读者投书更不断寄来,有的也在《新青年》上发表了。在此同时,我也把我尝试写作的白话诗寄给《新青年》刊登了。今日看来,那些诗实在没有〔从文言中〕真正解放出来。我的朋友赵元任就常常说我那些"白话诗"和"白话文"都"不够白";不是一般人所常用的真正"语体"。这点我早就承认。我说,那就像一些裹了四十年或者就是二十年小脚的女人。她纵使要把小脚放大,她还是不能恢复天足的。像我们这样做古文作旧诗起家的人,不能完全运用白话文,正和小脚放大的女人不能恢复天足一样。

但是我们这些文章——特别是陈、钱二人的作品和通信——都哄传一时。陈独秀竟然把大批古文宗师一棒打成"十八妖魔"。钱玄同也提出了流传一时的名句"选学妖孽"和"桐城谬种"。

桐城是我们安徽〔安庆府里〕的一县,而一县之中竟在"十八妖魔"里出了方苞、刘大魁、姚鼐三大"妖魔";号称"桐城派"。所以钱玄同叫这一派古文家为"桐城谬种"。

"选学妖孽"则指的是《文选》。《文选》是公元六世纪初年梁代的昭明太子自古代诗文中选编的。他所选的都是我国早期中古诗文的代表作,所以钱玄同称这一派作品为"文选学派的妖孽"。

这几句口号一时远近流传,因而它们也为文学革命找到了革命的对象。

注 释

〔1〕 胡适之先生在中国文化史上的贡献和地位,不是因为他是个什么"实验主义者"。实验主义在中国,说穿了只是一些早期留美学生带回国的美国相声。一阵时髦过去了,在近代中国文化史上只能做做注脚,是不值得多提的。

适之先生真正不朽的贡献,事实上便是本篇所叙述的,他对白话诗文的倡导和试作。这虽然多少也是那时的"时势"所铸造出来的,但是胡氏毕竟是第一个"英雄"。现在有许多讨厌或嫉妒胡氏的人,硬要把胡适的贡献打在陈独秀、钱玄同之下是有欠公平的。

所以在胡氏口述本章时,笔者就一再劝他不要再把"逼上梁山"那套陈锅粑烂豆腐翻成英文了,我劝他把他那八不主义的文学观在过去四十年所发生的影响作一番自我检讨:有永久价值的则认可而继续引伸之;只有临时价值,现已渐失时效的,则检讨而修正之;错误或时效全无的,则拔其根而扬弃之。总之,他老人家应该把那些本是浮光掠影,已嫌落伍的胡适文学理论提到"五十年代的水平"上来;这样至少也可以和"工农兵"队伍里的小将们,唱他个对台戏,让大家热闹热闹。我认为老胡适如真能粉墨登场,那些"草台戏"是唱不过他的。

可怜胡老师这时已经没有当年"青衣泰斗"陈德霖老师的勇气。据说当年陈老师虽老,还不时敷粉涂朱,披挂上台,来唱个没有牙齿的穆桂英!胡老师虽然还有满口牙齿,已不敢在台前亮相了。他总是说,"你们写嘛;你们写嘛!"他老人家自己在本章里,好汉专提当年勇,真令人泄气。

因此本章的英文稿,原是我们自他《四十自述》的《逼上梁山》那一章里节译出来的,今日只要复原一下,就不必再回译了。不过这经过胡先生自己手订的英文稿与《逼上梁山》的原文,多少也有点出入。所以笔者还是把它翻译回来了。

〔2〕 见 Donald Robinson,"The World's 100 Most Important People",*Look*, Oct. 4,1955,p. 40. "Hu Shih,63,Chinese scholar. He has invented a simplified Chinese language,is a great scholar."

〔3〕 英文原是从拉丁文里变出来的。拉丁语根和古英文里遗留下来很多累赘,本来都是可以简化的。举个最简单的例子:英文内"亲戚"relative 一字的最后一个字母"e"字,就是个不必要的字母,留在上面反而有碍于英语拼音的习惯法,所以有些语言改革家就主张把这段盲肠割掉,但是他们割了数十年,这个盲肠还在那儿。

〔4〕 胡氏中文原文用字文雅得多,这句"俗语俗字"是笔者根据他的英文

稿翻出来的。那些"不懂汉字,又不能写汉文"的人,偏要在海外演"中国之夜"也是同样令人"吃勿消"的。青年胡适发了这个小脾气,也实在是忍无可忍的结果。

〔5〕 笔者年前在《胡适杂忆》文中所写的"国语、方言、拉丁化"一篇在本刊刊出之后,曾收到刘绍唐先生转来台北《国语日报》王书川先生辱教大函,读之颇开茅塞。笔者本人也是赵元任主义者,赞成国语注音。因为我们传统的查"部首"办法实在太不方便了;笔者幼年作文就不知道对《康熙字典》发过多少次脾气,近年荒疏海外,为怕写别字,有时也查查字典,还是觉得《汉英辞典》比《康熙字典》方便;在海外中文图书馆查书,拼音制亦远比部首制方便多了。国语注音之造福学子,是没有人能否认的。

〔6〕 搞文学革命和搞政治革命有许多相同的地方。其中很重要的一点就是革命家一定要年轻有冲劲。他们抓到几句动听的口号,就笃信不移。然后就煽动群众,视死如归,不成功则成仁。至于这些口号,除一时有其煽动性之外,在学理上究有多少真理,则又当别论。青年胡适的"文言是半死的文字"这句口号,在那时是有其摧枯拉朽的功能,但是这口号本身究有多少真实性也是值得重行商榷的。

今日的考古学家和人类学家都知道任何初民,其语言和文字都不可能是一致的。我国最早的甲骨文和金文也都与口语无关,他们的作用就和"结绳纪事"一样是一种"纪录文字"。同时这种文字是受了原始文具的影响写起来愈简略愈好。就拿我国商代来说罢,商朝文人要留点纪录,他们就要雕龟、刻骨或漆书竹简。写起来如此麻烦,所以他们记点天气变化曰"亥日允雨",他们就不想用"亥那一天果然下起雨来"那样啰苏麻烦了。

古埃及、巴比伦和古印度的情形也大致相同。据说古印度《吠陀经》的作家们,他们如果在他们的作品上"省"一个字,比他们"多"生一个儿子还要高兴。巴比伦的"泥砖"作家亦复如是,因为一块泥砖实在写不了几个字啊。

所以如果我国商代也出了像胡适之那样的洋洋洒洒的大作家来,那末伐南山之竹,捉东海之龟,杀尽澳洲之牛,也不够他胡先生来出个文存!可是到春秋战国以后,中国文化进步了,生产力也提高了,先秦诸子才把原有的记录文字,进化成记人记事的古文文学。先秦诸子的特点是,第一它仍保持有远古纪录文字(如"亥日允雨"这类的结构)简洁的特点;第二在简洁中求其达意与生动。

且看《庄子》上写盗跖见孔丘的情况:"跖两展其足,声如乳虎,曰:'丘,前来!'"你能说这是"死文字"?

到司马迁更把"我们安徽"的土话也写入古文。《史记·陈涉世家》描写那位糊涂胆大的皖北农民陈涉,造起反来,当了"王"了。他以前那伙一起种田的土朋友去看他。一进他的"宫殿",乖乖,这批乡巴佬吓坏了。一位老乡对另外几位老乡说:"伙颐!涉之为王沈沈者!""伙颐"便是今日皖北还在用的土话"伙计"。"沈沈"也是一种土语:伙计,陈涉真正做了王了。司马迁把"我们安徽"这批老乡,真写得活龙活现。

《史记》里这一类的用法是举不尽的。它的好处便是以最简洁,大家都看得懂的传统记录文字,参以当时人说话的语体(俗语俗字)——用句现代话来说,便是"文白夹杂"。文白夹杂的好处,便是它既不诘屈聱牙,也没有纯白话那样的啰苏,而其简洁生动,则为两者所不及。

全世界任何仍在使用的语文,都生存在不断的新陈代谢之中。而一个语言文字的发展也受各种客观因素的影响。司马迁一部五十万言的巨著,都是在竹片上写下的。他和我们用原子笔写原稿纸如何能比?洋人就更方便了。他们拿起话筒对录音机大念一通,然后就用不着管了,女秘书们自然会把他们的"文章"打得整整齐齐的。

一次郭廷以先生访美,他看到洋人写文章的情形,然后回过头来叹息地向我说:"德刚呀!他们写文章是机械化;我们写文章是手工业,如何能比?!"

郭老师这句话虽只是一句"戏言",但这句戏言中却含有至理:一部中国文学史是不能与一部中国社会经济史,分开来读的。它和一部政治制度史,也有分不开的血肉关系。

青年胡适躺在哥大的学生宿舍之内,冥想一番,再和那几位满肚皮英文"教科书"的同学辩论一通,就对全部中国文学史,下起了极武断的结论,而掀起现代中国空前绝后的文学革命的高潮。

吾人今日如平心静气的来把胡老师分析一下,实在不能不佩服他悟性高。举一反三,能把旧文学的毛病,全部揭发;对新文学的兴起作大胆的倡导。所以吾人今日如对胡氏当年那点点浮光掠影的倡导也不愿接受,那我们便落伍到连逊清遗老也不如。但是吾人如只是接受了胡氏的"启蒙"而不加检讨和修正,那我们这过去六十年也就白活了。有志跟进的青年文学理论家,实在应作更多的努力。

〔7〕 胡适之先生之所以一棒把"中国文学"打成"文言"、"白话"两大段,便是他对中国社会经济史毫无兴趣而把中国文学史孤立了的结果。"白话"是一种"通俗文学"。一种"通俗文学"之兴起一定先要有个需要这个通俗文学的社会。这个社会之形成在欧洲历史上便是那文艺复兴前后,一时并起的以小手工业为主体的小城邦。在城邦内聚居的小业主和技工头所形成的受有起码教

育的城市小资产阶级,才是通俗文学发芽滋长的土壤。欧洲的通俗文学(vernacular literature)便是从这块土壤上长出来的。没有"城市居民"(burghers; townspeople)的纯农业社会,通俗文学的滋生几乎是不可能的。

在中国历史上,有同样性质的城市之普遍兴起(着重"普遍"二字)是南宋以后的事。在此之前的农业大帝国内,"城市居民"的比率太小。社会上的主要构成阶层是有闲阶级五谷不分的士大夫(多半是地主)和胼手胝足毫无教育的农民。农民没有太多受教育的机会,对通俗文学也就没有强烈的需要。文学欣赏也就变成士大夫阶级的清玩了。加以"天子重英豪"的政治鼓励,"秀才只为财",因而我们这个伟大的文物之邦里的"文物"也为上层的士大夫阶级所专享。写起诗文来,原是"士大夫写给士大夫看",又有什么死活之可言呢。

可是南宋以后,人民经济生活有了重大的改变,通俗文学也就随之而起了。以现在观点治中国文学史的大家如胡适、陈独秀、钱玄同、胡小石……诸先生都承认元、明、清三代的文学主流是"通俗文学"。但是何以"通俗文学"在元明之际突然兴起? 他们就只知其然,而不知其所以然了。读历史的人,总应把中西历史比较着读,才会有新境界。

〔8〕 作者在此地反对历史单因论,这问题事实上牵涉到传统历史哲学上所谓必然与偶然之争。单因论者谈客观实在,也就是必然论者。反对单因论的胡适可也不是个偶然论者。他是个"实验主义者",是夹在必然和偶然之间的边缘人。偶然论是相信无拘无束的自然发展(natural course)的。实验主义者是不能听任历史自然演变,他要在实验中寻找演变的正确方向从而领导之。因而"白话文运动"虽然只是他们少数朋友之间由辩论而发生的偶然事件,但是由于"实验主义"的影响,他这位孤单的实验主义者最后总算把它的正确发展的方向给"实验"出来了。因而没有"胡适",恐怕也就没有"白话文运动"——至少运动也不会在那时就发生了。

适之先生一辈子都坚持着这个论调。反对他的人就觉得他居功太多。1956年当他以这一论调在哈佛大学讲演时(笔者至今尚保存一份那时的录音带),那时尚在哈佛读书,后来曾为他作传的格雷德(Jerome B. Grieder)博士简直嗤之以鼻。平心而论,这也就是中国俗语中所谓"英雄造时势;时势造英雄"的问题。鸡蛋与鸡;必然和偶然是说不清的。必然之中有其偶然;偶然也多少是从必然之中孕育出来的。套用一句黑格尔,盖可谓之辩证的发展罢。

〔9〕 "中国文学史"是否就只是一部"中国文学工具变迁史"呢? 这里胡先生只注意到"形式"而忽视了"内容"。殊不知在中国文学史上,由于"工具"的不同,它所制造的产品"内容"也不同;使用这些不同工具的作者的"社会地

位"(social status)也不同。对这些问题研究的人都应当做一点"社会科学的处理"(social science approach)才好。"唯工具论"也只是一种"单因论"。

〔10〕 我国"通俗小说"的真正的大量生产还是自清末开始,也就是因为"五口通商"以后,沿海商业城市日益繁荣,产生了百万千万"城市小资产阶级"的结果。社会上有此需要,作家才有此供应。这也是文化上的"供需律"罢。

〔11〕 1956年6月2日,也就是任叔永、梅光迪诸名士偕美泛舟遇雨,而引起胡适博士从这个美丽的开始,大做其白话诗的整整四十周年的时候,胡氏又在那原作诗的公寓的九条街之外,对当时纽约的白马文艺社发表了一次有纪念意义的讲演,把本章内的故事又原原本本的重述一遍。

时隔四十年了。河东转河西。当年胡适作新诗是以寡敌众,而这时的白马社已是新诗人的天下。有谁敢对"新诗"说半个不字,包管吃不了,兜着走。就在这时该社曾在新散文作家鹿桥,和新诗主将艾山的主持之下,举行了一个有关"传统与创造"的讨论。笔者何敢反革命招众怒。只是历史是我的职业,我只是从我的职业观点,说了几句有关新诗发展史的话,却被艾山派的"黑线专政",大大的"镇压"了一番。

我认为"四十年来"(现在应该是六十年了),胡适之先生所提倡的"白话文"是百分之百的成功了。但是"白话诗"则未必——至少是还未脱离"尝试"阶段。它失败的道理,便是它不只是单纯的"工具"问题;他还有诗人出身的"社会成分"问题。

"诗"这个东西,基本上(强调"基本上"三字)是个小资产阶级个人主义的产品;它是"通俗"不了的。不是你用几个"俗语俗字"它就可以"通俗"一下的。冯玉祥的"丘八诗",真是最通俗的了,但是没有哪个诗人承认冯玉祥的诗是"诗"。艾山的《山居小草》把 four-letter words 都用到诗里去,可说是真的"不避俗字俗语"了,但是艾山的诗就是最不通俗的诗。如果新诗愈做愈不通俗;愈做离群众愈远,则新诗人就得闭起鸟嘴,不要动不动就骂作旧诗的人"腐"、"象牙之塔"、"脱离群众"……"新诗人"的坏习气,渐渐地弄得比"旧诗人"还要令人"受不了"……

笔者二十年前和艾山所抬的杠,想不到二十年后的今日还是如此。今日台湾歌星如凤飞飞等所唱的歌,真是风靡一时,听起来十分过瘾。可是今日港台和海外闻名的诸大诗翁,一定不承认凤飞飞所唱的是"诗"。然这些诗人们自己的诗,却离群众愈来愈远。离开他们自己的"沙龙","小百姓"们也就不读了。

所以我国古代士大夫做旧诗,和当代士大夫做新诗,其基本的社会意义和性质是完全一样的。因此胡适之的"文学工具论"不是全无道理的,但是他所能解释的范围,实在太狭隘了。

就当我和艾山抬杠的同时,纽约的"华美协进社"忽然包了一艘大游艇,来个旅美同侨的"夜游赫贞河大会"。参加这个游河大会的中国士女真是人山人海。游艇之中热狗、冷饮、舞池、酒吧……一应俱全。其场面与四十年前的,莎菲游湖遇雨的情况,简直不可同日而语。侨居纽约的华裔知识界流浪汉几乎全部动员。夕阳初下,明月方升,也真是言棹洋艘,以涤烦疴……歌声起处,择美而舞之……我向艾山说,遥想叔永当年,只莎菲一人,已诗兴大发。任公渡海惊艳,也来个"临别犹悭一握缘",自作多情一番。今日粉白黛绿,佳丽如云,"尔我如今更少年",学学老辈风流,不管我是"传统",你是"创造",俱不可无诗!三千年来,我国臭男人为歌诵美女而做诗,亦何止千千万万,也多不了你我二人。

艾山后来创造了些什么,我已经找不到记录了。最近因重查胡适之先生"新文学、新诗、新文字"的讲辞,竟然在同一期的杂志里(纽约《生活杂志》1956年7月16日出版第119期),无意间却把我自己的"传统"找出来了。属笔至此,我忽然也发现了纽约华埠出售的1979年《红楼月历》上,那些激进派文人姚雪垠等人,现在居然也开倒车做起什么"隔窗忽惹芳心碎,可是鸳鸯半绣成?"一类的艳体诗来。所以笔者不避酸腐,也把二十多年前,为和艾山抬杠而写的"传统"歪诗,抄博读者一笑。这也是我们在海外,造胡适之先生的反的一点小插曲罢。

  夜游赫贞河
  又逐群贤上画船,笙歌声里掩烽烟,
  中流最怕凭栏望,家在斜阳那一边。
  莫向故人话故园,神州事已不堪论,
  十年书剑皆抛却,慢惹扁舟楚客魂。
  一寸丹心半似灰,错随仙子到蓬莱,
  劝君莫论中原事,且乘歌声舞一回。
  秀出上林第几丛,卷帘初识莫愁容,
  曾无脂粉污颜色,一笑岂因酒后红?
  笑拥瑶台第一仙,碧罗裙子曳珠璇,
  蓬瀛若许游人住,应伴刘郎五百年。
  "探戈"声里舞迟迟,醉后贪欢醒却疑,
  互问家山无限恨,最难相许是归期!
  舞罢红裳映晚霞,柳阴深处忆儿家,

揽舷初识愁滋味,一任风飘两鬓斜。
凭栏软语淡如云,茉莉香飘袖底闻,
妒彼海风更轻薄,撩人乱拂绿罗裙。
欲别翻留意转浓,问君何计访萍踪,
相随"南渡"三更月,来听"河边"夜半钟。
指点"摩天"识下城,楼头电炬报三更,
任他纽约灯如昼,怎比西湖月色明?
初涨江潮添夜寒,海风欺我客衣单,
为他吹去愁千缕,影散人离漏已残。
已负胸中百万军,忍将肝脑染红裙,
杭州莫羡东风暖,击楫中流待使君。

("南渡"为 South Ferry;"河边"Riverside Church 也。)

第八章 从文学革命到文艺复兴

国语的文学　文学的国语

在本卷录音里我想把所谓"文学革命"总结一下。

上面我曾说过,我本是个保守分子。只是因为一连串几项小意外事件的发生,才逐渐促使我了解中国文学史的要义和真谛;也使我逐渐认识到只有用白话所写的文学才是最好的文学和活文学。〔这项认识〕终于促使我在过去数十年一直站在开明的立场,甚至是激进的立场。我最初和住在美国大学宿舍里的中国同学们讨论时,站的便是这个立场。后来回国我撰文、写信和向社会公开发表〔有关文学问题的讲演著述〕,站的还是这个立场。我的主要的论点便是死文字不能产生活文学。我认为文言文在那时已不止是半死,事实已全死了;虽然文言文之中,尚有许多现时还在用的活字。文言文的文法,也是个死文字的文法。

这一件是非,也便是1917年前半年的中心议题。但是我自己却一直等到我在哥伦比亚大学考过博士学位的最后口试之后,才于7月回到国内。一回国我便发现文学革命的整个命题,已在广大的读者圈中明确地和盘托出。那时的读者圈不太大,但是读者们思想明白而颇富智慧。

当我在北京大学出任教授的时候,北大校长是那位了不起的蔡元培先生。蔡校长是位翰林出身的宿儒。但是他在德国也学过一段时期的哲学,所以也是位受过新时代训练的学者,是位极能接受新意见新思想的现代人物。他是一位伟大的领袖,对文学革命发生兴趣,并以他本人的声望来加以维护。

在北大我也被介绍认识了当时教育部主办的"国语统一筹备

会"里的一批文学改革家。这些改革家都是一些有训练的传统学者,缺少现代语文的训练。但是他们都有志于语文改革;对"语文一致"的问题,皆有兴趣。"语文一致"的意思就是把口语和文学,合二为一。这〔在当时〕是根本不可能的。很显而易见的解决方法就只有根本放弃那个死文字,而专用活的白话和语体。

我受聘为该会会员之一,并经常和他们商讨这些问题。这时我就注意到他们都为一个问题所苦恼,这苦恼便是中国缺少一个标准白话。他们希望能有个在学校教学和文学写作都可适用的标准白话——他们叫它做"标准国语"。我当时就很严肃地向这些老学者们进言,我认为要有"标准国语",必须先有用这种语言所写的第一流文学。所谓字典标准是不可能存在的。没有人会先去查国语字典,然后才动笔去写作——去写故事、小说、催眠曲或情歌。标准原是一些不朽的小说所订立的;现在和将来也还要这些伟大作品来加以肯定。

就拿现代的标准英语来说罢。近如1611年才刊行的詹姆士王朝的英译《圣经》,和伊利沙白女王时代以及莎士比亚时代所产生的戏曲,才是真正促成英语标准化的原动力。它们的标准都不是从字典里找出的。我觉得我必须告诉这些〔寻找标准国语的〕人们一项最简单的事实:我们不可能先有"标准"然后才有"国语";相反的是先有"国语(白话)文学",其后才会产生"标准国语"的。

所以在1918年的春季我就写了一篇长文《建设的文学革命论》来讨论文学革命的问题。文章主题之外我又加了两条副题:"国语的文学,文学的国语"。也就是说文学是用国语写的,国语是写文学的语言。本文的全篇大意是阐明不要等到用文法和字典先把"标准国语"订好,〔然后才来写国语文学。〕应该就以国语直接写文学。等到我们有了国语的文学,我们自然就有了文学的国语了。

此文发表后的两三年之内,许多人也已看出其中的道理来。青年人也不再以没有"标准国语"而发愁了。他们就用群众的语言去做诗作文。我也以我自己的体验告诉他们,许多伟大而畅销数百年的小说如《水浒传》、《三国演义》、《西游记》、《红楼梦》、《儒林外史》

等等巨著,早已把白话文的形式标准化了。它们已为国语订下了标准,当了国语教师,未要政府破费一文去建立学校和训练师资。我告诉他们说我本人就是从皖南的一个方言区域里出来的。我家乡的方言便是中国最难懂的方言之一,但是我只是学了一两千汉字,就能欣赏《水浒传》等等的中国传统小说名著了。当我十来岁去上海读书时,我虽然还不会说"官话"(白话),我已经毫无困难的写起白话文了。

所以我后来告诉青年朋友们,说他们早已掌握了国语。这国语就简单到不用教就可学会的程度。它的文法结构甚为简单。我们已经从这些小说里不知不觉地学会了一种语言,一种有效的〔文学〕工具。我们只要有勇气,我们就可以使用它了。后来事实证明我这句话是正确的。

1919年"五四运动"之后,全国青年皆活跃起来了。不只是大学生,纵是中学生也居然要办些小型报刊来发表意见。只要他们在任何地方找到一架活字印刷机,他们都要利用它来出版小报。找不到印刷机,他们就用油印。在1919至1920两年之间,全国大、小学生刊物总共约有400多种。全是用白话文写的。虽然这在1919年所发生的学生运动,是对中国文艺复兴运动的一种干扰——它把一个文化运动转变成为一项政治运动——但是对传播白话文来说,"五四运动"倒是功不可没的。它把白话文派了实际的用场。在全国之内,被用来写作和出版。这些青年人的行为也证明了我的理论——我们从阅读欣赏名著小说,而获得了一种〔新的应用〕文字。

在短短的数年之内,那些长、短篇小说,已经被〔广大读者群〕正式接受了。当我在1916年开始策动这项运动时,我想总得有二十五年至三十年的长期斗争〔才会有相当结果〕;它成熟得如此之快,倒是我意料之外的。我们只用了短短的四年时间,要在学校内以白话代替文言,几乎已完全成功了,在民国九年(1920),北京政府教育部便正式通令全国,于是年秋季始业,所有国民小学中第一、二年级的教材,必须完全用白话文。

政府并且规定,小学一、二年级原用的〔文言文〕老教材,从今以后要一律废除。小学三年级的老教材限用到民国十年（1921）；四年级老教材，则限至民国十一年（1922），〔过此也都一律废除。〕所以在1922年以后，所有的小学教材都要以国语（白话）为准了。

因此在我们的斗争中，至少获得了部分的胜利。其中重要的部分就是以白话文为教育的工具。在此之前，纵使是小学教材，所用的也是已死的古文。这些死文字却必须要以各地人民所习用的活的方言来把它译成语体。所以在这个革命运动中，有关教育的一方面，却于1920年，在那个守旧政府教育部明令〔支持〕之下得到了胜利！[1]

1916年以后我们就试用活的文字来做一切文学的媒介；首先我们便尝试用白话文来作诗，一种中国诗界的新试验。1917年以后青年作家们，也就群起试作了。白话文很容易就被一般群众和青年作家们所接受。从1918年起，《新青年》杂志也全部以白话文编写。当然其中还偶尔有几篇简洁的古文，但是大体上所有的文章都是以白话为主了。特别是在1918年1月之后，所有的文学创作用的都是白话。因此从文学方面来说，白话文学在1916年和1917年间也就开始生产了。

当然文学方面的进度是相当缓慢的，不像教育方面，有一纸政府命令便可立见功效。

在过去四十年中，中国全国以白话文所写的活文学的生产量也是相当可观的。当然我也应该指出，新文学各部门的发展并不平均。例如，短篇小说就比长篇更成功；当然长篇小说也是有相当成就的。但是多数青年作家都是靠写作为生。他们实在写不起长篇，因为长篇太耗费时间和精力。戏剧的成果也较差，因为当时的观众仍然贪恋以歌舞为主的旧剧。不过从总的方面来说，散文、小品、中篇叙事文、故事、小说、戏剧和新诗，各方面都有发展。四十年来的新诗更是大有成就。

今日回头看去，近代中国文学革命之所以比较容易成功，实在也有许多历史的因素。

第一，我必须指出，那时的反对派实在太差了。在1918年和1919年间，这一反对派的主要领导人便是那位著名的翻译大师林纾

（琴南）。林氏本人不懂一句西文，但是他竟能以文言翻译了二百多种西洋小说〔实数为一百八十种，二百八十一卷〕。他说："吾固知古文之不当废，然吾不知其所以然。"对这样一个不堪一击的反对派，我们的声势便益发强大了。那时甚至有人要想用暴力或迫害〔来阻止新文学的流行〕，但是也无济于事。

第二，用历史法则来提出文学革命这一命题，其潜力可能比我们所想像的更大。把一部中国文学史用一种新观念来加以解释，似乎是更具说服力。这种历史成分重于革命成分的解释对读者和一般知识分子都比较更能接受，也更有说服的效力。

第三，我应该说，文学革命成功最重要的因素，便是那些传统小说名著如《水浒传》（这部小说有赛珍珠的英译本）、《西游记》、《三国演义》以及后来的讽刺十八世纪中国士子的小说《儒林外史》等名著已为它打下了坚固的基础。我在前面已经说过，这些小说名著都是教授白话文的老师；都是使白话文标准化的促成者。这一基础已经有好几百年的历史；这些小说也已给它们的读者锻炼出一种文学工具。只要一旦障碍扫除，一有需要，也就一索即得了。

最后，也是第四个因素，便是这个中国的活文字本身的优点，足以促使运动成功；因为中国的语体文本身便是一种伟大而文法简捷的语文。这个语文虽然简捷到使学者觉得到不需要文法的程度。

白话文是有文法的，但是这文法却简单、有理智而合乎逻辑；根本不受一般文法上转弯抹角的限制；也没有普通文法上的不规则形式。这种语言可以无师自通。学习白话文就根本不需要什么进学校拜老师的。所以白话文本身的简捷和易于教授，便是第四个因素；也是最重要的因素。

但是上述这些成就，对我这位原始运动策划人来说，我还是感觉到不满意。由于多种原因——尤其是政治方面的原因——使白话文在四十年来就始终没有能成为完全的教育工具和文学工具。原因之一便是执政者的保守主义和〔在文化改革上的〕反动性质。它虽然执政数十年，但是它对推动这一〔普及〕活语言和活文学的运动，实际上就未做过任何的辅导工作。

不过事实上这也是一件很容易理解的事,因为世界上所有的民族主义运动(nationalist movement)都是保守的,通常且是反动的。他们经常觉得愧对祖宗;认为凡是对祖宗好的,对他们自己也就够好了。这便是所有民族主义运动的心理状态。就拿这桩语文改良或文字革命来说罢,中国的执政者,对促使白话文为教育和文学工具的这项运动的停滞和阻扰,是无可推卸其责任的。

还有一个同样重要的原因,那便是文人学者和教育家们不理解死文言和活白话不能在同一本教科书之内并存的。一反我多年来把文言从白话中滤掉的主张,那种文白夹杂——那种文人学者和教育家不知道文言白话根本不能并存的事实——在学校中使用的情形,把下一辈青年的头脑弄糊涂了。这一项混乱现象,实是保守成性的教育家们,想把文言文在学校课程中过早恢复的结果。

这一〔推行白话文〕运动的失败,当然可能还有其他的原因。但是眼看四十年过去了,这运动至今还没有达成我当年的理想,我宁愿只提这两项最重要的原因。[2]

文学革命的数种特征

现在我想把上面讨论过的文学革命这一节再加两个注脚。第一,我想对有关以中国文字为整个语文〔改革〕运动和文学改良运动的基础〔这一命题〕略加补充。我要指出现代欧洲各国的国语(national language)和各国的文学发展史上,彼此之间有几种基本上相同的因素。其中之一便是有关国语〔标准〕的选择。一个国家怎样去选择一个国语呢?这是第一个重要因素。大凡一种方言被选择为一国的国语,这一方言一定要具备三种条件:第一,这一方言是该国最普遍使用的方言。以意大利为例。意大利语原为意国多斯加尼(Tuscany)地方的方言。在那个时候意大利还未统一。但是多斯加尼的方言却是最普遍的方言,所以它具备了当选的条件。

法国的情形也是一样的。在法国有两种方言都有当选为法国国语的资格。那便是巴黎的方言和布罗温斯(Provence)方言。但是巴黎因为是国都所在,又是大商业中心,结果巴黎方言当选了。

英国还是如此。英语原为英格兰岛中部(Midland)的方言。这一方言为伦敦市和牛津、剑桥两大学所使用。使用的人最多,也是最普遍的方言。

　　所以要一个方言能升格变成各国的国语的第一个条件,便是它必须是各该国最流行的语言。在中国,后来被尊为"国语"的"白话",原是"官话"。它是中国最普遍使用的方言。中国〔本部〕大致有百分之九十的土地上,和百分之七十五以上的人口,说的都是"白话"。自北京至南京,东北自哈尔滨,西南至昆明,说的也都是官话。我们如从哈尔滨向西南画条直线,直达滇缅公路的起点昆明。这条线大致有四千英里〔约七千公里〕。在这一条线上没有那一处的居民会觉得他们有另说一种方言之必要,因为每个人都会觉得他所说的话是最普通的话,是全国通行的。〔普通话甚或是国语呢!〕[3]

　　方言升格为国语的第二个条件,是最好这个方言之中曾经产生过一些文学。〔意大利文艺复兴时期的大文豪〕但丁(Dante Alighieri,1265—1321)曾写过一篇论文为方言辩护。他说在意大利,多斯加尼的方言不但使用的人最多,它还产生过许多诗歌。他指出在他之前便有许多用该方言写作的小说家和诗人。

　　在法国,巴黎方言中也产生过许多诗人,包括鼎鼎大名的诗人维庸(Francois Villon,1431—?)。普罗旺斯方言中也产生过许多优美的歌曲和抒情诗。所以这两种法国方言都产生过丰富的文学作品。只是巴黎毕竟是国都所在,它所特有的政治影响终使巴黎方言胜过和它一样优美的普罗旺斯方言而当选为法国国语。

　　英格兰的中土方言也是一样的。英国文豪乔叟(Geoffrey Chaucer,1340?—1400)即以此方言写其名著《坎特伯雷进香记》(The Ganterbury Tales)。英国早期的《圣经》译本,用的便是这个方言。1611年出版的詹姆士王朝的英译《圣经》,也是用这个方言译出的。直到今日,英译本《圣经》还是以此译本最为重要。

　　中国国语的发展与上述情形也有很多相同之处。

　　中国的"官话"包括北京方言、华北方言、长江中上流域的方言。纯"北京话"曾产生过像《红楼梦》和《儿女英雄传》等小说名著。

"普通话"也曾产生过许多小说,最早的像《西游记》和《儒林外史》。这许多大部头的官话小说,使中国的"官话"具备了足够的资格作为中国的"国语"。

第三个因素便是一个方言之内的文人学士,对该方言的文学价值的有意识的肯定。在欧洲各国的国语发展史中,这项有意识的肯定,通常都是不可少的。但丁不但用多斯加尼的方言来写其名著《神曲》(*La Divina Commedia*),他甚至写了一篇《为方言辩护》的论文。在这篇文章里,他申述他为什么不用拉丁文而偏要以托斯卡纳方言来写他的《神曲》。

所以在中国可能就是缺少了这种文人学士们有意识的认可——他们认为官话没有文学上的价值——而把官话(白话)鄙视了一千多年。可是只经过为时不过数年的提倡,这个久经鄙视的"俗话",便一跃而升格成为"国语"了。[4]

我想这第一个注脚中提到的条件,加上"有意的提倡",便替我们解释了,何以四十年来的"文学革命"便为此轻轻悄悄地成功了的道理之所在。

我的第二个注脚便是所谓"中国文学革命"的整个过程,也就证明了我所经常提到的"实证思维"的理论。这个"革命"实是当年居住在美国康乃尔、哈佛、哥伦比亚的学生宿舍之内的,几位爱好文学的朋友们一起讨论而策动起来的。他们面对了几项实际问题。这些问题使他们感到困难、疑虑和彷徨。这些困扰使他们之间发生了激烈的辩论;虽然这些辩论也只是一些朋友们之间的彼此问难而已。

这些问题原是由讨论"诗之文字"这个命题所引起的,进而扩大到中国文学媒介和工具的争辩——有关活文学的争辩。我们提出了几项假设。有几位同学偏重〔文学的〕内容。其他的人——如我自己——则着重文学的工具和媒介。最后归结到提倡白话文的问题,也就是以大众语言(白话)为文学媒介的问题。

这里有几项未能解决的问题:这个活文字(白话)能不能用在一切文学形式之上呢?在白话已被证明为撰写"俗"小说的有效工具之后,它能不能用来做诗呢?我的一些朋友们认为不可以,而我则认为是可以的。所以我们争辩到最后阶段,就非拿事实来证明不可了。

"诗"那时已经成白话文唯一有待克服的堡垒了。但是我们要怎样来证明白话可以或不可以做诗的这个〔有正反两面〕的假设呢?我主张我们要有意识的用白话来作诗。换言之也就是说,我们要有意识的来证实一个足以解决难题的假设。

我举出上述层次分明的故事,便是说明,这里有一个〔人类思想发展的〕具体例证。那就是从一种疑难和困惑开始,从而引起有意识有步骤的持续思考,再通过一假设阶段,最后由实验中选择个假设来加以证明。

所以我第二个注脚便是,这整个的文学革命运动——至少是在这一运动的初期——用实验主义的话来说,事实上便是一个有系统有结果的思想程序;也就是个怎样运用思想去解决问题的问题。

中国文艺复兴的四重意义

事实上语言文字的改革,只是一个〔我们〕曾一再提过的更大的文化运动之中,较早的、较重要的和比较更成功的一环而已。这个更广大的文化运动有时被称为"新文化运动",意思是说中国古老的文化已经腐朽了,它必须要重新生长过。这一运动有时也叫做"新思想运动",那是着重于当代西洋新思想、新观念和新潮流的介绍——无政府主义者便介绍西洋的无政府主义(Anarchism);社会主义者则介绍欧洲的社会主义思潮;德国留学的哲学家们则介绍康德、黑格尔、费希特(Johann Gottlieb Fichte, 1762—1814)等一流的德国思想家。英国留学的则试图介绍洛克、休谟、贝克莱(George Berkeley, 1685—1753)。更摩登的美国留学生则介绍詹姆士(William James, 1842—1910)和杜威等人。

我本人则比较欢喜用"中国文艺复兴"这一名词。那时在北大上学的一些很成熟的学生,其中包括很多后来文化界知识界的领袖们如傅斯年、汪敬熙、顾颉刚、罗家伦等人,他们在几位北大教授的影响之下,组织了一个社团,发行了一份叫做《新潮》的学生杂志。这杂志的英文刊名便叫"*Renaissance*"("文艺复兴")。

他们请我做新潮社的指导员。他们把这整个的运动叫做"文艺复兴"可能也是受我的影响。这一批年轻但是却相当成熟,而对传统学术又颇有训练的北大学生,在几位青年教授的指导之下,从不同的角度来加以思考,他们显然是觉得在北京大学所发起的这个新运动,与当年欧洲的文艺复兴有极多的相同之处。

他们究竟发现了一些什么相同之处呢?我们如果回头试看一下欧洲的文艺复兴,我们就知道,那是从新文学、新文艺、新科学和新宗教之诞生开始的。同时欧洲的文艺复兴也促使现代欧洲民族国家之形成。因此欧洲文艺复兴之规模与当时中国的〔新文化〕运动,实在没有什么不同之处。

更具体地说,他们都清晰地看到欧洲文艺复兴时期对新语言、新文字、新〔文化交通〕工具——也就是新的自我表达的工具之需要。虽然当时中国的〔新文化〕运动尚未涉及艺术,而文学革命对这批成熟的北大学生来说,也已经是双方极其相同之点的一环了。这实在是个彻头彻尾的文艺复兴运动。是一项对一千多年来所逐渐发展的白话故事、小说、戏剧、歌曲等等活文学之提倡和复兴的有意识的认可。

中西双方〔两个文艺复兴运动〕还有一项极其相似之点,那便是一种对人类(男人和女人)一种解放的要求。把个人从传统的旧风俗、旧思想和旧行为的束缚中解放出来。欧洲文艺复兴是个真正的大解放时代。个人开始抬起头来,主宰了他自己的独立自由的人格;维护了他自己的权利和自由。

在中国新思想运动的第一年之中,我们已清楚地看出这一运动对解放妇女和争个人权利的要求。我的同事周作人先生就认为光是主张用语体文来产生文学是不够的。新的文学必须有新的文学内容,他把这"内容"叫做"人的文学"。"人"——一个生物学上的"人",他是有感情、观念和喜怒哀乐的。他既有缺点,也有长处。这些都是新文学的基础,那时我们不但对人类的性生活、爱情、婚姻、贞操等等问题,都有过很多的讨论;同时对个人与国家、个人与家庭与社会的关系也都有过讨论。"家庭革命"这句话,在那时便是流传一时的名言。

　　这些〔中西双方〕相同之处,便是促使那批成熟的学生们的刊物叫作《新潮》的道理。我必须再补充说一句,这份《新潮》月刊表现得甚为特出,编写皆佳。互比之下,我们教授们所办的《新青年》的编排和内容,实在相形见绌。

　　说了这许多题外的话,我所要指出的便是我欢喜用"文艺复兴"这一名词。认为它能概括这一运动的历史意义。所以在其后的英文著述中,我总欢喜用"The Chinese Renaissance"(中国文艺复兴运动)这一题目。虽然 Renaissance 这个词那时尚没有适当的中文翻译。我猜想这批北大学生也替他们的刊物找不到一个恰当的中文名字,而姑名之曰《新潮》的;但是他们毫无犹豫地用 Renaissance 来做他们刊物的英文名字。

　　在这一〔文化〕运动已经进行了好几年之后,当然有人想把他的意义确定下来。1919年初《新青年》的编辑陈独秀先生便写了一篇文章。在这文章里他倒没有替这运动下个定义;他只是把我们杂志的"罪案"作了个承诺。在那时以北大为中心的很多保守派或反动派,对这一文学运动批评至多。陈独秀认为"两大罪案"有承认之必要。他说:"第一我们拥护赛因斯(科学)先生;第二,我们拥护德莫克拉西先生(民治主义)。"因为我们拥护德先生,我们必须反对儒教——反对旧家庭传统、旧的贞操观念、旧的道德和旧的政治。因为我们拥护赛先生,我们一定要提倡新文学、新艺术和新宗教。正因为我们要拥护德、赛二先生,我们只有去反对所谓"国粹主义"。

　　1919年11月1日,我也写了一篇长文叫《新思潮的意义》。在我引用了一些时下的定义之后,我总结了一下,认为这些定义都太笼统、太普通了。我说据我个人的观察,新思潮的根本意义只是一种新态度,这种新态度或许可以叫做"评判的态度"。

　　我并且指出这一评判态度已在许多方面运用了。它被运用来评判传统的制度和风俗;用之于对古圣先哲的研究;最后则用来批判那许多下意识地接受了但是却很欠智慧的行为规范。

　　总而言之,正如尼采所说的,"重新估定一切价值"(Transvaluation of all values），这句话大概就可包括了我们这个运动的真义。在实行方面，这种批判的态度在这一广义的文化运动中的三个具体方面可以清楚地看出来。第一是研究当前具体和实际的问题。我指出许多活生生的问题来。例如以儒教为国教；以儒教为国家道德标准的问题。（在民国初年，尤其是袁世凯作总统的期间，曾有一股反动的潮流，要以儒教为国教。袁氏死后，新宪法的起草人也讨论到以孔教为中国人民道德教育的标准。）

其他方面如语言文字的问题，如何去改良中国文学；以及国语统一的问题；妇女解放问题；传统贞操问题。其余为婚姻、教育、父子关系、旧剧〔改良〕尤其是改良京戏等等问题。这些都是当时有待研究的实际问题。

第二点我叫它做"输入学理"。也就是从海外输入新理论、新观念和新学说。我指出这些新观念、新理论之输入，基本上为的是帮助解决我们今日所面临的实际问题。我们的《新青年》杂志，便曾发行过一期《易卜生专号》，专门介绍这位挪威大戏剧家易卜生（Henrik Ibsen，1828—1906）。在这期上我写了首篇专论叫《易卜生主义》。

《新青年》也曾出过一期《马克思专号》。另一个《新教育月刊》也曾出过一期《杜威专号》。至于对无政府主义、社会主义、共产主义、日尔曼意识形态、盎格鲁·萨克逊思想体系和法兰西哲学等等的输入，也早就习以为常了。

但是我说那还有个第三方面，那就是我们对传统学术思想的态度。我认为对传统的学术思想也要持批判的态度。这第三点我叫作"整理国故"。"国故"这一词那时也引起了许多批评和反对。但是我们并没有发明这个名词。最先使用这一名词的却是那位有名望的国学大师章炳麟。他写了一本名著叫《国故论衡》。"故"字的意思可以释为"死亡"或"过去"。（章氏也是位革命党，为着"苏报案"曾在上海"会审公廨"受过审判，并且坐过牢。《苏报》便是革命党在上海租界中发行的一家报纸。章氏和该报一位比他小得很多的青年编辑邹容一起坐了几年的牢。邹容坐牢〔两年〕结果病死狱中。章氏于〔三年期满〕获释。〔1903年〕出狱后章氏东渡日本，被选为当时革命党机关报《民报》的编辑。《民报》后来对青年学生发生极大的影响。中国留日学生用尽方法把它偷运回国,并深入内地。章氏是位国学大师,门生甚多。其中有些人也在北大教书。北大教授钱玄同便是章的学生,为治"小学"的名家之一。章氏门人中也有很多反对以"俗文学"代替古文的。其中之一便是湖北人黄侃〔季刚〕。黄也是一位知名的文字学家。对中国文字学有其原始性的贡献。)

但是在我看来这个〔新文化〕运动中重要的一环,便是对我国固有文明作有系统的严肃批判和改造。

在这篇论文里,我指出既有这上述三方面,势必要产生个第四方面。这第四方面便是"再造文明"。通过严肃分析我们所面临的活生生问题;通过由输入的新学理、新观念、新思想来帮助我们了解和解决这些问题;同时通过以相同的批判的态度对我国固有文明的了解和重建,我们这一运动的结果,就会产生一个新的文明来。[5]

这就是我对这一项,我叫它做"中国文艺复兴运动",这一广泛的运动所下的定义。

在以后几个录音纪录里,我预备把这点再来详细说说,并多举出几方面来说明我怎样和那些相信无政府主义、社会主义或共产主义等教条主义者,尤其是我的主要反对派的共产主义者,在1919年,也就是整整四十年前冲突的经过。就在那个时候我已经觉察到,"第二方面"〔"输入学理"〕,已有走向教条主义的危险了。

注　释

〔1〕　本篇里面的故事,适之先生生前虽然说了无数次,但是在"五四"六十周年的今天,我们把它重行翻出,让老、中、青三辈读者,再来温读一遍,平心静气,检讨一番,可能还是有其极重要的意义。

第一,文学革命和其他任何"革命"一样,它的功过如何,是不能让"革命家"本人去自吹自擂的。"是非留待后人评!"只有能看到"革命成果"的"后人",才能作"盖棺之论"。中国的文学革命,今日也该是"盖棺论定"的时候了。

第二,这场推行白话文运动——尤其是以白话文为中小学"教育工具"这一点——其建设性和破坏性究竟孰轻孰重,最好还是让在这个运动影响最重的时期受中小学教育的过来人,来现身说法。因为他们是这场"教育实验"中的"实验豚鼠"(Guinei pig)。人为刀俎,我为鱼肉;是祸是福,亲身感受,最为真切。

笔者不敏,便生在"祸福身受"这一辈之中。所以近年来个人论胡之作虽然已写了数十万字,久思搁笔,然在刘绍唐先生和一些严肃批评指教的前辈、平辈和晚辈读者们的鼓励之下,稍有管见,仍不敢藏拙,也是这个道理。

请先从个人亲身的感受说起:

笔者本人便是胡先生所称许的当年在"新学制"之下受教育的"小学生"之一。不幸我是个乡下孩子。那时最近的"国民小学"距我家也在十里之外。上不了公立小学,就只好留在家里,在祖父延师设立的"改良私塾"上学。由塾师分授英、汉、算三门功课。

先祖原是位"革命党";后来又是陈独秀的好友和崇拜者。因而他在家中一旦当政,便把祖宗遗留的封建称呼,磕头仪式,全部豁免。可是他对我们这个"改良私塾"里的"汉文"一课的教学却十分"反动":他规定我们要背诵短篇的古文选读,作文也以文言为主,不许用白话。

启蒙之后,笔者便在这个改良私塾之内,被"改良"了有七、八年之久。我们的"汉文"也就从"床前明月光",一直背诵到"若稽古帝尧"。最后连《左传选粹》到《史记菁华录》也能整本的背。那些故事都有趣而易解。我底同班"同学",除了两三位"实在念不进去"的表姐表弟之外,大多数的孩子,均不以为苦。最后在家中长辈的"物质刺激"之下,竟然也主动地读起《通鉴》、《文选》等"大部头"书来。

在我们十二岁的那一年春天,家人为要送我们投考初中,乃把我和两位同年的表兄送入附近一所小学,插班入六年级下学期,以便取得一张"小学文凭"。

这所小学是两位留美乡绅筹款设立的。全校一半是新建的西式楼房。操场上"足篮排网"一应俱全。校舍内"图书馆"、"实验室"也应有尽有。笔者等三个土孩子初入此"洋学堂",真是眼花缭乱,自惭土气熏人。

我记得我们小学之中国语班所用的教材,便是适之先生在本文中所说的《新学制国语教科书》。我清楚地记得,我所上的第一堂国语课,便是一位黄慰先老师教的,有关"早晨和雄鸡"的"白话诗"。那首诗的开头几句,似乎是这样的:

喔喔喔,白月照黑屋……

喔喔喔,只听富人笑,那闻穷人哭……

喔喔喔……

喔喔喔……

那时表兄和我虽然都已经能背诵全篇《项羽本纪》,但是上国语班时,我们三人还是和其他"六年级"同学,一起大喔而特喔。

在我们这个"毕业班"楼下那一间便是"初小一年级班"。他们的国语课,我也还记得几句:

叮当叮,上午八点钟——了!

我们上学去。

叮当叮,下午三点钟——了!

我们放学回。

那时的小学生们念国语还有朗诵的习惯。所以早晨上"晨课",晚间上"自习",只听全楼上下几十个孩子们,一边"喔喔喔……",一边"叮当叮……"好不闹热!

小学毕业后,表兄和我又考进当地的初中。我记得初一国文班上也有一篇,大概是胡适之先生北大里"成熟的学生"所翻译的,俄国盲诗人"艾罗先珂"所写的《时光老人》。我也记得其中几句像是:

时光老人,滴答、滴答:

滴答、滴答:

无必要,莫奔跑…

表兄和我,又在这国文班上,"滴答、滴答"了一学年。

学龄儿童在十二三岁的时候,实是他们本能上记忆力最强的时期,真是所谓出口成诵。要一个受教育的青年能接受一点中、西文学和文化遗产,这个时候实在是他们的黄金时代——尤其对中国古典文学的学习与研读,这时如果能熟读一点古典文学名著,实在是很容易的事——至少一大部分儿童是可以接受的;这也是他们一生将来受用不尽的训练。这个黄金时代一过去,便再也学不好了。

如果我们把一些智力上能够接受这些宝贵文化遗产的学龄儿童们的黄金时代,给"喔喔喔"或"叮当叮",叮当去了,岂不是太可惜了吗?

胡适之先生他们当年搞"革命",非过正,不能矫枉,原是可以理解的。加以他们又都是一批高高在上的"决策人",原不知"民间疾苦"。在他们大旗之下受教育的孩子们将来是"祸"是"福",不是他们可以想像出来的。本来一个政策——尤其是教育政策——的成效如何,也不是应该可从想像中得出的;它只有在长期实践之中,才能找出真正的答案。

六十年过去了。今后的教育家,千万不可再讲大话、讲空话。办教育的人一定要实事求是,去研究出受教育儿童的真正需要才好。

〔2〕 胡适之先生在这儿还有一条他没有完全"证实"的"假设",那就是文

言文已经"全死";它绝对不可与白话文在同一本教科书中"并存"。这句话是当时欧美留学生以夷比夏,想当然耳的老说法,因为在欧洲古"希腊文"、"拉丁文"确已"全死"。那些古文字原是当年希腊、罗马、"公民"和"士大夫"所通用的语言。可是后来希腊、罗马不但亡了国,甚至亡了社稷。代之而起的却是千百万入侵的"蛮夷"(现代西欧白人的老祖宗)。原先那小撮希腊、罗马的"公民",早已自历史上烟消云散。入侵的蛮夷自有他们的蛮夷鴃舌之音。他们最后偷用一点希腊、拉丁字母就够了(现代越南、菲律宾还不是如此),可是日子久了,方言进步了,够用了,他们也就不再用希腊、拉丁这些死文字的"外国话"(foreign language)了。

我国的文言文是一种一脉相承,本国本土产生的应用文字。它和语体是有血肉难分的关系;它不是像希腊文、拉丁文那种"全死"的"外国文字"。孔老夫子在两千五百年前发了脾气,骂人"老而不死是为贼!"现在人民骂那些该死不死,祸国殃民的老头子,用的还不是这一句吗?你说它是文言呢?还是白话呢?

一千多年来,全国人民雅俗共赏的唐诗宋词,什么"床前明月光","清明时节雨纷纷","车如流水马如龙"……是死文字呢?还是活文字呢?

写长篇小说,当然以白话文最为适宜。但是那些以浅显文言所写的《三国志演义》、《东周列国》和《聊斋志异》也有几十年乃至几百年的畅销的历史。苏曼殊的小说也多半是以浅近的文言写的。那时的中学生几乎是人手一册,绝对是一部"畅销书"(best seller)。以文言而写畅销书,这至少证明文言并未"全死"。

至于叙事文、纪录文、政论文等等的写作,则浅近的文言反往往比"纯白话"更为生动有力!笔者幼年即时常听到祖父的"清客"朋友们说要指导我们孩子们写"报纸文"。及长读各大报社论,才逐渐领悟什么叫做"报纸文"。抗战期间最具影响力的《大公报》,我们一日不读就若有所失。如不敏记忆无讹,则抗战八年中的"大公报社论",就没有一篇是用"纯白话"写的。能写出那样撼摇四亿同胞心灵的"文体",你能说它是"死文字",不能作公共关系的媒介(public medium)?

总之每个国家都有其特有的文化传统,和语言文字的特征。他山之石,可以攻错。吸收他人之精华,剔除自己之糟粕,原是义无反顾的;但是我们断然不可,因为洋人怎样,我们一定也要怎样。

洋人语文一致的道理,便是他们底传统上没有产生过像我们那样简捷的文言。为什么因为他们没有,我们也就一定要搞掉我们自己的极有效率的大众传播工具呢?在海外久居的中国知识分子都知道,我们如要举行个英语(或其他欧美语）讲演，我们可先把讲稿写好，由女秘书打得整整齐齐，然后上台照本宣读；宣读之后的"讲稿"便立刻可付印出版。

中文讲演可就不行了。讲中文实在不能把每个字都在讲稿上写出来。写出来了的讲稿，也不应该不加删减，便全部付印出版。这实在不是因为我们"口语"（spoken language）啰苏；而是我们的"纪录文"（language for record; written language）太简洁。舍简洁而就啰苏，那算得是"进步"或"现代化"吗？

大陆的作家们，太相信毛泽东的老师胡适之了。结果迷胡不化，把我们中国美好的语言传统，弄成个那样不堪一读的，不三不四的东西！

胡先生告诉我："共产党里白话文写得最好的还是毛泽东！"毛泽东"写得最好"的原因便是"我的学生毛泽东"没有完全遵从他的"老师"指导的缘故。

〔3〕我国早期留学生，一般都犯了些不自觉的时代性的错觉。他们总欢喜在文化上以"英国"、"法国"、"意国"等等和"中国"相提并论。这一错觉所形成的原因，第一便是这些国家也是些"文明古国"，文化辉煌，比中国进步得多；第二，它们在世界上也都张牙舞爪，俨然"列强"焉，比中国也强盛得多。因而做起比较文化研究来，他们也就和中国平起平坐了。这是个时代错觉！那时他们太"抖"；我们太"鲁"。两两相比，我们还自惭形秽呢！胡适之先生在本篇里所作的中西"方言"比较研究，也就带着了不可避免的，他老人家青年时代的错觉。

胡氏所举的巴黎方言、布罗温斯方言、多斯加尼方言、英格兰中土方言（我们还可另外举出十几种）是什么回事呢？我们如翻开地图，用比例尺来量量，便知道这些方言所流传的幅度，最多不过一二百公里。再把它们和中国一些方言来比，那他们之间的区别，直如我国的上海话、苏州话；成都话、重庆话；福州话、厦门话；广州话、台山话一类的区别罢了。它们怎能和我们——正如胡氏所指出的——自哈尔滨向昆明画一直线，绵延四千英里的"官话"（白话），相提并论呢？

还有，在中国方言里，为什么只有"官话"（或"国语"、"白话"）里出了些伟大的小说？近千年来才子如林的苏州、杭州反而出不了一两部"方言文学呢"？广州、福建、台湾也都是人文荟萃之区，为什么也出不了什么"方言文学"呢？难道我们的苏州佬、广州佬、福州佬、台湾佬……就一定比他们巴黎佬、布罗温斯佬、多斯加尼佬更笨，更没有文采？非也！我们方言文学之不能滋长，是因为我们有个全国一致通用的纪录文字把他们规范了、约束了。这种纪录文字也辅助了我们的"官话"的传播。一传播便是自哈尔滨直达昆明！拿欧洲来比，那就是自莫斯科直下马德里，说的都是大同小异的"官话"。

"五四"时代"新青年"派里的启蒙大师们,和"新潮社"里那批启蒙小师们,那时都是一些闻一以知十的才人。大家都欢喜思而不学地作大假设,下大结论。事实上那时我国的"现代学术"尚未萌芽。他们的"启蒙"之功不可没;但是那时的"现代学术"(着重"现代"二字)还不足以支持那样大的结论。

民族有福,现在差不多可算是国泰民安的时候了。希望青年一辈知识分子能多做点基本功夫,少讲点大话就好了。

〔4〕 胡适之先生说中国传统的"俗文学"之所以被人鄙视了一千多年,文人学士不愿对它作有意识的提倡也是基本原因之一。这句话也值得商榷。若论对"俗文学"的提倡,十七世纪的金圣叹(1627—1662)比二十世纪的胡适之可能就有过之无不及。但是金、胡二公的下场何以如此不同?就颇值得吾人深思了。他二人如易时而处,试问胡适之又能玩出什么花样来?这就是笔者一再认为,中国文学史不能与中国社会发展史分开来读的基本原因。

〔5〕 我国自鸦片战争后,国人为救亡图存,富国强兵,乃至复兴中华,再度领袖天下所发动的大大小小的运动,也不下数十个了。就大体说来,这些运动的远大目标都是大同小异的。但是为达到这目标的方法和手段则大有出入;甚或相互水火。然吾人细思他们不同之间的症结所在,实不外乎"中"、"西"二字。大家都主张去自己之糟粕,采西方之精华。如此两相配合,便是中国"新文化"的远景了。

殊不知近百年来,西方百货店橱窗内的精华太多了,我们在何择何从之间,早已自己打得头破血流。

至于我们自己这个汉家老店里的货色,究竟哪些是糟粕,哪些是传家之宝,这个标准也难以确定。

一般说来,似乎保守派问题比较大,他们对新货的选择,缩手缩脚,不敢大量的采购;对自己老店里的东西,样样都是祖宗所遗传,陈筐篮、破瓦罐,总是舍不得丢。结果老店依然,换了些西式门面,而内容如旧——店内送往迎来的,还只是一批戴瓜皮小帽的老掌柜。

激进派的工作似乎比较容易做。他在西洋百货店中,目不斜视,单刀直入,只买他认为是最好的。其实这一选择往往为广告所骗,搬回家全不适用;一切又得全行拆过改装,结果徒劳无功。他们对自己老店里的东西,原意也是采精取华,大量清除糟粕。但是精华糟粕的界限如何,他们并没有受过鉴赏家的训练。结果老店之内玉石俱焚之后,却把个最大的糟粕——万恶之源的"帝王专制"保留下来。

记得那该是三十年前的事,一次蒋廷黻先生皱着眉头在谈论"组党"。我坐在一旁插了一句不知轻重的嘴:"Will can move mountains."(意志可以移山)。蒋氏瞥了我一眼,微笑一下说:"But will cannot move tradition."(意志不能动摇传统)

"传统"——尤其是中世纪农业社会所遗留下来的不合时宜的传统,对我们现代化的阻力太大了。早期的孙中山先生也曾慨叹"破坏难于建设"!

还有,纵使我们把所有妨碍现代化的反动传统都"破坏"了,但是怎样才能把中西之长熔于一炉? 也还是个大问题。就以盖房子而论罢。盖了座五十层西式大洋楼,再加上个黄金色的宫殿式大屋顶,就算是保存了"民族形式",兼采"中西之长"了吗? 最近的华裔建筑大师贝聿铭就慨乎言之。那只是个穿西服、戴瓜皮帽的不伦不类的"唐人街建筑",哪能算是兼采东西之长?

中华民族如果想复振汉唐之盛,在二十一世纪文明里领袖群伦,它一定要真能把中西文明的精华,融会贯通起来,来铸造个崭新的中国文明。否则我们便是夜郎自大,坐井观天。

胡适之先生六十年前便说过,我们要用批判的精神,检讨输入的学理,重行估定固有文明的价值,适应时代的潮流,来铸造个新文明——一个真正融会中西之长的新文明! 而不是一个穿西服戴瓜皮帽;或着人民装佩尚方宝剑的古怪制度!

闻鼙鼓而思将帅,在"五四"六十周年的今日,把胡老师当年对我们的教导改进提升到八十年代上来研究研究,还是有其极新鲜的意味。

第九章 "五四运动"
一场不幸的政治干扰

陈独秀入狱的经过

从我们所说的"中国文艺复兴"这个文化运动的观点来看,那项由北京学生所发动而为全国人民一致支持的,在1919年所发生的"五四运动",实是这整个文化运动中的,一项历史性的政治干扰。它把一个文化运动转变成一个政治运动。[1]

"五四运动"完成了两项伟大的政治收获:第一便是在全国舆论谴责之下,北京政府把三位知名的亲日高级官员撤职。第二便是由于全国学生的强烈抗议和中国在巴黎留学生的强烈反对,中国参加巴黎和会的代表团不敢在巴黎和约上签字;因此使所谓"山东问题"能够在〔1921年召开的〕"华盛顿会议"得以重开谈判而获得解决。[2]

这项学生自发的爱国运动的成功,中国的政党因此颇受启发。他们觉察到观念可以变成武器;学生群众可以形成一种政治力量。我在《独立评论》上所写的纪念"五四"的一篇文章里(见该刊1935年5月5日出版的第149期,《传记文学》十四卷五期为"五四"五十周年特辑,曾转载此文),便举孙中山先生为例。孙公写信向海外华侨捐款来创办报刊〔便强调对青年们宣传的重要〕。在那封信上中山先生便提到北京学生由于新文化运动的启发,竟能化新观念为力量,便赤手空拳的使反动的北京政府对他们让步。[3]

1919年以后,国、共两党的领袖们,乃至梁启超所领导的原自进步党所分裂出来的研究系,都认识到吸收青年学生为新政治力量的可能性而寄以希望。"五四"以后事实上所有中国政党所发行的报刊——尤其是国民党和研究系在上海和北京等地所发行的机关报——都增加了白话文学的副刊。〔国民党的机关报〕《民国日报》的文学副刊便取名《觉悟》。梁启超派所办的两大报：《北京晨报》和《国民公报》里很多专栏，也都延揽各大学的师生去投稿。当时所有的政党都想争取青年知识分子的支持，其结果便弄得〔知识界里〕人人对政治都发生了兴趣。因此使我一直作超政治构想的文化运动和文学改良运动〔的影响〕也就被大大地削减了。

1919 年 6 月 12 日，陈独秀〔终因政治活动〕被捕入狱。陈氏是在发散他那自撰并出资自印的反政府传单之时被捕的。此事发生在北京城南一个叫做"新世界"娱乐场所。那时陈独秀、高一涵和我三位安徽同乡正在该处吃茶聊天。陈氏从他的衣袋中取出一些传单来向其他桌子上发散。传单中向政府要求项目之一便是撤换〔卫戍北京并大举逮捕学生数百人，素有"屠夫"之称的〕步兵统领王怀庆。王氏曾在六月初旬拘捕了在北京街头宣传反日和抵制日货的学生。[4]

我们三人原在一起吃茶，未几一涵和我便先回来了（那时高君和我住在一起）。独秀一人留下，他仍在继续散发他的传单。不久警察便来了，把独秀拘捕起来送入警察总署的监牢。

我直到夜半才有人打电话告知此事。独秀被捕之后，始终未经公开审讯，但是一关便关了八十三天。所幸他的一大群安徽同乡和老朋友们，终于把他于八月间保释出狱。[5]

独秀入狱之后，他所主编的《每周评论》，我只好暂时代为编辑，编到被查封为止。这时陈独秀已不做北大的"文科学长"了。校方给假一年，好让他于下学年开一堂宋史新课。

独秀出狱之后，仍在北京居住。不幸于 1919 年底和 1920 年初，他又出了事。

那时华中地区〔的几所大学〕聘请我去做几次学术讲演，但是我无法分身，因为杜威教授那时也在北京讲演，我正是杜威的翻译；所以我转荐独秀前往。对方表示欢迎，所以陈君乃于 1920 年 1 月代我去武汉一行。

讲演完毕,陈氏乃和武汉地区的几位大学校长(尤其武昌城内的几所私立大学)同车返京。这几位校长——特别是一所教会主办的"文华大学"和一所国人私立的"中华大学"的当局们都受了北大所发动的新文化运动的影响,而想到北京来物色几位教授〔新文化的〕师资。

独秀返京之后正预备写几封请柬,约我和其他几位朋友晤面一叙。谁知正当他在写请帖的时候,忽然外面有人敲门,原来是位警察。

"陈独秀先生在家吗?"警察问他。

"在家,在家。我就是陈独秀。"

独秀的回答倒使那位警察大吃一惊。他说现在一些反动的报纸曾报导陈独秀昨天还在武汉宣传"无政府主义";所以警察局派他来看看陈独秀先生是否还在家中。

独秀说:"我是在家中呀!"但是那位警察说:"陈先生,您是刚被保释出狱的。根据法律规定,您如离开北京,您至少要向警察关照一声才是!"

"我知道!我知道!"独秀说。

"您能不能给我一张名片呢?"

独秀当然唯命是听;那位警察便拿着名片走了。独秀知道大事不好。那位警察一定又会回来找麻烦的。所以他的请帖也就不写了;便偷偷地跑到我的家里来。警察局当然知道陈君和我的关系,所以他在我的家里是躲不住的。因而他又跑到李大钊家里去。

警察不知他逃往何处,只好一连两三天在他门口巡逻,等他回来。〔陈独秀知道家是回不成了,〕他乃和李大钊一起离开了北京,从此便一去不复返了。

他二人离开北京之后,〔为避免追捕人的跟踪,〕乃故意向北方逃去,躲在离滦州不远的李大钊的老家乐亭县。住了几天之后〔风声渐息〕,他二人乃乘车南下去上海。自此以后陈独秀便与我们北大同人分道扬镳了。他在上海失业,我们乃请他专任《新青年》杂志的编辑。这个"编辑"的职务,便是他唯一的职业了。[6]

在上海陈氏又碰到了一批搞政治的朋友——那一批后来中国共产党的发起人。因而自第 7 期以后，那个以鼓吹"文艺复兴"和"文学革命"〔为宗旨］的《新青年》杂志，就逐渐变成个中国共产党的机关报；我们在北大之内反而没有个杂志可以发表发表文章了。

这件事是发生在 1920 年。就在这一年中国共产党就正式诞生了。[7] 1923 年中国国民党就开始改组；1924 年两党就开始合作了。

我告你这件事，就是说从新文化运动的观点来看——我们那时可能是由于一番愚忧想把这一运动，维持成一个纯粹的文化运动和文学改良运动——但是它终于不幸地被政治所阻挠而中断了！

"科学"和"民主"的定义

上段曾经提过，陈独秀先生为《新青年》所写的《新青年罪案之答辩书》那篇文章的时候，他说《新青年》犯了两大"罪案"。第一是拥护"赛先生"(science 科学)；第二是拥护"德先生"(democracy 民主)。可是那时的陈独秀对"科学"和"民主"的定义却不甚了了。所以一般人对这两个名词便也很容易加以曲解。更不幸的是当陈氏在后来遇见了苏联共产党的〔秘密代表〕之时，这些名词就真的被曲解了。他们告诉陈君说，他们的"科学社会主义"才是真正的"科学"；才是真正的"民主"。老的民主根本不成其为民主。因为那只是"布尔乔亚(bourgeoisie，中产阶级)"的民主。只有"布尔什维克党人"(Bolsheviks)所推行的所想望的新的民主，才是人民大众和"普罗阶级"(proletariat 无产阶级)的民主。因此"科学"和"民主"，在这里又有了新的意义了。

但是在我看来，"民主"是一种生活方式；是一种习惯性的行为。"科学"则是一种思想和知识的法则。科学和民主两者都牵涉到一种心理状态和一种行为的习惯，一种生活方式。[8] 在这一章里，因而我想从中国文化史的范畴之内，试就科学的精神和法则略抒拙见。

在我那篇长文《清代学者的治学方法》(原名《清代学者治学的科学方法》)〔见《胡适文存》第一集卷二］里面，我便指出在传统的"考据学"、"校勘学"、"音韵学"里面，都有科学的法则存乎其间；他们之间所用的治学法则,都有其相通之处。"考据"或"考证"的意义便是"有证据的探讨"。我说有证据的探讨一直就是中国传统的治学方法;这也是一切历史科学〔所共用〕的治学方法,例如研究历史学、考古学、地质学、古生物学、天文物理学等等〔所用的方法〕都是一样的(历史科学 historical sciences 和实验科学 experimental sciences 的不同之点,只是历史科学里的"证据"无法复制。历史科学家只有去寻找证据;他们不能〔用实验方法〕来创制或重造证据。在实验科学里科学家们可以〔用实验方法〕来制因以求果。这种程序便叫做实验。简单的说来,实验就是制造适当的"因",去追求想像中的"果"。二者之间的基本法则是相通的——那就是去做有证据的探讨)。

用上述这种说法,〔那些未受过现代训练的传统〕中国学者们,就知道我所说的〔科学的治学方法〕是什么回事了。同时我对中国传统小说的考证,也提供我最好机会来阐明和传播由证据出发的思想方法。

从 1920 年到 1933 年,在短短的十四年之间,我以《序言》、《导论》等不同的方式,为十二部传统小说大致写了三十万字〔的考证文章〕。那时我就充分的利用这些最流行、最易解的材料,来传播我的从证据出发的治学方法。

中国的传统小说一共有两种体裁:第一种是由历史逐渐演变出来的小说,例如《三国演义》、《西游记》、《封神榜》、《水浒传》等等。这些小说都经过了几百年的流传〔最后才写出有现在形式的定稿〕。它们最初多为一些流行故事,由说书的或讲古的人〔加以口述〕。正如西方小说之中那些了不起的《荷马史诗》(The Homeric epics)和《亚特尔神王传奇》(The King Arthur Tales)等等,在英语小说中的传统一样;那都是经过几百年的演变的。对这些小说,我们必须用历史演进法去搜集它们早期的各种版本,来找出它们如何由一些朴素的原始故事逐渐演变成为后来的文学名著。

第二种小说是创造的小说,例如《红楼梦》。对于这一种小说我们就必须尽量搜寻原作者的身世和传记资料;以及作品本身版本的演变及其他方面有关的资料。

在我所有有关这两种小说的研究中,我用的是同一种的考据方法。我发现这种方法是有其效果的。

我就是用上述的治学方法来延续我们"文艺复兴"的传统。从历史上看,我这种工作似乎无损于他人。但是最近我发现中国共产党对我这项工作竟大感兴趣。他们向我猛烈攻击。并经常征引一段我那本包括有三篇《红楼梦》考证文章的《文存》序言。在那篇《序言》里我就说明我研究《红楼梦》的目的并不是要教导读者如何读小说;我所要传播的只是一项科学法则和科学精神。科学精神便是尊重事实,寻找证据,证据走向那儿去,我们就跟到那儿去。科学的法则便是"大胆的假设;小心的求证"。只有这一方法才使我们不让人家牵着鼻子走。我说被孔丘、朱熹牵着鼻子走,原无骄傲之可言;但是让马克思、列宁、斯大林牵着鼻子走,也照样算不得好汉。这就是为什么共产主义者就一直认为我的"考据",我的学术工作是一种毒品;我反对马克思主义是有其恶毒的用意的。他们因而把我打成马克思主义的头号敌人。简单的道理便是我曾经传播过一种治学方法,叫人不要让别人牵着鼻子走的缘故(我从未写过一篇批评马克思主义的文章)!

上面说的这一点,就是我的学术研究在政治上所发生的政治性的严肃意义——特别是我用历史方法对〔传统〕小说名著的研究。

"问题"与"主义"之争:我和马克思主义者
冲突的第一回合

在上节我已提到〔在陈独秀被捕之后〕,我替独秀代编他的《每周评论》。这个周刊是独秀和他的一批政治朋友们于1918年年底所创刊的。那时我因奔母丧〔回籍〕,不在北京。

就在我离京期间,陈独秀和其他几位北大教授创办了这项单张小报,来发表他们的政见。在某种意识上说,这张小报的发行原是尊重我只谈文化,不谈政治的主张。我曾向我的同事们建议,我们这个文化运动既然被称为"文艺复兴运动",它就应撇开政治,有意识地为新中国打下一个非政治的〔文化〕基础。我们应致力于〔研究和解决〕我们所认为最基本的有关中国知识、文化和教育方面的问题。我并且特地指出我们要"二十年不谈政治；二十年不干政治"。

我的政治兴趣甚浓的朋友们如陈独秀等人，对我这番建议并不太热心。因此他们才创办这个新周刊《每周评论》，来发表政见、批评时事和策动政治改革。这样一来，《新青年》杂志便可继续避免作政治性的评论；同时他们也可利用一个周刊来得到谈政治的满足。

当我在〔1918〕年底或翌年年初返抵北京时，我对他们这桩新猷也未置可否。他们要我写稿，我只是替他们翻译了几篇短篇小说。在我代编期中——从〔1919〕6月中旬一直到8月底——我既然无法避免谈政治，我就决定谈点较基本的问题。我的这项新尝试自7月开始，并写了一篇《多研究些问题，少谈些"主义"》。我的意思是想针对那种有被盲目接受危险的教条主义，如无政府主义、社会主义和布尔什维克主义等等，来稍加批评。在那项应该标题为《实际问题和抽象主义》的专栏之内，接连也发表了一些〔别人参加〕讨论的文章。其中之一便是我的北大同事李大钊教授。他也就是后来陈独秀创立中国共产党的早期同伙。在1927年〔4月6日〕北京当局搜查苏联大使馆时，大钊不幸为军阀张作霖所捕杀。

在那篇文章里我指出：第一，空谈好听的"主义"，是极容易的事。第二，着重外来进口的"主义"对〔解决〕中国〔实际〕问题，是没有用处的。我并说明一切主义都是某时某地的有心人，对于那时那地的实际问题所提出的实际的解决方案。我说如果我们不去实地研究我们自己现有的社会、政治和文化的需要，单会空谈一些外来进口的抽象主义，是毫无用处的。第三，偏向纸上的"主义"是很危险的。这种口头禅很容易被无耻的政客利用来做种种自私害人的事。

因而我更进一步指出，不顾实际问题而囫囵吞枣地把整套有偏见的外国主义搬来中国，实在是一种智慧上的懒惰。我强调，所有的思想都是从实际的困惑情况之下出发的——不管那是社会的、个体的、制度的或政治上的。这便是我对这一问题所作的实验主义的处理。

再者,既然一切思想都是从一个问号开始的,则思想上的第二步便是提出假设——提出个能解决这些疑难问题的办法。让我们的智慧能力、教育背景和〔生活〕经验,做我们的智力的源泉,来提出并试验每一个假设可能获得的结果,以至找出解决这原始困惑的适当解决的方案。最后拣定一种假定的解决,作为解决的办法,并从而证明之。

我指出这种社会思想的程序〔演进的情形〕,并不是劝人不研究一切学说和一切"主义"。学理是我们研究问题的一种工具。它可以帮助我们提出假设,使我们理解出特殊假设的可能后果。有了许多学理做材料,见了具体的问题,方才能寻出一个解决的办法。我说:"我希望中国的舆论家,把一切'主义'都放在脑后,做参考资料;不要挂在嘴上做招牌,不要叫一知半解的人拾了这些半生不熟的主义去做口头禅。"

最后我说,"'主义'的最大危险就是能使人心满意足,自以为寻着包医百病的'根本解决',从此用不着费心力去研究这个那个具体问题的解决了"。

上述这篇文章原是这项讨论中的第一篇。它引起了两项有系的讨论。其中之一便是梁启超先生的一位朋友,时任《国民公报》编辑的蓝志先(公武)君。他在他的报纸上写了一栏长篇连载,专论这一问题。

我那第一篇文章另外也引起好多方面的反对与敌视;尤其是那些要利用一些主义为口号而从事政治活动的人。

蓝君在批评我的文章中指出学理或主义是最重要的,因为学理或主义是代表一种智慧化的程序。这种理性化〔或智慧化程序〕,在他看来实是对实际问题作有实效分析的先决条件。他说主义代表一种抽象观念,而在解决实际问题之前,先〔谈谈或共同信奉着〕一个抽象观念,实在是必要的。他又指出,主义是多数人共同行动的标准,或是对于某种问题的进行趋向或是态度。他说主义必须涵盖一种未来的理想。他并特地阐明,"在一个文化不进步的社会,〔一切事物,都成了固定性的习惯,〕则新问题的发生,须待主义的鼓吹成功,才能引人注意"。所以蓝君对涉及实际问题之前,先谈点"主义",实付予最大的同情,所以他说"问题"的本身,便是"主义"制造出来的。蓝君这个想法,当然也是有相当真理的。

在第二组内反对我的人则是我的北大同事李大钊教授;他是"布尔什维克主义"(Bolshevism)在中国的早期拥护者之一。李先生在看我那7月20日的原文之后,便写了一篇反驳我的文章。我替他在《每周评论》上发表了,因为李君原是该刊创办人之一。在他批评我的主张时,他便坦白地说他是信仰"布尔什维克主义"的。他认为俄国革命的成功,已经提供了对"一切问题的激进的解决办法"。[9]

他说,就以俄国而论,罗曼诺夫家族(The Romanov family)没有颠覆,经济组织没有改造之前,一切问题丝毫不能解决。"今则全部解决了。"所以李大钊对我的批评是从一个布尔什维克主义的新信徒的观点出发的。他坦白地说,要解决任何社会问题,必须要有一个绝大多数人民所支持的一个伟大的运动(当李氏提到一个"问题"时,他总是说〔要找〕"一个社会的解决")。

事实李君这番话并不是对我的回答,因为他所考虑的一些问题,根本不是我所考虑的问题;我考虑的是"主义"〔这个问题〕。他所说的一个社会的解决必须依赖该特殊社会里的大多数人民所支持的群众运动。所以他是从一个革命家,一个社会革命的信徒的立场出发的。他说:"我们的社会运动,一方面固然要研究实际的问题,一方面也要宣传理想的主义。"〔见附录李大钊先生《再论问题与主义》,载《胡适文存》第一集,卷二,1971年,台北远东图书公司发行第3版,第357页〕他并举出英国的"欧文主义"(Robert Owen,1771—1858)、法国的"傅立叶主义"(Charles Fourier,1772—1837),以及当时美国所组织的新村落,和那时日本〔武者小路氏等在那日向地方〕所组织的"新村"为例来说明这些〔社会〕运动。他对我所考虑的怕人有盲目相信"根本解决"这一问题倒不以为意。但坦率的说,"要想使一个社会问题成了社会上多数的共同的问题,应该使这社会上可以共同解决这个那个社会问题的多数人,先有一个共同趋向的理想主义,作他们实验自己生活上满意不满意的尺度(即是一种工具)"。

上面所引的两篇文章,大致上便是批评我那基本提议〔《多研究些问题,少谈些"主义"》〕的一般趋势。我写了一篇对蓝、李两君的答辩。我这第二篇文章的题目叫《三论问题与主义》(我把他二人的文章算是"二论"问题与主义)。在这篇《三论》里,我说我的结论仍然是:多研究问题,少谈些主义。所有的主义和学理应是都该研究的,但是我们应当把它们当成一种假设的观念来研究,而不应该把它们当成绝对的真理,或终极的教条。所有的主义和学理都应被当成参考或比较研究的资料,而不应该把它们当成宗教信条一样来奉行来顶礼膜拜。我们应该利用它们来做帮助我们思想的工具;而绝对不能把他们当成绝对真理来终止我们的思考和僵化我们的智慧。只有这样,我们才能培植我们自己有创造性的智慧;和训练我们对解决当前团体和社会里实际问题的能力。也只有这样,人类才能从含有迷信的抽象名词或学理中解放出来。

正当我这篇文章于1919年8月30日在排版付印的时候,警察突然光临。他们封了杂志,一切财物也被充公了。所以《每周评论》的第37期也就始终没有和读者见面了。

这一期的《每周评论》是正在印刷之中被封掉的。所以我的有关抽象主义与实际问题对立的讨论,也就无疾而终。可是当我后来编纂我的《文存》第一辑的时候,我把这篇未发表的文章也编了进去。

虽然我们上项讨论终因警察查封而未能得出结论来,马克思主义者和共产党却认为我这篇文章十分乖谬,而对我难忘旧恨。三十多年过去了,中国共产党也在中国大陆当权了,乃重翻旧案,发动了大规模运动来清算我的思想。

这场大规模的批判胡适思想运动,在1951年底开始;1952年整整搞了一整年;稍稍冷淡一下之后,在1954、1955,以及1956的上半年,又在全国范围内继续其清算运动。共产党所收集出版的《胡适思想批判》的《论文汇编》〔和各种单行本、小册子〕,加在一起,足足有几百万字之多。在这场大规模的清算胡适思想运动之中,他们的重点便是阐明,胡适思想的全部,和胡适所有的学术著作,都是以反对马克思主义为目标的。他们所提出的证据便是我那《多研究些问题,少谈些"主义"》的两篇文章。他们总是征引我在1919年所写的那些早年著述,作为他们所谓我一切学术著作背后所隐藏着的阴险动机的铁证!他们说我在1919年所作的整个有关〔问题与主义〕的讨论,不只是〔学术性〕的辩难;而是对我的同事李大钊和他的朋友们,那时正在发起的马克思主义运动一种〔恶毒的〕攻击。[10]

事实上,陈独秀在1919年还没有相信马克思主义。在他早期的著作里,他曾坦白地反对社会主义。在他写给《新青年》杂志的编者的几封信里面,我想他甚至说过他对社会主义和马克思主义并没想得太多。李大钊在1918和1919年间,已经开始写文章称颂俄国的布尔什维克的革命了,所以陈独秀比起李大钊来,在信仰社会主义方面却是一位后进。

陈独秀在和北京警察搞了一段不幸的关系之后,便离开北京,一去不返了。其后只有一两次他乔装路过北京〔但迄未停留〕,数年之后他在有一次秘密路过北京时,曾来看我。但是无论怎样,自1920年1月以后,陈独秀是离开我们北京大学这个社团了。他离开了我们《新青年》团体里的一些老朋友;在上海他又交上了那批有志于搞政治而倾向于马、列主义的新朋友。时日推移,陈独秀和我们北大里的老伙伴,愈离愈远。我们也就逐渐的失去我们学报。因为《新青年》杂志,这个〔传播〕"中国文艺复兴"的期刊,〔在陈氏一人主编之下〕在上海也就逐渐变成一个〔鼓吹〕工人运动的刊物,后来就专门变成宣传共产主义的杂志了。最后终于被上海法租界当局所查封。

注　释

〔1〕　距今天整整十年——那是"五四运动的五十周年",1969。其时太平洋的东西两岸,正唱着一出"文化大革命"的对台闹剧。在"日没处"的中国大陆之上的知识分子,正一批批地在戴高帽、游长街、坐牛栏;同一时期那"日出处"的美洲大陆上的老知识分子,日子也不大好过。今日红极一时的卡特总统的"国家安全顾问"布热津斯基(Zbigniew Brzezinski),那时在哥大就四处躲藏,

不见天日，险遭"猪栏"之灾。笔者就亲眼看见那四处追捕他的长发学生，口喊"猪猡"，并真的抬了一条活猪，直闯布氏办公房，破门而入。孰知这位"八戒仁兄"佛性不纯，又捆绑未牢，它一时猪性大发，挣脱了担架，在教授大楼之内，咆哮起来，横冲直撞，一时猪嘶人喊，粪便淋漓，好不乐煞人也。这时布热津斯基虽然早已逃之夭夭，但是他底办公房内"猪栏"之气，却数日不灭。

美国这次如火如荼的学生运动，比中国的"五四运动"整整的迟了半个世纪。就在这个美国学潮汹涌之际，两位执教哈佛大学的有心人费正清和史华慈（Benjamin I. Schwartz）教授居然找了一笔基金，并网罗了一批青年学者，忙里偷闲地开了个"五四运动五十周年纪念讨论会"。会后并出版了一本《五四运动回光返照》的纪念论文集（Benjamin I. Schwartz, ed., *Reflections on the May Fourth Movement: a symposium*. Harvard East Asian Monographs 44. Cambridge, East Asian Research Centre, Harvard University. Harvard University Press, 1972. 132pp.）该书出版之后，"美国政治学会"所出版的《美国政治科学评论学报》的书评栏编辑，曾不耻下问地，函约笔者为该书写过一篇书评。

十年已逝，今天已是"五四运动"的六十周年纪念了。笔者把数年前的旧作翻出来看看，太平洋两岸的局势虽已今非昔比，然笔者自觉我对"五四"历史的发展的看法，尚无太大变动，因不揣浅薄，将旧作移译一段，以就正于高明：

〔差不多〕六十年后仍然虎虎有生气的"五四运动"，一直便是该运动本身的领导分子，以及后辈史家辩论的对象。赞成这一运动的人（如毛泽东），便认为它是中国（社会主义）革命的真正开始；反对它的人（如胡适），则认为它政治气息太重，把这个时期方兴未艾的一个更有意义的"新文化运动"弄糟了。

不管他们双方对"五四"的估价是如何的不同，但是却没有人对这一运动的基本性质有过疑问；它底基本性质便是如周策纵〔在其《五四运动史》上〕所阐明的"寻找新思想"，来代替旧思想。史教授和他的讨论会的伙伴们指出："纵是五四时期有名的'守旧派'，也不是完全生活在传统中国里的人；或是预备以传统来作他们防御武器的。"换言之，〔纵是最"守旧"的反动派，对旧传统也不是无条件地去"守"了，〕那时的任何中国知识分子，都主张提倡〔或多或少的〕新思想，来代替被所谓"儒家"所滥用了的旧思想。〔史氏〕这一看法是正确的。

史教授认为："'五四运动'不是一脉平原之上的异峰突起。相反的，它是一系列复杂的岗峦之后的一个较高的山峰而已。"这一认识也是没错的。不幸的是，史君和他底伙伴们所研究的也就到此为止。他们对这个

〔岗峦之后一山峰〕的论断,并未能作进一步的探讨。他们肯定在高峰之前起伏的,这些"复杂的岗峦"的重要性,但是却无人把这些历史上的"岗峦"和这个"高峰"联系起来,对它们之间的历史关系,作出交代。

从历史的层次来看,"五四运动"(让我借用一句费正清的口号)只是"中国对西方的反应"(China's response to the West)的一个最后阶段。其实这种所谓"反应"(response)也只限于上层阶级中少数尖端知识分子而已。清末办"夷务"的专家们,和随之而起的以张之洞为发言人的继承者,实开其端。只是在提倡〔坚船利炮和路矿新政等等〕技术改革(technological reform)失败之后,康有为和孙中山才想到要作全国性的通盘政治大改制。康氏主张以和平方法来改良;孙氏则主张采用武力。〔二人方法虽异,其主张政治改制之目标则一。〕

可是政治改制工作虽然终于在孙氏精神领导之下于1912年完成了,但是理想中的目标却终未达到。民国初年那江河日下更形糜烂的情况,终使新一代的中国知识分子,再接再厉地从事更进一步的改革。他们这时已完全相信中国问题得不到解决的根源之所在。这个根源不在别处,正是发自那有三千年历史的儒教——那个"旧思想"。至于"旧思想"究竟坏在何处,他们却一知半解,找不出更科学的解答。解答不出,这批"五四"时代的知识分子——包括最温和的胡适博士在内——就感情用事了。这种近年来〔自1966以后的一段岁月〕,大陆上勃然再起的感情用事的行为和作风,对那些有以天下为己任的传统读书人的老遗传,而又受有时代教育的新知识分子,真是一拍即合了⋯⋯〔这就是"五四运动"发生在近代中国文化史上的历史过程。〕(英文原作见 *The American Political Science Review*. Vol. LXIX, Dec., 1975, No. 4. pp. 1504—1505.)

以上这个短篇虽是在胡适之先生逝世之后十多年才执笔的,但是其中一管之见则是笔者在五十年代便和适之先生直言无隐地讨论过的。我反对胡先生把"五四运动"当成对"新文化运动"的"政治干扰"这一种看法。相反的,我认为一个新文化运动的后果,必然是一个新的政治运动,而所谓"新文化运动",则是近百年来中国整个的"现代化运动"中的一个"阶段"(stage)。为此笔者曾于五十年代的末期写过一篇长文叫做《论中国现代化运动的阶段性》(见《海外论坛》1960,1月、2月"创刊号"及第二期)。

就管见所及,近百年来由西洋文明"挑战"(challenge)而引起的"中国现代化运动"的发展,是一个阶段,一个阶段,向前推进的,直到它能够向整个西方文明作"反挑战"(counter-challenge),而达到领导"超西方"(post-Western era)阶段的世界文明为止。

　　说穿了,这些一波未平,一波又起,层次分明的诸阶段之递嬗,也就是中国现代化运动中的"过关运动"。关云长如果不能"过五关、斩六将",何能离开"曹营"?!

　　近在眼前的八十年代中的"民主法治"阶段便是另一大关。这一关如果过不掉,我们中国人还配谈"向西文明反挑战"?! 还配谈"二十一世纪是中国世纪"?!

　　可是这"现代化运动诸阶段",是"后浪推前浪"式的循序前进的。领导这一潮流的思想家、政治家和政论家,乃至一般知识分子,都应看清时代。"落伍"固然不好;"躐等"同样是错! 就拿我国抗战之后那几年来说罢,那种大兵之后,疮痍满目,饿殍载道,处处贪污,遍地文盲的情况,我们那里配谈什么"民主宪政"。用一句政治学上的抽象名词,那时我们民族所真正需要的便是个有效率的"福利专政"(benevolent despotism)。如果置政治解纽,天下饥馑于不顾,而去应付一些哗啦哗啦的老头子,和一些无知的洋人,去搞什么不急之需的"民主宪政",便是在"现代化运动"上"躐等"了。

　　反过来也是一样的。如果一个国家,衣食足、礼义兴,经济起飞、教育普及,那末"福利专政"就搞不得了。代之而起的必然便是个推动"民主法治"的运动。这是"中国现代化运动"中的一个跑不掉的"阶段";而这一阶段现在已经显出其咄咄逼人之势了。

　　胡适之先生是老一辈的"文化学者"(culturist),而不是一位"社会科学家"(social scientist)。他把"新文化运动"和"五四运动"当成两回事,便是纯粹从一个"文化学者的观点"(culturist approach)出发的。

　　〔2〕　笔者在六十年代初期襄赞顾维钧先生记录其"口述历史"时,顾公把他在"巴黎和会"和"华盛顿会议"时期那段故事,说得妙趣横生。听之真如身临其境。等到十年后顾氏的万页回忆录在哥大脱稿时,我好奇地再去翻翻那一段的清稿,便觉得它只是一篇枯燥的公文档案了。

　　西人有言:"历史比小说更有趣。"笔者真笃信此言。可惜的是历史都是"后世"的人所写的,他们能把历史上的事实,正确地记录下来,已属不易。至于历史事件发展过程中的真实详况,"后世之人"不但无法去"绘影绘声",有时还因为史料失真,或考据不周,而发生无意的"曲笔"。"口述历史"的好处,便是让历史上的英雄们自己现身说法,去说个痛快淋漓,信不信由你。大多数的历史上的英雄好汉,都是能说会讲的。这也就是孔子所说的"有德者,必有辞"罢。所谓"有德",或许应该作"大有一套"解,才会更正确。

〔3〕 孙中山先生于民国九年(1920)1月29日所写的《为创设英文杂志印刷机关致海外同志书》中,提到"新文化运动"有如下一段:

自北京大学学生发生五四运动以来,一般爱国青年无不以革新思想,为将来革新事业之预备。于是蓬蓬勃勃发抒言论。国内各界舆论,一致同唱;各种新出版物为热心青年所举办者,纷纷应时而出,扬葩吐艳,各极其致,社会遂蒙绝大之影响,虽以顽劣之伪政府,犹且不敢撄其锋。此种新文化运动,在我国今日诚思想界空前之大变动。推原其始,不过由于出版界之一二觉悟者从事提倡,遂致舆论放大异彩,学潮弥漫全国,人皆激发天良,誓死为爱国之运动。倘能继长增高,其将收效之伟大与久远者,可无疑也。吾党欲收革命之成功,必有赖于思想之变化。兵法攻心;语曰革新,皆此之故。故此种新文化运动,实为最有价值之事。……(节文见张其昀主编《国父全书》,台北,国防研究院,五十五年三版,第779页)

读这一段中山遗著,我们觉得孙中山先生真是"圣之时者也"。子曰:管仲之器小哉。后辈继起政要比起中山先生来,真是"小哉!小哉!"啊!

〔4〕 原来卫戍北京的"步兵统领"是李长泰。李氏多少有点同情学生的倾向,对逮捕学生不太认真,北京政府才改派王怀庆接替。王氏一上任便把陈独秀抓起来了。

〔5〕 陈独秀的被捕据说并不完全是政治的原因。因为那时他还不是个共产党;其中可能还有私怨。北京政府当时为"安福系"所操纵,而该系中的骨干分子泰半都是独秀的同乡和熟人。陈氏为人倨傲,而又私德不修。官高势大的同乡们,早就嫌着他,一有借口便把他捉将官里去。当然也有人说陈独秀那时已与"联共"的地下人员有接触。不过安福系其时并无特务组织。陈氏纵与俄人有接触(此事连胡适也不知道),官方也不易发现。加以当时坐安福系二号交椅的王揖唐也在大谈其"社会主义";他们不可能因"思想问题",便把一位北大教授一关就关了三个月。

陈独秀后来出狱,正如适之先生所说的,是由于他的"安徽同乡"的帮忙。据笔者家中长辈传言,我的祖父便是为陈氏暗中奔走最出力的朋友之一。因为那时自段祺瑞以下的"皖系"巨擘与我家长辈都有点私交。王揖唐在"中举"之前,便在我家做了四年"塾师"。据说是一位日夜苦读的"寒士"。

王揖唐原名王志洋。中了进士之后,慈禧太后阅卷见了"志洋"二字颇不舒服,乃"赐名"王赓。笔者前年访马德里,曾与王氏的幼子德寅大谈其乃翁轶事甚详;并颇为这位当年苦读寒士才子可惜。做汉奸是一步一步地陷进去的,终至不能自拔。古人说:不谨细行,终累大德,真是至理名言。

陈独秀当年如不被这些"安徽同乡"帮忙,"放了出来",中国共产党后来也就不会有这位"家长"了;一部中国近代政治史,是否另有新章,也就很难说了。

〔6〕 中国共产党早期在上海的活动是受"第三国际"的经济支援的。据说莫斯科的汇款是通过一家美国银行,自纽约寄往上海。至于陈独秀何时与"第三国际"取得直接联系,胡适之先生完全不知道。对当代历史家也还是一件疑案。

〔7〕 中共自称是1921年诞生的,因为那一年他们举行了"第一次全国代表大会"。胡先生说该党是1920年建立的,事实上也没有大错。

周策纵先生为《大英百科全书》撰陈独秀传,也肯定中国共产党是1920年成立的。拙文在《传记文学》(三十四卷五期)发表之后,策纵曾给我来信,说:"胡先生不是'没有大错',是根本没有错。"就历史的史实来说,胡、周二氏都是绝对正确的。不过组织政党搞革命正和开商店做生意一样,至于何时"先行交易";何时"择吉开张",还是以他们做买卖的自己去宣布他们的"开张大吉"为是,所以笔者说胡先生"也没有大错"。

又如中共的正式"党庆"是"7月1日"。二十多年前哥大的韦慕庭氏就"考据"出他们的党庆是"7月23日"。因为当事的人虽然都把中共一全大会的日期忘记,但是就在法租界警察搜查他们会场那一晚间,上海的"亚东饭店",却发生了一件情杀案,消息哄传一时,各大小报刊都为之绘影绘声。那时参加"一大"的陈公博和他的新娘便住在这个饭店内。他把情杀案误为捉共产党,乃仓皇逃去(见陈著《寒风集》)。陈氏已记不得这个日期,但是老报纸却不难找出这个情杀案。

最近大陆上的中共史家也找出了这个"7月23日"是真"党庆";但是中国共产党正式宣布的"开张大吉"日期仍然是"7月1日"。

〔8〕 胡先生在这章里对"科学"、"民主"两个名词的诠释,是不折不扣的杜威之言。杜威说:"民主是一种生活方式。"但是哪种"生活方式"才叫"民主"呢?笔者当年向胡老师请益之余,曾写了一篇小文曰《实验主义新诠》。我认为他师徒二人所倡导的"生活方式",可概括为"美国主义"(Americanism),虽然他二人都未用过这一名词。换言之,"美国主义"便是"美国生活方式"(The American way of life)的概念化(conceptualization)。杜威便是这一"概念化"过程中的思想家。中国朝野今日对"人权"这一概念的争辩,便是"美国主义"中的大题目。把它搬到"中国生活方式"中来,是耶?非耶?那就说来话长了。

〔9〕 笔者在《胡适杂忆》之文中便提到那些"问题与主义"之争,是"以小常识,谈大问题。"其实那时他们对"大问题"并不敢接触,例如"中国何以不能

工业化？而日本反可一索即得"。再如"民初的议会政治,何以全盘失败？"这些有关国族兴衰的"大问题",如果没有精湛的(输入的)学理,和有充分资料的研究作背景,而专凭常识抬杠,是不可能有深度的。这种凭常识抬杠的风气,自五四一直延续到六七十年代。

　　胡适之先生他们那时动不动就说什么"抽象"的"主义"和"实际"的"问题"。其实如果把"主义"的内容提出来换个名字,则"主义"也未尝不可"实际"一下。如果我们改口说"自由经济主义"和"计划经济主义",则这两个"主义"便"实际"的不得了。何择何从？其中牵涉到的各项学理、规律和实际试验,都不是外行人可以信口胡吹的。老实说,过去二十多年大陆的经济建设的结果,至今只剩下点"不怕打破"的"坛坛罐罐"(邓小平语),便是毛泽东那位"五四遗老",不知如何去实际"计划",只知承继五四遗风,思而不学,信口胡吹的结果。

　　〔10〕"胡适"在大陆,最近据传也获得部分的"平反"。他被评成政治反动而学术有贡献。他留在上海未曾带出的一部分有关《水经注》的手稿也在解禁付印之中。历史学者亦前往被红卫兵捣毁的胡氏故宅和祖茔从事研究调查云。

第十章　从整理国故到研究和尚

国学季刊发行宗旨

在前章里我曾说过,中国文艺复兴运动有四重目的:

一、研究问题,特殊的问题和今日切迫的问题;

二、输入学理,从海外输入那些适合我们作参考和比较研究用的学理;

三、整理国故;〔把三千年来支离破碎的古学,用科学方法作一番有系统的整理〕

四、再造文明,这是上三项综合起来的最后目的。

今天我想把有系统的"整理国故"这一条来说一说。

远在 1923 年,北京大学曾出版一种《国学季刊》。这《季刊》〔原来应该是一年分四期出版的,〕可是后来时常脱期,就变成一种不定期的刊物了。但是当其全盛时期,它对中国的知识界是有极大的影响的。

这本刊物是研究国学的;但是它却以新姿态出现。编排方式是自左向右的"横排";文章也全部使用新式标点符号。就凭这一点,〔在学术界〕已经是个小小的革命了。这座〔中国首屈一指的〕国立大学出版的讨论国学的刊物,竟然用"蛮夷的"形式出现,当时真是使许多人震惊。

我是该刊的编辑之一;并被指定在〔第一期里〕写第一篇文章——《国学季刊发刊宣言》。这篇《宣言》是把我们研究汉学或国故的原则和方法作一番简要的和广泛的说明。下面便是这篇《宣言》的要点:

我说我们用不着慨叹什么国学传统要沦亡,或国学界老辈的日益凋谢。这些都是历史上逃避不了的事。相反的,〔我们如果再观察眼前国内和国外的学者研究中国学术的状况,我们不但不悲观,并且还抱着无穷的乐观。我们深信〕国学的将来,定能胜于国学的过去;过去的成绩虽未可厚非,但是将来的成绩一定还要更好数倍。

接着我便把过去三百年——那汉学复兴为最佳代表的国学研究时期——的成绩,做个总结。他们的成绩可以分为三方面:

第一是"整理古书";

第二是训诂,也就是一种合乎科学的归纳法,来找出古辞、古字的原始意义;

第三是逐渐发展出来的一种中国的"高级批判学"(Higher Criticism),换言之便是版本校勘学,以确定古籍的真伪。

综合上述三方面——版本学、训诂学、校勘学——那便是近三百年古典学术史上可概括为"有系统的古籍整理"的第一项成就。简言之,这个第一步工作,足使许多古籍——不管是儒家的经典也好,儒家以外的典籍也好——显得更富智慧,〔更容易读,〕也更接近现代的学术。

第二项成就或许可以概括为发现古书和翻刻古书。从古学复兴上说,过去三百年或可叫做〔中国的〕"文艺复兴"。因为〔清代的中央政府和各省书局〕都有意于访求古籍,提倡刻书,以致〔丛书与单行本,〕重刊本、精校本、摹刻本、影印本,不一而足。许多人都有意地把访求古版,宋版或元版,以及各该古版之重刻,视为己任。因此所谓"殿版"(中央政府所主持),各省书局版,以及私刻〔都充斥市面〕。许多爱书成癖的私人和收藏家,都集资募欵重椠佚书和秘籍。所以在这方面说,那真是个古学复兴时代。在这种风气之下,〔那自丛书或公私著述——如《永乐大典》等等——之中〕辑出佚书,也是这运动中的成就的一部分。

第三项成就便是考古——发现古物。清代的学者好古成风,举凡商、周鼎彝、泉币、碑版、壁画、雕刻、古陶、古瓷等等都在他们访求之列。那时还没有什么科学的考古学;他们的研究也有欠科学性;也不太成系统;但是好古兴趣之浓,则是不可否认的。在这一时期的尾声里,这种好古的风气,也引起了几项重要的发现。其中之一便是殷商甲骨文的出土。甲骨〔于清末〕在安阳发现。安阳是商代最后的都城所在地。

以上便是近三百年国故学上的三大成就。我那篇文章也指出,传统学术虽有其不可疑的成就,但是也有三大严重的缺点。

第一个缺点便是他研究的范围太狭窄了。因为那些学者对古韵、古义乃至古籍注疏的研究,都不是为这些资料的本身价值而研究的。他们的眼光和心力注射的焦点,只在注释儒家的几部经书。他们之中无疑的是有第一流的学者,把这些"辅助"科学作为独立的学问来研究。例如对古代韵文的研究,就逐渐发展成古韵学。还有,在晚近数十年也有对经书以外的著作,例如对《墨子》的研究,也都独立成家。但是就大体来说他们都摆脱不了儒家一尊的成见;所以研究的范围也就大受限制了。

第二便是他们太注重功力,而忽略了理解。他们在细枝末节上用功甚勤,而对整个传统学术的趋势缺乏理解。这一点用英文来解释,实在是很不容易的〔大致说来,学问的进步,有两个重要的关键。一是材料的聚积和分解;一是材料的组织与贯通。前者须靠精勤的功力;后者全靠综合的理解〕。清儒有鉴于宋明诸儒,专靠理解的危险,乃故意的反其道而行,专力从事训诂、校勘之研究,而避免作哲学性的诠释。在前贤所致力的所有的作品上,他们都找出错误,但是他们却故意避免作主观的综合结论〔所以近三百年来,几乎只有经师,而无思想家;只有校史者,而无史家;只有校注,而无著作〕。

这儿还有第三个缺点,那就是他们缺少参考比较的材料。上文曾说过,他们曾用经书以外的著作〔如诸子和史书〕来作训诂和音韵的比较研究,但是除此以外,他们就再没有其他的参考资料了。没有外界的资料来参考比较,而要对自己所学有真正的了解,那几乎是不可能的事。例如对古音古韵的研究,他们也确有其科学的一面,但是他们主要的研究资料则只限于《诗经》。有时他们也把研究的对象扩展到其他与音韵有关的著作,但是他们绝未想到那些也含有古音古韵的各地方言、口语〔尤其是〕华南各地的方言〔如广东话、福建话〕等等方面的研究。当然他们对外国语文的比较研究,就更一无所知了。这些〔清代〕学者之中,就很少能懂得广东话、福建话、厦门话等等华南方言的。当然他们更未想到朝鲜话、日本话和越南话当中也含有很多中国古代的音韵的了。

有鉴于〔前学者的成功与失败,并针对〕这三大缺点,我说我们北京大学同人愿意提出下列三点来复兴和提倡对国学的研究:

第一,用历史的方法来尽量扩大研究的范围。这项历史方法〔研究的范围〕要包括儒家的群经,儒家以外的诸子,乃至于佛藏、道藏——不管他们是正统还是邪门;古诗词与俗歌俚语既同时并重,古文与通俗小说也一视同仁。换言之,凡在中国人民文化演进中占有历史地位的任何形式的〔典籍〕皆在我们研究之列。

第二,注意有系统的整理。我们要采用现代的治学方法,做有系统的整理。例如,替古籍编"索引"或"引得"(index),便是其中之一。我国古书向无索引。近乎现代索引方法的,如清嘉庆朝(1796—1820)〔汪辉祖所编纂的〕《史姓韵编》〔共六十四卷〕,便是重要的史籍索引之一。但除此编及少数类似的其他著作之外,中国古籍是没有索引可查的。所以我们主张多多编纂索引,庶几学者们不必专靠他们优越的记忆力去研究学问了。

我们还提出对中国古籍一种"结账式"的整理。正如商人开店铺,到了年底总要把这一年的账目结算一次。就以研究《诗经》为例罢,从古代、中古直到近世,有关《诗经》的著作真不知有多少,但是很少经人有系统的整理过。所以有系统的整理《诗经》要从异文的校勘着手;从各种异文的版本里汇编出一个最佳的版本,从而开始对古音韵、古训诂的整理,把《三百篇》中每一首诗的各家研究的心得,都作出个有系统的总结。这就是我所说的结出一本总账来。然后我们便可以照样的做,把所有古今的研究所得汇集起来,〔对每种古籍都〕编出一部最后的版本来。

最后我们提出"专史式"的整理——诸如语言文字史、文学史、经济史、政治史、国际思想交流史、科技史、艺术史、宗教史、风俗史等等。这种专史式的研究,中国传统学者几乎全未做过。所以上述三种法则便可用来补救传统学术里缺乏有系统的研究之不足。

我同时还提出如何来补救外来参考比较研究资料不足的这一传统缺点。因为这一点是在狭隘的传统研究方法范围之外的。我们号召大学同仁尽量搜罗各式各样足资比较研究的文献。例如,传统学者们用归纳的法则及触类旁通的比较研究,曾对古代文字作出许多正确的结论;但是由于汉文没有文法学,所以传统学者们从没有试过用文法分析来做研究的办法。可是在清代末期,一位中国学者马建忠便利用他对欧洲语文文法的研究而写出第一部叫做《马氏文通》的中国文法来。在我那篇〔《国学季刊发刊宣言》〕的文章里,我指出世界〔各国语言〕所有关于文法的研究,我们都可用来作参考和比较。

在音韵研究上,西方学者在音韵学上研究的成果,以及中国各种方言,乃至诸邻国如日本、朝鲜、越南等国的语言,我们都可加以利用来作比较研究。这样我们便可得出更新的结论和更高的成就。我并举出瑞典学者高本汉(Bernard Karlgren)过去二十年,〔在二十世纪初期对"中国文字"〕研究的成绩;有清三百年中的中国音韵学者都不能望其项背。这就是因为他懂得一些欧洲语文,知道语言学上的规律,而用之于对中国音韵研究的缘故。他也利用了中国的南部方言,和日韩等邻国的语言〔来加以比较研究〕;所以他〔仅仅只有〕数十年的功夫,其成果则为清代学者数百年的成绩所不能及。

以上便是我们主张以新的原则和方法来研究国学的"宣言"。

最后我提出三句话来作为结论:

第一,用历史的眼光来扩大国学研究的范围。

第二,用系统的整理来部勒国学研究的资料。

第三,用比较的研究来帮助国学的材料的整理与解释。

这便是我们新国学的研究大纲;也就是我们北大同人在各方面努力和试验的目标。当然这正如耶稣所说的,"收获多多,耕者寥寥!"这就是当时国学界的情势。[1]

那时的北京大学实在非常困难。政府的财政收入始终未能改善。教授的薪金已是七折八扣,而且还是一年半载地拖欠不发。实际的情形是国家政局在动荡之中。北方军阀既混战不已;南方国民党所策动的国民革命也正在开始。这便是这个〔多灾多难的〕1923年——"五四运动"的后四年;"北伐战争"发动的前三年!

我之所以不厌其详的来讨论这一《国学季刊》的《发刊宣言》,也就是说明在我们的《新青年》那个小团体解散以后,这个语文运动便已在向全国进军,并在文学上作其创造性的努力了。这一运动已不限于少数大学教授来起带头作用。大学教授们(尤其是北大教授),定下心来,整理国故,对整部中国文化史作有系统的整理,正是这个时候了。

我在干些什么

在这项运动中,我自己也得交代一下,我那时是在干些什么?[2]

要说明我自己那时在干些什么的最好方法,便是从1923年一跳跳到1954年12月2日。这一天中国共产党决定对我作一个综合性的大批判——批判胡适思想的流毒。这一运动是由红色中国的"中国科学院"和"全国作家协会"在一次联席会议上决定的。〔他们组织了一个"胡适思想批判讨论工作委员会",来领导和推动这运动。〕"批判"的内容共有九项〔每项另成立一个"小组"分别负责执行〕;他们清算我的九项,约略如下:

一、胡适哲学思想批判;

二、胡适政治思想批判;

三、胡适历史观点批判;

四、胡适文学思想批判;

五、胡适哲学史观点批判;

六、胡适文学史观点批判;

七、胡适的考据在历史和古典文学研究工作中,地位和作用的批判;

八、九、《红楼梦》的人民性和艺术成就,和对历来《红楼梦》研究的批判。〔原文录自《学习》,1955年,2月号,第42页〕

在这项批判运动中,所谓"古典文学"是包括中共占领大陆前的所有的文学作品;包括传统小说,例如《红楼梦》。八、九两项便是集中于我对《红楼梦》研究的批判。这也是他们清算胡适的第一炮,因为他们认为我是一位研究《红楼梦》的权威。[3]

这张单子给我一个印象,那就是纵然迟至今日〔1958年〕,中国共产党还认为我做了一些工作,而在上述七[九]项工作中,每一项里,我都还留有"余毒"未清呢!

以上是共产党中国对我的看法。我自己如今回想一下,我在这全部工作中的努力,固然不很成功,但在某些方面我也做了一些事。本文既然是我自传的节要,我也不妨乘此机会略谈我自己今日认为我的努力尚不无成绩的若干项目。在这些方面,我至少为将来的学者还提出些新的观点、新的透视和一些新的方法。

其中之一便是那自公元前六世纪老子和孔子时代开始,绵延至今,凡二千五百余年的中国思想史。在这一主要阵地里,早在1919年——整整的39年前——我的《中国哲学史大纲》的第一册便出版了。我对以后诸卷未能出版感到遗憾,但是那第一册当时却是一本开风气的作品(a pioneer)。我那本著作里至少有一项新特征,那便是我〔不分"经学"、"子学"〕把各家思想,一视同仁。我把儒家以外的,甚至反儒非儒的思想家,如墨子,与孔子并列,这在1919年〔的中国学术界〕便是一项小小的革命。[4]

我在过去三十多年虽然没有出版〔《中国哲学史大纲》〕的续集,但是我仍然写了若干专著,其中好几种也都是以专书形式问世的。例如我对《淮南子》的研究就有四万多字〔见胡适著《淮南王书》,民国二十年,新月书店出版〕。《淮南子》是道家哲学中的巅峰著作之一。

我还有些其他成书的著作,如《戴东原的哲学》〔民国十六年,亚东图书馆出版〕。戴震〔东原,1724—1777〕是他自己那个时代中比较最接近科学的学者之一;他可能也是〔乾嘉学派中〕没有尾随〔当时的学风,对宋明〕哲学传统革命的少数学者之一。相反的,他在致力于精湛的校勘学和训诂学之外,也还〔承继宋明理学的传统〕写了一些他自己的哲学著作。

研究神会和尚的始末

在中国思想史的研究工作上,我在1930年也还有一桩原始性的贡献。那就是我对中古时期,我认为是中国禅宗佛教的真正开山宗师,神会和尚的四部手抄本的收集〔与诠释〕。在这方面我想多说一点来阐明我如何用一种新观念、新方法的尝试和成就。

根据传统的说法,禅宗的故事是很简单的。一次〔在灵山会上〕有位信徒向释迦牟尼献了一束花。释迦拈起一朵花〔但并未说话〕,各大弟子皆不懂这是什么意思,这时有个弟子大迦叶(Mahakasyapa),乃向佛微微一笑。释迦乃说:"达迦依(Kashima)懂了!"乃以秘偈和佛法〔所谓"正法眼藏"〕传给大迦叶。这个〔有名的"拈花微笑"的传统故事,〕据说便是禅宗的开始。这样便代代相传,一共传了二十八代。这第二十八代祖师便是菩提达摩(Bodhidarma)。相传他于公元五百年左右〔约在中国南朝齐梁之际〕到达中国。达摩莅华之后又〔在中国信徒之中〕把秘偈〔和袈裟〕所谓"衣钵"一代传一代的传到"六祖慧能"。慧能为广东人,是个文盲,原来是位"獦獠"〔当时广东境内的一种半开化的少数民族〕。

慧能虽不识字,但是他一路做工行乞游方到了北方,终于被"五祖弘忍"所赏识,乃于某日午夜秘传以"衣钵",乃成为"禅宗六祖"〔这便是中国佛教史上有名故事,说他在墙上写了一首"偈"——"菩提本非树,明镜亦非台……"的那一段公案〕。

自从这位不识字的和尚接得了衣钵,其后禅宗中的五大支都出自此门……这是中国佛教史上传统的说法。简言之,便是自释迦以后,禅宗在印度共传了二十八代;〔达摩东来以后〕在中国又传了六代。在六祖慧能以后,中国各门禅宗都是从"六祖"这一宗传下去的。这也就是一篇禅宗简史。

但是只把这一传统说法稍加考证,我立刻便发生了疑问。我不能相信这一传统说法的真实性。在1923和1924年间,我开始撰写我自己的禅宗史初稿。愈写我的疑惑愈大。等到我研究六祖慧能的时候,我下笔就非常犹豫。在此同时我却对一个名叫神会的和尚发生了极大的兴趣。根据唐代所遗留下来的几篇有关文献,神会显然是把他那不识字的师傅抬举到名满天下的第一功臣。

慧能——如实有其人的话——显然也不过是仅仅知名一方的一位区域性的和尚,在当地传授一种简化佛教。他的影响也只限于当时广东北部韶州一带。他底教义北传实是神会一个人把他宣扬起来的。神会为他拼命,并冒着杀头的危险,经过数十年的奋斗,最后才把这位南方文盲和尚的教义传入中原!

〔由于史料有限,〕我只是读了点有关神会的文献,便对这位和尚另眼相看。在我把中国所保存的资料和日本出版的东京版《大藏经》和《续藏经》(尤其是后者)搜查之后,我终于找出了有关神会的大批史料。那些都是中国和尚和佛教信徒们执笔的;许多竟然是唐代的作品。其中部分唐代史料,使我对神会的研究又有了新的兴趣。例如九世纪有一位叫做宗密的和尚,他在谈到他当时的禅宗时,对神会便给以崇高的地位。据宗密的记载,那时禅宗已有了七支之多。神会和尚的〔"荷泽宗"〕便是当时的七宗之一。

但是这位不顾生死,为南方禅宗而奋斗,多少年遭迫害、受流放,终于经过安史之乱而获政府加惠的重要和尚,除了宗密所留下的一点点纪录之外,他自己本身竟然没有丝毫著作传之后世。那时唐朝几乎为安禄山所颠覆。玄宗逃离长安往四川避难。途中自动逊位之后,太子即位〔灵武〕,重率诸将,以图匡复。

在这段戡乱战争的过程之中,政府的财政却异常拮据,士兵无饷可发,政府只好筹款应付。筹款的方式之一便是发放佛道二教的"度牒"。人民之中有欲皈依宗教,〔或为免役免税而皈依的,〕可向政府纳款领取"度牒"。每一度牒索款十万钱。那简直是一种国家公债。政府为推销公债,因而借重这位年高德劭而又能说会讲的老和尚,在东都洛阳帮忙推销。神会推销的成绩甚佳。据说这项筹款的成功,实为戡乱战事顺利进行的一大因素。

其后〔肃宗〕皇帝为酬庸神会助饷之劳,乃召请神会入宫,并于公元762年(肃宗宝应元年)在洛阳重修佛寺为其驻锡之所。是年神会便在该寺圆寂。享寿95岁。

〔上面的故事是根据宗密和尚的记载,和其他唐代遗留下来数种有关文献的纪录。〕根据唐代文献,宗密和尚在九世纪上半期颇为得势。〔所幸的是〕在唐武宗(公元841—846)迫害佛教的前夕,他便死了(宗密是一位颇有头脑的和尚。他留下了一些有关唐代禅宗发展的史料。这些材料都是八、九世纪中国禅宗史的最重要的资料)。

神会死后〔很多年,终于〕被追封为"禅宗七祖"。因此他那位不识字的师傅,广东籍的慧能和尚也就间接被公认为正统的"禅宗六祖"了。

这段禅宗小史说明了神会的重要性。他确定了由南方禅宗,来替代了自八世纪初期便主宰中原的北方禅宗!

北方禅宗的地位原是由两三位有力的和尚〔——"楞伽宗"里的九十多岁的高僧神秀,和他的两位弟子普寂和义福〕所确立的。他们被唐朝中央政府尊崇为"两京法主,三帝国师"。"两京"是指当时的西京长安和东京洛阳。"三帝"则是指"则天皇帝"(武后自称"皇帝")和她的两个儿子,"中宗"和"睿宗"。这三位"皇帝"在宫庭之中对这些和尚大为尊崇。尤其是那第一位名叫神秀的和尚。

神秀和尚于公元700年(武后久视元年)入宫,死于公元706年(中宗神龙二年)。在这些年中,北禅实在主宰一切。神秀和他的两个大弟子不但备受〔朝廷〕的尊崇,同时在民间也都被偶像化了。〔刚案:据说神秀于久视元年入宫时,武后和中宗、睿宗都跪迎。他死的时候,长安城万人痛哭,送葬僧俗,数逾千万。其哀荣的盛况,亦不下于一千二百多年之后胡老师在台北的出殡大典。〕

神会和尚成其革命大业,便是公开的直接的向这声威显赫的北派禅宗挑战。最后终于战胜北派而受封为"七祖",并把他的师傅也连带升为"六祖"。所以神会实在是个大毁灭者,他推翻了北派禅宗;他也是个大奠基者,他奠立了南派禅宗,并做了该宗的真正的开山之祖。这就是佛教中的禅宗!

1926年我以"中英庚款顾问委员会"中国方面三位委员之一的身份去欧洲公干。那时英国决定退还〔一部分〕中国对英国的庚子赔款〔作为培植留英学生之用〕,因为该款用途尚未完全确定,我应约去欧洲出席"中英庚款全体委员会"。我因而想乘此机会往伦敦和巴黎查一查唐代遗留下来的有关禅宗的资料,那些未经九世纪、十世纪,特别是十一世纪和尚们糟踏过的史料。我想找出六、七世纪,尤其是八世纪,偶然地被在敦煌保留下来的有关禅宗史的史料。

这些敦煌写本大致是第五世纪至十一世纪〔自北魏至北宋一段时期〕的遗物,前后包括了六百多年。这写本总共有一万卷以上,一直在甘肃敦煌一间石室之内被密封了〔将近一千年〕。

敦煌原有几座佛寺,多建筑于岩洞之旁。其中有一座千佛寺,寺内有一间〔密封的〕石室。其中藏有万卷以上五世纪以后的经卷写本,许多也至迟是十一世纪早期〔北宋初年〕的遗物。这一间被密封起来的石室,封外的墙壁上都绘有壁画。那可能是战争期间,庙内的和尚在逃走之前,把这个图书室封起,并画上壁画,使人不疑壁画之后还有藏经。

这千佛寺原为一座佛寺。但是在公元1900年前后已经是僧道杂居了。一次有一位〔王〕道士做打扫工作,无意发现这壁画之后似乎有门的迹象。他把这门打开了,便发现了这些经卷写本。这位道士既不识字,人又愚蠢,他乃打主意把这些卷子出售给附近乡民〔作为仙方〕以医治牙痛或头痛。一般愚民也就向他购买这些仙方破片,烧成灰烬,加水吞食,冀图治病。他们这样对古物的摧毁已经有相当年月了。所幸敦煌人口稀少,所以这些"仙方"亦无从大量出售。他们这样的买卖一直到1907年〔始为学者们所发现〕。那一年〔瑞典籍的考古家〕斯坦因(Sir Aurel Stein)从印度进入中国,沿途考古,一直到了敦煌。他听说这宗大量发现的中古写本,乃亲往查访。他向那位道士行了点约值七十两银子的小贿,便运走了七大车的卷子写本,经印度而去,终为伦敦的"大英博物馆"所收藏。

翌年,1908,法国的汉学家伯希和(M. Paul Pelliot)也闻讯往访,也就从敦煌运走了大约三四千卷。伯希和因为能读汉字,又懂一些中亚细亚一带的方言,所以他说服了这位道士,让他在千佛寺内住下,慢慢选择。所以他后来运往法国"国家图书馆"的一些卷子,都是经过选择的。那些只是重抄的佛经,他都一概留下不要。他取去的都是些普通佛经以外的佛教著作,以及有关道教儒教的写本;或是一些注明年代和人名的佛经抄本。他并且把汉文以外的卷子,如梵文及中亚细亚方言等等写本,都全部拿去了。所以巴黎所藏的敦煌卷子实是一部选集,和一些有年代和人名纪录的抄卷。

伯希和自敦煌取道北京返国,在北京他找了些中国学者来帮忙查对这些中文卷子。这样才惊动了中国的学术界;学术界人士才报告了政府,清廷中央政府乃立即通知甘肃地方政府,不再许外人窃取,并明令把全部卷帙运京保存。这一来全部敦煌经卷的古董价值乃举世皆知。因此在该项抄卷运京,又被沿途偷窃。为应付点验起见,偷窃的人又往往把长卷剪成小卷来充数。由于监守自盗的结果,上千上百的卷子又被偷走了。所以后来敦煌卷子,除了在伦敦"大英博物馆"、巴黎"法国国家图书馆"和中国"北平图书馆"所收藏之外,还有千百卷被零售给中国和日本的私人收藏家。这便是这宗敦煌抄卷的一段沧桑史;也可算我个人自述的一个注脚。

长话短说,当我在1926年到欧洲去的时候,我想如有可能的话,我决定便访伦敦、巴黎两处的敦煌藏卷。看一看这一些唐代抄卷,对于中国佛教史,特别是禅宗史有没有新发展。我在伦敦看了一百卷;在巴黎看了五十卷。使我且惊且喜的则是我居然发现了有许多有关中国禅宗史的重要资料;尤其是有关八世纪中国北派禅宗和其同时的其他禅宗各支的资料。

我在巴黎所发现的便是三卷未注明〔人名和年代的〕有关神会和尚的史料,在伦敦我也找到一份〔类似的〕残卷。由于个人研究兴趣所在,我对搜访这些史料是早有准备的。所以这些资料我一看便知。因而我把它们照样复制,回国之后再加以校勘,便在1930年把它们出版了。出版的日期是我发现了它们的后三年。我把这本书叫做《神会和尚遗集》〔民国十九年,亚东图书馆出版〕。这本书的问世实在是对重治中国禅宗史的一个里程碑。

在1926年之前我们所知有关神会和尚的著述只寥寥659个字。这个短篇对这位禅宗历史的真正创造者的了解实在太有限了。可是在1926年我竟然找到了约有两万字上下的资料。

我在巴黎所发现的三份抄卷,过去一千二百年都无人知晓。其一便是《神会和尚语录》,此卷甚长;第二件是有原标题的叫《菩提达摩南宗定是非论》。这是一份战斗文献;是神会对北派禅宗的道统真伪,与教义是非的公开挑战。因为南北两派都自称是祖述达摩的正统。另一残卷则是显然也是上述战斗文献的一部分。〔刚按:英文稿此处语义混杂不清。译文系参考《海外读书杂记》重校的。〕

这份战斗文献活生生的纪录了神会和尚和一位名叫"崇远法师"的对话录。崇远法师是一位问难者〔他向神会提出问题由神会加以解答〕,就像现代电视上〔新闻节目里〕的主持人(moderator)一般。这位崇远法师也是位性格人物,他把这幕剧弄得更为戏剧化。

在这次问难中,崇远法师问曰:"〔北宗〕普寂禅师,名字盖国,天下知闻……何故如此苦相非斥?岂不与〔神会大和尚,您自己〕身命有仇?!"

神会和尚答曰:"我自料简是非,定其宗旨。我今弘扬大乘,建立正法,令一切众生知闻,岂惜身命?!"〔原文录自《菩提达摩南宗定是非论》;读者亦可参阅柳田圣山主编《胡适禅学案》,正中书局,六十四年台初版,页二八一。〕

这便是这位神会和尚的精神!当然,我并不是说神会这一挑战是什么样的天才。我而且怀疑他这一挑战是公正有据的。或者他的挑战正和北宗所自我夸耀的一样无据。我必须说,一部禅宗史包括神会在内,百分之九十都是伪造的。这是我的估计。

但是我搜寻禅宗史料的动机,则是想找出八世纪中的所谓禅宗创立时的真象而已。这样我不但找到了神会和尚的语录;同时我也找到了唐代文献中所提到的伟大的〔南宗、北宗争法统的〕作战纪录。这纪录是我在伦敦、巴黎两地所藏的敦煌经卷里找到的。

我在伦敦所发现的残卷也很有趣。那是中国所流传下来的〔有关神会纪录的〕659个字中的一部分。但是这残卷却是这纪录最早的抄本。这件唐代写本与现存的国内流传的神会著作,仅有丝微的不同。

以上四种，便是我于〔1927年在巴黎和伦敦〕所影印的敦煌卷子。后来我把几份卷子与我自己所写的神会的传记，一起详加考订之后，便于1930年合成一册〔由上海亚东图书馆〕出版，定名为《神会和尚遗集》。我那九十页的《荷泽大师神会传》〔本文〔已〕经收入《胡适论学近著》，第一集，二十四年商务版，248—290页〕，可能是当今中国用现代观点所写的唯一的一本完全的和尚的传记了。

好了，我究竟发现了些什么样的故事呢？上文曾提过，1926年以前，中国佛教史学所可找到的神会和尚的作品，不过寥寥659个字而已。但是我的书在1930年出版之后，神会的著作便递增至两万多字。这样我才能写出一本神会全传来。这本完全的传记中，包括我对神会思想的初探；对他观念的诠释；和我自己研究的结论。我认为〔一般佛学家和佛教史家，都当作慧能所著的〕所谓《坛经》，事实上是神会代笔的。《六祖坛经》是过去一千二百年，禅宗佛教最基本的经典；也是中国、朝鲜和日本的一部圣书。但是我以〔禅宗〕内部的资料，证明它是神会的伪托！根据我的考据，神会实是《坛经》的作者，因为《坛经》中的许多观念都和我在巴黎发现的《神会和尚语录》及其他有关文献，不谋而合。

以上便是我发现中最精彩的部分。但是这一发现影响之大则非始料所及，因为它牵涉到要把禅宗史全部从头改写的问题。由于这位大和尚神会实是禅宗的真正开山之祖，是《坛经》的真正作者，但是在近几百年来，他却是在禅宗史上被人忽略了。其原因便是当南宗的地位最后被朝廷肯定为禅宗正统——甚至也可说是整个佛教的正统——之后，显然一时弄得举世扰攘，所有的和尚都要挤进来分一杯羹。因而佛教中的所有门派都自称与南派禅宗有历史渊源，从六祖慧能上溯至菩提达摩。时日推移，这一自达摩至慧能的谱系因而一分为二：一门禅宗自称祖述怀让，怀让是慧能在湖南的大弟子；另一宗则自称出自慧能在江西的大弟子行思。

在八、九两世纪中，湖南、江西二省原是禅宗的中心；两省之中所有的〔老和尚〕都自称是慧能的弟子〔或再传弟子〕。后来这两支都发展起来，蔚成大观。例如著名的临济宗便出自这两支。当他们得势之后,他们就改写历史,各以己支一脉相延是正统嫡传。日子久了,神会之名就渐被遗忘,甚至完全不提了。

怀让、行思两支后来居上,竟然变成禅宗里的正统嫡传。《景德传灯录》便是如此下笔的。我是治佛教史的少数作者之一。读佛教史时在字里行间,发现了神会和尚的重要性。我认为神会扮演了一个很重要的角色。事实上,他的重要性,在九世纪的一位有学问的和尚宗密,也曾经证实过的。

我写神会和尚实在也就是改写禅宗史,给神会以应有的历史地位。并指出他向北宗挑战是何等的重要,终使他死后被追封为禅宗的七祖;间接的他也使他师傅慧能被追升为禅宗的六祖。

事实上,这一追谥,还是神会死后一百多年的事;当时并经唐代两大作家柳宗元和刘禹锡的记述。柳、刘二人均于慧能正式被朝廷追升为"六祖"时著有碑铭的。

还有一件使我高兴的事,则是我的神会传记出版后两年〔1932〕,另一神会遗作的敦煌卷子,又在日本被发现了;由我的书作参考,证明其为神会遗作。这一份并无标题的敦煌经卷落入一位日本收藏家石井光雄之手。但是日本学者则是参阅我的神会传,而证实为我所发现的神会遗作《神会和尚语录》之一部。这一个题目〔《神会和尚语录》〕原是我加上去的;我们始终不知道这个卷子的原题是什么。

1959年,另一位日本学者入矢义高,又在斯坦因收藏的敦煌经卷中,发现了另一同样内容的卷子。这卷子之前有一篇短序,题目叫做《南阳和尚问答杂征义》。

石井光雄的卷子发现之后二年〔1934〕,铃木大拙博士与一位友人,乃把它参校"胡适本"之后,予以付印出版。那是个活字版印本,书名为《禅宗大师神会语录》。这份石井光雄发现的卷子共有一万五千字。其中有一半与我发现的第一件《神会和尚语录》雷同。其中有一部分显然是从《菩提达摩南宗定是非论》中抄下来的。稍后铃木先生在"国立北京〔平〕图书馆"所收藏的敦煌经卷中,又发现另一文件。他把这文件付印出版,并加一篇他自己写的导言,说这一文件的内容与《六祖坛经》颇为相似；那与我所阐述的神会观念也是相同的。

许多年过去了。一直到1956年，当铃木博士与他的一位学生路过巴黎时，法国学者告诉他，他们又发现了一卷显然是神会的遗作。但是他们无法通晓其内容，所以我也就买了一份该项卷子的影印本。我现在〔1958〕正在校勘这份卷子。其实这份卷子中包括两种神会遗著。其一便是《菩提达摩南宗定是非论》中的一大段节录；另一件则包括我在1930年所出版的第三件。所以现在《定是非论》已经有两万字左右，差不多已经是全璧了。

最近法国学者又发现了一些文件。伯希和死后，他们显然是从伯氏以前所收集一些无标题的卷子之中，又发现了另一份残卷。那卷子里不但有一卷神会，而且有两卷神会。第一件中大部分都是神会的战书〔《定是非论》〕。另一件也很有趣，那是和铃木在"国立北京〔平〕图书馆"所发现的是同种而较佳的经卷。但是那较早发现的老卷缺少个题目。那件无题经卷，铃木只是疑惑它也是神会的遗作〔但是他还不敢确定〕，而这份新发现的卷子不但完整无缺，并且还有个题目。这题目一开始便书名"南阳和尚"。南阳是河南的一个重要县治。"南阳和尚"这一头衔毫无疑问的是当地人民对神会的尊称，因为神会曾在一座南阳的寺庙内住过十年。在南阳期间他以博学善辩闻名于时，所以才有"南阳和尚"的称呼。

所以铃木博士多少年前在发现那宗文卷时所引起的大疑案，终于在我的襄赞之下完全证明了。这些便是我近年来有关中国思想史的最近的著述。[5]

注　释

〔1〕　近六十年来，不论左右、前后或中间派的中国知识分子，对胡适都有一项共同的责难。那便是胡氏在"五四"前后搞"新"文学、"新"思想、"新"文化……最多不过六七年他就不再"新"了。相反的，他却钻进"旧"书堆里去，大搞其国"故"来。

激进派和国粹派对他底冷嘲热讽,固不必多提,而最为他惋惜的则是那所谓中间派自由主义知识分子。他们原是以适之先生马首是瞻的。大家正在追随他,鼓噪前进,他忽然"马首"一掉,跑进故纸堆里去了,怎不令人摇头叹息,不得其解!?

胡适后半生为什么专钻字纸篓呢?他自己在本篇内所作的解释则是新文化运动的最后目标原是"再造文明";而"整理国故"则是走向"再造文明"的次一步;是件合乎逻辑,顺理成章的事。

但是浩如烟海,乱如垃圾的"国故",岂是胡适之一辈子、两辈子、三辈子可以"整理"得了的?"整理"不完,那末中国的"文明"就不要"再造"了吗?这分明是句自我解嘲的遁辞,是不能服人之口的。问题是:他老人家为什么明知故犯,这里我们倒不妨稍事探索。

适之先生原是位"启蒙大师"。当年启蒙大师的专业,原是"输入学理"。输入学理之道有两种:欧洲大陆留学归国的,便传抄革命标语;美国庚款留学的,则"输入"一套套"美国教科书"。

学西洋文学的夏志清先生嘲笑胡老师,说他在留学期间也曾读过几本西洋文学名著;回国之后就再也不读了。因此他落伍了,最后甚至"被逼说谎"!这句话虽嫌重一点,它对今日学文科的"留美学人",也倒还适用,不只老辈胡适之先生一人已也。

老实说,志清兄与在下也都是读"美国教科书"的老手。不怕读者见笑,笔者本人亦尝面壁九年,读了整箱的美国教科书。问题是:读了这些"教科书"之后,又意欲何为?回国卖洋货?凭良心,除掉几本教科书,我辈还有什么可卖的?作"超博士的继续进修"(post-doctoral studies)?国内又哪里有这些洋设备和研究环境呢?留在美国"继续进修"罢,但是在这本行多如狗的学术环境里,哪里又缺你这位外国来的半坛醋呢?如不自量力,硬要吃"本行饭",那就只有去教少数民族的大学——"下放农村,插队落户";并且既下之后,也就永无"上调回城"之望。看看这个西半球的上海市,公共租界之内,华洋杂处,哪里就少咱一碗饭吃呢?想想百里洋场之内的"国剧"、"唐餐"和图书文物,于是心一横,聘书退掉,还是学非所用的好。在一个"文化友谊商店"(Cultural gift shop)之内,追随群贤之后,卖点祖国土产,还不是照样过活?!

我辈后学,聪明才智虽不逮前贤之万一,而文化环境倒是大同小异的。六十年前胡适之先生那一辈留美学生,一旦"学成归国"之后,老实说,除了几箱教科书,他们也没有太多余粮可售。国内也没有足够的图书设备和研究环境,好让他们来对"西洋文学、史学"一类的科目作"超博士的继续进修"。这样则大师小师们就只有三条路可走了：

第一、搞"实行学理"，组党干革命。张君劢先生不就是个有名的党魁吗？

第二、人家"革命"，我来"建国"。这就是"独立评论派"。

第三、誓不下海，死守山林，做个"纯学者"，这就是适之先生。但是"输入学理"是搞不成了。洋教科书上的东西，毕竟有限，哪能搞得了许多？好在我们祖宗积德甚厚；千斯仓，万斯箱，遗产丰盛，是永远"整理"不清的；因此"马首"一掉，"整理国故"去者！这就是我们胡老师这位新文化运动的"逃将"，纸遁而去的全盘经纬！

可是说穿了，今日学"文科"的千百位穷通各异，患得患失的所谓"留美学人"，试问咱们之间，哪一位不在开"文化土产店"，努力"整理国故"或"整理国新"呢？中国文人今日在美国尚且如此，遑论当年？！

要言之，近百年来的中国现代化运动是个整体。在其他方面都没有完成现代化的情况之下，学术现代化是不可能的。学术既然没有现代化。我们就只能搞搞小脚放大的过渡时代的学术（transitional scholarship）。这样搞搞半新不旧的"整理国故"，才是合乎逻辑，和顺理成章的。

〔2〕 "整理国故"这条路胡先生显然是走对了。那至少使他的中年时光没有白费。他的"科学的治学方法"也派了用场。我们如把胡氏整理国故的成绩和任何乾嘉大师或民国巨儒来平列互比，笔者个人便觉得到现在为止适之先生还是前空古人，后无来者的！

最近在一本文学杂志上读到吴世昌君一篇有关《"秦女休行"本事探源》的"考据"文章，"兼批胡适对此诗的错误推测"。读后不禁为之失笑，真觉得胡适之幽灵不灭。胡老师说，他一生的学术研究是围绕着"方法"二字打转的。吴氏今日欲重振批胡余威，而他自己所搞的"考据方法"却是不折不扣的胡适派……是胡适之的徒子徒孙。可是作者找到了一两篇鸡毛蒜皮的小"证据"，便敢说"胡适是个不读书的人！"这就等于是一个篮球员投进了一两球，便说他的教练（coach）不会打篮球一样的可笑了。

〔3〕 五十年代大陆上"批胡"运动的最大错误，便是把胡适说得一无是处。胡适所研究的学问简直没有一桩是对的。天下哪有这样"全错"的学者呢？"批胡"原是从批评俞平伯的《红楼梦研究》开始的。但是迟至1964年8月18日，毛泽东在一项"关于哲学问题的讲话"里，却说"蔡元培对《红楼梦》的观点是不对的，胡适的看法比较对一点。"这个两相矛盾的"红学"小插曲，也是极有趣的。

〔4〕 胡适之搞《红楼梦》，不但比"老"红学家要"对一点"；恐怕比"新"红

学里的吴世昌、赵冈、余英时等小将,可能也还要"对一点",也很难说,可是胡氏"整理国故"如他在本文里所列举的"方法",就有"对",有"不对"了。他"不对"的地方,便是胡老师把"科学方法",误为"科学"的本身。以为掌握了"科学方法"(其实胡先生的"方法",只能说是"合乎科学的方法",而不能径名之为"科学方法"),"科学"便在其中矣。这就"不对"了。

老朋友何炳棣先生最欣赏社会学家瞿同祖先生对我国古史上,"礼"这个字的新解释。"礼"是我国古代的"礼义之邦"的"根本大法"。"礼",这个根本观念不搞清楚,十三经算是白读了,而胡适之的"训诂学",就是"训"不出什么叫做"礼"。

事实上,同祖所搞的"礼",只是"东周"(春秋战国)时的礼。至于"夏礼"、"殷礼",乃至"西周"的礼,是否是一回事,实在大有问题。隋唐以后,那批"礼部尚书"们所搞的"礼",当然更与古礼风马牛不相及了。

须知"礼"这个东西,中国并没有专利权。试问哪一个初民没有 ritual 呢?而这个 ritual 则因各民族的"社会发展"而各有不同的阶段性的变易。用西方的传统的说法,则石器时代有石器时代的 rituals;铜器时代有铜器时代的 rituals。用马克思学派的说法,则原始公社,有原始公社的 rituals;奴隶时代与封建时代,亦各有其 rituals。如果我们也承认中国文明是世界文明的一部分,那末把我们的 rites(礼),也放到世界历史的橱窗里,和人家"联合展览"一下,我们这个东西,又是什么样的货色呢?

所以搞"整理国故"的人,多少要有一点现代社会科学、比较史学(comparative history)、比较文学(comparative literature)、比较哲学(comparative philiosophy)等等方面的训练,各搞一专科。否则只是抱着部十三经和诸子百家"互校",那你就一辈子跳不出"乾嘉学派"的老框框。跳不出而偏要跳,把一部倒霉的老杜威的《思维术》也拖下水,那就变成贝聿铭所说的"穿西装戴瓜皮帽"一类不伦不类的"过渡时代的学术"了,老实说,胡老师的中西合璧,倒穿的挺合身的。吴世昌把什么"形象思维"也拉去和"秦女休行"派对,就有点过分了。

在胡先生著作里,比较接近"科学"(社会科学)的,要算是他《井田辨》里那几篇文章。其实吾人如把那几篇文章认真读一下,便会发现他们辩争双方,连"井"是个什么东西也没有搞清楚,遑论"井田"。

胡适之先生——乃至三千年来我国掉书袋的士大夫——都以为"井"只有一种,那就是我们今日所常见的井。其实拿石块作工具的尧舜禹汤,哪里会"凿"我们现代人用的井呢?他们所谓"凿井而饮"的"井",可能只是个小水塘,或因地形构筑的小蓄水池而已。

美洲印第安人的井(well),多半是白人用机器代凿的。哥伦布未来之前,他们的"井"是跟那聪明的小动物水獭(beavers)学的。水獭会利用树干、树根,因地制宜造个蓄水池(beaver pond)。印第安人学会了,也照样的造起他们的井来。

我国近代文字学家叶玉森解释"井"字,说是像"四木交加形,中一小方,乃像井口"。这个"井"如为土井,用"四木交加"做个"井口",起什么作用呢?如为石井,为什么"井口"又舍石而用木呢?可能的解释,便是我国先民的"井",和我们后来印第安族的宗兄宗弟的"井"是一个样子,叶君如说"四木交加,乃像井边",可能就全对了。四木交加的水塘(井),在水枯之时,就只剩下中间一点点的水,它就变成大篆中的"从点"的井(丼)字了。我们的先民如此,许多印第安人到今天还是如此。

由古井的形式,我们也就可了解神农氏教民稼穑是什么回事了。初民本以渔猎为生。但是蓄水池边,不经意的长了些玉米(corn)和芦笋(asparagus)一类的野菜。偶嚼之,觉其甘美,因而乃加意在池(井)边,扩大种植起来,作为副食品。据美洲人类学家和考古学家说,这可能就是印第安人耕种的起源;我国神农氏所搞的可能也是这一套!所以古"耕"字,原作"畊","田在井旁"。金文里的"耕"则是"井在田上"(畓),都与蓄水池有关。汉儒许慎说"耕"(畊)字是"古者井田,故从井",真是百分之百的胡说。

石器时代(甚至铜器时代)的初民——如我国的唐尧、虞舜和现代的印第安人——是不能凿出我们后世的"井";更不可能大兴"水利"(irrigational system)来"教民稼穑"的,他们所搞的只是在蓄水池(井)边,种点"自留地"(田)罢了。

美洲的印第安人,便一直是"耕于井畔"的,只有墨西哥的宇布罗(Pueblo Indians)族,才有点"水利"的迹象。稼穑的情形在我国殷商时代究竟是什么样子,实在很难说,至少在今日我们可以认识的四千多甲骨文里,似乎还未出现过"畊"字。

可是到我国铜器时代的末期——西周时代,农业便十分发达了。有水利有农业,则土地的"边际价值"便增高了;土地的私有观念便发生了。强横的酋长们,霸占土地为私有,一般小民只能搞点"自留地",这样一批为儒家历来所奖励的顺民,才唱出什么"雨我公田,遂及我私"的诗歌来。

今日的荷兰人还在吹牛,说纽约市最繁华的曼哈顿区是他们祖先用二十四块袁大头,向一位印第安酋长买来的。印第安人到现在还不承认这宗买卖,因为那时的印第安人根本没有土地私有的观念。那位酋长只是收了二十四块钱,搬了一次家而已;他并没有出卖"祖宗遗产"。

所以我国古代的所谓"井田",可能是那位最会吹牛,最富于原始幻想的孟老夫子,读了公田私田的旧诗,把那古篆"井在田上"的"耕"(畊)字,拆散了,从而望文生义的结果。

胡适之先生在那场有关"井田"的笔战里,可算把古书翻遍了,但是他始终没有搞出什么新答案,其关键便是搞"整理国故",也应有一点 Social science approach 才好。

〔5〕 胡适之先生谈宗教也有个不可补救弱点;这弱点正是他"整理国故"弱点的反面。在"整理国故"内,他的"科学"还不太够;在"整理佛教"里,他的"科学"又太多了点。"学问"和"宗教"是两个时时有边界纠纷的大国,但他二位并不是一样东西,搞学问重在"学"、重在"识";搞宗教重在"信"、重在"悟"。尤其是佛教,如果一位学者,既不信又不悟而偏要在"思想"上去碰它,那就只能搞点佛教的"史实"(factual history)来消遣消遣了。

鄙意以为要搞"佛学",先得从"学佛"搞起。佛教是个百分之百的出世的东西。无"出世之心"的人,如何能求"出世之学"呢?适之先生是位什么都能"出"的人;他就是不能"出世"。"入世之笔",写不出"出世之文",所以他底"方法"就不灵了。笔者在忆胡之文中,本尚拟有"佛学与学佛"一题,想谈谈胡老师的"老胡禅"与"野狐禅"的比较研究,后来写腻了,更怕读者也读腻了,就藏拙了。

但是从"学问"上去看,胡先生倒的确把一部"禅宗史"弄到前空古人的程度。可是他就不能谈"禅",要谈也不深。他欢喜谈《六祖坛经》,但他兜来兜去则是"坛经史"。《坛经》本身是个什么东西,对他倒是次要的。

胡先生的"科学",常常领着他去骂和尚,说"个个和尚都说谎!"但是我们熟读《新约》便知道,哪个和尚的"谎"比耶稣撒得更大?! 所以我们如以胡适的"科学方法"来解剖耶稣,则耶稣便是古往今来,世界上第一个"大骗子"。这样,那我们还过什么"圣诞节"呢?

所以一个学者,断不可以处理"学问"的方法,去处理"宗教"。宗教是另有一番境界的。不论有神的耶教,无神的佛教,乃至那些颇带宗教气味的早期道学先生,在这一境界里都是殊途同归的。"真"与"假";"骗"与"不骗",俗人的心智而已,实在无关宏旨。

一次纽约市宣扬佛教最力的大居士,老友沈家桢先生送了我一本易读的佛学名著《名山游访记》。我一夜未眠就把它读完了。后来沈公打电话来问我"读后感"。我说这位作者,为什么动不动就说"吾辈为生死大事而来"呢? 未等我说完,沈君便笑着说:"你比他高明。"

原来这位作者曾在清末遍访名山宝刹,餐风宿露,吃尽人间苦头。但是这番苦行的目的却是要"了"他所不能"了"的"生死大事"!笔者这个未能忘情名利的凡夫俗子,怎敢承担沈居士高明的谬奖?我只是觉得不学佛则罢,要学则境界总得高一点才好。"生死大事"奚足萦怀。

再者,一个人如果为"了生死"而"了生死",则大可不必学佛。上有程朱陆王的"明心见性";下有郑板桥的"难得糊涂"。都比佛教高明多了。相形之下,闭关面壁才是糊涂人自作聪明呢。但是人生之不可"了"者正多,"生死"小焉者尔。

前些年纽约市郊有一个叫 Wainwright House 的业余研究比较宗教的团体,约笔者去讲"禅宗佛学"。我分明知道他们找错了人;但是在主持人坚邀之下,我还是去了。在我向那些虔诚而可敬的宗教(多半是耶教)信徒宣读了一些"胡适"和"铃木大拙"之后,我以"不做和尚也说谎"的自嘲心境,也说了一些"我所知道的禅",居然也使听者动容。

我的大意是:

佛的最高境界便是"自了"。但是一个自私的"自了汉"绝不能"自了"。可是那些追求"自了"最虔诚而还是"自了不了"的人,却是些最"无私"、最"忘我"、最"慈悲为怀"的忠臣、孝子、革命烈士、抗战英雄、情种、烈妇……也就是有火一般情感和正义感的人。他们有深爱、有大恨。他们所自了不了的,不是"生死"而是"爱恨"。但是"恨"易销;而"爱"难填。

生为"抗战将士",那时我们对日本侵略者,那样的深仇大恨,你何能追求自了,削发为僧呢?生为一个大政治家,你看见饿殍载道,父母易子而食,嗷嗷待救的百万哀鸿,你怎忍心掉头而去,遁迹空门呢?……小而言之,骨肉之情,男女之爱、对禽兽之怜,这些对一些有人性、有佛性的人,也是难舍难分的。

上有衰亲,下有弱息,你如何"出家"?宝玉对林妹妹说,"你死我做和尚"。但是她偏不死,你和尚也就做不成了。最近在电视里看到加拿大猎户捕杀北极小海豹。他们把可爱的小海豹一棒打死,用铁钩钩住,在冰上拖走,老海豹蹒跚地随后哀鸣不去。看此电视之后,你怎忍心去听法师讲四大皆空,而不去参加反加拿大旅游的示威呢?

这些都是"众生皆具"最起码的"佛性"。一个人若历尽沧桑,生命经验中再有无限风波和"无涯之憾"……如此则其人生旅程中便"禅机四伏";他要追求的岂是"了"一己而已哉?他能了其"欲";而不能了其"愿"。地藏菩萨把他对世上悲天悯人的一切爱,都集中到一个总愿里去,立下个大"愿",叫做"地狱不空,誓不成佛"(也就是誓不自了)。所以他老人家"修"了几百年,到现在还在地狱里赶鬼,进不了"涅槃",做不了"自了汉"!

所以一个老先生,上了年纪知道此生为日无多,因而临时抱佛脚,遍访名山,去"了"一下"生死"。这种"佛",还是不学的好。在这方面,我们儒教里的《十三经》,实在比五千卷的《大藏经》高明多了。但是走向另一个境界,《十三经》就只是一种"入世之学"了。

我们的胡老师就是个最高明的"入世的学者",他老人家哪里能谈禅!

第十一章　从旧小说到新红学

上文我曾说过"整理国故"——有系统和带批评性的"整理国故"——是"中国文艺复兴运动"中的一部门。我也曾提出我们致力研究的一方面便是中国思想史。我个人比较欢喜用"思想史"这个名词,那比"哲学史"〔更为切当〕。我并举出我对禅宗史的研究,以及我如何从头改写禅宗史,用它作例子〔来说明我们整理国故的方法和过程〕。

今天早晨我想来谈谈中国〔传统〕小说。那是中国文学史的一部门。在以前诸章里我曾举出那几部小说名著。它们都已经畅销好几百年。由于它们用活文字〔白话〕来替代文言,对近代中国文学革命运动的贡献至大。我也指出,这些小说名著便是过去几百年,教授我们国语的老师和标准。我并强调那些对这种小说有热爱的中国男女和在学青年,于潜移默化之中,便学会了一种有效率的表达工具。这工具便是这一活的文字——白话。它不只是口语,而且是文字;因为这些小说名著已经把这种活的文字底形式统一了,并且标准化了。

所以我们这一文学革命运动,事实上是负责把这一大众所酷好的小说,升高到它们在中国活文学上应有的地位。

我在中国文艺复兴运动的初期,便不厌其详的指出这些小说的文学价值。但是只称赞它们的优点,不但不是给予这些名著〔应得〕的光荣底唯一的方式,同时也是个没有效率的方式。〔要给予它们在中国文学上应有的地位,〕我们还应该采取更有实效的方式才对。我建议我们推崇这些名著的方式,就是对它们做一种合乎科学方法的批判与研究〔也就是寓推崇于研究之中〕。我们要对这些名著作严格的版本校勘,和批判性的历史探讨——也就是搜寻它们不同的版本,以便于校订出最好的本子来。如果可能的话,我们更要找出这些名著作者的历史背景和传记资料来。这种工作是给予这些小说名著现代学术荣誉的方式;认定它们也是一项学术研究的主题,与传统的经学、史学平起平坐。[1]

我想我实在不必在这方面去鼓吹,最好的办法还是采取实际的行动。因此从1920(民国九年)到1936(民国二十五年)的十六年之间,我就花了很多时间去研究这些传统小说名著。同时我也督促我们的出版商之一的"亚东图书馆"在这方面多出点力。"亚东"是一家小出版商。它除掉陈独秀和我们一般朋友,编写了一些书交给他出版之外,简直没有什么资本〔来印其他的东西〕。最后我说服了他们来出版我们的……德刚,我应该怎么说?——〔德刚答道:〕"整理过的本子。"对了,"有系统的整理出来的本子。"意思是包括:一、本文中一定要用标点符号;二、正文一定要分节分段;三、〔正文之前〕一定要有一篇对该书历史的导言。这三大要项,就是所谓"整理过的本子"了。[2]

第一部"整理过的本子"

"亚东"首先选了两部较短的本子来付印。其一便是那部讽刺小说《儒林外史》。我常用英文把它译成 An Unofficial History of the Literati Class(知识阶级稗史)。〔德刚插话:大陆上的英文版译为 The Scholars。〕对的,中共出了部新的英译本叫"The Scholars"(学问家)。那也是相当正确的译名。

这是一部在十八世纪出版的部头比较小的小说。这部小说在〔二十年代〕当时并非畅销书。但是它现在却以新姿态——标点本——出现。书前还有陈独秀、钱玄同和我的序言。当这本书在1919年出版时,竟然一纸风行,深为老幼读者所喜爱。这一来我的出版商也相信这也是个生财之道。后来果然如此。

那时陈独秀、钱玄同和我对本书皆甚为推崇。但是我还没有足够的资料,能替本书作者,我的安徽同乡吴敬梓先生作篇全传。因此在该书出版之后,我也就开始收集有关作者传记的资料。这项探幽访贤的工作甚为有趣。因为一般目录学家对吴敬梓的作品都没有著录。所以我把吴氏著作查明交予我的书商,要他们加意搜寻。

有一天,一位书商果然带来了一厚册吴敬梓的诗集〔《文木山房诗集》〕,集后还有编纂人——吴氏颇有天赋的儿子〔吴烺〕——一首有关选印诗集的诗。这是全世界唯一的孤本,名著《儒林外史》的作者的诗集。我只花了一块半钱〔约合当时美金五角〕便买到了。我把吴氏的诗文集和安徽《全椒县志》参校研究,所以在《儒林外史》标点本出版后三年,1922年冬,我就能写出一篇相当完备的《吴敬梓(1701—1754)年谱》了。

我研究的第二部小说是《水浒传》。《水浒传》很像英国的"罗宾汉"(Robin Hood)那样传奇英雄的故事。赛珍珠(Pearl S. Buck)把它译成"All Men Are Brothers"(四海之内皆兄弟也)实在很差劲。《水浒传》原意是"湖畔强人"或"水边盗贼"(The Bandits of the Marshes)。那是一部谈一百单八条好汉的故事,他们被苛政所迫,不得已违反本意,落草为寇。[3]

所以中共今日竟认为他是一部"普罗小说",事实并不如此。[4] 不过那是一部反抗意识的文学作品,则是无可讳言的。

这部小说在中国一直是一部畅销书,因为它描述一种"罗宾汉"一流的英雄好汉,为青年读者所喜爱。同时也是因为这一百单八条好汉中几位领袖,都有其特殊的性格的缘故。

我于1920年7月发表了一篇详尽的《水浒传考证》;翌年6月,我又写完与前文几乎一样长的考证续篇。两篇加起来总共有四万五千多字。算起来比萧伯纳(George Bernard Shaw)为他所写的剧本所加写的导言底平均长度还要长一些。

在这篇序言中,我指出这部小说不是一气呵成的作品。它是中国传统小说中,那种逐渐演变出来的〔历史〕小说的代表作。

中国〔传统〕小说大致可以分为两大类。一种是历史小说。这种小说是经过长期演变出来的。每部小说的开始,可能都只是些小故事;但是经过长时期的发展,才逐渐变成一种有复杂性格人物的长篇小说。

《水浒传》便显然是发源于十一世纪一篇描写三十六条好汉的故事。终于由三十六人逐渐演变为一百零八人。从一个短篇逐渐发展成长篇的章回小说。像《水浒传》这类的章回小说,其发展的过程,和中古欧洲那种"罗宾汉"浪漫故事的发展大致是一样的。

中国传统小说中的第二种,便是一些个体作家创作的小说。我在上节所提到的那十八世纪吴敬梓所著的《儒林外史》便属于这一类。

现在我们要研究上述这两种小说,我们对它们的研究方法因而也就大有不同。在我为《水浒传》所写的两篇序言里,我就指出,要研究这种历史小说,我们就要用我所说的历史演变法。我们必须要从它那原始形式开始,然后把通过一些说书人、讲古人所改编改写的长期演变的经过,一一搞清楚。

在1920年,那时市面上所通行的《水浒传》便是那部已流行了三百年的七十一回本。这个本子三百年来一印再印,已不知道印过几百万册了。这部七十一回本,也的确是一部善本。人物性格的描写皆栩栩如生。因此一般读者都视为当然,认为这就是《水浒传》了。但是我指出,这部小说实在是经过长期演变的。正不知有多少无名作家,逐年逐月,东修西改,不断删增,才达成这最后的形式的。我说从早期的纪录看来,明朝的《水浒传》无疑的是有好几种不同的本子。这部大书有一百回本;有廉价通俗的一百十五回本,和一百二十回本。我举出这三种本子来说明《水浒传》在不同的时代,却有其不同的发展。

在我第一篇考证发表几个月,我便收到来自日本的通信,说这三种不同的本子,在日本都可以找得到完好的版本。这真使我惊喜交加。在数年之内我们又发现,不但日本有,中国也可以找到。我自己就颇足自豪地买了一部一百二十回本。我又化了一块钱一部,买了好几部一百五十回本,分赠朋友;并以此来说明我的考证,不只是历史的幻想〔而是有物证的〕。渐渐地其他版本也不断地出现了。例如还有一种粗制滥造的一百二十四回本,便是其中之一。其后十年之内,商务印书馆便出了一部一百二十回的善本,我并且为这部书写了一篇长序。同一时期我的朋友李宗侗,又校印出一部一百回本。所以我研究的结果,发现了《水浒传》是代表一种历史小说。其最后形式是经过几百年的演变才完成的。例如十六七世纪之间所形成的一百回本,原是从十一世纪末年〔一种较简单的本子〕演变出来的。

可是在十七世纪时,中国出了一位有革命性的文学批评家金圣叹〔原姓张,名采,字若采,号人瑞,1627—1662〕。圣叹〔于康熙元年(1662)〕由于领导反抗满清官吏的一些政治迫害,而被贪婪无知清廷官吏〔巡抚朱国治〕所杀。金圣叹是一位有眼光的人;一位有文学革命思想的文学批评家。他就能指出《水浒传》是一部足与最上品古典文学,平起平坐的杰作;在文学上足与两大史学名著《左传》和《史记》媲美。这部七十一回本——通称"贯华堂本",便是他校评付刻的。这部七十一回本后来甚为流行。在这部书里,每一回都有金圣叹的评语。他对一些精彩的字句,也分别有其批语;这些批语都十分精彩。这部金圣叹批《水浒传》一直被重刻了三百年。这个本子风行之后,其他较早的本子就逐渐被湮没了。

可是我指出《水浒》的故事还有许多更老的本子。最早的一本是仅有数千字的小故事叫做《宣和遗事》。那是一部约在十二三世纪〔南宋时代〕的作品。但是在元曲盛行的时候,许多剧作家就利用这故事来随意衍伸渲染〔创作戏曲〕。我便指出后来《水浒》里的许多性格人物,与早期元曲里同一人物的性格描述,却完全不同,有时甚至相反。那也就是说在十四世纪元曲作家采用这一故事时,《水浒传》还无定本去限制作家的构思,所以他们还可根据自己的幻想去创造人物的性格。

时日推移,那些说故事的民间艺人,乃根据元曲和古今各种不同的本子去说书,而这种说书人简直可以随心所欲,有始无终地编造下去。最后在十六世纪〔明代中叶〕,乃逐渐有人综合这各种不同版本的《水浒传》编成一部巨著——例如一百回本;一百十五回本;和一百二十回本。至十七世纪〔经过金圣叹一批〕,乃又被缩成七十一回本。在文学内容上说,这七十一回本实在比其他各种版本要高明得很多。但是我们要了解这七十一回本形成经过的历史,我们就必须要体会到它经过正不知有多少无名作家,不断增删而成的长期而缓慢的过程。

以上便是我所提倡〔用来整理传统小说〕的历史方法;这也是我致力于整理中国传统小说而向广大读者介绍的第二步〔也是更实际的〕工作。

新红学的诞生[5]

我所致力的另一部小说便是《红楼梦》。这部小说最近曾由我的朋友,哥伦比亚大学的王际真教授稍事删节,译成英文。他以前已经出版过一部节译本。本年〔1958〕他又加以补译,另出一本比较完备的译本。

我对《红楼梦》的研究就说来话长了!

这里我想稍微多说一点,来解释为什么中共在三十年后的今天,对我有关这部伟大小说的研究还不肯放过的道理。

第一,我要说的便是《红楼梦》是我上面所提过的"第二类小说"的代表。那是个别作家的创作,迥异于长期演变而成的历史小说。对这种第二类的小说,我们必须用一般历史研究的法则,在传记的资料里找出该书真正作者的身世;他的社会背景和生活状况。在许多方面,我对《红楼梦》的研究都是前所未有的。

我的第一篇《红楼梦考证》是在1921年3月出版的。出版之后我立刻又获得了许多新材料,在许多细节上又加以补充改写。现在我《文存》中所收的那一篇,也是新版《红楼梦》里所附印的那一篇,便是我在1921年11月所改写的。

经过多年的搜寻,我于1922年发现了《红楼梦》的作者曹雪芹的一位友人敦诚的长篇诗文集——〔《四松堂集》〕的钞本。这钞本是部孤本。敦诚出身满洲宗室。他的诗文集有刻本,也有钞本。但是这钞本比刻本有用。因为钞本中有许多有关曹家的事为刻本所无。所以在1922年我就把这一发现写成文章发表了。

五年之后我又购得另外一件重要资料,那是《红楼梦》的一部残缺的抄本,〔后来"红学家"通称为"甲戌本",是现存《红楼梦》最早的抄本。〕这钞本只有前十六回〔——一至八、十三至十六、二十五至二十八。——〕,但是全书却有〔"脂砚斋"等人的〕详尽的评注。一部分是作者的自注;〔刚按:适之先生始终认为"脂砚斋"是作者曹雪芹本人,故曰"自注"。但是继起的"红学家"俞平伯、周汝昌、林语堂、赵冈、潘重规、周策纵诸先生,则认为"脂砚斋"另有其人。周汝昌君认为"脂砚斋"是位女人,甚至是曹雪芹的老伴"史湘云"！林语堂先生也深信此说。其实也都是些证据不足的"假设"而已。〕评注的另一部分则为作者曹雪芹的两三位好友〔畸笏叟、梅溪、松斋〕所作。〔刚按:脂砚斋以下的"批书人",以畸笏〔叟〕所批,最多最详。周汝昌认为这位自称"老朽"畸笏叟是"史湘云"的另一笔名,是耶?总之自适之先生以后,"红学界"值得一提的二世祖、三世祖,以周汝昌君用功最勤,发现也最多,但是胆子也最大。今姑存其说。〕我这一发现实是《红楼梦》最早的钞本。

后来我又找到了一部更全的七十七回本,号称八十回本。〔此钞本后来红学界通称"庚辰本",为北平徐景署所藏,书名与"甲戌本"同,亦称《脂砚斋重评石头记》。〕我也替这部更全的抄本写了一篇很长的考证〔《跋乾隆庚辰(1760)本脂砚斋重评石头记钞本》〕于1933年发表了〔原文见商务版《胡适论学近著》第1集,第403—415页〕。

所以从1921至1933年,我对《红楼梦》的研究历时十二年之久,先后作了五篇考证的文章。这项前所未有的研究的重要性是多方面的。在我作考证之前,研究《红楼梦》而加以诠释的已有多家,简直形成了一门"红学"。让我且举颇有惊人之笔的三家为例:

第一家认为《红楼梦》是反映清朝开国之君顺治皇帝的一段恋爱故事。书中的男主角"宝玉"便是隐射顺治;那美丽而短命的女主角"黛玉"则隐射董鄂妃。

第二家就更离奇了。那是我的上司,北京大学校长蔡元培先生所首倡的。蔡氏认为《红楼梦》是一部隐射汉民族抗满的〔政治〕小说。〔书中的故事〕便是整个康熙一朝的政治现象。"宝玉"是隐射康熙皇帝的废太子〔胤礽〕;大观园中的诸美人则是暗指当时的名士。例如"黛玉"便是暗指朱彝尊；黛玉的情敌"宝钗"则是暗指高士奇。诸如此类。

第三家倒是有相当的重要性。这一家说《红楼梦》是描写满族名士纳兰性德的身世。纳兰在英文《清代名人传》(Arthur W. Hummel, ed., *Eminent Chinese of the Ch'ing Period*, Vol. II, p. 662.) 中有专传。我这里不妨顺便说一说。纳兰性德（1654—1685）是一位了不起的人；是〔康熙朝〕当时一门有权势的满族世家〔武英殿大学士（俗称"宰相"）纳兰明珠〕的公子。这位青年倒是一位文学奇才。他在十几岁的时候，已经颇有才名。他的情诗〔《饮水词》〕，也真是美艳感人；因此才有人把他和《红楼梦》扯在一起。

但是我在我的长篇考证里，便把上述三家斥为无稽之谈。我指出这部名著与上述三大家的惊人之论毫无关系。否定诸说之后我也提出更有建设性的建议。我认为要认识这部巨著，一定要找出作者的身世；并且还要替这部名著的版本问题作出定案。

在寻找作者身世这项第一步工作里，我得到了我许多学生的帮助。这些学生后来在"红学"研究上都颇有名气。其中之一便是后来成名的史学家顾颉刚；另一位便是俞平伯。平伯后来成为文学教授。这些学生——尤其是顾颉刚——他们帮助我找出曹雪芹的身世。雪芹原名曹霑；雪芹是他的别号。

为搜查曹雪芹的家世，我们又找出他的祖父曹寅来。曹寅诗文皆佳，原为康熙皇帝遣往江南来羁縻当地士子的秘密文化特务。作为清廷的秘密文化特务，他获任当时南京、扬州一带收入最丰的优差肥缺。他的收入倒不是去贿赂或收买当时的读书人，而是有意的去救济全国的寒士——特别是长江下游，江、浙一带的贫儒寒士。

我所要特别指出的，则是曹雪芹是曹寅的孙子。曹寅的父亲曹玺——也就是雪芹的曾祖——曾在南京做过二十一年的"江宁织造"〔一个直属于皇帝的私家账房，内务府，管辖南京一带丝绸纺织工业以备宫庭御用的财务官〕。曹寅本来已在苏州做过四年的"苏州织造"，后来调往南京，又做了二十一年的"江宁织造"。在此同时他又在扬州四度兼任"两淮巡监御史"。这两项官职是当时大清帝国之中最能充实宦囊的优差肥缺。

曹寅死后,其子曹颙又继承父职,做了三年"江宁织造",死于任上。曹氏殁后,曹颙一位过继的儿子曹頫——可能就是雪芹的父亲——又接着出任"江宁织造"至十三年之久。所以他们曹家三代出了四位"织造"。任期加起来,先后逾五十八年!这件事实便是《红楼梦》上所常常提到的所谓"世袭恩宠"了。〔刚按:在适之先生以前的文章里,他总说曹頫是曹寅的次子。在本章中则说是"过继的儿子",这是他接受周汝昌的说法而改变的。〕

任何人读《红楼梦》,都会感觉到那〔荣、宁二府里〕荣华富贵的气氛;一种官宦世家的传统。所以我们必须先要了解那种五十年不断的"江宁织造"家庭背景,然后才能谈到了解这部小说。这便是我考证的一方面。

但是康熙皇帝死后,诸皇子争位。雍正虽然终承大统,但是他〔这位四皇子〕也没有什么名正言顺的承继特权。所以他一旦即位之后,便对原先和他争位的弟兄,乃诛囚不遗余力。在这场夺权斗争之中,曹家也受到株连。不特与曹氏有关的皇亲国戚悉被推翻,曹家自己也受了"查抄"之祸。家产充公,婢仆星散,树倒猢狲散,转眼也就穷困不堪。曹雪芹长大之后,正赶上这场不幸,而终至坎坷一生!

这许多遭遇,作者在他的《红楼梦》的前几回中都说得清清楚楚。他也向来没有掩饰这部小说的自传性质。但是我这一自传小说的说法一旦提出之后,却不易为读者所接受。因为一般读者的思想——尤其是知识分子的思想,早已为上述诸家的政治故事、民族意识等说法,先入为主了。因此我和我的朋友们,真是历尽艰辛,找出这些传记资料——不但是曹雪芹的传记资料,而且是曹氏一家的资料——来说明这部小说原是一部自传。

这小说中最令人折服的一项自传性的证据,便是那一段描写贾家在皇帝南巡时曾经"接驾"的故事,而且不只是接驾一次,而是接驾数次。史料在这方面是可以作为佐证的。康熙皇帝曾六度南巡;雪芹的祖父曹寅,便曾"接驾"四次。不但"接"了皇帝的"驾",而且招待随驾南巡的满朝文武。康熙在扬州和南京皆驻跸曹家。所以不管曹家如何富有,这样的"接驾四次",也就足够使他们破产了。

我考证的第二步,便是《红楼梦》本文上的问题。我指出根据早期各方资料,《红楼梦》全稿未完曹雪芹就死了。雪芹死后他的遗嘱可能把这部未完的小说,以抄本方式,廉价出售。这抄本大致只有八十回。可是后来我发现,甚至前八十回也非全璧。其中六十七回〔"见土仪颦卿思故里,闻秘事凤姐讯家童"〕中的一部分,以及其他各回中也都有些残缺之处。这些都说明作者死后,只遗下一部八十回的残稿。这残稿在传阅之中,又经人一再手抄;而抄书的人又可能只是些低能的录事,因而错误百出。

这样经过二十五年的传抄,始由两位有心人来加以整理,赞助付刻。其一〔程伟元〕出资印刷;另一人为汉军旗人高鹗乃加以续写,把残稿补成全书。高鹗一共补写了四十回,才竟全功。在他程、高二人的序言里,他们便坦然说出他们续了四十回。

他二人所说的故事原是这样的。他们先发现了〔八十回以后的残稿〕二十回;后来又在一肩挑旧货贩卖的"鼓担"上,无意中又发现其余二十回的残稿。拼凑之下,果然"接榫"。所以据他们说,这部百二十回的《红楼梦》,实是在多少年耐性搜寻之下,忽然喜从天降,果然在一个鼓担小贩的杂货之中发现了。但是这位学者高鹗,倒颇为续写而自豪。他始终没有完全否认那后四十回是他补写的。他曾把此事告诉他的朋友,似乎也是他的姻兄张问陶。张问陶后来写了一首诗〔送高鹗,有"艳情人自说红楼"〕提到《红楼梦》。在这首诗的小注中,他也提到后四十回〔"兰墅所补"〕是指高鹗续作的。

这些都是当时人的见证。所以我根据我的青年朋友顾颉刚、俞平伯二人所发现的证据,来说明《红楼梦》后四十回之所以与前八十回不大一致的道理;那实在是出于高鹗的善意作伪之所致。

我同时又找出全书前后更多的矛盾之处来说明《红楼梦》是出诸两位作家的手笔。这第二位作家高鹗,显然是熟读前八十回之后才动笔的。但是没有哪一位作家可以把一部未完成的小说巨著,能补得天衣无缝的。所以高君续稿中的破绽是可以理解的。在高君的破绽中,我们便很容易看出哪些不是原作者的手笔了。〔刚按:胡先生这些话不但太武断,而且也"破绽"重重。曹雪芹在乾隆二十一年丙子(1756),已成书八十回;此时距他死还有七八年之久。乾隆二十五年庚辰(1760),该书已经脂砚斋"四阅评过",此时距雪芹"书未成,泪尽而逝"也还有三年。那末雪芹在"泪尽而逝"之前在写些什么呢?所以林语堂先生断定高鹗是"补"足残稿而不是"续作",是极有见地的话;也是笔者深信不疑的。见林语堂著《平心论高鹗》,载中央研究院历史语言研究所《集刊》,四十七年十一月第二十九本《庆祝赵元任先生六十五岁论文集》下册,第327—387页〕

所以我在《红楼梦》考证文章的结论上说,我的工作就是用现代的历史考证法,来处理这一部伟大小说。我同时也指出这个"考证法"并非舶来品。它原是传统学者们所习用的,这便叫做"考证学的方法"。这一方法事实上包括下列诸步骤:避免先入为主的成见;寻找证据;尊重证据;让证据引导我们走向一个自然的,合乎逻辑的结论。

注 释

〔1〕 把小说当成一项"学术主题"来研究,在中国实始于胡适!今日左右中三界知识分子,都视此为当然。然适之先生启蒙之功,就可以在历史上一笔抹掉吗?

近闻大陆与台湾对"五四"六十周年都有相当隆重的纪念活动。出乎意外的是中共主持的"中国社会科学院"也曾举行了为时数日的"学术讨论会"。参加讨论的有各阶层的各机关和部分高等院校及有关部门的代表264人,共宣读论义156篇。有的组对五四时期历史人物的评价问题,进行了讨论。大家认为五四时期曾经存在着"好的一切都好、坏的一切都坏的形式主义偏向,六十年来这种偏向并没有克服,它对实事求是地评价历史人物造成很大的困难"。因此在小组会上,大家对李大钊、陈独秀、胡适、吴虞等历史人物的评价问题,展开热烈的讨论云云。

一切迹象显示,胡适和孔夫子一样似乎在大陆又逐渐抬头。受到部分的"平反"和"恢复名誉"。胡适一部分留在大陆的手稿,也逐渐被整理发表,他在学术上的贡献还是被继续承认的。

〔2〕 这句适之先生和笔者当年的对话,不意漏网之鱼似的也在哥大发表

的胡氏遗稿"整理过的本子"里被保存了下来,这句话原是我从胡公著作上看到的,但是胡氏在口述之前因为无暇作 home work,所以他自己反而忘记了。

〔3〕 赛珍珠所译的《水浒传》里面"差劲"的地方正多着呢!"赛珍珠"和她的中国姊妹"赛金花"一样,这个翻译的艺名本身,就不太"雅"。这位"诺贝尔文学奖金得奖人"在中国之所以被人开了一辈子玩笑而不自觉的道理,主要的原因便是她汉文水准不够;而翻译本身又是件天大的难事。

严几道认为"信、雅、达"是译事的三昧。其实他所说的只限于翻译《天演论》、《穆勒名学》等一类的说理之书。如果是翻译文学著作,笔者就觉得还要加个"神"字。

一次笔者读到一位留美剧作家,把宋江"坐楼杀惜"的"乌龙院"译为 The Black Dragon Residence。我就觉得他没有把宋三郎"金屋藏娇"的神韵译出来,所以我给美国学生讲课时,乃把他改译为 Black Dagon's Den。Den 这个字多少有点神秘和浪漫的气味,质之译界方家不知以为然否?

至于《水浒传》书名的翻译,赛珍珠是翻走了样,但是胡先生那条译名,也还是不太妥当。大陆上"四人帮"搞"水浒批判"时,把《水浒传》译成 Water Margin,那样便把《水浒传》的"传"字译漏了。以前我曾建议胡先生译成 The Waterfront Guys,Waterfront(水浒)原来也是西方江湖豪杰聚止之地。guy 虽是俚语,却有"光棍"、"泼皮"之意。后来笔者在课堂上曾要美国学生试猜此书的内容,他们异口同声说是"牛仔的故事"(a Western Story)。所以笔者译文虽欠雅,意思倒是译出来了。姑志之,以俟通人明教。

本来世界各国每种文字都各有其特点。例如中国的"歇后语"和英文里的许多 riddles 就几乎无法翻译。五十年代之初,林语堂先生正在翻译《红楼梦》。我问林公,那第三十三回"不肖种种大受笞挞"中,宝玉向个老妈妈说:"老爷要打我了……要紧,要紧!"谁知这老妈妈是个聋子,她听成"跳井,跳井",因而宝玉未找到救兵而被爸爸大大地揍了一阵。这故事如何翻译呢? 林先生说他是这样译的:宝玉对老妈妈说"Very Important! Very Important!"老妈妈听成"Very Innocent! Very Innocent!"所以宝玉就被打得皮开肉绽,累得"老祖宗"也要回南京去了。

赛珍珠如何能比得林语堂呢? 所以她翻起《水浒》来,就嫌差劲了。这是个语言水平的问题。越是不通的人,越是胆子大。哥大就有一位教授,中文说不到一两句;白话文一段也看不懂。浅近的文言连最浅的"光临便饭"一类的小条子也看不懂,更不谈下笔写作了。但是他所教授的却是唐宋八大家的"高级古文",岂非咄咄怪事?! 然而天下即有这种意想不到之事。这样说来,"四海之内皆兄弟也"也就不算是坏的翻译了。

〔4〕 中共批评《水浒传》有好几个不同的阶段。在适之先生去世之前,他们对《水浒传》的批评还是正面的。"文化大革命"以后,就认为它是"反面教材"了。

〔5〕 近六十年来的"红学家",从早期的蔡、胡、陈、钱,到最近台湾的"幼狮十八家",有著录可考的至少在三百人上下。如果这三百篇也可文以类分的话,笔者不揣浅薄,就斗胆把他们分为三大派:

第一,"猜谜附会派"。这派的附会猜谜且有笨巧、大小之分;也有政治、哲学,入世、出世之别。自蔡孑民先生而下到潘夏(重规)先生,和潘公在香港新亚书院所成立的"红小组"和组里的红卫兵们,胡适之先生便一杆子把他们都打入"笨猜谜"。笔者不敢附和胡说,且名之曰"大猜谜"。大猜谜也不只蔡、潘两家。近三十年来把"大观园"一分为二,剖成"两个阶级"的李希凡、蓝翎等"斗争派";和把《红楼梦》划成"两个世界"的余英时先生的"人文派";以及一些"佛道派"、"玄学派",也都和旧"索引派"的出发点差不多。大家都在搞大猜谜。

这个大派之下,也还有些小派或巧派。他们要在茶余酒后把曹雪芹这部大"谜书"或大"淫书"来揭揭底。例如贾宝玉'初试'云雨情",这个"初试"的对象是他的大丫头袭人呢?还是小侄媳可卿呢?又如"因麒麟'伏'白首双星",所"伏"的是目前的"白首双星"——史太君和那位"呵呵大笑"的老混帐张道士呢?还是作者没有交代的将来的小白首双星——"一芹一脂"呢?曹雪芹这枝笔十分狡猾;狡猾到使我们在小小的童子军帐篷内也没有太平日子好过的程度。这是种小猜谜或巧猜谜。但是不论谜底有巧拙,猜谜者人物有大小,其猜也则一。要"猜",那答案就 debatable 了。

第二派则是比较实际的"传记考证派"。这一派的老祖宗便是有"考据癖"的胡适之先生。"考据"是个科学玩艺。要考据就得让证据说话,不可有先入为主的观念。如果先把"阶级"这个观念扣牢,然后"找证据",把曹雪芹来个"阶级分析",那末曹雪芹的"阶级成分"也就永远查不清;《红楼梦》这部巨著也就永远读不完了。

第三派大致可以叫做"文学批评派"。批评也有大、小之分。胡适说:"《红楼梦》不是一部好小说,因为它没有一个 plot。"这话虽是西洋文学批评中的老调或滥调,但是这也是个从大处着眼的大批评。纪晓岚评《文心雕龙·原道篇》说:"文以载道,明其当然;文原于道,明其本然。识其本,乃不逐其末;首揭文体之尊,所以截断众流。"现在受西洋文学训练的"红学家",所搞的都是这个"大批评"派。从好处说,他们是"识其本,乃不逐其末"。从短处说,读"红楼"的人,如不从十来岁开始,然后来他个五六遍(毛泽东就说他看了六遍),不把《红楼梦》搞个滚瓜烂熟,博士们也就无法"逐其末"了。这大派便是当代文学界新兴的青年职业批评家。

等而下之的则是那些把《红楼梦》读得烂熟的业余牛皮匠。他们对《红楼梦》有由衷的爱好,而他们所热衷讨论的话题则集中于刘勰所说的什么神思、风骨、情采、章句……等方面的细枝末节。这一派虽多半是业余性质,但是《红楼梦》却是个无底洞。一旦不幸翻身落洞,则草蛇灰线,也是治丝愈棼,瓜蔓无穷的。

还有,"红学"里的"避讳"问题,也是一桩有趣的小公案。原来在《红楼梦》的早期抄本"甲戌本"、"庚辰本"和"戚本"里,作者对他两位祖父辈人物曹寅、曹宜,似乎都有避讳的迹象。

"庚辰本"第五十二回晴雯补裘至深夜,作者不愿提"寅正一刻",而说是"只听自鸣钟已敲了四下"。下面的"双行小注"(胡适说是"作者自注")说是避"寅"字讳。胡适据此而肯定作者是曹"寅"的孙子。《红楼梦新证》的作者周汝昌亦同意此说。

可是海外两位大红学家,周策纵、潘重规两先生则不能接受。潘君并指出第二十六回中的"庚黄"、"唐寅"的故事,说作者"又写又说,又是手犯,又是嘴犯",而否定此说。策纵并举出雪芹的曾祖原名"尔玉",因说"《红楼梦》里的玉又从何避呢?"

这潘、周二问题均不难回答,宗法社会里"避讳"这件事,原是可避则避之,并不是死避。韩文公说:"其父名仁,其子不得为人乎?"正是这个意思,周公所举的"玉"字,更不成理由。古人所谓"二名不偏讳"。孔子母亲的名字叫"征在"。所以孔子就"言征不称在,言在不称征"了。韩愈的《讳辨》不是说得很清楚的吗!

至于曹雪芹不说"寅时",是否是"避讳",吾人固不得而知;但是至少那位"批书人"是如此说的。如果那位"批书人"正如周汝昌所说的是"史湘云",难道我们还不相信那云鬟纤腰的美人史湘云,而偏要去相信那两位白发苍苍的老者潘重规、周策纵乎?!

不特此也。曹雪芹不但避"寅"字讳。他显然还避"宜"字讳呢!周汝昌在《红楼梦》最早的两部抄本——"甲戌本"和"戚本"——上面发现个大秘密,他认为是"抄胥"之错。那就是在这两个抄本里,所有的"宜"字,都被抄成"宜"(三横划)。这个"三横划"的不成字的字"宜",里面显然有文章了!

低能的"钞胥"(俗称"录事")的抄书工作,是可能一误再误的。胡先生便曾指出他们把一个草书的"真"字抄成"十六"。笔者本家前辈有位纨袴子,有次用重金请"枪手"代作文章,投考秀才,结果还是名落孙山;因为他把枪手所起的文稿上草书的"希圣希贤"中的"希贤"二字抄成了"义布上天"了。

所以抄书一误再误,是可以理解的。但是"甲戌本"和"戚本"里所有的"宜"字都抄成"宜",笔误的可能性就微乎其微了。这两个古本都最接近作者的原稿。在原稿里作者把"宜"字一律故意写成"宜",这可能也就是一种避讳的写法。曹雪芹为什么要避"宜"字讳呢?因为"曹宜"是他的亲祖父?还是因为"曹宜"是他们"五庆堂"里最后一位显赫的人物呢?我们就要向"红学家"们继续请教了。

"避讳"这个东西是我国宗法社会里最荒唐的制度之一。但是任何坏的东西,往往也有其好的一面。"避讳"在我国后来的"校勘学"和"版本学"上所发生的功用实在太大了,它多少是被当今的红学家们忽视了。

再者,六十年来"红学"发展的过程中,还有个极大的弱点,那便是搞"红学"的人——自胡、蔡、陈、钱到俞平伯、周汝昌、夏志清、潘重规、余英时……他们都是"批评家"、"考据家"、"哲学家"、"思想家",却很少"作家";所以"红学家"们多半不知"作家的甘苦",和作家们从灵感、幻想、经验……等等到构思、布局、创作、增删……等等的艰苦历程。所以他们每每为"文章自己的好"这一不知不觉的潜意识所支配,而乱下雌黄。胡适之、周汝昌都犯这个毛病。周汝昌在书中那种与高鹗简直不共戴天的心理,便是最明显的例子。

"红学界"里有丰富创作经验的唯鲁迅与林语堂二人。可惜他二人都不愿用情哥哥寻根究底的考据憨劲,但是他二人却代表"红学"里的作家派;他们的话是有其独到之处的。林语堂先生认为"后四十回"不是高鹗的"续作"而是高氏对曹雪芹原有残稿的"补写"。这一论断,是十分正确的!

总之,对"红学"的考证和批评,自胡老师开其先河之后,到今天还是个无底洞;下一切结论都为时尚早。但愿海禁大开之后,将来会有更多的杰作出现!

周策纵"按语"

策纵按:德刚在这注里说,避讳的事,"原是可避则避之,并不是死避。"这话就某些朝代说固然很对,但在别的一些时代却不然。"二名不偏讳"也是如此。陈垣在《史讳举例》里已说得相当详细。他已指出:"唐以前两字兼避,已成风俗,至太宗时始禁之。然禁者自禁,唐时二名仍偏讳。"并说:"宋金以来,二名无不偏讳者。"清朝自康熙时代起就讲求避讳。陈氏说:"雍乾之世,避讳至严。"

这正是曹雪芹写书的时代。试看康熙的讳"玄烨"、雍正的讳"胤禛"、乾隆的讳"弘历",无不二名皆偏讳。当然,文人对于自己的祖父,当时是否可不避讳,还值得仔细研究:除非能找出一些不避讳的实例来,就很难断言曹雪芹可以不避。"尔玉"二字也许较疏远,"寅"字就较近了。如果说曹雪芹不肯写"寅正初刻"是为了避讳,而对"唐寅"的寅字又可以不避,这能说得通吗?我看更严重的问题还是,把"唐寅"的寅字还开了那么一个大玩笑,尤其是牵连到那极不庄重的春宫图。作者在这里大可用仇英而不必拉出"我的朋友"唐德刚的贵宗贤来。在雍正、乾隆时代,会有人把自己祖父的讳来开这种玩笑吗?自然,我们也很难说曹雪芹不能有这种惊世骇俗之举,他既然可以把许多"家丑"也和盘托了出来,也许就无所谓避讳罢。不过这仍是我们的"想当然"而已。至少我们可以说,就"唐寅"一例说来,《红楼梦》里并不避名叫寅的祖先的讳。其实《红楼梦》作者本来非常注意避讳的重要性,所以特别指出"红玉"犯了"宝玉"的讳,便要改名"小红"。既然如此,又怎么会把自己祖父的讳来开那个大玩笑呢?除了第二十八回"唐寅"之外,第十回张太医还说了"寅卯间必然自汗"。第十四回有凤姐"至寅正"被平儿请起来梳洗。第六十九回天文生也说过尤二姐可于"寅时入殓"的话。"寅"字在书里至少出现了四次。因此,《红楼梦》大约在有些地方也许避"寅"字讳,但在别处却是不避的。这就牵涉到全书是否一人所作的问题了。有人自然会说,曹雪芹也许当时是用缺笔避讳的办法,由于现存的抄本并非雪芹的手稿,也许原稿"寅"字是缺了笔划的罢。这个说法本已犯了"以无据为证"的毛病,因为谁也不知道曹雪芹的手稿到底缺了笔划没有。事实上,过去作者如抄录故书,虽可用缺笔之法避讳,自己的创作则多须改字或避用。钱大昕在《十驾斋养新录》卷十四里已指出出:"朱文公注《论语》《孟子》,正文遇庙讳,则缺笔而不改字;注则无不避者。其注易亦然。"至于德刚指出:至少"批书人"已认定不说"寅时"是避讳,那末,这"批书人"自然已认定小说作者的先人一定讳"寅"。胡适这个看法自然是十分合理的(周汝昌还指出过二十二回戚本批语对砚台谜语批说"隐荣府祖宗姓名"是指玺字,也是对的)。问题只在这"批书人"到底是谁?这点如果还无法肯定,那就很难下结论了。而且"批书人"为什么不注意到"唐寅"不避的例子?所以我认为,那另一位"白发苍苍的老头子潘重规"如要否定曹雪芹的著作权,也许还"查无实据",但在这一点上提出疑问来,却"事出有因",还值得我们再四思量。德刚要紧跟着"那云鬓纤腰的美人史湘云"扬长而去,我们这些老头子有何话可说?只祈祷不要等他跟了半天,才发现前面走着的是个毛发森森的彪形大汉,那时可别错骂周公的本家汝昌诗人把你捉弄了呢!

德刚"再按"

德刚再按:《红楼梦》里的"避讳"问题,原是极有趣的。不但史湘云夫人注重避讳;林黛玉姑娘也很注重。黛玉的妈妈叫贾敏,所以黛玉说"敏"时就以"密"字代之;写"敏"字时也"缺"一两笔。这是在他的老师贾雨村的注册纪录里,有老卷子可查的。

总之,《红楼梦》是个无底洞,笔者这个"老头子"绝不愿与另外两个专家"老头子"来"聚讼"这个好玩的小问题。还是让那些欢喜打官司的红学家们去讨论吧。

周策纵函

德刚:前两天才寄你《红楼梦》会议邀请书,就收到来信,要我又替胡公的口述自传封面一挝,挝是挝过寄去了,这儿又写了一点抬杠"后按",不知还来得及附在(《胡适口述自传》第十一章)注末吗? 如不便就算了,我怕误导读者,想来澄清一番,恐怕越说越说不清吧,最后的话还得你来说,所以我还是寄到你处,如以为可,就请转寄刘绍唐先生,如无缘入书,更可改作"胡适口述自传译注后按:《红楼梦》里的避讳问题",作为《传记文学》的补白如何? (下略)匆祝
年安

策纵 1979 年 12 月 17 日

第十二章　现代学术与个人收获

在前数次录音里,我曾略微叙述我怎样替那些一向为文人学士所轻视的白话小说的新版书写序言和导论。我也曾提到我对我自己所说的"价值重估"(Transvaluation of values)"这一概念"的认识和执行。那也就是把千百年来一向被人轻视的东西,在学术研究上恢复它们应有的正统地位,使传统学术方法和考据原则等等也可用之于对小说的研究。

〔在现代的中国学术里,〕这一个转变简直与西洋思想史上,把地球中心说转向太阳中心说的哥白尼(Nicolaus Copernicus,1473—1543)的思想革命一样。在中国文化史上我们真也是企图搞出个具体而微的哥白尼革命来。我们在学术研究上不再独崇儒术。任何一项有价值的学问,都是我们研究的对象。把汉学研究的范围扩大,本来也是我个人野心的主要目标。

在这些年里,我个人所从事的批判性的整理国故的工作,至少也有两大目标:一个便是中国文学史;另一个便是中国哲学史。后来我总欢喜把"中国哲学史"改称为"中国思想史"。

这两方面也是我留学归国以后,整个四十年成熟的生命里"学术研究"的主要兴趣之所在。现在我想就把这两方面,来把我个人的些微成绩,作个概括的总结。[1]

揭穿认真作假的和尚道士

在思想方面,我曾提到,我几乎把一部禅宗史从头改写。

一般说来,我对印度思想的批判是很严厉的。"佛教"一直是被国人认为是三教之一(另外两教是"儒教"与"道教")。可是无疑的道教已被今天的一般学术界贬低为一团迷信了。道教中的〔一套"三洞、七辅"的〕所谓圣书的《道藏》,便是一大套从头到尾,认真作假的伪书。道教中所谓〔"三洞"〕的"经"——那也是道藏中的主要成分,大部都是模仿佛经来故意伪作的。其中充满了惊人的迷信;极少学术价值。

至于佛教,它至今还是日本、高丽、越南、缅甸、泰国和锡兰的〔最主要的〕宗教〔甚或是国教〕。许多人也认为中国虽然不完全是个佛教国,但也可说是部分的佛教国。我自己在这方面的工作,可说是破坏性的居多。我必须承认我对佛家的宗教和哲学两方面皆没有好感。事实上我对整个的印度思想——从远古〔的《吠陀经》〕时代,一直到后来的大乘佛教,都缺少尊崇之心。我一直认为佛教在全中国〔自东汉到北宋〕千年的传播,对中国的国民生活是有害无益,而且为害至深且巨。

当然打翻了牛奶,哭也无用!〔刚按:这是一句美谚。孩子们打翻了牛奶,总是要哭的。〕做了就是做了;木已成舟,还有什么可以说的呢?我把整个佛教东传的时代,看成中国的"印度化时代"(Indianization period)。我认为这实在是〔中国文化发展上的〕大不幸也!这也是我研究禅宗佛教的基本立场。我个人虽然对了解禅宗,也曾做过若干贡献,但对我一直所坚持的立场却不稍动摇:那就是禅宗佛教里百分之九十,甚或百分之九十五,都是一团胡说、伪造、诈骗、矫饰和装腔作势。我这些话是说得很重了,但是这却是我的老实话。

就拿神会和尚来说罢。神会自己就是个大骗子和作伪专家。禅宗里的大部经典著作,连那五套《传灯录》——从第一套在宋真宗景德元年(公元1004),沙门道原所撰的〔《景德传灯录》〕到十三世纪相沿不断的续录——都是伪造的故事和毫无历史根据的新发明。[2]

这便是我的立场。我这个立场,在中国、日本,乃至那些由于禅语晦涩难解,反而为人所喜爱的英语国家里,都不为〔研究佛学的〕人所接受。〔因为〕天下就有专门喜欢把谰言、骗语当成宝贝的人啊!〔刚按:这里适之先生气得胡子乱飘的情况,是他老人家太"科学"了。研究宗教,他过分侧重了学术上的"事实",而忘记了那批搞禅宗佛学的人,却很少是研究"思想史"或"训诂"、"校勘"的人。他们所追求的往往侧重于生命的意义,和情感上的满足。"禅"这个东西,在这些方面是确有其魅力的!〕

我个人对那种自动的把谰言、谎语等荒唐的东西,当成宝贝,就是没有胃口! 所以我坚持"中国的印度化时期",是中国国民生活上一个大大的不幸!

关于这种不幸,可证明的方式实在太多了,这里我不想深入讨论。我只是坦白地招认,我的任务之一,便是这种"耙粪工作"(muckraking)〔把这种中国文化里的垃圾耙出来〕罢了。我是有我的破坏的工作好做的。大体上说来,我对我所持的对禅宗佛教严厉批评的态度——甚至有些或多或少的横蛮理论,认为禅宗文献有百分之九十五以上是欺人的伪作——这一点,我是义无反顾的。在很多〔公开讨论〕的场合里我都迫不得已,非挺身而出,来充当个反面角色,做个破坏的批判家不可!

老子比孔子更"老"

但是在许多其他的文化公案上,我的立场有时反被认为比我的一些朋友们更为保守。关于老子的时代问题,便是个例子。我对这一问题是站在比较保守的传统立场的。我认为老子是孔子的同时人,但是是孔子的前辈。孔子可能的确向老子"习礼"的〔过〕,尤其学习丧礼。我也认为《老子》这部书,不是伪书。我当然不否认《道德经》这部小书,其中或有后人的伪增字句,但是大体说来,它的原始性是可靠的。

这些观点,现在都变成"胡适博士极其守旧"的确实证明了。至少也可看出"胡适博士"是不像他自己自吹自擂的那样"前进"了。但是我在考证老子年代问题上也做过一些工作。我认为把老子其人和《老子》其书弄晚了几百年的那批人的证据,实在不足深信罢了。我对这件文化公案是持存疑态度的。他们如能举出任何足以说服我的证据,我都会欣然同意的;但是到目前为止,我还未见到有人提出一件足以说服我的证据。所以我自己对这一问题的态度,到今天仍然是相当保守的。

并不要打倒孔家店

我还要提出另一件公案。

有许多人认为我是反孔非儒的。在许多方面,我对那经过长期发展的儒教的批判是很严厉的。但是就全体来说,我在我的一切著述上,对孔子和早期的"仲尼之徒"如孟子,都是相当尊崇的。我对十二世纪"新儒学"(Neo-Confucianism)("理学")的开山宗师的朱熹,也是十分崇敬的。

我不能说我自己在本质上是反儒的。多少年前〔1934年〕,我写过一篇论文叫《说儒》。讨论儒字的含意和历史。"儒"在后来的意思是专指"儒家"或"儒术";但是在我这篇长逾五万言并且被译成德文的长篇论文里,我便指出在孔子之前,"儒"早已存在。当孔子在《论语》里提到"儒"字之前,它显然已经被使用了好几百年了。孔子告诫他的弟子们说:"女为君子儒,毋为小人儒!"他本视"儒"字为当然;这名词在当时本是个通用的名词,所以孔子才用它来告诫弟子。

在这篇《说儒》的文章里,我指出"儒"字的原义是柔、弱、懦、软等等的意思。〔《说文》解释说:"儒,柔也。"〕我认为"儒"是"殷代的遗民"。他们原是殷民族里主持宗教的教士;是一种被〔周人〕征服的殷民族里面的〔上层〕阶级的,一群以拜祖先为主的宗教里的教士。

在三千年前(公元前一千一百二十年至一十年之间),殷人为周人所征服。但是这些殷遗民之中的教士,则仍保持着他们固有的宗教典礼;继续穿戴殷人的衣冠。他们底职业仍然是治丧、相礼、教学;教导他们自己的人民。这些被征服的"殷人",可能还是新兴的周王国内人民的绝大多数,亦未可知。在西周东周统治的六七百年中,他们的礼教已逐渐渗透到统治阶级里去了。

在我看来,孔子和老子都属于这个殷遗民中的教士阶级。孔子就向来没有否认他是殷贵族的子孙。他说他是宋国的统治阶级,而宋人实是殷人之后,所以孔子亦自称"殷人"。在我那篇长逾五万言的《说儒》里,我就指出"儒"是殷遗民的传教士。正因为他们是亡国之民,在困难的政治环境里,痛苦的经验,教育了他们以谦恭、不抵抗、礼让等行为为美德〔由于那种柔顺以取容的人生观〕,他们因此被取个浑名叫做"儒";儒者,柔也。

老子便是个最标准的〔以软弱为美德的〕儒派哲学家。《老子》这本小书中所宣扬的观念,可能远早于老子和孔子。本质上是宣扬以谦卑为美德的哲学;也是中国哲学里第一次出现了一种自然主义天道观的哲学体系。一个日月运行显然无为的宇宙,可是宇宙之内却没有一项事物是真正地无为的。是所谓"无为而无不为"。根据这宇宙的自然现象,老子因而把早期的一些什么宽柔忍让、无为不争、以德报怨、犯而不校、不报无道等等观念综合起来,连成一体〔形成一种新的道家的哲学体系〕。不过老子却强调,犯而不校、忍让不争,却是最强的力量。那根本不是弱;相反的那正是强有力的伪装。

我在《说儒》那篇文章里,便说明老子是位"正宗老儒";是一个殷商老派的儒;是个消极的儒。而孔子则是个革新家;搞的是一派新儒;是积极的儒。孔子是新儒运动的开山之祖,积极而富于历史观念。他采纳了一大部老儒的旧观念。他也了解不争哲学在政治上的力量。在证明老子早于孔子,或至少是与孔子同时的最好的证据,便是孔子在《论语》里也提到"无为而治"这个政治哲学上的新观念。

再者《论语》里所说的"以德报怨",和《老子》里所说的"报怨以德",二者的语法结构也完全相同。这些内在的证据,也说明了孔子对这个"报怨以德"的道德观念,和"无为而治"的政治哲学结为一体的完整的哲学体系,是深深了解的。

孔子对这个旧儒美德不但了解而且也甚为欣赏。因此他乃发动一个特地着重"仁"的新派儒学。仁者人也。在此之前,"仁"字未尝单用。"仁义"总是并用的。只有孔子才特别强调"仁"。孔子之前,与孔子之后,"仁"字都不是单独使用的。孔子说:"有杀身以成仁;无求生以害仁。"这个观念除非我们把它译成"人的尊严"(human dignity)之外,实在别无他译。

这种人文主义的观念强调个人在社会中地位的重要性;以及个

人通过教育和仁政以影响社会的重要性。这种立论乃导致出"修己以安仁"这一〔孔子所倡导的〕新观念来。

这实在是儒家哲学里的一个新概念。所以我认为"儒"似乎是一种社会阶层。它更可能原来只是一种浑名,逐渐被用成一种可尊可敬的,教士阶级所专用的类名。

我所用的这些证据都不是出自任何反儒的文献,而是出自儒家本身的经典。我用它们来说明孔子本人,以及他的一些及门弟子们,是靠相礼——尤其是祭礼、丧礼,为衣食之端的。在这种〔用礼仪的〕场合里,他们都是主持人。他们是"礼"的实行者、传教士;他们也是祭礼、丧礼中的祭师,他们以此为生。〔刚按:可能就像犹太人的"祭师"(rabbi)。〕孔子便是这种礼的职业主持人;他底弟子也是如此。

在这篇《说儒》的文章里,我认为孔子的老师老子,也是一位以主持礼仪为业的"知礼大师"——尤其是一位丧礼专家。这一点在《礼记》的《曾子问》那一章里,即有此项记述。在这章里,孔子述老子论礼的共有四条。其中有一条引孔子的话,说:"昔吾从老聃助葬于巷党,及堩,日有食之。老聃曰:'丘,止柩就道右;止哭以听变,既明反而后行。'"孔子因而问他为什么〔这一丧葬行列〕要等日蚀之后,才能继续前进呢?老子为此乃解释了一大阵。

我认为这段古书并非伪作。清初的学者们,为想证明这段记载的真伪,乃用推算日蚀的方法来推算孔子青年时代有无日蚀。他们一共推算出两个不同日蚀的年代来。一次日蚀发生在孔子十六岁的那一年;另一次则是在孔子三十岁的那一年。我个人认为孔、老相逢是发生在孔子十六岁的那一年。我想那时孔子去鲁适周,其时老子正是在那古都之内担任主持古礼的大师。

所以我说老子不但是一位老儒,而且是一位根据自然主义的天道观而形成一种哲学新体系的哲学家、实行家和传教士。但是他的哲学基本上是一种消极的、虚无的、不争的和主张〔一国政府应该〕无为而治的。这可能正是代表早期的儒家——那种宽容不争,懦弱的柔儒。但是在那篇文章里我也指出,那位富于历史意识的孔子,对这些历史成分并不一笔抹煞。他也能欣赏〔那种"宽柔以教,不报无道"的柔道;也能尽量吸收那倾向于自然主义的天道观念;也能容纳那"无为"的政治理想〕。不过孔子却能在百尺竿头更进一步,去创立出一种新人文主义。这种新儒是造成一种能负荷全人类担子的人格。要人"无求生以害人;有杀身以成仁。"〔要养成一种"笃信好学,死守善道","造次必于是,颠沛必于是"〕的尊严的人格。

根据这个"仁"的观念,以及"修己以安仁,修己以安百姓"的观念,孔子因而变成一位伟大的民主改革家。他要宣扬一种以"性相近也,习相远也"为基础的教育原理。更主张一项了不起的四字真言的教育哲学叫做"有教无类"。"类",也就是社会阶级。那也就是说教育人民是不管受教育者的阶级成分。这一观念之形成,也使孔子变成世界上最伟大的教育家之一。通过教育这条路,孔子和儒教终于征服了中国,主宰了千百年来的中国人的生活和理想。

这里我也不想再多说了。〔在申述我上述的观点之时,〕我事实上没有引用一条一般学者所不熟悉的证据。我的证据是古书上常见的;大家都耳熟能详的。我并没有引用一条新证据。可是我却认为我那篇《说儒》却提出一个新的理论。根据这个新理论可将公元前一千年中的中国文化史从头改写。我的理论便是在武王伐纣以后那几百年中,原来的胜负两方却继续着一场未完的〔文化〕斗争。在这场斗争中,那战败的殷商遗民,却能通过他们的教士阶级,保存一个宗教和文化的整体;这正和犹太人通过他们的祭师,在罗马帝国之内,保存了他们的犹太教一样。由于他们在文化上的优越性,这些殷商遗民反而逐渐征服了——至少是感化了一部份,他们原来的征服者。

我想这一〔反征服的〕最好的例子,便是"三年之丧"了。"三年之丧"毫无疑问的是一种殷商的制度。但是这种最不方便、最难施行、最无理可讲的制度,居然逐渐通行全国,并且被一直沿用了有两千多年之久。

我在更早期所写过的一篇文章《三年丧服的逐渐推行》(作于民国十九年〔1930〕,七月)里面,便曾提出"三年之丧"这个制度,纵迟至孟子时代，还没有通行。孔子的弟子中即有人对这一不合理的制度提出反对。在《论语》和《孟子》里记载孔子和弟子们对话〔便说得很清楚。《论语》里记子张问："高宗（守制）三年不言。"夫子曰："何必高宗，古之人皆然！"清初经学大师毛奇龄"遂疑子张此问，夫子此答，其在周制当必无此事可知。何则？子张以高宗为创见，而夫子又云'古之人'，其非今制昭然也。"（见毛奇龄《四书剩言》卷三）〕孟子里也记载着孟子与滕文公有关"三年之丧"的有趣对话。〔滕文公说，"吾宗国鲁先君莫行！"又说，"吾先君亦莫行！"毛奇龄便认为"先君"为始祖，而非"近代先君"也。〕这对话便是由于孟子向滕国的幼主滕文公，推销三年之丧这一制度，而引起的滕国君臣的抗议。

这种抗议后来在汉朝也曾发生过。〔汉文帝的窦皇后，相信黄老，便曾一再反对那由儒生叔孙通所奏订的"三年之丧"。〕可是到公元二世纪初年〔汉安帝永初三年（公元116年）邓太后临朝，始有"不为亲行三年服，不得选举"的规定〕。其后遂明定现职官吏，都得遵行，慢慢的"三年之丧"遂通行全国，以至于今日。

像"三年之丧"这样的制度，便是一般人视为当然的制度之一。孔子说："三年之丧，天下之通丧也。"这一点我就不懂了。我想不是孔子在说谎，便是孟子在说谎。可是我的朋友傅斯年就向我建议说，孔子所说的"天下"，实在是专指"殷人"。殷民族是那时周王朝里人民的大多数，所以孔子始有此言。我觉得傅君的论断甚有道理，所以我就把他那篇论文《周东封与殷遗民》〔与我自己的文章一起在《国学季刊》上〕发表了。

我个人深信，这几篇文章实在可以引导我们对公元前一千年中〔自殷商末年至西汉末年〕的中国文化、宗教和政治史的研究，走向一个新方向。[3]

我举出上述诸节来说明我对治中国思想史的深思熟虑之后的意见。当然根据这些新观念来重写中国文化与宗教史诸方面，我都是相当笼统的。因为我自己还抽不出时间来做我一直想做的工作——有持续性的来重写中国文化史、宗教史和思想史。

由于我对佛教的特殊看法，我只是对中国中古（公元第三世纪到十一世纪)思想史,下一番研究工夫,想把那一时期的思想史,加以重写。我承认我对佛教以及印度思想在中国文化上所发生的作用,这些方面的批判,难免是过分严厉了。但是可能正因为我站的是严厉立场,才能触发我完成一项相当满意,也相当富于毁灭性的,中古思想史的著作。

双线文学的新观念

让我再说点有关中国文学史方面的事。

在上文我已经提过的,在研究中国文学史方面我也曾提过许多新的观念。特别是我把汉朝以后,一直到现在的中国文学的发展,分成并行不悖的两条线这一观点。在那上一级的一条线里的作家,则主要是御用诗人、散文家;太学里的祭酒、教授,和翰林学士、编修等人。他们的作品则是一些仿古的文学,那半僵半死的古文文学。但是在同一个时期——那从头到尾的整个两千年之中——还有另一条线,另一基层和它平行发展的,那个一直不断向前发展的活的民间诗歌、故事、历史故事诗、一般故事诗、巷尾街头那些职业讲古说书人所讲的评话等等不一而足。这一堆数不尽的无名艺人、作家、主妇、乡土歌唱家;那无数的男女,在千百年无穷无尽的岁月里,却发展出一种以催眠曲、民谣、民歌、民间故事、讽喻诗、讽喻故事、情诗、情歌、英雄文学、儿女文学等等方式出现的活文学。这许多〔早期的民间文学〕,再加上后来的短篇小说、历史评话,和〔更晚〕出现的更成熟的长篇章回小说等等。这一个由民间兴起的生动的活文学,和一个僵化了的死文学,双线平行发展,这一在文学史上有其革命性的理论实是我首先倡导的;也是我个人〔对研究中国文学史〕的新贡献。我想讲了这一点也就足够说明我治中国文学史的大略了。

从 1927 到 1929 年 3 年之间,我住在上海。在此期间我对中国文学史写了一本大部头的书叫《白话文学史》(上卷,民国十七年,上海新月书店出版;四十六年台湾启明书店重印)。但是这部书只从汉代写到唐代。我总欢喜把这部书叫做《中国活文学史》,那时我曾许愿要写一部续集。可是我现在又改变主意了。我想写一部汉代以前的〔《中国古代活文学史》〕。要写的话我当从最早的活文学《诗经》写起。我要写一部有关孔子、孟子和老子的活文学。他们那时正和现代的白话文作家一样,是用口语著述的。等到我可以抽出时间来的时候,我想写一部新的中国文学史,把那些死文学全部丢掉。总有那么一天,我要写出这部上卷古代篇和唐以后的下卷现代篇。当然我现只是许这样一个愿罢了。〔刚按:胡先生说过这一段话之后,便把他那《白话文学史》的"自校本"送给我了。可惜的是适之先生这个愿始终未能实现。当今有志接棒的后辈学人,盍兴乎来!〕

再谈谈中国思想史

〔适之先生问:我们还可谈多少时候? 德刚答:至少二十分钟。〕在这最后二十分钟内,我想再谈谈中国思想史这方面的研究。我自己对中国思想史的概念是,中国思想史上有个古典时期。这是个有创造性的时代;一个有原始性的固有思想时代。这时代如以公元计算,大概是公元前第一个一千年。这个时代包括孔子、老子以前的思想家。但是最主要当然还是他们同时前辈,那些《诗经》上保留下来的写训世诗的诗人们(didactic poets)。他们都是真正的思想家。他们的作品也都是中国文化史上最可靠的史料。从这些远古的思想家开始〔通过春秋战国时代〕一直到汉代,我都概括地叫它做"古典时期"。这是中国思想史上最有创造性、最有原始性的固有思想时代。

在两汉四百年的大一统之后,到公元二百多年的时候,便出现了一个合久必分的局面。中国的中古期便从这个分裂开始。[4] 这个中古期有几项〔值得注意的〕趋势。第一个便是在文化上、种族上有一种"变于夷者也"的趋势。这时边疆少数民族在中国历史上开始抬头,并逐渐扮演重要角色。纵在东汉倾覆之前,蛮夷便早已入居内地与汉人杂处。公元第三世纪便是他们造反革命的时候了。从公元第三至第六世纪,中国(至少是华北和中原)是被蛮夷主宰了。在这同一时期汉民族也开始南移,侵入中国南部和西南山岳地带。这个蛮夷入主的局面,同时中国也把无数蛮夷的文化兼容并包,便是这个中古期的特点之一。

中古期的宗教

第二,中古期的〔另一特点便是宗教,所以中古期也可叫做〕宗教时代。佛教的东传的开始虽还在中古期之前,但是佛教在中国势力之形成则在公元二百年以后。

当佛教逐渐兴起之时,一个土产的宗教,道教,也开始形成。道教是第三世纪在四川开始的。其中一支叫〔"五斗米道"的〕"黄巾贼",就几乎把东汉闹垮。

关于佛教的东传和它于短期之内风行全国的经过,我个人的理论是,佛教不只是取道陆路,自喀什米尔(Kashmir)、中亚细亚以进入中国;海道自印度经锡兰,通过交州(今越南)广州(特别是交州)以抵中国,也是东传的要道。交州的北部〔今日南越顺化以北的疆土〕原是中国的一郡。因地邻印度,有海道可通,印度的商人与教士乃取道东来。在公元一世纪时,东汉开国之君光武帝的幼子楚王刘英已经在今日的皖省〔安徽〕的长江北岸开始信佛。所以旧说以为佛教东传是于公元六十七年之间〔汉明帝刘庄,梦见金人,身有日月,飞绕殿庭〕开始的,这一说法完全是无稽之谈。

佛教东传可能早于公元前一世纪。到公元后一世纪,它已能使在长江下游最有力量的王子楚王英〔为浮屠斋戒祭祀〕,皈依佛法。至公元二世纪,东汉桓帝已经在其宫中,搞"浮屠、老子并祀"了。

所以在公元三世纪,佛法已大行于中国,而民族主义的观念,乃促使国人,群起宣扬道教以为抵制。因此在公元四、五世纪时,国人信道之风大盛,大概由于道教毕竟是国货啊。这种以国货抵制舶来品,就很像现代中国大家"提倡国货,抵制洋货"一样的心理罢。

在此同时,传统的儒教在汉代也发生了本质上的变化(这样说来,我的"中古期"或者尚须稍为移前数百年,把两汉也包括进去)。

汉代初年,在董仲舒等人的策动之下,儒教也起了前所未有的蜕变。董仲舒多少仿效墨子"墨教"的办法,企图把儒术宗教化。董氏以"灾"、"异"之说,来崇奉一个至尊、至大、至爱的上帝。上帝以灾异示人主以祸福。洪水、烈火都被说成"灾";日蚀月蚀或妇人生须,都被说成"异"。"灾"、"异"都被看成上帝对人主作祸福的预兆。

所以汉代究天人之际的新儒教,实在是要以"天人感应"的理论把儒家变成一个新宗教。董仲舒之后,灾异之说简直流行了几百年。所以中国在中古期事实上有三种宗教在同时流行。第一便是那入口的夷教——佛教;第二便是佛教的中国对手方——道教;第三便是尚灾异之说,董仲舒那一派的儒教。

骈体文有欠文明

中古时期第三大特点或要素便是中国语文的蛮夷化。我国现在还有许多人喜欢六朝的骈体文,认为那文体甚美。其实这种文学所用的根本是一种死文字。在公元第二世纪的时候,那个和二十世纪中国幅员一样广大的大汉帝国,迫切地需要一种全国通行的国语,作为智慧、文化、政治、法律等等的交通媒介。因此政府便对古典时代所通行的古文加以利用,而且奠定了一种文官考试制度,务使政府所有公职人员,一律能用此一古典文字。能读能写的人,当然对受任为政府官吏也就有其优先权。这便是中国文官考试制度的开始。

可是这种古典文字这时已经不再是个优良的交通媒介。所以在其后一段为时数百年的中古期,人民大众乃利用歌谣、故事等等形式,另创出他们自己的文学来。"汉魏六朝乐府"里所收集便是这些东西。换言之,也就是政府专司音乐的官署——"乐府"所收集的民间歌谣。这些民间诗歌,都是一些情歌、恋歌;歌颂英雄的赞歌;讽喻世情,哀怨世事的民歌等等,其中尤以情歌和英雄赞歌篇幅最多。

但是当时的文人学士们,却不愿与一般平民百姓同起坐,因此他们也发展他们自己对文字使用的方法。他们创制了"骈体文",有时也叫做"四六文"。在这项文体中,对要说的事务,他们偏不去直说,而字句排列之间,则必须有对偶。下句中的动词一定要对上句中的动词;上句里的形容词,下句也要用形容词来对,诸如此类。这便叫做对句。句子念起来是四字一句,或六字一句;或先四后六。这一来文人学士便叫它"四六文"或"骈体文"了。

我对"四六文"的解释便是"四六"是以韵文来代替标点符号。

我想我的解释是个正确的解释,虽然有许多人认为是荒谬的。但是〔天下事〕往往就是最简单的解释,却是最正确的解释。因为中文不用标点符号,所以有些学者乃推演出骈体文,使读者念起来易于断句。如果一个人掌握了"四六"的体裁,把握了对句里的韵脚,念起来他自然就起了标点的作用了。佛经的翻译便是如此。因为中文无标点符号,所以佛经的译者,多用四言对偶体。我把中国中古期的文章体裁说成"鄙野"或"夷化"(barbarism; barbarization),就因为它和古代的老子和孔子所用的体裁完全不同,和后来所谓唐宋八大家的古文,当然也迥然有别。

其实中古时代的拉丁文也是如此的,那就是所谓"修道士的拉丁"(Monk's Latin)。在印度也有所谓"沙门梵文"(monkish Sanskrit)。在中古中国我们的学者也发展出一种相当有欠文明的"四六"文体。因此在这个"中古期"尚未结束的时候,以古文方式出现的一个文学改良运动,已逐渐在展开了。

古文"运动"的意义便是恢复古代的文艺;把文章的体裁恢复到《论语》、《孟子》那种文体上去。这种古文一直也是中古期的教本。〔《论语》、《孟子》上所用的〕那种古文,原为"鲁语",发源于今日山东省的西部。孟子出生地点便接近古鲁国。鲁国也是孔子的宗邦。这种以鲁语为基础的古文,对虚字的用法是十分细致的。因此它是的确值得学者模仿的。在后来的古文运动中,它也就变成这一运动中的中流砥柱了。

现代的中国文艺复兴

〔中古期以后〕现代的情形又是怎样回事呢?从广泛的历史意义来说,我叫这个现代阶段为"中国文艺复兴阶段"。大体说来这一阶段从公元一千年(北宋初期)开始,一直到现在。假如你还想向前延伸的话,我前文已经提过,我们可以把唐代也包括进去。但是唐代基本上毕竟是中古期的一部分,虽然唐代也产生一些反传统的诗人。这些人也反对中古期的野蛮主义(barbarism)——这个中国中古期的杂种。[5]

但是我始终主张"现代阶段"自公元一千年(第十一世纪)开始。因为就在这公元一千年前后,宋真宗〔在公元 1008 年,大中祥符六年〕梦见其祖宗送给他一部"天书",其时群臣之中有〔王钦若其〕人,竟说天书不止一部,而有数部同时出现。真宗乃亲自设坛祭祷,敬受天书,而这部天书居然在皇宫内的〔承天门上〕发现了。其后真宗每次出巡〔封泰山,禅社首〕,他都要宰相手捧天书,专乘前导,并诰示天下,上苍赐福。

我个人认为〔上述荒诞不经的迷信〕实在是中古期的最后阶段。公元第十一世纪之所以能成为一个中国的"革新世纪",便是这个时代里发生对这种荒谬的〔中世纪迷信的〕一种反抗。

第十一世纪又可分成上下两个阶段。第一个阶段是十一世纪上半期,由范仲淹所领导的政治革新阶段;第二阶段则是王安石的变法运动。

范、王二人所领导的运动,实不止于政治改革,同时也是一种文化革新——牵涉到人对鬼神观念的基本改变。这种改变是从反抗中世纪所盛行的宗教开始的;也是对出世人生观的一种反抗。

中世纪那种出世的人生观,是要人不要做人,去做个长生不老的罗汉或菩萨。一个人要去"舍身"或焚一指一臂,甚或自焚其身,为鬼神作牺牲——这就是"中古期"! 整个的"现代"阶段,就是对这种中古〔风气〕的反抗。所以"现代"的哲学家都是一些叛徒或造反专家。他们群起攻击这种中古的人生观,认为它与人生真义,背道而驰。

这些革新派人士都是熟读——佛教东来以前的——中国古代的圣贤之书的。他们都为传统思想如孔子所说的"修己以安仁"等所熏染。也就是这种〔孔孟〕思想,促使他们从事政治、经济和教育等各方面的改革。从另一方面来说,他们也开辟了一个〔文化的〕新时代。纵使是所谓"理学",也都是在第十一世纪萌芽的。

当王安石变法失败以后,宋神宗也死了。太后临朝,乃召前反对党首领司马光入阁主政。司马温公当政后乃尽废新法。因此那原为一位少年有为的帝王神宗皇帝所亲自督导,由王安石及其党羽所推行,前后凡十六年的新法,一年之内,便全部报废了。

　　司马光和他的朋友们,邵雍和程颢、程颐兄弟,也就在这个时候倡行了"道学"或"理学"了。这些所谓"道学先生"或"理学家",也是这个"现代"运动的一环。他们〔原先是在政治上〕当反对党失败下来的。他们反对"新法",认为求速效的"新法",是与他们反对党的哲学是两不相容的。

　　他们之所以把他们的哲学叫做"理学"或"道学",那是受中古期的道教的影响。道教认为宇宙运动不息,无始无终,是一种自然主义的无为而无不为的天道观。既然"无为而无不为",那末人生于世也就"莫之为而为"了。因此那些变法人士,要使人君亲见、亲闻然后心悦诚服地在政治、法律、经济、教育上采取迅速变法的哲学,也就不为这批"莫之为而为"的哲学家们,所能接受了。因此他们才要加以批判。所以理学之兴是反对变法的党人所促成的,也就不足为异了。

　　但是这批反对派也是属于"现代"〔这个范畴〕之内的。既然我所说的"现代中国"这个概念便是反抗中古的宗教,和打倒那支配中国思想历时千年之久的佛教和一切洋教,那末这些反对王安石变法的人,当然也就属于这个"现代"〔的范畴〕之内了。

　　把被倒转的东西再倒转过来,他们披心沥血的来恢复佛教东传以前的中国文化、思想和制度,这便是他们的目标。但是这一个复古运动是行不通的。他们不了解在经过千余年印度化运动之后,要使纯粹中国式的远古文明完全恢复是办不到的。但是经过千年的佛学训练和中世纪各种宗教的训练,国人的思想也就能主动的去寻找新生事物;这一点反而可以发远古圣贤所未发。他们现在是戴上了新眼镜。从这些新眼镜里他们来重探中国古文明;因此也就能把旧样翻新了。

　　在这些〔有新见解的〕研究之中,他们也找到了一项新发现;那便是在儒家的一本小书《大学》里面,发现了一种新的科学方法。在这项从公元第十一世纪便开始的中国文艺复兴里,他们在寻找一个方法和一种逻辑。这就是培根(Francis Bacon 1561—1626)所说的"新工具"(Novum Organum);也就是〔法国哲学家〕笛卡儿(René

Descartes 1596—1650）所提倡的"方法论"（Discourse on Method）。"现代"的中国哲学家要寻找一种新逻辑、新方法，他们居然在这本只有一千七百字的小书里找到了。

《大学》里有一句〔原作者〕从无解释的话叫"格物"。他说："致知在格物。"一切始于格物。"格物"这两个字，〔历代解经的学者〕对它作不同的解释大致有五十余条。但是其中最令人折服的一家，便是公元十一世纪的二程（程颢，1032—1085；程颐，1033—1107）兄弟和承袭而完成二程子之说的，更伟大的十二世纪哲学家朱熹（1130—1200）了。他们解释"格物"是："'格'至也；'物'犹事也。穷至事物之理；欲其极处无不到也。"

"物"者何？二程子兄弟中的弟弟，伊川程颐，认为"物"无不抱。大及天地之高厚；小至一草一木，皆为"物"。"致知在格物"是把你的知识延伸到极限，这便是科学了。〔刚按：笛卡儿主张人类的知识要由博返约，把最笼统的知识用剥笋的办法剥到核心，而这核心的真理可一望而知，无待证明（self-evident）。反其道而行，由约而博，则每一层笋皮上的真理也都是 self-evident。如此类推，则一个人的知识不论如何高深渊博，也都是层层相证，信而有征了。笛卡儿这一套"格物致知"之说，比我们的明道、伊川、晦庵、阳明，都要高明一筹，不像我们的哲学家只会看着竹子去格物，结果格出了神经衰弱症。当然笛卡儿是位了不起的数学家，而我们的道学先生、理学大师都不懂数学。不过笛卡儿比我们的二程子，也小五百岁啊。〕

所以我要把这一个自十一世纪到十九世纪的历时八百余年的文化运动作一总结。这批道学先生和理学家，他们是不能摆脱宋代以前，千年的传统对他们的影响。我们可以看出这场中国现代的文艺复兴运动，并不是桩有心推动的运动。它是半有心、半无心地发展出来的。原来各种时代的一切文艺复兴运动；一切思想变迁，宗教改革；乃至一切文化生活的变迁，都是如此的。

在这场伟大的"新儒学"〔理学〕的运动里，对那〔道德、知识；也就是《中庸》里面所说的"诚则明矣；明则诚矣"的〕两股思潮，最好的表达，便是程颐所说的："涵养须用敬，进学则在致知。"后世学者都认为"理学"的真谛,此一语足以道破。〔刚按:这两句话译成白话则是:"要提高你的道德标准,你一定要在'敬'字上下功夫;要学识上有长进,你一定要扩展你的知识到最大极限。"适之先生对这两句话最为服膺,他老人家不断向我传教的也是这两句。一次我替他照相,要他在录音机边作说话状。他说的便是这两句。所以胡适之先生骨子里实在是位理学家。他反对佛教、道教乃至基督教,都是从"理学"这条道理上出发的。他开口闭口什么实验主义的,在笔者看来,都是些表面账。吾人如用胡先生自己的学术分期来说,则胡适之便是他自己所说的"现代期"的最后一人。〕

所以现在有两桩事有待我们学习:要"敬",理学家认为一定要静坐,坐得如"泥塑"。这种练习,也就是中古宗教上打坐参禅等被延伸到"现代"来了。但是这第二句"进学则在致知",就是个新方法了。

从某些方面来说,朱子本人便是一位科学家。他对古代典籍深具批判能力。朱熹也是研究古音韵的急先锋。他开始怀疑《书经》中大部都是伪作;平时对古籍的处理也完全不拘泥于传统;每每使用新方法,另创新论。所以从这一方面来说,我国自十七世纪初期其后凡三百年的学术研究,实在并不是反对朱熹和宋学;相反的,近三百年来的学者实是承继了朱子治学的精神。这也是个崭新的观点![6]

我看我们就说到此为止罢。这多多少少也是我个人研究现代中国文化史的一个基本概念。

注 释

〔1〕 本篇是适之先生英语口述自传的最后一章。在本章里他把早年的——也可说是毕生的——成就,结了个小账。我们也不妨根据他的"夫子自道",来为胡氏在学术文化上的贡献,简短地概括一下。

大致说来,适之先生是一位圣之时者也。他一生在学术上的成就,是与他有生之年的这个时代密切配合的。我们也可以说胡适之是"胡适的时代"里的第一位大师罢。

然而"胡适的时代"是个什么样的时代呢?要知道胡适时代,一定先要知道这同一时期,我们的国家所通过的是一个什么"时代"。"胡适"是不能超出"中国"的。

二次大战后的历史家、政论家乃至一般社会科学家,都把全世界的国家大致分成四大类:

一、未发展或低发展国家(underdeveloped nations),如中、南非洲的一些黑人小国;

二、发展中国家(developing nations),如中国、印度、中东、中南美诸国;

三、已发展国家(developed nations),如西欧、苏联、日本、加拿大诸国;

四、超发展国家(overdeveloped nations),如今日的美国。

他们所着重的"发展"一词,当然基本上是指"经济发展"而言。殊不知"经济发展",并不是一枝独秀的。经济一发展——用一个今日已被报章杂志庸俗化了的经济史上的专门名词"经济起飞"来说罢——经济一起飞,则其他文物制度(social & cultural institutions)也就与之相辅而行。相反的,一个"现代国家"(着重"现代"一词)如果经济落后,则其他的文物制度,也就不会"超车"了。因为在"现代"的政治经济结构里,各种制度都是相互连锁的结成个文化整体(cultural entity)。在这个整体(严复译为"特都"total)之内的个体(严译为"幺匿"unit),要来个六亲不认,个别突出,这个锋头是出不掉的。

就以学术一项来说罢。如果一个国家在经济上还是个"发展中国家",那这一国家中的学术文化,也就不可能跻于"已发展"之列。

1965年笔者以哥大所主持,福特基金会所支援的"哥大——德里合作计划"(Columpia Delhi Project)成员之一的身份,与老友胡昌度教授同访印度的首席学府"德里大学"。在一次会议上我问该校当局,德大所藏各种文字的图书总量有多少。该校图书馆馆长葛勃德(S. Das Gupta)教授告我说"大致二十五万册"。这个总数仅与笔者当时所管理的哥大所藏的汉文图书数目相若。(其时哥大中文图书总数约十七万 Volumes。但是一本西式装订的 Volume 往往包括线装书数册。如八百册的线装二十四史,洋装之后,只作一百二十个 vols. 记数。所以哥大当时纵是中文图书一项便在二十五万册上下。)

印度那时是个"发展中国家",所以她只能有个"发展中大学"和"发展中图书馆和实验室"。如此则做起研究工作来,也只能搞一点"发展中学术"。

美国这个国家便不一样了。经济过度发展的结果,使它全国都害了严重的"超发展病"。就拿"污染"(pollution)一项来说罢,美国今日便没有哪一个湖或哪条河可以让人随便游水;这湖里河里的鱼虾含毒量往往也很大,不能随便捕食。

他们在学术界所害的"文化污染病"(cultural pollution),其严重程度也不在它的江湖之下。例如今日在美国从事所谓"中国研究"(Chinese Studies)的专业人员,真何止数千人。因而他们底分工就不得不细;分工太细,从好的方面说,那真是专材如林,因此王大娘的臭裹脚,王小狗的开裆裤,在美国都可以找到博士级的专家,来加以研究。但是从坏的方面说,则这些裹脚布专家,除了一双臭裹脚之外,他连王大娘的腰带、兜肚也就一无所知了。等而下之的则是一些招摇国际间的文化骗子。他连个"光临便饭"的小条子也看不懂,而偏能在知名的学府内,大教其中国古文!最可叹的却是发展中国家里的文化官员们,往往也过分自卑,崇洋成病。每每不惜以人民血汗来奉承这种不知天高地厚的文化骗子,使他们益发以优越人种自居,而对其所学污染愈甚。这便是发展中学术界与超发展学术界,过犹不及的两种不同的毛病。

我们的"现代中国"又处于一个什么"时代"之中呢?

我国自"同治中兴"以后,以迄今日,便一直在"发展中"这个阶段里打滚。在这个绵延一百多年的发展中阶段里,我们几起几伏,但是却始终未能冲出这个阶段。因而我们近百年来的"学术"(scholarship),也和印度一样,始终是停滞在"发展中学术"(developing scholarship)这个阶段之内。整个国家的学术形势既然如此,则"形势比人强",胡适之先生也就不能摆脱这个形势,所以终胡氏之生,他始终便是个"发展中"的学者。

什么是"发展中学术"呢?

请以机械技术(technology)为例:

在美国这个"超发展"的国家里,机器帆船、机器脚踏车,乃至无轨电车,内燃机火车头,以及一大部分的铁轨,都早已不是交通工具了。其他初级机械如小型水力发电机、沼气灯等等也都废弃不用了,而这些东西,却仍然是"发展中国家"的至宝。如果一个发展中国家,舍此器械不用而好高骛远,到超发展的国家里来胡乱采购些"精密机器";这些东西搬回去,不但不适用,而且会造成浪费和混乱。因为一个国家的经济发展是有其固定程序的;停滞固然不好,大跃进仍然是错。所以现代西方搞经济发展的学者们,乃把这种程序概念化。他们认为引进科技,要恰如其分,因而把这种科技名之曰"恰当科技"(Appropriate Technology)。

在一个国家的"学术"发展的程序中,亦复如是。在"发展中学术"这个阶段里,他们所能搞的也就是一种"恰当学术"(appropriate scholarship)。换言之也就是一种不新不旧,不中不西,土洋并举,风力电力两用的"机帆学术"。在这个阶段里如舍"机帆"不用,而去搞"原子轮船",便反而"不恰当"了。老实说,胡适之先生搞了一辈子所谓"科学方法的批判性的整理国故",便是他那个时代的"恰当学术";他老人家本身也就是一位了不起的"恰当学人"(appropriate scholar)。既然我们整个的国家,整个的学术界还停滞在"发展中"阶段,胡公受了时代的限制,他也不能单枪匹马,闯入"已发展"阶段了。用一句胡适自己的话,就叫做"矮子限制了长人的发展"。

笔者近年来论胡之作累积至数十万言,在拙作中我就一再提到胡先生治学是缺乏社会科学的训练。笔者这种评论,并非讥评胡先生不懂社会科学,要他再去读个社会科学博士。胡先生治学自有其成就,亦如乾嘉学派自有乾嘉学派的贡献一样。我只是就学问本身而言。胡先生那一套,再向前走一步,就进入社会科学的领域了。海外历史学界如何炳棣先生所搞的,就可说是"超胡适时代"(The post-Hu Shih era)的史学了。我们祖国的学术界如不长期停滞在"发展中"阶段,而早已进入一个新的社会科学的时代,以适之先生的聪明才智,他是一定会跟进的。但是如果我们这条文化船始终开不出去,却要这位老乘客或老舵手胡适去跳海前进,是有欠公正的。

最近笔者拜读汪荣祖教授所编的《五四研究论文集》中,吴森博士评胡的著作,我便觉得有欠公平。吴先生显然是年纪太轻,他就很难体会"胡适时代"的学术环境。

胡适之在他那个时代向中国介绍"实验主义"——就和当时人介绍马克思主义一样——只能介绍些口号。口号以外的东西要深入浅出的写出来是不容易的,甚或是不可能的。不深入浅出地写出来,在那个时代的中国(现在显然还是如此),是没有人看的,也没有人印的。

有一次老朋友研究画史的专家王方宇教授请教胡先生有关"讲演"和"教书"的诀窍。胡先生说:"讲演要深入浅出;教书要卑之无甚高论。"这句中国实验主义的名言,不但在当时的中国是"实用"的,我们今日在美国误洋人子弟还是如此。例如我们向美国同事和学生们讲《红楼梦》,在讨论班(seminar)上来他个"一从二令三人木",这不是对牛弹琴吗?胡适之先生当年不能在中国搞"实验主义"里的"一从二令三人木",也是同样的道理。

老实说,搞繁琐实验主义——甚至如胡秋原先生一再批判的繁琐行为科学——纵在今日美国也是个"文化污染"。搬回中国,尤其是六十年前的中国,去吓唬老儿呢?!

但是就实验主义口号性的基本涵义来说,我倒并不觉得胡适之所搞的,与我一住二十五年的哥大校园内所搞的,有什么基本上的不同。稍微有点区别的,则是"七十子亡而大义乖"以后三家八派——尤其是杜威死前数年,走向行为科学一条新路上,一些小枝节罢了。质之吴博士,不知以为然否?

适之先生在二度访台之后,回纽约时告我说:"现在台湾青年写信给我,都称我'胡适先生'……'胡适先生',也很好!也很好!"他底意思显然是,以前大陆时代的青年,包括笔者本人在内,都称呼他做"胡适之先生"或"适之先生"。现在"台湾青年"不谙古礼,所以称他"胡适先生"。但是"也很好!也很好!"

这虽是件有趣的小事,但是这也标志出胡公一生的两个阶段:"适之先生"是开五百年文化新运的一位大师、老祖;"胡适先生"则只是一个政治上和文化上的偶像。

笔者襄赞胡先生所记录的这本小书,所讨论的多半都是属于"适之先生"的那一半。至于"胡适先生"那一半,还希望后来居上的"台湾青年"们,来加以校正补充罢!

〔2〕 夏威夷大学的哲学教授老朋友张钟元先生有一次告诉笔者,他在纽约华埠某次宗教集会内,遇见了一位自台湾来的相当有名望的佛教法师。他二人盘道之余,这位法师竟然不知道《景德传灯录》是个什么东西。这把张教授可吓得面色发青。其实这位法师修行起来可能就比那些熟读《传灯录》的所谓"学问僧",要早成正果!笔者在前文就曾提过,宗教与学术原是两回事。做和尚就做和尚(尤其是禅宗里的和尚);进涅槃就进涅槃。做和尚,进涅槃又不是读博士、考科举,要参加"口试",对付"岁考",管他什么《传灯录》、《点灯录》呢?胡适博士要明乎此,他在这篇回忆录里,就不会对我们的大和尚、老法师们,那样恶言恶语的了。

〔3〕 适之先生这篇《说儒》,从任何角度来读,都是我国国学现代化过程中,一篇继往开来的划时代著作。他把孔子以前的"儒"看成犹太教里的祭师(Rabbi),和伊斯兰教——尤其是今日伊朗的 Shiite 支派里的教士(Agatullah);这一看法是独具只眼的,是有世界文化眼光的。乾嘉大师们是不可能有此想象;后来老辈的国粹派,也见不及此。

余英时先生说得好,历史无成法,但是历史有成例。因为人总是人;正如狗总是狗,猫总是猫一般。猫种虽有不同,但是所有的猫都捉老鼠;狗种虽有不同,所有的狗都会摇尾巴。人种虽有不同,人类的行为却也有其相通之处;其社会组织,因而亦有其类似之处。吾人如把其类似之处绝对化来"以论带史",变成了教条史家固然不对;把不同的文明看成绝对不同的东西,也同样是错。适之先生这篇文章之所以不朽,便是他杂糅中西,做得恰到好处。

再者,胡氏此篇不特是胡适治学的巅峰之作,也是中国近代文化史上最光辉的一段时期,所谓"三十年代"的巅峰之作。我国近代学术,以五四开其端,到三十年代已臻成熟期。斯时五四少年多已成熟,而治学干扰不大,所以宜其辉煌也。这个时期一过至今日,中国便再也没有第二个"三十年代"了。适之先生这篇文章,便是三十年代史学成就的代表作。

〔4〕 胡氏把一部中国史按西方学术界的传统办法,分为古代、中古和现代。这种分法有好多人不赞成。马克思学派另有其分法,固不必谈了。马派以外的也有人认为中国史不应按西方标准来分期,因为史有中西之别。

其实我们人类统治了这个地球到现在为止还不足一万年。比起古恐龙(Dinosaurs)一百五十万年的统治期,真是微不足道。何以在最近的万年之内,黄白红黑的人类文明一时俱起? 这只有上帝才能回答。在这种一时并起的各种人类文明里,其过程原是很相似的。古生物学家,今日追研恐龙的生活,恐龙还不是恐龙? 一百五十万年以后,如果恐龙再起,回头再来研究人类,则人类还不是人类? 所以过分着重民族史,而忘记了它只是人类史的一部分,也是见小失大的。如果一个整体可以分成三期,则其中组成部分随之也分成三期,又有何不可? 这也是"禾匪"不能超出"特都"的道理。

据说在台湾时期的沈刚伯先生便劝学生不要学西洋史,因为学西洋史不能成名。这是他老人家为及门弟子的"前途"着想的菩萨心肠。因为在今日中国史学界的名利市场里(不管是国内或是国外),学西洋史都是死路一条。

难道我们这个古老的文明民族,就不需要学人研究西洋史了吗? 非也。这是我们的时间未到。等到我们从"发展中学术"前进到"已发展学术"的时候,西洋史也就要大行其道了。在我国传统的学术里,读一部《三通》,就可做"通人"了。在"已发展"的中国里,"通人"恐怕就不那么容易做了。搞中国历史的,像沈老师那样的西洋史的"底子",恐怕也是必需的。言念及此,我们也可约略告慰我们了不起的西洋史老师,怀才不遇的沈刚伯先生于九泉之下了。

〔5〕 在这一段里胡先生对"六朝文",可谓"诋毁不遗余力"了! 笔者那时替他做"功课",帮他录音时,便颇不以为然。我认为那是他"出者奴之"的成见。我并举出《今古奇观》上,《乔太守乱点鸳鸯谱》那一回里,我们中学时代都能背诵的,乔太守"乱点鸳鸯"的判词为例,认为"四六文"与"俗文学"并不是水火不容的冤家。今不妨将这段判词抄出,我想今日的中学生,还有爱好的,亦未可知。原词如下:

> 弟代姊嫁,姑伴嫂眠。爱女爱子,情在理中。一雌一雄,变出意外,移干柴近烈火,无怪其燃;以美玉配明珠,适获其偶。孙氏子因姊而得妇,搂处子不用逾墙;刘氏女因嫂而得夫,怀吉士初非衔玉。相悦为婚,礼以义起。所厚者薄,事可权宜。使徐雅别婿斐九之儿;许斐政改娶孙郎之配。夺人妇人亦夺其妇,两家恩怨,总习风波。独乐乐不若与人乐,三对夫妻,

各谐鱼水。人虽兑换,十六两原只一斤;亲是交门,五百年决非错配。以爱及爱,伊父母自作冰人;非亲是亲,我官府权为月老。已经明断,各赴良期!乔太守这篇掷地有声的"四六文",真是铿锵之至。中学生琅琅入口,也可知道点我们祖宗的文学遗产中,什么叫做骈俪。太守大人真是功不可没。

本来文学的好坏是决定在一般读者的好恶。文学批评家们,越俎代庖,硬说某种体裁好,某种体裁坏,都是他们自己的私见;而"私见"与"公见"往往也相去甚远。胡先生来个恶言恶语,把"四六文"骂成"杂种",犯的就是这个毛病。

六朝文原是汉魏以后的文学家,把诗歌散文,杂糅在一起的新发明,是一种极"美"的文体。这种以"诗歌入文"的手法,正如一位画家,沉醉于金石,他也能使"金石入画"。这种"美感"也是柳宗元所说"锦心绣口",岂是"实验主义者"所可一点一滴地"实验"出来的。对文艺灵感不深的胡老师,还以少说为是!

〔6〕 胡适之先生一辈子所最佩服的"现代"学者,便是"我们徽州"的朱子了。他认为朱熹是近六百年来,影响我国学术思想最大的思想家和学问家。他老人家就未尝对我说过一句有关朱夫子的坏话。1962 年适之先生逝世之后,笔者在纽约中国知识分子所举行的追悼会上,就公开陈说胡先生是朱子以后,对中国学术思想,继往开来,影响最大的一位学者。

可是在近六十年来的"进步学人"的眼光里,朱熹则是万恶之源;他们认为把生气勃勃的中华民族搞成个"东亚病夫"的罪魁祸首就是他。

至于胡适之先生,则左右两派学人,今日对他也还是毁多誉少,虽然中间派的少数同文仍然认为他是一位圣者。

笔者不学,无意之中也写了数十万字的胡适杂忆与胡适自传的注释。毁誉之间,吾何敢置喙?我只想以个人所见使适之先生在现代中国文化史中,能得其应得之位置;能做到增一分则长,减一分则短的程度,那真是传记作家们的最高境界了。只是笔者个人学殖甚浅,谬论一代大贤,终嫌未能适得其平。好在适之先生本人的门生故旧,以及对现代中国文化史有深入研究的资深学人,海内外仍多不胜数。倘能因笔者这两本讨论"胡学"底浅陋的《尝试集》,而引起他们更高明的反应,那我也就心安理得了。引领而望,实不胜馨香祝祷之至。

1979 年 7 月 4 日下午 3 时
于美国新泽西州北林寓所

附　　录

钝夫年谱　　　胡　传
胡传日记
铁花胡公家传　　胡祥木
先父年表　　　胡　适

钝夫年谱
胡 传

咸丰十年(二十岁)以前
读书和助理祖营茶叶

道光二十一年岁在辛丑(1841)二月十九日戌时,钝夫生。

曾祖考太学生宗海公讳瑞杰字宗海。

曾祖妣曹氏。

祖处士序东公讳锡镛字序东,貤封诰授奉政大夫。

祖妣曹氏,奉旨旌表节孝,貤封诰授宜人。

考太学生律均公讳奎熙字律均,诰封奉政大夫。

妣程氏,诰封宜人。

是年先考年二十,先妣年二十有二。先是先祖妣生先考才十有四日,而先祖考即谢世。先伯父邑庠优增生星五公讳奎照时甫八岁。先祖妣食贫抚孤,上事先曾祖考妣,以孝闻于乡。上年先伯父生二子名瑀,一名珍。及钝夫生而先曾祖妣亦尚无恙。慰甚,取名珊,谱名祥蛟(适按:是年星五公年廿八)。

道光二十二年壬寅(1842)二岁。

道光二十三年癸卯(1843)三岁。

钝夫生三岁,啖粥饭倍群儿,不食果饵甜味之物,见衣履有红绿色者亦不肯穿着。

道光二十四年甲辰(1844)四岁。

道光二十五年乙巳(1845)五岁。

是年始从先伯父入家塾偕从兄瑀读书。从兄长一岁,而身材弱小。钝夫身长大。亲友见者必以钝夫为兄也。

道光二十六年丙午(1846)六岁。

　　是年二弟玮生,时二月初二日。

道光二十七年丁未(1847)七岁。

　　是年从先伯父偕从兄读书于余川之燃藜馆。

道光二十八年戊申(1848)八岁。

　　是年正月十八日三弟瑸生。

道光二十九年己酉(1849)九岁。

道光三十年庚戌(1850)十岁。

咸丰元年辛亥(1851)十一岁弟璥生,次年夭亡。

　　是年始从族叔阶平先生读,始讲书。

　　余家世以贩茶为业,先曾祖考创开万和字号茶铺于江苏川沙厅城内,身自经理,借以资生。先祖考早卒,先曾祖老病不能复出,付托不得其人,其业遂衰。先考弱冠任事,克勤克俭,日渐起色。而每岁之春必归里采办各山春茶,故先伯父虽业儒,而持筹握算,与先父计懋迁,日不暇给。又司族中大宗祠事,而在家塾课钝夫兄弟之时甚少。钝夫在家塾两年,只读《孝经》一部,《唐诗三百首》一部;在燃藜馆四年,读《毛诗》尚未卒业。阶平先生即先伯父受业师右屏族太伯祖之孙也。时馆族人近亭伯家,只教其侄和泰兄,其子肇宾兄,肇绩弟,俗所谓"经塾"也。钝夫既入塾,闻先生与和泰、肇宾二族兄讲《论语·乡党·入公门》章,窃听而归,夜述于先伯父之前,能粗举其大略,先伯父异之,其时尚未读四子书也。

咸丰二年壬子(1852)十二岁。

　　是年聘定同邑五都处士冯莲芳公之长女为配。冯女庚子三月二十六日生,长钝夫一岁。

咸丰三年癸丑(1853)十三岁。

　　是年春,粤寇陷金陵,据为伪都。秋,粤人之在上海者杀官据城,号红头贼。先是道光二十三年先考分川沙业于上海,曰茂春字号,红头起,毁于兵燹。

咸丰四年甲寅(1854)十四岁。

　　是年正月十五日,四弟珍生。

咸丰五年乙卯(1855)十五岁。

咸丰六年丙辰(1856)十六岁。

是年正月元旦五弟璐生。时上海红头贼已平,先考复经营茂春业。钝夫身躯修伟,年十四,已如成人,每岁茶市,已能供奔走,助力作。先考欲令随侍赴上海学服贾。先伯父语先考曰,此子材质较诸子侄稍优,近年亦颇勤读,学作八股文将成篇,可令卒业。召至前,问所志。对曰,读书固佳,然家有事,频唤出塾供役,功屡间断,将来恐无成,奈何?先伯父曰,此言诚是也。吾有善处之法,子无虑焉。先父曰,出外就学如何?先伯父曰,善。川沙庄砥廉茂才名周道,工诗文,其父素庭先生与吾家世好,赴川沙从学于砥廉先生可也。八月,随先考运茶至歙之竦口,登筏至郡城南之渔梁,换小船,泛练江,出浦口,入新安江,上大船,顺流而东,过严州,至杭州登岸,运茶过坝,步入城,出武林门,至黑桥。换船出关,过石门、嘉兴而出黄浦。九月,至上海。

咸丰七年丁巳(1857)十七岁。

是年正月,随先考至川沙,受业于庄砥廉先生之门,馆于梯云轩(忆去年将起程赴沪时同学肇宾族兄问出将就何业,答以有就川沙从师之说未知能否如愿。族兄举俗所谓诸葛马前课戏占之,得辰宫有一殷雷震上云梯之语,至是见馆额梯云轩三字,乃知事非偶然也)。同学者三人,一刘知三名桂芬,南汇人。一毛秀生,一王小宝,皆本城人。先生喜作诗,多与诗人往还,时有陆蔚杉、姜北坞、杨初篁、金自山诸名士常至馆中与先生谈诗;又有布商曹春桥、徐润斋、盐捕快孟守静亦时以诗来就正于先生。钝夫窃闻其论,始知作古今体诗之法。

咸丰八年戊午(1858)十八岁。

正月赴上海省先考,居七日,仍回川沙。是年所作时文试帖渐清顺,而徽郡自咸丰三年金陵陷后,屡有寇警,停岁科试。先生同学友(上海)顾厚斋孝廉谦时尚未登乡荐,月必入城应书院月课,至必寓馆中,作文最敏捷,一日夜必成七八篇,刘知三、毛秀生二师兄常为缮写,钝夫常为作试帖,屡劝入上海籍应试,先生亦以为然。以告先考,改钝夫名亨履,于十一月应上海县试,终覆名列第二十九。
咸丰九年己未(1859)十九岁。

二月,应松江府试,终覆名列第十四,五月应学使者试,不售。是年江南奏准借浙闱于八月乡试。先考时在苏州,闻信驰函令赴苏州,同回徽郡应科试。六月至苏州,居十四日,买舟由太湖过湖州,至泗安镇登岸,陆行至广德州。途遇乡人自徽州来,言院试已竣矣,乃随先考入宁国山中采办山茶。七月,随先考由宁国过旌德,于二十一日抵家。八月,先伯父赴杭应乡试毕。先考回上海。钝夫乃与族叔蕴山、隽卿、仲莹、族兄善嘉及石勒之、石麟有、石肇生八人约期会课,每月三次。先伯父自杭州乡试毕,复赴上海,至十二月乃还家。

咸丰十年(二十岁)至同治三年(二十四岁)
洪杨之乱逃难
咸丰十年庚申(1860)二十岁。

是年正月二十四日钝夫娶元配冯氏。二十六日闻粤寇由芜湖窜至南陵、泾县界内。二十九日贼陷旌德县城。二月初一日贼陷绩溪县城。游骑四出掳掠,至七都、旺川,距吾村止七里。是夜先伯父奉先祖母与理斋叔祖率家眷避乱于歙之大谷瓮山中,而命钝夫居守。十二日太平、石埭贼酋古姓由旌西过杨桃岭至七都、旺川,掠至宅坦,距吾村止里许。十三日陷绩城之贼窜至牌头,为郡城张小浦督办所遣弁勇击败,退过新岭、翚岭,据绩北五六两都。十四日古贼仍由七磡岭退回石埭、太平。十七日贼掠至八都,距吾村止半里。十九日八都胡姓、程姓、柯姓、汪姓,歙东江姓、程姓、柯姓、汪姓亦来相助,合二千余人,与据六都之贼战于张家桥,乘胜追至李家碓,中伏败溃,死者百余人。二十日,贼掠至吾村,无有御之者矣。三月郡城遣弁勇进扎新、翚二岭头。闰三月,贼乃退,由旌德、泾县而去。四月先祖母及家眷始还家。六月贼复至旌德,官兵进扎五都白沙庙。旌西贼逼杨桃岭,乡人结团助守各岭头。七月旌德贼退。时湘乡曾文正公新督两江,驻祁门。八月,遣李元度代张小浦中丞守徽州,甫三日而宁国贼薄丛山关。元度遣军抵关而溃,贼长驱入,陷绩溪县城,进逼徽州,元度弃城逃入浙,于是徽州、休宁、婺源皆相继陷。池州贼逾岭陷黟县,于是徽州各属皆糜烂矣。丛山关著名险隘,春间民团自守两月,而贼不能入。李元度至则弃之,俾贼长驱直入。故徽人痛恨李元度,而兼及曾文正焉。是年二月贼袭陷杭州,三月复退去。闰三月,江南大营军溃。四月苏州陷。八月宁国徽州相继失守。曾文正困于祁门,势甚岌岌。吾乡四面皆贼,无路可远逃,惟入山结茅以居。吾家避居于剪刀凹。十月贼据宅坦,不即出焚掠,假言安民,乡间匪类争投贼,贼招人充乡官,则唆言某某可使,不至则声称搜山以胁之。余川人汪茂吉与贼酋梁姓者昵,倚贼势,屡借端以逼索官人财粟,小康之家无能免者。时贼来正值秋收之后,民家谷不及搬运入山者皆为贼有,故至岁底皆足食,不出掠云。

　　钝夫年十五六时已日能行路六七十里。自丁巳读书于川沙,常年坐塾中不出门,间往上海、松江,皆乘船,不走路,娇养惯。至己未七月由苏州随先考归,至湖州之泗安镇,登岸行四十里,至广德,而两足底皆起泡,不能复行。先考甚怪之,雇小车与坐。及至家,每往来亲友家,行数里或十余里,则汗如沈,遇风则头痛,身似弱甚矣。至冬稍习惯,渐强如初。至是年春,贼氛逼近,家属远避,而自居守,每日五更即起,避于近山高处了望贼踪,至晚乃归,风雨不避,遂能耐劳苦,忍饥饿。四月以后,先伯父率乡里结团守御,命习射及刀矛击刺,益强有力。至是举家居剪刀凹,距家约十里,每日必归,归必取家中适用之件运入山。始而负于背,既而挑以肩。自一二十斤始,至冬已能挑七八十斤。上山下山,遇雨泥滑,非足穿草屦行不能速,亦习之。十一月旌西贼窜至七都,野掠全山下。偕乡里勇悍者二十一人驰击之,歼其为首者,搜其身,得一木印,伪文曰"天朝九门御林第十三指挥林"。复获三人,视其发尚短,乃释之。于是胆益壮,思杀贼矣。
咸丰十一年辛酉(1861)二十一岁。

　　二月据宅坦贼忽自退于孔灵村。乡人侦知休宁已克复,官兵将至,遂杀乡官汪茂吉,逐余贼。三月初二日绩城及孔灵贼大至,据吾村及宅坦、板水阮、檡树下四村,皆满。焚余川汪姓房舍几尽。

　　纵搜各山,惟剪刀凹据险,守御严,未破。余皆被蹂躏不堪。初八九日,贼以全力攻剪刀凹,皆败去。乃添调旌城贼来攻。初十日,乡间匪类前投贼者教贼从茶坞樵径绕登大壁山,出剪刀凹之后,守御者惊溃。山中草棚二百数十处皆被焚。吾家眷属前一日已移避于大谷瓮,幸免于祸。十一日复避于西坑。十二日贼退。盖闻曾文正由休宁自将来攻徽城故也。西坑避乱者多,土人市柴薪亦居奇,乃迁家属于塔岭。越四日而歙东贼入西坑、汪满田、大谷瓮等处,遍搜深山。复仓皇夜逃,过大壁山而天已明,沿溪行二里许,见山顶有贼旂,抄前路,急率家属入路旁小谷,伏于荆棘丛中。过午,侦贼已出山,乃由剪刀凹取路回家。是日天大雨,阖家眷属几不免。及至家,皆无人色,行李衣粮丧失殆尽,困顿不堪言状矣。四月,贼由旌德、太平大至,据吾六七八都皆满,无所得食。时麦渐熟,遍刈之。吾家眷属复避于塔岭,贼迹至,乃露栖于山之最高处,视贼所向而趋避之。连日霖雨,衣履尽湿,腹饥甚,不复顾惜,视生命几如鸿毛,各有朝不保夕之虑。呜呼惨矣。五月徽州据贼弃城遁。于是群贼皆遁。遗民各归乡里,而疠疫大作,人十死五。六月旌城贼复掠至四五六都。是时民食已被贼掠尽,米升贵至钱百六十文,盐贵至每两八十八文。幸银贵而钱贱,每洋银一元重七钱三分者,可兑钱一千六百八十文。然而饥疫交迫,民不聊生,田已失时,大半不及插秧,始种苞谷以冀晚熟。时吾家人半染疫,乃移居于歙之竦川。日只馓薄糜二次耳。

初先曾祖考娶先曾祖妣曹,生先祖考而卒。继娶先曾祖母曹,生心斋、理斋二叔祖,年皆少于先考。先曾祖卒后,家政皆由先伯父主持,而川沙、上海店业皆由先考主持。家业日盛一日,而人口惟先祖一支独多。及庚申之乱,先考与心斋叔祖隔远在江苏不得归。理斋叔祖娶石氏,心最偏私,生男女皆殇,自以夫妇只两口无挂碍,谓屡遭流离播越之苦,至饔飧不给,皆人多口众有以累之,屡以分居别爨讽先伯父。先伯父以世乱时艰,不当议及此,屡以正论阻止之。至是家益困。理斋叔祖为所惑,遂决计抗言非分爨不可。先伯父问作何分法。曰,就现有财粟三分之。其他俟乱平再议。盖心斋叔祖一支只叔祖母曹一人在家,理斋叔祖只夫妇二人,而先祖母及先伯父以下有十六人之多。其时家中所存只洋银五十元,叔祖母石恐不久而磬尽,故急于分也。先伯父未即从,而石乃屡侵及先祖母。先伯父不能堪,遂如其意而分之。只分得洋银十五元,忧甚。先妣当议分时,染疫病几殆,至是小愈,知其事,密嘱钝夫告先伯父,私蓄尚有四十金,可暂济急,勿忧也。先伯父遂移于竦川。越七日而叔祖母石以疫卒,理斋叔祖亦病,遂大困。使人告急于先伯父。时先伯父正请于先祖妣,嘱先伯母及先妣尽出钗珥环镯变易之,将小权子母以资日食,复时分给之。七月乡人以旌贼久不退,时掠至吾乡,恐秋成不得收获,复结团守五都之阳滩。钝夫病疮及疟。久不愈。一日力疾负米二斗归与叔祖,仍回竦川,途中疟发,沿途困乏,卧十余次而后达寓所。心胸烦躁甚。先伯父问饥否。先伯母晚炊粥熟,瓯盛而令啜,甫下咽而气似闭塞,不能自支持,倒于地。先伯父亟扶之,卧于床。适邻媪有能以针挑痧者,见之曰,病也。以针刺十指,皆无血出。曰,殆矣。先妣时病犹未复元,情急,请再刺。复刺咽喉,亦无血出。刺心口,血始出。渐苏。卧十余日始能起。八月先伯母卒于竦川。九月乡团复溃,而旌德贼距吾村五十里,屡出掠,皆未至八都。时叔祖母石死已久,理斋叔祖及心斋叔祖母曹仍仰给于先伯父,乃奉先祖母及家属归。仍同居合爨(适按:因复同居,故下文有第二、三次的分家)。十月先伯父闻杭州犹未失,由徽出昌化、于潜、余杭绕湖、嘉可达上海,乃命钝夫偕瑜弟与族人结伴往上海。行至于潜境,阻于贼回昌化。询之土人,云有小路可走,复行二日,亦为贼阻,回昌化。十一月闻杭州陷,贼犯徽州将至,乃急驰归里。十二月,贼大至,围徽州。是年吾乡困于兵疫,田能种稻与苞谷者不及半,种后时,收不丰。又苦贼掠,早绝食。惟恃运江西米以资接济。路远,陆路肩挑步担二三百里,价贵而苦不易达。至是徽、歙境内遍地皆贼,无路可通粮。民饥甚多掘草根、剥树皮,杂糠秕以食。一日数惊,然无赀,不但不能远避,弁逃入山亦鲜有力能复结茅以居者。至岁底,大雪降,深八尺,并草根树皮不能得。日见饿莩在沟壑,明日视之,则肉已尽,只余骨。盖已夜为饥民取而食之矣。时先伯父往江西买粮,未归。二十八日天雨雪。家已缺粮,求籴告贷于亲邻,不得一粒。自辰至申未举火。计惟有谷一石,存于竦川,非取此无以济急。钝夫乃冒雪往,至则已昏。自取谷二升入臼杵之,得米,炊其半作晚餐。是夜雪愈大,黎明起视,深已三四尺。复炊其半作早餐。以布袋二盛谷五斗,头戴箬笠,足蹑草屦,挑之将出门。居停主人以雪深山岭路仄,万不能走,力阻勿行。念家人已一日不得食,需此谷甚急,不能少缓,不听而行。风雪扑面,笠不能遮,每十数步必一倾跌。甫二里,已倾跌数十次。幸在雪中跌倒,身不痛,谷盛袋内不散出,而笠已不知被风吹往何处矣。自竦川至家,路只十五里,自黎明起程,至黄昏乃抵家,途中未遇一人。柳柳州诗云,万径行踪灭,情景逼真,非虚语也。既抵家,困惫甚,衣裤自内至外皆冰结。先祖母见之,为涕出。乃笑而慰之曰,尚有谷挑回家,未为苦也。是日家中人均至午未得食。族兄嘉言来,询知其情,急归家取苞米五升相馈,炒而分食之,不及磨粉作糜矣。是年度岁惟恃此谷五斗而已。三十日至晚雪始止。
同治元年壬戌(1862)二十二岁。

正月元旦至初三天气皆晴明。积雪厚,各处贼皆不能出掠,而民间食粮亦无觅处。吾家又将缺食。初四日复自往竦川挑所剩谷五斗。连日晴明,积雪稍消融,而是夜冷甚,雪上结冰寸许,足踏其上,冰碎而足陷,尤艰于行。乃乘日未出时速往。雪中有人行踪处,冰稍坚实,可着脚,不至深陷。及回,已上竦岭,至凹处,两山夹之,地最高,风吹山上雪,积于凹之下,厚二三丈许。早晨过此,日未出,雪上冰未融,又系空身下岭,举步轻利,不觉其险。至回过此,日将落,冰雪融而未复冻合,偶一失足,已陷下二尺许。急用担拄拄之。用力猛,拄与手并陷及肩,担压于颈,欲起立则两足并陷。担离颈而袋将滚坠下山。急舍担拄,以手持袋,力拔足出。而雪若山崩,人与袋并坠。仰视原行处,已离二三丈。撑持久之,力乏气喘,苦不能复上。日已落,朔风刺骨,颇难禁。自思若陷此过夜,必冻死。正在惶急,见岭下一人踏雪而来。待其行近呼救援。其人立足凝视,欲下不能,无法可以引手。回视下此二十余步旁有树。遥谓之曰,子能自下,至与树近处,吾立而依树,乃可以手援子。从之。其人一手挽树,视手援犹不能及,各解腰间带,联结而牵挽之。既出险,谢救者,挑谷下岭,日已暮矣。闻歙、休界内所有贼均被湘军击退,而近处无粮可购,乃与嘉言兄同雇挑夫十人,于初七日起程,由歙越休,踏雪走三百里,至婺源之施坑口购米。回入休界,二挑夫托足冻伤,行故落后,遂挑米逃去。入歙界,至竦口,遇贼由绩城出掠,又失去一挑。其艰如此。而先伯父往江西尚未归,复出就休之屯溪一带探之。二十八日行至麻雀亭,遇珍兄,偕曹曦庭、曹肇明二表叔自上海归。盖先考自咸丰三年在上海经红头贼之乱,避于宝山之高桥镇,就其地设业,亦曰茂春字号。六年上海红头贼平复,于大东门外重开茂春字号。七年又于大东门内鱼行桥头添设一业曰茂春西号。八年又于川沙北街添设一业曰嘉茂字号。岁均获利。自十年四月苏州陷后,七月贼窜至上海,焚城外,而大东门之茂春复毁焉。城内之茂春迁移于乡,未复设。至十一年春复于上海城外王家嘴角赁房开茂春字号。十二月贼窜陷川沙、宝山,二处之业均失。上海城日警,心斋叔祖惧收其烬余,偕其子仁恩叔谋绕道归里。先考乃命珍兄玮弟从之。曹曦庭乃心斋叔祖母之从侄,曹肇明乃先祖母之胞侄,皆茂春号学徒,故亦相从。由上海趁洋人大轮船至江西之九江登岸,换舟至湖口,绕彭泽、浮梁入婺源,至休之上溪口,闻家乡尚有贼,遂止,而令珍兄等先归省视也。既幸知上海近事,兄弟均归,又忧先考一人独处上海危地守余业,心滋戚矣。乃导其归家,而后独出,赴上溪口迎心斋叔祖及仁恩叔与玮弟。二月由上溪口迎叔祖及叔与弟至溪口,遇先伯父由江西归,亦至溪口。叔祖惧家乡近贼,先伯父亦虑家乡之粮,遂相与定议,仍请叔祖暂居于溪口,而率钝夫归迎其家属迁居于休。时歙东山乡有土匪沿途抢劫,乃由黄蘖山绕歙北,过歙西,至篁墩,趁船,达溪口,赁屋于五城而暂居焉。

三月先祖妣病,初十日遂卒于五城。先伯父亦病。惟时心斋、理斋二叔祖既相见,复私议分居。心斋叔祖亦惑焉。由上海带归千余金,亦不交与先伯父。先伯父以上海仅存之业不知能保守与否,带归者为数无多,谚云坐食山空,后无接济,必益困,早宜经营别立业。心斋叔祖唯唯,而屡牵延。复促之,乃曰,吾弟欲分居各爨,吾不强之合,奈何?先伯父气愤甚,而口不言。问曰,叔兄弟计已定否?曰,弟计似已决。曰,此二年来,上海至家路梗塞,家中前年所购茶百数十篓,被贼掠去,其赀本及屡次避乱迁徙之费,共计约二千八百金,皆吾所贷于亲友者。今叔兄弟不顾大局,见小利欲分其二以自享。其负人之债后将谁偿?曰,未计及此。曰,叔兄弟可并此计之。夜以语钝夫。对曰,先曾祖所遗之业,先祖殁后十余年,其赀本亏耗已尽。吾父童年出任事,空无所有,而遗债不下千金。族人所共知也。十余年间,竭力经理,外偿积欠,内给一家衣食婚娶之费,复扩而充之,添设茂春、嘉茂店业四处。今虽不幸丧于寇难,而叔祖现所带归者犹是吾父辛苦之力之所余也。且上海在贼围中,叔祖心知其危而先归。吾父犹留守,不忍弃,将作后图。为公耶,为私耶?叔祖忍弃再侄等不顾而分出之,亦忍弃川沙、上海之业耶?理斋叔祖曰,子毋言此。以后上海虽存,吾不图矣。对曰,叔祖此言果信否?现人尚存,业尚在,而已作绝望。何其忍哉?理斋叔祖不能答,忿而詈。钝夫犹将与辩,先伯父力呵止之。次日,先祖母病。越数日遂卒。先伯父亦病,家众相继皆病。故叔祖意亦少缓。既而众病皆愈,而钝夫亦病,垂危。亲友闻吾家不和,责债踵至。时已四月矣。叔祖带归仅千余金,经先祖母之丧,家众医药之需,迁家及两月食用,米珠薪桂之给,兼还亲友债欠,所余已无几。先伯父不得已,乃复从其计,而三分之。先伯父以下,先姒以下,各八口,共分得英银三十三元。钝夫病小愈,随先伯父迁于隆阜,赁戴姓房屋而居。先是辛酉五月理斋叔祖母石氏之横创异议,先考在上海微闻之。及心斋叔祖谋归,语之曰,理叔听妇言,患难时骨肉不相顾,已为族人所诽议。今闻幸复如初,叔闻之否?曰,未闻。曰,叔归,侄无他嘱托。惟有一语,乱未平勿再议此事,则家之幸也。又自脱金镯二,与珍兄玮弟各一,语之曰,此予之私积,非公家物也。归告尔父,阖家果能守旧规,同心协力,经理家务,可以此归公。如有异议,出意外,世乱,吾隔绝在远,不能以时接济,尔等可留此作护身符也。至是幸藉此金以济急。乃服其远虑。

隆阜距屯溪只五里,率水、渐水会于屯溪,为浙江之上源,徽州商贾聚集之处莫过于屯溪。乱后,浙江道阻,日用百货皆由江西来,悉聚于此。先伯父乃与嘉言族兄曹余堂、曹肇明表叔各出银五十两,合本于屯溪赁房设铺,贩卖杂货。嘉兄等三人及玮弟坐贾,而钝夫任采运。五月,乡人结伴将由江西绕至九江,趁轮船赴上海,过屯溪。先伯父拟令钝夫偕往。时钝夫先三日已赴上溪口,请乡人待二日不得,乃留书以家事属钝夫,而自与同行。六月玮弟在屯溪遇故人高智卿运绿茶赴九江,附之亦赴上海。七月钝夫请珍兄居守,而由婺源过德兴、乐平至饶州购杂货。回至婺源县,雇小舟六,分载之。盖自此以至江湾百里,河狭滩多,逆流大船不能行也。二十日至鹅掌滩,所坐舟独触石沉没。钝夫急跳出船舱,入水没顶,幸落水时足先下,势猛,足踏河底,用力耸身上,复浮出水面,已近岸,手攀岸旁小树枝,得登陆未死。而舟所载货皆没水。及捞起晒干,已丧失赀本三分之二矣。二十七日回抵隆阜而珍兄已病数日。八月休境内疫大作,先妣及钝夫以下皆病困,几于无人执炊。在屯溪铺中人,嘉兄回里,余堂叔及他伙皆病,惟肇明一人主持,铺务则大亏耗。及九月初旬,钝夫兄弟病小愈,往查察,赀本已将罄。时银价每洋银一元只兑钱九百数十文。又又剔花瘢,用光面者。有微花必克扣一角。花多或扣去三角。米每升价八十余文。他物称是。而吾乡自三月郡城湘军进克旌德县,获小安,忍饥努力耕种,至是收获,而疫未已,得谷惧贼复至,争巢卖其半,价遂大减。洋银一元可购米三斗。钝夫闻之,力疾归购粮。足乏力,途只一百三十五里,行五日乃达。寓嘉言兄家,籴谷二十石,苞米十石。十月回隆阜,迎先妣及兄弟辈还乡就食。十二月旌德军拔营赴泾县,城遂空,吾乡无可恃以捍御,复大恐。时乡人频年遭兵荒疫疠,死者已大半,存者只十之三四。皆病后,鲜强有力者。家无他物,只有米粟,不能远搬运,或就所居掘地窖之。或运于近处山上掘地窖之。时心斋、理斋二叔祖并家眷亦回家度岁。

同治二年癸亥(1863)二十三岁。

　　正月据广德、建平、宁国县城等处群贼复陷旌德,入绩溪,遍蹂吾乡。乡人所窖粟尽被发掘。兼掠歙东,穷搜山谷。吾家初避至歙之大谷瓮,二月复由西坑跳岭逃至歙北之王姓社。贼则由吾村过竦岭至歙东北,入休宁界,绕黟及祁。钝夫闻家乡贼已退,驰归。次日太平贼窜过箬岭,会群贼于歙北,掠至王姓社。先妣及家属仓皇随土人夜逃入山谷。天明贼踵至,各匿草中,几不免。钝夫闻信,急抄山径,过剪刀凹,上大壁山,下塔岭,复上山寻樵径,直上南云尖最高处了望王姓社所在,顺山脊下,趋至山腰转折处,距王姓社路约五里,见山脚有人绎络上岭来,知是避贼者,趋而迎之,大半皆吾乡人。急询其曾见吾家人否,答云在后。又行约二里许,遇先妣及家众于途,均幸各无恙。心方慰幸。既而念携出粮食丧失已尽,自计自此路上山回家抵塔岭几及百里,崎岖甚难行走,又寂无居人,携眷口行,非三日不能达,无觅食处,将奈何。坐路侧踌躇计无所出。俟见一族人挑米上山来。问之,言系族中印林族太叔令挑者。问其人现在何处,答云渠尚有米在王姓社,雇人代挑未尽,尚在王姓社守米也。乃属珍兄导先妣及家口前行,而自往王姓社寻之。既见,苦求与米二三斗以济急需,多酬值亦不吝。求之再三,乃许银一元,给米二斗。求给四斗,酬二元,坚不许。又苦无物以盛米,乃自脱内穿小布衫,以绳缚其二袖口,各盛一斗,负之而行。日已暮矣。既上岭,追及先妣,坐路隅告以得米之由。先妣叹曰,无炊具,又无水,欲求一杓以止渴,不可得也。虽得米,能生嚼耶?时珍兄舅子石姓名基,年十四,随吾家避乱出,手携一铜甑,大可容二升许,上有盖,中藏其家田产契据,外以布密缝之。钝夫见此,曰,得之矣。即斫其缝线,出所藏,以布裹之。持此铜甑,往山曲折处觅水,行约二里,月出山上,见石崖下地湿与月光相映,盖山泉涓涓自石隙中流出也。而不能取汲入甑。幸腰带有刀,斫树剥其皮,垱入石隙中,接引其水于甑,既满,复以接盛而自饱饮之。持回饮先妣及家口未遍,而已尽。复往取水遍饮之。及三往取水至,夜已二更。始取薪燃火,入米于甑,炊熟。先妣以其少,令分而食之,人仅饭一团而已。复上岭行十余里,众皆乏甚。时已近四更。见地略有宽平处,能避风,遂坐息。少顷,遥见山西北火光起烛天,既而前山若人持火行,忽断忽续,忽多忽少,自前山南下。始疑是磷,既见其光有焰,乃悟山西北即太平境,贼由山下起程,上箬岭,烧民房以照行者,故光烛天。其前山零星之火,乃前队贼已行过岭南下所持者也。急起复行,未三里,天已明。视之,前山果即箬岭。自巅及趾皆贼旂帜,人马皆可辨。计彼下岭必趋大道掠歙北,必不能复横出回入山上岭追予等,可以无虑。复坐息,觅水作炊,济饥渴。是日行至暮,始达南云尖,露宿于山顶。次日午后,始抵塔岭,衣被皆无,而食又将绝。时已三月,贼屡由吾乡过竦岭。自岭头至岭脚长五里,自余川以东各姓民村十余,横尸遍野,臭不可闻。鲜有归者。钝夫偶遇邻人,言吾族惟某人窖粟未被贼发掘,已驰归省视,将乘夜搬运,未知果未被掘否。亟禀明先妣,驰归寻,其人正在开掘,所窖乃苞米也。与善价求粜五斗,不许。求二斗,亦不许。视其意甚坚,遂归家视房舍。吾家门前溪中及菜圃百步内尸二十余,均腐溃,蛆出血肉狼藉,风吹臭气入,无可避,坐卧均不能自堪。夜将半,复往视族人发窖粟,乃笑相迎曰,速来,吾假子五斗。问其价,曰,俟后再议,子宜速以器来盛,吾将挑运入山,不能久待也。盖族某父子及其侄二,挑运不能尽,恐贼复至,不敢留守,又恐既入山被他人窃取,故以相贷也。钝夫见家内尚存一破布帐,亟取来,以刀割为二,包此苞米五斗,亦乘夜自挑回塔岭,赖此暂资接济。闻歙休贼已窜黟、祁。歙南惟南源口、屯溪有粮,急约族人驰往。尸骸满路,臭秽薰蒸,不复避畏,惟采艾叶塞鼻中,疾走而过。钝夫购米一石五斗并盐,回过佛岭,日暮,而贼续由宁国取道绩溪,前队已驻歙之新馆,归路中断,乃止山侧,与族人挑夫谋曰,新馆距郡城三十五里,必防郡城兵出哨,贼初至,必不敢夜出野掠。吾等于二更时潜行,由牌头过河,得达竦口,便绕入山。贼即三更出,亦无患。否则进退无路矣。众皆以为然。果脱险。天明而雨至,行抵大谷瓮,距塔岭只十五里,自以为无虑,而困乏殊甚,遂止宿。是夜雨倾盆下。方晚餐,钝夫心忽跳动,告同食者十一人曰,自乱作数年以来,予心每无故自跳动,必有寇警。昨晚之行险极而心不跳动。今忽跳动,必有故。晚须加意防之。众皆以近处无贼,谓必无事,不信。餐毕,逆旅主人柯姓令众皆上楼卧,钝夫独不肯。以片板铺地,卧楼下。雨势愈大,四面屋檐溜水落地,声甚嘈喧。钝夫睡未熟,觉面上微有冷风,若人以衣拂之者,急咳而坐起,敲火。闻米担倒地声,大呼捉贼。闻群足声齐趋入厨下。火既发,已失去一挑。急持担拄进入厨,持火烛之,有角门已大开,门外风雨大,天黑不能出。楼上众人闻声皆起。梯上早为木凳堆塞。徐下视,失去者为敬明族叔之挑,而钝夫只失去盐一包,计十斤。盖主人与贼通,乘雨塞其楼梯,开厨下角门招贼。甫入室,钝夫觉而呼,贼仓皇分持一挑逃去,故十一挑只失其一也。坐待天明,挑入塔岭。次日偕族叔出寻逆旅主人,邀其邻右究诘之。乃知共七贼入室。邻右调停其间,责主人偿半赃,始罢。越数日,复归视庐舍。时嘉言兄已捐赀令人收埋群尸。族人有归者,苦无食,皆煮竹笋食之。是夜钝夫偕嘉兄及邻人聚于一处,燃火于庭以自暖,而围睡于旁。众皆熟睡,鼾声如雷。钝夫睡不能酣,起向火,心又忽自跳动,知必有异,急呼嘉兄醒,告以故,邀同出村口了望。初无所见,移立路旁高处,似闻远远有人以担拄拄地有声;屏息静听,声渐近,天无星月,不见其形。听其声,揣度来者不过一二人,即是贼亦无惧,遂扬声问谁何。转寂然,再三问之,兼慑以不应即发枪。乃对曰,六都逃难者。呼至前,问六都无贼,何以夜逃?曰,君等尚未知贼夜至耶?盖旌德贼黄昏时已至六都,距吾村仅十五里,而吾村实无一人知之也。揣贼必仍过竦岭,由歙绕赴黟、祁,遂回唤起邻人,分出,见门即扣,告以贼至,令各起逃。复出村口了望,六都一带火光已大起,急食笋逃上山。天甫明,见贼旅已至吾村口,半入村,半由村前大路上竦岭而去。邻里于是益信钝夫心跳必有警之言非虚。是年吾乡各山有竹处生笋极多,且异常肥大,每斤只一钱,而不能多食。多食腹必痛,必呕吐。以其性寒,转不如食野草也。

　　四月旌城尚有驻贼,钝夫与兄计,屯溪合开铺已丧于贼,赀将罄,先伯父与玮弟先后赴上海,均苦路隔绝,不能寄赀归。难未已,不可坐待毙。山茶出,贩以赴屯溪,小权子母,或多延残喘数月耳。兄坐收,钝夫出售,颇获利。然只有银二十元,赀本少,食口众,得赢余购米以归,复贩;米又罄,不能不先其所急。迨三往反,仅余十元矣。复与嘉兄商之。嘉兄出五十元,令再往贩,许获利均分。歙东竦川一带素信先伯父先考为人,钝夫因贷其茶,得三千余斤,许先给价十之二,余俟卖出乃偿,而六十元已罄。计运往屯溪,脚价无所出。嘉兄问计将如何,曰,但雇挑夫,自有措置。时村有购油盐等货于家零卖者,有需食米者,皆购于屯溪。乃遍告以将雇挑者三十人往屯溪,回可代带米及杂货,皆愿以银属代购。遂借给挑工,至屯,以茶为质,先于粮货铺贷米及杂货,令挑者先归。时徽郡军饷乏,新立法重征茶税,以百二十斤为一引,每引收银一两二钱。以钝夫所贩茶未请引,拘于茶厘局,议罚。再三与委员抗辩,乃勒令补十引,交银十二两,始释放。茶售出,核计获息,除去原价运价引厘,只余十一元有奇。乘夜行百十有五里,至涑川,偿茶价而归。丧气甚,时五月十三日也。越三日,嘉兄来言,屯溪昨有人至,云贼梗江西路,茶商停止不收,茶山价益落。子能再出贩如前否? 对曰,前未丧兄赀,幸耳。以本二而贷茶十,若大亏损,无以偿也。世乱山中茶户悍且忿,子之肉不足彼食矣。嘉兄笑曰,崛强者亦馁耶? 阴念赀粮将绝,不得不冒险一行,遂与决计凑得银四十元,携往涑川,价果大落,无收者。涑川人见之,争以茶来市。故难之,谓之曰,前次偿价已稽迟,今屯溪闭市,即子等信予而如前不急取值,吾亦不敢收。则皆去,既而复来,如前例,复得二千九百余斤,仍如前法措赀运至屯溪求售。二十余日,无顾问者,而家中告乏食之信迭至。茶户索价者亦屡踵至。焦灼欲死,而无可如何。六月初七日始闻有一处收茶,急往求售,仅仅能免亏耗而已。急至涑川,偿清茶价,归至家,则先伯父已先二日由上海航海至宁波,绕绍兴,藉水师围富阳,贼不敢出,船得过严州,沂新安江而入徽界,由歙南、新、渡登岸至家。阖家得不至饥毙,正赖此耳。越二日,先伯父言三月在上海曾寄静山族叔带银五十两由九江回家,尔等既未收到,闻住休之株里,尔可往寻之。株里距屯溪只七里。静叔至即病卧不能出,故不相闻知。钝夫过屯溪,则相识者争问此次带有茶否。盖市价大涨,几较前两倍也。闻之益惆怅,既寻见取银归,先伯父乃命珍兄、瑜弟、琼弟均赴上海依先考。时乡人复结团守白沙庙桥,御旌城贼。先伯父前办乡团,得众心,署绩溪县知县娄公森闻其归,数属七都曹柳村石式如,六都汪韶九茂才,五都章晓东武生邀之出。先伯父以疾辞。娄邑尊乃亲造门请,不得已见之,复以疾辞。柳村、韶九诸君说邑尊,令请先伯父主持其事,而令钝夫入局代劳,强相订而去。先伯父前办乡团,遣众出守,钝夫每荷戈前驱,归述贼势较详悉,揣贼进退屡中。自庚辛秋郡城陷,团散后,居剪刀凹,屡偕乡人击贼。歙东有柯顺喜、柯顺柏兄弟,居大壁山;江福、江德、江德宝兄弟居猪栏凹,皆垦山种茶,艺苞谷自给,平日不经出山,善猎野豕,习火枪。及贼搜山,山中人始皆不敢抵御,既则渐有据险抗之者。柯、江二家山棚当剪刀凹破时,亦均被贼毁,避塔岭。钝夫因与交,常偕其昆季狙伏击贼,或抄路剪贼尾队,屡得手。平居以胆勇自负,常嗤人怯。故诸君请先伯父并令钝夫与事。七月先伯父率钝夫偕各乡办团防,苦无所筹费。白沙庙常守者仅百人,急则集团丁往助。米贵甚,远购于百余里之外,恒不能接济,勉强支持一月,拮据甚。八月既望,稻将熟,防守正吃紧,而贼由太平窜过箬岭,掠歙北。郡城军出击,贼败乱窜入山谷。时吾乡专力防东路旌城贼,闻歙北警,则派人侦探南路,防贼过竦岭。西路皆高山,乃平日所恃以避寇者。二十四日闻歙北贼有窜近歙东者。二十五日各率家属西入山,而不意贼乃从西山出,盖贼夜至黄蘖山而吾村未及知也。既遇贼,仓皇逃窜,不复能相顾。钝夫几不免,原配冯氏遂殉节。至夜,寻见先伯父先妣及余人,赴塔岭。而守白沙庙者亦溃散。贼居吾乡不出掠,惟刈田稻。越二日,旌城及西乡贼争至。各乡所种者,未尝一粒,皆为贼刈去。九月,先伯父挈玠弟、璐弟先赴休宁,嘱钝夫奉先妣率余人随往。行二日,至桂林,见郡军出歙东,知吾乡贼必走,告先妣曰,今母与众人至晚可达休之隆阜,有伯父先在彼,能照料。儿从此回乡收埋冯氏遗骸而后出,可得早二日。如何?先妣涕而诺之。初八日绕山路至剪刀凹山头觇贼,果于黎明时退去。驰至原散失处,寻见元配冯氏尸,已发变,几不能认识。入村觅棺木不可得,而郡军至,复暂避。次日军退,乃雇邻人,于家取楼板钉合,以收冯氏尸,掩埋于东山。初十日,旌城贼闻郡军退,复出至七都掠余粮。钝夫乃驰赴休之隆阜。十月,旌城贼亦退去。先伯父命钝夫赴上海,省先考,取赀接济。时玠弟病,先妣八月初已病疟,及出避寇,病媳惨死,益困惫。嘱偕璐弟行。过富阳,贼犹守城,由绍兴至宁波,趁轮船抵上海见先考。时心、理二叔祖亦由家率眷属至上海。先考语之曰,前事不必复提矣。前者所有赀本,叔已尽带归。此区区者,叔所弃,吾舍命以守而存之。家中兄所经手,尚欠他人债二千八百余金,亦藉此及川沙新开业以偿,尚不足也。叔兄弟偕来,能仍同心协力以期清还债负,甘苦共尝,则可。若来与吾三分之,请仍归,先将债欠三分而各认偿,再来分此,不迟也。叔祖各自知前误,请弃前隙,乃待之如初。居二十八日,禀辞先考,仍由宁、绍取道而归。先考亦以先伯父及先妣皆病未愈,促归省。时苏州已克复,上海益安。十一月归抵隆阜,先妣疾犹未愈。先伯父则已复元矣。族人在上海属带赀归给其家者不少。居三日,复归里了此事。十二月回隆阜度岁。玠弟是年方十岁,璐弟方八岁,女弟才六岁。先考时已纳妾张氏于上海。先妣为玮弟聘妇曹氏,七月先迎过门,未完婚,而钝夫妇冯氏已卒,故遣璐弟至上海云。

钝夫元配冯氏性严重而和婉,寡言笑。归予才六日,而贼寇逼,仓皇侍先妣逃避于大谷瓮。弟妹幼者三人相随。冯氏不以新妇自居,竭力佐先妣,不惮劳苦。先祖妣及先妣以是爱之。厥后迁播流徙无定所,每逢寇警,夜三四更即须起炊饭,饱食以待天明。每夜皆钝夫先起觇寇,独唤氏任炊,习以为常。饭熟,乃唤他人起食,氏后食,或饭已罄,从无怨言。八月初旬,先妣已病疟,每夜三更乃发,发时身痛口渴,氏必先起煮茶以待,并以手捶其肩背,或揉之,守候至天明。疟未已而氏遽殉节死。先妣尤恸惜之,每疟发,必涕泣,故久而不愈。嗣后钝夫已续弦生子女,诸弟毕娶,先妣犹思念不衰。呜呼,惨矣。
同治三年甲子(1864)二十四岁。

正月两江总督曾在安庆,令绩溪绅士候选知州程光国观甫,廪生章洪铎警皆解银三千两回籍,购牛种,招流亡复业。程、章二君言于邑令颜,请令先伯父总理岭北二、三、四、五、六、七、八都事。钝夫乃侍先伯父至绩城,会程、章见邑令议其事。越三日回乡,查各都孑遗之力能胜耕者,令钝夫籍之。事略就绪,命钝夫先回隆阜侍母,以先妣疾尚未全愈也。时徽州小安,休之屯溪为商贾聚集之所,各处避乱而未敢遽归者亦集于屯溪一带。二月族叔隽卿偕章籧庵、胡印月读书于华山寺,邀与偕;钝夫时寓隆阜,距寺只五里,闲无所事,遂禀告先妣,携书卷被襆往从之。甫读一日,而毛观察有铭,金观察国琛,带兵由江西驰至屯溪,扎营于华山,云杭州已复,逸出贼数万,将至徽州,守将唐义训总镇不能御。次日毛军往助,未及郡而遇于途,仓皇败退,而贼即随至,钝夫急回隆阜,奉先妣率家属逃窜;甫出巷,闻屯溪枪炮声大振,盖贼已至,攻营垒,官兵凭垒以枪炮御之也。时变出仓卒,民不及携财物而逃,路拥塞。先姒病体弱,五妹七妹幼不能行。出巷,钝夫乃嘱玠弟、珍嫂、瑜、玮二弟室随房东戴妪逃。而扶先姒及二妹仍归匿于所寓之室。以屯有营兵,贼必不敢舍之而过来追逃民也。至晚,枪炮声已寂然,出外视之,街已无一人。复回寓作炊饱食,检衣物之尤要者,分作捆而自挑之。奉母及二妹出门而反关之。徐徐向西而逃。既出村,望见屯溪无火光,而自屯溪以下火光无数。行约五里,未遇一人,而天忽小雨。先姒体弱心悸,而疟复作,不能行走。钝夫心愈惶急,乃令偕七妹坐路侧小息,而先挑衣物偕五妹先行四五百步。令五妹坐守衣物,回身负母于背,携七妹疾行。及五妹坐处小息,复负而疾趋四五百步,令母小息,复回挑衣物。如是六七往返,约行五里,至一小村,只一家门隙有灯光。钝夫汗出力惫,息于户下。门忽开,一老妪出问。告以苦,询此处可雇人抬人挑物否,则云皆已逃避,再前五里曰溪边村,乃大村,或可雇也。求浆饮先姒,复负于背而行如前。又约二里,遇隆阜邻人二,皆常雇以往屯挑物者,啖以重价,雇使代负母挑物。至溪边村,遇戴子磐兄,而玠弟实从之。戴乃隆阜寓东戴妪之侄也。告钝夫家属随戴妪甫前不远,并为于村中借杠与竹兜,令二邻人抬先姒先行。嘱之曰,贼已近休,城门必戒严,不得入。南门外十里许姓,即戴妪妹家,可暂寓,我亦随来也。钝夫喜而从之,亦先从母行,并遇见嫂等,告以其处,嘱玠弟(适按:珍已去上海,故此二处皆是"玠弟",弟字不误)及子磐兄随后速发。天明至许姓家,止焉。闻贼由屯溪过河,由溪口五城取道婺源以入江西。次日回隆阜检遗物,而毛营移营于隆阜之村口,营勇各入村搬取民房门扇。钝夫至寓所,启门甫入,而营勇亦入。视其号衣,有什长唐兴仁字,延之坐,好语之,请勿取门扇。唐唯之,而戴妪亦至,钝夫亟令烹茶饮之。唐乃问予家眷移居何处,兼云贼由浙来,尚不止此一起。明日我营必出御,能阻其来与否未可知也。钝夫以告戴妪,雇三人检余物,复夜搬至许姓家。时许家寓避难者几及百人。越日天雨,钝夫早起行至村口,冀遇行人,问屯溪一带信息。见营勇络于路,问之皆不答。视其号衣,有强中营杂其间。心念强中营乃府城守兵,何以能至此。亟问之,一勇口操绩音,谓钝夫曰,闻子音必绩人,实告子,昨日毛军约唐军合御贼于杨村湾,大败,贼将至矣。速逃可也。钝夫闻言,默计寓许姓家中人众,闻此语必乱,乃先雇夫抬先妣挑衣物赴西乡之西馆,以从隽卿叔。以常闻隽卿言,其家眷属屡次皆迁西馆,而此次则亦未知何往也。既就道,乃告许姓,请速避。是日午后贼果至南乡,距许姓家只五里。钝夫率家属既至西馆,问胡隽卿家寓何所,果未至此。市有药店曰延寿堂,其主人隽卿友也,出止予于其家。次日天甫明,隽卿叔偕其父佩五族太叔果至,惊而语之曰,尔胡以在此,速从予过河,不可缓也。钝夫亟扶母及嫂妹等相随过河,以筏渡甚缓,行李随后徐搬过河。佩太叔已为租定房屋,复语之曰,贼氛炽甚,至午西馆必惊矣。既而果然。房东姓颜名阿三,人甚朴实。时已三月矣。西馆在休城西四十里,为黟祁入休之孔道,河之北大村曰环居,小村曰竹林。予所赁,竹林人家也。时浙江贼走徽州,号二十万,遇城及垒皆舍去不攻。徽防将毛有铭出战辄败,贼遂疾趋入江西。钝夫寓竹林二十有三日,闻贼续至者由歙北绕至休北,将反休西,亟搬移入休城。甫行十里,遇休城军西上;又十里闻枪炮声,兵与贼已接仗矣。是夜贼由环居渡河,官军俟其半渡击之,俘获甚众。贼过河,遂由休南入婺,亦走江西。时已四月。先伯父已在家续娶伯母汪,乃令人至休城,嘱钝夫带家属返里。先妣归后,愈追思冯氏,而疾变为三日疟。六月官军克复金陵城,洪秀全已先一月死,其子福瑱走湖州。七月官军克湖州,贼尽走江西。江浙平。议于十一月补行乡试。十月先伯父赴金陵应试,钝夫将随往,而筹赀迟,不及捐监,乃止。课玠弟及族中弟侄数人于家,亦患二日疟,久不愈。

是年八月先伯父以大宗祠已于咸丰辛酉十一年(1861)为贼焚毁,祭田久荒,谱籍丧失,祭祀缺礼,乃邀蔚文族太叔祖,方楷、尚和、荣华三族太叔,心斋族伯,生焰族弟,同出经理。时已抱疾,诸事皆命钝夫代之。适小愈,乃就乡试。先伯父生平于时文颇肆力,至老而志犹不衰也。十一月,天气严寒,三场试毕,已疲乏,病喘嗽,教官复举"优行",就试于学使者。是日大风雪,出场晚,回寓路远,过劳,遂咯血。岁将暮,雨雪载途,以陆路归,尤艰于跋涉,乃买舟赴上海省视先考及珍兄等,兼治病焉。

同治四年(二十五岁)至光绪二年(三十六岁)
建筑宗祠
同治四年乙丑(1865)二十五岁。

正月初□日,先伯父疾终于上海(适按:星五公比先父长廿七岁,死时五十二岁),临终,先考问以后事,无所言,张目四顾而叹曰,独惜珊不在此耳。先考亟问于珊云何,曰,此子能任劳,惟嫌其性躁,吾屡戒之而不能改。吾死后,弟当以吾言时戒之,勿忘也。语毕而终。呜呼,先伯父之属望于钝夫也深矣!二月讣至,而钝夫适以清明节届,赴休之五城省先祖母之柩而拜奠焉,归奉先考所书先伯父遗嘱,悲感而惧。时先伯母石之柩寄厝于歙之竦川,遂移以归,厝于蟹形,并具棺检亡妻冯氏骸,亦厝于蟹形。至光绪丁丑冬,始同改葬焉。先是,先伯母疾终之后二月,钝夫梦偕冯氏归里,至则见所入非旧庐,惟先伯母一人在焉,留冯而嘱子归,醒而以为不祥。至是乃悟前梦于此验矣。时川沙庄砥廉先生已前卒,先伯父又弃世,自念去年八月就县试,十一月就郡试,各皆不得前列。忆先伯父屡言不习作小题文必不利于小试。而告于无师,适族叔隽卿归里扫墓,言在休已从章謦皆先生受业于其门,因以为介,而寄文就正问业焉。四月移塾敦和堂,日课弟及徒十有五人,夜则揣摩时文。七月,郡中及休邑城中驻防湘勇饷绌,哥老会首龙家寿煽使哗噪,势汹汹。隽卿移家返里,亦设榻于余塾。仲莹族叔复来作伴,每夜辄拈题作文,燃香刻分寸以验迟速,互相摩厉。十月学使者余姚朱文香阁学按试徽郡,补丙辰以后岁科四案,文题"冉有仆"三字,钝夫蒙取入府学第二案第三名。越五日,谕令前二案入学者补岁科试,文题"凡有血气者莫不尊亲"二句,蒙取一等第三名,补廪。十一月,雇夫带赴休之五城,扶先祖妣之灵柩以归。十二月初五日,续娶曹氏。氏生于道光丙午五月初十日,少于钝夫五岁,七都旺川邑庠生曹讳鸿遇公次女也。

是年冬至,阖族议重造宗祠,以予及临川及仲莹族叔士学族兄同司其事,而难于筹费。钝夫告于众曰,大乱之后,族中丁口十只存二,而兴大工,必筹以简而易行久而能继之法,乃克有济也。众问法当如何,曰,多其取之之方,而少其取之之数,则人易为力而乐从。易为力则可久,可久则功无不成矣。众皆曰善,属钝夫拟定章程。曰丁口捐,每丁每年出钱二百文,每口每年出钱一百文。曰工捐,丁之壮者年十五以上六十以下,每年各工作二日,不自来工作者每工出钱一百四十文。曰铺户捐,丁之有货本为商贾者,量其岁入盈余之多寡,每年出钱自一千文至数十千文不等。章程既定,遂择吉设祭,告于祖,颁于众,次第筹费兴工。

同治五年丙寅(1866)二十六岁。

　　二月珍兄自上海扶先伯父之柩回里,厝于蟹形。三月得沈清渠先生所著《蚕桑说》,始谋种桑。五月天久雨,山水陡涨。十一日,辰刻雨尤大,钝夫家门前大溪即县志所称常水,恃大石坝以为障。其坝外向用大石,内向用石之略小者夹砌而成。是日水涨过坝,先冲激内向所砌石,将圮,观者皆惊走下坝。坝若圮是处,则钝夫居宅首当其冲,势已岌岌。钝夫亟弃雨盖,取族人所堆坝上草粪,视水所至,填以草,压以石,期修补而复御之。而御不胜御,危甚,足亦难以自立。众人去而就高处观望者,虑坝圮,钝夫不能复逃,皆大声疾呼,令速下。钝夫虽不下,亦惶急无措。而对岸坝圮,水落坝尺许,族人亦有一二来助者。迨水复涨与坝平而下游坝圮,钝夫所立处无虑,居宅亦幸免矣。八月赴上海省先考,遂与利中族伯,据德族太叔祖,承教族叔,企亭族叔劝族人之在申者各书每年捐助造祠经费之数,而承教叔与利中伯尤实力任事,并倡收辛捐。辛捐者,令力食于上海之族人每年捐一月辛工之资也。十月,得洋银五百块。十一月回里,而宗祠工程经费裕矣。

　　是年十月长女织儿生。

同治六年丁卯(1867)二十七岁。

　　正月送玠弟及毓度侄至旌德三溪镇,从步瀛族伯读书。时步瀛族伯馆于印林族太叔所开三溪之景隆店也。三月学使者朱按临徽郡科试,蒙取一等第十一名。四月赴上海省先考。七月由上海起程赴金陵乡试,由运河舟行。九月回上海。是科吾乡荐卷只虎臣族兄曹汝济、章芹生及钝夫四卷。虎臣、汝济、芹生皆中,钝夫独不中。自念自咸丰己未秋间由川沙回里后,迄今八年,困于兵革,迫于饥寒,流离转徙者五年;乱平,复以宗祠工程日筹经费,兴土木,无有闲暇披阅书籍,揣摩文章,自误不浅。乃禀告先考,请复出外就学。时全椒薛慰农先生主讲浙之诂经精舍,德清俞荫甫先生主讲苏之紫阳书院,皆有重名。友有劝钝夫从薛者,钝夫前屡过杭州,略知其为人,不欲往。将往苏从俞,适俞新刻时文出,读之似不如所闻,亦不果往。闻上海敬业书院山长嘉善钟子勤先生经术文章可师可法,访诸顾厚斋先生。时钟先生之子柳堤世兄适从顾读,遂因顾以文就正而问业焉。而苦无静处可居以自课,请于钟先生,思受业于其门。先生所居亦隘,乃劝钝夫肄业于龙门书院。书院始创于李傅相驻上海督军时,课士以经史,不令习举子业,专以讲求正学;而永康应敏斋观察购吾园旧址,建房舍,多购经史子集置其中。以始于李傅相,故以龙门名。时正延请兴化刘融斋先生(熙载)主讲,尚未至也。闻先生语及此,喜甚,专待明春甄别而投课。并偕顾先诣书院访平湖何丙楼孝廉(名之鼎),询访院章。何亦钟先生门下士,肄业于龙门者也。

同治七年(二十八岁)至同治十年(三十一岁)

龙门书院读书

同治七年戊辰(1868)二十八岁。

正月二十三日就龙门书院甄别,首题"涵养吾一论"。次题"拟答日本长崎岛来书",诗题"沙船叹,不拘体韵"。二月榜发,蒙取特等第三名。钟先生为报名于道署。三月入龙门肄业。时在院肄业者,秀水张忻木孝廉(名王熙),娄县何秋士上舍(名瑾),沈约斋优贡(名祥龙),陈仲英茂才(名宗彝),宝山袁竹一监生(名康),及何丙楼同门。何时尚未登乡荐。与余同日入院者,德清童米孙茂才(名宝善)也。越八日,山长刘融斋先生到院,与应观察酌定章程:肄业者各具日程一本,日记一本。日程以记每日所读书若干,日记以记读书而有所疑,或有所得者。先生教人学程朱之学,以穷理致知躬行实践为主。兼及诸子百家,各取其所长,毋轻訾其所短。不许存门户畛域之见。而先后来肄业者,孝廉则有平湖钱蔚也(名炳烺),娄县沈希庭(名莲),桐庐袁爽秋(名昶),嘉兴冯子若(名锡绶),青浦黄拙生(名家麟),上元夏寿人(名如椿)。明经则有奉贤秦彦华(名端)。诸生则有上海张经甫(名焕纶),沈月舲(名成浩),徐砺卿(名基德),刘嘉禾(名至健),青浦陆清士(名世维),黄渊甫(名尔澂),上虞经风君。理学、经学、史学、天文、历算、诗古文词,各擅长才;而仅仅工于时文,专揣摩举子业者,皆瞠乎其后。钝夫自顾一无所能,惭甚。乃降心抑志,屏除浮慕,先取《四书大全》寻绎玩味,以求义理之旨归。而钱君蔚也于此书致力尤深,恪守陆平湖之学,以宗朱子,每夜二更后,必至钝夫斋中问今日所阅四书何章,诸家之说谁最精确,必详与辩论,或彼此意见不合互相诘难,恒至四更而后罢。钝夫能略窥程朱之学之门径,钱君之力也。刘先生每五日一开讲,讲极精微,始于受形赋性,终于尽性达天,皆发明其所以然,证以经子,及宋元以来诸儒之说,谆谆而不倦,无间寒暑。钝夫既得良师,多益友,闻见日渐广。而以所作时文就正于钟先生,则又以时墨浮滥不足学,而令先阅明、成、宏、正、嘉、隆、万、天、崇时名人诸作,及国初诸先正之文,兼勖以通经致用。皆前乎此所未得闻者也。昔尹子见程子,退而自叹曰,不至此,几虚度此一生。钝夫于此时,真自幸得之望外矣。十二月请假归省,兼应明春岁试。

是岁先伯父之次子瑜弟病故于家。钝夫之第三弟琠先在申侍先考,娶上海姚氏,是年生一子,取名嗣业。钝夫亦生次女。

同治八年己巳(1869)二十九岁。

二月学使者吴江殷谱经侍郎按临徽郡岁试,蒙取二等第三名。四月复赴上海,入龙门书院肄业,则钱蔚也、张忻木、冯子若、袁爽秋四孝廉,及经风君,皆自去年假归不复来院。新入院者,浦江费敬庐(名崇朱),王焕堂(名文灼),嘉兴盛平之(名恺华),胡曼香(名瀛),上海李伯勋(名鸿进),朱雨生(名树滋),奉贤秦干臣(名赞尧),甘泉戎虞卿(名云龙)诸君。先是刘先生讲才字,以为才生于天,成于学,而有君子小人之分,则视乎其志。所志在道义则成为君子,所志在名利则流为小人。故学术当先辩也。诸葛武侯可谓天生奇才,而其教子则乃曰才须学也,又曰非学无以广才。孔子大圣,自言非生知,而曰吾十有五而志于学,曰吾学不厌,又尝谓人不如其好学。不学圣贤之学而有才,非霸才,即偏才,非大才也。钝夫因问,圣人因材施教,何也?曰,人之气质不同,斯才之短长亦不同。在唐虞之世,禹治水,稷教稼,契为司徒,皋陶为士。在孔门则子路长于治兵,冉有长于理财,公西华长于礼乐。才之不同如此。其志其学必各有不同,教之者亦因其志之所向而使之学耳。如今在书院诸人,有好治经者,有喜阅史者,有好宋儒之书者,有专喜词章者,有酷好作诗者。彼此同读一书,而所见各有不同,亦志之所向为之。所谓智者见之谓之智,仁者见之谓之仁也。志之所向,学亦易入,教之亦必易从。所谓知之者不如好之者也。又尝云,礼乐,兵刑,天文,地理,农田,水利,皆有专书,皆为有用之学。能专习一种,自有一长,泛泛涉猎,无当于学也。时钝夫阅《资治通鉴》,每见历朝用兵争战之际,成败之机大半决于得地利与否,而自苦不明于地理,遂问欲知地理当阅何书。曰,考古今地理必先揣摩《禹贡》,而后以次讲求历代之地志,乃能知其建置沿革之大略。然学分三种:如《元和郡县志》、《元丰九域志》、《太平寰宇记》、《大明一统志》、《大清一统志》之类,考据之学也。如顾宛溪之《读史方舆纪要》,顾亭林之《天下郡国利病书》之类,经济之学也。如《山海经》、《水经注》及各省通志各府厅州县志,与夫诸家考古迹纪名胜之类,词章之学也。而地图为尤要。古人所以左图而右史也。问地图今以何本为最善?曰,考《禹贡》则胡朏明《禹贡锥指》诸图最详;考古今建置沿革则李申耆有图,并有《大清一统舆图》,而今图则又以益阳胡文忠公近年所刻之《皇朝中外一统舆图》为最详。无地图亦不能讲求地理之书也。初钝夫阅《资治通鉴》,至西汉赵充国规画金城屯田,后汉诸葛亮伐魏兵出斜谷,魏延请别出子午谷,皆自苦不明地势,不能知其策之所以善。至唐李邺侯说肃宗缓收东西二京,而直捣范阳,略知其地势,则亦知其为奇策。是时正阅至后唐庄宗与朱梁相持于河上,彼此互相进退,忽南忽北,心目尤为之眩惑。故有此问。自闻先生教,始留心于舆地之学焉。先于书院取《禹贡锥指》阅之,继又于徐砺卿处见顾震沧先生《春秋大事表》,中有列国疆域表,借摹其图。又得李氏地理五种图书。而如先生所言诸书,均苦无觅处,未之见也。

六月费敬庐病,日渐增剧。王焕堂与同邑日夜伺候于其侧,手为煎汤药,甚殷勤。七月初病已危,而王已三夜不得寝,旅费亦罄。钝夫恻然,语童米孙曰,同院诸君籍隶松江、嘉兴者居多,距家近,有疾则归家治之。费敬庐家在浙东(适按:费王皆浦江县人。浦江为浙江金华府属,童为浙江德清人),距此远,幸有一王焕堂相扶持,否则殆矣。吾家最远,君家亦不近,见此动心否?童曰,奈何?钝夫曰,必各助以医药费而后有济。童曰,诺。与钝夫同告于众,仅集得七金,嘱焕堂为延医。见其罢乏,乃邀米孙夜至费斋代焕堂劳,俾得安寝而稍休焉。夜已四更,钝夫扶费坐,而以肩靠其背。米孙持薄糜,以匙与饮。忽闻费喉中痰起,咯咯有声,知有变,急唤焕堂起。焕堂至,抚摩其心胸而问之,尚能言。饮之不饮,气甚喘。约半时许,痰复涌起,目努而口张色变。焕堂、米孙惊走出户呼号众人,而费气已绝,身犹斜倚钝夫右肩。钝夫急呼焕堂入,令持其两足,而自扶其身,俾费尸得卧下。而焕堂不敢近前。钝夫复令唤更夫来扶。未至,而刘先生披衣趋至。钝夫急以左手阻勿使前,徐与更夫扶尸安卧,而后下床拜之。其后先生问焕堂,钝夫夜深何以尚在费斋中,王告以故,先生叹息久之。敬庐学宗朱子,故名崇朱。所著书大抵辨学术者居多,皆未脱稿。先生乃嘱焕堂为检点,并其枢归于其家。

八月镇海胡宏庵(名洪安)来谒刘先生,求假馆于书院,与聆讲论焉。问其所志,曰,吾本非读书人也,年三十始知读书。今年四十有二矣。问所读何书,曰,自年三十至三十九,皆读程朱之书,而皆无所得。因读陆、王之书,至今自以为颇有所得。闻先生讲学于此,故远来就正。问读程朱之书十年何以无所得。曰,吾在家乡,人皆称其孝弟。然吾自返之于心,所谓孝弟也者,皆书也,非我也。故曰无所得也。先生笑而留之,以与钝夫同姓,嘱钝夫为辟除房舍,设床榻,饬庖人供饮食。是夜宏庵就钝夫斋坐谈,而沈约斋、黄拙生、沈希庭、袁竹一亦至。宏庵不作世俗寒暄语,惟请问为学宗旨。四人与之语,有合于陆王之说者,宏庵则亟赞之。否则必再三诘难。辩甚,四人不能抗,皆折服。宏庵甚喜。钝夫乃语之曰,四君以子喜陆王之学,初至为客,不欲拂客意,故以陆王之所谓宗旨者答客之问。其实此书院中平日师之所教,弟子之所学,皆程朱之学也。子多住数日,自知之矣。四人闻钝夫语,均笑而不言。宏庵于是与钝夫辩难益力。钝夫幸前闻师所讲说,及私与钱蔚也论难久,知程朱穷理致知门径,坚持而不为之下。至鸡鸣,乃各归寝。

次日早起,先生唤钝夫,问昨晚所论本末。对曰,议论虽多,大约彼以为必先有一诚字而后可成仁义礼智四字。传以为必先有仁义礼智四字,乃能成一诚字。先生曰,彼以"自诚明"立说,子以"自明诚"立说,皆是也。而子所见尤切实,可再与力辩。钝夫闻先生许可,益自信。宏庵自后屡与钝夫争辩,屡不胜。一日众皆集,宏庵忽设言曰,假令吾辈为州县官,上则有君有上司,下则治百姓,内则事父母教子弟,外则接僚友,兼须严束胥役仆从人等,无一刻无事,将何以应之?或曰,此亦自尽其心而已。或言当以实心应之,以实力为之。宏庵喜曰,尽心以应之者,诚也。实心实力以应之者,亦诚也。陆王之学之治心,但问此心之诚与不诚耳。言程朱者固不能外此也。众无以对。宏庵顾钝夫曰,子今日服否?钝夫曰,心纯乎理,则诚应之。而不当乎理,则误用此心矣。何以能诚?吾儒平日穷理极精,所以泛应而曲当也。子不求诸理而徒求诸心,非冥心而罔觉,必师心以自用矣。古之人所谓不学无术者也。予不谓然也。宏庵曰,理得而心不诚,于事有济耶?钝夫曰,此知之明,而行之力或有未逮也,不能遽咎其不诚也。宏庵曰,心不诚耳。诚则无不逮也。钝夫曰,盗贼之私盟,淫奔之私约,心非不诚也,而子谓之诚耶?宏庵亦无以应。一日众皆集钝夫斋中。斋与宏庵所居只隔一板,闻之亦至,曰,《诗》云,"文王在上,於昭于天。"请问诸公工夫何以能"於昭于天?"钝夫与众人再四与论难,彼此皆不相许可。而先生至。宏庵迎入其室坐,众仍坐钝夫斋中听焉。宏庵复以"於昭于天"问。先生曰,子毋遽言"于昭于天"也?子坐此室中,能于昭于室,可矣。此古人慎独工夫也。诗曰,"相在尔室,尚不愧于屋漏。"子能体验此二语,足矣。宏庵极口称是,而心服。钝夫等闻之,亦各心解而心服。乃知先生之见之精,夐乎不可及矣。宏庵居两月余,乃去。临行,语钝夫曰,此来惟与子议论不相下。予当再来,子可待之。对曰,谨受教。

同治九年庚午(1870)三十岁。

　　正月初于湖北购得胡文忠公所刻《皇朝中外一统舆图》一部(是时板存湖北巡按署,外间无有印与卖者。予费价二十四两得之)。张经甫才识冠群,亦好舆地之学,与钝夫最契。其家藏书多,凡先生所言《元和郡县志》等书,予乃得以借观焉。其时东南耆宿以舆地之学名者,惟江宁汪梅村先生,怀宁马素臣先生二人。钝夫闻其名久,而无由从之游,所与交游之同志者,只一张经甫也。刘先生见钝夫好此,复语之曰,讲究舆地必知测量之法,乃能精确,当兼学此。其时先生之长子醒庵世兄随侍先生在书院,与沈希庭皆精于算学,而惜钝夫与经甫皆未遑兼学也。三月闻学使者殷按临徽郡科试,乃驰回郡就试,蒙取一等第三名。四月试毕归里省先妣。五月复至沪,入龙门肄业。然心惟专注舆地图书,于他书无暇涉猎矣。七月趁轮船赴金陵乡试,八月偕张经甫、沈月舲、徐砺卿雇民船至镇江游焦山,复趁轮船回沪。十二月趁轮船至安庆府就学使者景剑泉侍郎考贡,为岁贡生。仍回沪度岁。

同治十年辛未(1871年)三十一岁。

　　吾族宗祠旧制颇宏敞,有寝有房,有堂有廊,前为大门,凡三层。自丙寅(同五,1866)工兴,遂于丁卯(同六,1867)之冬建寝室。族中父老以乱后族丁少,财力不足,议草草修具龛座,奉安列祖于寝而停工。钝夫以年来设法筹费,已有头绪,此工一停,则人心懈怠,后欲再举,必甚费力。必须三层次第造齐而后已。力抗众议,复于己巳(同八,1869)之冬续建大门及门内之左右两廊。庚午(同九,1870)前后垣墙甫砌成,而众怠甚。经费所入惟恃上海利中伯、承教叔等与钝夫岁筹四五百千。而各项捐款皆寥寥无几。诸司事以众心已懈,而钝夫独不欲停工,屡书来召钝夫归。钝夫禀商于先考,计未决。乃以其事告刘先生而请问归与否孰当。先生详询本末,而笑曰,吾与子讲《论语》一章,子自审择而处之。乃讲"知及之"一章,以为为子孙者造宗祠以尊祖敬宗而收族,乃理之当然,职所当尽之事。既知无可推诿,而不能以此自任,是仁不能守也。既任其事而不慎重其事,轻举妄动,是不庄以莅之也,是执事不敬也。慎重其事而一切典章制度不能斟酌得宜,求合乎礼,则宗祠虽成,亦未尽善也。又言为学不专在读书伦常之地,日用行习之间,事事准情酌理而行,便是真实学问。又言为学当求有益于身,为人当期有益于世。在家则有益于家,在乡则有益于乡,在邑则有益于邑,在天下则有益于天下,斯为不虚此生,不虚所学。不能如此,即读书毕世,著作等身,亦无益也。子其勉之。钝夫闻先生言,计遂决,归禀先考,请与偕归。时先考年五十,自咸丰庚申归后,阻于兵燹,牵于事势,已十有二年不暇复归省矣。先考许之,语之曰,吾年二十,尝寝疾,久不愈。吾母为遥祷于九华山之神,云病愈当到山进香。今三十年矣。可俟春暖侍予趁轮船至大通上岸,先上九华山拜金地藏菩萨,而后回里。吾母为许之香愿既还了,归拜母墓,亦少一缺憾也。三月择期于下旬,既定,先期往告刘先生,兼辞行。先生问大通登岸距山路几许。对以九十里。又问水耶陆耶?对曰,闻可舟行四十里,再由陆行。问陆行车马耶?抑肩舆耶?对曰,家父坐肩舆,传则徒步相随。问子徒步日能行若干里,能随肩舆耶?对曰,肩舆日行不过六七十里,不能多行,故能相随。曰,尽子之足力,一日能行若干里。对曰,往年惯于行路,日能行百里。今肄业于书院久,往来皆舟行,娇养习惯,恐不能多行。然日六七十里尚能行也。先生欢然,若甚喜者,曰,此人之所难能也。子能之,难得也。对曰,乡里之人莫不能之,何难之有? 曰,子在书院三年,能恪守院规,不越尺寸,而又能习劳耐苦,子过人远矣。子勉之。坚持此志,学必有成。予于子有厚望焉。钝夫逊谢而退。遂侍先考趁轮船至池州之大通登岸,雇小船行四十里,复登岸,陆行五十里,到山,宿于通慧寺。次日侍先考礼金仙真身所藏之塔,曰化城寺。时已重建而复灾,只一方亭覆一高冢而已。复休一日,越山后,游天台峰。访僧人以太白读书堂,宋齐邱隐处,皆不能言其所在。叩以释典,亦不能对。曰,百岁宫有修真者,子可往问之。寻至宫,见癯而枯坐蒲团者十余人,见客至皆张目傲视而不言。问坐定否,亦不对。钝夫笑而退至天台,宿于德云庵。次日下山,由青阳过石埭入太平境。又过旌德西乡,逾羊桃岭,四月初二日到家。先妣率诸子妇诸孙男女叩见先考,惟珍嫂前曾见之，其余皆乱后所娶而新添者也。是年正月□日钝夫长子稼儿生，而宗祠庚午冬间新建大门内之左右廊已于三月被大风吹倒矣。五月农忙，族人未暇议宗祠事。六月复侍先考由旌德、泾县、南陵而至芜湖，趁轮船赴上海。入龙门谒刘先生曰，应敏斋方伯近由苏州至此，言及子，欲招子至藩署，子愿往否？对曰，传得侍先生左右，聆教诲，而饮食之者方伯也，岂不愿往？第传以敝族宗祠工程义不容推诿，请假而归。此来为送父，非能久在外也。请以此辞之，何如？先生曰，予早为子言之矣。然方伯有此雅意，特以告子知之耳。退而谒钟先生，先生曰，子在龙门三年，刘先生惟言子能守绳墨耳。自子归后，乃大誉子。应方伯近至沪，亦亟称子。子可出矣。盍往苏谒之。钝夫告以故。先生亦是之。九月复偕玉弟由浙江水路而归。十月赴宁，见梯青族太叔，议宗祠工程事宜，吾族之年长而望重者也。归途至郡城，闻玉弟病颇重，复夜行至竦口桥，遇猛兽自草间扑出，张口直前欲噬人，幸与华年族太叔同行，各持雨盖，大呼而逐之，乃逃去。至家天尚未明也。十一月会宗族议兴大工。众以财力不给难之。钝夫曰，不一大劳，不能永逸。众曰，如子言，非集钱五千千不可。钝夫曰，得三千千足矣。众曰，即三千千必分作数年乃可集。钝曰，分数年期太缓，人心涣散，各观望，费必不能集，工亦不能成。必并力以一年为期，或者一鼓作气，徼幸成功也。众皆不以为然，久不能决。十二月迁葬三十一世高高祖从先公及高高祖妣曹氏丁照坑之蛇形山。

同治十一年壬申（1872）三十二岁。

是时司宗祠者方楷、尚和二族太叔皆前卒。生熠弟告退，元阶族叔继之，亦告退。荣华族太叔不理于众口，惭不复出。乃复举喜发、印林二族太叔，及士学族兄与事。方楷太叔之子蕴山继父职，亦在金陵之日多。蔚文太叔祖复往来于休宁、屯溪无定。仲莹亦往屯溪就馆于隽卿族叔家。惟临川伯，心斋伯常在家。印林太叔原管理其顺堂（适按：其顺堂是一派的支祠，称为"厅屋"）工程，于宗祠挂名而已。众知事难成，皆互相推诿。钝夫屡建议大举，众惟以经费难筹为言，议久不决。钝夫知众人难与虑始，可使由之，不可使知之，遂不复与众议,而曰必诣宗祠量度地址,详记高广尺寸,计当用大小材木若干,砖石若干,当购于何处,转运到工道里或远或近,当给运价若干,斫削成梁成柱,次第竖立间架,当需匠工若干,其上钉椽盖瓦各若干。默估一切价值,确知得钱三千千文信足用而无缺。又遍检各项捐簿,详细稽核,审量阖族近年生计财力,有余不足,应如何设法筹费,如何购材,如何兴工。历两月余,思之思之,恍然真若鬼神通之,皆成算在胸。然非身任其难无济于事也。一日心斋伯语之曰,近阅《协纪通书》,明年岁在癸酉,宗祠朝向大利,可兴大工。可惜力不足耳。钝夫曰,此极好机会,不可失也。遂告以近数月所筹之大略,约与同任此事。心斋伯深以为难。钝夫曰,予独任之,伯以为有济否?曰,恐子不能任也。曰,试之何如?曰,子能不畏难而自愿任此,吾不能助子,敢阻子耶?但为期太迫,而又一无预备,恐子冒昧,终致竭蹶耳。曰,予筹之已熟,但能决计择定吉期,便可次第举办。能力任之,庶可望成功也。曰,不先筹费,不先购材,而亟亟以择建造上梁之期,吾则不敢。试问子期已择定,将如之何?曰,但请决计择期。以后诸事,钝夫自任之,决不推诿,请无疑也。则笑而应曰,诺。次日集族众于宗祠,告以明年癸酉大利兴工。须众各努力,决计大举。众各愿否?则皆曰,谁不愿宗祠速成,俾祖宗之神灵得所凭依耶?曰,众人既共愿大举,吾等决计择吉兴工矣,须各努力也。则皆曰,诺。七月择定明年十月十五日上梁。钝夫时与嘉言兄议修丙寅五月被水所冲圮河坝,嘉兄独力任修十丈,工则委钝夫监焉,尚未竣也。心斋伯于钝夫甚关切,见期甚迫,而钝夫不急筹经费,尤为之忧。钝夫曰,勿忧也,期愈迫愈好。今但急出购求大木,得大木则众心必为之一振。今冬材木若能购齐,明年正月及早开工,示之以必成之势,而后责令出财出力,必不抗违,今尚非其时也。曰,凡事豫则立。今反其道而欲猝办于临时,万一不能猝办,不亦殆哉?曰,不能猝办者,为梁为楹之大材也。急购此,所谓豫也。经费之能取办与否,视乎势,视乎机,须豫蓄焉,不可预言也。于是四出访求材木,远或与喜发太叔偕行,或与士学兄偕行;近则邀心斋伯偕行。久之皆惮跋涉。钝夫揣其意,不复相强,遂独出访求。贵发族太叔久贩木料,能知远近各山有无材木,常来告钝夫,当往某处,不当往某处。乃使为乡导,遍历四、五、六都境内各山,及与旌德接界地所,或二三日不归,或五六日不归。皆自备资斧,不开支公家一钱一粟。归得大木,价甚贱,则众人皆喜。或价贵,路又远,众亦不怪责。恐邀其偕往,且深知其难也。十月以后,令人将先购定者次第砍伐。十一月因三十五世祖考绍圣公妣氏程及先曾祖妣氏曹原厝于洪家坟,就地改葬,不暇出。十二月冒风雪仆仆往来,至除夕前一日乃归休,而材木略备矣。

同治十二年癸酉(1873)三十三岁。

正月初七日,扫除宗祠东间壁毓英文会之星聚堂,移居其中,以便开工就近照料各项工匠,兼课玠弟及度侄读书。雇人代执炊而食,为无暇归食于家也。十一日开大工,诸司事毕集。钝夫乃出所拟筹费条目示之:一丁口捐,本年加十倍,每丁各出钱二千文。每口各出钱一千文。一工捐,每壮丁各捐十工。一铺户捐,本年照历年所捐多寡数目,各加五倍。众皆惊讶,以为立法太猛,加捐太重,恐族众不能堪,不从,不如酌数而减之。钝夫曰,今事势已迫,所谓破釜沉舟,决计并力一战也。不如此,必不能胜。诸君能任其咎耶?众无以应。遂以条目宣示族众,并调丁壮齐出扛抬各处所购材木,期于正二两月毕运至工。族众各知木料已略备,工已开,期甚迫,需费甚巨,见加捐条目出,虽各窃议其重,而各幸冀宗祠之速成,遂争来任运。钝夫喜,私语心斋伯曰,事济矣。曰,筹费条目甫出,众口哓哓,街谈巷议未息,未得一文钱,而曰事济矣,恐喜之太早,后将嚣然重子忧也。曰,一千数百千已在掌握中,加捐之议已大定,尚未知耶?心斋伯叩其故,曰,越十日自见,不待言也。先是钝夫默计工程所需,惟运价一项最巨。任运者人最众。运数日,必来索值,往往为所困。钝夫拟加丁口工捐各十倍,即收其运价,以抵捐,免出千余千。任运者百二十余人,既各以运价抵捐,余者自不能不缴捐,故与心斋伯云然也。凡木料皆就出斫削成胚,长短大小不一。钝夫皆亲至其处,估其轻重,编号而书其上,籍记而归。任运者或二人或四人,六人,八人,或十二人,十六人,二十四人,各随其人之多寡,以片纸书号而与之,令认号字扛抬,不准争夺错乱。收运则详记某某等几人抬某处第几号手册,以免遗漏讹舛。时农事未兴，人有余闲，故易使。又田陇麦苗未盛茂，路狭处行麦田中亦不致伤苗。又各知不急运，工程必赶不及期，故齐奋力。有来索给值者，钝夫从容语以大义，各为收抵捐款，又以祖宗相传旧例：应派丁口捐钱未缴者，其家无论何人身故，其神主不准祔入宗祠，令各早为计。故皆听命，无有作梗者。三月中旬，运已竣。四月，学使者祁子长阁学按临徽郡科试，玠弟蒙取入县学第二名。钝夫亦就郡录科，趁便赴休宁劝族人之寄寓者加五倍以助急工，并收钱归以济度支也。五月农忙停工。六月石料亦已运出山，各工偕作，又亟须定瓦，购杉木之长者为椽。而铺户捐加五倍，为数尤巨，有力实不足不能加者，有加一倍者，而亦有能加五倍并先来缴者，不能一律，则争相计校，难以调剂使各心平。而出款太多，渐不敷支给。钝夫甚忧之，思有以慰捐者之心，倡议于中堂两旁庑下添建二室，东曰彰善室，中分男女二座，一祀历代族人有善行可纪者，一祀历代节孝贞烈妇之得旌表者。而以能捐钱五百千文者祔焉。西曰酬劳室，中分三座，中座祀历代司宗祠事务实有劳绩者，而以能捐钱一百千文者祔焉。能捐五十千文者，列于左右座，谓之配食。凡自丙寅年起铺户历年所捐，皆准并计。而本年能加一倍二倍或五倍者，皆一文作二文计数，谓之急公捐，随多寡酌祔于彰善、酬劳及与配食酬劳。有兄弟叔侄各有铺户捐或辛捐为数无多者，合计其数，酌以其考或祖或曾祖高祖祔及配食，皆于春分冬至特设祭。盖仿行朝廷筹捐给奖之意也。七月乡试期近，工程正吃紧，诸司事虑经费绌，恐累其身，早思规避，无肯代钝夫者。乃作书以情告仲莹叔，请归而摄焉。仲莹叔至，钝夫招各工师及窑头料贩齐集，与之约曰，今先给工料价值各若干。余者必俟予乡试归乃给。予未归，切莫怪接办者无以应尔等之求。而工料各须赶紧，毋以误期。则皆曰，诺。盖其时所交仲莹叔者，只百余金，经费已绌。钝夫拟试毕趁轮船赴上海筹捐，非仅为乡试也。七月二十八日抵金陵，八月十六日甫出闱，而珍兄玉弟自上海驰书召钝夫偕玠弟试毕速赴上海。盖先考七月已得疾，不令闻知，待三场将毕乃发书呼速来。呜呼，先考忍疾不言，俾钝夫等安心就试，其期望也切矣。终不能徼幸一第以慰亲心，不孝之罪无可逭矣。十七日急偕玠弟起程赴上海省先考疾，日侍医药，不敢少离左右。先考询及宗祠工程，则托词以对，而心愈惶急。幸药渐奏效，甫十日，先考已能起。又数日渐能徐步下楼，乃以实告，而出筹捐济工。利中伯、承教叔等深悯其劳瘁独任其难，劝族人商于沪者捐尤力。族人亦以钝夫忧父疾兼忧宗祠支用乏，计益窘，或误工期，多捐钱以慰之。积十余日，已得钱一千五百余千。急发书告宗族俾无忧虑。时已九月下旬矣。十月朔，先考疾复作，气逆而痰阻，医药祈祷皆无效。初九日卯时竟弃传等而长逝。呜呼痛哉！时钝夫兄弟五人皆在上海，各亲视含殓。既殡，遂议决扶柩返里。而先考前所纳妾张氏及瑛弟妇姚氏不欲归，屡劝不从。钝夫恸且忿，以义责之，乃听命。以玉弟病痫，与璐弟留上海。与瑛弟玠弟扶柩偕张氏姚氏及侄嗣业归里。临行而病肝气上忤，寒热交作，力疾扶柩下船。十一日过杭州，溯浙江，入徽界，疾益困。十二日抵家，先妣率子妇及诸孙男女哭迎于竦岭之麓，暂安厝于前溪之新坟。亲戚皆赴吊，勉强如礼酬答，疾遂日增剧。时宗祠已于十月十五日上梁，接建于前被风吹倒之两廊，及后联接寝室之两庑，工犹未竣也。宗祠诸司事日来问讯，兼商未完事宜。各项工师亦偕来问候，皆不能不接见。幸经费已筹足，源源接济，不少后时。钝夫虽罹此鞠凶，尚未误工程也。十二月工竣，总稽各项支给之数，共钱二千九百三十三十余千文。族人始信钝夫原估三千千之数果不谬云。

宗祠中堂宽六丈，高三丈，五间梁用大松，围一丈二尺，柱用银杏，围六尺。前庭及前廊皆用石琢方为柱，不患雨淋日晒。长丈有四尺者四，丈有二尺者十有四，方尺有二寸及一尺不等。而他木料称是。费实用钱三千千文，可谓廉矣。大乱之后，族众贫乏者多。自丙寅年筹捐以来，每年所入，极多不过七百余千，少或三四百千。前两次建寝室，建头门各材料，较中堂尺寸只得半数。以间架计，适如此次之所建。而两次所费五千余千之多，为期甚宽。主度支者常告匮，拮据殊甚。钝夫此次横空创造，克期兴工，期以一年，筹费三千千之多，皆取办仓猝，实皆苦心经营而后得之。屡遇穷困而独力撑拄，愈黾勉而不懈，终必转难而为易。精诚所积，感而（适按：以上是我的堂弟秀之代我抄的。二哥绍之〔秬〕用墨笔校改）能通,盖列祖在天之灵有以默相之,阖族一千二百余人愿望宗祠速成之心迫切,而共助之,故幸而获济也。自正月开工以后,鸠工庀材,筹捐转运,日役丁壮工匠二百余人,各酬以值,而调剂缓急,俾各满其意而听指麾。日恒黎明即起,部署至夜二鼓乃休。坐片刻,思日所作事,及明日应作事,了然于心。复阅玠弟、度侄(适按:四弟玠,字介如,后终于阜阳县训导。"度侄"即上文之毓度,是族侄,其妻与曹氏先母为姐妹。早卒,但其妻享高寿,其子茂纲,字铭彝,经商,与我很相好)所作时文试帖,为之详改,并应郡城紫阳书院月课,每月四课,每课自作文一二篇不等。必至四鼓,倦极而后寝。而秋试期益迫,费益绌,复惨遭大故,治丧事,扶柩回里,外内交困,心力均瘁,遂大病几殆矣。

（适按:建宗祠的大工程,分两大部分。第一部分为"上梁",即是建立梁柱,建立主要的"中堂",及两廊两庑等。第二部分是全部落成,行"升主"大礼。"主"是祖先的牌位,"升主"是"奉升始祖,始分祖,始迁杨林祖,始迁上川祖,于座而祀之"。此年所谓"工竣",乃是第一部工作。）

（适又按:此叶是王重民兄补抄。）

同治十三年甲戌(1874)三十四岁。

（适按:此下因烧坏太多,缺字太多,故由我自己校抄。）

大病,得王履中诊治,始愈。

五月赴上海,筹捐宗祠墙工。谒刘融斋先生。

春晖族叔有三子在家,语钝夫请明年馆于其家。钝夫自计,先考已见背,上海、川沙两处店业由心斋、理斋二叔祖主持,局面似已不如先考在时,而食指日繁,玠弟、璐弟未娶,女弟未出阁,不早自治生,必无以给婚嫁。……目前难以远出,暂事笔耕砚耘,自食其力,亦□□也。遂诺之。

九月归里,宗祠砖工已竣矣,接办□□□底垫砖瓦上砌脊各工,兼购装修寝室板料。

光绪元年乙亥(1875)三十五岁。

春晖族叔之子祥麟、祥仁、祥佑以父命延请授业,设帐于村后之有裕堂。二月,仍移聚星堂,以便监督宗祠工程。

修造旧宅之余室三间。

肄业龙门时,尝考古今礼书所记祠堂制度,亦尝请教于刘先生及生平知交之通博有学问者,皆未闻有能考订此礼者。同门钱蔚也孝廉亦欲考订此礼,与钝夫反复辩论,最后乃拟定二议:一则设一宗祠,□□□□□□并设四亲祠,如《家礼》之制,遇亲尽之主则迁祧于始祖之祠。一则宗祠设四室,左为二昭,右为二穆,遵《家礼》之制,以高曾祖考迭为昭穆,皆亲尽则祧。于四室之内,各分中左右。如东中之昭室中则为始祖之位,西中之穆室中则为始分祖之位,东左之昭室中则为始迁祖之位,西右之穆室中则为既迁而复始分迁祖之位。皆百世不祧。而每室之左右各以群□□□□高曾祖考者祔。……二昭室之主皆考右妣左,二穆室之主皆考左妣右,各以行辈分位之高下。兼依《家礼》,于四室之左右分设东西相向二室,曰旁亲室,以曾伯叔祖考妣,伯叔祖考妣,伯叔考妣之无后者;及子先父殁,妻先夫亡者,男统于东,女统于西。……盖将装修寝室,不能不先考定制度也。

(以上二年,原稿烧坏太多,仅补大略。适记。)

光绪二年丙子(1876)三十六岁。

正月初旬与心斋伯检阅宗祠各项捐册,曰,吾族丁口之数,田亩之数,尽在此。不知一年天地自然之利究有若干。遂举阖族□□谷麦丝茶竹木所收之数,酌中核价而并计之,不过□□□五千余千。皆讶曰,何其寡也! 又检丁口册,试检吸鸦片者〔约二百人,每日〕(编按:括号内字系胡适所推补,卜同)耗烟值百钱,已有七千二百千之多。愈相讶曰,何其多也!〔阖族一岁〕所产自然之利,尽耗于鸦片,而犹不足(适按:全族一年的自然之利〈农产〉仅五千余千,而鸦片一年耗七千二百千,故云"而犹不足")。然则〔在家之〕老幼男女约八百余口,一岁食用将奚以取给耶? 复检各册详细核算,乃知阖族为工商于外者四百余人(适按:在家八百余口,在外四百余人,故总数是一千二百余人。此丁口总数,又见页二一八、页二三七),各以其赢余之利,薪俸之资,归赡其家,仅而获济。故年来宗祠之经费日益难筹。乃相与叹息久之。钝夫复将各册逐一检阅,再三筹思,语心斋伯曰,宗祠工程不急赶办,期以今年落成升主,后恐不复能筹□□□□□□众为鸦片所害,必年穷一年,固不得言,□□□□□□□□□初议兴工时,子建议□□□□□□□□□□□□□多其取之方,少其取之数,使人□□□□□□□□□□□□□变其议,筹费则力言加重,办工则必欲□□□□□□子为然,深为子虑,而癸酉之大工竟如子言而幸济。今□□□□困穷,而又欲克期赶工。子果有成算耶?今年欲再加□,□□子亦有所不敢矣。曰,始之取少,时势限之。后之加重,事势迫之。此《易》所谓"穷则变,变则通"也。前年大工,若非期迫,谁肯加十倍□□□□以捐赀。迄至今日,已有现成之费,视吾等司事者能取之否耳。不特不必加重,抑且不须另筹矣。遂检丁口册及工捐册积欠之数示之曰,为此累累,收之足用矣。曰,子尚不知画饼不能充饥耶?此数如能收,何致如此?曰,祖宗相传旧例,此两项积欠不缴,不许其家祖考神主入祠。如能赶办落成之日,彼尚能拖欠耶?曰,计宗祠内外装修各项工料价值,尚须钱二千余千。无论此项积欠□成之日若辈不顾其亲考,不奉神主入祠,仍不来缴,即□□□缴,亦必待各工俱竣而后来。试问此二千余千□□□□□谁能先垫耶?曰,今日之势似与壬申、癸酉□□□□□□非立酬其值,则材□□□□□□□□□□□□□今则似可以虚声图之。□□□□□□□□□□告族人之在外者,今如期各归祭祖,则众□□□□□□他姓闻之,必自以砖瓦木石来求售,各工亦必争□□□一切价值必可先与之约定,待工竣而后给。今春能得二三百千,便可放胆放手,决计而行,时乎,时乎,不可失矣。曰,子能任此,则为之,吾则不敢。又以所拟《四室图说》与之详细□□。曰,此法如能行,固善。但各姓宗祠皆以始祖位于□□□□□习见习闻。一旦改设于左,必骇怪而哗。□众我寡,□□□□。曰,试为之。众如不以为然,改从旧式亦易为工。□□□曰,只好如此。

时钝夫服已除,择吉移居新宅,为玠弟娶六都朱友董处士之长女为妻。女弟前已字六都汪继华□翁之子良树,亦同日出阁。二月学使者按试至郡,赴郡□科。乃偕蕴山、仲莹二叔就近赴休,邀蔚文太叔祖□□访梯青族太叔,示以所拟《四室图说》,告以旧制□□□□

□□以下皆男左女右，不分昭穆，不论亲尽□□□□□□□□合礼。亦深以为然。回□□□□□□□□□□须经费若干始能竣工？□□□□□□□□□钝夫长叹曰，惜吾族无稍能仗义之人耳，如有其人□□□□垫银三百圆，今冬落成升主亦易也。廷英曰，此言信否？曰，何得不信？有肯垫者，吾先择升主之吉期而后取银可也。曰，垫款何时筹还？曰，升主之日准还，兼包月息，断不致误。曰，能如此，则吾垫三百，何如？曰，子既应允，休城有精于阴阳善□□者，吾择定吉期而归告族人可也。遂择本年十月十三日升主。曰，先付□□□□□四月来取也。廷英从之。

三月回里，族人闻之皆喜〔升主有期〕，果如钝夫所料，凡远近之开窑烧砖者，及采山木制□者，皆争先来承揽。钝夫与诸司事量度丈尺长短，应用多□，籍其数目而各与议价值、订期，兼各言明必待吾宗祠工竣落成而后给钱。皆满意而去。各项匠工亦不得召而自来，钝夫估计某项工程应如何制作，得几工可成，应给价若干，亦皆如所言而定。未及十日，已部署就绪。心斋伯喜曰，吾不料□□□□也。曰，有癸酉之难，是以有今日之易，循环之理也。然□□□□□难处置者，出于意外。癸酉□□□□□□□□□□事事踏实地而行也。今事似易□□□□□□□□喜也。

初，吾族重造宗祠，甫于道光庚子（1840）仲冬落成。咸丰辛酉（1861）孟夏遽为粤贼所毁，族人皆痛惜之。道光时，族丁蕃庶，又承平日久，家给人足，犹经营十年而后成。大乱之后，族中丁口十死其八。同治乙丑（1865）冬至，查计孑遗，仅存一千二百余人，又皆创痍未复，室如悬磬。先伯父已前卒，老成凋谢殆尽。初议□工，阖族皆以为非梯青先生来主持其事，必不能成。梯青族太叔□□重望，故族人皆以"先生"称之。同祖兄弟二十余人，子侄□□□□□馥庭族叔登咸丰辛亥恩科乡榜，现官刑部□□□贵州司行走。与其子惇汝族伯皆以明经贡，亲属强盛，又饶于财，故阖族倚重焉（适按：此一支即"胡开文笔墨店"的创办人的后代，他们在休宁县起家，故后代多住在休宁、屯溪一带）。梯青族太叔亲见道光时经营之难，又知乱后族众财力均实不足，屡以年老所居距村远不能兼顾力辞，而举蔚文族太叔祖,心斋族伯等及钝夫,嘱族中父老使任其事。钝夫等以其巨室也,凡建议必请决可否而后行,梯青先生□慰勉之,盖深知其难也。惇汝族伯亦以老病□□□□□□□不及已,颇不悦;每论争执偏□□□□□□□□□□□□工程部署已定,众人啧啧归功□□□□□□□钝夫拟坐收历年丁口工捐积欠以为经费,别□□□,思败之,遂托言其父以为朝廷悯穷民不能完额赋,尚有恩免之例。宗祠之于派丁,亦当如此。所有历年丁口工捐之未缴者,宜一概蠲免,俾各得奉其亲考神〔主〕入享祭。不当以旧例□之。族之积欠丁工捐者,大半皆狡猾奸诈之徒。闻此言,□□□□,且转訾笑亲属之已缴捐者,而自以历年延□□□□。钝夫初不为摇夺。有来询者,则以"欠捐者自□□□冀以惑众"语之,且诫以不可为所惑。其尤狡猾者,则邀其同类赴休求见梯青族太叔,请力主其议,以体恤困穷。梯青族太叔居乡,距休城三十里。适惇汝族伯在休城,遇之,喜其计□行,不令见其父,语之曰,此皆钝夫一人把持耳。宗族人众,将来吾等归,当与众共议可否,不能由渠专擅也。由是众益有所恃。

六月,钝夫等□□□□□□□□即调族丁助工,亦□□□□□□□□□□心斋伯、蕴山叔与钝夫同□□□□□□□□□钝夫筹思久之,语蕴山叔曰,今已势逼处此,吾□□缩,亦不可得。古语有云,山鬼之技俩有限,老僧之不睹不闻无穷。计惟有以此法处之,不动声色,使外人不能测度,庶望如期能竣此工。然非叔暗助一臂,不能济目前之急矣。蕴山叔曰,将如何?曰,乡试期渐近,料各项工匠闻吾将赴试,必各来索支工价少许以相尝试。计得洋银二百圆亦可以略应其所求,因各与要约,使各赶工无误。吾□□□程可无虑矣。计目前惟叔之力能为之。吾乡试后,即赴上海收本年铺户之捐,归而先偿叔,必有余,决不负叔。计其时极往返之速。归必在九月中旬,各工已竣,落成之期已迫,族人之在外归祭其祖者必皆集。休宁诸人必不能不来。若梯青族太叔自来,以理论,以情感,必易于转圜。若渠不来而惇汝伯偕健甫叔来,事必决裂。然而各工已竣,吾等可告无罪于祖宗,亦有辞以对宗族。但负巨债,□□□□□□彼如敢承,则吾债了矣。彼如不敢承,□□□□□□□其说以调停其间,不敢复为他人抗捐□□期吾等须持之益坚,所难者此耳。蕴山叔深以为然,允垫二百金。心斋伯曰,吾料老梯必不来。曰,必如所料。曰,吾素不喜与惇汝交谈,渠来吾必闭门不出,子勿怪也。钝夫笑曰,诺。

蕴山叔曰,族人望宗祠落成升主而演剧,数年矣,今班头屡来请示期。不演剧则无以塞众望,演剧则事正纷□,益难处置,将如何?曰,不但当急定议演剧,且必造□□□须即日集议落成升主一切应行典礼,兼议接□□修宗谱,益张大其虚声。心斋伯曰,此固当示人以不可测度,而经费益绌,将奈何?曰,非示人以不测,将以坚众人望落成之心也。现造四室,拟令族人各以其高曾祖考神主升祔。能于此时为之检查旧谱,考其支派之所自出,上沿、旁沿、下沿,而详记之,则重修宗谱之稿略具矣。此亦众人之所深望者也。旧例于宗祠进一神主,牌费登谱费共收钱六十。此次升祔四亲,为数多矣。借口于演剧各族来贺,□□□□支派费烦。每一神主加五倍取费,为钱三百。□□□□□□□然得此巨款即彼休人能为积欠者力抗□□□不肯缴一文,不能阻吾等奉始祖列祖神主升座也,并不能阻丁口工捐已缴清者之家之神主升祔也。届期各族宗祠司事皆来贺,族人之甥舅姻娅亦皆来贺,四方来观剧,公道自在人心,必皆不直彼等之所为,惇汝叔亦必自惭而不敢再争。但憾与吾等同志者太少,事太烦剧,支撑不及,难以坚持耳。此实可虑,不须忧费绌也。曰,今日之难,子春间早料及,今已纷纭如此,将伊于胡底,能料之否?曰,十月初旬,休人来,群不逞之徒附之,如鼎沸,如河溃,必然之势也。同事诸君恐波及,各不复来,办意中事也。吾等以寡敌众,坚持而不为挠屈,已难。并须备器具,省牲牢,酬贺客,修祭祀燕饮之事,又须为众结算捐款,收钱,登记神主升祔之数,及照料戏班并一切夫役人等。且必有争继争产投宗祠评曲直者,必有讦某人受某人遗产不为升祔者。纷至而沓来。不能预先布置,皆取办于仓卒,则难而尤难耳。曰,子自料能坚持到底否?曰,□□□□人有言,"众怒难犯,专欲难成"。今日所私拟议□□□□□□□不如此必不能竣工。工既竣,落成升主有必□□□之势,所持者正,所全者大,竭吾等之心力以持之。彼势未集,必不敢遽逞无礼于吾等。尚能从容筹划以期集事也。至十月上旬,彼见事势已定,恐不我胜,必竭力以与我争;彼势方张,我助益寡,无礼之逞何所不至?吾必败矣。然吾虽败,宗祠落成升主势仍逼之以不可也,必能草草如礼。吾等十年之功亦不致废于一旦。吾以晚辈任此艰巨,彼罪我专,我无以辩。岂能坚持到底哉?但今日不坚持,则大局必坏矣。二人亦皆深以为然。遂日集众会议,次第布置如常。众果不我测,皆□□之。

七月,内外装修及上下砖瓦各工次第完竣,并遍抹以桐油。惟寝室加造石栏未成,而石料亦已备。兼与木工议造桌椅。又仿造铏登笾豆樽俎,以备祭器,考定图式尺寸,而后赴金陵乡试。

上海范荔泉,姚子良及其弟子让,阳湖陈容民,皆因张经甫来访钝夫,皆精研舆地图书者也。八月试毕,偕张范及姚氏昆季趁轮船□□□□,搭客多,挤拥无卧地。与子良子让坐谈,□□□□上海,谒刘融斋先生,求书宗祠楹联,蒙撰:

五百年教沐新安,家礼秉成编,俎豆馨香先正范。

卅一世派延唐室,明经始受姓,诗书遗泽后昆贤。

联句,书以赠之。又谒钟子勤先生,先是先生命代访购吾邑胡竹村先生(培翚)所著《仪礼正义》,至是得其书于金陵,以呈先生,蒙赠新刻所著《谷梁补义》一部。

九月,钝夫与承教族叔,据□族太叔等收族人在申者铺户丁工各捐,复得洋银一千元,喜出望外。复趁轮船至芜湖登岸。兼程驰归。于十二日抵家,适稼儿病甚几殆。次日闻榜发,复被黜,均不顾。急入宗祠料理未完工程。

族中未缴丁工捐者纷纷来问,落成之日准先奉其祖考神主入祠而后缴捐否?对曰,不准。曰,众人皆以为可,而子独坚持不许,何也?曰,宗祠各项工程料值工价积欠二千余千之多,众人能承当而偿之否?曰,宗祠乃众人共有之宗祠,须由众人作主,不能由子一人作主。对曰,宗祠欠各工料价,众人何以不作主设法归偿,而乃欲□□此议以袒护历年抗捐之人,此何理耶?皆无词以对。

□□□□钝夫者,曰,闻群不逞之徒各令铁匠制刀,期与□□□争。子不急转圜,危矣。钝夫不为动。越数日,言此者益众,并有查明某某等共八十余人已制利刀八十余口告者。钝夫自思,事已如此,惧则其势益张,乃急购大杉板,雇工人为制二棺,意以其一为先妣百年后之备,一即自备以待众人之刀也。先妣闻其事,诘责严切。钝夫从容解譬而勉慰之。私告玠弟曰,无惧也。吾如果被刺死,尔可以此棺殓吾尸,殡于宗祠之中堂。竭众人之财力造此宗祠,以居吾棺,吾死无憾矣。棺既成,钝夫乃遍告诸父老及各司事,移居宗祠帐房以待之。

十月,惇汝伯,健甫叔偕其昆弟群从二十余人自休宁归,闻其事,颇咎众人卤莽。乃以好语来为族之贫者求宗祠恩免,冀仍得行其私见。钝夫笑曰,勿复言"求"也。众人已制利刀八十余口,吾亦预备棺木一口,专待诸公来以决一死。吾死,任诸公为之耳。惇汝伯语塞,健甫叔急为众人剖白并无制刀之事。时众人随入宗祠观听者数百,□□甚□□。钝夫复笑而问众中之欠捐者曰,子等新制□□□□□□此时可动手矣。健甫恐激变,急叱令众退□□□曰,子疑吾等来与子拼命耶?对曰,非疑也。众以此胁吾,非□□,以无人主持其事,是以待之。今诸伯叔已至,宗祠大工已竣,吾亦可以告无罪于祖宗,自信此祸必不能免,非疑也。今日为十月初七日,距十三升主吉日不过五日。吾不死,必梗诸伯叔之议,不速决计,恐诸伯叔赶办不及也。曰,吾等来与子从容商之耳。曰,何商之有?丁工捐不缴清,其家之祖考神主不准入祠,乃祖宗之旧例,非吾所创议也。现计各项工料价值钱二千余千,皆拟收此历年积欠之丁口工捐及神主牌资登谱费以补□其缺。但叔能力任此项工料价值,而自捐赀以偿之,宗祠事了,众人胥感叔之德矣。叔能任此与否,自商于心而出于口,一言决矣。曰,此非吾能独任之也。曰,近数年来,宗祠之事皆吾独任之,其艰窘万状,诸伯叔谅闻之矣。今此区区者,而叔乃不能独任耶?叔既不肯任此,吾仍当任之,决不推诿。而诸伯叔复欲变祖宗之旧例,以媚于众,以困吾而败坏其事,此何为也哉?曰,当与众司事及诸父老议之。曰,众司事□□之□□,谁敢复来?惟吾不畏死,独待罪于宗祠耳。□□即请之亦不来,诸伯叔请之或来耳。

次日果邀众司事及诸父老至,不复为抗捐者言,而惟以"寝室改四龛。始祖不居中正位,非祖宗旧制,众人不欲"为言。盖由钝夫昨以祖宗旧例折之;故思执此以为钝夫咎也。〔钝夫〕曰,此事前年已绘图贴说,寄请君家梯青先生裁酌可否,今年二月吾与蔚文族太叔祖,蕴山族叔,仲莹叔亲造其庐而面请之;梯青先生许可,而后定此制。他人不知。惇汝伯知之,不得为吾咎也。惇汝伯曰,吾当时曾不以为然。曰,伯曾言,旧制三龛,始祖居中,以下列祖考皆居左,妣皆居右,以男女为昭穆,《十三经》中似有专制。吾即问伯在何经何篇,请查出以便详考,伯即无以应。又言,遵照《家礼》,母先父殁,妻先夫亡者,皆祔于旁亲室,似于心不安。吾对以礼当如此,所谓祀典无丰于昵也。伯亦无以应。他无言也。吾家中有《十三经》,如果确有所据,今取来当面查之,何如?曰,即经无□□□祖宗旧例,子亦不应擅自改作。曰,先与各司事议□□,复具图说寄请梯青先生正之,复徒步走三百里面求教之,而伯尚以为擅改耶?曰,即吾父亦不能擅改祖宗之旧制也。曰,伯忍于宗祠之中明斥其父之擅,吾辈自不能不认擅改之罪。然建宗祠以祀列祖,礼也。合礼则改之为是,不改则非是。礼所在即义所在。今但问合礼与不合礼耳,不能论新旧也。曰,祖宗旧制必不可改,政则无怪众人不服矣。曰,闻吾宗祠旧时曾远追胡氏之所自出,祀陈胡公,并追祀舜帝,皆供有神主。至道光庚子年重造宗祠落成,乃迁其主不复祀。此亦祖宗旧制也,前人何为改之?惇汝伯语塞。众则依违其间,无所可否。久之,遂各罢去。

时日益迫,事日益剧,众司事均不复来,钝夫一人实应接不暇。先妣闻之,深惧其竭蹶,屡命玠弟来召之归。钝夫欲归亦不可得,而穷困已甚。惇汝伯无如钝夫何,群不逞之徒气亦少沮,不敢复言不缴丁口工捐,亦惟托于公议,以始祖不得居正中,哓哓不息。

健甫叔以阶平族叔,钝夫之授业师也,□□出为调停,但改寝室为三龛从旧制,以塞众意。心斋伯闻之,嘱蕴山、仲莹二族叔夜来语之曰,"众怒难犯,专欲难成",子早已言之。今尚不借此以自转圜,以图济事,将待何时乎?

初九日,议尚未定,而邻村各姓宗祠纷纷送贺礼至。其已缴清丁口各项捐款者亦纷纷来领牌,求登谱。而宗祠只钝夫一人独自撑拄,寝食俱废。初十日,先妣乃自诣宗祠切责之。无可如何,乃允阶平、健甫二叔改寝室从旧制,作三龛。十一日,制改定。而各以高曾祖考四神主升祔,则从钝夫之议不改也。

十二日,急洒扫内外,陈设器具。而新制铏登笾豆樽爵成,其实菹醢果品羹粢醴齐,无知之者,钝夫亦躬自教之,夜以继日,不能少休。

十三日,乃得如礼奉升始祖,始分祖,始迁杨林祖,始迁上川祖于座而祀之。邻村远近各姓宗祠皆以礼来贺,而合族之甥舅姻娅亦来贺。其抗捐者,皆如钝夫所料,各不忍不升祔其祖考神主于宗祠,□来缴足历年所欠之捐。而钝夫及诸司事日夜为□□结历年捐数,收钱发牌登谱,益烦剧不支。钝夫阴计收上海捐得巨款,升祔四亲神主众费多,而积欠之丁口工捐又十得其九,经费已裕,惟苦相助者少。遂雇役而厚酬其值。酬宾演剧,六昼夜乃已,惟争体面,微幸济事,而浮糜之费不暇计焉。不得已也。

诸事既竣,开支各项工料价值,补偿廷英弟蕴山叔两次垫款本息,及落成一切费用,尚余钱三百余千。而竟无暇兼及于各家之世系支派以为修谱底稿。既自幸,复自惜矣。

计自同治丙寅(1866)春间兴工,至光绪丙子(1876)冬乃告厥成,共计费用足钱一万三千三百余千,皆取给于各项捐款。族人财殚力竭,钝夫心力亦交瘁矣。

十一月冬至日,祭始祖。钝夫乃请于同事诸公曰,旧例,宗祠大祭,以司事者轮流主祭。往年宗祠未成,暂借聚星堂设祭,钝夫自以年辈皆晚,皆准诸公主之。今欲一僭主祭,可乎?皆曰,宗祠新成,第一次逢冬至,子宜主祭。祭毕,大会宗族,诸年六十以上及有顶戴者毕集,共一百一十六人,行宴饮礼。钝夫□□册籍,出图记锁钥而告之曰,自同治乙丑(1865)冬至,蒙诸父兄举钝夫继先伯考星五公管理宗祠事务,始议重建宗祠。其时大难甫平,阖族疮痍未复,丁口仅有一千二百余人。莫不以经费难筹,互相推诿。钝夫以晚辈冒昧力任此事,以先伯考早有此志,而享年不永,不克举行,思竟其事耳。迄今十有二年,凡往来休宁、屯溪、上海各处劝捐收捐,及年来遍历四、

五、六、七、八都大小村庄,深山穷谷,搜采材木,从未辞劳。无论路之远近,其路费糇粮皆自筹备,并未于公款开支一文。即居聚星堂督办各项工程,日用饮食亦系自备。阖族所共知也。经费之窘,调度之艰,几乎身命不保,亦阖族所共知也。诚不自意得有今日,与诸父兄共享祖宗之赐,宴饮于宗祠。亦赖祖宗之灵,阖族知义者多,各竭财力以助之,俾得徼幸而不负诸父兄之重托耳。册籍图记锁钥具在,请□□收而详核,并举贤能接手管理,钝夫从此告退矣。

皆曰,子之辛苦,众所共知。非子坚忍,宗祠必不能成。子勿以前事介意。且宗祠虽成,宗谱未修,善后之事尚多,非子将谁能任之?请勿辞也。同事诸公皆曰,旧例,管理祠事五年一换班。今已十二年,中间自行告退者多矣。当庚午年冬头门起造以后,吾辈已欲告退,惟钝夫必欲俟大工告竣而后退。今已竣矣,不退奚待哉?众皆以难得接手之人对。钝夫曰,当吾辈接手时,宗祠只一瓦砾场,且无一钱之积。今工已成,钱粟皆有余,器具莫不备。岁时备牲盛酒醴,修祭祀而已,诸父兄皆优为之。即诸父兄不举人接办,钝夫亦从此不复顾矣。

越三日,复集宗族问所举何人,皆曰无之。钝夫与同事诸公遂具衣冠,拜告祖宗,封各册籍仓柜,以锁钥交族长之家而归。或问钝夫曰,设至明年春分族中仍不举人接办,子辛苦十年造此宗祠,而祭祀不修,子心安乎?曰,吾尽吾心力,为吾祖吾宗之神灵无所凭依也。今已有所凭依矣。明年春分,族人不修祭祀,吾自具粢盛醴齐以祀吾祖吾宗,仍求尽吾之心力可也。吾若不退,众必疑吾有盘据之心,吾转无以自明矣。义各有当,时各有宜。前日众人劝吾退而不退,今日众人劝吾留而不留,皆时所迫,义所迫也。或乃笑曰,钝夫今为遁夫矣!
(适按:十九、七、十——七、十三夜校抄毕。)

光绪三年(三十七岁)至光绪六年(四十岁)
摒挡家事及地方事
光绪三年丁丑(1877)三十七岁。

钝夫以宗祠工已竣,思复出外从刘先生学。而自乙亥复设帐于聚星堂,为春晖族叔教子,日资其饮食,实则日夜筹划宗祠工程,颇妨馆课。春晖叔不以为嫌,去冬命其子筑家塾曰醉经轩,仍延钝夫馆其中。钝夫时已闲暇,亦思为勤课以自补前日之旷。遂闭门谢客,不复与闻塾外事。附从者,叔之次婿曹诚琪及庭吉族叔。馆课多暇,乃节抄顾宛溪先生所著《读史方舆纪要》中历代州域沿革建置九卷为一卷。又补作《重建宗祠记》及《议改宗祠寝室记》,属□□□书匾额,建于寝室之东西庑(适按:此下是罗尔纲先生代我校抄的)。时族举新司事议修谱,来谘钝夫。钝夫去年见惇汝伯,其父在,其母已前卒,书其神主称先妣,自书奉祀子某;又登记其祖妾多人于谱,不称妾,皆称继娶某氏,力言其不可而不从。尝叹曰,无礼如此,而族人重而信服之,横逆之来无足怪矣。令往休先与惇汝伯议之。诸司事亦患其执偏见,不肯往。钝夫曰,公正之人不能秉公主笔削,何能修宗谱?吾族旧谱重修于乾隆丙子,迄今不过一百二十一年,未甚久远。三十七世天字行,三十八世德字行,大略修载十有八九。此次宗祠各令派下奉其高曾祖考四亲神主升祔,已上接前谱。盖今存者为"天、德、锡、贞、祥、洪、恩"七字行之人,不患或遗忘其祖也。惟大乱之时,死者十之八,绝嗣者比比皆是,患有遗漏。急令各派自行稽查而记之。纵不能一一悉记,必可十得八九。过此以往二十年,老成零落尽,则无可如何矣。众司事以为然,稿遂略创。

是年二月钝夫为璐弟迎娶歙东汪满田汪氏。七月下旬,门前所□□府海棠二本,每年三月底开花者,至是花复盛。八月初三日,玠弟得一子,取名稷。二十三日,钝夫妻曹氏孪生二子,一名柜,一名秵,而曹氏病几殆。盖去年六月曹氏甫产一女名致致,首尾才十四阅月而三乳,气血乃大亏耗。海棠有色无香,花复开,钝夫心知非吉兆。而先妣一月得三孙皆男,颇足以慰其老怀也。柜秵二儿生三日,急为择乳母,令各抱归其家乳之。

光绪四年戊寅(1878)三十八岁。

是年五月,邑侯陈黻庭司马具柬并函邀请各乡绅士入城与东山书院司事周文澜结算历年收支帐目。钝夫与胡昭甫、石式如、石洁甫、汪韶九、唐厚甫诸君以为书院积弊久,月课有名无实,难得地方官有意经理,宜出与其事。东乡到城者亦只章仲璋、程金门、程咏兰等五六人。余皆城内人。共八十余人。周文澜及前司事胡宗道出簿册与众检阅,各无语。周、胡二人复对众大言,有弊与否,可各指出。众无以对。钝夫独曰,弊已明矣。邑侯问何弊。曰,修书院三字即弊也。周、胡曰,书院损坏则当修,何为是弊?曰,查历年修书院所支销之数,或钱数十千,或百数十千,或二百余千不等。而皆零星琐碎,或买砖瓦,或给匠工,钱数百文,一二千文。从无一次记载修某处损坏若干丈尺,亦无一次整支十千八千之帐。此非作弊而何?邑侯深以为然。众皆恍然大悟。东乡绅士,查诸砖瓦窑底账,果与书院所记数目不符。周、胡无可狡辩。邑侯欲究其事惩创之。钝夫以书院所有产业存款契据均在二人之手,未交出,缓之。侯另举公正人接办后,各处产业存款一切查清,斯书院可以整顿。否则仍于公无济也。邑侯亦以为然,令拟善后章程。而程咏兰与周文澜有隙,必欲先追究其弊。钝夫与昭甫私语曰,彼欲借公而行私,又恃与邑侯甚相得,徒欲逞快于一时,非实心为公者也。吾辈托故先归,彼必无能为矣。昭甫从之,遂归。六月,邑侯复约期令出复议。而西北乡到者只昭甫与钝夫及石式如三人,东乡只邵班卿、章仲璋二人,持论皆与钝夫等相合。程咏兰果大沮。遂定议:公举胡与九明经为司事,而田产之在各乡者,由各乡人就近收租,每年十二月会于城中。乡间收租账目由司事结算,而司事一切收支账目由各乡收租者为之结算。其收租伙食及往来夫价路费,各以所收租谷之数提支二成,不得如前漫无制限。邑侯皆批准。始周文澜等以钝夫首揭其弊,甚憾之;后知不助程咏兰,而惟以整顿书院为主,转服其公。十月,各乡就近清查书院田租,前弊莫不显然,彻底剔除。而西北乡岭坦、杨林二庄所入之数较每年顿加三倍又半,他庄亦加一二倍不等。十二月,入城结算账目,会禀邑侯,并请加给来年月课奖赏,并议请通儒硕学阅书院课卷。邑侯闻经费几加三倍,大以为快,所禀无不允行。城中绅士前此十余年经手收租各庄田租者三十余人,闻之莫不惭惧。既闻概不追究□弊,亦各叹服。时泾县吴竹庵先生由名翰林□□湖北,历任粮储道,退归林下,寄居旌德之朱汪村。□□请其阅书院课卷,而苦无介绍。钝夫曰,求师问道,不嫌冒昧也。遂请行。既造其庐,呈贽礼与聘书,果允所请,具酒饭款接。自言为绩溪胡竹邨先生门下士,问先生所著书行世者几种,钝夫举《仪礼正义》及阮文达公学海堂所刻《研六室杂著》诸书以对。又问婺源江慎修,歙县程瑶田,休宁戴东原诸先生所著书,钝夫亦举学海堂所刻者以对,凡三十余种。先生颇异之。殊不知钝夫时馆醉经轩,馆主人新于粤中购得阮文达公学海堂所刻《皇清经解》一部,披阅其录目而知之,适逢先生问及,遂悉举以对也。明年东山书院开课,每月课卷遂多至五百余本。

钝夫继配曹氏,自去年八月孪生二子后,病遂不起,四月几死,得真白术服之,稍似有转机;延至十月二十八日遂卒,年三十有三。时长女年十三,长男稼才八岁,幼女才三岁,幼男枏、秄才二岁,均以累先妣。钝夫自同治癸酉先考谢世后,先营居宅,次弟经理二弟一妹婚嫁甫毕,而复丧偶,子女均幼,内助乏人,益穷困矣。

光绪五年己卯(1879)三十九岁。

是年七月十六日,逢先妣六十寿辰。玉弟(适按:"玉弟"即二弟"玮")。亦自上海归,同祝寿,而后偕赴金陵应乡试。八月将入场,而珍兄以疾卒于上海,凶问至。珍兄年才四十,前得一子,四岁而殇;其弟瑜已于同治戊辰年病故,均无子。先伯考孝友诚笃,行谊无亏,而其二子均不永年,兼乏子嗣,悲痛殊甚,无心入场。玉弟玠弟与亲友力劝,试毕急趁轮船赴上海为料理后事。乃禀告心斋、理斋二叔祖(适按:此心斋叔祖比先父长两辈,与宗祠同事的心斋族伯"长一辈"不是一人)。曰,当先曾祖谢世时,先祖已前卒,二位叔祖与先考皆幼,皆赖先伯考以成立。即今上海川沙二处店业所有赀本,以偿家中兵乱以前旧债,数亦相当,而债主未来逼索者,皆先伯考遗德在人,而人亦有所不忍也。今则已矣。钝夫屡请料理此事,而二位叔祖屡不允从。目前二店大不如前,人口日众,生计渐窘。如有一人来逼,必将一一相继□□,其曲在我,必不能复支矣,将如之何?曰,子意如何?曰,吾家之债皆先伯父所经手。今先伯父二子均卒,各债主来责问,何人承当,理壮气直,将置之不理耶?抑将承认而不偿耶?曰,自然不能不承认,亦不能不偿,但求宽限耳。曰,既不能不如此,不如先行各自承认之为得体矣。吾等先自一一承认,各换立借据,先示人以礼以信,而后求其宽限,既不失体面,又不受逼迫,而各人必自留意于此,不致复各置之不问,尚可望有还清之日。不然,不可为矣。曰,然。曰,既各以为然,必不能缓,缓则恐无及矣。曰,明春归而谋之,如何?曰,明春如能准归,今冬钝夫先归,而以情告之,则可。否亦罔济。曰,决计如此而行,但如何承认,亦当先自酌定。曰,叔祖二位及钝夫三分而各承其一,无他说矣。曰,债则如此承认,家产店业亦如此否?曰,论常理固当如此,但先祖妣及先伯考、先考存店之款为数太多,以此计算,当得家产店业之大半。心叔祖存款较之理叔祖所存之数,当得小半之二,而理叔祖当得小半之一。如此则理叔祖必不肯。不如此则伯母亦必不肯□。理叔祖曰,然。心叔祖曰,如何而后均各心平?曰,只有心叔祖与理叔祖吃小亏,钝夫为伯母等三孀一孤女吃大亏,斯各心平矣。曰,何谓也?曰,债则三分而各承认偿还。家产店业则作四分,二位叔祖各得其一,先伯考一派三孀一孤女得其一,钝夫兄弟五人得其一而已。无他法也。理叔祖闻此言,遂不语。心叔祖沉吟久之,顾谓理叔祖曰,弟以为可否?理叔祖曰,兄以为可,则可矣。心叔祖亦沉吟未即答。钝夫复曰,贫富命也,此区区者纵多得亦不济事。总以顾全大局不被外人耻笑为要耳。心叔祖曰,决计如此,如何?钝夫复曰,亲族之在申者,现惟琴斋叔最明理晓事,叔祖平日亦信之,钝夫往请来,以此议告而请其秉公评之,何如?皆曰,善。琴斋叔至,叔祖告之,则亦力劝速行,不可再缓。计遂决定。而伯母闻信亦驰至沪。叔祖以所议告而慰之。钝夫劝与偕归,不从,曰,明年同叔祖归不迟。钝夫遂谋先归。

时敬业书院山长钟先生已前卒,龙门书院山长刘先生亦得疾将归矣。□□榜发,钝夫复被黜。钝夫应乡试凡五次,丁卯荐卷,庚午癸酉皆不出房。丙子及是科皆荐,而堂备,仍不能中式。十月回里。

光绪六年庚辰(1880)四十岁。

三月,心斋理斋二叔祖及伯母汪氏,与珍兄之柩皆回里。钝夫以秬儿后珍兄,承继先伯考之祀。与叔祖商,往见各债主,叔祖有难色。钝夫曰,吾家所欠债之巨者,一为宅坦胡梧亭宗丈,其胞侄兵部主事虎臣兄,先伯考之门生;其子昭甫明经,皆与钝夫友善。一为印林族太叔,及其侄贞炳叔。先伯父与贞炳叔之父芬林太叔最契,曾为其家排解大纷难;近年印林太叔与其侄屡〔有〕隙,钝夫亦屡为之调停。乱平以后,十七八年不来逼索,职是故也。何难之有?三处允诺,余者数目少,无不允矣。叔祖命钝夫往,果皆蒙允诺。遂三分其数,各承认八百三十余千,如其数书券,求免息,分作五年拨还原本,而换回先伯父原书之券而焚之。乃浼宗族亲友立阄书,分配田产房屋店业为四股,□□其一。房屋则以大屋及东首之屋为心叔祖、理叔祖及先伯考派三房之业。以钝夫新造之三间,及其东旧平屋三间半为先考派下之业。店则以先考所开上海之茂春号为心叔祖、理叔祖二人之业;以祖遗川沙之万和号前毁于兵燹,难平先考所复开者,为先伯考及先考派下之业。其应拈阄执业,及已议定归某执业者,或先载入阄书,或先拈阄而后载入,皆由宗族亲友秉公主持。议既定,择吉具衣冠,祭告祖宗,各书押。宗族亲友亦书押。拈定阄书,各注某房执业字样于上,以为执业之据。

四月,钝夫随从二叔祖由芜湖趁轮船赴上海,复浼琴斋叔为公人,清盘茂春、万和二店赀本,共计二千九百八十千。已议定以钱一百千文留坐先曾祖考妣改葬之费,其余分作四股,每股各得七百二十千。而理叔祖忽翻异,求心叔祖贴补,心叔祖不答。理叔祖变羞为怒,扭钝夫手曰,吾与子同赴黄浦以死。问何故。曰,必补贴乃已。问,当以何款补贴?抑欲钝夫所应得者补贴之耶?抑三股各拨若干以补贴之耶?补贴必有当补贴之理,不当遽以死逼人。钝夫上有老母,此身关系甚大,宁可不得家财,不能从叔祖死也。无语以应,而气忿甚,痰亦上涌,类风狂。琴斋叔与他见者急来拽之入内,劝谕久之,乃与心叔祖出语钝夫曰,于坐先曾祖改葬费百千内拨三十千以贴补之,何如?钝夫自思,家衅始于咸丰辛酉之夏,由理叔祖夫妇图偏私而起,先伯考忿而呕血,原不可以理论,乃对曰,先曾祖之葬费,当由叔祖作主。拨补之,乃已。吾家内事纷纭乖舛,历二十年,至是乃始一结局。

先是,先考尝以川沙市面寥落,茶叶销售无多,阖城只万和一处售此，每年得稍沾微利。若他人再开一铺以争销，必两败而俱伤。先曾祖虑此，故于北街分设一处。兵乱皆丧失。乱平，已赁房于北街而未开市，年包房租，已十五年。钝夫既与叔祖分业，事可自主，乃与玉弟及万和司事汪上锦、曹均平议开北市铺，皆以为可。部署已定，乃回里禀告先妣。计一家二十二丁口，川沙半店岁入不过钱百千，蚕桑所入约五六十千，钝夫馆俸及书院月课奖赏不过百千，玠弟馆俸岁入不过二三十千，饔飧虽仅以给，而吉凶均无以为备，遗债亦不能偿。苟且因循，蹉跎岁月，终无出头之日。时玉弟自以其私积之财分开一铺于上海小东门内，已三年，颇能立足；其妻子已早随之居上海，可自给。明年，柜秭二儿皆四岁，能离乳母，可唤归自抚养以省费。以店付玉弟经理，以家付玠弟经理，而钝夫抽身外出，或可图徼幸万一有机遇，不致终老牖下，寂寂而无闻。以禀先妣，以语玠弟，皆以为不可。钝夫曰，在家所望者，只徼幸乡试中式耳。然三年一科，万一再应两科不中，年渐老，将奈何？

先妣意在为钝夫再谋续弦，屡嘱访求配偶，近处实无其人。求之远处，问知为钝夫续弦，皆曰，闻其名久矣，计其年岁必在六十已上，老矣，何可以为吾女婿？媒妁再三言年实未四十，才四十。皆不信，曰，西北乡自兵难以来，凡有大事，往往闻系此人建议，守正不阿，非年高望重者不能也。是以知其已老。盖钝夫年二十一二即随先伯考出办团练。及接管宗祠，兴大工，亦年止二十有四。故闻者云然。一日，将作书托友代求某姓女，举砚忽堕地碎。砚系真龙尾溪金星石所制，生平所最爱者。既碎，意甚不怿，忽自悟曰，砚者念也。再续则不能遽远出。此念不可起，当力止，故碎也。遂不复作书。与先妣及玠弟商定，决计明年出游。时九月也。

川沙北市之铺取茂兴字号，已于七月开张矣。十月作书致春晖族叔辞馆，并嘱祥麟弟作书自禀告其父，兼代告知其祖母及其母，及早访聘他师。十一月，川沙城中大火，吾家万和及茂兴二铺皆被延烧。吾家及先伯父一派皆恃此为养命之源。既闻灾报，举家皆惊惶。时十一月二十七日也。钝夫以事告祥麟弟，即于十二月初一日散馆。时早自筹明年出游赀斧，已得洋银二百六十圆，乃求先妣及家众各出所蓄,凑满三百,于初三日起程。初九日抵芜湖,诣江口洋棚候轮。时天久旱,轮船开往汉口者,至九江以上皆搁浅,不能抵埠卸货,不能遽下驶。候七日不至。江风大作,见江口小船撞碎而沉者三,江岸茅屋吹去不少。历二昼〔夜〕乃停。十九日轮船始下。二十一日抵上海上岸,止绍泰铺,询玉弟以川沙火状。谒叔祖,见春晖叔,告以辞馆之意。是夜即趁航船赴川沙。时川沙诸人暂借南街沈宅为寓,亟谋之庄问夔世兄,促其起造房屋,收其两铺余□,并家内所凑之资,冀复万和祖业云。

光绪七年(四十一岁)

北行至京师及关外

光绪七年辛巳(1881)四十一岁(适按:以下秀之弟代抄)。

　　正月,万和店房重造间架成,赶工装修,添备器具,遂于二月初二日勉强开市,并请叔祖至川沙盘存货物价值,只剩九百千文矣。初九日,偕叔祖至上海。春晖叔复延钝夫馆其家,婉辞之。十三日,赴金陵,见嘉言兄(适按:嘉言伯名善文)。先是嘉言兄在金陵,闻钝夫川沙店业灾,料钝夫必自出经理,便道过金陵,必登岸入城与商而后赴沪,派人至下关守候十数日,至岁底乃罢。正初即具信寄川沙询近状,并约赴金陵一见。钝夫感其意,故往见之。时蕴山叔亦在金陵。嘉兄先问川沙事如何支撑。曰,去秋曾有信告兄,言将出游,突遇此灾,只好以所备游赀移以救此急,勉强支撑耳。问,今店已开张,馆已辞去,游赀已移为别用,将如何? 曰,境遇穷困如此之甚,惟有再筹资斧,决意远游,希冀于万一,无他计矣。嘉兄笑曰,志气未馁,可喜可贺。蕴山叔问,春晖兄不留子耶? 曰,虽挽留,已复辞矣。曰,子将何之? 曰,上年朝廷遣崇地山侍郎为全权大臣,出使俄罗斯,议收回伊犁地。办理不善,内外哗然。南皮张香涛侍御弹之,语尤剀切。其疏中有"东不能薄宁古塔"语。钝夫时在上海,见而疑之;询之张经甫、范荔泉、陈容民诸讲究地理图书者,皆苦东三省自古为域外,无图书可考。钝夫揣摩天下大势,俄人已占据东北边地,逼近东三省,岂有不能薄宁古塔之理? 特今人不知地势,不知实在情形耳。以为今若有人游历其地,能著书详言其形势,便可以补古今舆地图书之缺,必传无疑。不揣冒昧,欲图此,将先赴京相机会。叔以为何如?曰,凭空悬想于万里之外,孤身决计赴之,子之胆勇诚不可及也。然大非易事。先赴京相机会,此计甚是。如别有机缘可就,则就之。愚以为不必遽求诸远也。曰,此亦无聊之极思耳。能出与否,尚未可知也。是夜与嘉兄对榻坐谈,至四更。嘉兄乃曰,子勿忧出游无资斧。子急检点入京,吾期以三年,每年以千金助子旅费。子必能得志矣。对曰,兄之志诚可感。而弟素知兄赀本不满五千金,竭吾兄十年辛苦之资之大半,弟断乎不敢如此。且弟若出,亦不须如此多费。今与兄约定,请假百金,弟明日即起程回沪,复往川沙安顿一切,即回里安排家务,计五月必起程到上海。届期吾兄以百金寄至上海,弟得之即趁轮船由津门起岸赴京矣。曰,何必如此之急?百金亦必无济于事。弟若张罗于别处,不如于吾处多取之,亦不必客气也。曰,急行亦有故。弟新与家叔祖分产,遽遭此大灾,身负巨债,众人必将于此窥吾浅深。今年三月初九日逢家先考六旬冥寿之期,弟将回里办祝冥寿。迟则恐来不及矣。且弟习惯作客,深知财力艰难,不须多金,亦无别处可能张罗。兄勿虑也。嘉兄乃曰,既如此,吾亦不强留。明日再住一日,如何?曰,可。竟谈至鸡再唱乃就寝。越日,辞嘉兄及蕴叔而行。嘉兄送至下关,候登轮船,乃回城。

　　十八日抵上海,闻刘融斋先生已于二月初三日卒于家,急赴龙门书院偕诸同门设位哭之;具吊仪,托周鸾侪带送至兴化。复如川沙安顿一切。回沪,趁轮船由芜湖登岸,于三月初四日抵家。初五日寒食,初六日清明,犹得躬亲祭扫祖宗坟墓。初九日,设祭于家,为先考祝六旬冥寿。遂日部署家事。时秬秠二儿各已四岁,皆离乳母归家,乃以秬儿属父妾张氏;秠儿已前为珍兄嗣,即以属珍嫂,使各为照料饮食衣服。长女年十五,已许字六都章日如亲翁之长子洪镛,使侍先妣。长男稼年十一,以属玠弟教之读书。幼女致致年五岁,自丁丑春其母病,即寝食皆瑜弟妇喂抚之,已数年,爱逾所生,即属之,使为其女。祭告祖宗,告行于亲友,拜辞先妣,别玠弟及家众,托其代为照应子女。于五月十七日起程。而怅怅然亦自不知何之,飘流何处。生平自谓铁石心肠,至此亦不能不寸寸断裂矣。

次日,至郡城,遇惇汝族伯及小汀族弟于开文墨庄,问何之,对曰,入京赴明年北闱,兼图事。曰,京城最重楷书,图事甚难也。曰,人各有能有不能,未可一概论也。盖惇汝伯自以为工于楷法,故云然。时馥庭族叔已于前年卒于京。小汀自京扶柩新归。钝夫复曰,小汀居京多年,楷书必益工矣。小汀笑,知语不投机,急以他语问之。问到京居会馆否,曰,然。复告以会馆地址,乃别去。至渔梁,雇舟,同行有程洁斋及胞侄嗣业,颇不寂寞。六月初一日至沪,作书告嘉言兄于金陵。初六日送嗣业至川沙万和店学贾,兼料理店中一切事务,嘱留意,期复开茂兴,以防他人来争利。十五日,回沪,而蕴山叔自金陵来送行,兼为嘉兄带百金来,畀钝夫作路费,兼自以洋银二十元作贶仪。感其意甚殷,受之。心、理二叔祖各贶三元,亦受之。春晖叔贶十二元,却之;恐反疑其嫌少,受其四,璧其八。余者来贶,一概谢却。定轮船,于七月初二日起程。蕴叔为点检行李,见旅费只有百金,讶曰,只有此耶?笑而对曰,足矣。至期登船,别无他客。轮船名永清,越日开行出海,风平浪静,海面如镜,日夜可登船顶眺望。作绝句四首,其第一首云:"初秋时节日新晴,海不扬波万里平。上下水天同一碧,居然人在镜中行。"第三首云:"身如大海一浮鸥,南北东西任去留。野性惯将云水狎,生涯飘泊不知愁。"皆纪实语也。

行五日,抵天津紫竹林登岸,居客栈。次日,雇一驴,骑至城外总督行台,访章芹生(洪钧)编修,仍回客栈,雇车入京。途中遇雨,行四日乃抵京,寻至宣武门外椿树头条胡同绩溪会馆,则七都曹季龙侍卫在焉。甫卸装,而虎臣兄(胡宝铎)至,其寓即在会馆西间壁,坚邀移居寓中,遂从之。虎臣之姊婿程辅廷表兄,钝夫祖姑之孙也,亦在寓,为虎兄课子。时虎兄以目疾请告,日夕谈别后数年家乡事,彼此各憾相聚晚。时吴县吴清乡太仆(大澂)前以河北道奉旨赴吉林帮办边防事宜,现已升太仆寺正卿,改为督办,与虎兄为戊辰会榜同年。钝夫以拟出关游东三省告。曰,虽同年,惟公会一见面,并未接言谈通书信,奈何?曰,不求差事,但请作书求给一护照,以便游历,似无不可。曰,此固可以作书。但吾为子虑者,孤身至边,旅费无多,倘不如意,将奈何?不如权住敝寓,理旧举业,应明年乡试。以子之学,在家苦无静工揣摩时文,是以未中式。今得一年闲暇工夫,必中式无疑,勿遽图远。万一明年不中,再往亦不迟。曰,京师居大不易,虽蒙兄资以饮食,而出必乘车,百物皆贵。钝夫旅费不多,至明年过乡试,赀必罄,虽欲往亦不可得矣。且今年出关,游至明年,所历该将遍。如无所遇,回京就试,亦似不迟也。曰,子过天津见章芹生,曾以此意告之否?曰,未也。曰,可作书以此事与商之。曰,诺。

时在京同乡只曹季龙及六都程苹卿经历而已。来时刘醒庵世兄属带讣文交袁爽秋同门,往拜而致意焉。又闻同门姚子良馆徐颂阁阁学家,孙子兴馆嵩犉山侍郎家,皆访见其人。闰七月,邀子良同游西山,夜宿灵光寺,各谈所志。子良欲出使东洋,曰,同文之国易得其实在情形也。钝夫志在出关游东三省,曰,俄罗斯若窥并朝鲜,则东三省皆为所包,京师不能高枕而卧矣。不知东三省形势,不能御俄也。遂各决计。子良曰,子出关不图差事,但求护照,甚易力也。吾当代子谋之。并各作《西山游记》一篇,乃归。而天津章芹生回书亦至,令往见丰润张幼樵(佩纶)侍读,求作一致吴太仆书,必得当。盖章与张同年,素相契,语及钝夫谋出关游东三省,张曰,有志之士也,可令我一见否?故章书云然。次日,使人探之,云,在天津,不日当归矣。越三日,具衣冠往拜。既见,索观平日所著作,归录旧作《春秋狄地考》、《魏徵、王珪论》、《李邺侯论》与之。复见,曰,子论古而兼及时事,亦颇中肯。吾为子作书致吴清卿太仆,子可留边否?曰,如蒙录用,固所愿也。今但请以游历为言,不敢遽有奢望。曰,亦是。曰,子将以孤身往乎?曰,然。予有戚友顾睵民观察,已由吉林将军奏调在彼,闻将接眷赴吉林,吾探明告子,子待之,得附伴而行,更稳便矣。曰,谨受教。归告虎兄,亦为之喜。然尚以旅费太少,为之深忧。复问曰,万一游历所至,赀斧已罄,将何策以济?曰,闻边方皆淮军,万一赀斧已竭,则投军充当书识可也。自顾能耐劳苦,少年略习武艺,即投军当勇,亦尚胜任。历半年,积有饷银,便可复游。否则归亦不患无路费矣。此则钝夫所自恃而无恐者也。曰,此诚人所不能及之处。然未免太自苦矣。曰,苦亦命也。何能辞。

次日,姚子良来告曰,彭颂田主政尝受业于吴太仆,吾与之言子出关游历,不求差事,但求给一护照,渠亦肯作书,子当往见之。钝夫以已见张侍读,蒙允为作书,并待顾接眷期附伴告之。曰,顾观察之弟顾康民主政吾亦相识,闻其将自送其兄之眷属,子计必遂矣。八月,张侍读告以期在节后,令先往见康民主政,盖康民即其甥女婿也。彭主政亦顾之戚。既见,约定各自雇车,准于八月二十五日起程。而嘉言兄复自金陵驰书与虎兄,请汇兑百金与钝夫,而彼于金陵偿还。虎兄喜,告钝夫曰,有此,吾不子忧矣。盖蕴山叔自上海还金陵,告嘉兄以钝夫此行旅费只百金,嘉兄深以为忧,故有此信。钝夫感其厚待之意,出于至诚,乃告虎兄曰,嘉兄原自许假三千金以作钝夫三年游赀,古侠士热肠恐亦不能如此。钝夫自度才短,无以副其厚待之意,故力辞多而自请假百金以行。今百金实足济事,不须多,亦无须汇兑,请兄代以书辞之。曰,人待子如此深厚,而子坚辞不受,亦似不情。子以为然否? 曰,然则先兑三十金,仍凑足百金之数,以作旅费。余者俟后乏缺信到,请兄由票号汇付,何如? 曰,此亦两便。钝夫乃作书谢之,兼谢蕴叔。并详告玉弟、玠弟以出关事,不知将来祸福奚似,嘱其小心谨慎,照料店事家事,以慰高堂。

如期,张侍读、彭主政及虎臣兄各为作一书致吴太仆,次第叩谢告别。附顾康民主政车后而行。三十日出山海关,九月初九日至奉天省城,十八日至吉林省城,谒顾睴民观察,知吴太仆已移驻宁古塔,其行台只有后路转运委员刘建棠大令、陆振之县丞在。访其处,见其人,即止其处,顾公所嘱也。顾观察复言,此往宁古塔尚有八百里,地僻人稀,可休息数日,待伴而后发。时湖北监利季杏圃别驾亦将往宁古塔投效,在吉林,闻钝夫至,来访,且约同行,许之。时双如山都统奉吴太仆檄将赴边统带防军,顾观察为属意。二十日,遂别顾公昆季,与季别驾随双都护东行。十月初六日抵宁古塔城。自京至此凡三十六日,途中所历著有《行程日记》一篇,杂感诗二十四首。

时吴太仆赴珲春阅兵未回,乃与季别驾同居客栈以待之。其时太仆所部分驻乜河、珲春三处。在宁古塔者只有文员四人,汪葆田司马,舒味三孝廉,刘茝侯二尹,王松生州判。王亦湖北拔贡,与季杏圃同年,皆南皮张香涛侍御门下士也。二十五日,太仆回辕。二十六日,持书上谒。太仆一见即曰,边方荒僻,往往数千里数百里无人烟,子孤身难以游历,可留我营徐图之。对曰,固所愿也。惟才短一无所长,留居营中无事而食亦可耻。不如请给护照,以便各处游历,或偶有所见,尚可望自效丝毫也。曰,吾将阅边,子随吾行,不亦可乎?对曰,此贡生欲求而恐不可得,不敢启口者也。次日委札下,有"留心经世之务"六字考语,众皆以为异数。钝夫受知于太仆,自此始。

阅三日,嘱钝夫随赴乜河阅兵。同行者惟舒味三一人,余皆令先回吉林度岁。季别驾亦奉札留营差委,而随众回吉林。十一月初三日,钝夫至乜河,拜谢双如山都护,止于刘俊卿协镇营中。初八日,偕舒味三孝廉随吴太仆起程,赴三姓阅兵,皆坐马抓犁,由牡丹江冰上行。抓犁者,边人以围圆约尺许之木二株,长各约丈二三尺为之。而其木尾在地,约六尺许,上作架高约尺许,宽约二尺七八寸,铺以板,盖以棚,以后半安放行李,前半坐人。自架以前二木之在地者,皆渐湾向上,渐高,木渐斫小,高与马齐,以马驾之,如车之辕,或加一副马,如骖,以行冰雪上,日可二百余里,谓之马抓犁。农人出入以牛驾之,谓之牛抓犁。二马可拽三百斤,一牛可拽二百斤,以行地上冰雪中,故滑而溜,行速,无冰雪不能行也。自乜河至三姓,江行千余里,两岸稀有居人。夜则宿岸侧,以斧伐薪,群烧火以自暖,凿冰取水以饮,烘干粮以食,各卧抓犁中。冷不可耐,则各出所带高粱酒暖而饮之,或向火以待旦。太仆亦如此。惟所坐抓犁略宽大,以布为棚,四面不透风耳。十三日,抵三姓城,牡丹江水入松花江处也,图语谓三曰依兰,谓姓曰哈拉,初为努叶勒葛、依克、湖西里三姓赫哲〔人〕所居之地,故谓之依兰哈拉城。赫哲亦曰黑津,以其部落依黑水两岸而居也。《通志》作黑真,城在吉林省城东北一千二百里,松花江之南岸。其东三十里曰巴彦通。时寿州戴孝侯观察以直隶州统绥军三营驻此。其东八百里曰黑河口,即黑龙江与松花江会流处。黑河口之北岸即俄罗斯之徐尔固。又东一千二百里,乌苏里江,自南来会,其东岸即俄之伯力也。

适按:吴大澂,同治七年(戊辰)二甲五名进士。

张佩纶，同治十年（辛未）二甲十九名进士。

胡宝铎，同治十年（辛未）二甲四十名进士。

章洪钧，同治十三年（甲戌）二甲二十二名进士。

先君年谱于此年记吴清卿"与虎兄（胡宝铎）为戊辰会榜同年"，又说"章芹生与张幼樵同年，素相契"似皆有小误？适记。先君死在光绪二十一年乙未，年五十五。年谱则止于光绪七年辛巳，年四十一。又记。

(收入《胡适作品集》第1册，台北：远流出版公司1986年7月15日初版)

胡传日记

游历琼州黎峒行程日记

光绪十三年(1887)十月二十一日至十一月二十二日

　　光绪十三年十月二十一日,由琼州府起程。出西门五里曰雨水村,往年防海驻兵处也,营垒尚存。又十里曰西扬村。又沿海而西,折而稍南,十里曰长坡。冈阜回环,磊磊之石露出无数,大小不等,石皆有孔而形圆。土人取石垒而成垣,联络若花格,而耕其中。高处种蔗与山芋,洼下之处则艺稻。晚稻已登场,颇丰熟。而路旁又见谷种初布者数处,秧针刺出水面者二处。盖稻三熟,四月种者六月熟,七月种者十月熟,十一月种者来春三月熟也。又十里曰那柳村。地处高冈,土沃而厚。又西,地平而渐低,皆水田。十里至龙山。

　　龙山之南有长冈,自东而西。冈上遍种蔗。冈北有村曰拨云。又北曰夏西村,琼山、澄迈于此分界。有河自东而西,可舟行达澄迈。

　　二十二日,自龙山雇船,过海边村而北,折而西,过坡长村,计水程十五里而至广德桥。登岸,已过澄迈县城里许矣。过桥而西,十里曰雷公坡。地处高原,北可望海,而居民只三家。又西,过稍阳桥。由高坡上行十里曰多丰社。居民约三十余家。又西二十里,过那黎水。无桥有渡,无渡夫,涉水而过。只居民一家。又西,坡甚平旷,迤逦不绝约二十里,惟中数里系沙冈,其余皆赤土而无开垦者。直抵青山,乃见居民。青山一曰森山,一曰福山,市集处也。琼军前营右哨驻此。是日,哨官李有明、郭云贵各带哨勇同至此。营官魏庆庭总戎闻由澄迈枉道至金江,与中营会议缉捕事宜,尚未至也。

　　二十三日,由福山而西,十里入临高界。折而南,十里曰那静铺。

居民只数家。又十五里曰松柏桥。又三里曰清多朗村。又十二里抵多文市。一路所过皆荒坡,而自那净以南,坡尤平广,浅草中,畦町宛然可辨,盖已垦而复荒者也。多文有生员姓颜名宗仪,予宿其家,询以所学,惟咨嗟以贫对,问以地方利病,则谦言不知也。

二十四日,由多文而西南,十五里曰美凡村。坡地平衍而多沙。其西南一冈环之,低处为水田,高处皆未垦荒地,遍生小树,高一二尺许,与澄迈之仅生浅草者不同,知其土沃于彼也。由村而南,十里至冈曰南肚川。有居民一家。过冈而南,十五里曰古留。居民亦只一家。又南十五里,路旁草舍或间一里一家,或间二三里一家,寥寥如晨星。又南,两冈夹之,中成洼地,民刈稻于泥涂中,曰夹流。盖山水所聚之区,民知蓄以溉稻,而不知开沟使可泄潦也。又南五里,抵和舍市。地在临高之南百里,居民约二百余家,皆客民之久居于此,与土著者同。其四乡所散处者,则新客也。

琼军右营右哨新移驻于和舍。予本奉朱观察札查点该军人数。至此,遇其右哨,而札未交该营带官,未便遽令集队听点,密查其数,共计三十七人。询其哨官陈麟祥"哨勇均在此否"? 答云,"在此者四十人之数,余差赴四乡侦探未归也"。该哨官颇熟黎中道路,询问久之,复取一路程单而归。少顷,陈来答拜,复久谈而别。

二十五日,由和舍而西南行十五里,路东曰龙南,约十余家。西曰排总村,约三十余家。地颇平旷。折而西,十里曰新市。又西五里过石桥,入儋州界。又西南十里曰美富。居民三百余家。光绪五年客匪之乱,该村绅民自募乡勇五百以守,邻近二三十里小村之人争移入该村居住,恃勇以无恐。既而勇与匪通,阴相结以图,该村被祸最惨酷,死者约二千余人。其地低处多水田,高处则一片荒莽也。又十里抵那大市。居民约五百余家。

琼军右营管带官朱简臣副将原带二哨驻那大。其右哨已移赴和舍,即昨日所见者。其后哨囗九月下旬入白沙峒查案,十月初回那大,其哨官盛万盈染瘴而疾,勇丁病者二十余人,皆至今未愈。予至,朱副将以实情告,并言现能起而应点者只有二十余人,明日至南丰询问抚黎局当知所言不谬。答以既只二十余人可以不必点名,由该营自行据实禀报可也。前见澄迈民呈禀中有那大一带现复私造黑旗等语,密嘱其加意防察而回旅舍。朱营官来请往伊公馆,力辞之;将送礼,峻拒之。那大相近五六十里内所有新客民之为匪者,经方观察捕诛百余人外,余皆逃散。其留者皆有十人互保,故近日尚安静。惟西北距儋州百二十里路僻,途中行旅时闻有被拦劫者。

琼军中营派随勇弁陈荣贵自言稍有感冒,即作书遣回金江。

二十六日,由那大而南,稍东,十里过河,曰白茅村。又十里曰红坎村。官军所开道甚宽平,而大半茅塞,人行者少也。又十里,抵临高之南丰市。民黎交易处也。其地南接乾脚、上水、下水诸峒,西阻白沙,北连南洋,为走集之都会,而荒僻殊甚,前固为黎地也。入抚黎局拜洪君范卿、黄君炳臣,即住局中,右营帮带官王君光发、前哨哨官杨朋举来拜,言已另备公馆,辞而谢之。其左哨则已移赴茅地驻扎,距南丰九十里。

二十七日,点右营前哨勇数。到点者二十九人,病者六人,余皆奉抚黎局差入黎峒,帮散衣裤。

予自琼州雇夫五人至那大,换五人至南丰。自南丰入黎地必改雇黎夫。据洪君范卿云,黎中路多峻岭,黎夫不能任重,肩舆须雇四夫乃能抬。每担只能挑三十斤。入黎米可就地买食,水亦可饮,无须用沙漏,此沙桶可无须带行。原来行李二挑,可改作三挑:备钱随路发夫作一挑;备蔬菜油盐自食,及咸鱼荙叶用以赏黎总营哨官当作一挑;又从人太单,须添勇四名,又局派通黎语者一名,当另雇一夫挑从人行李。从之。共托雇黎夫十名。

问洪君范卿"久居那大南丰兼入白沙峒,独不染瘴,保身别有道乎?抑御瘴有术乎?"曰,"染瘴与否,皆有不知其然而然者:谓黎中天气尤炎热,而夜及雨天风寒侵人肌理,则入黎者,谁不知加衣?谓林谷间草木腐烂郁积之气薰蒸,人触之必病,则鼻观并未闻香臭而亦病?谓水有毒,或疑黎人置毒,则同饮者当同病,何以竟有不病者?谓秋冬无瘴,十二年十月二十日琼军入白沙峒,至十一月初二日合营大半报病?谓春夏瘴盛,十三年二月三月军士开番打、番苍路不病,四月开红毛路者多病,六月因别差事入山者复鲜病?谓黎中物不可食,予在黎中日食牛羊鸡猪等肉及鲜鱼蔬菜瓜果,而独不病;真有不可解者。此次用兵,东西二路杀贼不过三百余名,而我军官弁勇丁瘴故者至三千余人之多,可叹也矣!"

二十八日,雨。作函禀朱观察,报将入黎峒。

洪君言"现奉札令于南丰筹开官市官行,体察情形,有四难:一入峒之黎客自有货本者少,领行本者多,官招黎客则无本者来,有本者必不来,行赊货于客,客赊于黎,其辘轳不清乃常情也。客欠行本不清不能另投行,其所购之黎货不敢交他行,亦常情也。官招之来,则其原交易之行必哗然投局评论,曲直不休,此一难也。一商贾不能不赊贷货物于花户,其所赊贷之价较现钱交易者必加一二分,防其亏负不能完清也。商贾每岁将此等未收之账或十作五,或十作三,或竟不作数,斯可核实通盘,官中交代,不能如此,二难也。一南丰一带,处处有圩,今日在东,明日在西,黎货不能日日集于一市。设官行而山货他往,听之,则坐食无所取利,分设于各圩,则人多费益多,终亦难取利,此三难也。原领官领本百两分四年拨归,每岁已取息二分半,加以行中薪水食用必每值百文之货加四五分价出脱,而后足以取盈,恐市上无此厚利,此四难也"。

是夜,所雇黎夫至,言定送至番苍每名给钱三百文。

二十九日,雨未霁,复留一日,听洪君言谅山失守及克复事。

李洁斋,湖南人。徒步出嘉峪关,遍历新疆南北两路归,而赴京师伏阙上书,言新疆诸将帅阴事,语其切直。书留中半月。既而奉上谕发回原籍交地方官管束。后复至镇南一带游历。光绪十二年闻琼州用兵,复渡海入琼军,请入山自效。未行而疾作。临终,语同人"毋畏瘴惮入山,我死为鬼当驱瘴佑入山者"。卒葬那大南山,方观察为勒碑纪其墓。予闻亟询有无著作。洪范乡兄言已归其家矣。惜未一见其人与书。

三十日,晨起天阴甚。洪、黄二君坚留再住一日。予以黎夫作已候一日,不可令再候,决计就道。别洪、黄二君,偕原从人二及右营勇丁四局差一率黎夫十以行。十里至那口。水西流,深约三尺,抚黎局新造渡船在岸,尚未竣工。又南十里曰打凡村。又十五里曰南阳沟。

水东北流，又十里至番打，即乾脚岗也。自那口至此，皆冈陇起伏，高下悬殊，每过一冈，必有一水间之。新开之道陡而峻，新造之桥则皆于八月中为水漂去不见踪影矣。未至番打之西五里许，地势稍平而草木尤鬯茂。自此而南稍西二十里，涉三奇沟，逾三奇岭，又十里，即至番峇。黎人约四十余家。其时抚黎局奉督宪檄新给黎中妇女衣裤，闻官场人至皆衣新以出，老幼一色，或立门前，或露半身于门枢间，咸嘻嘻互相顾视而笑，若局促不自安者。其不惯穿华衣之情宛然如绘也。是处米每升钱三十文，购三升炊以作晚餐，九人食之皆果腹，升大可知矣。是日计行八十里。

凡开路傍山沿溪斜迤而上，则峻处亦可使欹而平。陡起陡落虽捷直，虽不高，亦峻而难陟。新开路随电缕行，故峻处多。

十一月初一日，由番峇而南，地稍平。十五里曰孔麻村。居民约三十余家。又十里曰婆打村。北倚山，南襟水，种槟榔甚整齐，居民约二十家。又十里至黎板村。其地冈阜夹溪，殊狭隘。又十里缘溪行，路甚窄，至加来村。是日计行五十里。每夫给钱一百二十文。自此以往，至打寒只三十里，令黎哨官觅夫，许以每名给钱一百文。复求增加。加二十文，意似尚未餍。问其姓名，坚不肯自言。再问之，遂趋避。问"夫有否"？曰，"有"。黄昏后闻鸣金击鼓歌唱声，盖哨官觅夫，诸头人皆集，各歌以为乐也。

初二日，由嘉来而东南，约二里许，即上岭。折而东而北，至岭头。约三里许，岭头有黎人二十余名刈路中草莱。盖岭今春新开，行人少，茅复塞之，今闻官场人至，始集众复刈草也。其时山间雾大作，小雨霏霏，人相去二丈许即不可辩［辨］。又约五里曰肯东村。复过岭，下涧，折而东，过水，复上岭，折而南。既过岭，复东约十里，又逾岭而南约十里，山溪中有村落曰打寒。是日计行三十里。

是日冒雨行。草中有虫灰黑色，或长寸许，或二寸三寸三半寸许。行二百步许，足上必有虫四五缠之，亟宜拨去，少顷，即刺入肤孔中流血。予仆侯二云，安徽水田中亦有此虫，见石灰则化。

初三日，大雾而雨。黎夫已齐，遂冒雨行。由打寒而东南，沿小溪两岸，皆水山，路甚滑。约五里，过溪上岭，既下复上，上如登峻坂，下则入幽谷。约二十余里下岭过河,曰毛丹村。其相近者曰岩寒村。二村共约三十余家。又东五里至红毛峒。其前黎总管曰王文昌,故村亦名文昌村。今总管即其弟文星,往凡阳未归。村有瓦屋二,总管兄弟所居也。是日所过岭头,望五指山如在目前,为雾所遮竟不能一见。计行三十五里,每夫给钱一百文。

由打寒南至草蟹计程三十五里,东南至红毛亦三十五里,而由红毛西至草蟹十五里,绕至红毛迂而远矣。

黎人耕田不知用犁起土,以水牛四五头多或六七头乱踹田中,使草入泥中,泥涌草上,平之以栽秧。低田常有水者二熟,高田一熟而已。

初四日,由红毛复回来时原路,西北行过岩寒、毛丹。涉水至长鼎村。折而西,沿大河而行,涉水三次,十五里至南岸曰草蟹村。又涉水而北,沿河行约三里许,水深不得过。复缘北岸石壁行。石峭峻,崚崚如刀戟。水流石隙间,浪如雪,声如雷。其下石为水所激磨,其涡如釜,如盆盎者,大小不一,皆圆而光。其旁方如井,长如槽者,亦皆如凿成,人行其侧,如坡公所谓"履虎豹,登蛟龙,懔乎其不可留"者约二里许,路虽险,亦奇观也。度险得平路,十五里至他运。过小溪,折而西北。逾岭复西南行,二十里至打三乌。是日计行五十五里,每夫给钱一百文。

他运村南襟大河,其东有山溪,村人以石作堰,压其溪流蓄水使高,如安徽之堨缘,山腰而西而南,开小沟引所蓄之水以灌田,如安徽之圳能,兴修水利,殊可喜也。

由他运而东南望,五指山为云所掩,仅见一峰而已。

初五日,由打三乌西南行,涉水二次,计廿五里至毛阳。又西曰毛赞。又南曰毛贵。平田甚多,而皆久荒不治。其人皆居两岸高山深林中,无居于平地者。又十里曰毛能,曰毛或,情形与毛赞同。又约十里,路为水冲去,行岸畔石上,甚险峻,有仅容足趾者。既逾险,西折而上岭。山行约十里,下岭,平田荒者尤多。下岭路旁林边见彩蝶千百成群,穿林出入,聚而不散。从人以为必有香木,将入林寻觅,予亟呵止之,恐有毒也。遂疾趋而过。至河,水深及脐。过河,即凡阳钟教谕仁宠所带琼军左营驻此。既相见,询及地方平田,始知此一带自光绪五六年以后,屡被崖州黎匪劫掠,牛只俱尽,民皆避居于山林,平地茅舍均为贼毁。今年九月初一复被土塘、官方、多涧、多港、万铳黎三百余人劫掠一次。毛贵王陋简家被掳子女七口,勒令取赎。大兵甫旋,小丑敢尔,殊可恶矣。是日行五十五里。

左营驻平坡,树木为栅,盖茅棚以居,帮带王君奉龙不解汉语,其勇大半钟君乡人也。所用皆来复枪,无后门新式者。

初六日,遵札点左营勇数。其应点者计一百九十三名,其出差者十九名,告病者二十名,病故未补者二名,留府城者十四名,共二百四十八名。校阅其技,惟帮官五枪全中,勇丁能中三枪者仅三人而已。赏三勇每人五开洋银三圆。

闻十月十六日土塘有传箭事。

自南丰至此,皆行黎峒,惟红毛、凡阳水土恶,饮之腹痛脾泄。左营弁勇亦患此。

初七日,黎人王陋简等联名呈请代禀上宪征办匪黎。

计开匪首吉狗浪岸、吉那熊、王打来、王阿五、刘那燕、刘那惑、邢阿叶二、邢阿农、刘那禁皆土塘人。土塘即头塘。刘打核、邢打麦、刘广庙皆官方人。刘应岸、刘阿生、刘艾豪皆多港人。王陋爽、王那算、王那惠、王那混、王那文德、王那文暇、王阿隆、王打麦二皆万铳人。

钟竹汀广文送程仪一封,约洋银三十大圆,力却之。走马送予,及河,复出以赠,复却之。右营勇四名南丰局差一名,过河分路回南丰,给路费洋银六圆。左营派四勇送行。

由凡阳复涉河而北,缘岸西行,三十里曰南劳村。平田亦多荒者,而地则愈开旷矣。折而南十里曰志外。又十里曰南板。此处西倚山,东南襟河,北为凡阳之障,山环水抱,颇为形胜。河水深丈许,以竹筏渡。南岸有村曰边水。平坡尤宽衍。又二十里,过河曰抱田。河以北黎属定安,河以南黎属崖州。由抱田而南,十里曰抱由。又十里至乐安城。是日计行九十里。

自红毛以北,皆崇山峻谷。自凡阳以东,地稍开展。凡阳地面方广不过五六里,四面环以山,海忠介谓凡阳、毛赞之间可建一大县,殆未亲至其地,一观广狭何如耳。将来若添城设县,据形势莫如南板,取宽旷莫如边水,凡阳不足道也。

钟君言欲招黎中客设市于凡阳,毋许入居黎村,私与黎贸易,贸易必于市,官可就近为平物价,亦禁盘剥之一法也。

自南芳以南,土地辟,田野治,路平山低,人庶岁丰,而谷贱甚。不意黎中乃有此好区处也。

乐安米每升重二十两,计钱十四文。琼州米莫贱于此处矣。

自南丰以至凡阳,共计三百零五里,皆生黎所居,山最深林最密之处也。其中并无平广之荒地,亦无大林,间有茂密之区,亦浅露于山阿之外。其材木以鸡子木胭脂木油楠绿楠为佳,而每处不可多得,其出山易者已采伐罄尽,今惟层山峻谷中间有一二株数株而已。凡言黎中多腴地,多材木,皆耳食之谈也。又有一种苗人居无定处,每向黎人租山而伐之,尽则易处,不居平地。凡阳一带山中,闻有二百余家。

乐安城倾圮大半。城中无黎,只客民六七十家。井水不可饮。汛官何秉钺往崖州治病,琼军后营前奉札移驻于此者亦尚未到,闻钟竹汀广文言后营已有差弁二人在乐安,予至乐安亦未见也。谚云,"崖州鬼,乐安水",言能祸人也。

多港、多涧在乐安之东十里,官方、头塘、万铳距乐安均二三十里,驻兵于此,以卫山内生黎,以镇山外熟黎,不可缓也。

初八日,由乡约代觅黎夫八名。出南门东南行,约五里,转而西南行,约十里曰乐冈,又南十五里口大案,皆平地。又南逾二小岭,复就平地,计十里至浮浅村。是日计行四十里。

生黎所居之茅棚,上圆如船之篷,下以木架之,或高尺许,或高二三尺,用竹片或小竹排而编之。坐卧于其上。其下透空,犬豕可入。两头或一头为门,亦如船。熟黎茅棚上式同,下就地排木以竹帘铺之,高不过二三寸,为床以卧,亦有卧于地者。自番打以至红毛、草蟹、他运、打三乌,黎人男皆穿裤,女皆穿筒。毛赞以南之黎,男则以布五寸许遮其前后或仅包其前,俗谓之"包卵黎"者是也。女所穿之筒,红毛以北,皆自织之斑烂花布为之,凡阳以南,多用洋布。其耳挂径三寸许之大铜圈,面涅花纹,则同也。古罗活城遍访无知其处者,疑即今之乐安城。

崖州黎村每有学堂,有塾师课孩子读书。是日至浮浅,宿于学堂茅棚中。以笔问塾师以九月初一毛赞事及十月十六土塘事。答与所闻略同。问以匪首,则坚言不知为谁。

初九日,由浮浅而南,十五里至覃寨。又十里曰抱怀。又三十里曰抱蕴。又十里至大力村。又十五里至小力村。又二十里至崖州。入西门,出东门借寓于四邑会馆之西廊,已初更矣。是日计行九十里。一路所过,非冈即岭,间有低平之田,亦狭而不广,村落亦稀,新开之路茅草虽复刈去,而行人殊鲜,无怪途中屡有抢劫也。

自凡阳起程而南,黎夫或十里一换,或二十里一换。由凡阳至乐安凡换夫六次,皆黎夫彼此自相呼唤接送,随到随换,一呼即集,此接彼即去,不须给钱。乐安至浮浅未换,每名给钱五十文。浮浅至崖州惟至覃寨换一次,至抱怀、抱蕴欲换,而村中男子皆外出收获,村小男子亦不多,覃寨夫直送至崖州,每名给钱一百文,崖州常例,用夫一日给百文也。

崖州文武官闻均赴藤桥查办过山黎匪未回。

初十日,拟稿电禀道宪:□于十月三十由南丰入番峇,东至红毛,西过毛赞、毛贵,抵凡阳。初六日,遵札查阅左营。九月初一,有土塘、官方、多港、多建、万铳、黎吉狗浪岸等,率匪三百余人劫掠毛贵等村人畜。十月十六,土塘复有挂红集众事。幸二十后,左营至凡阳,乱未起。□沿途查访,二事皆实。惟匪首系黎呈所开姓名,确否未探实。大兵甫旋,小丑即敢聚众三百余人,出境百五十里,复敢传箭,似宜亟惩以折乱萌。查土塘、多港等村皆在乐安东南二三十里内,可否报省兼饬催后营速进乐安,偕左营会同崖州文武速查办,请酌。□于初九日抵崖。该州文武均往弹压过山黎未回。贱躯幸平安。此禀。计闻匪首二十三名。

又拟稿电禀督宪抚宪道宪:□于十月二十一由琼而西,经澄临,至那大。又南至南丰,取道入黎。过番打、番峇、打寒,东折至红毛,西经草蠏、他运、打三乌至毛赞,此以北,皆崇山峻谷,无平荒,林亦少一，乐安米升重二十两者价只钱十四文，购五百石便足一营一年之食。粮为军中要需，可否先发一月饷银，令营积军粮，而于此后每月发饷分扣归款。请酌之。

一，左营所用皆前门来复枪，可否发给后门者数十枝。请酌之。

再禀者：昨日电禀后拟再发电，而局言缕断，稿已发还。闻崖州、陵水一带，熟黎屡出劫杀，大兵之后似毫无畏惧，祸发恐不在远。其势散漫多乌合之众，谅不能为大患，而我兵不能耐瘴，不能深入，前车之鉴，最为可虑。左营在凡阳勇多腹痛脾泄之病，□至凡阳亦苦此。冬时如此，来春恐或甚于此。后军到乐安后，请饬速查办土塘、多港等村黎匪，"兵贵拙速，不贵巧迟"，二语乃目前要图。至谋久计，须练耐瘴之兵也。请我公预筹之。□拟明日起程赴陵水。又禀。

答拜李君开庭。座遇崖州生员林承先，询以黎事，谈久之。

崖州漏网匪首王亚乱、王怕动修、王亚马、李亚书、董亚贯、林怕且六名盘据东峒，高亚厚、符怕凯、卢益彦、麦亚横四人盘据西峒，皆黎匪。又有谢其清、黄亚福、秦老开三人，土匪也。

崖州田赋额银一两折钱一千八百文，民色米一石折钱四千文。黎赋额银一两折钱二千五百文，色米一石折钱五千五百文。

东黎匪村抱寨、抱丑、大烟、红花、力村等村最著。西黎匪村角牛、官方、头塘（即土塘）、大抱过、小抱过等村最著。

本年大兵撤后，四月下旬，黎匪劫牛于山脚村，刀伤二人，毙一人。五月初，东黎杀刘州牧保林亲兵于回风岭。五月，黎匪砍电竿于坡顶。八月廿九日，力村岗昏约村黎劫死武生萧国英于沟边。九月十六［日］多港峒牛角黎杀方上禄于山边，劫商民于燥水田。九月廿五、廿九日，过山黎歃血谋叛，掠陵水民牛。十月初旬，官方、头塘、角牛黎会盟谋叛，数出境劫掠。

以上皆林生员所言。

崖陵交界处有猙黎六村，素多匪，地与屯前刁鹅相近。猙匪首目怕用丹（即怕勇旦）。

崖州民间无当铺，而文武大小各衙门各开当铺。皆可以物质钱。每月六分起息，三月期满，不赎即不准再赎。其始衙门之仆从为之，继而账房为之,今则官自为之。去任之时,其存心良善者,减息三分,令民取赎,其从人之私质者不减,习以为常,真奇闻也!

十二日,因夫未到,未起程。林承先至,询以黎村道里。

抱寨、抱丑、大烟三村,在崖之东北九十里,其东南距三亚三十里。红花、落崩二村,在三亚东北三十里。大茅峒在三亚东五十里,距藤桥四十里。力材峒在崖城正东六十里,其北四十里即抱寨。大抱过、小抱过在乐安西七十里。过山、吊罗二村在崖州东北二百二十里,距藤桥四十里。㺠黎六村在崖州、陵水交界处。

午刻接朱道宪电报,即电复:灰示奉到。昨电阻,已另具禀交驿。明日起程赴陵水,如托福无恙,当再由宝亭入水满,出岭门回郡。复拟简稿电禀督抚二宪:□由南丰直穿黎心,已达崖州。查红毛以北,皆崇山峻谷,西折至凡阳稍开展,均无平荒,亦少大林。南折至乐安,百里中,土地辟,田野治,岁丰谷贱甚。黎山内弱外多反侧,宜防。此禀。

是夜,林生员复至。询以黎匪起事始末。太息而言,曰,"往者符阿店之乱,攻之不胜,诱而斩之,其弟怒,集党东西出掠各数十村以泄忿。官兵无如之何,卒以招抚了局。黎无忌惮,由此始也。东黎、大茅、大烟、抱寨、抱丑匪党、藤桥会匪,时出劫掠,迄至光绪十二年之乱,实始于感恩之陈宗明。而出劫定安者,大半皆多涧、多港、南岽、抱寨及陵水、㺠黎,当事者乃以万州陈中明为罪魁,陈固匪首,而此次实未出巢,又未能剿多涧、多港等匪,转以顶带荣之。匪黎以此夸耀于良黎,良黎亦思为匪矣。地方何能久安!问"感恩陈宗明何以乱始"?曰,"陈会匪之首也。会匪攻感恩黎,不胜。陈乃招藤桥会匪五百人往援。感恩黎败,则求救于崖州、多港、多涧黎。崖黎以二千数百人往,复不胜。黎死二十余人,会匪只死二人。黎乃以众围之。又数日,不克。感恩黎复求援于儋州黎。儋黎亦以二千余人来援。会匪惧,阴贿崖黎而私与连和,乘夜脱归。崖儋二黎争功,各责贿于感恩黎。不满其所欲,各大掠而归。文武官无过问者。此光绪十二年六月下旬事也。崖黎既出境饱掠得志归,七月,遂合陵、万黎,出定安大掠,复各饱载回巢。大兵来剿什密、寥二、南岽而已,余则就抚,各得顶戴。十余年来,为匪之黎得志者多,受创者少,乱何能已耶!"又言,"今人惜无王阳明先生之学问经济,若能如王之剿大涮,则可矣。甚矣,良知之学不可不讲也"。问,"生平为阳明之学耶?"曰,"讲究已三年矣"。曰,"阳明平贼,其得力处在于地势贼势知之甚详审,此乃程、朱即事求知之学,非致良知之功也"。林闻此语,首肯者久之。复与语心性理气四者之不可不辨。至三更后乃别去。

十三日,辰初由崖州而南,过河十里曰南山圩。又五里曰南山岭。折而东,十五里曰新高汛。又二十里至马岭。又四十里至三亚汛。三亚港在汛东十二里,大船载万余斤者可入,又东五里曰衣领港则轮船亦可入,琼州港门此为最大矣。

至马岭时,闻协镇方州牧唐皆于三亚理程,将至此,而途竟未相遇。至三亚询之,云,"协镇州牧昨日至三亚,日见各黎头人毕,已于午初由此起程回州"。殆中途错过也。

汛官梁廷骠来见。问以过山、吊罗事,皆答云"不知"。问"协镇州牧至藤桥何事,亦知之乎?"曰"抚黎"。问"抚何黎?何姓?何名?"答云"不知"。问"何以不知?"答云"地有分汛"。问"三亚、藤桥相近,又同属崖州营,邻黎有变,而云不知,可乎?"一笑而罢去。

从九海、祥魁、三亚绅士也,亦来见,问以过山事,亦不知其详。

是日,未早餐即就道。至新高,从人饭予,恶其不洁,未食。至马岭亦然。至三亚已黄昏。宿于文昌庙中,空虚无人。命从人寻乡约至,始得水与柴,追炊饭熟,已二更矣。将食而海梅春至,命从人先食,予与海谈半时许。从人食毕而卧,已鼾声如雷,以日间走九十里身乏故也。饭毕,令候仆先睡,自出照料门户,月明在空,光明如昼,宵深人静,庭树无声,仆仆于途,偶得此清寂好景,心目俱为之一爽。

十四日,由三亚而东北,十五里至坡顶。又十五里至小桥。此处向有二百余家,光绪六年以后,屡遭匪掠,逃亡大半,田地皆荒,而水土甚恶,往来者相戒勿于此处饮食,即崖州土人亦然。又十里至大茅峒。其西北即南岺峒也。自大茅而北,五里过回风岭。岭不高而崎岖,多曲折,两旁皆丛林阴翳,几不见天日。下岭五里,至岭下塘,海滨也。

十五日,东北行,二十里曰永宁铺。沙坡一片,甚宽而平,遍生浅草,稀有树木,无开垦者。问之土人,云,"土多沙,瘠甚,不能艺五禾也"。又十里,至藤桥镇。有海港,而大船不能入。市铺约七十余家,土人约二百余家。

以过山事询藤桥司陈君谟,云,"地有客民六七家,旁有小黎村九,每村不过数家,多者亦只十余家,崖属也。吊罗在其东北,系崖、陵接界之山僻处。有偷牛贼藏于此,屡至陵水界盗牛。崖州报报贼,探未实也。今已编其户口,约百余家。捕得杨阿桓一匪,逃匿于此者也"。

藤桥汛杨君廷香来见。言亦同。

冬至节前后,日暮最短之时也。予日日黎明唤从人起炊,视时辰表值卯正,至酉正天始昏黑。海南不独气候寒暖与内地异,即时日长短亦异也。

十六日,由藤桥而东北,十五里曰赤岭,有小村曰头铺灶。又七里曰孤屯。入陵水县界(其北八里即吊鹅)。又东北八里至五村,过加独岭,岭只一土冈而已。又十五里至九所。自藤桥至此,地滨海,白沙弥望,高平之处,浅草平铺,无开垦者。洼下及坡之四边欹斜之处,略有耕植者。凡地属高坡,虽平旷而土深厚,垦而种植其收成必减于低处二三分。盖其地四无遮蔽,晴则风吹松土以去,雨则水漂土膏下流,且禾苗茂时,多虞风灾,此等情形,内地各行省山乡之所同,海滨沙冈不待言矣。由九所东北二十里至盐灶,又十五里至岭头。又十里至陵水县城。

是日东北风甚大,当面吹来无可避御。午刻至盐灶时,身忽发寒,亟加衣而热作,头疼腰痛。下午风愈大,至陵水,天已昏黑,饮热茶大汗出,卧至三更,热始退。

十七日,至抚黎局拜总办席春渔太守及文案委员丁养泉、张少堂。得朱观察十六日电示,令归郡由西路转,会于和舍、那大一带。又往拜陵水县饶春帆别驾。甫回寓,席太守、朱军门枉顾,丁养翁亦至。

饶别驾送钱三千及个叶纸烛倚垫茶碗等物,留碗及垫,余均璧。

朱军门订明日巳刻招饮,席太守订明日申刻招饮,均以疾力辞。丁养翁怀宁人,以乡谊送菜四大碗,收其一,璧其三。饶别驾来答拜。

十八日,拟稿电禀道宪:十六抵陵水,微感冒,十七幸已愈。奉铣示令归转西路会那大,查道里惟由宝停、水满八九日可至红毛,稍近,余均远。由江西北,四日可达南丰,东至岭门,西至金江,五日亦可达。容随路探究驾所至,趋迎。在陵再息一日,便北行。□禀,巧。

席太守、丁养翁便衣至,面言申刻一叙,但具蔬菜。辞以实有疾,兼已恳县代雇夫,须料理一切,恳容心领。

萧军门柱顾。饶别驾从人来下帖,订明日招饮,兼言明日夫恐未能齐。作书谢钟教谕,遣四勇回营,各赏洋银一元,又给路费一元。据勇言由陵水西北赴凡阳,五日可达。

午刻寒热忽大作,头疼周身骨节皆痛。至酉始汗出。至二更后,热乃退。席太守送菩提丸一包,观音膏二十张。

十九日,用葱白三条,姜三片,红糖少许,煎菩提丸五圆服之。

席太守、丁养翁来问疾。养翁送布帐一,太守送腌菜咸姜等数种。饶别驾来问疾。

拟电禀道宪:十八电禀后,寒热复大作,势似疟,药之,愈当速。俟愈,即就道。□禀,皓。

二十日,巳刻觉微寒,即拥被卧。寒而热,皆较十八日减轻,而久不出汗,令从人煮薄粥乘热啜之,冀催汗出也。不意粥才下腹,即大呕吐。吐已,身困倦甚,卧而大汗出。丁养翁来问疾,卧不能起与谈矣。

灯下席太守、丁养翁同至。太守送新会橘八枚,嘱茶水不可多饮,正患口渴喉干,多饮茶而不解,剖一枚食之,真如甘露也。得汪铁舫十九电报,晚又得道署二十日电复,均劝勿再入峒,由大路回郡。

刘庸斋先生所刻治疟三方,屡试屡验,用第一方令从人取药煎服,乃卧。是夜汗出,至天明未止。

二十一日,席太守送酱菜四瓶,受其一,璧其三。萧军门至,见于卧室,避风故也。以刘师所刻第一方就正于席太守,云,"药当而分数太轻,宜并三服为一服,浓煎倾出,即更煎而后三分服之。且子已出大汗,威灵仙、苍术二味可去"。时配一剂,复去威苍配一剂,并而同煎,二分而服之。服药后,食粥仍呕,至晚食饭亦呕。饶别驾来问疾。夜卧甚不安神,口常作渴,食橘不能解。

二十二日,黎明唤从人起,煮茶饮之,渴不解。温昨煎成药服之,亦不解。席太守送小圆药三丸,令以凉水送吞,从之,亦不解。复饮茶,转觉喉干口苦,连食二大橘,以甘蔗煎浓汤饮,亦不能解。午初,非寒非热,焦灼异常,无可如何,惟煮薄粥汤,冷而频频饮之而已。

守三先生名传,字铁花,胡适之先生之尊人,历官辽粤。余外叔祖王胜之先生记其事云:"先生治朴学,工吟咏。性乐易,无城府,兴至陈说古今,议论蜂涌,一坐皆倾。体干充实,能自克苦。尝至南雄州密查要案,自肩行李,孑然就道;比至,遇大雨,午夜叩门无应者,立居民檐下,天明始行。又尝至琼州查生熟黎互斗案,深入五枝山,瘴地也,染瘴,一病几殆:皆人所难。文士脆弱,先生独否。自言少时负五斗米山行百十里,若无事者"。按先生琼州之行,时客吴大澂幕,所记不仅历程,关系掌故甚多,适之先生举以付刊,可感也。顾廷龙记。

(原载1934年9月1日《禹贡》第2卷第1期)

台湾日记①

卷一

光绪十八年(1892年)一月初一至八月十九日

光绪十八年,岁次壬辰,月次壬寅,元日辛酉,诣各处贺岁。

初二日,诣各处贺岁。于席春渔(时熙)太守座上,遇谢友鹄军门;原名鸿章,今改名得龙,四川人。

初三日,席太守、谢军门枉顾,邀同小饮。

初四日,诣总局见督办,禀明日晋省。

初五日,巳刻开船。午后大风,夜黑,乃宿于高店。

---

① 编者注:此日记中,注明"纲按"、"纲注"者,均为罗尔纲初校时所注。注明"纯按"者,为黄纯青所注;注明"波按"者,为毛一波所补校;注明"水按"者,为毛子水所校注。

初六日,辰正至苏州,泊于胥门外。上岸入城谒三大宪,皆不见。是日立春。

初七日,谒抚宪,呈陈德浚禀稿,兼辩明被诬情由。是夜余淡湖太守招饮。是日谒清师;适值赴蓬园,未见(清师是吴清卿先生大澂)。

初八日,谒藩、臬二宪,皆见。邓小亭大令招饮,辞。

初九日,谒清师,见。谒钱、吴二督办,皆未见。童米孙大令招饮。

初十日,诣各大宪门,禀辞回沪;惟抚台见,余皆未见。汪(纲按:汪原稿作王)理堂司马招饮,同席为范久也、黄耀堂二大令、周宅之司马。又王耕云司马、范久也大令、金润生茂才招饮,皆辞。

十一日,赴南仓桥及钱督办、余太守、魁太守处辞行,皆未见。汪南陔大令枉顾,金润生送来板鸭一只。赖葆臣大令招饮,辞。沈赓虞太守来趁船,酉刻开轮回沪。

十二日,辰刻抵沪,梅问羹兄弟来拜。得苏冶生去腊二十一日书,得张经甫去腊二十五日书,又得介如弟、嘉言兄书各一。

十三日,章菊农世兄自金陵至。薛贻树大令来拜。作书答经甫。

十四日,答拜章菊农世兄,并邀之小饮。作书答嘉兄。

十五日,诣道辕、总局及粮道船上贺望;拜席春渔、沈赓虞二太守,拜陈荇香、窦甸高二大令。

十六日,节甫叔、三保弟自家乡至沪。得四弟书;作书寄四弟。

十七日,得虎臣兄去岁腊底信,知苏抚奏留折已于二十八日奉旨:台湾差委需人,胡传等着仍遵前旨发往。钦此。作书复虎臣兄,又作书寄四弟。

十八日,宋燕生偕赵铸南、赵颂南过访畅谈,自巳至未乃去。作书寄川沙。

十九日,诣总局及道署贺开印。梅豫铁字镇藩,弟豫枨字问羹。

二十日,开船晋省;将行,得川沙回书。是夜二更后抵省。

二十一日,谒抚台,未见;谒清师及藩、臬二司,见。

二十二日,谒抚台,见。午刻,林质侯太守招饮于牙厘总局,同席为杨敏斋、周子迪、袁含斋、余淡湖四太守、施润甫大令。是夜汪兰陔大令招饮,遇何铁帆于座。

二十三日,清师太夫人再期。拜袁含斋、崔继庭二太守,又访谢笙伯。

二十四日,诣三大宪辕门,禀辞回沪。戌刻开轮;行至弥陀桥,天雨昏黑,复停轮,待月出而后行。

二十五日,午刻抵沪。得四弟书。

二十六日,谒督办,未见。拜提调,又访张逸坨昆季、席春渔太守,皆见。得范荔泉台湾来书。

二十七日,张剑臣、张迪铭过访。得张经甫兄书。是夜程周卿邀饮。

二十八日,嘉言兄、翰香弟自金陵至。拜章庄斋孝廉。作书寄沈韵松。

二十九日,招章庄斋、胡彩庭饮于寓中。作书并以河图寄袁行南。

二月初一日,拜蒋丹如太守,贺陈荇香大令到差,作书寄宋渤生观察。

初二日,袁含斋太守来拜;代予充总巡者也。朱森伯招饮,辞。作书寄秫侄及岳丈。

初三日,交卸总巡沪各卡差。诣总局谒督办,未见。拜袁太守,未见。午后开船晋省。

初四日,诣三大宪辕门,禀销总巡差,兼叩辞赴台湾,皆见。臬台送楚鲤二尾、板鸭二只、火腿二条、广东茶食二匣。访汪兰陔。

初五日,谒清师叩辞及告行于同寅诸友;回沪。

初六日,辰刻到沪。

初七日,料理移家事务。

初八日,移家属于川沙。是日大风,用轮船拖带过浦,入白莲泾而后行。

初九日,到川沙。赁黄姓宅十二间,每月租钱三千文。

初十日,拜川沙同知倪镜甫司马及沈少韵、黄叔才、朱子山、朱友梅、陆才伯、庄棣花、潘怡田、潘亦甘诸友。

十一日，沈少韵、黄叔才招饮。

十二日，雇船回沪。四弟偕章胥至沪。

十三日，到沪，拜陈荇香大令、袁含斋太守、曹璠溪孝廉。

十四日，拜席春渔太守、张逸坨二尹及黄接三、葛子源。

十五日，访宋燕生及瞿肇生、黄子林。是日下午，驾时轮船到埠。晤金卓人于开文店。得汪兰陔大令书。作书上岳丈。

十六日，毕香如、余君翁来约同行。作书复汪兰陔大令。

十七日，诣道署、总局、机器、海运、货捐、糖捐各局及亲知各处辞行。刘伯符招饮，辞。

十八日，先发行李上驾时轮船。张迪铭世兄来送行。席太守送火腿二条、普洱茶七饼、诗二首；谭少柳太守送点心二种；汪友竹送点心四匣；张逸坨送火腿一、鸭一；张迪铭送火腿、皮蛋；黄子林送火腿一、茶食二种、皮蛋二十枚；范兰堂送火腿、酱鸭各一、皮蛋二十、茶食四匣；程周卿送火腿二只；节甫叔送火腿二只；焕章叔送火腿二只、枣一匣；休开文送五老图二部、笔十枝；苏开文送提良墨二匣、笔二十枝；屯开文送墨八片、笔十枝；叔祖送绍酒一坛；严彤甫送绍酒一坛；善悦弟送茶食四匣；章菊农送火腿一、皮蛋二十、茶食二包；胡彩亭送火腿一只、笋衣一斤、茶食二匣；周宅之送火腿一、瓜子二斤、梅三瓶；章谨斋送虾子（波按：子下疑有脱字）二匣；汪理堂送皮蛋三十、茶食四匣；金允中送火腿一条、一品锅一只；陈荇香送洋点二种。

十九日，巳刻登舟，乃知尚待二十一日开行。因嘉兄、翰弟俟送予行而后回金陵，遂自于舟中待之。舟中无事，作诗答席太守，即步原韵：

> 万死关头觅一生，神仙有术亦多情。恋烟深处逢坡老，甘露分来饮长卿。誓众可椎金马碎，盟心常似玉壶清，只嫌辜负如椽笔，未勒黎山纪荡平。

> 因缘不必问三生，聚散如萍却有情。入世岂愁多险阻，知人翻恐负公卿。天风假我一帆便，海水谁澄万里清？试看乡村颁社肉，几人作宰似陈平。

相逢未久去匆匆,惜别愁听雨打蓬。到处羡君云鹤似,此行怜我海鸥同。会从众仙奏绿绮,且纵一叶磨青铜。怅望重洋试回首,何时复与话离衷?

二十日,四弟偕五弟、应文弟持台中电报至,乃抚署催趁驾时渡海者也。

二十一日,四弟偕长婿来船告知夜即赴川沙;嘉言兄偕翰香弟夜趁轮船回金陵;张逸坨、吉门昆季来送行,二弟来船送行。

二十二日,未正开轮。

二十三日,海无大风浪,而船中颇觉眩晕,予不能饮食,卧至夜,大吐酸苦水乃安。

二十四日,辰刻抵小基隆,停船雇小舟上岸。访金沙局提调张经甫兄,适值往龙潭堵分局,不晤。乃以信物托沈载之代收。姚立人之信物亦交沈收。仍还驾时轮船。戌刻,奉抚署电报,上岸即往至抚署卸装(纯按:堵原稿作垛)。

二十五日,未刻由基隆(波按:隆原稿作笼)。至沪尾(纯按:沪原稿作鲋),船搁浅;历半时许,天渐晚,仍宿于船。

二十六日,辰刻换坐小轮船,并将行李移入小划,以轮船拖之。午刻至台北。城外大雨倾盆而下。入抚署谒抚台及顾廉访,并晤范荔泉;知张经甫亦在署,甚喜。饭后拜沈蓉卿先生及管凌云、邵式如诸君。

二十七日,谒藩台唐薇卿方伯、护道唐赞衮太守、台北府陈仲英太守及翁子文司马、徐子静观察、苏冶生大使,皆见。拜林帮办及淡水县叶曼卿大令,未见。夜作书寄叔祖及四弟、嘉兄,又书寄汪兰陔,又寄汪远堂。

二十八日,顾廉访示以台湾图一部。潘景斋别驾昨日移来同居。

二十九日,阅地图。

三月初一日,己未朔,陈仲英太守来答拜。出访顾月如、吴季海,作书致经甫。

初二日,汪照蓉来拜,胡慎之来拜。

初三日,拜邓大令,见;拜顾月如,未见。

初四日,邵中丞招陪陈仲英太守饮,同席者谢湛清州牧、潘谨斋别驾、邓季垂大令、孙培卿司马。

初五日,张经甫自龙潭堵至,令电信招罗裕熙二尹于威海卫。

初六日,徐子静观察招饮于机器局,同席者谢湛翁、潘瑾翁、邓季翁、范荔泉、王仲良。是夜禀明中丞明日赴龙潭堵金沙局一游;已允诺矣,后改令暂缓。拜孙培卿、方子秉,未遇。荐余君喻于龙潭堵分局。

初七日,拜大科崁(纯按:崁原稿作坎)抚恳委员陈实斋,未遇。奉(纲按:奉原稿作奏)札赴阿拇坪栋军大营劳军,兼看情形。

初八日,陈实斋来答拜,约定明日同行。禀辞赴大科崁劳军。荔泉兄代借来洋银二十圆。

初九日,黎明即起,出城诣机器局邀陈实斋;阍人云在公泰行。既晤面而苏冶生至。正叙谈间而火车已开,不及赶上,乃候二帮附搭而行。未正至桃仔园换轿;酉初至大科崁,寓于抚垦局陈实斋处。

初十日,辰初由大科崁起程,午刻(水按:刻下应有至字)阿拇坪大营,谒统领各军林荫堂观察,即偕赴夹板山营。是营驻夹板山巅,望呐哮、水流东各营及合吻、加辉均如目前。

十一日,丑刻天下雨。定海中营、栋字左营及栋字正营一哨、右营一哨、台勇一哨、隘勇中营及劲勇合一哨冒雨渡溪进驻合吻。雾中但闻枪炮声、喊呐声,而不能见其战状。天明雾退,生番来扑栋字右营;该营抵御,枪声自晓至申正不绝。番在林中,亦不能察其多寡;我军之枪炮能否毙贼,亦不可知。惟据探报,进合吻者台勇阵亡三人,伤五人,定海中营渡水溺死一人,栋右接仗者阵亡三人,伤数人。盖我军连日攻加辉,贼专力防我由呐哮进加辉,伏守合吻者不多,故我取合吻易为力也。申正随林统领回阿拇山大营。

十二日,辰正由阿拇坪起程回省;午刻至大科崁,晤陈实斋直牧,索饭,饱餐复行。申正至桃仔园,候火轮车。至晚不到,乃赴桃园街,约里许,寻一小客店宿焉。

十三日,巳初趁火轮车;午刻到台北府,入抚署谒顾廉访及邵中丞,面禀前敌军情战状。作书致林荫堂统领。

十四日,谒藩台,见;拜台北府陈仲英太守,未见;拜翁子文司马、钟淡人世兄,未见。贺邓季垂代理嘉义县事。胡慎之来见。作书禀叔祖、寄四弟。

十五日,出城趁火车赴龙潭堵访张经甫;适逢经甫乘火车来省,复偕入城。

十七日,偕张经甫坐火车赴八堵;换轿至暖暖街,晤张剑臣、章锡卿、郑伯珏、黄圃生、郭梅岑。饭毕复行,五里至碇内,又五里至四脚亭(纯按:脚原稿作角),即新拟造房设分局处,又八里,天已昏黑,龙潭堵(波按:黑字下疑脱宿字)。

十八日,偕经甫沿石碇溪而上,行四里至瑞芳店(纯按:芳店原稿作馨应)。过溪而南,四里至苎子潭,又五里至半林庄。过溪而北,复东行二里至九芎桥,再十里即三貂岭。后由溪北沿岸行而回龙潭堵。

十九日,偕经甫乘船,下石碇溪至暖暖街;饭毕,复至八堵,乘火车回台北。

二十日,贺顾廉访署藩司。将夜,顾公招饮,至二更而回。

二十一日,同官设席于考棚,为唐方伯饯行。拜林荫堂统领;诣各处辞行。

二十二日,领薪水三月,计洋银三百圆。作书禀清师;寄四弟、嘉兄。匆匆检行李,乘小轮船至沪尾,上飞捷轮船。

二十三日,随邵中丞乘飞捷轮船开赴台南;同行为管凌云直牧、汪南陔大令、俞东山大令、尹蕙庵、疏禹门茂才、蒋少颖明经、邓季垂大令。接到四弟信一、汪远堂信一、叔祖信一。

二十四日,申刻抵安平口。

二十五日,黎明上岸,入试院。午后辞中丞及诸同人,移居安平县姚西牧大令署内;其侄少苏兄出见。中丞岁试台南及台湾二府,予奉委巡阅各营也。拜台南府包哲生太守,见。

二十六日,谒台湾镇万、署台湾道唐,皆见。管带武毅营游击邓君春林及管带左翼练兵陈馨远副戎皆来见。是日巳正地震,房屋摇曳有声,约二刻乃定;午初复微震。拜邓季垂,未遇。奉到查各县监狱札。申刻出城,拜镇海中军副营管带官刘际周游戎;至靖海中军正营拜帮带万棣花守备,晤万军门,即居于营中。作书托安平县封寄张经甫。

二十七日,点靖海中军正副二营勇丁;中军总巡官曾广照,字兰亭。

二十八日,阅安平炮台。拜管带炮勇官柯月坡守备,点名打靶;炮目中靶八成以上,炮勇中靶五成以上,中三枪者十五人。

二十九日,阅镇海中军正副二营合操。

三十日,阅正副二营勇丁各三百名;打靶,正营全中者一百四十六名,副营全中者一百三十九名。

四月初一日,阅左翼练军二哨;操阵打枪,全中者四十四名。计安平界内防营巡阅已竣;作书致管凌云直牧,托其转禀大帅。拜胡次樵别驾、朱条园太守。

初二日,申报查阅镇海中军正副二营及安平炮队左翼练兵情形;计打靶全中勇丁共三百四十四名,每名赏银二钱,共给银六十八两八钱。拟赴凤山及台东,于台南支应局领洋银一百两。

初三日,趁小轮船赴旂后炮台。轮船,万军门所雇,计洋十五元。午正至靖海前军右营,晤管带马锦堂(水按:据下文马疑当作万)协镇;午后点名。王峻之大令来拜。

初四日,阅操。午刻陈子岳大令来拜。午后校靶;中三枪者九十一人,每人赏洋钱贰钱,共计拾八两贰钱。旂后新关税务司费理司、领事额必廉。此营只操小四排。

初五日,阅演放大炮。拜陈子岳、王峻之二大令,皆见。辞万锦堂参戎。乘小舟行五里登岸;又行十里至凤山县城,入署拜李丽川大令。李,黟县人;叙乡情甚亲切。其刑名李笠人,苏州人,同趁驾时渡海,本舟中相识者。午后查监狱;计监犯九名、押犯十八名。左翼练军后哨昨已至旂后。点毕,哨官张广荫来见;城中及城外无安靶处,遂免打靶。

初六日,辰刻雇轿夫三名,六元,挑夫二名,三元四钱,起程赴恒春。行三十里至东港,止于顺源栈。主人陈北学孝廉,凤山巨富,栈司事邱姓字世德。东港驻有台南防军副营右哨三、四、八队。点名打靶;中二枪者二人,中一枪者九人而已。哨官张德明,千总也。作书托凤山县李代寄上海交茂春店转交四弟,并寄虎兄。

初七日,沿海行三十里至枋寮,而舆夫、挑夫疲乏求止。该处客店小,秽气薰人;适保甲董事林克中至,留于其家。家设旂后抽厘分局,司事王廷扬亦徽人,遂止焉。赏林姓厨子洋一元。

初八日,行十五里至南势湖,南番屯军后哨七队所驻处也。正哨官林锡铭,即林克中之弟。点名毕,又行十里至狮头山,副哨官刘志坤带三队驻此。该哨三、四、五队驻南势湖,一、二、六队驻狮头山,七队驻崩山头。又行五里至枫港汛,止于该汛营房。汛官宋姓赴恒春,未遇;汛房木虱多,夜咬人,达旦不能寐。赏汛兵洋一元。

初九日,由枫港南行,路甚崎岖,约二十里至尖山头。是处恒春隘勇一队、二队二棚驻防,副哨长张举祥所带。又三里至水坑,正哨官郭清臣管带五队、七队、八队隘勇驻此。又二里至海口,四队所驻。又东三里曰统埔,六队所驻。其第三队为番勇,虚无其人焉。又五里至车城汛,有汛官及乡董王姓鸣凤来迎。又十里至饮和亭。又五里至恒春县;游击张士香(字养吾)、知县高晋翰(字凤池)皆见;住县署。刑席李彦士,浙人也。

初十日,查阅县狱,男犯三、女犯一人而已。拜营哨及典史各官,申报凤、恒山外各防情形。

十一日,起程回枫港,赏汛兵洋一元。

十二日,由枫港至凤山之枋寮,折而西过水底寮;行十二里,至三条仑石营盘。是处留甘肃补用总兵江云山(原注:字如甸),管带南路屯兵前、左二哨,自带亲兵二队、左哨第七队驻此。恒春夫价七元,挑夫三元四钱。

十三日,由石营盘起程上岭,东南行约十五里,又东至归化门,左哨五大棚驻此。又十里至六仪社,左哨三、四棚驻此。又南行七里至大树前,左哨一、二棚驻此。

十四日,朝东行十五里至大树林,前哨一、二、三棚驻此。又东下岭十八里至出水坡,前哨四、五、六棚驻此。又东下岭七里至溪底,前哨七、八棚驻此。以上二哨打靶共中百二十七枪。内中三枪者七名，各赏洋一元；中二枪者十九名，各赏洋半元。

十五日，由溪底行十五里，至巴朗（水按：巴朗后文多作巴塱）卫；江如典总戎送至此。折而北，沿海行二十里至大得吉，又十二里至虷子崙，又八里至大麻里，皆埤南屯军一哨分驻处也。巴朗卫之南即阿郎壹溪牡丹湾，恒春所辖番地也。该哨打靶中三枪者七人，中二枪者十二人，共赏洋十三元；计共中靶七十七枪。

十六日，巳刻至知本社，又二十里未刻至台东州，止于镇海后军中营中。提督张月楼军门及台东州吕耀如大令迎于郊，以予代抚军阅操也。谢不敢当。

台东每岁五月大雨；山水涨，行人阻绝，文报不通。自州至花莲港尚有六日程，往返极速亦须十有二日。商之张军门：恐迟则雨下，先点名阅操；明日即起程赴花莲港，俟回而后校枪靶及点安抚军也。

十七日，行三十里，午正至鹿寮，镇海后军前营后哨一、二、三、四队驻此。

十八日，行十八里至雷公河，又十七里至新开园，镇海后军前营亲兵、前、左三哨驻此。午正大雨，至晚不止。恐河水涨，仅点名而行，俟回来校靶；且有右哨成广澳者，亦将调至此点名也。此一带皆平埔番。

十九日，行六里至大陂庄。埤南溪水自此出山南流，至埤南之东入海；过此陂则溪水皆北流，入秀姑峦大港，至水尾入海矣。由大陂北八里至公埔庄，又五里至吕坑，又十一里至大庄。光绪十四年平埔番之变，由此庄而起；今颇畏威安分。又十二里至璞石阁，是处后军右营后哨五、六、七、八队所驻防。哨长刘得胜，湖北人。是处亦因天雨未能校靶。此一带皆平埔番所居。

二十日，北行十里曰周塱庄，又十里曰跌街，又十里曰水尾；有河曰大港，秀姑峦各山山溪之水南北流会于此，东流六十里入海。其入海之口可泊民船。前此百石小舟亦可至水尾；自经光绪十四年之乱，水尾营房、民房均毁，无一存者，港亦遂塞。今水尾只有居民四五家，皆粤人也。又北十二里至拔子庄，后山海防屯兵二哨驻此。管带守备邱焕庭（原注：印炳章），福建长汀人。既至此，恐天雨，急点名，甫毕即校靶；未阅十人而大雨至，乃罢。是处居民约二百余人，所辖番人约二千余人，所谓阿眉番也。设抚垦局一，每季需抚费一千二百余两，所抚番社约七十余处。

二十一日，北行十八里至大巴塱，镇海后军右营前哨一队驻此。又十二里至鹿阶鼻，前哨二、三、四队驻此。又十五里至象鼻子，前哨五、六、七队驻此。

二十二日，行十五里至吴全城，左哨五、六、七、八队驻此。又十五里过木瓜河至花莲，管带后军左营都司张升桂（原注：字聘三），以亲兵及右哨并后哨五、六、七、八队为一垒，又后哨一、二、三、四队别为一垒，同驻此。其东即海口，其左哨一、二、三、四队驻加礼宛者亦调于此。午后大雨下，至申正雨小停，乃点名，将毕而雨复大下。吴全城四队中三枪者一，中二枪者六。

二十三日，黎明校阅左营枪靶；能中三枪者只二人，中二枪者只二十人，统共中三百五十六枪。午初起程，回行原路，三十里至象鼻嘴，趁水未涨，急渡过木瓜河之险也。

二十四日，回抵拔子庄。校海防、屯军二哨枪靶；中三者六，中二者二十一，统计中百六十六枪。

二十五日，回抵璞石阁，点驻成广澳右哨勇名兼校靶。

二十六日，回抵新开园，校前营亲兵前哨、左哨枪靶；该营前门中三者十，中二者三十一，后门中三者十，统共中四百二十枪。

二十七日，过雷公大河，水大及脐。

二十八日，探闻白石口水尤大，乃于摆那摆之上过河，绕入山迂二十里而回坤，阅中营靶未毕而天雨。吕耀翁招饮。

二十九日，补阅中营后哨枪靶；中三者十三，中二者七十四，皆前门，赏五十圆；又后门中三者十，赏三圆；安抚军中三者二，中二者七，赏五元半。具文报查后山竣。张茂病。

五月初一日，由坤南起程至大麻里；溪水大，几不得过。

初二日，回抵溪底。

初三日，回抵大树前。是（纯按：是原稿作皆）日遇雨。

材木。由毛赞、毛贵、毛阳西至凡阳、南劳、志外,此以东,稍宽旷,然平田亦无多。由志外南经南板、边水、抱甸、抱由至乐安、大案,此百余里中,土地辟,田野治,路平人庶,岁丰谷贱甚。又南由浮浅、覃寒、抱怀、抱蕴、大力、小力,于十一月初九至崖,则冈陇多地转狭矣。自南丰达崖,直穿黎心,所过惟红毛、凡阳水恶,饮之腹痛脾泄,钟营在凡阳亦患此,余俱无他。论目前黎情及地势要害,宜驻兵莫如乐安,购粮亦易。此地方实在情形之大略,其详容后函禀。恭请钧安(此稿十一日由电局发回云,电缕断,不能报)。

申刻,乐安汛官何秉钺来见。询以地方黎情,则多方讳匿。诘以九月初一十月十六二事,亦不肯遽言。再三诘问,始言"多港、多涧、头塘、官方之多匪久矣,官卑职小,言之上司以为多事,故不敢言也"。问以匪首姓名,答云,"皆总管哨官头人,地方有册查之自知"。问谁最凶恶,仍讳匿坚不吐实,刁滑可憎。

十一日,前崖州知州李君开庭来拜,现奉委在崖招商股开办官圩也,云已招有九十股。电报局发回昨日禀督抚道三宪稿云,缕断不能报。

拟稿函禀道宪:昨日电禀,想已蒙台鉴。我公智烛几先,预调兵进凡阳,褫奸魄,销乱萌,已为地方造福不浅。伏查黎患在熟不在生,在山外不在山内,兵驻凡阳、乐安握内外之抠[枢]纽,卫生之良,锄熟之莠,二者均便。后或有他变,兵由外入,亦可冀收夹击之效。海忠介言"据东西南北之中,状虎豹在山之势",即在此矣。管见所及,愿效千虑一得之愚忱,条陈于后,伏乞采择焉。

一,凡阳水恶,乐安城中井水亦不可饮,兵恐难久驻。查凡乐之间有南板村,地颇形胜,左营甫于凡阳树栅结茅以居,未便遽令再移,可饬就近相度南板,预为经营,以作后图。

一,凡阳、毛赞一带之黎,屡被匪掠,久弃平地,退居山林,久无牛,田皆荒废,岭门局发牛,亦未沾及。该处或购牛二三十头,购犁称是,以给黎人(岭门局发给红毛峒之牛亦有不服山草而毙者,须购崖州、黎牛),招就平地,选左营勇之知以犁耕者教之用犁。购牛犁费不巨,以犁耕用力少而成功多,左营近在凡阳以之教耕,似均便也。

初四日(纲按:四原稿作三),抵三条仑;午后亦雨。作书寄范荔泉兄。

初五日,江如典总戎留予于营中过节。得闲作书寄四弟、嘉兄、翰弟、叔祖及唐太守,托凤山县李丽川大令寄沪。

初六日,由三条仑沿山北行二十里至双溪口,台南防军五、六、七、八队驻此。中二枪者五,赏银二元五钱。又北行十五里至潮州庄,副右哨二队,一队驻此。五、六、七队之驻万丹者,亦集调于此。中三者四,中二者二,赏六元。

初七日,东北行三十五里至隘寮,统领台南防军总兵自领中哨、后哨驻此,赏四十八元。

初八日,西行二十里至阿猴,副左哨驻此,赏四元。一、二、三队驻阿里港,四、五、六队驻阿猴。七、八队驻安平之番薯寮(纯按:薯原稿作署),隔溪水不能至。

初九日,行十里过下淡水溪至埤子寮;又行二十里至凤山县,补阅左翼练兵后哨打靶。未毕而万锦堂至,李冠英总戎本送予来此,同饮于李丽川大令署中。

后哨用后门枪打靶;中三者二十一人,赏银五两二钱。

李(丽川)送《九朝东华录》一部、(黟县俞正燮)《癸巳类稿》一部、罗愿《新安志》一部。

初十日,行二十里至楠子坑;又二十里至阿公店,查阅左翼练军中哨三、四、五、七队打靶。用来复枪;中三者七,中二者十一,赏银十二元五角。

十一日,回抵安平县,住县署。具稿四次申报。夫价五元。

十二日,谒镇台万、道台唐、台南包哲生太守、厘局朱调元太守、营官刘际周、帮带万棣花,皆见。拜胡思樵,未见。领洋银二百两。作书寄四弟。

十三日,起程北赴中路;过湾里街曾文溪,阅左翼左哨三棚。至茅港。店钱洋一元八钱。

十四日,行六十里至嘉义县;拜邓季垂大令、游击王定元。夫四名,价五圆,百零五里。

十五日,阅武毅右军右营;中靶三枪者三十八人,赏七两六钱。接察看彰化地方情形札。

十六日,具稿五次申报。雇夫往云林,价三元,七十五里。

十七日,出北门行十三里至打猫街,又七里至大莆林,又十里至他里雾,又东十五里至斗六门,补点邓营左哨一队。

十八日,东北行十里至九芎之德安桥,又十五里至云林县,大雨下。县令谢寿昌他出;止于刘哨官荣华寓中。栋字副营前哨六、七、八队驻此。中路屯军四、五、六、七、八队亦驻此。哨官刘得云所带栋副前二队驻清水沟云至集。夫价一元一钱。

十九日,由云林县起程,东北行八里至尾寮底,又五里至水寮,又五里至田寮,过浊水溪,上岭又下岭,计七里至集集街。管带栋字副营总兵佘保元领中哨一、二、四、五、六队及左哨一、四、六、八队驻此。佘字初开,湖南浏阳人也。点名毕,询知无地可设靶,故未校枪。其前哨六、七、八队驻云林县,二队驻清水沟,亦云界也。下午管带中路屯兵营守备余步青来见,余字云传,湖南平江人。

二十日,佘营文案王君镕川闻水沙连之胜,偕余行。十里至风硿口,又十里至土地公安岭。此一带有小堡十二、小营一,中路屯兵所驻也。又十里至头社,又十里至水社,即水沙连。借寓湖边方秀才家,而雨亦随至。坐一时许,雨霁,出步湖边。湖长约五里,宽约二里;中有一小山,曰珠子山;水澄碧如镜。惜珠子山之西南二面大半淤而成田,不甚宽阔,稍不惬人意。然群山之巅有此大湖,洵异境也。

二十一日,黎明而起,别王君镕川就道。五里至猫兰社,又五里至审鹿,即新城,又十里至白叶岭,下岭十里至埔里厅城。止于厅署。

北路协镇滕副将国春字清臣,署埔里通判汪司马应泰字辅臣。滕君见面,即询:"查点屯兵人数,将历其驻防之堡而点之耶?亦将调至一处而点之耶?"余答以"驻风硿口及白叶山等处,余来时已历其堡而点其名;各处无枪靶,未能校枪。若遍历别处,亦无不可。但予奉札巡阅,此屯兵不能操阵,又不校枪,似乎不可。似须调二三哨至城阅之"。滕曰:"如兵奉调来城,而堡为番所焚,此处分将谁任?

予曰:"君系地方官,此屯兵归君节制;堡被番焚,君之咎也。君不自任,谁为君任?"滕云:"因调失堡,似乎与平日不同。"予曰:"予本欲君调集于城,以便详悉点阅。今君以堡恐失为言,予亦不问君调与不调!但予奉札点名阅操;有兵则点,能操则阅。君不调则余去矣。予不受君挟制,亦不为君任咎也!"汪君见余二人言语不合,力为排解。滕顾余步青曰:"听子调与不调!"予亦顾余曰:"子受上台节制;上台无文札,子何敢调!"滕不得已,商之于汪。汪曰:"屯兵营一切事务,向由营官主持。君虽名为节制,实不与闻军政。今日何故强为人出头?既已冒昧出头,只好速下札文,令调齐以待点阅耳。"(纲注:令字原稿作今)滕应允而去。既复来商,调集于蜈蚣崙。予亦允之。

二十二日,黎明,偕汪君及滕副将赴蜈蚣崙。地在城东约五里,番人出(纲按:出字下似遗入字)之总口也。点名竣,即令校靶。未竣,而大雨倾盆下。其分驻云林县境西螺、涂库、麦寮之四队亦调至;挨册中排列名次而点之,皆能应答。随于册挑唱一名,则彼此相顾而不能应;连挑三次皆然,显系临点雇人顶冒。查云林距埔里九十里,营官鞭长莫及,弊由哨官千总刘得云所弄无疑矣。是夜,滕副将招予及汪君饮于其署中;予本不欲赴,因昨日言太激切,姑往饮以解之。管带栋字隘勇副营傅把总德生亦来见。傅字光华,湖南新化人。大雨达旦乃止。屯兵打靶,中三枪者只一名,中二枪者只十名,共赏洋银六圆。

二十三日,黎明起程出城。约二里许而大雨复下,遂冒雨行十五里,过小埔里、三条崙而至大坪顶。顶之东为中路屯兵分防地段,顶之西为栋隘副营分防地段,东西防堡相距约半里。至顶而雨小霁,按查隘勇,即其堡点名。下岭过松柏仑至北港溪,傅把总自领二队驻此。甫至营设靶将校,而大雨又至,乃罢。

二十四日,大雨自朝至暮不止。溪水陡涨,阻而不能行,乃具文申报查阅斗六、云林、集集街、埔里各处防军情形。

询傅把总以御番切要之策。答曰:"杀尽通事,禁与番通,番自服矣。盖番人所用刀枪子药,皆通事者得贿而给之也。"予闻其言,叹其有识。

埔里所属有南番，有北番。南番归化久，出亦不滋事。北番出，则军民争杀之；即官欲招抚，民亦不从，盖恐既抚之后，不能禁其出入，道路为所熟悉，不能复制也。民杀番，即屠而卖其肉；每肉一两值钱二十文，买者争先恐后，顷刻而尽；煎熬其骨为膏，谓之"番膏"，价极贵。官示禁，而民亦不从也。

二十五日，由北港溪起程，折而北，五里曰三飧埔。又五里曰水长流，溪不甚（纲按：甚字下似遗大字），水甚涨而溜急，不能涉。是日，溪南所查点各堡中哨、右哨之勇皆令随至，拟过溪校靶。左哨亦集于溪南以待。乃令两岸偕作垒石为矼，伐木为梁。未成，而大坪顶之西堡报卯刻生番出草，杀行路一人，取其首而去；遂令溪北之勇皆各归防。至午，桥成，过溪查点左哨兼校靶；赏用前门枪中者洋银十二圆五角，赏用后门枪中者银六钱。复行二十里，宿于三只寮。闻此处地最高，遂登绝高山巅，西望台湾、彰化及大甲、二林等港以至于海，东望埔里及以东番社各山，皆无有高于此者。惜东山尚有雾，不能见海。中路为全台最宽之处，若以鸟道取直计之，恐不满二百里也。

由埔里蜈蚣峇而东，二十余里曰拔仔烟社，男女约四十余口。又东三十余里曰巴兰社，男女约六百余口。由巴兰而南五十余里曰万社，由巴兰而东六十余里曰雾社，男女各约二三百口。由巴兰而东北五十余里曰哦哦社，男女五十余口。又东北八十余里曰斗捷社，男约一千六百余口，女约一千五百余口。又北百余里曰多老格社，男约一千八百余口，女约一千五百余口。又北百余里曰合骨社，男约一千五百余口，女约一千二三百口。又五十余里曰眉毛纳社，男女不满二百口。又北六十余里曰白毛社，男女共约二百口。又北十里曰里笼社，男女约二百二三十口。埔里之北港，源出诸社山中，故俗统名之曰北港番。现惟眉毛纳、白毛等社已受抚；余皆野番，时出杀人。

埔里屯兵，原选归化番人，各给以地，使之屯垦；始于光绪十二年冬，至十三年二月成军。每一屯丁，按年只给洋银八元。自十四年以后，乃改今制，每名月给洋银四元。

闰六月初三、初四日，随道宪顾赴基隆查阅铭字三营。又于初

六、初七日,随赴沪尾查阅定海前、中二营炮队二哨;由道宪给发炮台及营勇奖赏,兼雇小轮船往返水脚费,共计洋银八十三元。

十六日,遣镇海中军借用亲兵四名回营,每名赏给洋银六元,共计二十四元。

二十八日,由台北趁火车赴基隆,搭飞捷轮船往澎湖。火车、轿夫、挑夫、渡船,共计洋银三元三角八分。

七月初一日,随飞捷赴台南。

初七日,回抵沪尾。赏飞捷厨房及雇渡船、趁小轮船、轿夫、挑夫,共计洋银八元二角。

十四日,由台北雇轿夫四名、挑夫二名赴三角涌,每夫一名,每日洋银四角。

十五日,赴双溪口。

十六日,回抵公馆仓;遇台风。

十七日,由隘路折回三角涌;共四日,每日夫价洋银二元四角,又十六日宿双溪口抚垦局,赏厨房洋银二元,共计洋银十一元六角。

十八日,由隘路经白石脚、青寮、五结、大窝以达水流东,复由夹板山隘路赴阿拇坪;因路崎岖甚,加夫二名,共八名,每名洋四角,共计洋银三元二角。

二十日,由阿拇坪赴马武督;夫八名,每名四角。

二十一日,赴五指山;计山路六十五里,夫八名,每名洋银六角,共计洋银八元。

二十三日,由五指山回抵中坜;计程六十五里,夫八名,每名洋银六角,是夜宿火车票房,赏厨夫洋一元,共计洋银五元六角。

二十四日,由中坜趁火车回台北。五人,行李二挑,轿一顶,车价洋银一元七角六分;进城挑夫、轿夫力钱洋银三角;又此次在途共过渡七次,每次赏渡船一角,共七角:共计二元七角六分。

三十日,赴沪尾勘估营房工程。

八月初二日,回台北;轮舶、轿夫、挑力,共计洋银一元一角。

初七日,由台趁火车赴水返脚。五人,行李二挑,轿一顶,车价洋银八角八分;挑力一角二分,由水返脚雇轿夫四名、挑夫二名赴基隆,夫价洋银二元四角,共计三元四角。由基隆厅代雇夫六名赴宜兰;计程二站半,每站每夫洋银七角,共计洋银十四元五角。是夜宿瑞芳店金沙厘局,赏厨夫洋二元。

初八日,至双溪店饭,洋一元。

初九日,至头围店饭,洋一元。

十一日,由宜兰赴苏澳,计四十五里。由宜兰遣铭军护送亲兵四名回营,给路费二元。

十二日,回宜兰。赏苏澳定海中军左营勇丁用后门枪校靶能中三枪者八名,洋银一两六钱,合计洋银二元二角二分二厘。

十三日,赴以哩沙一带巡查。

十四日,复回宜兰。夫六名,每日每夫洋银四角五分,共四日,共计夫洋银十元八角。

十六日,由宜兰县代雇夫六名,回水返脚;每夫洋银二元一角,共计洋银十二元六角。此次往返共过渡八次,每次渡船一角,共计八角。

十八日,由瑞芳店遣赖营护送亲兵四名回营,给路费洋银二元。

十九日,由水返脚趁火车回台北。五人,行李二挑,轿一顶,车价洋八角八分;进城挑夫、轿夫五名,贰角五分,共计洋银一元一角三分。

卷二

光绪十八年(1892年)九月初一至光绪十九年(1893年)四月十九日

光绪十八年壬辰,秋九月初一日,上辕销假;禀谢奉委提调台盐务总局兼办安嘉总馆。谒唐方伯;蒙谕知盐务积弊颇详。

初二日,访张经甫、苏冶生于机器局。作书寄叔祖及洋银二百圆,由协顺昌兑汇于沪;又书嘱秬、秠二儿;又书嘉兄。

初三日,闻飞捷轮船已由福州抵沪尾,将趁赴台南,遂叩谒各大宪禀辞,兼告行于同寅及知交。是夜,王蔀昀孝廉、范荔泉广文、管凌云直牧、苏逵九二尹招饮于管君寓中。席中遇同乡新选石埭训导吴佐卿(即梦元)广文,泾县人也。王君作大江东去一阕赠行:

海天苍莽,送君行何处,蛮烟如织。试问离愁添几许,难信楼船装得。千里寒潮,一尊浊酒,也抵阳关别。丽谯霜柝,数声凄和长笛!

  从此帽影鞭丝,销魂无限,赤嵌桥边月。我欲平分红豆种,好探春风消息。采石豪吟,秦淮飞渡,重见应相惜。绿波还照,旧时双鬓华发。

初四日,检点故仆张茂所遗衣服箱笼及洋银六十元,作书托叔祖于沪,访山东便船,寄交其父张福来。张茂者,予友黄镜清二尹之旧仆也。予于光绪丁亥初夏,遇黄君于粤东巡抚署。戊子秋,予应吴清卿师调赴汴,于役河工。是冬,茂亦随黄君至汴。庚寅春,师以忧去位,回苏州守制;黄君赴淮安,而荐茂于天津。二月,予入京引见,茂附予舟至天津别去。四月予出京,复遇茂于天津。茂客居无所托,赀斧已罄,凄惶甚。予悯之,携回江苏。为予服役颇勤慎。壬辰二月,予奉旨赴台湾,茂相随渡海。从予巡台南,逾岭赴后山直抵花莲港,回至埤南而病。舆至台南,寄养于镇海中军正营。而予独赴中路巡阅以达台北。闰六月二十日,茂亦至台北,而病尚未愈。二十八日,予奉檄巡阅澎,乃令移寓于官医局以就医。七月初二日茂卒;而予尚未归也。初予将赴澎,恐茂病不起,先托友人范君荔泉不时遣人于官医局善视之。及卒,购衣棺殓而葬于台北北门外铁路旁。皆范君力也。予于初七日始回台北;检其遗匣,得其家书,乃知茂名梦麟,亦名茂林,其父张福来,系山东青州诸县城西门外十五里黑龙沟人。茂在江苏所寄家信,均由上海大东门外吴家衖东来栈内寄山东客带去,故将所遗之物先寄于上海,访诸东来栈,冀遇便交其父。其葬于台北墓前石碑,仍刻山东青州淄川张茂,以立碑时尚不知其为诸城人也。

初五日,苏冶生设饯招饮。归后乘酒兴填词和孝廉赠别元唱:

  华严世界,任凭我踏遍云山千叠。瘴雾蛮烟,笼不住猛虎磨牙吮血。试问当年,英雄几辈,学班超探穴?寒光射斗,看来辜负长铗。

  只当竹杖芒鞋,寻常游览,吟弄风和月。圆峤、方壶都在望,无奈海天空阔。浪拍澎湖,秋涵鹿耳,应笑重来客。那堪骊唱,正逢重九时节。

初六日,斯美轮船由沪至台北,得四弟八月十八日书,知其因妇病已由芜湖驰归。得嘉言兄书,知其已于二十五日抵沪,而朗山侄来与同去。又得章仙舫婿书。即作书寄复嘉兄并嘱秬、秠二儿及婿,兼检皮衣寄川沙,以台南天气冬暖,不需穿皮衣也。又得虎臣兄书,即复;并寄《台湾图说》一部以遗邵班卿。

吴佐卿广文持诗来赠别:

> 班马图中识面迟,叨陪陈座见芝眉。不嫌文字交偏浅,即此天涯遇亦奇。尘世谁知吾道重,素心雅与古人期。从今揖别云泥隔,空向西风唱柳枝!

即步原韵答之,兼贺新选石埭训导之喜。

> 壮不如人悔已迟,老来安肯负须眉。冯驩岂是无能客?王适何妨自诩奇?慨我飘蓬无定处,羡君衣锦有归期。明年秋到江南日,更折蟾宫桂一枝。

初七日,复作书以英银四十圆寄沪,仍托协顺昌汇兑。

初八日,检行装。午后访经甫。作书寄汪铁舫于彰化。

初九日,倚疏星淡月咏雁(纲按:此词上半阕中有数语在原稿之旁并有改作,但改作之后却两存之,纲此处照原稿抄):

> 横空掠影,似天半云霞,翱翔无定。露重风寒,夜久浑忘秋冷。当年沙漠孤臣泪,痛穹庐节旄都尽。关河万里,宵征肃肃,凭君传信。
>
> 借长笛声吹入暝,羡飞到衡阳,平沙栖稳。蘋末鸥盟,应问几时重整?江空夜静哀鸣否?恐孤舟渔梦惊醒。月明欲堕,芦花正白,不胜愁听!

王蔀昀孝廉、范荔泉广文、张经甫别驾见之,皆以前半阕笔意太平庸。复改二语,亦未惬意也。

初十日,中丞传见,即禀辞起程。经甫、荔泉、冶生三兄送登小轮舟。候潮搁浅,至晚乃抵沪尾,登飞捷轮船拜管驾林锦堂副将。

十一日,酉初开行。在舟无事,复改前调寄荔泉诸君:

> 横空掠影,想如此清高,是何行迳?为甚关山万里带来秋信?书空有字无人识,只寒潭尚残留印。莫言曾见,黄沙白草,边外风景。

纵玉笛声吹入暝,说飞过衡阳,平沙栖稳。江上鸥盟,应问几时重整?潮寒夜静相鸣咽,怕孤舟渔梦惊醒。月明欲堕,芦花似雪,不胜悲听!

十二日,申初抵安平。登岸拜苏赓华(名汝灼),雇小舟载行李至镜清桥。入镇海中军副营,为刘际周统领寄语营员办米装飞捷运基隆铭军。发行李入城。谒臬道宪顾缉庭方伯。拜台南盐务提调王云轩大令(即懋官);即居于总局。文案委员梁调昌(字尧)、支应委员王廷忠(良弼)来见。

十三日,谒臬道宪。拜刑、钱张翰伯先生及李少帆兄、账房邹仙洲先生、书启潘墅卿、沈昂青、教读苏履生及顾聪生少爷。拜台南府唐桦之观察、支应局包哲生太守、安平县姚西牧大令、厘局朱调元太守、电报局疏禹门司马;皆见。本局核册司事张启祥、总馆文案熊兰舫、管引方(耕三)皆来见。是夜王云翁招饮。

十四日,包、朱、姚诸公来答拜。疏禹门司马来谈。台南押送委员刘光(字萃青)、本局发运委员鲍友伦(字叙五)、支应局委员王仁寿(字蓉溪)、陈凤溪(字蠹伯)、军械所委员李品芳(字印侯)、县幕敖鸿诉(字树春)、翁宝善(字佑民)、场员何棠(字劲臣)(水按:此处似应有"(皆)来见"二(三)字。下文类似处不复注)。谒道台。

十五日,谒臬道宪贺望。唐观察招饮。

十六日,接办台南盐务提调兼安嘉总馆。姚西牧大令招饮。

十七日,出诣各处谢步。斗六涂库馆委员何伟南(字芝生)、新街岭后代办司事冯庭芝(字华三)、保甲委员陈师藩(字子厚)、姚榕(字恂卿)、道辕巡捕董国桢(字盖臣)、吴俊元(字镜初)、欧阳驹(字献廷)、王滋圃(字心田)、吴斌(字友廷)、卢绪(字承卿)、蔡常庆(字信卿)、杨鸿猷(字伟人)、叶渭泉协镇(永辉)、杨馨远协镇(德芳)、杨英臣参将(连珍)、周焕堂协戎(占标)。接鹿总馆吴回电:王功各港无驳船;请统运冲西交卸,驳船已备。谒臬道宪,议定南盐五千石先运中路于冲西交卸。即作书关会飞捷管驾林锦堂协镇及押运委员刘萃青。包太守来谈。谒道台。

十八日,何芝生来辞赴斗六。作书寄范荔泉、张经甫。又书寄后海吾管带、林仲涟大令。又作书禀叔祖,寄四弟、嘉兄、秬儿、仙舫婿及汪上锦、章菊农、胡涌泉各一,总封由全泰成局送沪。又作书寄范荔泉。刘萃青辞行。

十九日,凤山总馆委员胡次樵司马来拜。得凤山李丽川书。

台南盐务全年收支款目(波按:总数大多不符)。

收款:——

　　安、嘉二属全年共销盐七万七千石零,应缴正溢课银九万五千元零(按各馆分数详核应共九万九千五百三十二元)。

　　凤属全年共销盐四万二千石零,应缴正溢课银四万九千六百元零。

　　澎湖全年共销盐一万二千石,应缴正溢课银一万零四百元。

　　恒春全年共销盐一千二百石,应缴正溢课银一千二百元。

　　以上总共销盐十三万二千石零,应缴正溢课银十五万六千元零。

　　支款:(纲注:抄本"京官二千五百两","恒春县四千六百两"及"配运彰、淡盐石驳工一千四百五十三元"句原稿均有""符号,未知何意,仍予注明。)

　　津贴:督宪四千两,京官二千五百两,道宪一万二千两,台南府一万两,台东州七千两,澎湖镇三千两,澎湖厅二千两,恒春营五百四十两,恒春县四千六百两,各佐杂三千元:每年应支津贴银七万元。

　　局费:薪粮每月二百三十元,伙食每月三十元,书办工食每月六十八元,油烛纸张什用每月三十五元,外节赏三次五百十元:每月应支银三百六十三元,每年应支银五千元。

　　拨款:义塾经费二千一百元,洋医二百元,道辕胥役一千元,冬防费一千元,又澎湖育婴堂、化善所经费二千元:每年应支银七千元。

　　杂支:台南府抄封馆租一千五百五十元,配运彰、淡盐石驳工一千四百五十元:每年应支银三千元。

　　场费:五场员勇并巡私薪粮七千元,三厂薪粮五千元:每年应支银一万二千元。

晒工：五场每年应晒盐二十一二万石；每年应支银三万四千元。

以上每年总共应支银十三万一千元零。每年应余二万五千八百元，内除每年拨解盐道闲款银一万五千两，伸六八番银二万二千零五十余元，仅余三千七百余元。

二十日，出答杨英臣参戎、胡次樵司马拜。作书寄嘉义令邓季垂大令、张月楼军门各一。埔北缉私委员都司李懋荣（字华堂）、濑东场务委员巡检梁瑞（字寿生）。沈昂青来谈。谒道台。

二十一日，作书寄李丽川大令。胡次樵、疏禹门来谈。谒道台。洲北场委员从九胡元忠（字庶村）、内田缉私千总赖朝栋（字子榕）、蚶寮总巡兼督埔北、内田缉私副将姚逢魁（字树棠）。

乾隆五十七年冬十月，广东巡抚郭世勋等奏：据洋商蔡世文等禀，有英吉利国夷人啵嘲哑、晚啧哑等来广，禀称该国王因前年大皇帝八旬万寿，未及祝叩，今遣使臣马嘎尔呢等进贡，由海道至天津赴京等语。高宗纯皇帝允之。五十八年秋八月庚午，上御万园大幄次，命英吉利正使臣吗嘎㖞呢、副使臣嘶啱㖞等入觐。即有求准该国派一人居住京城及准将来该国货船或到浙江宁波珠山及天津、广东地方收泊交易，并于京城另立一行收贮货物发卖等事；又求近珠山地方小海岛一处，容商人停歇以便收存货物，附近广东省城小地方一处居住。均敕不准行。其时我中国正当极盛之时，方东平台湾，南定安南，服缅甸，西入廓尔喀，武功震叠，无远弗届，方以"十全"自诩，而海外僻处之岛夷英吉利已阴怀窥伺，拟入我京城及天津、宁波、广东等处互市，于我内地行天主教。其后至道光中，而英难果作。至咸丰十年，遂入我京都，毁我圆明园。不但乾隆末年之所求而未许者一一要我以必从，且轮船市埠几遍于沿海沿江各口岸，教堂几遍于十八行省。法兰西、米利坚、俄罗斯、布鲁社大小各国，接踵联樯，环我四境。至今日而洋患益深且切矣。古帝王忧盛危明，持盈保泰，无时不然。不自满假，有由来矣。

二十二日，饶禹甸，旌德人，由安平海关银号来拜。包太守来谈。

沈昂青来谈。得袁行南四月中漠河来书。

二十三日,谒臬道宪。移居于局头门内前进西房。得邓季垂大令书。

二十四日,入道署访苏履生、沈昂青。李少帆过访。

二十五日,得刘屏藩大令、吴鼎卿大令书各一。李冠英总镇来拜。杨伟人来书一。邵仙洲、苏履生枉顾。得陈子岳司马书一。

二十六日,谒臬道宪。沈昂青来谈。得张月楼军门书一。

二十七日,作书致李丽川大令。复陈子岳司马、杨伟人二尹。

二十八日,包哲臣太守、凌英士司马、陈友定参将、嘉城馆委员从九欧阳春亭来拜。谒臬道宪。得李笠人书。作书寄邵班卿(适按:寄邵书已附载上卷之末)。

二十九日,答拜李冠英总镇,未见;陈友定参将,见;凌司马,未见。作书答李笠人、胡次樵。

十月初一日,奉臬道宪派令火神庙、文昌宫、延平王庙三处行香。谒臬道宪。施韵篁、雷子明来见;董巡捕来见。作家书禀叔祖,寄嘉兄嘱秬、秠二儿。又书致席春渔太守。得顾月翁书、吴鼎卿书。

初二日,本局支应委员黄云孙(印杜)到局。作书答月翁及吴鼎卿大令。朱茗园太守枉顾。

初三日,臬道宪寿辰。

初四日,出拜安平县姚、府经历涂、黄云孙。作书复袁行南太守。谒道宪。得胡慎之书;即作答。得凤山李丽川大令书。

初五日,朱茗园太守枉顾;包哲臣太守枉顾。

初六日,诣西门外风神庙,公祭前恒春县令高鸿池明府。

初七日,包哲臣太守、疏禹门司马、施韵篁山长枉顾。作书致张经甫、范荔泉二同门。

初八日,谒道宪。为包哲臣太守、王云轩大令、梁宇尧巡检饯行、黄云孙洗尘,兼请疏禹门司马、王良弼、熊兰舫作陪。

初九日,作书上湖南巡抚吴清卿师。得范荔泉书一。

初十日,恭逢皇太后万寿。臬道宪传见,谕以现奉邵中丞函称:现办海防保案,拟列予名;询以愿得何项升阶。对以此案须保在台年分较久人员;新来若予辈,厕名其间,恐滋物议。请代辞之。

河东盐池,自唐迄今,外设禁墙,以防作践,内通畦渠,以潴卤泉。稍不完缮,淡水渗入,则全地之卤即行融释。是以附近山溪巩筑堰坡,不使涓滴潜注。每岁抢修,皆系商捐生息,所费甚巨(山西抚台吴其浚道光二十六年奏案)。

作书复张月楼军门。

十一日,诣支应局贺疏禹门司马接办总办之喜。作书寄虎臣兄。是夜臬道宪招饮;同席者包哲臣太守、疏禹门司马、王云轩大令也。

十二日,复书禀叔(纲注:叔字原稿无,按祖应作叔祖)祖及示长婿、秬、秠二儿。是夜包太守招饮。

十三日,邹仙翁、沈昂翁过访。谒臬道宪。梁宇尧生子弥月招饮;辞谢不往。

天聪五年,宁完我上太宗疏云:大抵举国之内,然诺成风,浮沉为俗;以狡猾为圆滑,以容隐为公道,以优柔缩退为雅量。学成装就,便为大僚;即有一、二劲草,亦自觉特立孤标之足虑耳。

太祖高皇帝欲以蒙古字制为国语,额尔德尼噶盖对曰:"以我国语制字最善。但更制之法,臣等未明。"太祖曰:"但以蒙古字合我国之语音,联缀成句,即可因文见义矣。吾筹此已悉,尔等试书之。"于是太祖独断,将蒙古字制为国语,创立满文,颁行国中。满文传布自此始。

天聪七年,上谕文馆儒臣曰:"皇考太祖始命额尔德尼编成满书。其后库尔缠所增,朕恐终有未合。尔记载诸臣,将所载之书,详加订正;若有讹处,即改作之。"

十四日,包哲臣太守请假回家安葬,来辞行。疏禹门司马来谈。温(纲按:温字下似有遗文)来拜。

十五日,奉派火神庙、文昌宫、延平王庙三处行香。诣支应局送包太守行;座逢唐桦之、朱苕园二太守。侯官沈文肃公题郑延平郡王庙楹联:

开千古得未曾有之奇,洪荒留此山川,作逸民世界。
极一生无可奈何之遇,缺憾还诸天地,是创格完人。

臬道宪传见。是日得四弟九月初七、十七日由家乡来信二函，秬、秠二儿由川沙寄信二函，仙舫婿信一封，叔祖上海来信一封，敏叔、畏弟、三干弟信各一封。柯振庭苏州来信一封，江苏臬宪陈来信一封。是夜作书复叔祖、四弟及儿与婿各一，又书复敏叔、三干弟、柯振庭各一，又书致嘉兄。又接曹槐甫金陵信一封。

十六日，王云轩大令回台北。姚西牧大令过访。得吴鼎卿大令鹿港书一。作书并以洋银四元托王云轩带台北交范荔泉托购鸡血藤胶。

剃发之制，始于顺治二年六月丙寅；诏：京城内外限旬日，各省地方自部文到日亦限旬日。尽令剃发。违者以逆命论。有复为此事进章奏者杀无赦。其衣帽装束许从容更易；悉从本朝制度，不得违异。七月戊午复禁仍著旧时巾帽。

顺治三年二月会试天下举人；奉旨：开科之始，宜广中式额数，广至四百名，房考官二十员，后不为例。是年四月，大学士刚林等奏请本年八月再行乡试，来年二月再行会试，以收人才；其未归地方生员举人来投诚者，亦许一体应试。从之。四年，会试中式三百名，房官十八员。

顺治三年四月，户部请定制钱七十文作银一钱，不许多增，通行严禁。从之。谨案此例现惟吾乡仍有此名目，民间通用尚以制钱七百文为一两，七十文为一钱也。

得旂后陈子岳司马书。

十七日，谒臬道宪。唐伯松从九来拜。俞伟臣来拜。

十八日，从九邢兰堂来拜。作书复陈子岳。

国初外省各衙门书吏人役，每月给工食银五钱；顺治四年，以钱粮不敷，奉旨裁去。

顺治十年，少詹事李呈祥疏请裁去满官，专任汉人。副都御史宜巴汉等劾呈祥讥满臣为无用，欲行弃置；称汉官为有用，欲加专用，阴行排挤。部议，巧言乱政，当弃市；奉旨免死，流徙盛京。是年六月，谕户、兵、工三部，改折各省本色钱粮归于一条鞭法，总收分解，永为定例。

顺治十年,定制:寺人不过四品;凡系内员,不许擅出皇城;职司之外,不许干涉一事,不许交引外人,不许交结外官,不许使弟侄亲戚暗相交结,不许假弟侄人名色,置买田屋,因而把持官府,扰害人民。其在外官员,亦不许与内官互相交结。如有内外交结者,同官觉举,院部察奏,科道纠参,审实一并正法。十三年冬,又立铁牌:以后但有越分擅奏外事,上言官吏贤否者,即行凌迟处死,定不姑贷。

十九日,出拜俞伟臣及疏禹门二司马;皆未见。移居于局之后进西房。吴信卿、陈庆荣、疏司马来,皆见。

三元宫、三官庙,各行省皆有之,而未知所祀何神。《东华录》载有顺治十四年御制盛京三元神庙碑文云:"道书,神有天地水府之别。国家当干戈扰攘之际,急图康阜,使时和年丰,室庐相庆,则天官赐福主之。其或贯索未空,全气犹沴,使斯民秉德格非,远刑罚而登老寿,则地官赦罪主之。又或大军之致凶年,大荒之致奇疫,涤其眚灾,而消其害气,则水官解厄主之。"

二十日,午刻范膏民自台北至。得荔泉书一、席春渔太守书一。作书答荔泉。谒臬道宪。作书致张月楼军门。

二十一日,得张月楼军门书一、胡慎之书一。苏履生、疏禹门过访。邹仙洲过访。

二十二日,偕臬道宪至水仙宫迎万军门由枫港凯旋。作书复胡慎之。

康熙癸卯二年八月,礼部议:乡、会试停止八股文,改用策论表判;乡、会两试头场策五篇,二场用四书本经题作论各一篇,表一篇,判五道;以甲辰科为始。朝廷从之。康熙四年,礼部右侍郎黄机奏请嗣后复行三场旧制。复从之。七年七月,命乡、会试复以八股文取士。

世祖章皇帝六龄践祚;以郑亲王济尔哈朗、睿亲王多尔衮辅政。二王皆同姓近亲也。

圣祖仁皇帝八龄践祚;以索尼、苏克萨哈、遏必隆、鳌拜辅政。四人皆异姓近臣也。

世祖于顺治八年亲政,圣祖于康熙六年亲政,年皆十有四岁。

康熙八年四月,奉上谕:达海巴克式通满、汉文字。于满书加添圈点,俾得分明;又照汉字增造字样。于今赖之。著追立石碑。按达公原谥文成。

二十三日,万道生军门来拜。曾兰亭总戎来拜。出答万军门拜,兼往问候张月楼军门疾。遇曾总戎于途。得邓季垂大令书,又得梁寿生、李笠人书各一。奉勘估镇海正副右二营及炮台修理营房工程札。

二十四日,以镇海右营在旂后,禀请另派人。具改配运盐章程稿。作书复邓季垂、梁寿生。万军门遣人约二十六日估工。

二十五日,练军帮带杨(印泗)、洪参将、管带镇海中军副营柯月坡守备、镇海正营帮带万棣花守备、副营帮带万葆之都司来拜。疏禹门司马、吴海筹都戎均具柬招明日赴饮;均谢辞。

吴馨山(印光祖),歙县人,自画梅花四小幅,书楹联一对,由基隆奇赠。收其末幅已书款者,作书璧谢余幅及联。作书复李笠人。谒臬道宪。

二十六日,辰刻出城,至镇海副营及正营勘量营房宽深及前后盖瓦各长若干丈尺。午刻,万道生军门设席相款;同席有朱调元太守、姚西牧大令。未正趁安平口勘炮工程。回城已上灯矣。

臬道宪招陪万军门饮;同席有唐铧之太守。

二十七日,巳初出城,勘量副分驻小西门外营房工程。回城拜张月楼统领;因疾未愈,未见;见其第三子湘泉。又访疏禹门司马;遇朱太守。作书致署台湾县范继庭大令,托其就近催典史徐塑缴前欠陇馆分销路遗盐价银也。

二十八日,复诣镇海正副二营勘量营勘瓦道丈尺,以前日操量丈者乱报参差不一故也。得叔祖及长婿、秬、秠二儿书各一,又得介如弟十月十二日自家乡所寄书。夜作书复叔祖、四弟及儿辈各一,又书致嘉言兄。又得书甫弟来信。是日吴友卿以画幅楹联来馈。

二十九日,王彬斋兄自台北至。

三十日,万棣花过访,张月楼军门来答拜。

十一月初一日,奉委文昌宫、火神庙、延平郡王庙行香。答拜王彬斋。

初二日,吴浩川县丞、刘萃青巡检、詹鳌卿巡检、屠子均先生(恒春刑席)均自台北至。飞驾林锦堂协镇过访。得范荔泉书二。

初三日,出答吴浩川、刘萃青、詹鳌卿、屠子翁拜。是夜,唐观察招陪万、张二军门饮。作书复范荔泉。得刘际周统领书。

初四日,作书复刘际周,又书致王云轩。万棣花馈牛肉;分半转送疏禹门。万锦堂自旂后至。作书贺翁子文司马代理淡水县事。

初五日,赴镇海中军正营答拜万锦堂总镇兼候万棣花都戎;均不遇。乃至厘局访朱调元太守。回诣副营贺柯月坡新升管带之喜。作书致苏冶生大使。得澎湖镇王芝生军门书。徐师鲁来见。

初六日,柯月坡都戎来谢步。疏禹门司马来议偕朱太守及予三人同具柬订初十日邀万道生、张月楼二军门饮于局。

初七日,作书复王芝生军门。又作书致署恒春县陈子垣大令。沈昂青兄、李小帆兄过访。邱仙根山长来拜。

初八日,杨英臣参戎来拜。朱调元太守过访,议改设席于支应局。是夜万军门招陪臬道宪饮。闻镇海中军副营勇丁闭营门索陈饷。

初九日,臬道宪遣赴镇台署谒万军门询副营事。答拜邱山长。是夜臬道宪招陪邱仙根、施韵篁二山长饮,并嘱明晨赴副营察看。

初十日,辰刻赴副营。

镇海中军副营,原为合肥刘副将(印斯盛)所管带。余于今年三月,奉檄来阅营伍,以该营及镇海中军正营队伍整齐、枪靶中数及八成报抚军。八月,抚军以该营训练勤,调刘际周副将于台北,擢为铭字三营统领;嘱统领镇海全军台湾总镇万道生军门自择管带镇海副营营官。万军门特派前带安平炮队哨官柯月坡都司(印壬贵)为副营营官。其时该营勇均从万军门剿恒春山番未回营也。营中每月发饷例扣存五日,俟满三年并发,以为勇丁假归时路费,谓之存饷。原议每营三年查一次,满三年者禀请给发,岁以为常。此例乃刘省三爵帅所定,平日足系其心不致逃去,三年假归,囊各充盈,不致流为游勇,法固善也。然各营统领管带官,亦间如唐书所云"利其死而没其财"者。去年三年满限,曾发存饷一次,其未满三年者不发也。至去年冬、今年春,则满三年、四年者有之矣;统领管带未为之请,勇丁因生疑。此次山番之役,在山遇大风雨,两昼夜不能举火,苦甚,有因此病死者;死则存饷无人领矣,勇丁因此愈疑。十月军回,柯月坡于十一月初一日接带该营。初八日,将点名,勇丁闭门哗请先发存饷而后听命。万军门闻,命万棣花、杨锡九二都司往谕,令无哗,许为禀请发存饷;不听。复遣署协镇叶渭川总兵往,许十日后发存饷;亦不听,并留叶于营不令出,以为质。初九日,万军门不得已,先派人持千金赴营,以示必发;叶乃得出,而营门仍闭,其势汹汹。兵备道顾缉庭廉访恐存饷既发,而勇丁惧查办,或溃出而掠民财,商之万军门,令预为之备;军门亦深以为然。故令余往察情形。初十日,余出城,万军门已入副营,派人来阻且缓往。余疑有他变,驰至营视之,则营门仍闭。问军门何在;勇丁立墙上以在营对。问何不开门;云饷尚未发,必饷发齐而后开。余答以奉道台令来发饷;乃开门。既入,复闭。既见军门;知勇丁虽知饷必发,而心不能无疑惧;阴念必开其去路,乃可以安其心而散其党。遂遍见各哨官及什长,而大声问以"今春我来阅操,以尔营为全台第一,尔等已知之乎?"曰:"已知之。"又告之曰:"我回台北时,禀抚台称尔为第一好营者,非但谓操阵齐整打靶能中也,称尔等人人守营规,从不滋事,可称节制之师,所以谓之第一也。抚军闻此,即擢尔营官刘君为铭军统领;非尔营官之能,乃尔等平日勤于操练、安分守法之功也。尔营好名声,全台处处闻之;尔等能不自顾惜耶?抚台闻全台三十余营,皆不及尔等之精练;尔营官已高升,尔统领大有场面,岂有尔等所存之饷不发之理?尔等可自思之!我之言不尔欺也。"众勇闻此,皆无语,而色稍和。又问之曰:"存饷发后,尔等或有思家欲归者乎?"则皆不对。又告之曰:"道台派我来告尔等;如有在台辛苦多年,得饷后思归视其父母妻子者,乃人之常情;但恐尔等存饷无多,自台南趁商轮船赴厦门以赴上海船价每人十余金,尔等虽得饷,除此余亦无几矣。尔等亦虑及此,以我言为然否?"皆对曰:"然。"曰:"道台令我告尔等:上司深知尔等辛苦;发饷后,令尔等各放心。如欲回,可于尔统领处请假请给护照;道台必为尔等请抚台,派官轮船来送尔等回去。尔等以为好否?"则皆曰:"感道台念我等苦处,我等感恩不浅矣。"余乃挥之退曰:"尔等可自思之!信我言,可快开门;切勿再如此,恐被外(纲按:外字下疑有遗文)看见不雅。且尔等好名声,总要保住要紧。尔等可退而自思之!"众勇既出,余与军门坐谈久之,复遣人问:"众皆放心否?门已开否?"少顷,来回云:"已放心;门已开矣。"曰:"若已放心,则予可回城禀复道台矣。"遂辞军门出。营中亦遂安。

午刻,回禀臬道宪,兼自请矫命许为请官轮船送回内地之罪。蒙谕:应变当如此。且该勇哗而得志,不遣散亦无以善其后。请轮船送回内地,免留为地方忧,乃正办也。

是夜,偕朱太守、疏司马设席于支应局邀张、万二军门饮。

十一日,得范荔泉兄书。修禀复呈江苏臬宪陈,由驿递去。

乡、会试分官卷、民卷,始于康熙三十九年湖广总督郭琇遵旨议奏。乡试各照定额每十卷民卷取中九卷,官卷取中一卷;会试满合字号,南北字号亦编官字号,每二十卷中取一卷。

十二日,万军门枉顾。畏三弟自上海至;带来叔祖信一,嘉兄上锦兄信各一,仙舫婿及秬儿信各一。嘉兄送来茶五小箱、火腿四条、五茄酒十二瓶。秬儿寄来冬夏朝冠各一、棉箭衣一件、棉袍一件、滴香瓜二瓶、辣椒二瓶、茶一小箱又二瓶、小衫裤各二、肚兜一、鞋二双。臬道宪传见,令往见万军门及张月楼军门言饷事。夜作书复叔祖、嘉兄及婿与儿,兼致汪上锦,又书寄四弟;已四鼓矣。

十三日,疏禹门司马、申华甫、潘墅卿二先生过访。

十四日,朱调元太守过访,告知本月十八日为辫之护道之尊翁贵州按察使司唐艺农廉访七旬晋一寿诞。胡蔗村来见。

十五日,臬道宪派令诣文昌宫、火神庙、延平郡王庙行香。谒道宪。万道生军门枉顾。答拜申华甫孝廉、潘墅卿茂才及沈昂青巡检、李少帆兄。疏禹门司马过访。以手自节抄《历代州域形势纪要》一本呈顾廉访。

十六日,张月楼军门来辞行回后山。午后出拜张军门兼送行,又谒万道生军门;未遇。是夜,万军门过访。顾臬道传见。得台盐提调翁子文司马书。

十七日，内田缉私千总赖子榕来见。出谒万军门。谒臬道宪。

十八日，唐护道桦之尊人艺农廉访七十有一寿辰。顾臬道宪之夫人亦是日寿辰。

十九日，作书寄银百两，拟托苏履生兄转寄上海，交伊弟镜生兄代收转寄川沙。闻万军门已查获倡首聚众索存饷勇丁王栋梁等三人正法。

二十日，臬道宪派赴镇台署询公务二次。柯月坡都司来见。疏禹门司马过访。得范荔泉书。作书致胡慎之。得虎臣兄九月二十四日书。

二十一日，作书答范荔泉。得何芝生书。台湾令范继庭送西螺柑二篓。夜，臬道台传见，告以邵中丞电拟以铭军委统；即请代辞。

二十二日，作书谢范继庭送柑。又书答何芝生司马。陈幼舫自台北赴恒春，过访。

二十三日，作书寄叔祖及二儿。得柯振庭书；即作答。

二十四日，疏司马过访。入道署访苏履生、陶仁伯。万军门枉顾。嘉义武毅军右营闹索存饷。得席春渔太守书，并《温病摘要》五十本；即答。

二十五日，出拜唐护道、汪沛甫、陈幼舫、吴季海及安平县。又访疏禹门、马梅溪。谒道台，谢赏腌肉并印色。以柑百枚送万棣花；蒙答以番烟一卷。又以盐引十四张寄涂库。

二十六日，谒道宪。作书以《温病摘要》十本寄张月楼军门。又书寄李丽川、胡次樵。

二十七日，朱调元太守招饮。是夜大雨雷鸣。作书复翁子文。

二十八日，大雨，犹闻雷鸣。作书复书甫。俞伟臣来拜。

二十九日，大风而寒，可服三重棉衣；土人则以为极寒矣。

三十日，谒道宪。以银二百圆，计重百三十六两，托苏履生兄带交沪上胡茂春号收。

十二月初一日，奉委文昌宫、火神庙、延平郡王庙行香。答拜俞伟臣大令。

初二日,谒镇台,商修理营房事。得张月生军门信并兰谱。作书致虎臣兄及嘉言兄,及书与秬、秠二儿及仙舫婿,又书寄四弟,又书致席太守。

初三日作书致汪上锦。姚西牧大令招饮。

雍正十二年四月,礼部议奏:谨按蚕神名号,《周礼》郑注上引房星以马祖为蚕神;然蚕固与马同出于天驷,而大驷可谓马祖,实非先蚕,诚如李释之论。《淮南子》引蚕经,黄帝元妃西陵氏始蚕;盖黄帝制作衣裳,自此始也。汉记菀窳妇人、寓氏公主,事属无稽。查《礼记》享祀先蚕,不记名号。隋建先蚕坛于宫北三里,为坛高四尺。《唐会要》遣有司享先蚕如先农。宋景德三年,诏祠先蚕,依先农例,遣官摄事,本于《周礼》有宗伯摄祭之文也。前明厘正祀典,山川百神,各依本号,如农始炎帝,止称先农之神。则蚕始黄帝,亦应止称先蚕之神。再,周制,蚕于北郊,其坛应设于北郊。祭日用季春吉巳,一切坛制祭器品,俱视先农典礼。

雍正十三年十月,王大臣议准朱文端公轼奏:民间田地,丈量首报,宜一并永远停止。所贵开垦者,原为人无恒业,地有遗利,督令耕畬,为足民计,非为增赋起见。且区区报垦之粮,于国课无加毫末。不但丈量不可行,即责令首报之条,吓诈摊派,大吏名为急公,小吏因以牟利。请饬督抚将现在报垦田地详确查明。如系虚捏,据实题请开除;若护短文饰,察出严治。得旨:依议速行。

初四日,作书复张月楼军门,并书谱牒以寄。得嘉兄金陵书,得叔祖及儿与婿四书;即具复信,与初二日书并寄苏履翁带沪。于道署借《张太岳集》一部计六本。

初五日,万军门邀陪丁雨亭军门饮。

初六日,李笠人自凤山至。姚西牧来谈。苏履翁起程回沪。

初七日,姚西牧大令来谈。谒道宪。

初八日,接范荔泉书。又得邓季垂大令书一。

初九日,作书复范、邓二君。

初十日,贺俞伟臣接安平县任。拜姚西牧、李笠人。

十一日,靖海轮船来运盐。吴荣轩管驾来拜。接翁子文司马二书。旌德附生张乃封来诉蚶寮缉私委员姚逢魁诬其作窃,杖之二百,辱及斯文。臬道宪传见,告以抚宪将委以中路事宜,以疾力辞。李笠人、疏禹门过访。

十二日,作书致鹿港总馆委员吴鼎卿。又作书致姚树棠问诬窃事;臬道宪所命也。作书寄虎臣兄。

十三日,臬道宪传见,出示抚宪电示北商务中(波按:中下似脱一字)务任择一差;均以疾辞。朱调元太守招饮,以疾辞谢。

十四日,发台北各衙门公馆、贺年禀启。作书致邓季垂大令。

十五日,奉委文昌宫、火神庙、延平王庙行香。作书致胡慎之。朱太守枉顾。昨晚右手中指及无名指忽受风,隐痛不能伸屈,于朱太守处乞得紫金锭,以醋调而涂之;至今晚二更后渐愈。施韵篁来谈。

十六日,作书致恒春陈子垣大令。

十七日,立春,臬道宪招吃春饼。

十八日,得叔祖书二、嘉兄书一、虎臣兄书一(内附邵班卿书一)、秬儿、秠儿书各二,又得介如弟十一月十九日书。是夜作答叔祖、嘉兄、介如弟书各一,又书嘱章仙舫婿及秬、秠二儿,又书致汪上锦、曹在民。

十九日,得章菊农书一;即作答。又书寄介弟、稼儿。是日封印。

二十日,作书致邓季垂、李丽川二大令及胡次樵司马。又致何芝生司马。

二十一日,臬道台令随赴安平炮台阅演炮兼勘桥工。得顾月卿书;即作答。又作书寄朗山侄兼嘱秬、秠二儿。送沈昂青回沪。

二十三日,得范荔泉立春日书。

二十四日,作书复范荔泉。谒臬道宪。

二十五日,出贺李协镇英到任,兼访姚西牧。

二十六日,接翁子文司马书。谒臬道宪。

二十七日,拟复翁子文书,及改运章程四条。作书致李、邓二大令。

二十八日,接邓季垂大令书。谒道宪。

二十九日,作书致吴鼎卿,并复邓大令。夜接介弟十二月初三日信,知介弟室朱于初一日病故。又接叔祖十六日信,知稷侄于初六日抵芜湖,尚未到家;千里驰归省母疾,而不及一见,惨矣! 又得柜、秠二儿及章婿三信,又得汪远堂书,又得汪缙卿书。

黄泥岭祖墓,择于癸巳年十月初七日开厝移棺,十六日未申安土分金。

三十日,诣道署及镇台署、府署辞岁。夜作书慰四弟。赏丁七名各四百文,从人二名各银一元,厨子一元,茶水夫四百文,道署茶号一元又二百文。

光绪十九年,岁在癸巳,正月甲寅,元日乙酉,丑初诣万寿宫随班叩贺。奉委龙王庙、延平郡王庙行香。随班文庙、武庙行礼。诣各署贺喜。是日,子初大雨,辰正复雨,午后晴。夜作书寄邵班卿于天津。

初二日,诣臬道幕中贺喜。作书寄虎臣兄,又禀叔祖,寄嘉兄及汪上锦,又书嘱柜、秠二儿,又致仙舫婿。

初三日,核算去年接办以来三个半月收支账目。不意除去支款,尚能存银三万六千余元;殊为出于望外。

初四日,谒臬道宪;拜朱调元太守及万棣花帮带。

初五日,旆后陈子岳、凌英士二司马、万锦堂协镇枉顾;即出回拜。并拜唐护道、疏禹门、邱华廷管带。是夜,安平县俞招饮。得邓季垂书。

初六日,唐护道、唐司马来答拜。李丽川、陈子垣二大令、胡次樵司马来拜;午后即往答拜。是夜李仲乡、吴海筹二协台招饮。

初七日,李丽川、陈子垣二大令来谈久,便饭而后去。何芝生司马自斗六来。蔡常庆来见。谒道宪。作书寄邓大令。

洲北存仓盐九万零四百八十石,洲南存仓盐二万八千三百八十五石,濑东存仓盐五万六千三百三十七石:三场共存十七万五千二百零二石。

初八日,文武官员团拜。

初九日,谒道宪。李丽川、陈子垣二大令来谈。

初十日,曾兰亭总镇来拜。唐护道招饮。与朱太守会于疏禹门局中,议合请官幕于十三日饮于支应局。送李、陈二大令、胡次樵司马。作书复王蔀昀孝廉。得吴鼎卿复书。

十一日,马鳞书、郑守贵、蔡常庆三委员来谢委。萧孝南千总来见。谒道宪。欧阳椿庭自嘉义来。

十二日,臬道宪招陪镇台饮春酒。

十三日,偕朱、疏二君设席于支应局请官幕饮春酒;到者只十七人。

十四日,范膏民赴嘉义阅卷。飞捷自台北至,得翁子文司马书二、苏冶生书一。

十五日,奉委文昌宫、火帝庙、延平郡王庙行香。得叔祖及汪上锦兄、章仙舫婿、柜、秕二儿书各一,又得吴卓臣、沈肖韵二君书各一,涌泉弟书一。是夜作书寄四弟并岳丈,又书嘱儿及婿,又书复汪上锦。

十六日,作书复叔祖;遣畏三回沪接家眷。

十七日,万军门招陪臬道宪饮春酒。作书托飞捷带台北致范荔泉,并代膏民寄《图说》四部,又以海道图七纸寄还苏冶生,又书复翁子文司马。得李丽川、胡次樵书。

十八日,作书复胡、李二君。刘肇谟字□□自台北来。

十九日,开印。得李笠人书,得范膏民嘉义来书。

二十日,张月楼军门自后山至,送鹿肚石一块、番布二卷。

二十一日,答拜张军门。作书寄范荔泉。

台湾盐务,自同治九年复归局办,应征额课及加增课厘共应银六万二千数百两作为定额,又续征额外之额外一款,年约拨银一万数千两及二万余两不等,汇朋造报,其余概作各款课厘番银补水,归入盐库闲款项下,以备支应京协各饷补水等项。同治十三年,台地办理防务,奉钦差大臣沈奏奉谕旨,将台郡应解盐课、关税、厘金一概截留,拨充海防经费等因,而未报部,应解补水一款并经全数截留,于是盐库闲款支绌,移准台南盐务局,按届在于盈余项下解银二万五千两,由省会善后局于台防经费项下划拨解道,由道报院,收入闲款项下备支造报。光绪十二年,爵抚宪传谕酌减一万两,每年以一万五千两解归内地支销,即在省会拨解海防经费下划抵。十五年,由台南盐局照提解台南支应局收作防费,而免往返运解之劳。四月,奉准抚宪批准盐道衙门,移请将此项一万五千两由局解司,作为十五年分武职养廉项下造报。十六年二月,台南盐局因无存款,未能解局,复由道宪唐商由善后局先于协台防费项下先行划抵。

二十二日,万道生军门枉顾。作书复李笠人。奚瑞卿、饶禹甸来见。谒道宪,禀商缉私事宜。

二十三日,疏禹门过访。作书复吴卓臣、沈肖韵。

二十四日,出拜张军门,又访疏禹门。臬道宪招陪张军门饮。

二十五日,万军门招陪张军门饮。作书寄虎臣兄。

二十六日,设席于局,张月楼军门、朱调元太守、疏禹门司马、姚西牧大令;皆到。又请唐挚之观察、俞伟臣大令;未到。是日曾兰亨军门招饮;辞谢未往。得叔祖及嘉兄、汉生弟书各一(即作答)。又得四弟、秬、秠二儿、仙舫婿来书皆一,又得畏三厦门书一,又得童米孙大令、袁行南太守书各一。

二十七日,和王蔎畇孝廉台湾秋兴八首脱稿:

乱山虬木四时青,莫讶蓬莱在渺溟。土可艺禾皆沃壤,人因蹀血有余腥。顽民逃死悲无地,降将要功讨不庭。从此炎荒归版籍,百年海外作藩屏。

犬声如豹吠村龙,蹴踏街头木屐双。肆虐每愁风刮地,酣眠不管日当窗。山中有薮忧逋寇,海上无城筑受降。闻道野番将出草,催编保甲效姚、江。

王师东渡迅如雷,幸阻倭奴互市开。凿险何人探虎穴,抚蛮有例乞乌台。健儿枉化虫沙去,野老空持牛酒来。每到夜深闻鬼哭,可怜荒冢没蒿莱。

富贵端由择术工,草茅崛起即为雄。卫青不耻居奴下,卜式曾闻牧禁中。大比三年分解额,乡团一例附边功。儿童出入争夸耀,门榜高标到处红。

遥望瓯闽在海西,中原隔绝水烟迷。已占蜃气销兵甲,犹檃鼍声咽鼓鼙。秋夜惊人狼虎啸,春风恼客鹧鸪啼。皇华久罢巡台使,空说红尘逐马蹄。

凿空搜奇意未阑,山陬海澨遍添官。原田赋重民心戚,瘴气春兴将胆寒。不惜帑金供酒肉,强招丑虏袭衣冠。功成便乞闲身去,高向冈梧矗凤鸾。

劈开岛屿控岩疆,哀我民劳望小康。战斗自应资灌、绛,抚绥尤愿借龚、黄。海邦足擅鱼盐利,山泽常闻草木香。俯恤疮痍兼教养,何时仁政被穷荒?

沧桑世变问谁何,铁戟犹存任洗磨。戎伏绿林宵柝警,浪翻碧海敌船过。吴宫教战空三令,汉代诠才有四科。仰视飞云天外起,酒酣愁听大风歌。

二十八日,作书致王蔀昀孝廉、李丽川大令。饶禹甸来见。胡凤阁自凤山来见。谒道宪。姚西牧大令辞行赴台北。

二十九日,查帕米尔即霍罕,古大宛国地也。洪侍郎新图作瓦罕,并有大小帕米尔名目。其地在我新疆葱岭之西;由喀什噶尔而西,计程一千四百里,由叶尔羌而西,计二十日程。俄罗斯议造铁路沿里海而南,经波斯哈烈以达阿富汗,遣将统重兵驻霍罕,南以窥伺印度,东以觊觎我新疆。黄懋才《游历刍言》早言及矣。

二月初一日,奉委文昌宫、火神庙、延平郡王庙行香。

初二日,张月楼军门来辞行赴台北。出送张军门、姚大令,兼拜刘肇谟、胡凤阁。作书寄范荔泉,又寄膏民。

初三日,作书寄翁子文司马。改前作第四首:

佛寇西来掩袭工,螳螂奋臂敢称雄。催援羽檄从天下,悬赏金钱出禁中。落子稍嫌输后着,背城何幸有奇功。而今痛定犹思痛,沪尾滩沙溅血红。

初四日,释奠于先师,奉派纠仪。出西门送张月楼军门赴台北。得顾月卿先生书;即作答。

初五日,得嘉义邓大令书,即封寄顾月卿。

初六日,奉委祭洪公祠。作书复童米孙砚兄。

初七日,作书寄范荔泉及胡慎之,又书寄鹿港吴鼎卿大令。

澎湖西屿,去年十二月潮涨甚大;及退,有大鱼搁于滩上不能去。身长六十四丈,脊高二丈;头如鳗鱼形;眼无珠而两眶圆径尺有五寸,无鳞,灰色;皮厚分许;肉粗甚,不能食。海滨人取其油得三千余石。其脊骨围圆丈许,可锯开为圆桌面;其肋骨大者圆围有至二尺者。真巨鱼也。

初八日,得叔祖、四弟、畏三弟、柜、秠二儿书各一,又虎臣兄书一,又书甫书一,知嘉兄、介弟及岳丈并稷侄、朗山侄均到沪。又得仙舫婿、汪上锦兄及席太守书各一;席太守并赠《温病摘要》五十本。又得程周卿书一。夜作书复叔祖、嘉兄、上锦兄、虎臣兄、程周卿、席春渔太守,又作书禀岳丈。

初九日,作书复书甫弟,又书致节甫叔。膏民偕邓季垂大令自嘉义至。

初十日,道宪招陪邓季翁饮。

十一日,邀朱太守、疏司马、詹仲芳从九陪邓大令饮于局。是夜,道宪枉驾到局畅谈。

十二日,午刻俞伟臣大令,申刻朱太守,各招陪邓大令饮。

十三日,午刻李协台,申刻唐护道,各招陪邓大令饮。是夜,邓出宿于朱太守厘局,明日早晨回嘉义。

十四日,以鹿港盐引一千五百八十四张、大甲盐引五百二十张,发交鲍林、翊轩二委员。陈联升号云蕉。作书寄宋渤生观察、袁行南太守。

十五日,奉派文昌宫、火神庙、延平王庙行香。

十六日,以竹堑盐引一百张交发运委员。贺唐护道之尊人升署贵州藩司之喜。疏司马来谈。谒臬道宪。

十七日,刘肇谟来见。万棣花都司过访。詹仲兄荐林福到局。

十八日,清明。姚树堂副将来见。谒臬道宪。

十九日,胡次樵自凤山至。出拜胡次樵,贺其起复。访疏禹门。

二十日,入道署候张翰伯先生及沈昂青巡检。谒臬道宪。

二十一日,作书致邓季垂。补记:十九日作书禀叔祖,又致五弟,又寄嘉兄。张、沈来答拜。得李丽川书。

二十二日,奉委赴靖海中军正营发饷;顺道访朱调元太守,送还中俄分界图三十五纸。

二十三日,作书复李丽川。谒臬道宪。

二十四日,疏禹门过访。得张月楼军门书。

二十五日,李丽川大令送来《白香山诗选》二本、《李氏生矿记帖》二本、黑白米各一斗;即作答。邓季垂来书一;即作答。施韵篁山长过访。作书复张军门,作书答荔泉兄。

二十六日,四弟偕儿辈及内人婢姬等自沪抵台南,共十一人。

二十七日,谒臬道台,谢赏肴馔。作书寄陈子垣大令,兼为寄家书。

二十八日,疏禹翁过访。

二十九日,谒臬道宪。接李丽川书一。

三月初一日,奉委文昌宫、火神庙、延平王庙行香。夜具八碟五簋,邀黄、范、严三君及朗山、畏三饮。作书禀叔祖,又致嘉兄及汪上锦,又书寄岳丈,又书寄远堂。

初二日,谒道台。作书复李丽川。大甲商夥谭文明来见。

初三日,高渭臣(原注:名飞鸿)来见。杨英臣守戎过谈。

初四日,诣厘金局、安平县署、杨守备公馆谢步。

初五日,作书嘱谭文明带交鲍叙五;又答陈荇香大令。得嘉义邓季垂大令书;即作答。石耀庭、曹序南。得嘉兄信一。

初六日,谒道台。作书致月如、吉荫二族弟,又书致嘉兄。

初七日,飞捷轮船至,得张经甫书;即作答。又作书致翁子文、程玉堂二司马。冯大令自台北至。

初八日,至安平口照料运盐五千石于台北。作书致杨英臣守备,又致鲍叔五、欧阳春庭二巡检。胡慎之自福州来书一。

初九日,送臬道台赴台北;既而不果。

初十日,臬道台起程赴台北办秋兼代学考试。作书致翁子文、程玉堂二提调;作书致吴鼎卿。

十一日,诣府署谒唐观察,商冯委员大镛欠课事。休宁张子瑜持程省卿书来见。送茶叶四瓶、火腿二条;璧。朱太守送二肴、二点;收。鲍叔五来书;即复。

十二日,具禀呈送二月各馆缴课清折于臬道台。具禀贺福建臬台张笏臣廉访署藩台。李丽川大令送字格十副;即复。梁寿生来函;即复。

十三日,作书复胡慎之,由福州军装局委员候补县俞代交。又复萧琴石(鑫)于竹堑。又得胡蔗村函;即复。

十四日,作书寄天津邵班卿,又书寄虎臣兄,又书复顾月翁。

十五日,奉委文昌宫、火神庙、延平郡王庙行香。唐护道、朱太尊枉顾。作书并纸寄嘉义求邓大令书屏条。得范荔泉兄书。

十六日,拜唐护道、疏司马、李印侯大令、冯大镛大令。

十七日,施韵篁和台湾杂感诗八首送至。作书寄张经甫、范荔泉、王蔀畇。又得林翙甫书;即复。

十八日,作书致杨英臣守备,得叔祖及汪上锦书,又得书甫书,即作答。又书致章菊农。

二十日,谒唐观察。夜邀张瀚伯、苏履生、邹仙洲、申莘甫、李少帆、陶润伯、顾聪生、潘次莘、顾少卿、沈昂青、王良弼、黄云轩、范膏民及介如、朗山饮于道署之斐亭。

二十一日,潘次莘枉顾。得胡蔗村书;即复。

二十二日,唐观察枉顾。得吴鼎卿书。

二十三日,拜唐观察;访疏司马。作书复吴鼎卿。得顾月樵书;即复。施韵篁山长枉顾,送再造丸一圆;询知予右臀酸痛,云可以此丸治也。

二十四日,得虎臣兄京中三月初三日书。

二十五日,作书寄范荔泉,得翁子文、程玉堂二提调书。

二十六日,接到臬道台二十二日台北来书。邓季垂大令赠桑寄生、川厚朴二药;即作书谢之。作书复翁、程二提调(排递)。澎湖徐委员(师鲁)领引二百张。

二十七日,谒唐观察,访疏司马。作书复虎臣兄,禀顾方伯。

二十八日,送苏侣笙广文、申莘甫孝廉、范膏民茂才赴台湾府试院阅卷。得林翙庭书;即复。作书贺袁爽秋观察简任皖南。

二十九日,作书寄元阶叔,作书寄嘉兄。

三十日,得邵班卿丁内忧信。胡次樵自台北至。

四月初一日,奉委文昌宫、火神庙、延平郡王庙行香。朱太守枉顾;敖鸿沂(春树)从九来见。

初二日,访陶仁伯、邹仙洲,遇李少帆于座。

初三日,俞伟臣大令来谈。以墨一匣送唐铧之观察,答其前日看点之馈也。白驹良(少安)来见。得张月楼统领书;即复。

初四日,唐观察用少陵《摘苍耳》韵赋诗谢馈墨。

初五日,谒唐观察;又谒万镇台,未见。得鲍叔五书;即复。兼致胡蔗村。疏禹门过谈。

初六日,敖春树自麻豆验收工程回。

初七日,清理旧稿。

初八日,作书唁邵班卿,并于上海托茂春号办祭幛同寄。

初九日,突然腹泄六七次;服红灵丹,痛乃止。是夜大雨。

初十日,得凤山总馆电报:旂尾馆被劫。发电报臬道台,并请凤山县勘办。得张经甫书。

十一日,疏司马、朱太守及詹仲芳、白少安、苏赓华过谈。邹仙翁枉顾。詹仲芳、饶禹甸均来局。

十二日,谒唐观察,访疏禹门;遇包哲臣自江西葬亲回局。俞大令来谈。汪缙卿自家乡至,得叔祖书一、汪上锦书一、书甫弟书一。得向司马熙自万州寄来书一。

十四日,谒唐观察,访包、疏二君。

十五日,奉委行香;如朔礼。

十六日,至柴头港迎接臬道宪。谢钟英兄到局。

十七日,拜朱雨帆、陶声甫、汪玉农、舒品三、申莘甫、苏侣笙。

十八日,臬道宪入试院代学政科试。谒万军门。

十九日,午后,入试院谒臬道宪回公事。作书寄虎臣兄,又书寄张经甫、范荔泉二兄。

卷三

光绪十九年(1893年)五月一日至光绪二十一年(1895年)五月二十八日

光绪十九年五月壬午朔,朱调元、包哲臣二太守枉顾。送朱雨帆孝廉赴旂后海关。飞捷船自澎湖修水线工竣来安平运盐;管驾林锦堂协镇来拜。是夜,台南府唐赞之观察招饮。施山长过谈。

初二日,作书寄张经甫、范荔泉。接李丽川、胡次樵凤山来信各一。黄冕斋、郑文海、冯兰生来见。谒臬道宪。陶声甫过谈。

初三日,邀包哲臣太守、朱调元观察、谢钟英大令、疏禹门司马、陶声甫、舒品三、范膏民三兄饮于局;惟朱未到。奉抚宪札,令卸提调及安嘉总馆差。

初四日,奉藩宪牌,委代理台东直隶州知州。朱调元观察来贺。顾月卿、梁寿生、胡蔗村三场员到。

端节,赏从人二各一元,馆丁二各四百,厨子二元,局丁四各四百,茶夫二元。

初五日,交卸盐局提调及安嘉总馆。诣臬道辕及各衙门贺节。得李丽川书。俞伟臣之封翁送肴点各二;各收其一。

初六日,作书复李丽川。谒道宪;蒙谕:家眷既不同赴台东,不须于外赁房,可迁于道署东边余屋内居住。道宪言此者屡矣;其意甚厚,不敢复违。应禀知屋有漏处,明日即雇匠修理,工竣即迁焉。作书托万棣花参戎代招护勇四名。因台东地僻,有瘴,原用随从陈福、林福二仆均不愿往,托故请假,不能不另招人故也。是日,王彬斋大令荐一人至:黄云泽,年三十九岁,湖南宁乡人。

初七日,棣翁来拜,兼送代招四勇至。

黄锦春,三十二岁,江西清江县人;左手三箕,右手一斗。

蔡逢胜,二十六岁,江西兴国州人;左手五箕,右手无斗。

李锡元,二十六岁,广东大埔县人;左手四箕,右手一斗。

周福春,二十八岁,湖南湘阴人;左手四箕,右手一斗。

吴瑞祥,三十四岁,江苏铜山人;左手三箕,右手二斗。

俞伟臣大令来拜;饶禹甸来拜;包哲翁、疏禹翁均枉顾。

初八日,拟上福建谭文卿制军、福州将军希赞臣侯爷、署福建藩台张筱臣方伯骈禀三稿。欧阳椿庭来拜。朱调元太守订十一日申刻招饮于安平县署。得胡次樵书;即复。得李丽川书;即复。

头品顶戴福建台湾等处承宣布政使霍伽春巴图鲁唐。

头品顶戴兵部侍郎都察院右副都御史福建台湾巡抚兼管海关学政邵。

初九日,谒臬道宪谢委代理台东直隶州知州;未见。贺万军门生日;未见。诣台南府、支应局、电报局谢步。发递呈抚宪、藩宪三红禀,兼禀明不及到省叩请训示,即就近起程赴任。寄范荔泉、张经甫书各一。

初十日,谒道宪。朱太守枉顾。诣城内诸同寅处谢步。

十一日,右手大指患疔忌口,不能赴朱太守招饮之约;自往谢之,兼诣城外诸同寅谢步。拟上福建臬司龙、粮道陈二骈禀稿。作书寄虎臣兄及叔祖、嘉兄,又致岳丈。

十二日,拟挽潘彬卿方伯联句:

　　从公忆郑、宋之间:五百丈重筑河堤,雪夜霜天备驱策。
　　移官在闽、瓯而外;三千里惊闻邮讣,蛮烟瘴雨助悲思!

十三日,搬移家眷居道署之西边。

十四日,往安平答拜台东协岱,兼辞行。又拜柯月波、万棣花二参戎及朱太守,兼辞行。拜俞伟臣乔梓。作书致李丽川大令。拟准十七日起程赴台东。

十五日,诣臬道辕禀辞;诣各同寅处辞行。

十六日,唐观察及包太守、俞大令来送行。包太守送火腿、皮蛋、笋干、磨菇;收笋、菇二物,余璧。是夜,臬道台招饮,并招介如、朗山。

十七日,早晨顾臬道台枉驾来送行。朱调元太守、谢仲英、俞伟臣大令及同寅十余人皆于南门外梦蝶园相送。是日宿阿公店。轿夫每名银七角二分,挑夫每七十斤价同。轿夫十一名,挑夫九名。

十八日,辰刻过楠子坑盐馆,遇余瑞卿。午刻至凤山署拜李丽川大令及王葆三、邵翼卿、张、赵、王三幕客与其叔与弟。午后出拜叶渭川协镇、胡次樵司马、梁宇尧二尹;皆见。又白少安、何劲臣来见。是夜同饮于县署。胡次樵送牛乳四个、洋饼一匣,收;火腿、皮蛋,璧。

十九日,由凤山县代雇夫送至埤南;轿夫十一名,挑夫十三名,每名银五元,共给银一百二十元。送李大令火腿二条、龙井茶四瓶、洋酒四瓶、洋饼二方匣（回力二元）。赏李厨及其从者银四元。辰刻起程，申初至东港。顺元号司事邱拱辰，字仰斗。

各宪生日：

臬道顾，十月初三日，太太十一月十八日。

台南府唐，五月二十一日，老太爷十一月十八日，唐太太正月二十五日。

藩台唐，十一月二十七日，老太太七月二十三日，太太八月十一日。

镇台万，五月初九日，老太爷五月初七日。

抚台邵，十二月十六日。帮办林，三月二十一日。

福州将军希，七月初四日。台湾府陈，十二月二十七日。

二十日，由东港而东南，一十里至林边。又十二里至西公馆。又八里至三条崙；拜管带李质甫协镇及帮带杨宝卿。

二十一日，上岭，二十五里至六仪社，蒙黄千总登麟留饭。又七里至大树前，宿。驻防哨长欧本益。

二十二日，十七里至大树前，晤驻防守备修福荣（字德三）。又十八里至出水坡，晤驻防千总曾金生。又七里至溪底；此处营防前月被灾，尚未修造齐备。夜静，哨官曾丽川自巴朗卫来见。

二十三日，行十里至巴朗卫。又二十里至大高足。又二十里至大麻里；拜管带埤南屯军参将黄寿庭，即宿其营。

二十四日，行二十里至知本社。又二十里至埤南；俞翼卿吏目偕镇海后军帮带及各哨官来迎。止于天妃宫。吕耀卿大令来拜。出拜吕大令及代统埤南各军副将后海吾。夜，吕大令复便衣来谈。拟定六月初一日接印；以月为界限，冀交代易清也。吕大令、俞吏目皆劝于二十七日接印：予念此不过多得津贴数日耳，决意不从。至夜，乃知前二日奉到裁减安抚军一半札文，口粮截至五月底为止，秘而未宣。劝早接印者，欲以裁减事相诿也。予无心，应之以诚而已。俞吏目送一品锅。

二十五日，吕大令来商裁勇事。本百名，去冬已裁四名，今文只言裁半；未言明数目也。予忆臬道宪顾临行有安抚军只存五十名之言,乃与酌定裁四十六名。吕大令送酒席;以忌口不能食,转送后海吾副将。作书禀道台,寄四弟,又书致凤山李大令。埤南久不雨,似有旱象。心甚忧之。秀姑峦抚垦委员雷含三来见。得四弟、嘉兄、叔祖及吴应文、汪上锦、沈肖韵、嘉义邓大令、范荔泉、苏冶生书各一,畏三书一。

二十六日,便衣往见吕大令。作书复叔祖、嘉兄、四弟及吴、汪、沈各一,又书致谢钟英大令、朱调元太守。又得皖南道袁爽秋观察书一。

二十七日,访吕大令、后代统。午后吕大令过访。得任幼生书。

二十八日,吕大令过访。梁少玉,广东嘉应州人,在台东州署司账及征比;吕大令荐而来见。俞吏目来见。作书复任幼生。得张月楼军门书一。

二十九日,吕大令派人来打扫天妃宫,将于明日移出署住之。余住此已六日;房狭而地湿;僧养犬八、鸡六、猴狲七;日与禽兽为伍,嘈杂殊不可耐。且署内房宽,即余入署,亦可同居;乃劝令勿迁出,而不从。复往署阻之。午后,后海吾遣人来言,胸腹胀痛,问带有药能瘳否。与以川厚朴,不效;复与保和丸。

六月初一日,卯刻接印。辰出诣各庙行香并拜客。作书寄嘉义邓大令及台北苏冶生、任幼生。申刻,闻后海吾痛似增。猴子山番社头人来献小米及猪一口,赏以酒并布三疋、红五段。通事廖亮、张新才言各社均将来贺。是夜得小雨。

初二日,晨起闻代统镇海后军各营后海吾协镇已于本日丑刻病故;亟步诣该营看视。辰刻作函禀道台,请发电禀抚台并会交张统领。申刻,诣该营送殓。夜三更亲带勇丁十名巡新街、马兰坳、宝庄三处;四更后回署。是日发递福建将军、总督、藩、臬、粮、盐道五衙门红禀,并呈履历。作书复陈子垣、苏冶生。

初三日,拟劝民四字谕示:
台东各处,土旷而沃。劝尔居民,各求富足。
多开荒地,多种五谷。多养牛羊,多栽竹木。
利用厚生,以资富足。毋吸鸦片,严禁赌博。

力戒惰游，庶免穷蹙。早完钱粮，无待催促。
无论民番，共敦和睦。毋相寻仇，以全类族。
各安生业，各除恶俗。勉为善良，毋违特告。
巳刻地微震。查点军械子药。拟挽后海吾联句：

  悲君转战三年，起行伍，统边兵，不辞备历艰辛，竟向炎荒殉烟瘴。

  憾我到官一日，内抚番，外防海，未及熟商筹略，顿惊山后失干城。

初四日，送后海吾总戎灵柩移停天妃宫之西园。拜新开园管带前营营官张蕊卿协镇。高锡之司马及傅翼如并张蕊翁来答拜。拟求雨谕官民一体斋戒稿。

初五日，以地方近日实在情形禀抚、藩、臬道，并书致张月楼军门，又函禀道台，又书致四弟。出示斋戒求雨。申刻大雨果下，彻夜绵绵不止。拟示免海口商船收费稿、禁赌稿。

初六日，黎明而起，诣天后宫设四海龙王、风、云、雷、雨神位，虔诚拜祷，求甘霖及时多降。

初七日，大风雨。至午，风止而雨仍未止；彻夜不息。

初八日，具太牢酬谢四海龙王、风、云、雷、雨。申刻雨止。

台湾田亩清丈后，计原额之外，每年溢出银三十六万三千三百余两；旧征额粮一十八万三千余两。

拟书上江苏陈臬台。

初九日，招吕耀如大令、倪榆三先生、张蕊卿管带及梁少翁小饮；皆到。惟高锡之、雷含三、俞翼卿以疾辞未到。

初十日，书谱牒寄万棣花，兼璧其所呈受业门生帖；不敢为之师，而愿与为兄弟也。作书寄四弟。

十一日，以前任吕移到交代清册八本寄凤山，托李丽川大令转托其钱席代阅有无错误；吕所嘱也。

十二日，诣营贺张蕊卿保升副将之喜。

十三日，张蕊卿来谢步。

十四日，作书寄谢钟英大令及四弟。

十五日,诣天妃宫、昭忠祠、观音祠、土地祠行香。

十六日,作书上道台顾及四弟、秠儿。夜邀吕耀如大令、倪榆三刑名及张蕊卿协镇、俞翼卿二尹、梁少玉兄饮;为吕、倪祖道也。

台东州每月由藩库津贴银五百八十三两三钱三分三厘三毫;按九七三七一折实库平银五百六十七两九钱九分七厘四毫。

十七日,大风雨。作书复宜兰盐馆委员卢少农大令。

十八日,作书复万锦堂、沈昂青、苏赓华。

十九日,大雷雨。

汉王吉论养生云:休则俛仰屈伸以利形,进退步越以实下,吸新吐故以练臧,专意积精以适神。

作书致张经甫,请代领六月津贴银两五百六十七两九钱九分七厘四毫,并恳以银三百四十二两代交前任吕幼渔大令以偿其移交及借款。仍余二百二十五两九钱九分七厘四毫,存之以待各大宪有喜庆派分子应付也。作书并以诗词寄虎臣兄;又书复谢钟英、范膏民。得张月楼军门书,并基隆海口地势,拟筑炮台新式二图。

二十日,作书复张军门,奉还二图。

二十一日,吕幼渔大令起程回台南;初拟十七日起程,因大雨溪水涨而止,故至是乃行也。

二十二日,得吕幼渔自大麻里来信,言溪水幸不甚大。张蕊卿协镇过访。

二十三日,讯结王珍控案。出访张蕊卿不遇。晤高锡之;谈久之而回。得李质甫总镇书一,得四弟及姚述庭书各一。张蕊卿持其兄月楼军门书来示予,有抚宪拟以予统领后山防营之语;恐未必然也。

二十四日,作书复李质甫。

二十五日,奉道宪转札,奉抚宪电谕,令兼统镇海后军各营,并手书一函。又得四弟书,又得唐观察、包太守书各一,朗山侄书一,秠儿书一,汪上锦书一。

二十六日,辰刻接统镇海后军各营。具禀报接统日期,禀陈势难兼顾实情,请速派统将来东接统。又作书复臬道宪。又书复包太守,托其代领六、七月安抚军饷银。又书复朗山侄、汪上锦。

二十七日,查点镇海后军中营弁勇人数,送张蕊卿回新开园。

二十八日,李丽川大令代阅前任交代各册寄回。得唐太尊及万镇台、李仲雄协台、疏禹门司马、詹仲芳从九、谢钟英大令及四弟书各一。

二十九日,检各案卷核对前任交代清册;签出与卷不符及无卷可稽之处,作函并册寄还前任,请更核之。作书复唐观察、包太守,作书复李丽川大令。

三十日,作书与张月楼统领论军当汰老弱事。又禀臬道宪。又复谢钟英大令。

七月初一日,诣各庙行香。移居中营。是日以前,军中所应领正杂饷项、公费、薪水、统费、夫价银两概归前代统,由营务处为放给;自初一日起,由予经理;以清界限。

初二日,作书致管带前营张蕊卿协戎、管带左营张聘三都戎,论整顿军务。令军中开通沟渠,以除秽浊。

初三日,令军中一律操练枪法。作书复詹仲芳。

初四日,作书寄四弟、朗山侄及嘉言兄。

初五日,作书寄包晢臣太守,又寄范荔泉。

初六日,得宋渤生观察自闽省来书一,又得署彰化令俞冬生复,又得张月楼军门书。

初七日,得吕幼渔大令书,即复。派员日夜轮流查拿赌匪。

初八日,作书复唐铧之观察、万道生军门。

初九日,得张蕊卿复书。

初十日,作书致张蕊卿,并致邱耀庭。俞翊卿自大麻里放番社夏季饷回,来见。

十一日,答候俞翊卿吏目。

十二日,出营查看义塾幼童,兼视黄寿廷游击疾。

十三日,得吕幼渔大令书;即复。又书致李丽川大令,又书致李质甫游击。前营文案龙少由来见。

十四日,新任台东州吏目姜春棠(字芳坡)到。张有临自台南来。得臬道宪初五日手书,又得张经甫别驾五月二十五日书,又得虎臣兄五月五日书，又得王蒩畇孝廉诗筒，又得张逖先大令书并联屏四条（附有窦甸嵩大令书）。又得李丽川大令书，并凤山出结前任交代并册稿，淡水交代稿；共稿四件，册稿二十七本。又得黄云孙、黄冕斋、鲍叙五书各一，又得侄及秬儿书（又寄来大连四纸十刀、大账簿十本、移封二百个、红洋布二疋、洋蜡二十五包、洋蓝二瓶、小棕刷一个、羊皮马褂一件、蓝绸短棉袄一件、蓝绸棉套裤一双、桑寄生酒二瓶、吕宋烟一匣、黄烟二筒、半夏二小匣）。

十五日，行香。作书禀复臬道台，并复朗山侄。申刻出祭厉坛。酉刻，闻黄寿廷游击病故于寓所。

十六日，姜吏目接印。出送黄寿庭大殓。夜邀姜芳坡、俞翊卿、张有临、高锡之、傅翼如、梁少玉、罗云五饮于营。

十七日，作书复张经甫、李丽川，又书复李仲雄、岱镇山二协镇。得王彬斋大令书。

十八日，得介弟初五日厦门书及朗山侄台南书各一。作书复王彬斋、谢钟英二大令。

十九日，作书复介弟及朗山侄，又书致吕幼渔大令，皆托俞翼卿明日带去。出送俞翼卿回台南。

连日阅本营打靶，中不及三成；而安抚军转能中四成以上。可叹也矣！得张月楼军门六月三十日书。

二十日，作书复张军门；又书致左营及花莲港抚垦局。得谢钟英大令、张经甫别驾书各一。又作书唁胡慎之之子在儒，并托张经甫别驾代挪洋银二十四元作为吊仪，转托艋舺盐馆张眉牛大令转交。

二十一日，作书复张经甫，又书复谢钟英。

二十二日，作书请张月楼军门主稿，为后海吾总镇、黄寿庭游击在营积劳染瘴病故禀请恤典。

二十三日，作书致虎臣兄，又书致朗山侄。

二十四日，作书复宋渤生观察，又书禀吴清师。

二十五日，作书复沈韵松太守，又书禀陈舫仙廉访、袁爽秋观察，又作书并以时辰表寄李兰亭带至南郡交朗山修正之。

二十六日，作书并具禀稿呈于臬道宪。

二十七日,作书寄呈吴培卿、谊卿二先生。

二十八日,以日来大雨已三昼夜不息,骑马出视各处水势。

二十九日,雨仍未止。作书致王蔀畇孝廉。

八月初一日,诣各庙行香。午后晴。作书致经甫、荔泉,又书致包太守、吕大令,并发各处贺节禀函。

初二日,大风。作书致李丽川大令。

是日,台风挟大雨自东北横空卷地而来,势甚猛烈。而大雨自七月二十四、二十五日连日夜不止;至初一日稍霁。山水正涨,海潮外涌,互相抵击,漫溢泛滥,遍地皆水;而新街、宝桑之间,遂淘成一沟。宝桑民居圮入水者三家。昭忠祠被风吹倒;州署营房被倒者十六间,民房吹坏十一间。自丑至亥始息。

初三日,出勘风灾、水灾。

初四日,踏看漫溢之水、淘开之河,来源去路,绘图禀报。

初五日,料理营房,而无法可以修整。

初六日,作书禀道台言营务。又作书致黄云孙及朗山倅、包哲臣太守,兼托云孙领朗山见包太守领银千两以汇付吴勋曹。

初七日,得吕幼渔大令书二并交代册,又蒙于郡托余彦士先生代办接收结册稿,代订送束修银二十圆;即作书答之,又得朗山倅及秡儿信各一。

初八日,阅操枪靶。得抚宪批;抄呈臬道宪。又得吕大令二十二日书;即作答。又接谢钟英大令书;即作答。

初九日,查实亲兵哨无烟瘾者只有十三人,后哨十一人,左、前二哨各二十二人,右哨三十人,共百人而已。可叹!可叹!是日以接收各结册寄吕大令。又得余彦翁代办接收会盘总册稿及吕大令书。

初十日,卯刻,台风自西北起转而西,午后转南,酉初乃止;吹倒州署草房十一间。补初九日:得张军门书二。

十一日,出勘各处风灾。作书并会盘文册寄吕大令分投藩、臬、道署。又作书谢台南府唐赟之观察及余彦士先生。又书复陈子垣大令、李质甫游击、疏禹门司马、岱协台镇山。

十二日,上臬道宪书,论资遣吸烟勇丁回籍。又书并具七、八两月津贴文领托张经甫兄代领折实库平银一千一百三十五两九钱九分四厘九毫;并托领出后以七百两汇台南还道宪账房借款,以三百两交南中公馆,余者存于伊处;又托以银六元送张逊先大令,酬其赠联屏也。

又作书致李丽川大令,并寄还借来文稿四件、册稿二十七本。又书寄朗山侄。

十三日,作书复万锦堂。

十四日,作书寄张月楼军门。

十五日,诣各庙行香。申刻汪玉农兄自台南至;得臬道宪书一、吕大令书一、李大令书一。

十六日,拟禀抚台稿。

十七日,作书禀臬道宪,并抄禀抚台稿寄张月楼军门。

十八日,作书致李丽川、吕幼渔二大令,又书致范荔泉。

十九日,作书致张蕊卿。

二十日,得四弟上海七月十五日书,嘉兄屯湖七月初五日书;又得包太守书一,又得章菊农书一、汪钱舫书一,领饷者带来也。又朗山侄、秠儿书各一;买来红白洋布等物,共计洋银二十一元九角二分。

二十一日,作书复包太守,又复嘉兄,四弟,秠儿,又书致汪上锦、曹在民、守泽弟。

二十二日,作书禀叔祖。又书致朗山侄嘱领抚垦局各项薪粮及各通事口粮、各番社秋饷及赏番酒食银两,总共计库平银四千零八十七两一钱五分七厘零二丝九忽。

二十三日,作书复张蕊卿。

二十七日,寅刻,台风复自北起;巳刻加以大雨,酉刻风止,雨未止。

二十八日,丑刻,雨止。辰刻,出勘各处民房;幸风势较初二、初十稍逊,未有被吹倒者,而各乡则阻于溪水之涨,不能往勘也。一月之中,遭台三次;惨矣!

二十九日,勒令本营帮带罗厚昌、前哨哨官岳文孝、哨长李辉高、后哨哨官邢培鑫、亲兵哨长杨云高各交卸差事,限一月戒烟。

三十日,作书璧台湾县范继庭大令手版。

九月初一日,诣各庙行香。

初二日,作书禀顾道台。

初三日,作书与朗山侄,令于支应局领七月饷库平银九百九十两九钱五分五厘七毫一丝四忽,又湘平银二百零五两,共库平银一千一百九十七两一钱七分五厘七毫一丝四忽;又于八月饷项预借一千五百两。又作书致包太守。

初四日,派黄锦春、吴英杰赴台南领饷。

初五日,得张统领八月十七、十九日二信。初三日到顾公信一、黄云孙信一,虎臣兄京信一、张经甫兄信一。

初六日,作书上顾公。委汪玉农办营务。

初七日,作书复张经甫、范荔泉。

初八日,阅操。

初九日,偕汪玉农及各哨官往鳌鱼山相度改建昭忠祠基址。

初十日,得四弟七月二十三、八月十八日金陵所寄二书,朗山侄八月初一日书一,又汪上锦书一。

十一日,赴鳌鱼山开昭忠祠基址。作书复四弟、汪上锦,又书寄虎臣兄,又书致朗山侄于支应局借九月饷银一千两。

十二日,海防管带邱焕庭都司来见。以致朗山书交左营领饷哨官带郡,内有预借九月饷项一千两印及合义汇银五百票根。得张蕊卿书。

十三日,邱焕庭辞赴大麻里。吴才宝赴大庄查询粮价。作书复张蕊卿。

十四日,作书致张经甫,悬于津贴项下,拨足洋银一百零二元附入汪玉农信内,交李克斋带交上海。

十五日,诣各庙行香。得顾臬道书,并言已合戒烟丸十斤,嘱先尽苦劝之心,后行严汰之法,反复叮咛。可感!可敬!

十六日,汪玉农赴新开园宣示臬道宪德意于营中;欢声雷动,皆愿领药戒烟。

十七日,各哨呈愿戒烟者名单,其不能戒者只有三十余人而已。

亟作书以实情代电禀抚宪,请缓派轮船,宽限一月,俟烟不能戒再行汰革。盖余已决计汰革,而臬道宪有此美意,其言又仁至义书;不从则余于臬台有"屯其膏"之咎,从之则抚台于余必有举棋不定之讥。斟酌二者之间,宁失于厚,则从臬台计为是也。

十八日,吴哨官自大庄回。

十九日,花莲港抚垦局分局委员袁□□来见。

二十日,汪玉农自新开园回营。作书致张领统请会衔为后总兵、黄游击禀请抚台奏请恤典。

二十一日,得臬道台十三日书,又得朗山侄书一,又得初九日书一,又得向春圃万州来书一。又接吕慎甫寄来监盘交代总册稿三本。

二十二日,作书禀道台,又书致包太守,又书复朗山。

八月营饷应领库平二千一百二十三两五钱七分三厘七毫七丝七忽;除借一千五百两,仍领实库平银六百二十三两五钱七分三厘七毫七丝七忽。又统费湘平二百两。

二十三日,作书并盖监盘交代册印;仍以二本寄还吕慎甫交其兄吕幼渔大令。

二十四日,作书致张经甫。得张月楼统领书一、邓季垂大令书一。

二十五日,奉抚台批准赍遣疲弱勇丁。

二十六日,宝桑居民失慎,出营救火。

二十七日,收朗山侄书二。黄、吴二弁领饷回营。

二十八日,得朗山侄书一、叔祖书二、介弟书一、畏三书、江上锦书一。作书致疏禹门、李丽川。

二十九日,查勇弁;瘾深者汰,瘾浅者颁丸药令戒。

十月初一日,行香。起限戒弁勇戒鸦片。作书禀复叔祖,又复汪上锦。作书致邱焕庭、李质甫。

初二日,拟统筹全局禀稿。作书复四弟、嘉兄,又致瑷侄。

初三日,汪玉农起程赴左营。作书禀臬道台。致张经甫请代挪英银三百圆寄交心斋叔祖。得范荔泉书;即复。得袁行南书。又书复朗山侄,内银票根计四纸,办药材一单。

初四日,料发放秋季各社通事,社长口粮。作书复王彬斋。

初五日,作书寄朗山侄,并附票根。派哨长张有福领路费银,会同李管带放给汰勇,并送后夫人及高锡之家眷到郡。东湖傅翼如、王东山亦随去。自此营中所有烟灯一律扫除矣。三月之久,仅仅如此而已,禁烟之难,真难哉!

初六日,作书禀臬道宪;以昨日书来故也。又作书致虎臣兄,询问〔其弟〕昭甫肯出山否。又作书致朗山侄,又作书致邱焕庭都司。

宋文帝诫弟江夏王义恭书曰,"天下艰难,家国事重。虽曰守城,实亦未易。隆替安危,在吾曹耳。岂可不感寻王业,大惧负荷!汝性褊急:志之所带,其欲必行;意所不存,从物回改。此最弊事,宜念裁抑。卫青遇士大夫以礼,与小人有恩;西门、安于矫性齐美;关羽、张飞任偏同弊:行已举事,深宜鉴此。若事异令日,嗣子幼蒙,司徒(彭城王义康也)当周公之事,汝不可不尽祇顺之理。尔时天下安危,决汝二人耳。汝一月自用钱不可过三十万;若能省此,益美。西楚府舍,略所谙究;计当不须改作,日求新异。凡讯狱多决当时,难可逆虑,此实为难。至讯日虚怀博尽,慎无以喜怒加人。能择善者而从之,美自归已;不可专意自决,以矜独断之明也。名器深宜慎惜,不可妄以假人;昵近爵赐,尤应裁量。吾于左右虽为少恩,如闻外论,不以为非也。以贵凌物,物不服;以威加人,人不厌。此易达事耳。声乐嬉游,不宜令过;搂蒲渔猎,一切勿为;供用奉身,皆有节度;奇服异器,不宜兴长。又宜数引见佐史。相见不数,则彼我不亲;不亲无因得尽人情;人情不尽,复何由知众事也?"

初八日,作书致张蕊卿。

初九日,阅操。委姜芳坡赴大麻里发放各社通事、社长秋季口粮。

初十日,发秀姑峦局秋季薪粮及夏季赏番酒食银,共库平一千二百三十四两五钱零四厘四毫;交左营缪哨领解。作书复邓季垂大令。

十一日,发埤南各番社长秋季口粮银七百二十元。

十二日,发埤南各番社通事秋季口粮银三百二十七元。张蕊卿自新开园来见。〔补〕十一日,王彬斋偕其侄自台南至营。

十三日,邱焕庭自大麻里至。张蕊卿自新开园至。

十四日,作书托张经甫代领九、十两个月津贴银一千一百三十五两九钱九分四厘九毫。

十五日,诣各庙行香。张回新开园,邱赴拔仔庄。

十六日,江如典自拔仔庄至;以其赴三条崙南路屯兵,遂令押汰勇及饷银并路费至该屯发遣出山。

十七日,得玉弟九月十五日上海小东门外绍泰茶铺被灾,其次子嗣馨侄避火跳河落水淹毙信。恸其祸之惨也,肝肠若裂矣!又得叔祖及汪上锦、汪远堂书各一,又得朗山侄书一。

十八日,作书慰玉弟,禀叔祖;又寄介弟,答汪上锦,又嘱稼儿,又致嘉兄(纲按:原稿无兄字)书各一。又书致朗山侄。

十九日,阅操。作书致包哲臣太守,托其于本部前营、左营各扣六八银二十元,海防、南路各八元,埤南四元,皆于九月饷内,中营十月借款内扣四十元,作为吊胡次樵司马奠敬;以此事系渠所嘱故也。

二十日,得汪玉农书一,即作答。作书禀臬道台。又书致朗山侄,嘱于支应局领十月借饷银一千两;内除已领九十两零八钱零二厘七毫六丝九忽,又除扣送胡次樵司马奠分银二十七两二钱,实计库平银八百八十一两九钱九分七厘二毫三丝一忽。

二十四日,作书致朗山侄,嘱领安抚军九月分饷库平银二百零四两一钱三分八厘四毫六丝四忽。

二十五日,得汪玉农十九日书;即复。作书致张经甫,并托于津贴款内拨库平银一百两与汪信同收。

二十六日,邱焕庭回大麻里。

二十七日,收到疏禹门及李丽川信各一、朗山侄书一。

二十八日,王彬斋起程回前山。孙静甫至。得臬道宪书一,并丸药二十斤。又得朗山侄书,并茶丝四斤、莱菔子一包。

二十九日,以丸药十五斤寄左营,五斤寄前营;各致一书。

三十日,作书禀臬道台,又书致朗山侄。

十一月初一日,诣各庙行香。得汪玉农书;即复,并附致张经甫兄,托于津贴项下拨银五百两交王衍生。盖王已付汪而取之台北,汪则由台南付还也。又书致虎臣兄;又书致朗山侄,嘱以重洋七十元为张有临寄沪。

初二日,以宋梅记汇银五十两票根寄朗山侄。孙典史预假银三十两。

初三日,孙典史赴拔仔庄。得张经甫书一、虎臣兄书一、金润生书一、袁爽秋观察书一、朗山侄书一。

初四日,得汪玉农书一;即作答。作书禀道宪,又书付朗山,又书寄四弟,又书复张经甫,又书复张军门。

初五日,拟查复埤南亦不可为治禀稿。

初六日,作书答张蕊卿。

初七日,发九月饷。作书复汪远堂,又书复袁行南观察。

初八日,得宋渤生观察贺节书一、四弟九月九日及二十九日二书、朗山侄书一、秭儿及汪上锦书各一。又得汪玉农书;即复。又得沈(纲按:以下应有遗文)。

初九日,作书复四弟,又寄嘉兄、岳丈、瑛弟、汪上锦、朗山侄书各一。

初十日,作书嘱朗山领十月饷银一千一百五十六两三钱五分二厘七毫三丝七忽。又书致孙静甫;恐其报到差日期未合式也。

十一日,是日黄昏,有洋轮船自北而南,经过海上;并不停泊。

十二日,赴鹿寮埔察看荒地;回宿鹿寮营房。埔在防营北八里,宽广约五六里。昔为南北社每岁打鹿之所;草甚茂。营勇往来经此,不得遗火烧其草;否则,番必索赔鹿价。为台东第一大平原。而尚未开垦者,缘番占以为养鹿之场故也。予去年经此,已知此地之大。今先谕番"以现已无鹿;荒而不开,诚可惜"。番以为然。又语以"地非数十百家所能开;宜招各处之人皆许其来,不准尔等阻止"。番亦不敢违抗。故自往相度焉。

十三日,点阅鹿寮防勇四棚。午刻回营。作书寄朗山,嘱令领抚番经费等款银四千四百零六两二钱四分三厘九毫八丝八忽。

十四日,冬至。黎明率属官诣天后宫向阙行叩贺礼。得苏履生、范膏民书各一,朗山、秭儿书各一。

十五日,诣各庙行香。作书复苏、范二君及朗山侄;并寄章德明汇银票根一纸,计二百两。又得汪玉农书;即复。

十六日,作书禀臬道台论开垦事宜。

十七日,作书寄张经甫,请代拨七兑洋银六十元,解缴资助故员运柩回籍捐,又托其各以六元分送张子云、杨俊甫二处奠分。又得苏履生兄书;即复。又书致万棣花。

十八日,奉到臬道台手谕,知后路事已酌定派范膏民代为经管;又,蒙电询前禀请缓征事,已得藩台回电,云"台地本年遭风,各属未致成灾。台东一处,未便专案详咨豁缓。该州额征,仅敷坐支。现饬变通办理;所有应解司库存留支剩各款,暂缓提解。一面饬将沙压田园挑复下年带征补款,水冲若干,查明具复。不日批行矣"云云。即行禀复。又书致范膏民。又书致朗山,并开列迁移一切事宜及代交领饷应汇票各款。

十九日,派黄锦春、张有福带勇八名赴郡解饷兼迎接家眷。又书贺朱苕园观察重临支应局。是日复作书上臬道台论军中用人。又接谢钟英大令书;即作复。

二十日,作书致汪玉农,又致袁雪卿、孙静甫。又陈子岳送西岳华山庙碑拓一纸,孔子见老子石刻拓本一纸,并书荐其乡人冯蕴斋到营。

二十一日,得朗山侄书,收到带鱼、酒蛋;即作答。

二十二日,决计迁前、左二哨营房于州垒。得张军门书。

二十三日,作书复张军门。又书致范膏民,令代还张聘三银二十六两八钱二分八厘七毫。

二十四日,得玉农书;即复。又得朗山书一。

二十五日,臬道宪颁到上海钟氏戒烟药;计元号拌烟药五十两又二方,冲药五十两,二号拌烟药二百两又二方,冲药二百两又三方,人参补养药十两,又补气药十两,又宁神丸十两,共装一皮箱并手书。即禀复。又荐李念椿、余敬符二君到营。

二十六日,以宪颁之药分一半给前营,另一半则中营与左营各给一半。作书致张蕊卿、汪玉农。

二十七日,前营汰遣烟勇三十四名,到埠南点验;少周麒麟一名未到,又有病者四名在内。悯之,各赏银一圆;面责押解哨官龚子泽,并函询管带张蕊卿不待其病愈而后遣行也。是日奉抚宪札,以代统以来,整顿有方,令接统镇海后军各营屯。作书致范膏民,请代拨银解本年钱粮。

二十八日,申报是日接统防军。得范荔泉书;即复。

二十九日,得朗山侄书。作书复皖南袁观察。

三十日,作书致李丽川。

十二月初一日,诣各庙行香。作书禀清师,又禀江苏陈舫仙廉访。

初二日,得张月楼军门书;即复。

初三日,作书上臬道台。

初四日,作书致宋渤生观察。

初五日,得介如十月二十八日信一、叔祖信三、稼儿信一、汪上锦信一。又得虎臣兄信,言已函劝昭甫出山相助矣。

初六日,作答昨日所得书各一。得朗山书言初三日起程。

初七日,得汪玉农、孙静甫书各一;即复。

初八日,作书复张月楼军门。

初九日,午后移居州署,以待眷属;以前信言初三日起程也。

初十日,至午后,家眷未至。

十一日,得汪玉农书;即复。又书托张经甫代领十一、十二两个月津贴银一千一百三十五两九钱九分四厘九毫。

十二日,作书催孙静甫送水冲地亩清册。

十三日,梁少翁赴乡。

十四日,内子及子侄辈偕朗山侄、汉生弟并领饷差弁到署。奉到臬道宪手书一、朱莒园太守书二,范膏民、黄云孙、王蓉溪、万棣花书各一。作书复姚芝眉巡检于松江。

十五日,诣各庙行香。又诣各处谢步。作书上复臬道宪,又书复朱莒园观察,又书复范膏民,又书致汪玉农。又得孙静甫书;即复。

道署账房来条:林文忠公戒烟丸三十斤,每两价钱二百文;共计钱九十六千文九四折洋银一百零二元一角二尖,扣银六十九两四钱四分一厘六毫。

自基隆西北取道循山而行:四里至三角岭,六里至大武峦,七里至马炼庄,八里至大坪脚,四里至鹿角坪,七里至磺山顶,七里至竹子拗,十四里至水竟渡,十里至沪尾。皆由山间取径,海上窥望不及;无险阻,直捷而平坦。

十六日,作书寄四弟,又寄叔祖,又寄川沙,又书致昭、甫。

十七日,得范膏民书;即复。得张经甫书;即复。又书谢江、邱二管带。又得疏禹门书。又书致张蕊卿。又得柯月坡书。又得江如点书;即复。

十八日,得李、疏、柯三君各一函。

十九日,梁少翁自新开园回署。

二十日,作书复李大令,疏司马、柯都司。

二十一日,封印。得李少帆书。

二十二日,作书禀臬道台。又书致范膏民。得李大令书;即复。

二十三日,作书复胡在儒。又书致张经甫。发花莲港冬三月薪粮各费共库平银七百九十九两八钱七分三厘三毫四丝;又发秋季赏番酒食银三十八两一钱零六厘。又发秀姑峦冬季三个月库平银一千零九十两零五钱一分九厘;其秋季赏番酒食银四十四两零一分九厘,早给雷呈鑫领去矣。

是日,收吴勋曹来银二百两。

二十四日,作书复汪铁舫。是日收张义春来银四百五十两。得汪缙卿书,又得张经甫初十日书。

二十五日,作书上臬道宪,又书复张经甫与汪缙卿。

光绪二十年,岁在甲午,正月丙寅,元朔日己卯,黎明,率领所属文武于天妃宫设位向阙叩贺万寿;诣各庙行香;与部下各官吏将弁团拜,互相贺岁。招幕友饮春酒。

初二日,具台东志建置沿革稿。

初三日,作书上臬道宪,又禀抚台、藩台,申明不能晋省贺岁,面禀公事。得范膏民书一、汪玉农书一。又禀臬道台宪函,即寄郡。得张月楼军门书一。

初四日,作书复汪玉农。邱焕庭都戎、张蕊卿协戎皆于初一、初二日至;是日回营。

初五、初六日,为修志事采访一切。

初七日,江如点协戎自三条峇至。

初八日,张蕊卿请假回籍治病。是日委李守备金鳌充海防屯兵帮带,高守备充中营帮带。

初九日,开操。作书复张月楼军门。梁少玉回粤东。

初十日,委江如点协戎接带前营,谭都司桂林接带南路屯兵,丁士文为前哨哨官,王开第为右哨副哨官。

十一日,作书致范膏民,又书致张经甫。

十二日,作书上臬道台论调委各营管带及调换军械利弊。

十三日,为子侄开学。

十四日,作书寄四弟及禀叔祖,又书寄曹在民表叔。

十五日,诣各庙行香。

十六日,汪缙卿自台南至。得张经甫书。

十八日,作书禀臬道宪。又书致范膏民,附票根三纸,计汇付一千九百五十两,皆十九日发。又书致李丽川及疏禹门司马,又复张经甫。

十九日,辰刻阅操。午刻开印。得范膏民初六、初九日二信;即复。委哨官丁士文出山办米。得袁行南书。

二十日,起程北出校阅本部各营屯。午刻,至鹿寮查阅前营后哨一、二、三、四队;阅毕而雨至。夜得陈子岳、范膏民书各一。

二十一日,沿新武洛溪北行五里,务禄干水自西出山入焉。又五里过鹿寮埔;查新招垦荒民番约五十余户。又十五里至雷公火,其西岸即里□庄(波按:里下空格应系坡字):又十里至新开园;查阅前营中、前、左三哨。设靶只四□(波按:四下空格应系十字)弓、八十号。统计中数不过三成零,中三者只十二人。

二十二日,十里至大陂。自新开园以北,水皆北流。十八里至大庄。又十二里至璞石阁;查阅前营后哨五、六、七、八队。

二十三日,五里过迪街。二十里过水尾。十五里至拔子庄;查阅埤南屯兵。至夜而汪玉农、孙静甫皆自花莲港至。

二十四日,偕玉农过大巴塱、鹿阶皮至象鼻嘴。

二十五日,过吴全城,至花莲港。

二十六日,至加里宛;回则沿海察看米崙港。

二十七日,回抵大巴塱。

二十八日,由大巴塱东行,上下猴子岭计三十里,沿丁仔老溪至海口;宿猫公社通事李自明家。

二十九日,南行八里至八里环。又十二里至石梯庄。又十五里至大港口;宿通事萧日隆家。

二月初一日,渡大港水,南过纳纳社。十里至开伞埔。四里至乌雅石。十五里至水母丁。又十里至大通气。又十里至加早湾。(纯按:早应为走,地名,至今称之)又十里至扫北。又七里至坪子村;宿已革总理廖宗元家。

初二日,南行十里至乌石鼻。又十里至阿哈姑买。又五里至成广澳。

初三日,十里至马老漏。五里至加水来。六里至莪律。五里至都力。二十里至马武窟。六里至加里艋押;宿通事刘来成家。

初四日,寅刻起早餐。亲兵食毕,报失后膛枪一杆。留成广澳哨官萧必胜督率通事严查,务获;而先行。八里至八里芒。五里至都峦。二十里至猴子山。十里至埤南署。始知初一夜三更,社丁棚失慎,延烧左哨五、六、七、八四棚。花莲港哨官陈玉堂及秀姑峦抚垦委员孙静甫偕至。孙则奉臬道宪札来验收营署工程也。得汪玉农书。

初五日,作书复玉农,又复范膏民。

初六日,作书禀臬道宪。

初七日,萧必胜偕通事查获加里艋押所失后膛枪来呈缴。孙静甫辞回局。作书致张经甫,又书致范膏民。

初八日,祭昭忠祠。作书致谭桂林。

初九日,作书禀臬道宪。张蕊卿自新开园至。

初十日,作书致虎臣兄,又书禀叔祖,又书致介弟,又书致江如点。

正月截(波按:截字下似有遗文)三百七十五两九钱三分折(纲按:原稿尚有许多数目字无法认清只好存疑)。

正月应领营饷银一千六百九十五两七钱三分五厘八毫三丝四忽,统费银一百九十三两八分六厘一毫九丝二忽。

十一日,作书谢李丽川大令,又书致范膏民。

十三日,作书致张经甫,又书致张月楼军门。

十四日,自以其意订定阵图。是日春分。

十五日,行香。演新阵图。作图说一篇。是夜,月食。得唐桦之观察书一、张月楼书一、疏禹门书一、汪铁舫书一、汪玉农书一。作书复玉农。

十六日,教演新阵。作书复唐观察及朱太守。又书复汪铁舫,嘱于范膏民处取银二百两。又书致膏民。

十七日,以陈泉泰汇银五百两票根寄范膏民。

十八日,江如点、邱焕庭、李兰亭至。余步青自前山持潘义庭别驾书至。

十九日,阅操。以张义春票八百两寄范膏民。又书致张经甫。

二十日,池云珊自台北、徐伯荣自台南偕至。得茂春、万和书一、守璜弟书一、虎臣兄书一、张经甫兄书一、单一、范膏民书一。

二十一日,作书复叔祖,又书致曹在民,又书寄四弟,又书复虎臣兄,又书复范膏民,又书复张经甫。

二十三日,作书嘱范膏民代领安抚军正月饷银。

二十六日,得汪玉农书、孙静甫书。

二十七日,复汪玉农、孙静甫书各一。

二十八日,陈玉堂自新开园至。得陈子垣书一。

二十九日,令军士出为各荒冢加土。得李丽川书一。

三十日,清明。出祭厉坛。得李丽川书一。

三月初一日,日食。作书上臬道台,致范膏民,复李丽川。是日采访志册脱稿。

初二日,作书复袁行南观察去年九月二十三日书,又书复吉林后路营口转运局查友三,又书致苏冶生。是日以中营账房交徐伯纯办理。又书复瞿肇生。

初三日,作书并桑寄生付吴勋曹送台南呈臬道台。

初四日,得臬道台二十七日书,并户部执照一纸,枪子铅药轻重数目一纸。林明敦枪子药重七分,铅重七钱五分。毛瑟枪子药重一钱,铅重七钱。哈吃开士枪子药重九分,铅重七钱三分。黎意枪子药重一钱二分半,铅重六钱七分。

初五日,作书上臬道台,又书致膏民。

初六日,作书致袁雪卿。

初七日,得汪玉农书;即复。又书复谭丽卿。

初八日,作书致膏民,又书致邓季垂大令。

初九日,作书致邱焕庭,询农具来由。

初十日,孙静甫自拔子庄至。李丽川荐方莘夫至。

十三日,作书贺丁调臣署彰化县。又书复贺范继庭保晋同知直隶州升阶。夜得汪玉农书。作书寄膏民。

十四日,复汪玉农。又书寄范膏民,领二月营饷一千八百九十一两零四分六厘二毫二丝,又领春季抚饷四千一百二十六两三钱一分七厘七毫三丝,共六千零十七两三钱六分三厘九毫五丝。

十五日,作书致张经甫,又书复张月楼军门。

十六日,作书致童米孙。

十七日,赴利基利吉社查察煤矿。作书复管凌云太守,又书贺李丽川、俞冬生回本任。

十八日,作书上臬道台,又书致范膏民,又书寄四弟、嘉兄,又书上叔祖及岳丈。袁雪卿自花莲港至。

十九日,汪缙卿起程回里。

二十日,收吴培卿世伯复书一,又得介如二月初十日书,又得嘉兄及伯母、叔祖书各一,章、周二婿书各一,岳父书一。

二十四日,病。

二十六日,遣帮带高渭生解坏枪一百九十一杆赴郡。补二十三日,得张经甫书;即复。二十六日又作书呈臬道台。

二十八日,昭甫兄自家乡至。

二十九日,作书寄四弟,禀叔祖、伯母及嘉兄,又书寄汪玉农。又得张月楼军门书一。

四月初一日,立夏。作书复张军门。

初十日,得虎臣兄京信二函;即复。

十一日,作书寄张经甫、范荔泉各一。

十六日,赴大麻里查点屯兵兼放番饷。

十七日,至大得吉遇大雨;申刻至巴塱卫,止宿。调溪底至此点名(波按:底字下疑脱屯兵二字)。

十八日,回大麻里。

十九日,回营。

二十二日,作书上吴清师,又致范膏民。

二十三日,作书致张经甫、苏冶生。

二十四日,得李丽川大令书,有初八日藩辕牌示补台东州缺之语。得心斋、理斋二位叔祖书。

五月初一日,诣各庙行香。得汪铁舫书。

初二日,戌刻,马兰街民房失慎,延烧五十一户。

初三日,踏勘火灾,兼以银一百零二圆给被灾之家。江副将自前营至。得童米孙书一。

初九日,作书致苏冶生,又致范膏民,又作书并寄英银十圆代礼贺心斋叔祖七十寿。

初十日,作书贺童米孙大令。是日验明崑崙楼社社目五名、通事二名正身,给发印票并口粮。作书致范膏民。

十一日,得臬道台手书一;即作书禀复。又书寄虎臣兄,又书寄范膏民。夜得张经甫初二日书。

十四日,得汪玉农书;即复。

拟家乡张睢阳庙楹联:

孤城原可图存,为诸将不肯赴援,遂令竭力捐躯独完忠节。
遗憾何由得泯,想厉鬼必能杀贼,故作奇形怪状以示威灵。

昭甫拟台东昭忠祠楹联:

此地在邦域之中,不比道辟牂牁,凿空竟嗤张博望。
诸君为王事而死,只恨山多烟瘴,跕鸢同怀马文渊。

又自拟联:

虫鹤昔同悲,瘴雨蛮烟何太酷。
牲牢今共享,青山白骨有余荣。

十六日,作书致陈子垣、李丽川二大令,又书复胡席珍及聂农山,又书复范膏民。

十七日,呈送福藩黄请验由新海防例报捐请离原省改捐福建省补用户部执照一纸,系光绪二十年二月初五日给。

十九日,作书上臬道台,又致范膏民。

二十二日,得虎臣兄书一、范膏民书二、万军门书一及奖札二件。高渭生换枪械回营。

二十三日,作书复虎臣兄,又复万军门、范膏民。又得汪玉农书一;即复。又得孙静甫书一。又书致德乾表侄。

二十六日,得宋渤生观察书一、谢钟英大令、孙子明大令书各一。作书致膏民。

六月初一日,诣各庙行香。作书复谢大令,又致范膏民(内附后公馆一函)。

初三日,得黄子林自沪大马路集贤里黑龙江金矿局来书一;即作答,并托寄漠河致袁行南观察书一。

初六日,得臬道台二十八夜飞函;即禀复。宋雨生、朱润之到营。又得臬道宪二十日书,又得宋渤生、査友山二书,又得范膏民书,又得张经甫、范荔泉书各一。

台北捐主事,共库平银一千二百九十七两六钱四分。

捐离原省及指省,正项一千一百六十五两,合公砝平足银一千二百零六两,加换照六两,行查三两(波按:此处似脱一字),片九两,共公砝平足银一千二百二十四两,合京平足银一千二百五十七两九钱六分,加汇费合台库平洋银一千三百二十四两四钱一分九厘。

初七日,作书禀复臬道台,作书致前、左二营管带。

初八日,作书复张经甫、范荔泉。

初九日,得臬道台五百里排递初四日函;即禀复。夜作函致前、左二营营官。

初十日,作书寄虎臣兄,又书致四弟、涌弟于南京,又书寄嘉兄,又书寄申禀叔祖,寄川沙禀伯母,又书谢顾康民秋曹,又书复沈尚韵,又托虎臣兄代拨银还顾宅。

十一日,作书寄谢钟英;为昭兄、朗山回籍乡试,求假馆于盐局也。

十二日,送昭甫、朗山及池云珊回籍乡试。作书上臬道台,又书寄张军门。

十三日,作书致前、左二营管带。

十四日,作书上臬道宪,请给器械及帐棚。又书致谢提调,托领夏季番饷。

十五日,诣各庙行香。

十六日,派刘德杓、胥森荣赴凤山境内募勇。

十七日,作书致张经甫。派弁赴猴子山察看地势。

十八日,自诣沿海察看地势。

十九日,得范膏民书,知其已于十五日内渡赴试;接手为汪君辛孜。作书致汪辛孜,禀臬道台。

二十日,得臬道台六月十四日手书;即作禀寄复。又得汪玉农书;即复。查范膏民书,共交汪辛孜兄接收库平银七百八十九两零九分三厘。

二十二日,杨宝臣自三条崙至。作书复台湾府陈仲英观察。

二十三日,得虎臣兄京中五月二十四日书,又得川沙曹在民书。又得叔祖书;闻嘉言兄于四月二十二日谢世,而介如竟无信到。嗟悼不已,尤深疑怪。得李丽川大令书。

二十四日,作书复虎臣兄,又书禀叔祖,又书复曹在民,又书致金陵与昭甫、朗山、介如各一。夜作书禀臬道台,又书致汪辛孜,又书致孙静甫。

二十五日,巳刻得臬道台二十一日辰刻手函;申刻禀复。

二十六日,赴槟榔、阿里摆等社相度营地。

二十七日,作书复李丽川大令。

二十八日,于天后宫设位叩祝皇上万寿。作书致张经甫、范荔泉、苏冶生各一。又得道台二十三日书;即禀复。

二十九日,未刻,得臬道台二十五日手谕,令即择要移营,不须候示;喜甚。立即飞饬沿海各营一律遵办,并即禀复。江如点副将自成广澳来面商防务,并择澳南八里三台石西移驻该营右哨。

七月初一日,出诣各庙行香。江副将辞回营。作书致汪辛孖。以腰刀分送前、左二营各二百把,埤南屯兵四十把。

初二日,得臬台六月二十六日书,知倭背约,已于朝鲜之牙山击我兵船。衅自彼开;总署电令各口见倭船即击矣。即作书禀复。得汪玉农书;即复。得皖道袁爽秋观察书,兼蒙寄所刊《经籍举要》一本。得袁行南观察漠河金矿四月朔日书。夜得汪玉农七月二十九日飞报谣传之说。

初三日,赴阿里摆相度营地。作书复汪玉农,又致江如点。

初四日,作书贺朱苕园太守署台南府,又书复安平县谢,又书复淡水县李,又书复嘉义县邓。

初五日,禀贺藩台老太太生日,又书禀臬道台。

初六日,江如点报调左哨于成广澳,已于初四日起程。

初七日,始令子侄作论。

初八日,大麻里拿获逃勇四名。作书致昭甫。

初九日,作书致介弟、朗侄,又书致汪辛孖。

十一日,作书上臬道台请饬发军械,又书致汪辛孖,又致谭丽卿,又致汪玉农。是日黄锦春领饷到营。派彭海南出山领解军械。

十二日,得臬道台初六日书,奉到七月初一日布告中外上谕一道。作书告五管带。

十三日,作书致汪玉农,作书上臬道台。

十四日,得臬道台抄示京来电信,知六月二十六日倭猝击济远轮船于牙山,我济远船回炮,倭船受伤几沉;二十八日,叶军战败,宋军已至平壤。作书禀复;并书告五管带。夜得汪玉农书;即复。又得谢大令及汪辛孖书。

十五日,出署行香。作书复谢钟英、汪辛孜。

十六日,得汪辛孜十一日书;即复。寄安抚军六月领饷文领;计饷一百八十八两二钱零,又葬埋银二十四两一钱七分零。

十七日,发夏季番饷毕。得臬道台函示总理衙门电示七月初十日,倭船二十一只攻威海卫败去之信。即复;并转告各营屯。又得张月楼军门及汪辛孜书各一。

二十一日,作书禀道台,又书致张经甫。

补记:十一(水按:一字疑为八字之误)日,作书复汪辛孜,又书寄京与虎臣兄及宋渤生观察各一。十九日,作书致凤山县俞冬生大令。

二十二日,入山查新营。

二十三日,作书致江如点及汪玉农。

二十四日,作书以银千两发交江如点,托其办军米;又书催谭丽卿、叶玉田运军械;又书并汇票根寄汪辛孜。是日分中营之半驻新营。得叔祖六月二十七日书及汪上锦书、谢钟英及汪辛孜书各一。

二十五日,入山查察新营。得汪玉农书;即复。又书复谢钟英大令。

二十六日,遣幕友人等先移居新营。晚得道台二十二日书;即复。是日,得吴清师六月望日自湖南抚院所寄书,并石刻二种、手谕二种(水按:禀稿作"手谕四种"),喜甚!盖自光绪十八年二月渡台以后,三年之久,乃得此一书也。

二十七日,移驻新营。

二十八日,得江如点书;言米每包二元,车赁在外,已定三、四百包。

二十九日,检点军中米袋,共得二百条,函寄前营。

三十日,得汪玉农书;即复。

八月初一日,定营规:五鼓作炊,黎明早餐;天明站墙一次,站枪架一次,然后工作。是日诣埤南各庙行香。路遇刘四姑喊称其妻邱被陈那妻打死;即诣其家相验。无伤;责令收殓,具结了案。得李丽川、俞冬生二大令书。

初二日,作书禀复湘抚吴中丞师,又作书复皖南道袁爽秋观察,作书复李丽川大令,又书复汪辛孜。是日发各省贺节禀。

初三日,作书禀臬道台。

初四日,发各处贺节禀启,作书致张经甫、范荔泉、苏冶生。

初五日,得汪辛孜二十六日十三号信;即复。作书禀臬道台。

初六日,得朱莒园观察复书。

初七日,赴埠南祭昭忠祠。得朗山侄七月十二日书;初七日到沪。得虎臣兄七月初六日书,得汪辛孜书。

初八日,作书禀臬道台,又书复汪辛孜。

初九日,得汪玉农书;即复。

初十日,拟请仍照旧章由各营屯自请给发饷械稿。是日将夜,有兵轮一艘,泊火烧屿南面海中;至晓不去。

十一日,作书禀叔祖,又书致介如弟、朗山侄及昭甫兄各一,又作书致张经甫,又书致汪辛孜。

十二日,作书致谭丽卿,复麻袋收到。

十三日,作书上臬道宪,又复李丽卿大令。

十四日,得汪辛孜书一,江如点、叶玉田至。

十五日,诣埠南各庙行香。

十六日,得上海理叔祖书,知心叔祖于七月二十五日谢世。呜呼痛矣!又得谢提调书一、汪辛孜书一。夜得汪玉农书;即作复。

十七日,作书并以银三十圆寄交理叔祖,请代办祭奠心叔祖之仪。又作书禀臬道宪请发枪及子。又复谢、汪二书。致汪辛孜请代办申报。

十八日,得江如点书;即复。

十九日,大雨。

二十日,大雨。

二十一日,得臬道台十二日书,又得李丽川、万棣花、汪铁舫书各一。夜作书复道台。

朱子曰:挂扐之数,五、四为奇,九、八为偶。挂扐三奇,合十三策,则过揲三十六策而为老阳,其画为口;所谓重也。挂扐两奇一偶,合十七策,则过揲三十二策而为少阴,其画为一;所谓拆也。挂扐两偶一奇,合二十一策,则过揲二十八策而为少阳,其画为一;所谓单也。挂扐三偶,合二十五策,则过揲二十四策而为老阴,其画为乂:所谓交也(原注:见《筮仪》)。

凡阳爻皆用九而不用七,阴爻皆用六而不用八。用九,故老阳变为少阴;用六,故老阴变为少阳;不用七、八,故少阳、少阴不变(原注:见《启蒙》)。

凡卦六爻皆不变,则占本卦彖辞,而以内卦为贞,外卦为悔。一爻变,则以本卦变爻辞占。二爻变,则以本卦二变爻辞占,仍以上爻为主。三爻变,则占本卦及之卦之彖辞,而本卦为贞,之卦为悔,前十卦主贞,后十卦主悔。四爻变,则以之卦二不变爻占,仍以不爻为主。五爻变,则以之卦不变爻占。六爻皆变,则乾坤占二用,余卦占之卦彖辞(原注:见《启蒙》)。

二十二日,作书复汪辛孜。

二十三日,作书复汪铁舫。

二十四日,初令本营练分三路出队法。

二十五日,作书致张经甫。

二十九日,作书上臬道台。

九月初一日,大雨,不能诣埠南行香。

初五日,作书禀道台。得虎臣兄七月二十二日书,又得李丽川大令八月二十二、二十七日二书,又得理叔祖及仁恩叔二书,又得汪辛孜书。

初七日,作书复叔祖及仁恩叔;又书致万和,又书复虎兄。

初九日,作书禀道台。

初十日,作书复李大令,唁范荔泉,致谢钟英。

十一日,作书致汪玉农。

十二日,接汪辛孜初九日信,知军火已由豸宪派道标押解起程。

十三日,作书飞递三条岺谭管带接收军火,赶速递运。又作书禀道台。又书关照叶玉田管带设法助运。又书致张经甫。

十五日,诣埠南各庙行香。作书致汪辛孜。

十六日,遣二弟回沪,偕黄锦春至台南;黄为领饷也。

十七日,作书复叶玉田。得李丽川大令、汪铁舫书各一。

十八日,作书致俞冬生大令。收到陈万年解来饷银二千两。

十九日,作书复汪铁舫,又复汪辛孜。发秀峦局饷银一千两(纲按:秀峦二字他处均作秀姑峦,疑脱一姑字)。

二十日,作书致江云山,复汪玉农。得姜芳坡书。

二十三日,作书以垦照五百张寄姜芳坡,又书致江如点。得汪辛孜书,知抚台邵调抚湖南、藩台唐护台抚、臬道台顾署藩司、台湾府陈署道台。

二十四日,作书禀臬道台顾,又书致汪辛孜。

二十七日,作书贺新任抚台唐、新任藩台顾;又书致谢钟英。

二十八日,起程赴头人埔查案(纯按:头人埔当作刐人埔,地名今称)。

二十九日,回宿新开园。

三十日,回营。

十月初一日,诣埤南各庙行香。午后祭厉。

初二日,作书复汪玉农、孙静甫。

初四日,作书复李丽川大令。

初五日,得张经甫书一。汪辛孜书一;即复(水按:汪字上疑当有又得二字)。

初六日,作书致李丽川大令,又书致胡自求同乡,又书复张经甫。得姜芳坡书一。

初七日,作书复姜芳坡,又书致江如点。

初八日,作书致谭桂林、叶玉田、吴大生,嘱查历年死事弁勇姓名,附祀昭忠祠也。

初九日,作书致汪玉农。

十二日,作书致台南府朱观察。

十三日,作书禀藩台顾,又书致虎兄,又书致汪辛孜。

十四日,孙静甫自秀姑峦局至。

十五日,诣埤南各庙行香。得李丽川大令、汪辛孜书各一。

十六日,作书复李丽川大令。查玉笙至,得查友三书。

十七日,作书禀台南营务处,请示紧要电报也。又作书复汪辛孜。又书并银五十九两零二分四厘寄后海吾总镇夫人,为追出杜光亮、廖吉元欠款也。又作书禀叔祖,致四弟及涌泉弟。又作书致江如点,为追出宋梅芳赃款一百六十元三角请代给还原主也。又书致谭丽卿,托于东港代购麻袋六百条也。

十八日,作书寄叶玉田,请代发番饷。

由天津铁路至山海关六百二十五里;由山海关至奉天省驿路八百二十里;又四十里至凤凰城;三十里至高丽门;九十里至九连城;过鸭绿江十五里至义州(江水大,宽十五里;水小,分二河:一爱河,一云河);由义州八十里至龙川府;三十里至铁山府;五十里至宣川府;五十里至郭山郡;过定州九十里至嘉江郡;过右津镇五十里至安州;过津头江、青津江六十里至肃州府;过顺安县一百一十里至平壤城;过大同江五十里至中和府;五十里至黄州府;过凤山郡七十里至钊水;过瑞兴府、慈秀站一百二十里至平山府;过遏川郡一百里至开城府;四十里至长湍府;过临津江四十里至坡州;四十里至高阳站;四十里至汉城:共三千一百二十里。

十九日,大风。作昭忠祠联句:

人能为王事、死边远瘴乡,岂非志士?
我改作新祠,得山水佳处,期慰忠魂!

二十日,大风。派弁解大麻里等社秋季口粮银两交海防屯兵叶管带代发。作书致江如点。

二十一、二十二日,大雨。作鳌鱼山昭忠祠外联句:

听海潮作悲壮之声,时应激发英雄怒。
愿瘴气与战征并息,人共讴赓耕凿歌。
日朗风清,登斯丘可以眺望。
天空海阔,问何人具此胸襟。

是日,得介如弟台南十七日书。

二十三日,书写昭忠祠楹联。

二十四日,查台东州原额田二千二百五十五甲五分八厘八毫一丝二忽七微。十九年秋查报水冲田一百二十五甲八分九厘二毫一丝一忽一微,沙没田一百零七甲四分九厘零六忽五微,二十年查报佳乐庄抛荒田九十甲零八分七厘三毫零一忽,补报上年水冲田一十一甲一分五厘八毫六丝二忽六微,碉堡庄抛荒田九甲零一厘七毫六丝:共悬额田三百四十四甲四分三厘三毫四丝零九微。具禀禀藩台,求豁免也。

二十五日,作书上藩台顾。

二十六日,作书复汪玉农。

二十八日,介如、吉庭二弟自沪至。

二十九日,得宋渤生观察京城来书及家乡与沪上各亲友书。又得朱苕园观察书。又得陈臬道台书,有奉天旅顺、金州及山东威海卫并失之信。又得汪辛孜信。

十一月初一日,奉昭忠祠各神牌升座。得范膏民书,闻范荔泉已于十月十四日逝世。又得宋渤生观察自京来信一。

初二日,作书上臬道宪陈。又书致范膏民、汪辛孜。收谭丽卿代办来米袋五百条。收李丽川大令及胡自求兄回信各一。

初三日,作书致范膏民。

初四日,得范膏民来书一,得虎臣兄十月初十日书。

初五日,作书复李丽川大令及胡自求同乡,又书致罗肯堂,又书禀理斋叔祖,又书致冯岳丈,又书复朱苕园观察,又书复范膏民。

初六日,得汪玉农、江如点信各一。作书致叶玉田。

初七日,作书复汪玉农,又书致谭丽卿。

初八日,作书致江如点论宋梅芳等案,嘱其就近代给还赃款。

初九日,作书致姜芳坡。收台南办来绍酒十坛。

初十日,得李丽川大令书一、汪铁舫书一。

十一日,得汪辛孜书二、范膏民书一、姜芳坡书一;均即复。又书致谭丽卿,嘱其派弁送炮子样并书交汪辛孜也。

光绪二十年八月十六日,加上皇太后徽号恩诏第七条:内外大小各官,除各以现在品级已得封赠外,凡升级及改任者,着照新衔封赠。

十二日,作书复虎臣兄。

十五日,诣埠南各庙行香。

十七日,得范膏民书二;即复。得台南臬道陈公书。作书致李丽川大令。

十八日,书复汪玉农,作书上臬道台陈。

二十一日,得范膏民书一、涌泉弟金陵书一、叔祖、玉弟、上锦兄书各一,得汪玉农书。

二十二日,作书复膏民;派黄锦春明日带去。作书寄昭甫兄。

二十三日,作书复涌弟并书致祝封弟,又复汪玉农。

二十四日,作书寄范膏民,又书复黄子林。

二十九日,得藩台顾书一、李丽川大令书一、顾月如先生书一、范膏民书一、汪辛孜书一并炮子样一个。

十二月初一日,诣埠南各庙行香;兼于海滨演放大炮。

初二日,作书复范、汪二君。得沈韵松太守书一。

初三日,作书上藩台顾。得沈少韵书一。

初四日,作书上吴清卿师。

初六日,作书致后海吾总镇夫人;派员裴锦堂送后公灵柩由海道至安平。又书由站排递安平,托范膏民以六八银一百三十二元送交夫人,预备砖灰,俟柩到安葬也。

初七日,率各哨弁至天后宫送后海吾总镇灵柩登舟;计船价银四十元。

初八日,作书上皖南道袁爽秋观察。

沈韵松太守由杭州寄示自咏东山行旅图册诗稿及纸索和;率占一律:

> 万里驰驱意气雄,当年我亦共从戎(光绪壬午、癸未年曾在宁古塔共事于吴愙斋师幕府)。周游黑水、白山外,久住冰天雪海中。剪烛何时逢旧雨,乘槎惟愿驾长风(此次倭奴侵占我朝鲜属国,豕突狼奔,入我奉天边界,人人知直捣倭巢为胜算,而舰船坚而大者少,不足以济师,真大憾事也!)。迩闻都护将重出(吴愙斋师现已奉旨督师东征将出关),那得追随马首东。

十一日,作书并诗寄沈韵松太守,又书上吴培卿世伯,又书致程周卿;又书复李丽川大令,托领冬季三月津贴一千七百零四两。又书寄膏民。

十四日,作书致苏冶生、李丽川、张月楼。

十五日,诣各庙行香。

十六日,作书致万军门、万棣花、俞冬生、顾月卿、陈子垣,又复柯月坡。

十七日,作书致范膏民,托领十一月饷银二千二百一十两有奇。

十八日,得孙静甫书。作书致江如点。

十九日,封印。

二十日,作书上藩台。

二十一日,作书寄宋渤生、袁行南二观察,兼复查友三。

二十二日,得汪玉农书;即复。

二十三日,作书致江如点、孙静甫,为划交钱粮银四百五十七两九钱七分七厘八毫以抵秀姑峦局饷也。

二十四日,作书致江如点,托其就近饬催新乡未完钱粮。又书致孙静甫,为派册书林金榜解交库平银二百四十二两有零,找足冬饷尾数也。得范膏民书(十六号)。

二十五日,得范膏民书(十七号),知后海吾总镇之灵柩已于十七日到安平。得李丽川大令书一。又得邓季垂大令书一,即复。

二十六日,得张月楼军门十三、四日二书;即复。

二十七日,得江如点书,知新乡册书朱紫贵脱逃;即作书令追保人逐一经理。

二十八日,作书以各营屯寄到助后海吾总镇葬费银共一百四十元五角寄送其夫人。合前次运柩五十四元,寄送一百三十二元,总共三百二十六元五角;一并寄清。

二十九日。得虎臣兄十一月二十四日书;即复。

三十日,作书寄范膏民。

光绪二十一年,岁在乙未,正月戊寅,元朔日癸酉,率领所属文武于本营设位向阙叩贺祝万寿;诣各神庙坛行香;与僚属团拜。招幕友饮春酒。

初二日,接范膏民上年十二月二十六日书(十九号)。江如点自新开园防营至。

初三日,江如点回营。叶玉田自大麻里至。

初四日,叶玉田回营。陈玉堂自新开园至。

初五日,开操。得谭桂林书,知臬道台委忠令满字若灵者至凤、恒查营。

初六日,陈玉堂回营。

初七日,得汪玉农书。又得范膏民书(二十号)。

初八日,作书复汪玉农,又书致江如点。

初九日,作书致范膏民,并票根一纸。

初十日,接范膏民书一(元号)。是日立春。

十一日,拟发行李;因天阴竟日未毕。作书致叶玉田、谭桂林各一;作书并以番草席二条、燕窝二匣寄苏州吴培卿世伯转寄关外送吴清卿师(原注:由四弟带至上海转寄)。

十二日,作书唁潘子静观察丁外艰;又寄范膏民。

十三日,介如、吉庭两弟偕内人、秠儿、糜儿、稷侄起程赴台南,内渡回里。

十四日,得汪玉农书;即复。又得李丽川大令书一。

十五日,诣埤南各庙、祠行香。袁雪卿自花莲港至。

十六日,作书上藩台;又书复淡水李大令,复书寄四弟于台南。

十七日,裴锦堂自台南回营,带至后宅复函。

十八日,得范膏民书(四号)。

十九日,开印。辰初,见倭船一自南而北,又二船自北而南,停泊红头、火烧二屿之间。未刻向东开去。即飞禀各大宪;并饬本部各防加意防备。作书复膏民。

二十日,得臬道台书,言得抚台电示:倭中集议。其相欲攻台南,由恒、凤或后山进兵;其君欲攻北京,由山东进兵。

二十一日,作书上臬道台陈。又得范膏民第五号书;即复。

二十二日,因雨未出大操。作书寄玉农、如点、静甫各一。是日,雪卿回花莲港局。予为代撰昭忠祠联句云:

见斯祠两度落成;急先务也。

为家君七年经始;到今称之。

以祠并祀袁警斋太守,即其父也。

二十三日,忌辰。孙静甫自秀姑峦局至,为奉札来验收各处工程也。

二十四日,得范膏民书二(六、七号)。作书致五管带。

二十五日,作书上藩台顾。

二十六日,孙静甫回局。

二十七日,作书复范膏民。

二十八日,得李丽川大令书一、张经甫书一、汪铁舫、范膏民(八号)及四弟书各一。又得玉农、如点书各一;即复。

二十九日,作书复李丽川大令、张经甫别驾。

三十日,作书复范膏民。姜芳坡报查新垦田五百六十八甲四分八厘七毫二丝二忽二微。

二月初一日,诣埠南各庙行香;并演放克虏伯炮。得四弟及范膏民书(九号)各一,报正月二十四日趁福星轮船竟开上海也。

初二日,得江如点书;即复。又书致叶玉田。补记:正月三十日得藩台顾手谕;当即禀复。得理斋叔祖正月十一日信。

初三日,得范膏民信(十、十一号);即复。又书呈理叔祖,又书寄四弟。

初四日,作书致膏民,领安抚军正月饷一(水按:下阙)。

初五日,得汪玉农正月二十九日书;即复。

初七日,作书托李丽川大令代为拨解十九年钱粮平余、补水、支剩、减平四项银两共计八百四十两零五钱五分五厘四毫六丝;又书托范膏民领本营正月分饷银二千二百两有奇。

初九日,得谭丽卿书;即复。

初十日,作书寄沈昂青。得抚台唐正月二十五日复函。

十一日,作书禀复抚台。又得玉农、雪卿二书;即复。黄锦春领饷银四千回营。得范膏民书;即复,并寄票根五纸。又书致江如点。

十二日,接到准补台东州缺部文。坐十二月初三日。又接到虎臣兄去腊初六日书。又书寄沈昂青。

十三日,接李丽川大令书一。

十五日,得范膏民信一。

十六日,得范膏民信一(十四号),祝封及汉生弟、燮堂弟信各一,又秀林兄、嗣业侄信各一。

十七日,作书复燮堂弟,又书致涌泉弟、钟宏弟,又书致介如弟及膏民兄,又作书复李丽川大令。

十八日,阅操。江如点代办军米一千零四十余名,是日运齐。

十九日,作书复虎臣兄,作书复江如点。

二十日,作书上藩台,又书致范膏民。

二十一日,得范膏民、沈昂青书各一,汪玉农书一。

二十二日,作书复沈昂青,又书复汪玉农。是日决计自请臬道台陈揭参。

二十三日,代玉农办米袋一百条,寄交孙静甫。

二十四日,通详抚藩臬道宪,自请撤参揭参。作书上藩台顾,又书致李丽川大令及范膏民。

二十五日,作书上藩台顾,又书致孙静甫、汪玉农,又书致江云山。

二十六日,得四弟书,报正月二十七日到上海也。又得范膏民书(十九号)。

二十七日,作书致叶玉田。

二十八日,得玉农书;即复。得范膏民书,又得谭丽卿报。

东汉以六经为外学、七纬为内学。七纬者:易纬稽览图、乾凿度、坤灵图、通卦验、是类谋、辩终备也;书纬璇玑钤、考灵耀、刑德放、帝命验、运期授也;诗纬推度灾、记历枢、含神雾也;礼纬含文嘉、稽命缴、斗威仪也;乐纬动声仪、稽耀嘉、叶图征也;孝经纬援神契、钩命决也;春秋纬演孔图、元命包、文耀钩、运斗枢、感精符、合诚图、考异邮、保乾图、汉含孳、佑助期、握诚图、潜谭巴、说题辞也。

二十九日,得范膏民书,即复。

三月初一日,诣埤南各庙行香。令营勇加土于所有各坟冢。作书致本部五管带;为倭船十数艘在南洋各处游弋,须加意防守也。

初二日,作书致范膏民。是日得信,倭船十八艘午刻已攻澎湖。

初四日,作书致范膏民。又得沈昂青书;即复。

初五日,得谭桂林书,又得范膏民书(二十一号),又得李丽川、陈子垣书;均即复。

初六日,作书寄四弟及儿辈,又书禀叔祖,又书复涌泉弟;又书致范膏民请代领二月中营军饷。

初七日,作书上藩台;又书致范膏民请代领春季番饷。

得沈昂青初二日书,有窓师内召、祸恐不测之语;怆然于心,不能复释。

初八日,得范膏民初三夜信,知澎湖已陷,伊已准于初四日趁糖船。所经手领存尚有库平银八百九十两有奇;无处可寄,亦带回沪。且就此款内拟借用二百两;兼询至沪应寄存何处云。比即复书,请代寄存张经甫兄处。又作书致汪辛孜,托其照料一切。又书恳顾月卿先生:闻有紧急军情,飞函赐教。

初九日,姜吏目偕黄锦春、刘德杓赴郡领饷;作书致朱苕园太守及汪辛孜。

初十日,得汪玉农书;即复。又书致吴达生。

十一日,清明。诣埤南教场祭疠。得藩台顾二月二十九日书;又得四弟、秠儿二月初十日在沪报起程回籍书各一;又得程周卿书,报汇款已于正月二十六日收存。夜作书复藩台。是日辰初,见倭船一只自东北向西南驶去。

十二日,作书致丽卿、玉田、玉农。

《通鉴》:晋成帝咸康七年,燕王皝使阳裕等筑城于柳城之北、龙山之西,立宗庙宫阙,命曰龙城。注:由此改柳城为龙城。八年十月,皝迁都龙城。注:慕容廆先居徒河之青山;后徙棘城;今自棘城徙都龙城。杜佑曰:营州柳城郡,古孤竹国也。春秋为山戎、肥子二国地。汉徒河之青山,在郡城东百九十里。棘城即颛顼之虚,在郡城东南百七十里。慕容皝以柳城之北、龙山之南、福德之地,遂迁都龙城;号新宫为和龙宫。柳城县有白狼山、白狼水,又有汉扶犁县故城在东南。

其龙山,即慕容皝祭龙所也;有饶乐水,汉徒河县城。

穆帝永和元年,燕有黑龙、白龙见于龙山;交首游戏,解角而去。燕王皝祀以太牢;赦其境内;命所居新宫曰和龙。

宋元嘉十二年,燕主弘数为魏所攻,遣使至建康称藩奉贡。诏封为燕王。江南谓之黄龙国(注:以其都和龙也。今北国以和龙为黄龙府)。

十三日,江如点自新开园至。

十五日,赴埠南各庙行香。是日得沈昂青书,始知澎湖已于二月二十八日失守。三月初七日,中、倭两国停战二十一日,洋人所谓三个礼拜,以李傅相赴倭议和故也。作书复沈昂青。致本部五管带。得虎臣兄正月初九日书。

十六日,得汪玉农书;即复。作书寄川沙万和。

十七日,陈玉堂自前营至。

十八日,作书致张经甫托收范膏民带归之款。又书致四弟,又书禀叔祖,又书致汪辛孜。

十九日,得李丽川大令、沈昂青、汪辛孜书各一。

二十日,复李、沈、汪三书。又书致汪铁舫,又书复虎臣兄。

二十一日,得汪玉农书一;即复。又书致叶玉田、汪辛孜。

二十二日,得顾月卿及汪辛孜书各一。

齐竟陵王子良笃好释氏;范缜盛称无佛。子良曰:"君不信因果,何得有富贵?"缜曰:"人生如树花同发,随风而散:或拂帘幌坠茵席之上;或关篱墙落粪溷之中。坠茵席者殿下是也;坠粪溷者下官是也。贵贱虽复殊途,因果竟在何处?"子良无以难。缜又著《神灭论》,以为"形者,神之质;神者,形之用也。神之于形,犹利之于刀;未闻刀没利而存,岂容形亡而神在哉?"此论出,朝野喧哗难之;终不能屈。

二十三日,作书复汪辛孜。得汪玉农书;即复。

二十四日,得枭道台陈书一,汪辛孜书一。

二十五日,作书复枭道台。

二十六日,得叶玉田书。

陈太建九年，周灭齐；惟营州刺吏高宝宁不下。注：五代志：辽西郡置营州，治和龙城。又十二月，高宝宁自黄龙上表劝进于高绍义；绍义遂称皇帝，改元武平。注：黄龙即和龙，今之黄龙府。又十三年，开皇元年也，隋文帝以长孙晟为车骑将军，出黄龙道（注同上）赍币赐奚、霫、契丹。注：奚，本曰库莫奚，东部胡之种也。为慕容氏所破，遗落窜匿松、漠之间；后稍强盛。霫，匈奴之别种；居潢水北。契丹之先，与奚同种而异类，并为慕容氏所破；其后稍大，居黄龙之北数百里。

陈至德元年，隋幽州总管阴寿师步骑十万出卢龙塞击高宝宁。宝宁求救于突厥；突厥方御隋师，不能救。宝宁弃城奔碛北，和龙诸县悉平。

二十七日，得汪辛孜及谭桂林书各一。作书复谭。

隋韦世康为吏部尚书十余年，时称廉平；常有止足之志，谓子弟曰："禄岂须多；防满则退。年不待暮；有疾便辞。"

《隋书》：靺鞨在高丽之北，凡有七种：其一栗末部，与高丽接；其二伯咄部，在栗末之北；其三安车骨部，在伯咄东北；其四拂涅部，在伯咄东；其五曰号室部，在拂涅之东；其六曰黑水部，在安车骨西北；其七曰白山部，在栗末东南。而黑水部尤为劲健；即古之肃慎氏也。按：此即今吉林、黑龙江二省地。白山在南；黑水在北：古今不移也。

隋炀帝大业元年，契丹寇营州；诏通事谒者韦云起护突厥兵讨之。契丹本事突厥，情无猜忌。云起使突厥诈云向柳城与高丽交易。契丹不为备；遂袭而破之。注：《隋志》：辽西郡、营州并治柳城县，乃龙城县。龙城本和龙城；自后魏以来，营州治焉。开皇元年改为龙山县；十八年改为柳城。

二十九日，得汪辛孜信，始知和议已成。申刻，姜芳坡、刘德杓领饷到营。得朱苕园观察书一。作书复朱、汪。

四月初一日，赴埠南各庙行香。得汪辛孜第五号信并申报。

初二日，作书致李丽川大令，托领春季津贴银一千二百九十两有奇。

初三日，作书致汪辛孜，托领营房工价银七百三十余两。

初四日,作书致汪辛孜,托领运脚银二百三十余两;又书托寄张经甫。得罗肯堂书一、朱苔园观察书一。又作书致李丽川大令。又得汪玉农书;即复。又得汪铁舫书。

初六日,得藩台顾三月二十五日书、李丽川大令书各一;即复。并托李大令拨解二十年应解存留、支剩、补水、平余、减平各款共库平银八百四十二两八钱三分五厘九毫零九忽九微。是夜三更,又得李丽川二十七日书一、汪辛孜三十日书一。

初七日,得汪辛孜四月初一日书并申报,又得叔祖及仁恩叔、介如弟、畏三弟、秕儿、汪上锦书各一。作书致五管带。发秀姑峦、花莲港二局春季番饷。又得范膏民书一。

初八日,作书复汪辛孜、范膏民并叔祖、四弟、畏弟;又书复汪玉农。是日江如点自前营至。

初九日,作书上藩台,又致李丽川大令。江如点回新开园。

初十日,得汪玉农书,即复。

十三日,得李丽川大令书及汪辛孜书;各即复。作书致五管带。又得万棣花都戎书一。是日始闻俄攻日本。

十五日,作书复万棣花。

十六日,得臬道台十二日手书,又得汪辛孜初十日书,又得高渭川书。作书复臬道台,又致各管带。

十七日,作书复汪辛孜。

十八日,三更后,得朱苔园观察书一。

十九日,送宋雨生、查玉笙出山。作书复朱观察;又作书托汪辛孜领三月饷,以二千两汇申交张经甫代收;又书寄经甫。

二十日,作书上藩台顾。

《通鉴》:天福十二年正月,契丹以晋主为负义侯,置于黄龙府;黄龙府即慕容氏和龙城也。注:"欧史曰:自幽州行十日过平州;出榆关,行沙碛中七、八日至锦州;又行五、六日过海北州;又行十余日渡辽水至渤海国铁州;又行七、八日过南海府;遂至黄龙府。按契丹后改黄龙府为隆州;北至混同江一百三十里。又按慕容氏之和龙,若据《晋书》及《水经注》,当在汉辽西郡界。今晋主陷蕃,渡辽水而后初七日,得叶玉田禀,自言病危,请委该屯前哨哨官黄名魁代理。酉刻,又得该屯文案杨鸿钧等禀,称叶管带国廷已不幸于初六日酉刻病故矣。惜哉!补发禀各宪请撤防开缺。

初八日,得朱苕园观察初一日书,始知台北民主之议已决,兼听南郡文武各官自便。又得李丽川大令四月二十四日书,悉知春季津贴银已领出;除去解缴藩库各项应解之款八百四十二两八钱三分六厘二毫零六忽九微九尖,仍余四百二十八两九钱七分。作书致谭丽卿,算清去年秋代垫枪子运脚款项。又书致江如点、吴达生二管带,亦关照运脚数目嘱寄交谭也。又作书复朱观察,又作书寄虎臣兄于京都。

初九日,作书上藩台顾,又书复淡水李大令及汪辛孜。申刻,奉到藩台顾四月二十四日手书,言后山防兵如撤,可派轮船东来;惟就近遣撤与调出台南而后汰并,尚未能定也。又得汪辛孜五月初一、二、三日三信。拟电稿寄台南,托辛孜代电抚、藩二大宪,兼寄文领请代领四月分饷银二千零六十五两四分八厘二毫,又领安抚军饷一百八十八两九钱三分五厘五毫。又得汪玉农、江如点书;即复。又收支应局发三月营饷银二千一百三十七两九钱八分一厘,又节赏银八十二两七钱四分一厘九毫。

初十日,黄名魁自大麻里来见,询知已故叶管带军饷无亏欠;身后事易于了结。得汪铁舫书;即复。

十一日,大雨竟日。

十二日,筮易,得遁之明夷。法当以之卦二、三爻占,仍以下爻为主。明夷"六二:明夷,夷于左股,用拯马,壮吉。象曰,六二之吉,顺以则也。九三:明夷于南狩,得其大首,不可疾,贞。象曰,南狩之志,乃大得也。"按二爻所言,伤而未切;救之速则可免也。又按本卦《遁》"六二:执之用黄牛之革,莫之胜说。象曰,执用黄牛,固志也。九三:系遁,有疾厉,畜臣妾吉。象曰,系遁之厉,有疾惫也,畜臣妾吉,不可大事也。"言有维繋之固使不能遁者,因此系恋迟回,则于己有害而其势亦危。系乃臣妾为人所畜养者之道,非君子见机明决之所为也。卦言:去之宜决宜速乃吉也。

是日,得汪玉农书一、袁雪卿书一。

十三日，作书复玉农，并告以领饷弁偕前营营弁本日午刻到此，报后哨队什长苏登风在白石口被水冲去。

十四日，大雨。

十五日，诣埠南各庙行香。得汪辛孜初六、初八日二书、万棣花初七日书，汪铁舫初七日书，始知抚台已于五月初二日改称台（纯按：台字下疑脱一湾字）民主国大总统，刘帮办称主军大总统。初七日倭船载兵攻金包里，张月楼军门击之获胜；藩台顾已先回沪；镇道及署台南府朱均请内渡；凤山、嘉义、恒春三县令均准开缺；前山局面已大变矣。夜作书以此事告前、左二营管带。以后山至今未奉明文，又无官电报，无所适从；只有不动声色，照常防守，暂顾目前。其余亦措手不及也。

十六日，作书复汪辛孜，又书致江、汪二管带。又书致谭桂林；并拟电禀抚宪请准开缺委员接统防军并署州事稿，嘱令派妥弁驰至凤山电局发电，兼守候回电。

十七日，接淡水李大令初四日书，始知藩台顾初三日已内渡；李亦于初四日交卸，候船到即内渡；以四月二十七日，已奉有电旨，在台大小文武员弁均着陆续内渡故也。又得汪辛孜初十日书，又得万棣花初十日书，言初八日倭攻三刁，粤军大胜；并言万镇台亦已决计即日内渡矣。作书复汪辛孜。

十八日，得汪辛孜十二日信，言陈道台已请假，准委候补道赖（印鹤年）接署；安平县委忠若虚大令（满）接署；台南府朱亦准假。均俟代者到交卸，即内渡矣。作书复辛孜，又致高谓生、谭桂林。接江如点书；即复。又得汪玉农书；即复。闻十一日大甲溪电线被水冲断，故未知初九、初十、十一等日台北战事也。

台北改布政使司为内政衙门。不设专员；以刑部主事俞明震为督办，礼部主事李秉瑞、副将陈季同为会办；善后总局隶之。其关防文曰："台湾承宣布政总理内务衙门关防。"又设外务衙门。以副将陈季同为督办，主事俞明震、李秉瑞为会办。其关防文曰："台湾总理各国事务衙门关防。"又改全台营务处为军务衙门。其关防曰："台湾军务衙门关防。"以主事李秉瑞为督办，主事俞明震、副将陈季同为会办。所有应办事宜,即着该衙门悉心核议,呈请抚台核夺。其余地方民事,仍由道、府、厅、县照旧办理。抚台于外洋各国称台湾民主国大总统,而于本省文武属员仍照衔相称。

十九日,作书致花莲港、秀姑峦二抚垦委员,关照以时事也。

二十日,得汪玉农十七日二信,知为谣传初七日基隆兵溃、十三日台北不守之言惑动;作书开解之。兼示江如点、吴大生。是夜三更,得汪辛孜十三日书,言初九日台北获胜,斩倭首六百余级。又得顾月卿书。

二十一日,复以汪辛孜十三日书告玉农,兼示江、吴二管带。酉刻,得汪玉农十八日一禀,求代二函,言军民心惶甚。即作复书。是日,委都司刘德杓充中营帮带。以辛孜、月卿二书皆言二十左右有糖船至。必趁此内渡。故未作复书也。

二十二日,复作书致玉农,并如所请,以邱光斗接统该营下委。

二十三日,得汪玉农二十一日书。又得谭丽卿二十日书,报倭轮一只,十八日至东港口分开二十余炮;复驶至下寮,以小船渡二十余人登岸;闻各庄鸣锣,取竹笋、竹叶、粟穗、清水各少许而去。东港一带乡勇,已集二三千人,沿海严防矣。作书复玉农,并告以谭所报信,兼示江、吴二管带。又书复丽卿。又书致黄汉星。又得孙静甫书;即复。久盼电报;是夜三更,接凤山、旂后电局来函,称:北线久不通,难以转电;原电发还。真令人大失所望!卧不能寐,复起作书,请禀台南道台代电请开缺;兼请以驻东港统领忠字各营吴总兵光忠兼统后山各营屯,以期声势联络,信息通灵;或权宜停委署州,兼暂停番,俟放州官补给。

二十四日,辰刻发书禀臬道陈。酉刻得汪辛孜十八日书,言自初十日以后,各处电报生逃去者多,是以不通。台北战事无确信。台南道陈、府朱、安平县谢、盐提调顾、军械局委员沈及镇台万,均拟于明日趁斯美轮内渡;道府代者尚未至也。我营请领四月分饷银,于十六日投文;恐难领出。所存郡银四百余两,渠为带沪。亦准于是日内渡。其饷后或发出;已代托陈鬶伯见予手书乃发也。自此台南文报难望矣。

二十五日，作书致陈耋伯，又书上刘帮办。前营帮带陈玉堂至。
二十六日，发上刘帮办禀。
二十八日，书遗嘱授秬儿：

  予生不辰；自弱冠以后，备历艰险；几死者数矣。咸、同之间，粤寇蹂躏吾乡；流离播越，五年之久，刀兵、疠疫、饥饿，三者交迫，屡濒于危；而不死。在婺源覆舟于鹅掌滩下；亦幸不死。光绪癸未正月，在宁古塔奉檄由瑚布图河历老松岭赴珲春与俄罗斯廓米萨尔会勘边界；中途遇大雪，失道误入窝棘中，绝粮三日；不死（窝棘者译言老林也）。乙酉，署五常抚民同知；八月二十三日，马贼猝来攻城；城人逃散，予以十三人御之；幸胜而不死。丁亥，在粤东，奉檄渡海至琼州察看黎峒地势；自琼而南，直穿黎心以达崖州，染瘴病困于陵水；亦不死。壬辰之春，奉旨调台湾差委；至则派查全省营伍；台湾瘴疠与琼州等；予自三月奉檄，遍历台南北、前后山，兼至澎湖，驰驱于炎蒸瘴毒之中凡六阅月；从人死尽，而予独不死。今朝廷已弃台湾，诏臣民内渡；予守后山，地僻而远，闻命独迟，不得早自拔；台民变，后山饷源断，路梗文报不通，又陷于绝地；将死矣！嗟乎，往昔之所历，自以为必死而卒得免于死；今者之所遇，义可以无死而或不能免于死。要之皆命也。汝从予于此；将来能免与否，亦命也。书此付汝知之。勿为无益之忧惧也。

光绪二十一年五月二十八日书于台东镇海后军中营示秬儿。

              铁花

1951年9月2日夜11点到3日晨1点改编第一卷。9月6日夜，改编第二卷。9月23日夜，改编第三卷。

  七年之后，1958年7月15日到16日，校勘一遍，稍有补正之处。

              胡适敬记

〔收入胡传著：《台湾纪录两种》（台湾丛书第3种），台湾省文献委员会1951年印行。又收入《台湾日记与禀启》（台湾文献丛刊第71种），台湾银行1960年3月印〕

铁花胡公家传

诰授通议大夫、赏戴花翎、江苏候补知府、前台湾台东直隶州知州、铁花胡公家传。

公讳传,字守三,一字铁花,号钝夫。绩溪上庄人。自少纯粹,胜衣时,即已不喜甘饵,及服之红绿者。伯父星五公器异之,曰:"是儿凤慧,必大吾家。"及长,益明敏强果,遇事敢为。弱冠,入郡庠。旋以优等食饩,顾屡蹶省试,数荐不售。久之,以乡贡入成均。是时,发捻诸氛虽靖,而俄人扰我回部,徼吏恒戒严。公蒿目时艰,谓中国患在西北,而发端必始东北。念东北图志阙如,慨然欲游历东三省,考其形势以备非常。遂治装只身北行,时吴县吴大澂驻防宁古塔,一见奇之,曰:"绝塞数千里无人烟,子孤身何以游历,宜便留我营图之。"乃遍历屯河、三姓、珲春等处,连骑抓犁,走牡丹江冰上千余里。所至,延老兵,访扼塞,证旧图谬误。尝大雪失道,穿窝棘中,衣履尽裂,绝粮者三日,其坚苦如此。当是时,公志气豪迈卓荦,以天下为己任,惎然有磨盾勒铭之志。而吴亦厚遇公,专折特保,有"有体、有用,实足为国家干济之才,不仅备牧令之选"等语。遂以知县起家,摄五常抚民府同知,兼理儒学。遇事镜烛犀剖,吏民詟服。又置梆堂室以受词,手批口判,案决破的,治称最。久之,以内艰归。其后客游至粤,会张文襄公督两广,方议勘琼州黎峒,以黎峒瘴恶,莫有行者。及闻公至,即请行。乃历儋、崖、雷、万等州。入山,直穿黎心,生黎欢迎,长跽献食。谓汉官自明海忠介外,无有至者。既服阕,适吴公为河督,檄赴郑工。公纡徐料量,式底式遏,潦缩其暴于野者,壤出其沦于垫者,且材精工坚,费不半原估。吴公深倚之,大工合龙,以异常出力奏保。累拜知州、花翎知府之命,部分江苏。是时,公既屡立功边徼,以强干精敏,受特达知,所至多望风倾倒。会台湾疆吏,与东人有违言,警报旁午,时余姚邵友濂,为台湾抚,遂有奏调之请。顾苏省大吏,方倚重公,特疏恳留。廷议,终以疆圉有事,有诏发往台湾。既至台,则大为诸大僚所宾敬。事无巨细,必再咨而后行。初充营务总巡,遍历全台三十一营、二十八哨。往来炎蒸瘴疠之中,校阅所至,拔其精良,教其不及,诸宿将皆惊服。除台东直隶州知州,兼统镇海后军州。故民少番多,常出烧杀人。公外防边圉,内讥奸究,拊循野番,兽扰而儿蓄之。复设番塾,延师教读,群番大悦。在军昧爽即起,简练军实。尝曰:习之熟,则猝遇非常,不至张皇矣。以州滨海无障蔽,乃迁治于阿里摆,莅任三年,军民大和,治号严办。然公于是精力瘁敝,志亦益恫矣。公生平遭遇,多荒远之域,艰险崎岖,盘根错节,而亦因以见利器,如史传记郭细侯、虞北海治绩,称于当时,诵于后世。其坚忍不拔,或未至若是,此天下之卓行也。已而,倭氛益恶,议割台,诏臣工内渡。有越人刘永福者,以台地自立,要公相助,会病作不果。既首途,遂卒厦门,时年五十有四。公生有异禀,骨干肤立,面铁色,音中黄钟,颈有文曰公字,为人强直,自喜见义勇为。自其少时,即倜傥负大志,欲有所建立于世。家居时,倡建宗祠,劝捐采料,兼任劳怨者十一年。又建胡氏义仓,以饩族党。邑中有东山书院,兵后,其产为豪绅干没殆尽,公力争于官,卒复其旧。诸所为,世或以此称公,然于公抑未已。公于学,步趋考亭杨园,琢削支鄂,一以躬行实践为主;为文章务先义理,谨守桐城家法。不事缛色繁声,旁征博引,以逐时好。少游上洋,师事嘉善钟子勤孝廉,兴化刘融斋太史,肆力词章、经济,暨三礼之学,又与平湖钱蔚也、桐庐袁爽秋、德清童米孙、娄县沈约斋、宝山袁竹一、上海张经甫、镇海胡宏庵相游处。兼综博览,其学益奥美盘折。尤嗜舆地,钩孑菆牾,绘其经纬;墨书或浓或淡,朱书如桃华,日罄数十纸,虽在兵间不废。每言徼外人情风土,山川形势,险要阨塞之区,手画口谈,如悬河不彻。尤长于诗,生平游踪所及,凡危崖、老树、破庙、荒陵、灌木、斜阳、怪禽相唤,必卓马长吟,徘徊而不能去。其诗激昂慷慨,澹荡质朴,各极其妙。人以为江山奇险之助云!公所为书皆未就,其曰《锄月轩吟草》、《钝夫笔记》、《近溪山房诗文集》及杂著合若干卷,皆后人掇拾所成也。子四,多知名,季子适,字适之,尤醰粹有学行,今游学美国。

祥木曰:光绪中,李氏辑《舆地丛钞》、葛氏辑《经世文续编》,咸选录公文。二氏皆所谓绩于学者,其见重如此。然则公生平不可概见耶! 予与适之,为卯角交,称最笃,因觕得其先德梗概,尝举"莫为之后,虽盛弗传"数语讯适之,适之则谓,公学以躬行实践为宗旨。世无韩柳,谁克谂公行谊者? 然卓卓如公,又岂必待人而后传耶? 谱事敦迫,予故以所识者,著于篇,冀仿佛公之万一,第未知吾适之见之为何如耳。

胡祥木　宣统三年

(收入石原皋著:《闲话胡适》,合肥:安徽人民出版社 1985 年 6 月初版)

先父年表

胡 适

道光二十一年辛丑(1841)生。
道光二十二年壬寅(1842)二岁
道光二十三年癸卯(1843)三岁
道光二十四年甲辰(1844)四岁
道光二十五年乙巳(1845)五岁
道光二十六年丙午(1846)六岁
道光二十七年丁未(1847)七岁
道光二十八年戊申(1848)八岁
道光二十九年己酉(1849)九岁
道光三十年庚戌(1850)十岁
咸丰元年辛亥(1851)十一岁
咸丰二年壬子(1852)十二岁
咸丰三年癸丑(1853)十三岁
咸丰四年甲寅(1854)十四岁
咸丰五年乙卯(1855)十五岁
咸丰六年丙辰(1856)十六岁
咸丰七年丁巳(1857)十七岁
咸丰八年戊午(1858)十八岁
咸丰九年己未(1859)十九岁
咸丰十年庚申(1860)二十岁
咸丰十一年辛酉(1861)二十一岁
同治元年壬戌(1862)二十二岁

至黄龙府,又其地近混同江,疑非慕容氏之和龙城。"

二十二日,作书致朱观察。

二十三日,发各处贺节禀函。

二十四日,发各处贺节禀函。得皖南道袁二月二十六日书;又得汪铁舫、汪辛孜书各一。作书上湘抚吴清师。

二十五日,复二汪书。又得汪辛孜十八日十三号书。又得汪玉农书;即复。

二十六日,作书复汪辛孜。补:二十四日,接到理叔祖书。

二十七日,作书致汪辛孜,请领安抚军三月分饷百九十四两有奇。得汪玉农书;即复。

二十八日,作书寄叶玉田。

二十九日,得谭桂林书;即复。

五月朔日辛未、卯初,诣埤南各庙行香;午初回营。作书致吉林宋渤生观察,又作书禀叔祖、致四弟及汪上锦,又书致汪辛孜。

初二日,得汪辛孜二十四日十四号书。作书致本部五管带。又得上海范膏民书一、川沙汪上锦书一。又书致孙、袁二抚垦委员。

初三日,奉抚台唐批,始见和议已成、台地已割明文;而抚台欲设法坚守,不肯交地,始有确信也。作书复汪辛孜。又得汪玉农二十七日书。

初四日,得汪辛孜二十七日信,始知抚台唐初拟约西洋各国保台,各国不允;又为绅士所逼,请其坚守,又恐碍和局;乃援外洋例,改为民主国,换挂虎旗矣。即复;并拟稿请代电台北。江如点自前营至。

初五日,江如点贺节而归。得谭桂林书及抄寄各电音。

初六日,作书禀抚台唐,陈时事变动,则后山必乏饷不能复守。请早撤遣防军;兼自请开缺回籍治病。又书上藩台顾。又得李丽川大令四月十九日来书;即复。其家眷移寓申江英大马路德馨里内;问二摆渡信昌隆客栈内同顺布号黟县人吴鳌峰兄自然知悉。又密启关照本部五管带。得皖南道袁爽秋观察书;即复。

同治二年癸亥(1863)二十三岁

同治三年甲子(1864)二十四岁

同治四年乙丑(1865)二十五岁

同治五年丙寅(1866)二十六岁

同治六年丁卯(1867)二十七岁

同治七年戊辰(1868)二十八岁

同治八年己巳(1869)二十九岁

同治九年庚午(1870)三十岁

同治十年辛未(1871)三十一岁

同治十一年壬申(1872)三十二岁

同治十二年癸酉(1873)三十三岁(适按:先母生)

同治十三年甲戌(1874)三十四岁

光绪元年乙亥(1875)三十五岁

光绪二年丙子(1876)三十六岁

光绪三年丁丑(1877)三十七岁

光绪四年戊寅(1878)三十八岁

光绪五年己卯(1879)三十九岁

光绪六年庚辰(1880)四十岁

光绪七年辛巳(1881)四十一岁(适按:年谱止于此年)

光绪八年壬午(1882)四十二岁(适按:以下各年的日记,大致都保存,有清抄本)

光绪九年癸未(1883)四十三岁

光绪十年甲申(1884)四十四岁

光绪十一年乙酉(1885)四十五岁

光绪十二年丙戌(1886)四十六岁

光绪十三年丁亥(1887)四十七岁

光绪十四年戊子(1888)四十八岁

光绪十五年己丑(1889)四十九岁

光绪十六年庚寅(1890)五十岁

光绪十七年辛卯(1891)五十一岁

光绪十八年壬辰(1892)五十二岁(适按:台湾日记及禀启存稿,由台湾省文献委员会刊行。在台湾丛书里)

光绪十九年癸巳(1893)五十三岁

光绪二十年甲午(1894)五十四岁

光绪二十一年乙未(1895)五十五岁

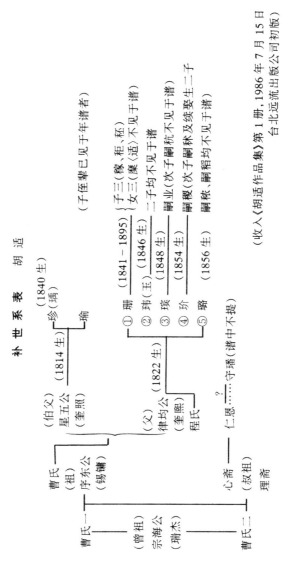